제국의 브로커들

역사도서관 022

제국의 브로커들

일제강점기의 일본 정착민 식민주의 1876~1945

우치다 준 지음 | 한승동 옮김

도서출판 길

지은이 **우치다 준**(内田じゅん)은 1995년 미국 코넬 대학을 졸업하고, 1997년 캘리포니아 대학 버클리 캠퍼스에서 역사학 전공으로 석사학위를 받았으며, 2005년 하버드 대학에서 박사학위를 받았다. 하버드 대학과 스탠퍼드 대학에서 가르치다가 2016년부터는 스탠퍼드 대학 동아시아연구센터(Center for East Asian Studies) 소장으로 재직했다. 근대 이후 일본이 축적한 전통적 지식체계의 영향을 받았지만 주로 미국에서 연구·활동하고, 일본과 한국에서도 장기체류한 경험이 있다. 또한 그녀는 이들 나라의 언어와 문헌들을 종횡으로 구사할 뿐만 아니라 영국, 프랑스, 독일 등 유럽의 식민지 역사와의 비교연구에도 관심이 많다. 논문으로 "'A Scramble for Freight': The Politics of Collaboration along and across the Railway Tracks of Colonial Korea"(2008), "A Sentimental Journey: Mapping the Interior Frontier of Japanese Settlers in Colonial Korea"(2011), "Between Collaboration and Conflict: State and Society in Wartime Korea"(2011) 등이 있으며, 『제국의 브로커들』은 그녀의 박사학위 논문인 "'Brokers of Empire': Japanese Settler Colonialism in Korea, 1910~1937"을 확대·심화해 단행본으로 출간한 것으로, 2012년 미국 역사학회에서 수여하는 권위 있는 존 킹 페어뱅크(John King Fairbank)상과 AHA Pacific Coast Branch Book Award를 받았다.

옮긴이 **한승동**(韓承東)은 1957년 경남 창원에서 태어나 서강대 사학과를 다녔다. 『한겨레신문』 창간멤버로 참여해 도쿄 특파원, 국제부장과 문화부 선임기자를 거쳐 논설위원을 역임했다. 저서로 『대한민국 걸어차기: 미국·일본의 패권 게임과 우리의 생존법』(교양인, 2008), 『지금 동아시아를 읽는다: 보수의 시대를 가로지르는 생각』(마음산책, 2013)이 있으며, 역서로는 『우익에 눈먼 미국: 어느 보수주의자의 고백』(데이비드 브룩, 나무와숲, 2002), 『시대를 건너는 법』(서경식, 한겨레출판, 2007), 『나의 서양음악 순례』(서경식, 창비, 2011), 『디아스포라의 눈: 서경식 에세이』(서경식, 한겨레출판, 2012), 『희생의 시스템, 후쿠시마/오키나와』(다카하시 데쓰야, 돌베개, 2013), 『보수의 공모자들: 일본 아베 정권과 언론의 협작』(마고사키 우케루, 메디치미디어, 2014), 『내 서재 속 고전: 나를 견디게 해준 책들』(서경식, 나무연필, 2015), 『재일조선인: 역사, 그 너머의 역사』(미즈노 나오키·문경수, 삼천리, 2016), 『다시 일본을 생각한다: 퇴락한 반동기의 사상적 풍경』(서경식, 나무연필, 2017), 『종전의 설계자들: 1945년 스탈린과 트루먼, 그리고 일본의 항복』(하세가와 쓰요시, 메디치미디어, 2019), 『책임에 대하여: 현대 일본의 본성을 묻는 20년의 대화』(서경식·다카하시 데쓰야, 돌베개, 2019), 『완전하지도, 끝나지도 않았다: 양심적인 일본 변호사들의 징용공을 위한 변론』(가와카미 시로 외, 메디치미디어, 2020), 『정신과 물질』(다치바나 다카시 외, 곰출판, 2020), 『1★9★3★7 이쿠미나』(헨미 요, 서커스, 2020) 등이 있다. 현재 출판기획 및 전문번역가로 활동하고 있다.

역사도서관 022

제국의 브로커들
일제강점기의 일본 정착민 식민주의 1876~1945

2020년 8월 10일 제1판 제1쇄 발행

2021년 2월 1일 제1판 제2쇄 인쇄
2021년 2월 10일 제1판 제2쇄 발행

지은이 | 우치다 준
옮긴이 | 한승동
펴낸이 | 박우정

기획 | 이승우
편집 | 권나명
전산 | 한향림

펴낸곳 | 도서출판 길
주소 | 06032 서울 강남구 도산대로 25길 16 우리빌딩 201호
전화 | 02) 595-3153 팩스 | 02) 595-3165
등록 | 1997년 6월 17일 제113호

한국어판ⓒ도서출판 길, 2020. Printed in Seoul, Korea
ISBN 978-89-6445-225-7 93910

나의 어머니,
우치다 게이코(內田惠子)에게

한국어판 서문

이번에 나의 책 『제국의 브로커들: 일제강점기의 일본 정착민 식민주의 1876~1945』(*Brokers of Empire: Japanese Settler Colonialism in Korea, 1876~1945*)가 한국어로 번역·출간된 것을 매우 영광스럽고 기쁘게 생각한다. 이 방대한 원고를 한국어로 옮겨주신 한승동 씨와 도서출판 길에 진심으로 감사드린다. 내 능력부족으로 번역자에게 모든 것을 맡겨버렸는데, 그의 노력에 깊은 경의를 표하면서 동시에 내 책을 한국의 독자들에게 선보이게 된 것을 큰 명예와 영광으로 여긴다.

이 책 초판을 펴낸 지 벌써 9년이 흘렀고, 그동안 식민지 시기의 조선 연구는 '식민지 근대성'론을 축으로 크게 비약했지만, 내가 본격적으로 조사를 시작한 2000년 초에는 병합 이후 조선의 일본인 사회[在朝日本人社會]를 다룬 종합적인 연구가 극히 드물었고, 하물며 영어권에서는 전혀 없다시피 했다. 이 책은 그 부족을 메우는, 영어문헌으로서는 최초의 이론적 총괄(總括)을 꾀한 자그마한 시도다. 그 논점이나 분석방법은 「서문」에서 자세히 설명했으므로 여기에서 또 되풀이하지 않겠지만, 다시

한 번 당시의 내 문제의식을 되돌아보면 서양의 역사학뿐만 아니라 한국과 일본에서 이뤄진 식민지 연구에서도 많은 자극을 받았다. 따라서 이 책은 서구권 연구자들을 주요 독자로 상정해서 쓴 것이지만, 또한 한국과 일본의 학계에도 실증·분석의 측면에서 통용 또는 기여할 수 있기를 바랐다.

특히 '동민회'(同民會)나 '갑자구락부'(甲子俱樂部) 등을 통해 조선 내 일본인과 조선인 유력자들의 합동(合同) 정치활동을 검토할 때에는 선행연구에서는 쓰지 않았던 새로운 자료를 활용해 그들의 복잡하고 유동적인 상호제휴의 관계를 '안쪽'[內]에서 고찰했다. 또 '정착민 식민주의'(settler colonialism)라는 개념을 사용함으로써 종래의 총독부 권력 대(對) 조선 민중이라는 이분법적 구도를 넘어섰으며, 나아가 백인 이식민자(移植民者) 사회와의 비교를 통해 조선 내 일본인을 세계사의 틀을 통해 검토하는 새로운 분석시각을 제시했다.

동시에 구술사(oral history) 조사에도 그에 못지않은 시간과 노력을 들였다. 당시 세계적으로도 가장 규모가 큰 식민자(植民者) 사회를 형성했던 조선 내 일본인들이 일상생활을 통해 식민지 권력을 매개하고 그 지배구조와 계급제도(hierarchy)를 재생산한 사실을 밝혀내는 일도 중요하다고 생각했기 때문이다. 인터뷰 조사를 비롯해 학교의 문집과 회고록, 그 밖의 미발간 개인사료들을 활용해 식민지 말기의 경성(서울)에서 나고 자란 일본인들의 '일상'을 고찰해본 결과, 단순한 권력·지배의 관계로는 집약해낼 수 없는 복잡한 조선인, 조선 문화와의 접촉실태와 감정 체험들이 뚜렷하게 드러났다.

그러나 그 조사는 '어린이·청년'의 눈으로 본 식민주의를 주요 과제로 삼은 것이어서 '성인'에게 초점을 맞춘 이 책의 내용에서는 다소 빗겨나 있는 것이기 때문에, 별도의 논문으로 정리해 발표한 「감성여행: 식민지 조선의 일본인 정착민들 내륙 개척지 지도」(A Sentimental

Journey: Mapping the Interior Frontier of Japanese Settlers in Colonial Korea, *Journal of Asian Studies* 70, no. 3, August 2011)를 꼭 이 책과 함께 읽어주기 바란다.

식민지 시기 조선·일본 제국사 분야의 영어권 연구자들이 최근 이룩해낸 학제적(學際的) 성장은 그 질과 양 모두 대단하다. 조선 내 일본인을 다룬 문헌으로는, 이 책에서는 자세히 언급할 수 없었던 식민지 신사(神社), 불교 또는 기독교 신자들의 활동, 농촌의 청년단 등에 초점을 맞춘 연구들이 있으며, 또 1945년 이후의 귀환, 제국의 해체과정과 그 유산에 대한 연구성과는 특히 주목할 만하다. 이제부터는 환경사와 젠더연구 등의 분야에서 더욱 획기적인 비교연구가 기대된다. 그리고 타이완(臺灣), 남부 사할린(樺太), 만주(滿洲) 등 제국 내 다른 식민자 사회들과의 비교를 통해 조선 내 일본인을 연구하는 것도 앞으로의 중요한 과제 가운데 하나다.

오늘, 신형 코로나 바이러스 팬데믹이라는 심대한 세계적 위기상황 속에서 이 책을 오랜만에 마주하면서 식민주의 연구의 의미에 대해 다시 한 번 생각하게 된다. 지난 10년간 한일관계를 둘러싼 상황은 좋아지기는커녕 '역사문제'를 통해 한층 더 악화된 것 같다. 또 최근 세계적 조류로 극우민족주의, 인종차별주의, 배외주의가 세력을 키워가고 있다. 이를 주도하는 도널드 트럼프(Donald Trump) 정권 아래의 미국에서는 팬데믹 발생으로 백인 중심 사회의 조직적 차별구조가 또다시 부각되고 있다.

그리고 '대안적 사실들'(alternative facts)이 만연하는 이 시대, 이항대립적인 사회관(우리와 타자, 선과 악, 부역자와 저항자, 흑과 백 등)이 국내와 세계의 분단을 심화시키고 있다. 식민주의를 연구하는 이들은 이런 단순한 사고경향의 위험성을 잘 파악하고 있으며, 또한 역사상 소외되고 학대받아온 사람들의 소리에 귀를 기울이는 것이 얼마나 중요한 것인지도 잘 알고 있다. 현대 미국 사회와 식민지 시기 조선은 매우 다른 장소이면서도 입식자들이 자행한 침략의 역사를 공유하고 있고, 그 유산과 청산의 과제는 지금도 미해결상태로 남아 있는데, 그것을 다시 한 번 직시하고 대처할 수 있는 계기를 이 글로벌 위기사태는 우리에게 제공해주고 있다.

우치다 준(內田じゅん)
캘리포니아 스탠퍼드에서
2020년 7월

감사의 말

이 책은 제국에 대한 학문의 변화하는 흐름들에 추동된 논문 작성계획으로 시작되었으며, 여전히 내게 탐구해야 할 더 많은 문제들을 안겨준 오랜 지적 여정의 산물이다. 10년에 걸쳐 노력하는 과정에서 나는 나를 도와주고 비평하고 영감을 줌으로써 이 책을 채울 수 있게 해준 선생님들과 동료들, 그리고 친구들에게 많은 빚을 졌다.

앤드류 고든(Andrew Gordon)은 논문의 작성단계에서 가장 관대한 독자로서, 그리고 가장 통찰력 있는 비평자로서 내 작업을 지도해주었다. 그의 날카로운 분석정신은 내 집필작업의 다양한 진화단계들에 스며들었고, 역사학자로서의 내 총체적 감수성을 키워주었다. 그의 한없는 지원과 조언을 영원히 잊을 수 없을 것이다.

일본과 한국에서 진행된 2년간의 내 현장 연구과정에서 나는 또 한 사람의 멘토로, 한국에 이주한 일본인 정착민들에 대한 선구적 연구자인 기무라 겐지(木村健二) 선생의 도움을 받는 행운을 누렸다. 기무라 선생은 나를 자신의 날개 속에 품고 내 탐구에 없어서는 안 될 지혜와 자료 및 문서들에 대한 전문지식을 나누어주었다.

또한 나는 집필과정에서 식민지 한국에 대한 역사탐구의 새로운 경로들을 내게 제시해준 학자들로부터도 지원과 영감을 받았다. 합병[병탄倂呑] 전의 한국에서 활동한 일본인들에 대한 연구로 이 책을 쓰는 데에 지침이 되어준 피터 두스(Peter Duus)는 방대한 내 논문작업 전체를 읽고 논평을 해주었다. 카터 에커트(Carter Eckert)는 식민지 자본주의에 대한 토론식 수업과 작업을 통해 한국사의 복잡성과 근대 일본의 발흥을 이해하기 위해서는 거기에 한국을 맞물리게 해서 함께 연구하는 것이 중요하다는 점을 내게 가르쳐주었다.

일본과 한국에서의 현장 연구기간에 나는 아이디어와 지역자료들에 대한 깊은 지식을 나와 공유한 전문 역사연구자들과 독립적 연구자들, 그리고 대학원생들로 구성된 다양한 네트워크에 깊숙이 동참하는 기회를 누렸다. 내게 우정을 베풀고 자신의 연구서클에 나를 소개해준 요시자와 가요코(吉澤嘉代子)에게 특히 감사한다. 하시야 히로시(橋谷弘), 히구치 유이치(樋口裕一), 이타가키 류타(板垣龍太), 가미야 니지(神谷丹路), 린형구(Lynn Hyung-gu), 신창곤(Sin Chang-gon), 선재원(宣在源), 다카사키 소지(高崎宗司), 이형랑(李熒娘), 그리고 요시다 미쓰오(吉田光雄)의 지도와 비판은 내 연구와 기초자료 분석에 큰 도움이 됐다.

저작과 지식으로 나를 깨우친 마크 캐프리오(Mark Caprio), 가스야 겐이치(糟谷憲一), 오하마 이쿠코(大浜郁子), 오쿠보 유리(大久保百合), 그리고 켄 로빈슨(Ken Robinson)에게도 감사드리지 않을 수 없다.

문서 '뒤지기' 작업에서 내가 도움을 받은 개인과 연구소들은 더 광범위하다. 일본에서 일본인 정착민들에 대한 귀중한 미발간자료들과 전직(前職) 식민지 관료들의 인터뷰 기록물들을 내게 소개해준 가와 가오루(河かおる), 쓰지 히로노리(辻弘範), 가쿠슈인(學習院) 대학의 우방문고(友邦文庫) 아카이브 직원들에게 특별히 감사드린다. 또 하나의 문서보고(寶

12

庫)로 내게 오랜 시간 문서고에서 작업할 수 있게 해준 아리랑문화센터(Cultural Center of Arirang)의 박재일(朴載日)과 고노 야스노리(幸野保典)에게도 감사드린다. 내게 방문연구자 자격을 주고 다양한 소장문서들을 살필 수 있게 해준 도쿄(東京) 대학 사회과학연구소에도 감사드린다. 고맙게도 일본 국회도서관, 요코하마(横浜) 국립대학 도서관, 와세다(早稲田) 대학 중앙도서관도 이용할 수 있었다.

한국에서 엄청난 디지털 문서들을 소개해주고 목록에 실리지 않은 자료들, 특히 경찰기록물들을 활용할 수 있게 해준 허영란과 국사편찬위원회 직원들에게 특별히 감사드리고 싶다. 국립중앙도서관, 서울대, 고려대에 소장되어 있는 식민지 시절의 문서들을 연구할 때, 나는 안자코 유카(庵逧由香), 정재철, 정재정, 박승준으로부터 많은 도움과 안내를 받았다. 낙성대 아카이브와 서울시립대 산하 서울시 리서치연구소(Seoul City Research Institute)의 친절한 직원들은 정해진 업무수준을 넘는 도움을 내게 베풀어주었다. 그리고 나의 서울 연구여행 때 과분한 환대를 베풀어준 이숙자 씨에게도 진심으로 감사드리고 싶다.

미국에서, 촉박한 요청에도 거절하지 않고 나를 도와준 하버드 대학 옌칭도서관, 스탠퍼드 대학 동아시아도서관(특히 전경미, 나오미 고타케直美小竹), 그리고 캘리포니아 대학 버클리 캠퍼스의 C. V. 스타 동아시아도서관 직원들에게도 감사드린다. 또한 참고문헌 작성을 완수할 수 있도록 도와준 크리스틴 조(Christine Cho)와 쓰도 아유미(通堂あゆみ), 그리고 교정지를 읽어준 데이비드 페드먼(David Fedman)에게도 감사드린다.

나는 특히 나의 인터뷰 요청에 응해주고 내 질문에 답해준 많은 개인들에게 감사드린다. 중앙일한협회(中央日韓協會) 회원들, 그중에서도 후지모토 히데오(藤本秀夫), 아오키 에쓰코(青木悦子), 구도 마스미(工藤眞澄), 그리고 슬프게도 이 프로젝트가 완성되기 전에 세상을 떠난 모든 이들에게도 감사드리고 싶다. 오랫동안 정착민 학교의 동창회 산하단체를 이끌면서 내 질문지들을 돌리고 내가 정착민들이 본국에 돌아가서 만든 여러 조직들과 접촉하는 데 도움을 준 나카오 미노루(中尾實)에게도 감사드린다. 한국에서 내가 인터뷰를 진행할 수 있게 해준 이보혜(Yi Po-hye)와 자신의 경성고등공업학교 동창회 모임에 나를 초대해준 사사키 구니유키(佐々木邦幸)에게도 감사드린다. 사사키와 같은 반에 있던 한국인 급우에게도 고마움을 표시하고 싶다. 그들은 시간을 내 나를 만나주었고 익명을 전제로 자신들의 식민지 시절의 체험을 이야기해주었다.

논문을 책으로 엮는 과정에서 나는 많은 원고들을 반복적으로 써냈고, 또 많은 이들이 그것들을 읽고 귀중한 조언과 비판을 해주었다. 내 논문의 일부 수정된 장(章)들을 읽어준 미랜더 브라운(Miranda Brown), 캐릴라인 엘킨스(Caroline Elkins), 줄리언 고(Julian Go), 토머스 R. H. 헤이븐스(Thomas R. H. Havens), 그리고 루이스 영(Louise Young)에게도 고마움을 표하고 싶다. 리에바 페어(Lieba Faier)와 시어도어 준 유(Theodore Jun Yoo), 그리고 지금 및 예전의 JFRoG 동료들(데이비드 코모David Como, 제피어 프랭크Zephyr Frank, 션 한레타Sean Hanretta, 문유미, 톰 뮬러니Tom Mullaney, 캐럴라인 윈터러Caroline Winterer)은 「서문」을 읽고 내가 그것을 다시 쓰는 데 도움을 주었다. 책 원고의 전부 또는 일부를 처음부터 읽고 논평해준 캐럴 글럭(Carol Gluck), 요시히사 타크 마쓰사카(Yoshihisa Tak Matsusaka), 안드레 슈미트(Andre Schmid), 에이코 마루코 시니어워(Eiko Maruko Siniawer)에게도 깊이 감사드린다.

이어진 수정작업의 마지막 단계에서 스탠퍼드 대학의 많은 동료들과 친구들이 내가 제때에 책을 완성할 수 있도록 도와주었다. 동아시아의 모든 동년배 역사학자들 — 마크 루이스(Mark Lewis), 문유미, 톰 뮬러니, 신기욱, 맷 좀머(Matt Sommer), 그리고 캐런 위건(Kaeren Wigen) — 이 나를 위해 워크숍을 열고 최종원고를 읽고 비평해주었다. 내가 워크숍에 갔을 때부터 줄곧 품위와 지적 관대함으로 나를 이끌어주었던 위건은

14

자신의 일을 미루어놓고 내 원고의 문장들을 하나하나 읽고 조언해주었다. 또한 리처드 로버츠(Richard Roberts)는 내 원고들을 모두 읽고, 식민지 시기의 아프리카에 대한 나의 비교·관찰에 대한 비판적 피드백으로 그것을 더욱 명료하고 깊이 있게 해주었다. 앨리슨 홉스(Allyson Hobbs)도 종종 관련 텍스트의 핵심적인 구절들에 대한 나의 자유로운 토론요청에 응해주었다. 이들 동료와 벗들에 대한 고마움은 필설로 다 표현할 수 없다.

또한 이 책은 다음과 같은 분들과의 대화를 통해 얻은 유용한 통찰력과 피드백 덕도 보았다. 동료 논문작성자인 마잔 보거트(Marjan Boogert), 마이클 버트셔(Michael Burtscher), 매튜 프럴레이(Matthew Fraleigh), 김종범(Kim Chong Bum), 요이치 나카노(Yoichi Nakano), 나카야마 이즈미(中山いづみ), 진규 로버트슨(Jin Kyu Robertson), 시모다 히라쿠(Hiraku Shimoda), 그리고 캐런 손버(Karen Thornber)를 비롯하여 내 박사 후 과정의 동료들인 제시 아벨(Jessie Abel), 조너선 아벨(Jonathan Abel), 첼시어 폭스월(Chelsea Foxwell), 토드 A. 헨리(Todd A. Henry), 마지마 아유(眞嶋亞有), 트렌트 맥시(Trent Maxey), 오세미(Oh Se-Mi), 그리고 회의와 워크숍에서 만난 학자들, 그중에서도 특히 알렉시스 두든(Alexis Dudden)과 헨리 엠(Henry Em), 에릭 에셀스트롬(Erik Esselstrom) 등이 그들이다. 게다가 나는 종종 내 생각을 세밀 에이딘(Cemil Aydin), 김규현(Kim Kyu Hyun), 린 형구, 그리고 요스케 니레이(Yosuke Nirei)에게 알려 그들의 반응을 살폈으며, 그들 모두는 내가 열망했던 국제적 연구모델을 내게 선사했다. 그리고 내게 도덕적·지적 도움이 가장 절실했을 때, 그것을 베풀어준 조수진(Cho Sue Jean)과 조 비센톱스키(Joe Wicentowski)에게도 심심한 감사를 드린다.

출판과정 내내 보살핌과 전문지식, 그리고 인내로 나를 이끌어준 하버드 대학 아시아센터의 윌리엄 해멀(William Hammell)에게 매우 감사한다. 또한 이름을 밝히지 않은 두 사람의 평자들에게도 감사를 드려야 하는데, 그 가운데 한 사람은 나의 긴 원고를 꼼꼼히 살펴 어떤 것이 이 책에 어울리고 어울리지 않는지 지적하기 위해 30쪽이나 되는 리포트를 썼다. 나는 내 원고를 애초의 초점과 문제의식 쪽으로 돌려놓는 데 보탬이 된 중요한 비평들 대부분을 수용하기 위해 최선을 다했다.

이처럼 나는 많은 사람들의 도움에 크게 의존했지만, 이 책의 모든 결점과 단점들에 대한 책임은 전적으로 나에게 있다. 길이나 정밀도에서 여전히 그런 결함들이 남아 있다면 그것은 다양한 견해를 지니고 있는 일본과 한국, 그리고 북아메리카 학계에 기여하고자 하는 나의 고군분투를 반영하는 것이다.

이 책을 위한 조사와 서술은 사회과학연구회, 하버드 대학의 한국학회와 일본연구회의 라이샤워협회, 마쓰시다재단, 아시아연구협회의 동북아시아위원회, 국제 및 지역 연구를 위한 하버드아카데미, 그리고 스탠퍼드 대학의 동아시아연구센터로부터 아낌없는 재정지원을 받았다. 특히 나의 케임브리지 박사 후 과정의 기간에 온갖 지원을 해준 루이코 코너(Ruiko Connor)와 스테이시 마쓰모토(Stacie Matsumoto)를 비롯해 라이샤워협회 구성원과 수전 로렌스(Suzan Laurence), 명숙 챈드러(Myoung-suk Chandra)에게도 감사드리고 싶다.

마지막으로 나는 이 책을 구상하고 밀어붙이는 데 직·간접적으로 기여한 내 가족과 부모님에게 감사를 드린다. 식민주의 주제는 특히 내 조부모님들에게는 너무 아픈 데를 찔렀다. 내가 만난 다른 정착민 출신자들처럼 내 조부모님들도 귀향자로서 자신들의 식민지 경험에 대해 여전히 침묵하고 있으며, 아시아에 대한 그들의 역사관은 나의 역사관과는 완전히 다르다. 그러나 그들의 침묵 속에서 나는 나 자신의 무지를 발견했으며, 그들이 과거 식민지에서 보낸 시절과 동남아의 일본인 이주민으로 보낸 나의 청소년기 사이에서 유사점까지 발견했다. 게다가 나는 처음부터 내 어머니 우치다 게이코(內田惠子)를 내 프로젝트에 없어서는 안 될 후원자로 두고 있었다. 변함없이 내 말을 들어주고 대화의 상대가 되어준 어머니는 나의 능력을 믿어주었으며, 어머니의 문제의식이 없었다면 이 책은 줏대 없는 책이 되었을 것이다. 내게 베풀어준 모든 것들에 대한 사랑과 감사를 담아 이 책을 어머니에게 바친다.

제5장과 제6장 일부는 Caroline Elkins · Susan Pedersen (ed.), *Settler Colonialism in the Twentieth Century: Projects, Practices, Legacie*s, New York and London: Routledge, 2005, pp. 153~70에 수록된 「제국의 브로커들: 식민지 조선의 일본인과 조선인 비즈니스 엘리트들」(Brokers of Empire: Japanese and Korean Business Elites in Colonial Korea)에 실려 있다.

차
례

제1부 | **출현**

제2부
행동

제3부

국가기관들

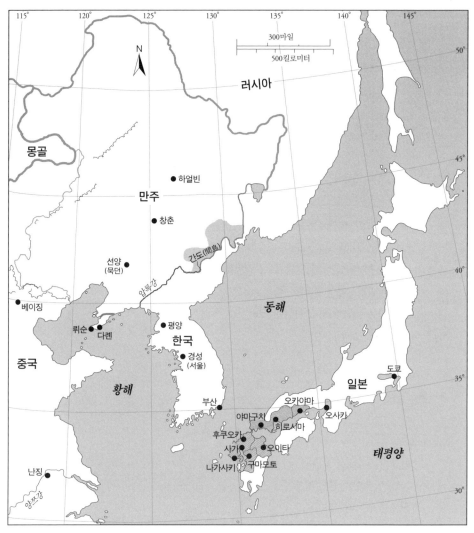

지도 1 동북아시아.
일본 지도에서 강조된 각 현(縣)은 조선(한국)으로 이주한
일본인의 주요 근거지를 보여준다.

서문

1904년, 일본제국 해군이 한반도와 만주(滿洲)의 지배를 둘러싼 힘겨루기에서 러시아를 제압하기 위해 중국 뤼순(旅順)의 러시아 태평양함대 기지를 기습공격했을 때, 한 무리의 일본 상인과 군속(軍屬)들이 대한해협을 건넜다. 그들 이주자의 무리 중에 비와코(琵琶湖)* 남동지방 출신의 상인 집안** 자손인 고바야시 겐로쿠(小林源六, 1867~1940)도 있었다. 한 짐의 상품을 가지고 약 20명가량 되는 사무직원, 직공들과 함께 고바야시는 당시 나이 24세에 물려받은 가업(家業)인 초지야(丁子屋)***를 키

---

*   비파호: 교토(京都) 동쪽의 시가(滋賀) 현(縣)에 있는 일본 최대의 담수호(이하 *,
     **, ***는 '옮긴이 주'임).

**   미에(三重) 현의 쓰시(津市)에서 양복점을 경영했다.

*** 20세기 상반기에 조선과 만주에 점포를 개설해 크게 성공한 일본 백화점으로 당시 식민지 경성(京城)에서는 미나카이(三中井), 히라타(平田), 미쓰코시(三越)와 함께 4대 백화점 가운데 하나였다. 화신(和信)을 넣어 5대 백화점의 하나로 불리기도 했다. 일본 패전 뒤에 해외자산을 모두 잃고 소멸했으며, 그 뒤 한국인이 경영하는 중앙백화점이 되었다. 1948년 정부수립 뒤에 몰수당했다가 1954년에 미도파

울 "천재일우(千載一遇)의 기회를 잡기 위해" 부산행 배에 올랐다. 메이지(明治) 왕정복고(이른바 '메이지 유신') 직전에 초지야는 생산라인을 기존의 사무라이 갑옷에서 서양의류로 바꾸었다. 바로 얼마 뒤 젊은 군주 메이지는 서양의류를 새로운 '국민복'으로 선포했다. 그리고 제국 일본이 동양의 '볼품없는' 옷을 갈아치웠듯이, 초지야는 조선반도에 주둔하던 장교와 관리들에게 서양식 모자와 제복을 공급했다. 이는 고바야시가 "내 뼈를 묻겠다"라고 다짐한 조선 땅 ─ 1905년 일본이 지배권을 장악* ─ 에서 죽을 때까지 추구하게 될 장사였다.[1]

초지야의 운명은 일본 새 제국의 그것과 거의 같은 궤적을 그렸다. 사업에 대한 감각과 공식지원에 행운까지 겹친 덕에 고바야시는 초지야를 일류 의류회사로 키울 수 있었다. 당시 초지야는 서양식 맞춤복을 선도하고 대량생산의 높은 효율성을 지닌 회사로 일본 전국에 알려졌다.[2]

고바야시가 한 일은 그게 전부가 아니었다. 독실한 불교도였던 고바야시는 지역의 자선사업을 지원하고 토박이 승려들을 보살폈으며, 가난한 이들을 교육하고 경성 본점에 이례적으로 많은 조선인들을 고용했다. 사업과 자선을 배합한 자칭 '불교적 상도(商道)'의 방식으로, 고바야시는 '내선융화(內鮮融和)**의 통로'라는 초지야의 평판을 토대로 상당한 조선인들을 고객으로 확보했다.

1930년 무렵에 초지야는 사업을 대륙적 규모로 확장하고 있었다. 일

백화점으로 재탄생했으며, 2002년에는 롯데백화점이 이를 매수했다. 초지야 경성 본점의 자리에는 지금의 롯데 영플라자 명동점이 서 있다. 미에 현의 쓰시에서는 지금도 고바야시의 후손들이 신사복점 '초지야'를 운영하고 있다고 한다.
* 그해에 통감부 설치로 사실상의 식민지배가 시작되었다.
1 고바야시 겐로쿠와 초지야에 대한 전기적(傳記的) 사실들은 초지야상점(丁子屋商店) 편, 『초지야상점 소사(小史)』(丁子屋商店小史), 초지야상점, 1936에서 인용.
2 가게야마 요시로(影山義朗), 1921, p. 211.
** 내지(內地)라고 불렀던 일본과 조선의 융화를 뜻한다.

본이 세운 종속[괴뢰]국가 만주국에까지 판매망을 확장한 초지야는 1929년 의류상점에서 백화점으로 신장개업을 했다. 그리고 식민국가(colonial state)가 곧 산업과 노동을 위해서라는 미명 아래 조선인들에게 (전통적인 흰옷보다는) 색깔 있는 옷을 입도록 장려하게 되면서 초지야는 가장 먼저 사업기회를 잡았다. 하지만 국가의 요구에 기꺼이 응하면서도 초지야는 그 사업이 원래부터 자사가 계획해온 것이라고 주장했다. 메이지 시대(1868~1912) 말기에 초지야가 처음으로 '일본제 모직의류를 조선에 도입'할 때, "색깔 있는 의류의 사용을 촉진함으로써 조선인의 의복을 개선하자는 캠페인의 주도권을 쥐게" 되었으며, 그것은 국가가 그 문제에 관심을 기울이기 시작하기 수십 년 전의 일이었다고 이 회사가 자체 편찬한 사사(社史)에는 적혀 있다.

일본이 국제무대에 등장하는 과정에서 자사가 기여한 '70년의 경험'을 설파하면서, 초지야는 이 회사가 한창 잘나갈 때 천황의 충직한 종(從)이었을 뿐만 아니라 세계무대에서 일본의 국위를 높이는 데 기여한 근대의 전령이기도 했다고 자랑했다.[3] 그런 주장은 과장이 아니었다. 그의 애국적인 '조선의 발전에 대한 공헌'은 그에게 수많은 훈장을 안겨주었는데, 그중에는 히로히토(裕仁) 천황(天皇)이 하사한 청색동엽장(青色桐葉章)도 있었다. 하지만 초지야의 이름이 조선인들 사이에, 그리고 나중에 예전의 조선 이주 정착민들의 기억 속에 살아남은 것은 그런 공식적인 칭송들보다는 '자수성가한 사람'으로서 남긴 창업자의 유산 덕이 더 컸다. 자수성가한 사람이라는 강력한 픽션은 정착민들의 구비전승의 핵심 속에 자리를 잡았으며, 그것은 1945년 패전으로 초지야 기업제국이 종언을 고한 뒤에도 살아남았다.

조선의 식민지 자료들 속에는 고바야시 같은 일본인 남녀 수백 명의

---

3 경성신문사(京城新聞社), 1930, pp. 48~50.

초상들이 파묻혀 있다. 1876년에서 1945년까지 수많은 사람들이 바다를 건넜다. 군인과 관리들뿐만 아니라 상인, 무역상, 매춘부들, 언론인들, 교사들, 그리고 대륙탐험가들이 조선반도에서 새로운 삶을 개척했으며 그들의 제국건설에도 기여했다. 비록 대다수 이주민은 무엇보다 자신들의 개인적 이익을 좇아 움직였고 국가이익은 부차적인 것이었을 뿐이지만, 그들의 일상적 활동과 국가의 야망은 불가분으로 서로 얽혀 있었다.

제국은 조선인들에게 광범위하고 때로는 파멸적인 변화를 안겨주었지만, 일본인들에게는 일상적인 삶에서 벗어나 특별한 이력을 쌓아갈 수 있는 기회를 제공했다. 이주자들의 삶은 불확실했고 그들 중 많은 수가 빈손으로 되돌아갔으나, 또한 수많은 이들이 성공해서 한밑천 잡았고 제국을 떠받치는 토대가 됐다. 고바야시의 이력은 식민지 이주 정착민들이 현지에서 꾸려나간 식민주의의 다양한 방식들 —사업, 산업, 종교, 사회사업, 그리고 인쇄— 을 보여준다. 그것들은 직접적으로든 간접적으로든 간에, 본국 일본에도 영향을 끼쳤다. 무엇보다 그의 이력은 정착민들이 국가에 협력도 했지만 그들 독자적인 식민지 사업들을 추진했다는 사실을 보여준다. 그 사업들은 국가의 공식정책에 늘 부합한 것은 아니지만, 조선인들뿐만 아니라 일본제국에도 지속적인 영향을 끼쳤다. 해외 이주 정착민들은 식민통치의 모든 국면에 걸쳐 중요하고 독자적인 영향을 끼쳤으며, 이것이 이 책에서 다룰 핵심적인 논점이다.

이들 조선 이주 정착민의 존재는, 고바야시의 삶의 이력이 그랬듯이, 대부분 알려져 있지 않았다. 1945년, 일본 패전 당시 조선에는 70만 명이 넘는 일본 민간인들, 그리고 30만 명의 군인들이 있었다. 수적으로 프랑스 식민지 알제리에 가 있던 농장주들(colons)에 비견될 만한 그들이 일구었던 공동체(community)는 20세기에 만들어진 식민지 정착민 공동체들 중에서 규모가 가장 큰 것 중의 하나였다. 일본의 항복 뒤, 승리한 연합국들의 명령에 따라 1백만 명에 이르는 정착 일본인들 중 1946년 말까지 한 줌 정도를 뺀 대다수가 본국으로 송환됐다. 그런 큰 규모에다가 이미 깊이 뿌리를 박고 살던 정착민들의 갑작스런 이동은 그 자체가 충격적인 현상이었다. 하지만 그들 나라의 패전에 따른 이 물리적 철수보다 그들이 역사에서 거의 완전히 사라져버린 사실이 훨씬 더 충격적인 일이다. 조선 땅에서 뿌리째 뽑혀 나간 고바야시 같은 정착민들은 일본 역사에서 멀어졌을 뿐만 아니라 일본의 공식적인 기억에서 거의 모두 사라졌다.

이 역설은 오직 역사서술과 기억 만들기의 복잡한 교직이라는 배경을 통해서만 가늠해볼 수 있다. 전후 일본에서 공식적인 관심 ─ 정치적 좌파의 관심을 포함해서 ─ 은 오랫동안 전쟁과 식민지 침략에 책임을 져야 할 사람들, 즉 국가관료들에게 쏠려 있었다. 평범한 일본인들은 그 이야기에서 주로 폭력의 가해자로서가 아니라 희생자로 간주된다.[4] 로리 와트(Lori Watt)가 지적하듯이, 학자들은 비록 그런 추세에 반대해왔지만 해외에서의 경험과 그 영향 ─ 식민지 정착민들을 귀환자로 바꿔치기하는 것 ─ 은 어느 이야기에서도 다뤄지지 않았다. 국가조직의 운영자들에 비해 그들의 책임은 미미했으며, 그들이 받은 고통은 '본국 사람들이 받은 고통과 같지 않은 것'으로 여겨졌다.[5]

그렇다고 정착민들이 간단히 사라진 것은 아니다. 예전 식민지 이주 정착민 자신들 속의 기억의 정치학은 과거 식민지배에 대한 일본인들의 기억(또는 망각)방식과도 연결돼 있다.[6] 조선에서 돌아온 대다수 정착

---

4 가지무라 히데키(梶村秀樹), 1992(1974); Louise Young, 1998, pp. 7~8, and n. 5; 다카사키 소지(高崎宗司), 2002.

5 Lori Watt, 2009, p. 54. 후술하겠지만, 일본제국에 대한 관례적인 연구들은 정착민 문제를 무시하거나 그들을 '식민자'인 국가와 통합해버렸다. 이는 정착민들이 공식 기억과 학문적 연구에서 사라져버리게 만든 또 다른 요소다.

6 만주국에서 귀환한 정착민들의 기억에 대한 비판적 분석을 보려면 다마노이 마리코(玉野井麻利子, 2009)를 참조하라.

민들은 군국주의 과거와 연계되는 것에 대한 수치심이나 두려움 때문에 스스로 침묵을 지키거나 자신들의 기억을 남몰래 간직했다. 이런 자세는 '전쟁책임'에 대한 명백하고도 일관된 입장을 취하지 못한 본국 정부의 실패로 말미암은 것임이 분명하다.[7] 그들이 회고록과 자서전, 그리고 학교의 앨범 속에 남긴 증언들은 하층민 출신 해외개척자로서의 고투를 술회하지만, 고도의 제국주의 정치와 자신들은 무관하다고 이야기한다. 그 효과는 국가와 일반서민들 사이에 인위적인 경계를 그어 둘을 구분 지으며, 서로 거의 대화하지 않는 두 가지 아카이브 — 하나는 공식적인 억압, 또 다른 하나는 향수를 자아내는 순진함 — 를 창출한다.

이 역사적이고 역사편찬적인 치환은 우리로 하여금 일본의 식민주의를 조선에서의 총독정치와 동일시하는 전통적인 서사를 재검토하게 만든다. 일본 식민통치의 각 단계마다 총독이 핵심적인 역할을 했다는 건 의심의 여지가 없다. 총독의 권력이 권위주의적 성격을 지니고 있었다는 건 명백하며, 그 통치체제가 가혹하고 억압적 성격을 지니고 있었다는 점 역시 명백하다. 하지만 이 식민통치는 실제로는 역사학자들이 추정하는 것만큼 단일적이고 독재적이지 않았다.[8] 권력의 원천이었음에도 불구하고 총독이 식민지에서 권력을 행사하는 유일한 존재는 아니었다. 수많은 민간인들이 자신들의 이익과 야망을 추구하는 한편으로 일상적으로 일본 헤게모니의 유지와 확장에 힘을 보탰다.

왜 그토록 많은 일본인들이 조선으로 건너갔을까? 그들은 조선인들

---

7 Frranziska Seraphim, 2006, part II 참조.
8 식민지 조선에 대한 예전부터 최근에 이르는 연구들은 총독정치를 보통 군사독재 또는 '식민지적 전체주의'의 형태로 묘사하는데, 그레고리 헨더슨(Gregory Henderson, 1968)이 그런 유의 이미지들 중 가장 강력한 것을 제시했다. 몇몇 작업들은 그 한계와 내부작동에 대한 묘사를 통해 식민국가에 대한 이런 이미지에 도전했다. 린형구의 논문(2001)과 오카모토 마키코(岡本眞希子)의 타이완(臺灣)과 조선 식민지 관료주의 비교연구(2008)가 이에 해당한다.

과 어떻게 상호작용했을까? 이주 정착민들과 식민국가는 어떤 관계였을까? 그리고 그들의 대단찮은 힘과 그들의 대단한 숫자를 우리는 어떻게 조화시킬 것인가? 이런 의문들에 대답하기 위해 우리는 식민지 정착민들의 이야기를 처음부터 다시 시작해야 한다. 즉 고바야시가 수천 명의 일본 이주민들과 함께 조선반도에 첫발을 내디뎠던 그 순간부터 말이다. 이들 이주 정착민들을 제대로 그려냄으로써 —— 그리고 일본을 제국에 대한 비교담론 속에 배치함으로써 —— 이 책은 식민통치 시기의 조선을 근본적으로 재검토해보려 한다. 총독정치에 대한 목격자이자 구경꾼의 입장을 넘어 정착민들이 일본제국을 어떻게 시작하고 끝내게 만들었는지, 그리고 36년간의 식민통치 기간에 제국이 어떻게 작동했는지를 따져보려 한다.

제국의 브로커들

이 책에서 나는 상인 고바야시 같은 이주 정착민들을 '제국의 브로커들'(brokers of empire)이라고 부르겠다. 후술할 장들에서 조선을 고향으로 삼은 여러 일본인 세대들을 다루겠지만, 초점은 주로 제1세대에 맞춰질 것이다. 그들은 1910년 총독통치가 시작되기 전 또는 그 직후에 조선에 정착해 1930년대 말까지 일본인 이주민 공동체를 이끌어간 사람들이다. 내 설명은 다양한 등장인물들 —— 기업가, 문필가, 정치해결사, 교육자, 사회개혁가, 종교지도자, 그리고 또 다른 비정부 활동가들 —— 의 활동에 초점을 맞출 것이다. 그들은 자신들의 공동체를 감독할 뿐만 아니라 풀뿌리 실력자로서 조선의 식민통치를 활발하게 조율했다.

요컨대, '브로커'라는 말은 매일의 상업적 노력에서부터 대규모 청원운동에 이르는 정착민 활동을 이끈 이익추구형 사고방식의 소유자들을 가리킨다. 정착민 지도자들의 역할은 자신들의 이익을 추구하는 것에서부터 정착민의 단결을 유지하기 위해 경쟁하는 분파들 사이에서 절충작업을 벌이는 일에 이르기까지 다양했다. 더 중요한 것은, 브로커라는 말은 정착민들이 본국 자본과 문화의 통로(전달자)로서, 근대국가와 제국으로 성장하는 일본을 어떻게 조율해갔느냐에 주목한 개념이라는 점이다. 제국의 브로커들의 핵심적 과제는 일본인 동료들에게 자신들의 활동과 팽창하려는 제국의 고투가 밀접한 연관성이 있다는 점을 강조함으로써, 그런 역할을 상기시키는 일이었다(그리고 정착민 지도자들이 직면한 가장 큰 장애들 중 하나는 본국에서든 식민지에서든 자기 동포들의 무관심이었다). 제국의 브로커들은 일반대중에게 식민지 조선의 상황에 대한 교육을 실시하고 조선인을 교화하는 정착민들의 임무, 특히 그들 자신을 존경스런 식민지 거주민이 되게끔 교화하는 임무 — 이는 본국의 무시·무관심과 싸우는 일 못지않게 성가신 일이었다 — 에 대해 끊임없이 이야기했다.

'브로커'라는 말은 또한 식민권력의 대리인(agent)이나 앞잡이(pawn) 역할도 했던 정착민들의 중재자적 지위를 포착하게 해준다. 이 개념은 자만에 찬 식민권력을 늘 주시하면서 자기 사업을 꾸려가거나 자립적인 시민사회를 만들려는 정착민들의 역량에 숱한 제한과 통제를 가한 대리자(agency) 역할에 초점을 맞추고 있다.[9] 더욱이 브로커들은 국가와 정착민 사회를 가르는 선이 끊임없이 움직이면서 모호해지는 방식에 대한 주의를 환기하는데, 그런 방식은 그 자체로 식민권력의 중요한 기능이었다.[10] 정착민들은 구멍이 숭숭 뚫린 제국의 가장자리에서 활동했고, 그곳

---

9   초기 정착민들의 자치에 대한 정보는 제2장 참조.
10 이에 대해서는 티머시 미첼(Timothy Mitchell)의 통찰력 덕을 봤다. 미첼은 국가-사회 간 경계가 권력관계 측면에서, 그리고 근대적 통치기술로서 어떻게 만들어지는지를 보여주었다.

에서 그들의 활동은 때로는 정부와 본국 대리인들(agents)의 활동에 통합되거나 그것과 뒤섞였다. 정착민 지도자들 ── 그들 중에는 전직관료들도 있었고 반관반민적(半官半民的) 기관에서 총독부를 위해 일하는 사람들도 많았다 ── 의 정체성과 배경 또한 관(官)과 민(民)이 어떻게 서로를 구별하고 상호조정하는지를 보여주는데, 그 구별은 겉으로 드러난 것처럼 그렇게 고정돼 있지 않았다.

정착민들과 국가 간의 이 모호한 경계, 바로 이것이 제국의 브로커들에게 식민통치에 영향력을 행사하는 수단을 제공했다. 식민정부 내에 유의미한 지역의 대표 또는 본국의 대표를 두고 있지 못한 상황에서 브로커들은 식민지 조선의 행정부가 자신들의 목소리를 듣게 만들 다른 방법들을 찾아냈다. 그들은 자신들의 이해를 정책에 반영시킬 목적으로 언론을 이용했을 뿐만 아니라 상업회의소와 부(府)협의회 같은 기존의 준(準)국가기관들을 활용했으며, 그들 자신이 창안해낸 새로운 기구들까지 동원했다. **중재**(조정)한다는 것은 연결고리 역할을 한다는 것이고, 또한 절차에 개입해서 관련된 모든 당사자들의 조건을 바꿀 수 있다는 것이다. 제국의 브로커들은 전략무기를 동원해 종종 무대 뒤에서, 그리고 풀뿌리 차원에서 자신들이 식민정치의 주변적 존재로 남아 있진 않을 것이라는 점을 분명히 하면서 조선 통치에 영향력을 행사하는 방법들을 찾아냈다.

마지막으로, 그리고 가장 중요한 것으로 나는 브로커들이라는 개념을 앨버트 메미(Albert Memmi)가 썼듯이, 정착민 권력과 식민주의 자체가 '피식민자'와의 관계 속에서 어떻게 만들어졌는지 보여주기 위해 활용할 것이다.[11] 식민주의의 각 단계마다 조선인들은 일본인 정착민 대리조직에 제약을 가하기도 했고 그것을 소통의 창구로 삼기도 했다. 만일 일

---

11 Albert Memmi, 1965, p. ix.

본인 거주자들이 조선인 사회를 폭력적이고 착취적인 방식으로 침범할 경우에 그것은 반드시 전통적 사회구조와 상업상의 관습, 그리고 다른 여러 현지 문화요소들의 저항에 부닥쳤다. 이런 현지반응의 세기나 탄력성은 세기말의 조선에서 공식적인 식민통치가 시작되기 전부터 이미 민족주의(nationalism)가 발흥하고 있었다는 사실을 우리에게 상기시켜 준다.[12]

나중의 아프리카 백인 식민지 개척자들과 같은 정치권력과 자원이 없는 조선의 일본인 정착민들은 종종 현지사회 엘리트들 — 귀족, 관료, 기업가, 지주, 종교지도자, 그리고 '친일'분자들 — 에게 도움을 요청할 수밖에 없었다. 그들은 똑같지는 않았지만 식민지 사업과 관련해 비슷한 이해관계와 계급적 이해를 공유하고 있었다. 점증하는 정착민들과 조선인들 간의 상호작용은 거꾸로 동화(同化)에 대한 불안을 야기하면서 '일본화한' 조선인 또는 '조선화한' 일본인에 대한 논란을 야기했을 뿐만 아니라 국민자격(nationhood)에 대한 근본적인 의문을 불러일으켰다.

제국의 브로커들의 국경을 넘나드는 활동 밑에 깔려 있는 양가성은 국가가 식민지 피지배자들을 수용하기 위해 국민자격(citizenship, 시민권)의 경계를 새로 긋고 확대하면서 시간이 갈수록 더욱 깊어져갔다. 동화는 일본인들에게 문제가 됐던 것만큼이나 조선인들에게도 문제였다.

제국의 브로커들로서의 일본인 정착민들의 역할을 논증하면서, 이 책은 두 차원의 분석 사이를 오간다. 조선을 정착 식민지(colony of settlement)로 만들어가는 것에 대한 것이 그 하나이며, 다른 하나는 그 프로젝트에서의 정착민 대행자(settler's agency)의 역할이다. 전자는 대략 조선이 일본인들에 의해, 그리고 일본인들을 위해 정복당하고 이주민들의 정착지가 되고 통치당하는 방식 — 그리고 일본인 공동체 전체가 조선

---

12   Andre Schmid, 2002; John Duncan, 1998, pp. 198~221 참조.

32

사회에 가한 충격에 대한 이야기다. 후자는 특히 총독통치 아래 펼친 정착민 지도자들의 활동과 열망에 대한 이야기다. 브로커들의 개인적 행동과 정착민들이 가한 집단적 충격은 대행자가 식민권력의 작동구조와 마주치게 되는 통치양식에서 선명한 것과 모호한 것, 의식적인 것과 무의식적인 것을 각각 대변한다. 그들은 출세욕에 불타는 선발그룹이 어떻게 제국을 밑에서부터 압박하는지를 보여줄 뿐만 아니라 그들이 식민통치에서 배제당할 때 일반 정착민들이 어떻게 제국의 통제를 강화하는지, 그들이 일상적인 상업에 몰두할 때 식민지 정치에 어떻게 끼어드는지, 그리고 그들이 자신들의 의도와 정면으로 배치되는 상황에 처했을 때 동화의 현지통로로서의 역할을 어떻게 수행하는지도 보여준다. 정착민들이 **자신들도 모르게** 부딪침의 도가니가 되고 제국의 핵이 되게 만든 것은 바로 이 동역학(dynamic)이며, 조선에서의 일본 제국주의가 강력하면서도 부서지기 쉬운 특성을 갖게 된 것도 바로 이 동역학 때문이었다. 책에서 나는 분석렌즈를 정착민 개인들의 프로필에 가까이 들이대다가 식민지 권력의 지형도 폭넓게 조망하는 식으로 둘 사이에 초점을 번갈아 옮겨가며 살피게 될 것이다.

국가와 제국 사이

근대에 들어서 일본이 해외의 부와 권력을 추구하기 시작한 것은 19세기 마지막 수십 년간이었다. 그때 메이지 시대의 지도자들은 제국이 아닌 국가는 상상할 수도 없다는 결론에 신속히 도달했다. 근대국가 일본의 출현은 제국주의가 소수의 특허회사(chartered company)에 임무를 위임하는 것에서 국민국가(nation-state)가 책임지고 산업자본주의가 에너지를 공급한 기획(project)의 수행으로 자신의 역할을 혁명적으로 전환한 시기와 일치했다. '부국강병'을 이루려는 일본의 목표는 자국의 서구화뿐만 아니라 제국주의적 대외팽창까지 수반했다. 피터 두스(Peter Duus)에 따르면, "팽창주의적 의제의 추구는 메이지 엘리트들이 꿈꾼 더 큰 모방적 기획의 핵심적 요소"였다.[13]

하지만 유럽의 선발국들과 비교할 때, 근대 및 제국을 향해 돌진한 일본의 궤적은 대단히 가팔랐다. 19세기 말, 대다수 유럽의 국가들은 전 지구적 탐사사업을 이미 몇 세기 동안 진행해오고 있었고 산업혁명에 추동돼온 지도 적어도 100년이 지난 시점이었지만, 일본은 그제서야 그 두 과정에 거의 동시에 착수했다.[14]

오로지 서구와 대등해지겠다는 일념으로 가득 찬 외곬수 메이지 제국주의에는 그것을 안내하는 정복의 청사진도 독점자본주의의 필연적 법칙도 없었다. 그 과정은 더 지저분하고 더 복잡했다. 빈약한 국내시장을 지닌 이 유아기의 제국주의 국가는 서구의 경쟁자들을 상대로 공격적으로 경제적 권리와 양보를 얻어내려 했지만, 자국의 자본가들과 금융가들을 정치적으로 불안정한 원격지에 투자하도록 설득하는 데 크게 애를 먹었다. 만일 존 A. 홉슨(John A. Hobson)과 블라디미르 레닌(Vladimir Lenin)의 고전적 이론이 메이지 제국주의를 설명하지 못한다면, 그 근본 원인은 다른 데에 있을 것이다. 무엇보다 먼저 우리는 처음에 빈약한 자본을 지닌 채 또는 그것마저도 전혀 없이 바다를 건너간 오합지졸의 평범한 일본인들을 살펴볼 필요가 있다.

해외이주 정착민들은 근대국가 일본의 출현과정에서 국가형성과 제국주의적 팽창 사이를 이어주는 중요한 연결고리였다. 국가는 그 힘을

13　Peter Duus, 1995, p. 12.
14　유럽 제국주의 국가들 중 예외적인 존재는 독일인데, 메이지 시절의 일본처럼 독일은 근대화와 해외팽창을 거의 동시에 시작했다. 독일제국에 대해서는 Woodruff D. Smith, 1978; Hans-Ulrich Wehler, 1985 참조.

무력만이 아니라 상업과 이주 같은 '평화적인 방법'을 통해서도 보여준다고 정치가들과 선동가들은 주장했다.[15] 자국의 동포들이 해외에서 벌어들인 수입은 국고를 채우고 국제수지 문제의 해결에 도움을 주었으며, 일본의 힘과 위신을 세계에 드높였다. 조선은 세기말 전환기에 그런 일본의 국가적 상상력에서 핵심을 차지하고 있었다. 메이지 시대의 지도자들은 일본열도와 불과 120마일(약 192킬로미터) 정도 떨어져 있는 조선반도가 '일본의 심장을 찌르는 비수(匕首)'여서 국가안보에 결정적인 요소라고 거듭 공언했다. 조선은 또한 제국 일본을 세계무대로 등극시킬 중국대륙으로 가는 관문이자 만주와 인접한 전략적 요충지였으며, 러시아 차르(Tsar)제국과의 충돌을 막아줄 완충지였다. 이런 맥락 위에서 조선반도에 일본인들을 입식하는 것은 일본의 국가 및 제국건설을 좌우할 열쇠(key)나 다름없었다. 정부와 기획자들은 이를 메이지 일본의 첫 대규모 식민지였던 홋카이도(北海道)에 이주해 정착한 사람들과 같은 강인한 농업개척자들의 이주로 실현할 생각을 했다. 조선은 홋카이도보다 인구밀도가 훨씬 높았음에도, 그들에게는 조선 또한 일본 국내의 과잉된 농업노동력을 반출할 수 있는 '정착 식민지'(colony of settlement)로 여겨졌다.[16]

그러나 일본이 이런 공식정책을 구체화하기 훨씬 전인 1880년대와 1890년대에 일본 남서부(간사이關西)지역 출신의 하층민들 다수가 이익과 모험, 노동 또는 단지 더 나은 삶을 좇아 부산항과 인천항으로 몰려들기 시작했다. 다양한 동기에 이끌려 대부분 자발적으로 건너간 이들 이주민은 일본이란 국가의 더 큰 야망과 뒤얽히게 된다. 이는 일본군이 조

---

15 Louise Young, 1998, pp. 312~17. 또한 아즈마 에이이치로(東榮一郎), 2008도 참조.
16 이런 시각은 조선을 보호국으로 만들기로 한 일본 내각의 1904년 각의(閣議)결정에 분명히 드러나 있다(Peter Duus, 1984, p. 141).

선을 차지하기 위해 자행한 두 차례의 제국주의 전쟁, 즉 청나라와 싸운 1894~95년의 청일전쟁과 차르체제 러시아와 싸운 1904~05년의 러일 전쟁 기간에 그들이 자국군 작전을 지지한 사실로도 입증된다. 두 전쟁은 의류상인 고바야시 같은 벼락부자를 양산하면서 일본인 이주민들을 그들의 나라와 더욱 단단히 결속시켰다. 두 전쟁에서의 승리로 더 많은 일본인들이 조선으로 이주했고, 그로 인해 이주민 공동체는 더욱 확산됐을 뿐만 아니라 조선에 대한 일본의 통제를 강화했으며, 젊은 국가 일본을 제국적 사회구조를 지닌 나라로 만들었다.

하지만 국가와 사회의 이런 시너지 효과는 1905년에 시작된 보호국 통치체제를 거치면서 점차 엷어졌다. 결국 현지 정착민들이 자신들의 세국군인들과 관료들을 먹이고 입히기만 한 것은 아니었다. 그들 자신이 자신들의 권익을 위해 공격적인 제국의 건설자로 변해갔다. 공식적인 경고를 무시한 채 이주민들은 농업 식민지 건설을 바랐던 자국 정부의 의도를 거슬러 조선 땅을 장악했다. 상인들과 한밑천 잡으려는 이들이 계속 조선으로 밀려들어 공세적인 상업전술을 펼쳤고 그것은 종종 국가의 이미지를 훼손했다. 이주민들도 조선을 '개화'하기 위한 그들 나름의 사업들을 시작했다. 교육자들과 불교 승려들이 일본어와 일본의 문화를 퍼뜨리는 일에 참여했다. 대륙모험가들은 조선의 정치에 개입할 기회를 노렸고, 언론인들은 일본의 민권운동 정신을 조선의 개혁가들에게 불어넣는 한편, 일본 국가정책들에 날카로운 공격을 가했다. 그들의 덩치와 영향력이 커지면서 정착민들은 조선인들과의 연대감뿐만 아니라 자국 정부와는 매우 다른 확장(expansion, 팽창, 침략)양식과 이념을 발전시켰는데, 그것은 국가와의 갈등을 야기했다.

1910년에 조선이 공식적으로 일본에 병합될 무렵, 1880년대에 문을 연 몇몇 개항장에 국한돼 있던 상인과 단기체류자들의 소집단은 그 수가 17만 명 이상으로 불어나 일본제국 최대의 해외거주자 공동체로 성장했다.[17] 일본인들의 조선 내 정착은 도시들 어디에서나 그들을 볼 수 있게 된 데서도 알 수 있듯이, 그것 자체가 지배의 한 형태가 됐다.[18] 하지만 이들 공동체를 키운 힘은 많고 다양했으며 그들끼리 서로 다투었다. 그리고 그 뒤, 정착민 사회가 속도는 좀 느려지기는 했지만 계속 성장해간 36년간의 일본 통치체제 —— 1919년의 3·1운동과 1931년의 만주 침략('만주사변'), 그리고 1937년의 중국과의 전면전 돌입과 같은 전환기적 사건들을 통해 —— 를 견인한 것은 그 체제의 토대를 구축한 세력만큼이나 복잡한 세력들이었다. 조선에서의 일본 식민주의는 대략 두 가지 다른 팽창과정을 밟았다. 하나는 도쿄의 현지대표로서의 식민정부가 공식적 행정 인프라를 닦고 새로운 경제와 사회 시스템을 조선 사회에 구축한 것이다. 또 하나는 일본의 보통사람들이 주로 자발적으로 조선으로 이주해 정착한 뒤 도시의 상업과 교역을 장악하고 내부로 더욱 깊숙이 파고든 것이다. 그들 이주민은 그것을 확대된 일본 헤게모니 체제를 활용해서가 아니라 대부분 공식 관료체제의 범위 바깥에서 수행했다. 조선에서의 일본 식민제국은 유동성과 다양성 위에서 구축됐다. 조선에서 일본 국가의 목표가 그 시민들이 추구했던 이익과 열망을 완전히 충족할 수는 없었다. 이 역동적 과정을 분석하는 것이 이 책의 핵심적인 목표 가운데 하나다.

---

17 조선총독부(朝鮮總督府) 서무조사과(庶務調査課) 편, 『조선의 내지인(內地人)』(朝鮮に於ける內地人), 1924, pp. 1~5.

18 1935년, 조선 내의 일본인 수는 58만 3,428명(일본 식민지들 중 최대수치)에 달했는데, 일본인 정착민들은 경성과 부산 인구의 30퍼센트, 대구와 군산 같은 위성도시들 인구의 25퍼센트를 차지했다(조선총독부(朝鮮總督府) 서무조사과(庶務調査課) 편, 『조선총독부 통계연보』(朝鮮總督府統計年報), 1935, pp. 22~30).

제국의 역사서술에 정착민들을 포함하기

그들의 수로 보나 제국주의 전략상의 중요성, 그리고 식민통치와 현지의 공동체들에 끼친 강력한 영향으로 보나 조선 내 일본인 정착민들이 일본제국의 역사에서 상대적으로 배제돼 있다는 것은 특기할 만한 일이다. 어느 중진학자가 썼듯이, 오직 식민국가에만 초점을 맞춤으로써 역사학자들은 오랫동안 "일본인들의 해외이주와 정착은 …… 일본 식민제국의 지배적인 활동으로 등장한 적이 없는" 것으로 상정했다.[19]

역사적 기록들을 좀더 신중하게 살펴본다면 다른 그림이 그려질 수 있다. 이주 정착민들의 연구를 통해 우리는 일본 식민주의의 형성과 충격(impact), 그리고 내부의 동역학(dynamics)을 새롭고도 좋은 위치 — '안쪽으로부터' — 에서 다시 생각해볼 수 있으며, 제국의 여러 중요한 측면에 대한 우리의 이해를 심화시킬 수 있다.

무엇보다 먼저 우리는 정착민들에 초점을 맞춤으로써 식민권력을 분해할 수 있다. 대부분의 전통적인 설명에서는, 일제의 지배 아래 조선 — 1910년대의 '군사 무단정치'에서 1920년대의 '자유주의적'(liberal) 막간을 거쳐 내선일체(內鮮一體)의 전시(戰時)정책에 이르는 — 은 사실상 총독의 절대적 통치권 아래에 있었다고 본다. 역사학자들은

---

19 Ramon H. Myers·Mark Peattie (eds.), 1984, p. 11. 조선의 대규모 식민화는 동양척식주식회사의 농업 식민계획(제1장 참조)의 실패에 따라 일관되고 활발하게 추진된 것은 아니지만, 국가의 직접적인 지원이 없었음에도 일본인 남녀의 조선반도로의 대량이주가 계속된 것은 주목할 만하다. 마크 피티(Mark Peattie)가 "아시아 지역에서 일본인 해외이주가 프랑스인들의 알제리 정착이나 백인들의 로디지아 정착과 같은 정도의 정치적 중요성을 지닌 적은 없었다"라고 지적한 것은 옳지만, 그럼에도 나는 "일본인 식민지 이주민들은 식민정책 수립에 거의 영향을 끼치지 못했다"(Mark Peattie, 1988, p. 262)라고 쉽게 결론을 내릴 정도로 그들의 중요성이나 영향을 과소평가할 생각이 없다.

이 강력한 식민통치자와 다양한 배경 및 이해관계, 이념적 신조를 지닌 조선 민중 간의 상호작용에 초점을 맞추었다. 그들이 식민지 공간을 마지막까지 깊은 쟁론의 장으로 만들었다. 그들 간의 상호작용은 좀더 분석해볼 만한 가치가 있지만, 그런 설명에서 정착민들은 무시되거나 식민국가와 똑같이 취급된다. 대다수 일본 식민주의 연구들에서 기저를 이루고 있는 가정은 먼저 정착민들과 식민지 정치에 대한 그들의 영향력을 높은 곳에서 내려다보는 총독이라는 우뚝 솟아 있는 존재가 있고, 그 밑의 정착민들은 단지 국가의 종이요 거대한 통치기계를 돌리는 톱니바퀴였을 뿐이라는 것이다.

이런 가정이 만들어낸 국가와 정착민의 단순한 통합, 그리고 식민권력의 고착된 이미지에 도전하기 위해 이 책은 몇몇 역사학자들의 선구적인 작업을 그 토대로 삼았다. 가지무라 히데키(梶村秀樹)가 1970년대에 쓴 일련의 글들을 통해 일본 식민주의 역사에 대한 '밑으로부터'의 접근[20]을 제안한 이후, 기무라 겐지(木村健二)와 피터 두스의 연구들은 일본이 1910년 조선을 병합하기 이전 시기의 일본인 정착민 공동체들의 생생한 모습을 처음으로 보여주었다.[21] 식민지 시절에 대해, 다카사키 소지(高崎宗司)는 최근에 당시의 정착민들 역사에 대한 포괄적 조망 — 비록 일반 청중을 대상으로 한 그의 설명이 분석보다는 폭로에 무게를 둔 것이긴 하지만 — 을 처음으로 제시했다.[22]

이 책은 당시의 정착민들을 식민주의 가해자(복합적인 역사의 명백한 한

---

20 가지무라 히데키(梶村秀樹), 1992(1974).

21 기무라 겐지(木村健二), 1989. 그리고 Peter Duus, 1995. 기무라는 조선 식민지 시기 정착민들의 경제활동에 대해서도 많은 글들을 썼다(1993, 1997, 2001a, 2002, 2004).

22 다카사키 소지(高崎宗司), 2002; 그리고 이 작업에 대한 나의 리뷰(內田じゅん, 2003b) 참조.

측면)로서의 역할에 초점을 맞춰 기록하기보다는 정착민 권력이 조선반도에서 행사한 복잡하고 모순적인 방식들 ─ 강압적이면서 설득하려 하고 조율하면서도 차별적인 ─ 을 탐색하는 데 관심을 기울일 것이다. 정착민들은 한편으로 상업활동을 통해 조선을 일본제국 경제에 통합하는 데 기여했으며, 조선반도가 본국 일본에 계속 예속돼 있기를 바라는 정치관을 갖고 있었다. 그들의 공동체는 또한 일본 문화와 근대성을 조선인들 삶의 여러 방면에 침투시키는 일상적 통로의 역할을 했으며, 식민당국의 공식적인 정책들은 그 침투수준만큼 수용될 수 있었다. 다른 한편으로 정착민들은 기업활동과 교육, 관리등용의 기회를 독점함으로써 불평등을 확산시키고 사회적 불만을 부추겼다. 널리 보고된 그들의 권력남용과 차별적 배제관행은 식민당국이 공식적으로 표방한 동화(同化)라는 수사(修辭)에 반하는 것이었으며, 규제와 합법 사이에 미묘한 균형을 잡으려던 식민당국의 노력을 좌절시켰다. 조선 통치에 대한 건설적 영향력 및 그에 못지않은 부정적 영향력을 통해 정착민들은 일본 식민주의의 예봉을 그 모든 측면에서 드러내게 만들었다.[23]

 정착민들은 조선을 어떻게 통치하고 발전시킬지 그들 나름의 방안들을 개발했다. 다음 장들에서 자세히 살펴보겠지만, 그들은 식민지 관리들에게 편지와 탄원서를 보내거나 지역언론에 자신들의 의견을 발표하고 경찰의 감시 아래 모임이나 집회를 여는 등 자신들의 꿈을 정책으로 실현하기 위해 열심히 움직였다. 정착민들이 휘두른 영향력의 촉수는 조선을 넘어 식민본국의 중앙정치에까지 가 닿았다. 정착민 지도자들은 산

─────

23 식민지 아프리카의 경우에도, 학자들은 비슷하게 정착민들 ─ 특히 정착민들이 많았던 알제리와 남(南)로디지아에서 ─ 이 어떻게 국가의 자주권을 심하게 제약할 수 있었는지(Crawford Young, 1994, pp. 161~62), 그리고 그들이 자신들의 권력을 키우기 위해 어떻게 자신들의 역량을 끌어올릴 수 있었는지에 대해 써놓았다(Jeffrey Herbst, 2000, Chapter 3).

업에서부터 투표권(참정권)에 이르는 본국 일본의 대(對)조선정책 수립에 영향을 끼치기 위해 일본 국회 내 '지조파'(知朝派)의 지원을 얻어내려 했다. 그렇게 해서 그들은 자신들의 프로젝트와 제국 내 입지를 보호했을 뿐만 아니라 식민지 문제가 본국의 권력문제가 되도록 애썼다. 정착민들은 순종적인 지위에 머무르지 않고 식민지와 본국의 정치에서 자신들의 이익을 관철하기 위해 때로는 일본 국가와 조선 민중 사이에 끼어들어가 적극적으로 자신들의 길을 헤쳐나갔다.

그렇다고 그들이 한 목소리로 이야기한 것은 아니다. 그들의 정치활동은 종종 통치의 성격과 형태, 식민지와 식민본국의 관계, 그리고 일본 국민권(citizenship)의 의미를 둘러싼 식민지 현지 일본인 공동체 내의 깊은 분열과 불일치를 반영했다. 조선인들도 그 분열을 자신들의 목적을 위해 이용할 수 있었다. 정착민들 입장의 이런 다양성을 제대로 알아야 그런 경험의 조선 쪽 사정에 대한 중요한 통찰을 얻을 수 있다. 식민지 현장에서 일본제국의 통치 아래 조선 민중이 마주친 것은 한 덩어리의 식민주의 체제가 아니라 권력과 영향력을 둘러싸고 경쟁하는, 서로 다르고 때로는 서로 다투는 일본인 집단들이었다.

정착민들은 또한 식민국가의 본질, 더 일반적으로는 식민권력의 내부 메커니즘을 들여다볼 수 있는 창을 제공한다. 다양한 스펙트럼의 20세기 식민국가들 중에서도 조선 총독은 그 권력의 크기와 통치의 실태, 그리고 본국 입법부로부터의 자립성 등에서 두드러진다.[24] 하지만 식민국

24 　종주국과 식민지 정착민들 사이(John Lonsdale · Bruce Berman, 1979, p. 80; Bruce Berman, 1990, pp. 424~25), 또는 토착민들과 현지 이주민들 사이(Richard L. Roberts, 1996, pp. 18~24)에서 끊임없이 다툼을 벌인 아프리카의 식민국가들에 비해 조선 총독은 후속 장들에서 살펴보겠지만, 비록 식민지 주민들을 완벽하게 통제한 것은 아니지만 개발과 정책의 시행 측면에서 상대적으로 더 '강한' 지위를 갖고 있었다.

가는 그 타고난 특성상 아프리카 연구자들이 수십 년간의 식민통치 시절에 대해 논의하면서 그 통치권력의 '강한' 면과 '약한' 면들 모두를 보여주었듯이, 조선 통치자들도 외견상 그런 상호모순적인 양상을 드러냈다. 그들은 식민본국의 요구와 식민지의 요구 사이에, 그리고 이해관계들이 충돌하는 식민지 내의 지역집단들 사이에 양다리를 걸치고 있었다. 총독의 절대적 지배를 당연시하는 역사학자들은 특히 다민족 정치체제 속에서 통치권을 확립하기 위해 분투한 식민국가, 그리고 현지활동가와 관행, 기관들을 통해 통치하기 위해 끊임없이 노력해야 했던 식민국가의 면모를 놓쳐버렸다.[25] 식민지 정부는 거대한 경찰력과 관료체제에만 의존하기보다는 현지의 영향력 있는 남녀들과 협력하면서 종종 반대 목소리를 배제하는 게 아니라 그들을 통치구조 속으로 끌어들여 협력하게 만들려고 애를 썼다. 조선의 엘리트들과 함께 정착민들은 식민국가가 조선을 통치하고 광대한 지역에 통치권을 '전파'하는 데 장애가 되는 한계들을 극복하도록 도왔다.[26] 후속하는 장들에서 분명히 살펴보겠지만,

---

25 일군의 역사학자들은 식민지 통치에서 발현된 일본 관료들의 중요성과 그 능력을 강조했다(Hyman Kublin, 1959; Mark R. Peattie, 1984, p. 26). 중앙아시아 지역의 무슬림 공동체들에 통치권을 확립하려던 러시아 차르제국의 노력에 대한 통찰력 있는 연구로는 Robert Crews, 2006 참조.

26 식민지 아프리카에서는 정착민들의 존재가 식민국가의 '통치권 전파' 능력에 강력한 영향을 끼쳤다. 제프리 허브스트(Jeffrey Herbst, 2000)에 따르면, 이 능력은 식민국가가 식민지역에 대한 통제력 확장에 얼마나 투자했느냐, 그리고 정착민들이 얼마나 조밀하게 자리를 잡았느냐에 좌우됐다. 허브스트는 (Crawford Young, 1994 및 Mahmmod Mamdani, 1996와는 대조적으로) 남아프리카와 같은 정주 식민지들과는 달리 정착민들 수가 얼마 되지 않았던 대다수 아프리카 식민지에 대해 유럽 국가들이 모두 통제력의 지역적 확장에 나선 것은 아니라고 주장한다. 일본의 조선 통치자들 — 그들의 야망은 대규모 행정체제 구축, 치안조직 그리고 재정투자에 투영돼 있다 — 은 유럽 제국들이 '저렴하게' 통치한 것보다 훨씬 더 적극적으로 식민지 경영에 투자했다. 그럼에도 이것이 식민국가의 통치가 절대적이었다는 것을 의미하진 않으며(특히 조선인들이 다수파 지위를 점하는 현지

식민국가는 중요한 고비마다 — 일본의 초기 조선 침투(침략)에서부터 3·1운동 뒤의 제국의 재건, 식민지 조선인들의 전시 총동원 체제 가동에 이르기까지 — 정착민들이 주도한 활동에 의존했다. 단지 정책전환의 차원을 넘어 식민통치가 한 단계에서 다른 단계로 이행할 때도 종종 현지사회와의 깊은 협력이 결정적인 역할을 했는데, 그때마다 식민당국은 통치라는 미명 아래 통제와 유연성을 번갈아 구사했다. 이 책에서 다루고 있는, 우리가 '총독통치'로 파악하고 있는 것은 비록 평등한 관계는 아니었지만, 현지활동가들과 자주 대화하는 즉흥적·임기응변적 통치형태보다 그 기능면에서 뒤떨어지는 독재체제였다.

정착민들에 주목할 경우, 우리는 아직까지도 대체로 손대지 못한 상태로 남아 있는 일본인과 조선인들 간의 접촉공간들을 살펴볼 수 있게 될 것이다. 일본제국에 관한 많은 연구문헌은 식민국가와 그 정책들에 초점을 맞추는 하향식 또는 식민지 민족주의와 조선 주체성의 성장에 초점을 맞추는 상향식 체제로 되어 있다. 그 둘 사이에는 지금 새로운 연구세대들이 발굴해내기 시작한 복합적인 체험영역이 존재했다. 신기욱과 마이클 E. 로빈슨(Michael E. Robinson)이 '식민지 근대성'(colonial modernity) 개념을 제안한 이후, 연구자들은 최근 조선을 지배와 저항이라는 단순한 변증법으로 환원할 수 있는 것이 아니라 전 지구적 근대체제(global framework of modernity)의 산물인 유동적이고 불확정적인 접촉공간으로 보고 접근해왔다.[27] 동시에 식민주의를 근대성과 융합·혼동하

에서), 또한 (정착민들을 포함한) 현지협력자와 중재자들의 역할이 불필요했다는 것을 의미하는 것도 아니다.

27 '식민지 근대성'(colonial modernity) 개념을 다양하게 천착한 중요한 연구물로는 김진균 편, 1997; Shin Gi-Wook·Michael Robinson (eds.), 1999; 김진송, 1999; 윤해동, 2003; 나미키 마사토(並木正人), 2003; 이타가키 류타(板垣龍太), 2004; 마쓰모토 다케노리(松本武祝), 2005; 장석만 외, 2006; Theodore Jun Yoo, 2008; 그리고 이타가키 류타(板垣龍太), 2008 참조.

거나 현지의 주민(조선인)들에 대한 식민당국의 통치범위를 부풀리는 경향에 대한 경고도 이뤄졌다.[28] 식민지 근대성에 대한 우리의 이해는 정착민들이 식민체제, 그리고 조선인들과 맺고 있던 문제투성이의 관계 속에서 현실적으로 어떻게 헤게모니 행사를 확장하거나 제한했는지 조사해봄으로써 더 풍성해질 수 있다. 토드 A. 헨리(Todd A. Henry), 이승엽(李昇燁) 등[29]이 시작해서 지금도 진행 중인 작업에 합류한 나는 정착민들 관점에서 접촉지대(contact zone)에 접근하는데, 정착민들의 역할과 그 중요성은 그들과 조선인들 간의 상호작용이라는 문맥 위에서만 충분히 평가할 수 있다.[30] 나의 분석은 식민지 '중간층' ─ 일본인 정착민들과 부

---

28 도면회, 2001; 그리고 조경달(趙景達), 2005, 2008 참조. 식민권력의 자의적 성격을 지적하면서 이들 연구자는 일본 식민주의를 설명하기 위해 불러들이는 '헤게모니' 개념(예컨대, 1920년대 '문화정치' 기간에 대한 Shin Gi-Wook · Michael Robinson (eds.), 1999에서 적용된)에 의문을 제기했다. 이타가키 류타(板垣龍太, 2008)도 최근 전근대의 배제에서 근대로의 전면적인 참여라는 단선적인 이행을 상정하는 일반적 경향에 대해 경고했다.

29 나는 내 작업을 특히 일본인 식민주의자들의 체험에 초점을 맞춰온 연구자 집단의 작업 ─ 식민지 경성에 대한 토드 A. 헨리(Todd A. Henry, 2006)의 비판적이고 다층적인 분석, 대중매체를 통해 포착한 일본인 노동계급 정착민들과 조선인들 간 인종(민족)관계를 파고든 헬런 리(Helen Lee, 2003)의 연구, 식민지 교육과 일본 어린이들의 양육에 대한 니콜 코언(Nicole Cohen, 2006)의 역사적 민족지학(historical ethnography), 그리고 동화정책에 대한 마크 캐프리오(Mark Caprio, 2009)의 시의적절한 재조명 ─ 중의 하나로 생각해왔다. 영어사용권 바깥의 연구자들 중에서, 나는 기무라 겐지의 선구적인 연구 및 정착민들과 그들의 정치에 대해 비슷한 접근방식을 공유해온 이승엽(李昇燁, 2001, 2003, 2005, 2008)의 최근의 작업들에 의지해왔다. 일본인 정착민들은, 식민도시와 그 주변공간들의 역사에 대한 한국어 연구문헌들이 빠른 속도로 증가하고 있는 가운데 거기에서도 다뤄지고 있는데(예컨대, 홍순권, 2006, 2008; 기무라 겐지(木村健二)·사카모토 유이치(坂本悠一), 2007), 제2장에 그 일부가 인용되어 있다.

30 '접촉지대'의 개념에 대해서는 Mary Louise Pratt, 1992을 참조하라. 이 책은 정착민들을 역사의 독점적 대리인으로 다루는 게 아니라 그들을 분석의 핵심에 놓고 보는 조선 내 일본의 식민주의 역사를 살피고 있다. 책에 인용된 학자들이 깊이 있

르주아, 그리고 그들이 가장 빈번하게 관여한 조선인 상류층 — 이라고
불릴 수 있는 이들의 내부접촉에 초점을 맞추고 있다. 그들의 권력과 영
향력은 그들을 식민지 관료집단보다는 아래이지만 사업가와 지주, 그리
고 자본가로서 거의 확실하게 대다수 조선 민중 위에 군림케 해주었다.

이 '중간층' 집단이 현지접촉의 동역학을, 다루기 힘든 대립(또는 엘리
트들의 수동적인 굴복) 이미지가 연상시키는 것보다 더 복합적인 것으로
만들었다. 정착민들과 조선인들 사이 또는 정착민들과 식민당국 사이의
상호작용 그 어느 것도 '협력'이라는 전통적인 그림 — 이 책에서 더 복
잡하게 만들려고 하는 개념 — 과 깔끔하게 맞아떨어지지 않았다.[31] 분
명히 정착민들은 조선인들의 저항에 맞닥뜨렸을 때, 반사적으로 식민당
국의 편에 섰다. 하지만 정착민들은 종종 자신들의 경제적·정치적 야망

게 연구한 조선인들(또는 정책입안자들)의 생각과 행동들은, 그것이 내가 쓰는
이야기의 중심인물인 정착민들의 생각 및 행동들과 엮여 있는 경우에만 제한적으
로 다루게 될 것이다. 여기서 택한 내 방법론은 식민지 접촉과 식민권력의 내부경
쟁적 성격을 이해하는 방법으로 정착민들에 접근해가는 비교연구들에 근거를 두
고 있다(Jean Comaroff, 1991; Lynette Russell (ed.), 2001; Ann Laura Stoler, 2002a;
Caroline Elkins·Susan Pedersen, 2005; 그리고 Annie Coombes (ed.), 2006).

31 기존의 역사학에서 '협력(부역)자들'이라는 말은 무엇보다 먼저 제2차 세계대전
과 관련해서 사용됐다. 프랑스 비시(Vichy) 정권의 나치 독일에 대한 협력, 그리
고 전쟁시기의 일본에 대한 중국의 협력 같은 것이다. 그 말은 일반적으로 자기 민
족공동체의 이익을 희생하면서 제국주의자 내지 전체주의 체제의 이익을 위해 자
신들의 노동과 자원을 자발적으로 제공한 예속 민중구성원들에 대해 제한적으로
사용됐다. 이 문제에 대한 최근의 연구에서 티머시 브룩(Timothy Brook, 2007)
은 전쟁시기 일본 점령 아래의 중국에서 어떻게 국가가 민족주의자들과 협력자
(부역자)들 모두를 위한 공동의 싸움터가 됐는지를 보여줌으로써 국가의 응집성
에 대해 의미심장한 의문을 던지면서 학문적 논의의 한계를 넓혔다. 이 책에서 나
는 식민지 아프리카 연구자들이 그랬듯이, 정착민들을 식민국가에 대한 현지동맹
자라는 별개의 범주로 다룸으로써, 그리고 또 다른 형태의 식민지 내 '협력'을 의
미하는 그들과 조선 부르주아 엘리트들 간의 상호작용을 분석함으로써 시종일관
'협력' 개념의 정의와 활용을 좀더 복잡하게 만들자고 제안한다.

이 총독의 억압적인 정책 때문에 부정당하는 현실 또한 목도했다. 그럴 경우에 식민당국에 자발적으로 청원했던(정착민 자치정부 수립을 위해 로비활동을 펼쳤듯이) 바로 그 정착민들이 이번에는 식민당국과 본국 정부에 저항하는 조선인들과 한마음이 되어(더 큰 지방자치권과 산업보조금을 타내기 위해 로비를 벌였듯이) 그들 편에 설 수도 있었다. 많은 조선인들이 자신들의 이익을 키우는 데는 일본인들과 협력하는 것이 좋은 방편이 된다는 것을 깨달았던 것처럼 일본인 정착민들도 종종 토착 엘리트들과 협력하는 것이 득이 된다는 것을 깨달았다. 하지만 이들 엘리트들끼리의 상호작용을 좀더 자세히 살펴보면, 그들이 서로 손을 잡은 동기가 일치하는 경우는 거의 없었다는 사실이 드러난다. 이 책의 핵심적인 장(章)들에서 밝히겠지만, 정착민들과 조선인 엘리트들은 경제적·정치적 자유를 요구하기 위해 협력했으나 그들 각자의 공동체의 몫을 더 챙기는 문제를 놓고 서로 충돌하는 경우가 더 많았다. 두 집단은 1930년대에 더욱 대담하게 식민당국과 협력하기 시작했으나, 조선의 엘리트들은 자신들의 행동을 민족의 이익이라는 관점에서 생각하기를 멈추지 않았다. 정착민들 또한 지역사회 내에서의 우월한 지위추구를 그만두지 않았다. 협력의 정치는 우발적으로 만들어져 계급과 국가, 개인적 이익을 포함한 다양한 이익의 범주에 걸쳐 작동됐다.

비교연구로 본 일본인 정착민 식민주의

정착민들을 식민주의 연구대상에 포함시킴으로써 일본을 제국들 역사의 비교연구 대상으로 삼을 수 있는 새로운 길이 열린다. 일본의 식민지 어법에서 조선은 '일본의 알제리'요, 알제리는 '프랑스의 조선'이었다.[32] 비록 그런 인식이 당시에 널리 퍼져 있었다 하더라도 정착 식민지로서의 조선이 지닌 함의를 충분히 살펴본 적은 없었다. 일군의 역사학자들이 식민지 조선을 '점령'(occupation) 식민지 또는 '착취(수탈)'(exploitation) 식민지로 분류하면서 늘 다수로 존재했던 정착민들을 고려의 대상에서 제외했다.[33] 식민지 조선은 유형분류의 체계상 어떤 특정한 유형으로 명쾌하게 분류되지 않는다. 식민지 조선은 '착취 식민지'와 '정착 식민지' 사이의 어디쯤 내지 그 둘을 효과적으로 망라한 형태로 존재했다.[34]

정착민 식민주의는 전통적으로 캐나다, 오스트레일리아, 뉴질랜드, 또는 케냐, 로디지아, 알제리, 튀니지, 남아프리카 등의 아프리카 식민지들과 같은 영국의 백인지배에 적용해온 용어다.[35] 전자는 희박했던 토착인구가 바다를 건너온 식민주의자들에 의해 쫓겨나거나 대량학살당한 곳

---

32 제이타야 고로(稅田谷五郎), 「알제리의 식민정책 (1)」(アルゼリヤの植民政策(一)), 『조선』(朝鮮), 1921년 1월호, 조선총독부(朝鮮總督府), p. 82.

33 Ramon H. Myers · Mark Peattie, 1984, p. 11. 식민지의 분류체계는 Jürgen Osterhammel, 2005, pp. 10~12 참조.

34 Alain Delissen, 2000, p. 132. 또는 일본 통치 아래의 조선은 마크 캐프리오(Mark Caprio)가 주장했듯이, '주변의 식민지화'(peripheral colonization)라는 말로 개념화할 수도 있는데, 이는 (오키나와와 홋카이도를 포함한) 일본 인접지역의 식민지화를 가리키는 말이다.

35 식민지 아프리카 정착민들에 대한 연구는 Ian Lustick, 1985; Dane Kennedy, 1987; Bruce Berman, 1990; David Prochaska, 1990; Jean Comaroff · John Comaroff, 1991; 그리고 Bruce Berman · John Lonsdale, 1992 참조. 영국 백인지배 아래의 정착민에 대한 연구는 Patrick Wolfe, 1999; 그리고 David Pearson, 2001 참조. 이들 정착민들을 비교연구 틀 속에서 분석한 연구로는 Donald Denoon, 1983; Daiva Stasiulis · Nira Yuval-Davis (eds.), 1995; Annie Coombes (ed.), 2006; Alyosha Goldstein · Alex Lubin (eds.), 2008 참조. 이스라엘의 국가형성을 정착민 식민주의 관점에서 분석한 연구로는 Gershon Shafir, 1996; 그리고 Shira Nomi Robinson, 2005 참조. 팔레스타인의 집단농장적 정착형태인 시오니즘 모델이 일본의 식민지 사상가 야나이하라 다다오(矢內原忠雄)에게 어떤 영향을 끼쳤는지를 보여주는 매우 흥미로운 연구는 John C. De Boer, 2006 참조.

에 세워진 '새 유럽들'[36]이다. 모두 영국제국의 지배 아래 자치국가로서, 그곳에서 백인 정착민들은 나중에 기본적으로 근대 국민국가로 바뀌어가는 자치적 시민사회를 조직했다. 이와 대조적으로 아프리카의 정착 식민지들은 토착 원주민의 노동 및 본국과의 행정적 연계에 의존하고 있었던 점에서 그와는 구별된다.[37] 후자는 일본인 정착민들이 총독통치 아래에서 그와 비슷한 환경 및 그 특유의 통제와 조우했던 식민지 조선을 이해하는 데 유용한 통찰들을 많이 제공한다.

일본인 정착민들에 대한 분석의 출발점으로, 그들을 연구가 더 앞서 있는 식민지 아프리카의 그들의 상대역과 비교해보는 것이 유익하다. 나는 여기서 조선을 정치체제 차원에서 그 식민지들과의 비교가능성을 입증하려는 것이 아니라[38] (국가와 분리된) 별개의 권력의 장으로서의 정착

---

36 Alfred W. Crosby, 1996.

37 Jürgen Osterhammel, 2005, p. 7. 우리는 또한 아프리카 정착 식민지들 내의 몇 가지 차이점들에도 주목해야 한다. 예컨대, 영국령 케냐는 1910년에 자치령(독립과 다름없는) 지위를 획득한 남아프리카, 1923년에 자치정부 수립의 허가를 받은 남(南)로디지아에 비해 자치적이지 못했다. 각 식민지들의 내정 또한 복잡했다. 알제리의 경우 19세기와 20세기 초에 세 개의 행정구역으로 나뉘었다. 유럽 정착민들이 모여 있던 '시민구역', 현지 정착민들에게 제한적인 자치를 허용하면서 군사통치를 한 '혼합구역', 그리고 전면적 군사통치를 받은 '아랍구역'이 그것이다.

38 프랑스 식민지 알제리 외에, 이런 면에서의 더 적절한 비교는 마크 캐프리오 (Mark Caprio)가 최근 연구(2009)에서 보여주었듯이, 영국 영토인 스코틀랜드와 웨일스, 그리고 아일랜드 사례에서 찾을 수 있다. 아프리카의 모든 정착 식민지들 중에서 프랑스 식민지 알제리는 식민지와 종주국 간의 물리적 근접성, 정착민의 인구밀도와 정착형태, 그리고 동화정책 측면에서 아마도 조선과 가장 비슷한 경우일 것이다. 둘 다 제국건설을 국가건설의 연장으로 봤는데, 그것은 그들 식민지를 본국이 지배하는 영토로 영구적으로 통합하려 한 점에서 잘 드러난다. 자본과 자원을 조선에 대량투입한 것은 프랑스가 알제리를 '합병되지 않은 프랑스(영토)의 연장'으로 간주한 것처럼 조선을 일본의 '역외 주(州)'로 통합하려 했던 정부의 의도를 뒷받침하는 것이었다. 둘 모두 본국 주민들의 식민지 이주가 식민지화와 종주국 통치권 강화의 핵심적인 전략이었다(Ian Lustick, 1985, p. 7).

민들에 대한 명확한 통찰을 얻어내고자 한다. 달리 말하면, 나의 비교연구는 정착민들을 일본 식민주의를 재검토하기 위한 개념적 프리즘으로 활용하는 차별적 분석시각을 갖고 조선에 접근한다. 중요한 것은 일본인 정착민들을 유럽모델의 그것에 끼워맞추는 것이 아니라 그 모델 자체를 복잡하게 만드는 점이다. 말하자면 구체적인 지역적 맥락 속에서 형성된 전 지구적 체제의 하나로 정착민 식민주의를 생각하는 것이고, 늘어나고 있는 정착민들에 대한 연구담론을 유럽의 사례들을 넘어 더 높은 단계로 발전시키는 것이다.[39]

두 식민지의 '전형적인 정착민'을 생각할 때, 조선 내의 일본인들은 영국의 동아프리카 식민지보다는 프랑스의 북아프리카 식민지의 정착민들과 더 닮았다. 케냐의 산악지대에 정착한 신사계급 농민들(gentlemen farmers)이나 남(南)로디지아[40]에 정착한 하층농민들보다 조선으로 이주한 남녀들은 더 작은 집단들 ── 그들이 떠나온 고향의 공동체들만큼이나 다양했다 ── 로, 알제리에 정착한 피에 누아르(pieds noirs, 알제리 정착 프랑스인들)에 더 가까웠다.[41] 또한 조선과 알제리의 외부 정착민들은 상당한 도시인구를 형성했는데, 그들 지역에서 정착민들은 가장 많았을 때 각각 전체인구의 3퍼센트, 13퍼센트를 차지했다.[42] 이와 대조적으로 케

---

39 이 모델의 몇 가지 예외들로는 Caroline Elkins · Susan Pedersen (eds.), 2005(이들은 유럽과 동아시아 사례들 간의 대화를 시도한다), 그리고 Candace Fujikane · Jonathan Y. Okamura (eds.), 2008(이들은 일본인 등 아시아인들의 하와이 정착을 정착민 식민주의 관점에서 개념화한다) 참조.

40 Dane Kennedy, 1987, pp. 97~99. "로디지아 정착민 사회는 …… 그 북쪽지역 정착민 사회보다 더 복잡하고 계층화돼 있었다. 그러나 그럼에도 그것은 인구통계학적으로 하층계급 출신 정착민들에 의해 지배당했다"(p. 94).

41 Benjamin Stora, 2001, p. 22. 프랑스인이 아닌 정착민들 ── 유대인, 이탈리아인, 몰타인, 스페인인, 그 밖에 다른 지중해 지역의 사람들 ── 이 1870년대 알제리 유럽인 사회의 절반을 차지하고 있었다.

42 단게 이쿠타로(丹下郁太郎) 編, 1943, pp. 2~3; Monira Charrad, 2001, p. 116.

냐의 외부 정착민들은 케냐 인구의 겨우 0.5퍼센트에 불과했는데, 그런 크기와 규모로는 식민지 정치경제에 대한 통제가 거의 불가능했다.

그럼에도 모든 장소와 시기에 걸쳐 일본인과 유럽인 정착민들은 '인구학적 중요성'을 지니고 있었다. 작은 소수파로서 그들은 훨씬 더 수가 많은 식민지 현지의 주민들이라는 늪에 잠겨버릴지 모른다는 두려움을 안고 살았다.[43] 이는 심지어 식민당국의 정책과 불화까지 겪으면서 엄격한 인종차별을 고집하고, 원주민들에 대한 참정권 부여를 반대하고, 정착민과 원주민 간의 혼인·출산에 저항하는 구실이 됐다.[44] 반식민저항운동의 주요 표적이 되면서 정착민들은 자신들이 포위당하고 있다는 강박심리를 갖게 되고, 그것은 종종 식민당국이 허용한 공식적인 강제수준을 넘어서는 원주민들에 대한 고압적 태도와 인종차별주의, 그리고 때로는 폭력을 야기했다. 이런 경향들은 정착민 권력이 "공포와 불안에서 비롯된 오만, 의심에 따른 경멸과 얽혀 있던"[45] 케냐와 남(南)로디지아의 백인 식민지들에서처럼 한반도로 이주한 일본인 정착민들한테서도 찾아볼 수 있었다.

일본인 정착민들이 본국을 대하는 태도 또한 아프리카에 정착한 유럽 백인 정착민들의 그것과 많은 점에서 유사성을 드러냈다. 본국과의 관계설정에서 일본 식민자들은 현지 원주민들에 대한 자신들의 지배권을 보호하기 위해 동화와 자치 사이를 끊임없이 동요했다. 이언 러스틱

---

43 '인구통계학적 중요성은 몇 가지 점에서 오스트레일리아와 뉴질랜드, 그리고 남아프리카의 유럽 정착민들도 갖고 있었다(Julie Evans et al., (eds.), 2003, pp. 178~79).

44 정착민의 편집증을 반영하는 것 이상으로 포르투갈령 모잠비크에서는 혼혈에 대한 공포가 강했는데, 그곳에서는 1940년 무렵 "이른바 문명화된 인구 가운데 생존 영유아의 4분의 1 이상이 사생아(私生兒)였으며, 그들의 96퍼센트가 혼혈이었다"(Jeanne Marie Penvenne, 2005, p. 88).

45 Dane Kennedy, 1987, p. 187.

(Ian Lustick)은 이를 '특정 정착민 식민지 특유의 곤경'[46]이라고 했다. 확실히 일본인 정착민들은 영국인 정착민들이 케냐와 로디지아에서, 또는 1920년대와 1930년대에 프랑스인 정착민들(colons)이 알제리에서 그랬던 것만큼 식민지 자치를 추구하진 않았다.[47] 일본인 정착민들은 본국 중앙정부와의 관계를 단절할 수 있을 만큼 강하지 못했기 때문에, 그 대신 내지연장(內地延長)이라는 공식정책에 따라 조선을 본국에 더욱 단단히 묶어놓으려 했다. 하지만 동시에 그들은 도쿄에 대한 식민지 총독의 자치권을 주장하고 다른 식민지들에 비해 조선이 특별한 중요성을 지니고 있다고 강조하면서도, 거기에서 아무런 모순도 의식하지 못했다. 이런 이중성은 조선의 산업화를 일본 제국경제를 보조하는 것과 동시에 자주성을 가지는 것으로 생각한 일본인 정착민들의 독특한 시각에도 영향을 끼쳤다.

본국에 대해 이런 복합적인 감정을 지니고 있던 정착민들은 식민지에 대해서는 여전히 더 양가적인 감정을 지니고 있었다. 그것은 영국인 정착 농장주들이 식민지 케냐의 관리들을 '친(親)원주민'적 경향을 지니고 있다고 비난하고, 알제리의 프랑스인 정착민들이 알제리 식민당국의 온정주의적 '원주민 정책'을 혐오한 것과 다를 것이 없었다(그들은 원주민의 안녕을 파괴하면서 자신들의 경제적 이익을 추구하기 위해 식민당국에 의존하면서도 그랬다).[48] 일본인 정착민들은 조선을 순치시키기 위한 공식정책에 저항했으며, 조선의 발전조짐들에 끊임없이 개입해 반대했다. 식민지 관리들이 동화를 이야기할 때, 정착민들은 종종 민족융합의 이념을 혐오했고 조선의 엘리트들과 권력을 나눠 갖게 될까 두려워했다. 또

---

46 이런 특징은 1830년대에서 1900년대 초의 알제리 및 16세기 초에서 17세기 말까지의 아일랜드에서 찾아볼 수 있다(Ian Lustick, 1985, p. 8).
47 Kenneth Good, 1976, p. 610.
48 Ian Lustick, 1985, p. 48.

한 일본인 정착민들은 유럽의 식민자들이 그랬던 것처럼 원주민들의 낮은 '민도'(民度)를 들먹이면서 자신들의 지배를 정당화했으나, 자신들이 문명적 우위를 지니고 있다는 그들의 주장은 의심스러웠다. 특히 하층민 출신의 많은 일본인 이주자들은 두 민족을 행정적으로 똑같이 대우하는 것은 고사하고 두 민족 간의 차이를 좁히려는 그 어떤 정책도 뒤집으려는 경향을 드러냈다. 그들과 조선인들 간의 문화적·인종적 친연성도 컸기 때문에(식민당국은 그런 사실을 잘 알고 조종했다), 원주민들과의 차별을 유지하는 것은 그런 차별을 자신들 권력의 주요 원천으로 여긴 정착민들에게는 무엇보다 중요한 일이었다.

좀더 자세히 조사해보면, 일본의 정착 식민국가와 유럽의 그것들 간의 차이를 주목하지 않을 수 없다. 식민지 아프리카에서 정착민들의 권력은 무엇보다 땅과 노동에 대한 지배로 정의된다. 이는 알제리와 남아프리카에서의 광대한 토지몰수, 그리고 백인 농장주들이 산악지대의 비옥한 땅들을 몰수하고 아프리카 원주민들을 보호구역으로 몰아넣은 케냐와 남(南)로디지아에서의 영토분리로 명백히 입증된다. 이들 유럽 식민지들의 경제적 토대인 정착민의 소유지는 자본을 제공하고 주변 아프리카 지역에서 자원을 이전해올 수 있게 해준 정부의 시책에 그 토대를 두고 있었다. 거꾸로 식민체제는 구조적으로 정착민들이 축적한 수익과 정치질서에 의존했다. 국가와 정착민들 간의 이런 상호의존이 원주민 정책을 둘러싼 그들 간의 갈등 못지않게 아프리카 식민지 정치경제를 견인하는 데 기여했다.[49] 그와 대조적으로 조선 내 일본인 정착민들의 활동 — 대부분 상업과 무역, 서비스 — 은 그런 수익구조와 자본참여에서 훨씬 작은 부분을 차지했다. 그들은 국가가 주도한 식민지 경제발전에서 보충적인 기능을 하는 데 그쳤다.[50] 게다가 일본인 정착민들 다수가 조선인 소

49   Bruce Berman, 1990, p. 174.

작농들이 바친 소작료로 먹고살았지만, 그들은 유럽인 정착민들이 "알 제리에서의 분쇄(粉碎, pulverization)나 케냐에서의 폭력적인 원주민 소개(疏開)"[51]처럼 원주민들을 그들 땅에서 완전히 쫓아낸 적이 없다.

일본인 정착민들의 그런 경제적 취약성은 곧바로 정치적 온건함으로 이어졌다. 이는 케냐의 유럽인 농장주들이 사업 쪽에서 종종 수익을 내지 못했으면서도 그에 걸맞지 않은 정치권력을 누린 것과는 달랐다. 유럽의 정착민들은 식민지 현지의 의회와 본국 의회에서의 대표권을 통해 당국에 정치적 압력을 행사했으며, 그것은 일본인 정착민들의 경우보다 훨씬 더 성공적이었다. 1920년대에 알제리의 정착민들은 식민지 관료체계를 장악했으며, 그들은 나중에 프랑스 제4공화국 붕괴에 중요한 요인이 되었다. 남로디지아 정착민들은 1923년에 영연방 내의 자치정부를 요구해 성공적으로 그것을 획득했다. 이들 지역에서 식민국가는 "종종 정착민들을 위한 기구와 다를 바 없어"졌다.[52] 이와는 대조적으로 조선의 일본인 정착민들은 한반도 병탄(倂呑) 뒤에 자치정부를 위한 권리를 부여받았지만 식민지 정치를 통제할 대의적 수단들을 갖고 있지 못했다. 1930년대에 그들에게는 약간의 입법권이 허용됐으나, 그것은 식민지 정착민들이 본국으로부터의 자치를 추구하거나 식민국가 통치기구들을 통제하기에는 턱없이 부족했다. 대다수 정착민들에게 그것을 제대로 누리는 것은 거의 가망 없는 일이었다.[53]

---

50 주로 관(官)의 투자를 통해 유입된 본국의 재정자원이 식민지 자본형성의 대부분을 차지했다(제5장에서 더 자세히 검토한다).

51 Kenneth Good, 1976, p. 611; Julie Evans et al., (eds.), 2003, p. 11. 우리는 오스트레일리아의 애보리진(Aborigines) 학살에 대해서도 이야기할 수 있다(Patrick Wolfe, 1999).

52 Jürgen Osterhammel, 2005, p. 75.

53 자치능력 ── 시민사회의 중요한 요소 ── 의 차이는 유럽인 정착민과 일본인 정착민 사회 간에 찾아볼 수 있는 가장 뚜렷한 차이인 듯하다. 이는 제6장에서 살펴볼

이런 차이는 일정부분 조선에 수립된 일본 식민국가의 규모가 거대했다는 데에서 기인한다는 설명이 가능하다. 거기에는 수많은 정착민들도 있었지만 본국에서 파견된 수많은 관료들도 있었다. 1950년대 초 케냐에서는 5백만 명의 아프리카인들과 4만 명의 정착민들을 겨우 80명의 식민지 관리들이 통치하고 있었지만,[54] 1940년대 조선에서는 약 70만 명의 일본인 이주민 가운데 거의 4분의 1이 어떤 형태로든 식민정부에 고용돼 있었다.[55] 이 광대한 민간인 복무자들의 지원 속에 조선의 일본 총독은 위로는 본국의 간섭을 피하면서 아래로는 정착민들을 간섭하는 일에 종종 유럽의 식민지 관리자들보다 더 성공적으로 대처할 수 있었다. 이는 역으로 일본인 정착민들을 국가에 좀더 의존적이고 기생적인 존재로 만들었다. 식민지에서 국가는 그들을 보호해주고 특권과 후원을 제공하는 주요 원천이었다. 일본인 정착민들은 일반적으로 조선인들보다 더 높은 사회적 지위와 더 큰 특권을 누렸지만, 그들의 정치적 지위향상은 강고한 국가기구 때문에 가로막혔다.

일본인 정착민들의 상대적 취약성은 애매모호한 그들의 법적 지위에서 비롯된 곤경도 시사한다. 식민지 아프리카(특히 알제리와 남아프리카, 그리고 로디지아)의 유럽인 정착민들은 그곳 원주민들이 제도적으로나 인종적으로 시민사회에서 배제당한 데 반해 충분한 시민권을 향유했다.[56] '정착민들'과 '시민사회'를 엮는 이런 방정식은 식민지 조선에서

것이다.

54 Caroline Elkins, 2005, p. 18.

55 제1장, 도표 4를 보라.

56 Crawford Young, 1994, pp. 118~20, 151, 161~62. 마흐무드 맘다니(Mahmood Mamdani)는 아프리아에서의 '시민사회'는 "무엇보다도 먼저 식민자들(colons)의 사회였다"라고 지적했다(Mahmood Mamdani, 1996, pp. 13~19). 비록 이것이 대다수 정착민 식민지들에서 사실이라 할지라도, 유럽에서 온 알제리 정착민들 중 비(非)프랑스인들에게 프랑스 시민권이 부여된 것은 1889년에 이르러서였

는 현저히 약화됐다. 일본인 정착민들은 부르주아 출신부터 소상인에 이르기까지 모두 식민지 노동착취와 원주민 권리억압을 통해 부와 권력을 획득했지만, 그들의 지위는 온전한 권리를 지닌 시민의 그것에는 전혀 미치지 못했다. 식민지와 본국의 법률체계(부분적으로만 합치) 사이에서 해외거주자들은 징병과 징세 같은 국민의 의무를 수행했으나, 본국의 일본인들이 누린 참정권이나 집회의 자유 같은 시민으로서의 권리(제한적이기는 했지만)는 거부당했다.[57] 더욱이 백인과 원주민을 종종 분리통치했던 아프리카의 유럽 식민지들과는 달리, 조선 총독은 일본인 정착민들과 조선인들에게 단일한 법률체계를 적용했다. 본국의 일본인들이 '국민'(citizen-subjects)[58]이었다면, 식민지의 그들은 '시민(citizens)이라기보다는 백성(subjects)에 더 가까'[59]웠다.

통치체제에서 낮은 지위를 차지하고 마찬가지로 특권의 제도화에서도 큰 혜택을 누리지 못한 상황에서, 조선 '원주민들'에 대해 일본인 정착민들이 누린 우월성은 아프리카 식민국가들에서 백인들이 누린 것보다 훨씬 취약했다. 일본인 정착민들의 이와 같은 상대적 특권의 박탈은 제대로 된 '지배자'도 '피지배자'도 아니었던 그들의 존재론적 조건 — 존 코마로프(John Comaroff)와 진 코마로프(Jean Comaroff)의 남아프리카 선교사들에 대한 관찰에서 빌려오자면, '지배계급 중의 피지배분파'[60]로서의 그들의 서발턴(subaltern, 하층민)적 지위를 선명하게 드러낸

다는 점을 명심해야 한다(Crawford Young, 1994, pp. 80, 120).

57 제2장 참조. 일본인 정착민들과 제국의 식민지 신민들에 대한 본국과 식민지 법률 적용에 대한 자세한 설명은 아사노 도요미(淺野豊美)·마쓰다 도시히코(松田利彦), 2004 참조.

58 '국민'을 'citizen-subjects'로 번역한 것에 대해서는 Kim Kyu Hyun, 2007 참조.

59 Alain Delissen, 2000, p. 134.

60 Jean Comaroff·John Comaroff, 1991, p. 59. 제국에 대한 연구에서 '서발턴'(하위주체/하층민)은 ('서발턴 연구들'이 등장한 이래) 거의 전적으로 피식민지인들을

다. 일본인 정착민들은 국가와 대등한 파트너라기보다는 식민지 질서에서 양가적인 지위를 점하고 있어서, 때로는 총독통치의 객체가 되고 때로는 주체가 되었다. 다른 해외 정착민들과 마찬가지로 그들은 네덜란드령 동인도의 유럽인들[61]한테서 발견되는 것과 비슷한 인종적 불안을 지닌 채 식민지의 경계 또는 '중간'적 공간을 차지하고 있었지만, 아프리카의 백인 정착민들과 같은 명확한 헌법적·문명적 안전은 보장받지 못했다. 그런 양가성은 — 나는 이를 경계성(liminality)[62]으로 부르자고 제안하는데 — 정착민들과 식민국가 사이에 중요한 이념적 골을 조성했다. 정착민들이 제국의 브로커 역할을 할 수 있게 된 것은 명백히 자신들의 불확실한 상황을 개선하기 위한 그들의 협상노력 — 법률적·정치적

가리키는 용어로서 그 선명한 의미를 획득했다. 그러나 여기서(그리고 이 책의 다른 부분에서도) 나는 일본인 정착민들이 식민지에서 차지한 '낮은', 그리고 '열등한' 지위를 이야기하기 위해 이 용어의 원래 의미를 되살렸다(『옥스퍼드 영어 어원 소사전』*The Concise Oxford Dictionary of English Etymology*, s.v. "subaltern").

61 Ann Laura Stoler, 2002a.
62 식민주의와 포스트식민주의 연구들에서 경계 개념은 식민지에서 혼종적 정체성이 식민지화의 문화적 효과로서 만들어낼 수 있는 '중간'적 공간을 설명하기 위해 사용되는 경우가 더 일반적이다(Homi Bhabha, 1994 참조). 식민지 동아시아의 맥락에서, 그리고 약간 다른 어법으로 밍청로(Ming Cheng Lo)는 일본 식민통치 아래의 타이완 의사들을 문화적 '중간층'으로 묘사한 바 있다(Ming Cheng Lo, 2002, p. 7). 이들 연구를 참조하면서도 이와는 다르게 나는 이 중간적 공간을 식민자의 관점에서 접근하려 한다. 하지만 그 일관성이나 고정성을 상정하지는 않겠다. 나는 경계성을 '중간'적 존재(또는 '이도저도 아닌' 존재)로서의 양가적이고 틈새적이며 주변부적인 정착민들의 상태를 가리키는 말로 사용한다. 예컨대, 일본과 조선, 국가와 사회, 신민(백성)과 시민, 식민지와 본국 사이처럼 제국의 브로커들은 이 범주들을 분리하는 늘 유동적인 경계 위에서 활동했다. 이 양가성, 또는 니콜 코언(Nicole Cohen)이 이야기하는 "식민지 조선에서 성장하는 일본인"(2006) 역시 정착민 아이들에게 '문화적으로 혼종'적인 정체성을 안겨주었다. 미국과 일본제국 간 틈새공간을 차지하고 있던 미국 내 일본인들에 대한 이와 유사한 논의는 아즈마 에이이치로(東榮一郎), 2005를 참조하라.

보장이 없는 가운데서 식민지 지배를 유지하기 위한 그들의 부단한 투쟁 — 덕택이었다.

정착민 식민주의의 3단계

일본 식민지배의 모든 단계에서 제국의 브로커들은 일반적으로 20세기 정착민 식민주의의 특성인 복잡한 권력기하학 — 식민지 정착민, 식민당국, 원주민, 그리고 제국 본국이라는 사각관계 — 속에서 활동했다.[63] 제국의 브로커들의 활동도 광범위한 영역들에 걸쳐 있었다. 대다수 유럽인 정착민 식민주의들보다는 덜 제도화돼 있었지만 일본인 정착민 식민주의는 인적 연결망들을 통해, 그리고 시장, 지역정치, 언론, 사회사업, 일상생활의 실천 같은 다양한 포럼들 속에서 작동했다. 그 결과 정착민의 권력은 경제적 지배, 정치개입, 사회통제, 문화적 재현과 이념조작을 통해 스스로를 다채롭게 드러냈다. 이 책은 일본의 한반도 지배의 3단계 국면에 따라 전개되는 이들 면면을 탐구해갈 것이다.

제1부는 19세기 말 수십 년과 1910년대 총독정치 초기 10년간 진행된 일본의 팽창(조선 침략)형성 시기를 검토한다. 제1장은 평범한 일본인들이 어떻게 하위제국주의자(subimperialist)로 변신해 자신들의 이주사(移住史)를 조선과 메이지 일본의 두 혁명적 맥락 속에 새겨넣게 되는지를 보여준다. 비공식제국으로서의 일본의 초기 특성은 상인에서부터 '현지인들'(men on the spot)[64]에 이르는 다양한 비정부인사들이 지역차원의

---

63 Caroline Elkins · Susan Pedersen (eds.), 2005, p. 4. 영국령 케냐의 정착민들과 식민당국 간의 관계를 분석하기 위해 이 기본공식을 도입한 Bruce Berman · John Lonsdale, 1992도 참조.

64 '현지인들'이라는 말은 '하위(아류)제국주의자들'의 잡다한 그룹 — 제국팽창의

팽창과정에 개입할 수 있게 해주었다. 이들의 초기의 투박한 노력을 통해 자신들만의 독특한 문화세계를 만든 국외거주 일본인 공동체들이 점차 그 모습을 드러내게 됐고, 그것을 통해 식민권력은 일상생활 속으로 스며들었다.

1905년의 보호조약(을사늑약) 체제 무렵까지 일본인 정착민들은 물리적으로 조선에서 확고하게 자리 잡았을 뿐만 아니라 제국정치에서 자신들의 목소리를 내기 시작했으며, 그리하여 통치를 중앙집권화해서 질서를 유지하려던 식민당국의 노력과 점차 충돌의 강도를 더해갔다. 1910년 합병조약 뒤 새롭게 부임한 조선 총독 데라우치 마사타케(寺內正毅, 1910~16 재임)가 모든 조선 거주민들을 자신의 단일 통치체제 아래 두겠다는 방침의 일환으로 정착민들의 자치를 폐지했을 때, 긴장은 최고조에 달했다. 이런 갈등 속에서 제국의 브로커들 제1세대가 등장했다. 그들은 자치회복에 열성적이었고 동화정책에 저항했다. 그들은 이후 수십 년간 이어질 국민자격(시민권)을 획득하기 위한 정착민들의 투쟁, 그리고 그들과 식민지 정부 간의 양가적 관계의 한 유형을 만들었다.

그러나 1919년 3월에 조선의 독립을 요구하는 시위사태가 돌발하자 국가와 정착민들은 모두 자신들의 팽창전략을 재정비할 수밖에 없었다. 제2부는 이어지는 사이토 마코토(齋藤實, 1919~27, 1929~31 두 차례 재임) 총독 아래의 10년간의 '문화정치'에 초점을 맞추면서, 식자들에서부터 사업가에 이르기까지 제국의 브로커들이 어떻게 관료들과 힘을 합쳐 동요하던 식민사업 재건에 참여하면서 조선 통치에 대한 자신들의 영향력을 키우기 위해 분투했는지를 검토할 것이다. 제3~6장을 구성하는 그들 활동의 네 가지 핵심적인 영역들 ── 이념, 언론의 담론, 경제, 그리고

────────

초기 추동력을 제공한 상인들, 정착민들, 군인들, 선교사들, 외교관들 ── 을 가리킨다. D. K. Fieldhouse, 1973 참조.

식민지 정치 —을 통해 나는 총독부의 동맹자이면서 동시에 자신들만의 이익을 위해 움직였던 정착민들의 양가적 특성을 분명하게 보여줄 것이다. 정착민들은 사이토 총독에 대한 비공식적인 자문관 역할을 하는 한편, 영향력 있는 다양한 조선인들을 '친일'조직들에 끌어들이고 동화를 위해 내세운 새로운 표어인 내선융화(內鮮融和)라는 범아시아주의 이념을 선전함으로써 식민지 민족주의 탄압정책을 지원했다(제3장). 언론인과 학자들도 조선에 대한 지식을 생산하고 조선인들의 민족적 특성을 조사해 조선을 이해할 수 있고 관리할 수 있는 대상으로 만듦으로써 관리들에게 지침을 제공했다(제4장). 다른 한편으로 정착민 지도자들은 사이토 총독 치하에서 조성된 새로운 기회들을 이용해 자신들의 경제적 이해를 추구하고 자신들의 정치적 요구를 더욱 공세적으로 내세웠다. 유력사업가들이 경제정책 수립에 참여하는 한편에선 상인들과 도급업자들이 경성과 도쿄의 당국에 식민지 기업에 대한 통제를 완화하고 철도망을 확장해 조선의 산업을 활성화하도록 로비를 펼쳤다(제5장). 권위주의적 국가통제에 오랫동안 종속돼 있던 또 하나의 영역인 정치참여 분야에서 도시와 도(道)평의회들(provincial councils)*에 참여하고 있던 정착민들은 다른 공동체 지도자들과 손잡고, 조선에서의 자치를 확대하려는 자신들의 요구를 넘어 일본 본국의 국정선거 투표권을 확보하기 위한 운동을 벌였다(제6장).

이런 제각각의 사업들을 추진하면서 제국의 브로커들은 조선인들과 적으로서뿐만 아니라 동지로서의 관계를 심화시키기도 했다. 학자-언론인으로서 조선인들을 세뇌하려 했든 사업가로서 기업로비를 벌였든 간에, 정착민 지도자들은 어느 분야에서나 커져가던 식민지 민족주의의 공세에 직면했고 자신들의 전략을 거기에 맞춰 수정할 수밖에 없었다.

• 부(府)협의회 또는 부회(府會), 도평의회 또는 도회(道會).

게다가 식민국가를 지원하든 그 독재적 경향에 저항하든 간에, 정착민들은 조선의 엘리트들과 종종 공동전선을 펼치면서 각각의 활동영역을 부르주아 협력 틀 내의 것으로 전환했다. 정착민들로서는 유력한 조선인들과 협력함으로써 자신들의 식민지배와 식민지 정치에 대한 영향력을 키우는 수단을 확보할 수 있었다. 반면에 조선인 엘리트들에게 일본인들과의 협력은 자신들의 사회적 지위를 높이고, 식민체제 바깥에서 활동하던 사람들에게는 허용되지 않던 또 다른 욕망을 실현할 기회를 제공했다. 제5장과 제6장이 분명히 보여주듯이, 그들 간의 상호작용을 통해 조성된 새로운 경제적 이해관계와 정치적 구상(전망)이 정착민들과 조선의 엘리트들을 국가에 대항하는 일시적인 또는 더 장기적인 동맹관계로 이끌기만 한 것은 아니다. 그런 이해관계와 구상은 또한 그 두 동맹집단을 근본적으로 분열시킬 수도 있었고, ─그럴 경우 국가는 조정자이자 권력에 접근하는 공통지점 역할을 했다 ─ 심지어 민족주의자들의 영향력이 그들의 부르주아적 결합을 뚫고 들어와 그것을 해체하기도 했다. 정착민들과 조선인들의 합작활동 현장들은 단순한 '협력'이라기보다는 논쟁과 협상, 순응이 교차하는 역동적인 무대가 됐다. 관계는 항상 비대칭성을 내포하고 있지만, 역사의 변동국면에서 그 비대칭은 새로운 형태를 띠게 된다.

1920년대 말에 정착민들과 조선인 엘리트들, 그리고 식민국가 간의 깨지기 쉬웠던 관계는 1931년 일본이 만주를 점령함으로써 눈에 띄게 변화했다. 1930년대부터 1945년 말까지 이어진 일본의 군사적 팽창정책은 제3부의 내용을 구성하는데, 거기서는 제국의 브로커들이 그 활동과 상상력을 한반도 경계 너머까지 확장하면서 어떻게 국가의 기관으로 변신해가는지 추적한다. 제7장이 보여주듯이, 만주와 중국대륙에서 전개된 일본의 군사행동은 정착민들의 경제활동의 공간적 회로를 엄청나게 확대했으며, 조선인 이주민들을 영토확장(식민화)의 핵심요원으로 만들었다. 국가 '비상사태'에 대비하라는 우가키 가즈시게(宇垣一成, 1931~36 재임) 총독의 요구에 응해 구세대 정착민들도 새로운 중산층 세대의 지도자들과 함께 국가가 젊은이와 여성, 그리고 조선인 일반을 겨냥해 시작한 일련의 '교화'운동에 동참했다. 이와 같은 사회관리 기제를 통해 제국의 브로커들은 더 큰 권한을 손에 쥐게 되었을 뿐만 아니라 국가의 지배구조 속으로 더 깊숙이 들어갈 수 있었다. 이 역설적인 역동성은 그들이 점차 공적 성격을 강화해가는 점을 설명할 때 자세히 조명해 보게 될 것이다.

이 조합주의적(corporatism) 통치구조는 1937년 중일전쟁 발발과 함께 전면전을 수행하기 위한 장치로 전환된다. 제8장은 이 과정을 미나미 지로(南次郎, 1936~42 재임) 총독이 실시한 내선일체(內鮮一體)운동의 풀뿌리 요원으로 동원된 정착민들의 역할에 초점을 맞춰 살핀다. 나는 두 가지 상호연관된 사업수행의 중심축이었지만 여전히 양가적이었던 전시체제 아래 식민지 정착민들의 협력을 살펴볼 것이다. 그 사업은 조선에서의 대중동원 구조건설(여러모로 본국보다 먼저 등장했다), 그리고 일련의 국민화(國民化) 정책(군 복무기간의 연장에서부터 악명 높은 창씨개명創氏改名 캠페인까지)을 통한 조선인 동화작업의 가속화였다.

본국 시민권의 일부 중요한 특성들을 식민지에까지 확장한 이런 조처들은 전쟁수행을 위해 식민지의 노동과 자원을 더욱 충실하게 착취하려는 데 그 목적이 있었지만, 그것은 일본인들과의 동등한 대우를 바라는 조선인들의 새로운 요구를 반영하면서 또한 그것을 촉발했다. 그들의 요구는 거꾸로 일본인 정착민들에게 법률적·정치적 측면만이 아니라 문화적·인종적으로도 경계인인 그들 자신의 정체성과 대면하게 만들었다. 민족적 차별은 전시단결을 호소하는 나팔소리 이면에 도사리고 있던 국민자격을 둘러싼 문제로 확대되었고, 그것은 다민족으로 구성된 일본제국의 핵심적 모순을 정착민들과 조선인들의 협력이 최고조에 이르렀던 시기에 표면화시켰다.

식민지에서 마주친 이런 현장들을 통해 궁극적으로 그려지는 그림은 식민지 권력이 국가가 제공했던 관점보다 더 복잡하고 분권적이라는 것이다. 그 현장들을 포착하기 위한 노력은 나의 탐구여정을 일본과 조선의 주요 아카이브들에 쌓여 있는 공공 및 국가의 자료들을 넘어 사적인 자료와 기억들에까지 이끌었다. 나는 공식보고와 조사, 그리고 총독의 문서들을 식민지 정책수립을 분석하기 위해서만이 아니라 '제국적 심성' 이면에서 조선 경제의 운영과 민족주의 활동억압, 그리고 동화정책 진작에 관여한 다양한 식민지 배역들을 살피는 데에도 활용했다. 나는 이 자료들에다 전직 식민지 관료들의 인터뷰를 채록하고 조선에서 살았던 예전 일본인 거주자들의 구술 및 서면으로 작성된 증언들을 보태 보완했다. 또한 나는 정착민들의 다채로운 삶과 욕망을 추적하기 위해 비망록과 전기들, 관보와 잡지의 기사들, 그리고 조선에 대한 일본인 정착민들의 다른 출판물들도 읽었다. 이 연구의 핵심은 일본어와 한글로 된 신문과 잡지들, 기업사(企業史), 상업회의소 기록, 지역협의회 회의록, 식민지 경찰의 비밀보고서, 그리고 예전에는 자세한 내용이 알려지지 않았던 다른 기밀자료들과 '친일'단체들의 활동 등에 기록되어 있는 식민지 엘리트들 간의 상호작용을 탐구하는 것이다.

정착민들에 대한 연구는 결국 식민주의란 무엇인가라는 근본적인 질문을 하게 만든다. 그것은 그 외면적 속성보다는 실천행위로서의 권력에 대해 좀더 깊이 생각하도록 우리를 이끈다. 식민주의가 단순한 강제의 행사인 경우는 드물었다. 또한 그것은 단순히 문화를 통해 전파된 것도, 실체 없는 담론도 아니었다. 식민주의는 경제적·정치적·문화적 현상이기도 하고 담론적 현상이기도 하다. 그 다면적인 특성에 대한 이해 없이 우리는 그것을 제대로 설명할 수 없다.[65] 다양한 영역에 걸친 정착민들의 활동에 대한 추적을 통해 이 책은 정치·경제뿐만 아니라 문화와 식민주의의 강압구조, 그리고 근대의 헤게모니 효과까지 감안한 제국에 대한 좀더 역동적이고 다차원적인 분석을 제안한다. 그리고 평범한 사람들과 그들의 경험 내지 욕망, 그리고 일상생활을 통해 전개된 과정으로서의 식민주의 — 우리는 이를 '중개된 식민주의'(brokered colonialism) 라고 부를 수 있을 것이다 — 에 대한 이해를 제안한다. 요컨대, 정착민들은 식민지 권력의 복잡하고 우발적인 내부의 작업들을 굴절시켜 식민주의를 현장에서 해부하게 해주는 특별히 유용한 프리즘 역할을 한다.

정착민들의 중요성은 식민지 차원에만 국한되는 게 아니다. 그것은 본국의 사정도 되비춰준다. 근대 국민국가로서의 일본 문제는 알렉시스 두든(Alexis Dudden)과 다른 연구자들이 보여주었듯이, 일본의 조선 식민화라는 문맥 위에서 제대로 드러난다.[66] 이 식민지 기획을 이끌어간 것은 국민국가 수립과 제국건설이라는 이중적 과제와 맞닥뜨린 국가의 불안과 욕망이었다. 조선의 일본인 정착민들은 이 이중성 — 성공을 갈망하는 진취적인 젊은이로 대표되는 급속히 근대화된 나라로서의 자신감과

<hr />

65 냉전의 붕괴 및 그와 동시에 진행된 마르크스주의 패러다임의 퇴락, 그리고 새로운(특히 포스트식민주의적) 접근이 폭발적으로 등장한 이후, 식민주의에 대한 연구는 제국주의 정치와 경제보다는 제국의 문화와 담론의 분석에 초점을 맞춰왔다. 일본에서는 유사한 흐름을 통해 크게 제국의 문화와 사회사(제국사)에 주목하는 젊은 학자집단과 제국주의에 대한 경제적이고 실증적인 분석(제국주의사)을 중시하는 학자들로 이뤄진 전통적 진영으로 연구자들이 분화되었다. 고마고메 다케시(駒込武), 2000, pp. 224~31 참조. 나는 그런 분화에 경고를 해온 일군의 역사학자들(Richard L. Roberts, 1996, pp. 1~38; Frederick Cooper·Ann Laura Stoler(eds.), 1997, pp. 1~37; 야나기사와 아소부(柳澤遊)·오카베 마키오(岡部牧夫), 2001, pp. 12~13)의 주장에 주목한다.

66 Alexis Dudden, 2005. 타이완 식민화의 사례를 통해, 로버트 에스킬젠(Robert Eskildsen, 2002)은 이와 비슷하게 메이지 시대 일본에서 국가건설과 제국건설이 순차적으로 진행된 게 아니라 동시에 진행된 방식에 주목한다.

일급국가 지위를 획득하고자 분투했던 제국 초기의 불안감 —을 비추는 거울이었음이 분명하다.[67]

　그들의 행동과 생각은 일본의 근대화가 야기한 긴장이 어떻게 식민지로 파급되어갔는지, 그리고 그런 과정이 평범하고 곤궁하던 일본인들을 어떻게 해외에서 잔인한 압제자로 변화시켰는지를 보여준다. 정착민들의 역사와 그들이 남긴 유산은 일본이 자신을 근대화시킨 공간에 대한 개념을 수정할 필요가 있다는 것을 여실히 보여준다.

67　오카 요시타케(岡義武), 1982, p. 212.

제1부

출현

초지야(丁子屋)백화점, 1938.

제1장

정착민들의 세계

제국의 브로커들은 그 시작이 다양했다. 그들은 메이지 국가가 그 정치적 존재감을 각인하기 전에 자비로 조선에 건너간 일본인 남녀 하층민 집단의 출신들이었다. 이들 해외이주자가 자기 나라의 제국건설에 합류한 과정은 장사, 전쟁, 교육, 토지몰수, 그리고 정치적 술책을 포함한 복합적인 힘들에 떠밀린 것이어서 그들의 출신만큼이나 다양했다. 식민화의 이런 측면들은 각기 여러 평범한 행위자들 ─ 소상인과 무역업자들, 젊은 교육자들과 언론인들, 정치적 모험가와 뜨내기들 ─ 을 등장시켰는데, 그들은 그 수와 다양성 측면에서 조선 땅과 그곳의 주민들에게 영속적인 변화를 초래했다는 것을 우리는 살펴보게 될 것이다. 그리고 점차 애국적 의무이행으로 이해하게 된 행동들을 통해 그들은 제국건설의 자발적인 참여자가 됐다.

서민들의 역사를 일본제국의 궤적에 좀더 분명하게 새겨 넣는 일은 제국의 기원과 그 요원들에 대해서만이 아니라 제국이 어떻게 평범한 일본인들을 변화시키고 또 개별 일본인들이 어떻게 제국건설에 앞장섰는지 그 상호구성적인 과정들에 대한 우리의 이해를 도와줄 것이다. 조선에 간 초기 정착민들은 대부분 메이지 정부가 초래한 근대화 개혁의 파괴적인 영향으로부터 자신들을 지켜줄 피난처를 찾으려 발버둥치고 있던 민간인들이었다. 하지만 국내의 혁명적 변화에 '떠밀렸든' 아니면 해외에서의 기회가 제공하는 매력에 이끌렸든 간에, 해외 정착민들은 한 가지 공통점을 갖고 있었다. 그것은 깃발을 뒤따라가기보다는 앞장서서 이끄는 쪽이었던 그들이 일본의 동아시아 제국의 건설토대를 쌓았다는 점이다.

근대화하는 국가의 하층민들(subalterns)이 어떻게 외국의 지배에 앞장서는 요원이 됐는지를 살펴보면, 그들이 식민지 주변부에서 어떻게 '일본인'이 되었는지가 드러날 것이다. 세기의 전환기에 조선에 간 정착민들의 문화세계를 자세히 들여다보면, 다양한 지역 출신 이주민들이 어떻게 '일본 국가'의 구성원(국민) ── 일부 학자들은 "1880년대 말까지는 아직 충분히 형성되지 않았던" 범주라고 보았다 ── 이라는 의식을 키우면서 그들 특유의 공동체를 형성해갔는지를 또렷이 확인할 수 있다.[1] 국가의 투자와 시민들의 활동을 통해 조선은 근대화하고 있던 식민본국과 동일한 시공간 속으로 이동했으며, 정착민들은 거기서 자신들이 상상한 공동체들을 일본다움(Japaneseness)이라는 새로운 관념에 맞춰 만들었다.[2]

개척자로서의 이주민

1910년에 조선이 공식적으로 합병됐을 때, 메이지 일본은 조선의 외

---

1 예컨대, Kim Kyu Hyun, 2007, p. 10 참조.
2 Benedict R. Anderson, 1983; Ann Laura Stoler, 1989, p. 137.

교와 내정에 이미 30여 년간 효과적으로 개입하고 있었다. 서양세력에 대한 최선의 방어책은 그들의 제국주의 클럽에 들어가는 것이라고 확신했기 때문에, 일본은 먼 곳의 '야만인들'[3]을 문명화하겠다는 서양모방적 식민화의 첫 시도인 타이완 식민화를 위해 무장원정대를 파견한 직후인 1876년에 '불평등조약'의 일본판을 조선에 강요함으로써 서양의 포함외교(砲艦外交) 전례들을 모방했다. 강화도에서 일본이 총구를 들이대고 체결한 조약으로 조선은 개항을 했을 뿐만 아니라 일본인들에게 치외법권과 관세철폐의 혜택을 줌으로써 주권까지 양도했다. 이후 이주민들과 정착민들은 세기말 조선에서 일본이 제국주의(조선에 대한 정치적·군사적 힘의 행사)에서 식민주의(한반도 영토의 지배)로 이행하는 데 영향력을 행사했다.

19세기 말과 20세기 초 하와이와 미국이 일본인 계절노동자들을 끌어들인 몇 년간의 기간을 제외하면, 조선은 일본인 이주민들에게 가장 인기 있는 이주의 대상지였다.[4] 세기말에 발간된 여행안내서에는 "조선의 첫 개항장인 부산에 가는 데는 고작 15엔밖에 들지 않으며, 미국에 가는 비용으로 조선 노동자를 헐값에 자기 마음대로 쓸 수 있고 자기 사업까지 벌일 수 있다"[5]라고 적혀 있었다. 일확천금이라는 약속에 이끌려 수천 명의 일본인 남녀들이 조선을 자기 나라에서는 이룰 수 없었던 희망과 야망을 실현할 수 있는 이상적인 출구로 여기고 대한해협을 건너기 시작했다.

가장 먼저 길을 연 개척자들은 하층계급 출신 일본인들이었는데, 그들은 단기체류자, 소상인, 노동자, 목수, 장인, 가난한 농민, 가정부, 창녀,

---

3 Robert Eskildsen, 2002, pp. 388~418.

4 그 예외들은 1893년과 1899년, 그리고 1900년인데, 그 시기에 일본인 이주민들 중 더 많은 수가 하와이와 미국으로 갔다(기무라 겐지(木村健二), 2001a, p. 169).

5 사토가미 류헤이(里上龍平), 1996, p. 285에서 인용.

그리고 낭인(로닌)*들이었다. 그 사회경제적 배경에서 이들 이주민들은 놀라울 정도로 알제리, 모로코, 인도 또는 동인도제도에 처음 도착한 '가난한 백인들'(petits blancs)을 연상케 했다.[6] 대다수는 먼저 조선과 아주 인접한 남서부지역(나가사키, 후쿠오카, 야마구치, 히로시마 등)에서 쏟아져 들어갔다. 시간이 지나면서 점차 일본열도의 다른 지역들에서도 이주민들이 건너갔으며, 그 연쇄이주의 형태는 북쪽 멀리 홋카이도 사람들에까지 확장됐다.[7] 규슈(九州)나 서부 혼슈(本州)에 사는 사람들에게 부산이나 경성을 여행하는 것은 자국의 대도시 도쿄나 오사카를 여행하는 것만큼이나 쉬운 일이었다. 그러한 공간 개념은 아마쿠사(天草, 규슈 구마모토 현의 한 지방)의 어느 어부 이야기와 같은 일화를 만들어냈다. 그 어부는 분명히 주소를 '나가사키 현(県) 부산항'이라고 쓴 편지를 보냈는데, 그것은 부산을 규슈의 어느 현에 속한 섬으로 생각했기 때문이었다.[8]

초기 이주민들은 조선 땅에 뿌리를 내릴 생각은 거의 하지 않았다. 국가의 후원을 받아 이주한 사람은 거의 없었으며, 설사 있었다 하더라도 자신들의 이주를 국가의 목표와 연관지어 생각한 사람은 더 적었다. 그들 중 가장 가난한 이들은 재산을 날리고 해외에서 더 나은 삶을 찾으려고 고향을 버리고 온 사람들이었다. 일부 농민들은 농한기 때 일용노동자나 단기체류자로서 수입을 벌충하기 위해 조선으로 건너갔다. 이들 신분이 낮고 가난한 이주민 대열에는 해외개척자들의 뒤를 따라 입신출세(立身出世)의 웅대한 꿈을 꾸었던 야망에 찬 젊은이들도 합류했다. 이 뒤

---

* 막부 시대 이후 무사직(武士職)을 잃고 정처 없이 떠돌아다니던 무사들을 말한다.

6 그레고리 헨더슨(Gregory Henderson, 1973, pp. 263~65)은 일본인 조선 이주자들과 북아프리카로 간 프랑스의 피에 누아르(Pieds-Noirs, 알제리 이주민) 사이의 많은 유사점들을 지적했다.

7 Peter Duus, 1995, pp. 314~16.

8 핫토리 도루(服部徹), 1931, p. 33.

섞인 무리 중에는 상당수의 사족(士族, 예전의 사무라이)들도 포함돼 있었다. 거기에는 명망 있는 우익활동가들, 그리고 '최후의 사무라이'로 불렸던 사이고 다카모리(西鄕隆盛, 1828~77)를 추종하다가 메이지 유신(明治維新)을 주도한 신흥세력에 저항한 마지막 전쟁(세이난西南전쟁)에서 패배한 뒤, 자신들의 정력을 해외로 돌렸던 사쓰마(薩摩, 지금의 가고시마鹿兒島 지역) 출신자들도 들어 있었다.

그리고 가난한 농촌의 집안들에서 모집된 매춘부 군단이 국내에서 여성 블루칼라와 화이트칼라 노동자들을 제공했듯이, 그들이 없었다면 외로웠을 이들 제국군인들의 해외모험에 동행했다.[9] 동질적인 집단과는 전혀 거리가 멀었던 이들 초기 이주민들은 각자 자신들만의 방식으로 일본의 초기 제국건설에 기여했다.

사회경제적 신분상승을 꿈꿨던 그들의 부푼 희망과는 반대로, 초기 정착민들과 단기체류자들의 삶은 종종 그들이 본국에서 버리고 떠나온 삶만큼이나 고된 것이었다. 많은 사람들이 실패해 고향으로 돌아갔으며, 조선에 남은 이들은 기회가 닿는 대로 일용잡부 일을 전전하면서 어렵게 생계를 이어갔는데, 그들의 삶은 조선인 농민들과 다를 바 없이 가난했다. 경성 남산 자락의 일본인 거주지는 '거지굴'[10]이었다고 경성의 선구적 일본인 정주(定住)상인들 중의 한 사람이었던 히로에 사와지로(廣江澤次郎)는 회고했다. 일본인 이주민들의 천박한 처신이 조선 엘리트들로부터 경멸을 당하기도 했다. 성리학의 충직한 추종자인 그들은 종종 '상놈', '왜놈'으로서의 일본인 이미지를 '문명의 불빛'[11]으로 여겼던 중

---

9   가지무라 히데키(梶村秀樹), 1992, p. 201; 송연옥(宋連玉), 2002, p. 69. 정착민 공
    동체의 젠더역학과 해외개척자로서의 독신여성에 대한 일본인의 인식에 대한 통
    찰력 있는 분석은 Barbara J. Brooks, 2005 참조.
10 초기 경성 상업회의소에 대한 첫 회고좌담회의 속기록(1940년 3월 14일)은 *KSKN*
    1941, 3:29 참조.

국인 이미지와 병치했는데, 이런 이분법이 사라지는 데는 많은 시간이
걸렸다.

　도쿄 정부는 자국 이주민들을 국가를 부강하게 만드는 열쇠로 여기
고 있었으나, 관리들은 점차 이주민들의 하층민으로의 전락이 일본이
서양과 대등한 지위를 얻기 위해 그토록 열심히 갈고닦아온 문명국 이
미지를 날려버릴지도 모르는 위협요소로 보고 우려하기 시작했다.[12]
"1880년 원산항 개항 때", "외무대신은 그 지역 일본인 상인들에게 2층
짜리 서양식 건물에서 살 것과 남성 이주민들에게는 양복을 입을 것을
요구하는 한편, 기모노 차림으로 배에서 내리는 걸 금지했다"[13]라고 와
다 쓰네이치(和田常一)라는 무역업자는 회고했다. 그도 그럴 것이, 서양
의류 가게 초지야의 고바야시 겐로쿠가 조선에 도착하자마자 고객을 늘
리는 데는 아무 문제가 없던 시절이었다. 게다가 정부는 외국인들 눈에
국가의 이미지가 나빠지는 걸 피하기 위해 1880년대에 '무산자와 방랑
자들', 그리고 허가받지 않은 매춘부들의 조선 개항장 유입을 막기 위한
규제조처를 취했다.[14] 일본 영사관도 공개적인 알몸노출 같은 '미개한'
행위를 법률로 처벌할 수 있도록 했다. 그것은 1870년대에 메이지 정부
가 다수의 '경범죄 처벌법'을 공포하는 것으로 이어진다.[15] 국제적 승인
을 갈구하던 섬나라에 제국건설은 서양이 모든 걸 지켜보고 있다는 걸
의식하는 가운데 추진된 매우 자의식 강한 노력이었다.[16]

11　Peter Duus, 1995, p. 256.

12　하층민 이주자들에 대한 조선 신문의 기사들은 Andre Schmid, 2002, pp. 97~98
　　참조.

13　와다 쓰네이치(和田常一), 1927, p. 11. 경성과 부산에서 일본 옷을 규제하려 했던
　　영사경찰(領事警察)의 노력에 대해서는 이종민(李鐘旼), 2004, pp. 329~34 참조.

14　기무라 겐지(木村健二), 1989, p. 25.

15　경성부(京城府) 편, 『경성부정(府政) 일반』(京城府政一般), 1936, pp. 591, 622.

16　메이지 일본이 1910년의 조선병합을 정당화하기 위해 조심스럽게 국제법 용어들

제국주의의 선봉에 선 상인들

이들 초기 이주민들 가운데 종교교역자(宗敎敎役者)가 없다는 게 특이하다. 유럽인들이 아프리카와 아시아에 발을 들여놓을 때 가장 먼저 간 이들이 선교사였던 데 비해 조선에 간 일본인 정착민들의 경우, 1911년에 그들 중 한 사람이 탄식했듯이, 선교사는 '마지막에 온 사람들'이었다.[17] 그리고 일본인 선교사들이 조선에 갔을 때 그들은 이미 그곳에 와 있던 많은 서양 선교사들에 비해 수도 훨씬 적었고 성공적이지도 못했다.[18] 일본 내에서 국가신도(神道)가 발흥하자 일본 불교도들은 자신들의 신앙을 세계종교로 재창조하는 한편, 일찍부터 히가시혼간지(東本願寺)의 선도 아래 일련의 해외 포교사업을 시작했다. 부산이 개항하자 다양한 종파의 일본 불교도들이 대한해협을 건너갔는데, 그들은 일본의 문화를 전파하고 싶어했을 뿐만 아니라 조선왕조 때 쇠락한 불교의 지위를 되살리겠다는 생각도 갖고 있었다. 하지만 그들은 조선의 승려들과는 활기찬 동맹관계를 맺을 수 있었지만,[19] 그들의 설법이 일반 조선인들에게는 거의 가닿지 않았다. 그 대신 그들은 먼저 일본인 정착민 공동체의 간사가 되었으며[20] 무엇보다 일본의 군사작전, 그리고 나중에 식민정부의

을 사용한 것은 바로 이 때문이었다(Alexis Dudden, 2005, p. 4).

17 아오야기 쓰나타로(靑柳綱太郎), 1911, p. 153. 유럽인 선교사들의 경우는 J. P. Daughton, 2006 참조.

18 1910년대에 총독의 후원 아래 단기간 선교사업을 벌였던 일본 조합교회는, 그에 앞서 러일전쟁 무렵 조선의 기독교 공동체들을 조사하기 위해 몇몇 교회원들을 파견하기도 했으나 1910년의 합병 전까지는 별다른 활동을 한 흔적이 보이지 않는다(가와세 다카야(川瀨貴也), 2001).

19 Kim Hwansoo, 2007.

20 대곡파(大谷派) 본원사(本願寺) 조선개교감독부(朝鮮開敎監督部), 편, 『조선개교 50년지(誌)』(朝鮮開敎五十年誌), 1927, p. 174.

동화정책을 지원함으로써 제국의 일꾼으로 복무했다.[21]

　초기 이주민들 가운데 상인들이 일본의 조선 식민화의 토대를 놓는 데 중요한 역할을 했다. 유럽의 '아프리카 분할' 와중에 영국이 지구의 4분의 1을 장악했던 20세기로의 전환기를 묘사하면서 제국주의 경제이론가들은 산업성장을 어떤 국가가 해외로의 팽창——'금융자본' 또는 '독점자본'이 주도한——능력을 갖추는 데 필요한 전제조건으로 봤다.[22] 그 순서가 일본의 경우엔 뒤집혔는데, 일본에서는 해외에서 구축한 제국주의가 국내의 산업성장보다 시기적으로 앞섰다. 일본 자본주의가 그때까지 여전히 유아기였다는 것은 조선에서의 일본 제국주의 건설 초기에서 대자본이 한 역할이 비교적 작았다는 것을 의미한다. 의심의 여지없이 초창기부터 국가의 팽창정책 뒤에는 재계가 굳건히 버티고 서 있었다. 메이지 과두집권 체제의 명에 따라 정치적으로 영향력 있는 사업가들——특히 오쿠라 기하치로(大倉喜八郎, 1837~1928)와 시부사와 에이이치(澁澤榮一, 1840~1931)——이 일본의 조선 내 교역활동과 토지투자의 시동을 거는 데 핵심적인 역할을 했다.[23] 다수의 재벌기업들도 철도건설,

---

21　합병에 이르기까지 몇 년간 조동종(曹洞宗)(Hur, Nam-Lin, 1999; Kim Hwansoo, 2007)과 진종(眞宗, 淨土眞宗)(히시키 마사하루(菱木政晴), 1993) 소속의 일본 불교도들은 국가의 규제강화 속에 광범위한 사원(寺院) 네트워크를 건설함으로써 조선 불교도들을 자신들의 영향력 아래로 끌어들이려 했다. 하지만 대부분의 식민통치 기간에 일본 교역자들이 조선인들 마음을 얻은 것은 신앙보다는 교육과 자선활동을 통해서였으며, 그들은 그것을 통해 일본의 동화정책을 촉진했다(Micah Auerback, 2007).

22　Harrison M. Wright, 1976.

23　1878년 일본 국립 제일은행(第一銀行, 다이이치은행)의 지점개설을 시작으로, 외무대신 이노우에 가오루(井上馨, 1836~1915)의 후배인 시부사와는 조선 토지투자에 개입해 1904년에 조선흥업주식회사(朝鮮興業株式會社)를 설립하고, 저리의 대출자금으로 경작지를 사들였으며, 일본 농업기술의 도입을 촉진했다(Peter Duus, 1995, p. 386).

광산업 등에 관한 독점권을 얻었으며, 민간 해운회사들은 조선에서 원양해운 발전을 위한 보조금을 받았다.[24] 하지만 정치적 장래가 불확실한 조선에 돈을 투자하려는 자본가들은 거의 없었고 그들 대부분은 중국 쪽으로 쏠렸다. 시부사와 같은 일부 거물들을 빼고는 애국활동과 해외에서의 개인적 부의 추구를 결합해서 국가를 대신해 정복사업을 펼친 남아프리카의 세실 로즈(Cecil Rhodes)나 니제르강(江)의 조지 골디(George Goldie)와 같은 식민지 개척자들을 일본은 끝내 만들어내지 못했다.

산업혁명이 안겨준 충분한 이익이나 해외투자를 위한 잉여자본도 없이 근대화를 시작한 일본은 약간 종류가 다른 경제첨병 ─ 소규모 그리고 중간규모의 상인무리들 ─ 을 앞세워 조선에 파고들었다. 메이지 정부는 조선을 청나라의 중국과 차르체제의 러시아를 향한 대륙팽창의 교두보로 간주하면서 조선으로 간 이주민들을 다방면으로 보호하고 지원했다. 그러한 보호와 지원책은 하와이 사탕수수 농장이나 공장들에서 일한 이주민들, 북아메리카의 철도건설 공사장이나 광산, 농장으로 간 이주민들에게는 제공되지 않았다. 예컨대, 일본 정부는 중국과 조선으로 가는 여행자들에게 까다로운 출국심사를 면제해주었고, 1904년에는 여권의 발급절차를 아예 완전히 폐지해버림으로써 자국민 이주를 촉진했다. 일본 정부는 또한 중국과 서양에서 온 무역업자들과 힘든 경쟁을 벌여야 하는 개항장들에 일본인 정착촌을 건설하는 일을 지원했다. 예컨대, 원산에서 일본 당국은 개업 이주민들을 재정적으로 지원하는 일에서부터 일본 제품의 전시판매장 건립에 이르기까지 물불을 가리지 않았다.

---

24 메이지 정부는 대기업이나 제일은행 같은 은행들에 보호 및 재정지원을 해주고, 오쿠라재벌의 전신인 오쿠라구미(大倉組)에 철도건설을 위한 특권을, 후루카와(古川)와 아사노(淺野) 그리고 시부사와(澁澤)재벌에는 광산개발권, 미쓰이(三井)재벌에는 인삼의 독점전매권을 부여했다(기무라 겐지(木村健二), 1989, pp. 19~20).

자국민들이 더 안전하게 사업을 벌일 수 있도록 일본 정부는 경찰관들을 상주시키고 대놓고 전투함을 정박시켜놓기까지 했으며, 우편선과 정기선 운항을 요구하는 개항장 증가에 따른 소요자금도 제공했다.[25] 초기 이주민들은 조선을 일본의 산업화를 위한 안정적인 시장과 원료의 공급처로 전환함으로써 일본이 농업국가에서 제조업 수출국가로 변신해가는 데 간접적인 기여를 했다. 가장 대표적인 것으로, 그들은 일본에서 만들거나 서구의 소매상에서 수입한 잡화들을 조선인들을 주요 고객으로 삼아 폐쇄된 시장에 공급했다. "1904년 이전에 일본 상인들은 몹시 고생했다"라고 경성의 한 도자기 상인은 회고하면서, 얼마나 "우리가 조선인들의 입맛과 나전칠기와 철물에 대한 선호를 세심하게 신경 쓰면서 연구했는지"에 대해 이야기했다.[26] 정착민들은 본국으로 금,[27] 그리고 쌀과 콩 같은 농산품들을 싣고 갔는데, 그 물품들은 조선인들이 일본에서 들여오는 온갖 수입품들(면제품, 철물, 석유, 염료, 소금, 그리고 농기구들을 비롯한)과 종종 불리한 교환비율로 거래한 것들이었다.[28] 그 뒤 수십 년간 정착민들은 이처럼 주로 종주국과 식민지를 오가는 쌍방향의 상품 및 농산물 거래를 지속시키려는 노력을 계속했다.[29]

그 시기에 가장 공격적으로 자신들의 사업근거지를 확장한 일본 상인

---

25 기무라 겐지(木村健二), 1989, pp. 21, 25.

26 후치가미 데이스케(淵上貞助),「옛 추억담」(古き思出譚), in: 후지무라 도쿠이치(藤村德一), 1927b, p. 33.

27 조선에서 유출된 금은 조선을 편입시킨 엔 기반의 금환본위제(gold-exchange standard)를 창출하는 토대가 되었다(Mark Metzler, 2005, pp. 30~33, 52~55).

28 1870년대와 1880년대에 일본 무역업자들은 거의 전적으로 서양제 상품들을 먼저 일본에 수입해 다시 조선에 파는 일에 종사하고 있었으며, 1890년대 중반 이후에는 일본 국내산 물품들, 특히 면제품들을 조선으로 수출했다(Peter Duus, 1984, p. 152).

29 조선총독부 서무조사과 편, 1924, p. 76.

은 면제품과 쌀 거래업자들이었다. 1890년대 초 일본 면제품의 생산업자들은 급속히 성장하면서 일본의 산업적 '이륙'을 선도했던 자국 내의 섬유생산을 당시 조선에서 커져가던 외국상품에 대한 수요에 맞춰 활용할 수 있었다. 국가의 지원 없이 그들은 조선의 면제품 시장을 지배하기 위해 수출 카르텔을 형성하고 다른 공격적인 판매전술들을 채택했으며, 그 결과 매우 효과적으로 일본의 정치적 존재감을 거의 불필요한 것으로 만들어버렸다.[30] 일본인 미곡상들도 국가에 좀더 의존하기는 했지만 그에 못지않게 기민했다. 러일전쟁 기간과 그 뒤 조선이 일본 보호국으로 전락했을 때, 일본인 미곡상들은 여행자유화를 조선 내륙시장에 빠르게 침투해 들어가는 데 활용했는데, 그때 그들은 종종 조선인 상인들(객주客主와 여각旅閣)을 중간에 끼워 조선 농민들에게 선급금을 지불하고 수확기에 쌀을 거둬갔다. 조선 쌀 무역의 최대 수출입항이 된 군산에서 일본인 현지상인들은 심지어 조선인 중개인들의 역할을 대체해 종자와 농기구 구입을 위한 대부사업을 확장하고 자신의 대리인들을 파견함으로써 내륙의 농민들과 직거래하기 시작했다.[31]

하지만 다른 이주민들이 겪은 현실은 종종 이보다 훨씬 좋지 않았다. 쪼들리던 많은 정착민들은 사기(詐欺)에 가까운 일들을 하면서 빈곤에서 벗어나는 좀더 쉬운 길을 추구했다. 그런 일들은 조선인들에게 조잡한 상품을 팔거나 일본에서 수입한 물품에 과도한 대금을 지불하게 만드는 것에서부터 불법적인 인삼(人蔘)거래와 조선 동전의 위조 같은 더 큰 규모의 사업들까지 다양했다.[32] 식민당국은 이에 대해 경고하거나 안

---

30 Peter Duus, 1995, pp. 285, 287.

31 같은 책, pp. 276~77.

32 일한통상협회(日韓通商協會), 『일한통상협회 보고(報告)』(日韓通商協會報告), no. 2, 1983[1895], p. 19. 예컨대, 다케시 무라마쓰(村松武司), 1972에 나와 있는 우라오 분조(浦尾文藏)의 경우를 참조하라.

전조처를 취했지만 종종 의도적으로 제대로 대처하지 않았다. 이주민들과 정착민들이 국가팽창에 비판적인 듯 보이자, 식민정부는 그들의 가장 지독한 행위들만 금지하고 초기의 과잉행동들은 건성으로만 규제하는 경향을 보였다.[33]

정착민들도 그들 나름대로 국가의 지원 없이 또는 국가의 지원 아래 점차 공격적인 거래전략을 추구했다. 그리하여 많은 사람들이 1876년 (불평등)조약을 통해 얻어낸 일본인 관세철폐 조처를 이용했다. 1884년, 20세 때 무일푼으로 조선에 건너간 가고시마 출신의 야마구치 다헤에(山口太兵衞, 1865~1934)는 치외법권을 글자 그대로 무기로 휘둘러 경성의 가장 유력한 상인들 중 한 사람이 되었다. 인천으로 가던 그의 물품(쇠가죽)이 당시 경성에서 반출되는 모든 물품들에 부과되던 세금을 내지 않아 남대문에서 조선인 초병에게 압류당했을 때, 야마구치는 일본 영사에게 도와달라고 호소했지만 영사는 조선 당국과 협상해달라는 그의 요청에 귀 기울이기를 거부했다. "법을 제 입맛대로 휘둘러", "조선인 강도들"을 "조약의 규정에 따라" '응징'하기로 작심한 완매(頑昧)한 야마구치는 '일본도'(日本刀)를 빼어들고 남대문으로 서둘러 돌아갔고, 깜짝 놀란 조선인 초병들은 그가 하라는 대로 했다. — '영웅적 용맹'의 순간이었다고 그는 나중에 자신의 전기작가에게 자랑스럽게 떠벌렸다.[34]

정착민들이 자신들의 장사와 거주의 편의를 위해 조약상의 금지사항들을 공개적으로 어기는 그런 오만과 탐욕이 때로 외교적 분쟁으로 비화하기도 했다. 예컨대, 조선 정부가 식량부족 사태에 대처하기 위해 정기적으로 실시한 방곡령(防穀令)에 대해 일본인 상인들과 무역업자들은

---

33 계림상업단(鷄林商業團)이라 불리는 떠돌이 행상인 무장그룹의 예는 [외무대신 관방](外務大臣 官房) 문서과(文書課) 편, 『일본 외교문서』(日本外交文書), vol. 31, 1898, pp. 1193~97 참조.

34 기타가와 요시아키(北川吉昭) 編, 1934, pp. 25~27.

그로 말미암아 자신들이 입은 손실에 대한 배상의 협상에 나서라고 식민지 영사를 통해 도쿄 당국에 기를 쓰고 재촉했다.[35] 1889년 황해도와 함경도에서 그런 방곡령이 선포됐을 때, 원산과 다른 도시들에 거주하던 일본인 정착민들은 그것을 중단하도록 조선 정부에 압박을 가하라고 그곳 외교관을 닦달했다. 그들은 심지어 대리인들을 도쿄에 보내 좀더 강경한 외교자세로 돌아서고 있던 대중정당들에 호소하기도 했다. 결국 정착민 로비스트들은 조선에 압력을 가해 방곡령을 철회하고 책임이 있는 지역관리들을 해임하게 만들도록 일본 정부를 움직이는 데 성공했으며, 11만 엔의 배상금까지 받아냈다.[36] 국가가 목소리 큰 국민들이 요구하는 대로 따라가는 이와 같은 사건들은 하위제국주의자(subimperialist)로서의 정착민들의 역할을 생생하게 뒷받침한다. 데이비드 필드하우스(David Fieldhouse)가 이를 두고 한 유명한 말이 있는데, '종주국 개'가 끊임없이 "그 식민지 꼬리 때문에 흔들린다"는 것이다.[37] 1890년대 초에 특히 이들 이주민과 그들의 끈질긴 이익추구 덕에 일본인들은 조선의 대외무역을 지배하게 되는데, 조선의 대일본 수출의 90퍼센트 이상과 일본으로부터의 수입의 절반 이상을 그들이 차지했다. 또 교역이 이뤄지는 조선의 개항장들에서 70퍼센트가 넘는 상선들이 일장기(日章旗)를 달고 있었다.[38]

---

35 1883년 강화도조약 조항의 개정으로 조선 정부는 한 달간 일본 영사관에 미리 통지하고 쌀과 보리, 그리고 콩의 수출을 금지할 수 있게 되었다. 하지만 일본인 무역업자들이 점차 내륙지역으로 파고들어 현지 곡물공급을 압박함에 따라 조선 관리들은 적법한 절차 없이 즉흥적으로 곡물수출을 금지할 수밖에 없는 상황으로 내몰렸다.

36 요시노 마코토(吉野誠), 1978, pp. 101~31.

37 D. K. Fieldhouse, "Imperialism and the Periphery", in: John C. De Wright, 1976, p. 186.

38 Carter J. Eckert et al., 1990, p. 215.

중국 제국주의와 싸우다

적지 않은 경우에, 이익을 좇는 정착민들도 자신들이 위기의 순간에 하나가 됨으로써 애국적 시민이 될 수 있다는 것을 보여준다. 조선왕조의 마지막 수십 년 역사에 종지부를 찍은 청일전쟁과 러일전쟁, 그리고 그 두 전쟁의 발발을 둘러싼 일련의 정치적 모략들만큼 정착민들을 결속시킨 사건은 없었다.

메이지 일본이 청나라의 중국과 차르체제 아래의 러시아를 겨냥한 대륙침략을 위해 이주민들을 동원했다면, 정착민들은 그들대로 국가가 조선에서 이들 두 라이벌 세력들을 축출해 그들이 좀더 원활하게 이익을 추구할 수 있도록 해달라고 요구했다. 점차 적극적으로 나서기 시작한 본국 정부의 지원을 받고 있던 중국 상인들이 무엇보다 가장 큰 장애물이었다. 서양의 포함외교 압박에 대처하기 위해 청(淸) 제국은 1880년대에 기존의 의례적이었던 지배적 지위를 서양방식의 제국주의적인 것으로 재단장함으로써 조선에 대한 종주권을 강화했다. 19세기 제국의 힘줄들 — 포함(砲艦)에서부터 조약과 국제법에 이르기까지 — 을 동원함으로써 청 제국 정부는 조선의 외교정책을 조종했으며, 강력한 조선 주재(駐在)대표인 위안스카이(袁世凱, 1859~1916)를 통해 조선의 국내개혁에 개입했다.[39] 1885년 일본과의 양자합의는 중국의 지배를 받고 있던 조선을 그 뒤 10년간 더욱 흔들어놓았다.[40]

식민지의 일본인 상인들은, 명백히 일상적으로, 이 새로운 중국 '제국주의'의 공격에 정면으로 노출됐다. 그들 중 한 사람은 당시 위안스카이

39　Kim Key-Hiuk, 1980, Chapter 8. 청나라의 '제국주의'에 대한 좀더 종합적인 검토는 Kirk W. Larsen, 2008 참조.

40　Martina Deuchler, 1977, pp. 223~25.

권력의 지원으로 절대적이었던 중국인의 상업적 지배에 직면해 속수무책이었던 자신들의 처지를 한탄했다. "남대문의 아침시장은 완전히 중국인들이 지배할 것이다. 심지어 일본인 상인이 가까스로 빈자리를 찾아내더라도 중국인 상인이 나중에 와서 그를 때려눕히고 그게 자기 자리라고 주장할 것이다."[41] 절망한 나머지 경성의 일본인 거류민들은 종종 무력에 호소했다. 그들은 현지의 영사와 외무대신 무쓰 무네미쓰(睦奧宗光, 1844~97)에게 '중국과 조선의 탄압'[42]에 맞서 싸우기 위해 영사경찰을 증원하거나 일본 군인들을 증파해달라고 애원하는 진정서를 보냈다.

1885년 조약(톈진조약) 이후 10년간 메이지 일본의 지도자들은 조선에서 중국의 영향력을 완전히 제거하기 위해 군사적 해결을 갈망하게 된다. 1894년 봄에 대규모 농민반란——동학(東學)의 봉기——이 일어나자 일본 정부는 중국의 뒤를 따라 현지의 일본인 거주자들을 반란군으로부터 보호한다는 구실을 내세워 약 8,000명의 병력을 조선에 급파했으며, 중국과 대등한 조선 내정(內廷)통제권을 요구했다. 그런 요구가 중국으로부터 거부당하자 일본 외교관들은 현지 정착민들과 대륙의 낭인(조선 궁내부 겸 군부의 고문으로 일한 오카모토 류노스케(岡本柳之助, 1852~1912)와 같은 사람)들과 결탁해 보수적인 친청파(親淸派) 민씨(閔氏)일파를 축출할 목적으로 조선 정부에 대한 쿠데타를 일으켰다. 1894년에 주저하는 흥선대원군(興宣大院君, 1820~98)——고종(高宗, 1852~1919)의 아버지이며, 1873년에 권좌에서 물러난 늙은 섭정(攝政)으로 당시 조선 상황에 불만을 갖고 있었다——을 입궐시킨 뒤, 그들은 조선 정부에 중국군과 일본군을 동시에 철수시키도록 요구하는 '조약'에 서명하라고

41 초기 경성 상업회의소에 대한 첫 회고좌담회의 속기록(1940년 3월 14일)은 *KSKN* 1941, 3:26 참조.
42 *KSKN* 1941, 1:30~33; 가와바타 겐타로(川端源太郎) 編, 1910, pp. 31~32.

압박했다.[43]

　동학교도들이 경성의 일본인 정착촌을 공격하러 온다는 소문을 듣고
는 앞서 언급한 상인 야마구치 다혜에를 비롯한 경성의 일본인 정착민
들은 무쓰 외무대신에게 경찰관을 증파해 자신들을 보호해달라고 호소
했다. 한편, 스기무라 후카시(杉村濬, 1848~1906) 영사는 현지 거류민들,
제국 해군 및 육군 장교들과 비상사태 대비용으로 '90정의 소총'을 마
련하기로 모의했다.[44] 청나라 군대가 충청남도 아산에 상륙하자 경성의
일본인 정착민들은 무쓰 외무대신에게 '정예병 수천 명'을 조선에 파병
해 중국의 '압제'를 몰아내 "일본인 거류민들이 영원히 평화롭게 살 수
있게 해주고, 우리나라의 힘을 해외에 떨칠 수 있게 해달라"라고 촉구했
다.[45] 제국의 운명이 자신들의 그것과 다를 것이 없다는 사실을 목도하면
서 인천의 일본인 거류민들은 숙영(宿營)군인들을 수용할 특수시설들을
마련했으며, 원산 거류민들은 주둔군 막사들을 새로 지었다. 그리고 전
국의 정착민들은 모두 일본군에 음식과 거처를 제공하고 통역을 해주는
등 자진해서 온갖 일들을 처리해주면서 군사작전들을 도왔다.[46] 한 종군
기자는 후일 일본군이 평양의 어느 전장에서 어떻게 중국인들을 '고작
5시간 만에' 처부수고 일본이 해외에서 거둔 첫 대규모 군사적 승리에
길을 열어주었는지 신나게 떠들었다.[47] 그리고 그 승리는 많은 정착민들

43　박종근(朴宗根), 1982, pp. 58~62, 85~89; 기타가와 기치사부로(北川吉三郎),
　　「입경 당일의 곤혹」(入京當日の困惑), in: 후지무라 도쿠이치(藤村德一), 1927b,
　　pp. 53~56; 오카모토 류노스케(岡本柳之助), 1912, pp. 265~71.

44　경성부(京城府), 『경성부사』(京城府史), 1934, vol. 1, p. 561.

45　경성거류민단역소(京城居留民團役所), 『경성발달사』(京城發達史), 1912, pp. 66~
　　68; 경성부(京城府), 1934, vol. 1, p. 562.

46　기무라 겐지(木村健二), 1989, p. 74; 경성부(京城府), 1934, vol. 1, p. 714; 후지무라
　　도쿠이치(藤村德一), 1927b, pp. 25, 46.

47　기쿠치 겐조(菊池謙讓), 1936, p. 271.

도 지켜봤듯이 그들의 애국적 행동과 봉사 덕을 적지 않게 봤으며, 그것은 10년 뒤의 러일전쟁에서도 재연되었다.

　그 전쟁은 정착민들을 애국시민으로 변모시켰을 뿐만 아니라 그들 중 일부를 하룻밤 새에 벼락부자로 만들었다. 벌어지는 전투마다 일본 상인들과 군속들에게는 돈벌이 기회가 됐으며, 전쟁특수는 쌀과 면제품 거래업자들이 내륙시장에 더욱 깊숙이 침투할 수 있게 해주었다. 청에 대한 일본의 승리는 결국 교착상태에 빠졌던 이주의 열기에 숨통을 틔워주었다. 그 전쟁으로 중국 상인들의 힘이 제거되자 일본 소매상인들은 새로운 일본과 서양의 제품들을 조선에 들여와 팔 수 있는 입지를 확보했다. 두 전쟁 사이의 기간과 그 이후에 많은 상인들이 안정된 통화, 도량형 통일, 신용 및 은행시설 등 일본 정부가 마련해준 더욱 안전한 환경 속에서 그들의 초기 손실을 벌충하고도 남을 만큼[48] 신나게 돈을 벌었다.[49] 기무라 겐지(木村健二)의 연구에 따르면, 러일전쟁 시기에 일본 본국에서 기업을 일으키려면 평균 10년 내지 20년이 걸렸으나 조선에서는 약 8년밖에 걸리지 않았고, 배우는 게 빠른 이들은 조선에 건너온 지 한 두 해만에 자영업자가 됐다.[50] 야마구치 다헤에처럼 '자수성가한 사람들'이 자신들이 쌓아 올린 부가 아무것도 없이 오로지 열심히 일하고 기민한 마케팅 전략을 세운 덕이라고 주장했지만, 그것은 그들이 흔히 이야기하는 것보다 훨씬 더 큰 혜택을 국가로부터 받은 결과였다.

48　『조선과 만주』(朝鮮及滿洲), 1910년 4월호, pp. 83~85.

49　Peter Duus, 1984, p. 155.

50　기무라 겐지(木村健二), 2002, p. 5.

'현지인들'의 정치적 협력

두 전쟁 사이의 시기에 일부 정착민들은 조선 궁정에서 벌어진 극적인 정치음모에 끼어들었다. 1876년 개국 이후, 조선 정부는 수십 년간 개혁의 속도와 전략을 둘러싸고 복잡하게 요동치는 권력투쟁 속으로 빠져들었다.[51] 지도부 내의 이런 갈등은 일본을 포함해 이권을 얻어내려는 강국들의 개입으로 더욱 복잡하게 얽혔다. 조선의 개혁을 지원한다던 일본의 정책은 1880년대 이후 일관되지 못했다. 일본 해군이 중국군에 거둔 승리는 조선을 장악하려던 일본의 팽창을 가로막은 많은 장애물들 가운데 하나를 제거한 것이었을 뿐이다.

그들이 조선 조정에서 중국의 영향력을 제거하자마자 승리한 일본이 마주쳐야 했던 것은 고종의 아관파천(俄館播遷) 뒤 러시아와 독일, 프랑스가 공모한 삼국간섭(三國干涉)으로 인한 자국 영향력의 약화였다. 일본인들은 조선 정부 내에서 안정적인 동맹세력을 찾기 위한 노력을 계속했으며, 조선 조정은 모든 외국세력들이 가까이 접근하는 것을 막기 위해 "이이제이(以夷制夷) 전략을 구사했다".[52] 철도건설 이권을 미국과 프랑스 사업가들에게 하나씩 나눠주면서 조선의 지도자들은 특히 러시아인들이 조선에 대한 일본의 압박을 막아줄 것이라고 생각했다.

조선의 일본인 관리들과 정착민들은 다시 한 번 손잡고 그런 정치적 흐름을 뒤집었다. 이 '현지인들'(men on the spot)의 협력의 보기 드문 예들 중의 하나, 그리고 근대 식민주의 역사상 가장 어처구니없는 폭력행위들 가운데 하나는 정착민들이 경성 주재 공사관 장교들과 함께 조선 조정 내의 반일(그리고 친러)파 우두머리로 여기고 있던 명성황후(明成

---

51   Martina Deuchler, 1977; Carter J. Eckert et al., 1990, Chapter 13.
52   Peter Duus, 1995, p. 131.

皇后, 1851~95) 암살을 공모한 것이다. 명성황후는 자신들의 의도대로 조선을 개혁하려던 일본인들에게 방해물로 여겨졌다. '갑오개혁'(甲午改革)으로 알려진 그 개혁은 일본인들이 1894년에 경복궁(景福宮)을 점령하면서 시작되어 1896년까지 16개월간 지속됐다. 명성황후가 그 무렵 일본의 후원 아래 수립된 김홍집(金弘集, 1842~96) 내각을 무너뜨리려 하자, 조선 주재 특명전권공사로 갓 부임한 미우라 고로(三浦梧樓, 1847~1926)는 명성황후를 암살하고 민씨세력의 최대적수인 대원군을 권좌에 완전히 복귀시키는 모의를 주도했다.[53]

이 모의에 가담한 이들 중 한 사람으로 당시 도쿠토미 소호(德富蘇峰, 1863~1957)가 경영하던『고쿠민신문』(國民新聞) 경성 특파원이었던 기쿠치 겐조(菊池謙讓, 1870~1953)에 따르면, 그 쿠데타는 모두 약 120명에 이르는 경성 거주 일본인들을 포함한 관민(官民)의 전형적인 협력사업이었다. "국민적 순정으로 국제적 신의를 지키고 이웃에 공헌"하는 일에 일본 '국민'을 그토록 단결시킨 것은 그 사건 이전에도 이후에도 없었다고 그는 썼다.[54] 그 쿠데타가 그해 10월 초 조선 훈련대 병사들과 일본 공사관 무관, 경찰관들에 의해 최종적으로 실행됐을 때, '40명 이상의 자원자들로 구성된 별동대'의 지원을 받았다[55]고 기쿠치는 도쿠토미에게 보낸 편지에 썼다. 그 별동대에는 오카모토 류노스케 같은 극우민족주의자들과 조선 정부에 고용된 자들, 그리고 상인들에서부터 교육자, 언론인들에 이르기까지 다양한 신분의 현지 정착민들이 가담했다. 언론인들 가운데 가장 유명한 사람은 구마모토(熊本) 현의 애국주의 정당

---

53 일본인들은 개혁과 관리들과 손잡고 대원군을 끌어들여 친청파 민씨세력을 조선 정부에서 몰아내고 김홍집을 명목상의 수반으로 내세워 갑오개혁을 출범시켰다 (Carter J. Eckert et al., 1990, pp. 223~24).

54 기쿠치 겐조(菊池謙讓), 1931, vol 1, pp. 79, 82.

55 기쿠치 겐조(菊池謙讓)가 도쿠토미에게 보낸 편지(1895년 10월), p. 222.

이 설립하고 일본 외무성이 재정지원을 한, 두 개 국어(조선어와 일본어)
로 간행된 『한성신보』(漢城新報)의 편집자였다.[56] 남아 있는 기록들이 연
대순으로 자세히 전하고 있듯이, 이 협력사업에서 일본 영사관 경비대와
조선군 부대가 대원군을 호위했고, 일본 경찰관들이 경복궁으로 들어가
는 "문을 열기 위해 담장에 올라갔"으며, 칼을 빼든 일본의 야인 무뢰배
들이 군인들과 합세해 궁 안으로 들이닥쳤다. 그 만행은 황후와 시녀들,
그리고 궁내부 대신들의 학살로 그 절정에 달했다.[57] 쿠데타가 진행되는
동안 기쿠치는 대원군의 거소(居所)였던 운현궁(雲峴宮)의 '뒷문 보초'를
섰으며, 쿠데타가 개시되자 운현궁에서 "대원군을 끌어내기 위해 (자신
의) 한정된 능력이나마 최선을 다했다".[58] 그리고 대원군의 명에 따라 기
쿠치는 개인적으로, 피로 얼룩진 황후 침실에서의 살해장면에 관한 목격
담을 포함해 뒤이어 벌어진 아수라장의 진행상황들을 보고했다.[59]

　이 만행은 조선인들의 분노를 사 미우라와 47명의 일본인 모의가담
자들은 거센 여론재판을 거쳐, 그들을 '국민적 영웅들'로 찬양한 현지
정착민들이 베풀어준 정성스런 송별연회를 즐긴 뒤 일본으로 추방당했
다. 국제적 비난을 막으려 안달하던 도쿄 정부는 그들을 소환해 일본 법

56　사사 히로오(佐佐弘雄), 1977, pp. 21~22, 29. 그 경성사무소는 "낭인과 건달의
　　소굴"이 됐고, 기쿠치 겐조(菊池謙讓)는 거기서 자신의 새 집을 찾았다(『조선공
　　론』(朝鮮公論), 1933년 7월호, p. 123).
57　흑룡회(黑龍會) 편, 『동아선각지사기전(記傳): 상』(東亞先覺志士記傳: 上), 1966,
　　pp. 511~47; 박종근(朴宗根), 1982, pp. 235~303. 쿠데타에 대한 더 자세한 내용
　　은 기쿠치 겐조(菊池謙讓), 1936, pp. 303~13; Peter Duus, 1995, pp. 108~12 참조.
58　기쿠치 겐조(菊池謙讓)가 도쿠토미 소호(德富蘇峰)에게 보낸 편지(1895년 10월),
　　p. 222.
59　기쿠치 겐조(菊池謙讓), 1940[1937], pp. 417~18; 기쿠치 겐조(菊池謙讓), 1936,
　　pp. 272~310. 이 체험은, 한국어로 번역된 대원군 전기를 비롯해 기쿠치가 그 뒤
　　에 쓴 조선사에 대한 다수의 책들에 희귀자료로 활용되었다(기쿠치 겐조(菊池謙
　　讓), 1910a; 1910b).

정에 세웠다. 그들은 히로시마(廣島)에 도착하자마자 감금당했지만, 결국 증거 불충분으로 무죄방면되었다.[60] 조선 조정에 대한 지배력을 되찾겠다는 일념으로 메이지 지도자들은 자국민들의 그 무모한 행위를 못본체함으로써 사실상 그것을 승인했다. 당시의 정치적 교착상태에서 미우라와 그의 지지자들은 처벌받지 않고 조선 내정에 개입할 수 있다는 걸 충분히 알고 자신들의 계획을 실행에 옮겼을 것이다. 그들은 일본이 대륙으로 군사적 침략을 감행할 때 본보기가 될 수 있는 기정사실화 외교(diplomacy of fait accompli)의 효과를 미리 내다보고 있었다.

그 사건과 이후의 파장은 가장 영향력이 컸던 일군의 제국의 브로커들의 출현을 예고했다. 나중에 우정대신이 되는 『한성신보』(漢城新報) 사장 아다치 겐조(安達謙藏, 1864~1948)는 당시 의회정치에 발을 들여놓기 위해 일본에 남아 있었지만, 대다수 언론인들과 다른 낭인들은 자신들의 일을 재개하기 위해 조선으로 복귀했으며, 그들은 일본 거류민 사회의 핵심적인 대변자가 됐다. 그러나 기쿠치의 이력은 더욱 특이한 쪽으로 방향을 바꾼다. 1894년 중국과 일본의 군사적 충돌에 대해 보고해달라는 외무성의 특수임무를 받고 조선에 처음 들어간 뒤, 기쿠치는 대체로 비밀리에 조선 궁내부 일에 관여하게 되고 개인적으로 대원군의 총애를 받게 된다. 히로시마에서 조선으로 돌아간 뒤, 기쿠치는 일본인이 경영하던 당시 가장 권위 있던 『한성신보』 사장이 되었을 뿐만 아니라 조선 조정에 한층 더 큰 영향력을 발휘할 수 있는 자리에 취임하는데, 그것은 러시아의 위협에 대처하는 조선을 돕겠다는 것이었다.

기쿠치는, 그 자신의 말에 따르면, 한반도 남해안에 있는 "마산에 대한 조차권(租借權)을 러시아가 요구했다는 사실을 처음으로 알아낸" 사람이

---

60 거류민단의 일부 단원들은 중앙정부에 그들에 대한 추방령을 모두 철회하라고 요구했다(흑룡회(黑龍會) 편, 1966, p. 537).

다. 그는 이 중요한 정보를 한성(경성)의 일본 공사 하야시 곤스케(林權助, 1860~1939)에게 제공했고, 하야시 공사는 그것을 도쿄에 전달했다. 기쿠치에 따르면, 그것은 국가적 중요성을 지닌 행위였던 만큼 나중에 하야시는 "남작(男爵) 작위를 얻었다".[61] 또한 그 무렵 기쿠치는 북(北)중국과 만주에 주둔 중인 러시아군 병사들의 야만성을 매일 『한성신보』를 통해 보도해 한국인의 반감을 부추김으로써 분명히 고종의 관심을 끌었다.[62] 조선 외무대신 박제순(朴齊純, 1858~1916)에게 북쪽의 국경을 따라 전개되는 상황을 잘 챙기게 하는 한편, 기쿠치는 1901년 러시아의 한반도 침공이 임박할 경우에 두 나라가 상호지원하기로 합의하는 조일방위동맹에 대한 자신의 생각을 고종에게 전달했다. 그 제안은 당시 동아동문회(東亞同文會) 회장(이 때문에 조선에서의 기쿠치의 직무는 두 배가 됐다)으로 경성을 방문했던 고노에 아쓰마로(近衛篤麿, 1863~1904) 공작(公爵)으로부터 전폭적인 지지를 받았다. 그것은 또 기쿠치가 "조선 조정에 (더욱) 가까이 다가가 궁정외교 열차의 탑승권을 확보"하게 해주었으며, "조국에 대한 나의 봉사를 기념하는 기회"였다.[63]

고종은 그 뒤에 주목할 만한 행보를 보였다. 방위동맹에 관한 일본 정부와의 협의를 시작하면서 고종은 기쿠치를 구완희(具完喜, 1876~1945)와 함께 자신의 지령을 새로 일본 주재 조선 공사가 된 조병식(趙秉式, 1832~1907, 외무대신 박제순이 발탁했는데, 이는 명맥히 기쿠치의 제안에 따른 것이었다)에게 전달할 대한제국(大韓帝國)의 사절로 임명했다. 조선의 왕이 일본 언론인을 자신의 개인 외교사절로 임명한 것은 전례 없는 일이었

---

61 기쿠치 겐조(菊池謙讓), 1931, vol. 2, p. 43.

62 아오야기 쓰나타로(靑柳綱太郞), 1926a, p. 876; 기쿠치 겐조(菊池謙讓), 1931, vol. 2, p. 431.

63 기쿠치 겐조(菊池謙讓), 1931, vol. 2, p. 44. 유감스럽게도 그 제안의 자세한 내용은 알려져 있지 않다.

을 뿐만 아니라 기쿠치가 하야시를 건너뛰고 조선의 사절이 된 것은 일본 영사당국에도 너무나 충격적인 일로 받아들여졌다. 기쿠치의 활동들은 너무 이해하기 힘든 것이어서, 전하는 바에 따르면, 하야시는 기쿠치가 본국에 사절로 간다는 소식을 듣고 "깜짝 놀랐다"고 한다.[64] 고노에 아쓰마로의 일기에 따르면, 방위동맹과 정치망명자들의 추방에 관한 고종의 친서를 휴대한 기쿠치는 제2차 야마가타(山縣) 내각(1898~1900)의 외무대신 아오키 슈조(靑木周藏, 1844~1914)와 조선 외무대신 조병식 사이를 은밀히 오갔다.[65] 그 무렵 그는 조선 정부를 위하여 도쿄의 지도자들과 협상을 벌이는 외교적 중재자로서 효과적으로 움직였다.

제2차 야마가타 내각이 급작스레 무너지면서 진행 중이던 방위동맹 논의는 무산됐지만 기쿠치의 영향력은 그의 제안보다 오래갔다. 신문과 잡지들을 다수 창간하는 한편, 기쿠치는 조선이 일본의 보호국 신세로 전락했던 시절에 '일본인 감독관'으로서 조선 궁내부와 계속 긴밀한 관계를 유지했다. 조선합병 무렵, 그는 조선 문제에 관한 권위자로서 부동의 지위를 확보하고 있었다. 당시 조선 조정 내의 핵심세력에게까지 영향력을 지니고 있던 그를 "동료 낭인 정착민들이 부러워했다"고 한다.[66] 기쿠치 같은 정착민들의 역할은 그들 전기작가들(그리고 본인들)에 의해 어느 정도 과장됐을 수 있으며, 그들의 정치활동의 세목들은 유감스럽게도 그 골격만 남아 있다. 그럼에도 현존하는 자료들 곳곳에서 찾아볼 수 있는, 그들이 남긴 영향력의 흔적들은 공식 외교영역이 어떻게 그 가장자리들에서 모험가들, 공상가들, 국수주의자들, 그리고 정치꾼들이 만들어내는 제멋대로의 세계 속으로 녹아 없어지는지를 보여준다. 그리고 그

---

64   아오야기 쓰나타로(靑柳綱太郎), 1926a, pp. 890~91.

65   사쿠라이 료주(櫻井良樹), 1998, p. 409에서 인용.

66   후지무라 도쿠이치(藤村德一), 1927b, p. 232.

것들은 일부 정착민들이 도쿄가 파견한 조선 대표부 울타리를 넘어 조선 조정에 행사한 영향력의 범위가 어느 정도였는지를 암시한다. 정착민 언론인 아오야기 쓰나타로(靑柳綱太郞, 1877~1932)는 그들의 영향력에 찬사를 보내면서 나중에 동료 일본인들에게 선언했다. "우리는 일본의 조선병합 진로를 가르쳐준 언론인 기쿠치 조후(菊池長風, 기쿠치 겐조의 필명)의 막후활동들이 기여한 바를 결코 잊어서는 안 됩니다."[67]

철도건설 로비

기쿠치와 같은 '현지인들'의 정치활동과 구상들은 현지 정착민들이 정부가 수립한 제국주의적 계획을 따라가기보다는 얼마나 자주 그것을 선도하면서 일본 팽창의 변경을 넓히는 데 기여했는지 분명히 보여주기 시작했다. 그런 역동성이 조선의 철도설비 확장도 이끌었다. 당시 일본 지도자들이 동의했듯이, 철도건설은 일본이 한반도에 좀더 영구적인 발판을 굳힐 열쇠였다. 야마가타 아리토모(山縣有朋, 1838~1922) 같은 군인들은 일본이 지배적인 정치·군사세력으로 성장해나갈 수 있는 '아시아 대륙을 가로지르는 근간(根幹)'으로 부산에서 경성을 거쳐 만주의 국경까지 뻗어가는 철도를 구상했다.[68] 식민지 정착민들은 그런 주장을 한층 더 간절한 열망으로 받아들였다. 본국과 식민지 사이의 물품과 이주민 이동을 지탱해줄 일본의 철도망 지배는 정착민들의 교역활동의 안정성뿐만 아니라 그들 공동체의 미래의 안전과 성장도 보장해줄 것이었다.

그러나 청일전쟁에서 승리한 뒤에도 일본이 열강의 지위에 오를 수 있

67 　아오야기 쓰나타로(靑柳綱太郞), 1926a, p. 898.
68 　Peter Duus, 1984, p. 139에서 인용.

을지는 여전히 불확실했다. 삼국간섭으로 조선 조정에 대한 일본의 영향력이 잠시 쇠퇴하는 사이에 서방의 경쟁국들은 주요 철도건설 이권들을 따냈다. 도쿄 정부가 조선에 파견한 현지의 관리들이 약속된 이권을 되찾기 위해 안간힘을 쓰는 한편, 경성의 선도적인 일본 상인들은 1890년 봄에 두 개의 주요 철도건설 이권을 미국과 프랑스에 넘겨준 조선 조정의 당시 결정에 항의해 들고일어섰다.[69] 상인들은 특히 경부선 부설을 일본의 '급무'(急務)라며 그 이권을 확보하라고 촉구했고, 그것은 인천과 부산, 원산의 현지 정착민들에게 반향을 불러일으켰다.

당시 외무차관 고무라 주타로(小村壽太郞, 1855~1911)가 정착민들이 일본에서 로비를 벌이겠다는 계획에 대해 그런 행동이 "나라의 정치를 위태롭게 할 수 있다"는 두려움 때문에 반대하자, 그때 경성의 정착민 상인들의 지도자였던 야마구치 다헤에는 홀로 도쿄에 가기로 결심했다. 후쿠자와 유키치(福澤諭吉, 1835~1901)를 찾아갔으나 지지를 얻어내지 못한 야마구치는 일본 제국군 참모총장을 찾아갔다. 참모총장은 야마구치의 열정에 감복해 즉각 데라우치 마사타케(寺內正毅, 1852~1919, 나중에 마지막 조선 통감, 초대 조선 총독이 된다) 소장을 불러 야마구치를 지원하고 또 다른 유력인사들을 소개해주도록 했다.[70]

야마구치와 와다 쓰네이치, 그리고 다른 정착민 지도자들은 그 뒤에 오미와 초베에(大三輪長兵衛, 1835~1908)가 이끄는 일본 본국 자본가들 및 이권업자들과 손을 잡게 된다. 그들은 합심해서 주저하는 도쿄 정부에 압력을 가해 서방의 경쟁자들을 밀어내고 경부선 철도건설에 대한 이권을 따냈다. 총리 이토 히로부미(伊藤博文, 1841~1909) 및 그와 같은

69 당시 사태의 배경과 자세한 내용은 Peter Duus, 1995, pp. 138~57 참조. 여기서 나는 조선 내 일본인 정착민들의 역할과 개입에 초점을 맞추려 한다.

70 기타가와 요시아키(北川吉昭) 編, 1934, pp. 34~35, 56~57.

배짱을 지닌 다른 지도자들은 위험도가 높은 해외 벤처투자에 투자자들을 끌어들이기가 쉽지 않고 서방의 열강들, 특히 러시아의 적대감을 촉발하고 싶지 않아서 처음에는 조선 조정과의 협상에 나서기를 주저했다. 그러나 언론과 사업가들이 철도건설 추진자들 뒤에 모여들기 시작하자, 이토는 로비스트들이 100명 이상의 지지자들만 끌어모은다면 그들의 계획을 지원한다는 데에 동의했다. 7월에 정부 내 반(反)러시아 진영인 야마가타파(派)의 지지에다가 조건으로 내걸었던 지지자들 수가 이토가 요구한 것보다 더 많아지면서 로비스트들은 경부철도회사[71] 설립을 위한 국가의 승인을 얻어냈다. 경부선 철도건설의 이권사업에 프랑스도 나서려 하자, 야마구치는 즉시 경성으로 돌아가 그 사업권이 일본인들 손에 제대로 넘어가도록 보장받기 위한 '관리들 매수'에 '개인 돈'을 썼다. 그 관리들 중에는 외무대신 이완용(李完用, 1858~1926)도 들어 있었다. 몇 번의 우여곡절을 거쳐 경부선 철도건설의 이권은 1898년 9월에 최종적으로 일본인들 손에 넘어갔으며, 일본 정부의 좀더 직접적인 개입 아래 1905년 1월에 경부선이 완공됐다.[72]

러일전쟁 직전 무렵까지 일본인들은 경부선과 경인선, 경의선, 그리고 마산의 군용철도 등 한반도 종단축을 이루는 조선의 주요 철도들을 완전히 장악했다.[73] 그 철도들은 모두 일본에서 온 계약자들과 기술자들의 감독 아래 완공되었으며, 그들은 한반도 전역의 다른 물질적 인프라들도 장악하게 된다. 그 철도들은 모두 메이지 정부의 군사적·외교적 구상을 반영했을 뿐만 아니라 일본인 정착민들의 영향력도 깊이 각인되어 있었다. 야마구치 같은 변변찮은 장사꾼이 철도건설 사업을 장래 일본-조선

---

71 다카하시 야스타카(高橋泰隆), 1993, p. 271; 나카이 긴조(中井錦城), 1915, pp. 13~15.
72 기타가와 요시아키(北川吉昭) 編, 1934, pp. 58~60; Peter Duus, 1995, pp. 141~45.
73 다카하시 야스타카(高橋泰隆), 1995, pp. 58~60.

의 관계강화에까지 연결하기 위해 "사태의 전개를 감시하는 스파이망을 조선 조정의 내부 깊숙이 심어놓는" 선견지명에 대해 야마구치의 동료 정착민이었던 신 다쓰마(進辰馬)는 나중에 경외감을 갖고 회상했다. 신 다쓰마는 야마구치가 시대를 앞서갔을 뿐만 아니라 그의 사심 없는 '국가에 대한 헌신'이 "주판대(이익계산)를 따라 움직이는 상인의 일상적 활동"의 차원을 넘어 '국사'(國師)나 '지사'(志士)의 영웅적 행동으로까지 나아간 예를 전형적으로 보여주는 것이라고 주장했다.[74] 정착민 전기(傳記)들에서 특징적으로 찾아볼 수 있듯이, 비록 그런 자신만만한 수사(修辭)가 식민지 상인들의 이윤동기를 감추고 있지만, 그런 로비활동들은 그들이 자기 마음대로 팽창정책의 일선담당자처럼 행동하고 스스로를 '진정한 제국의 건설자'로 여기며, 메이지 시대의 위인들에 버금가는 이름 없는 국민영웅으로 행세하는 우려할 만한 경향을 강화해가고 있었음을 보여준다. 기본적으로 조선 조정으로부터 철도건설의 이권을 빼앗아 내려는 풀뿌리 민초들의 노력으로 봐야겠지만, 그들 정착민은 이권쟁탈전에서 서방의 경쟁자들과 싸웠을 뿐만 아니라 자신들 정부의 조심스러운 정책방향과도 싸웠다. 본국의 동맹세력 및 언론과 함께 그들은 19세기 말까지 조선에 대한 좀더 공격적인 경제확장(침략) 정책을 끌어내기 위해 이토나 고무라 같은 지도자들을 설득했다.[75]

일본의 '문명화 사명'

군인들과 언론인들, 그리고 상인들과 덜 알려진 일본인 집단 ――교

---

74 신 다쓰마(進辰馬), in: 기타가와 요시아키 편, 1934, pp. 147~48에서 인용.
75 Peter Duus, 1984, p. 140.

사 — 이 무지몽매한 변방(프런티어)에 '문명의 불빛'을 퍼뜨리겠다는 사명을 품고 조선에 왔다. 일본인 교육자들과 어학교사들은 청일전쟁 무렵부터 조금씩 조선에 들어오기 시작해 러일전쟁 기간에는 떼지어 밀려들어왔다. 그것은 부분적으로는 한반도에 주둔하는 일본 군대와 동행할 통역사의 수요가 늘어났기 때문이기도 했다. 떠오르던 일본어의 '붐'으로 어학교습소들이 빠른 속도로 늘어났다. 그것을 선도한 것은 대일본해외교육회(大日本海外敎育會)와 동아동문회(東亞同文會), 그리고 불교계의 히가시혼간지(東本願寺) 등의 민간기관들이었다.[76] 이들 기관은 조선의 젊은이들에게 일본 문화와 예절, 그리고 '친일' 이데올로기를 심어줄 강력한 애국자(국사國師)적 성향을 지닌 수많은 교사들을 데려왔다. 그들은 경쟁하던 서방 선교사들의 영향력에 대적하겠다는 암묵적인 목표를 지니고 있는 경우가 많았다.

아유카이 후사노신(鮎貝房之進, 1864~1946)도 그 교사 가운데 한 사람이었다. 도쿄외국어학교에서 조선어를 공부한 뒤 아유카이는 경성에 자리를 잡고, 1895년 봄에 을미의숙(乙未義塾)이라는 이름의 학원을 세웠다. 그의 가장 친한 친구로, 나중에 시인 요사노 아키코(與謝野晶子, 1878~1942)의 남편이 되는 요사노 뎃칸(與謝野鐵幹, 1873~1935)도 거기에 합류했다. 을미의숙은 '일본 문화의 이식(移植)'을 목표로 일본어 교실과 초등학교 교육과정을 개설했다. 이 학원은 그런 목적으로 조선 학생들에게 일본의 노래와 문학을 가르친 최초의 학교로 알려져 있다.[77] 당시의 그들 세대 다수가 그러했듯이, 열정적이면서도 지독한 애국자였

---

76 이나바 쓰기오(稻葉繼雄), 1997 참조. 조선의 엘리트들도 이 시기에 일본어를 가르치는 학교를 비롯한 많은 사립학교를 설립했다.

77 이나바 쓰기오(稻葉繼雄), 1999, pp. 253~54; 이노우에 마나부(井上學), 1969, p. 57. 을미의숙은 본교와 경성 내 다섯 곳의 분교에 모두 700명이 넘는 학생들이 등록했다.

던 아유카이와 요사노도 명성황후 시해음모에 가담했다. 그들은 자신들의 학원을 징발하겠다고 위협한 반일주의자 민씨일파의 제거에 가담해야 할 절박한 이유를 갖고 있었다. 명성황후 시해의 쿠데타 가담으로 그들의 학교는 설립된 지 1년도 되지 않아 문을 닫아야 했고 요사노는 결국 일본으로 돌아갔지만, 아유카이는 조선에 영구정착했다. 학자이자 조선 골동품 열혈수집가로서의 이력을 쌓아가면서 아유카이는 기쿠치처럼 대원군 및 조선 관리들과 개인적인 친분을 쌓았으며,[78] "러시아인들이 눈독을 들이던 지역 인근에 있는, 그가 땅을 사둔 목포항 앞 섬"에 대한 일처럼 외교에도 계속 손을 대고 있었다.[79]

대한해협을 건너온 소수의 일본인 불교도들 가운데는 히가시혼간지(東本願寺)의 주지 오쿠무라 엔신(奧村圓心, 1843~1913)과 그의 누이 오쿠무라 이오코(奧村五百子, 1845~1907)가 있었다. 자신들 선조 — 16세기 말 조선에 건너간 첫 일본인 불교도들 중의 한 사람 — 의 유산을 되새기기 위해 오쿠무라 남매는 1898년 전라남도 광주에서 멀리 떨어진 마을에 정착했다.[80] '적대적인 원주민들'에 둘러싸여 오직 그들을 보호해줄 '검객 한 명과 함께 염주'만 가지고(그들의 전기가 그렇게 묘사하고 있

---

78 아유카이 후사노신(鮎貝房之進), 1942, p. 3; 이마무라 라엔(今村螺炎), 1942, p. 315. 아유카이는 특히 영랑(永郎) 김윤식(金允植, 1903~50)과 가까웠다. 김윤식은 짧게 끝난 김홍집 내각의 일원이었고 학문연구에도 재능이 있었다. 그러는 중에도 요사노는 끊임없이 다른 쿠데타를 모의했는데, 명성황후 시해 뒤 고종이 러시아 공사관으로 피신했을 때도 그랬지만 불발로 끝났다. 그때 고종이 인접한 궁궐로 옮아갈 것이라는 소문을 들은 요사노는 현지 일본인 가게주인들과 자신이 고용한 일본인을 움직여 그 궁궐에 불을 지르고 왕을 납치해 일본 공사관으로 빼돌리려 했다(히노 히데코(檜野秀子), 1981, p. 215).

79 아유카이 후사노신(鮎貝房之進), 1942, p. 3.

80 오쿠무라의 조상은 1585년에 일본 불교를 포교하기 위한 절을 세우려고 부산으로 갔다(이나바 쓰기오(稲葉繼雄), 1999, p. 266; 애국부인회(愛國婦人會) 편, 『오쿠무라 이오코 상전(詳傳)』(奧村五百子詳傳), 1908, pp. 149~50).

다) 오쿠무라는 고노에 아쓰마로(近衞篤麿) 공작이 재정지원을 하는 사업이었던 직업학교 건립을 시작으로 '일본 마을' —— 그들이 이야기한 바로는 '천국마을' —— 을 만들었다. 이오코는 매일 야외법회를 열었는데, 처음에는 그 학교가 위장된 군사 전초기지라는 소문으로 촉발된 그 지역 조선인들의 깊은 의심을 사는 바람에 그들 남매는 돌팔매질을 당했다. 거기에 구애받지 않고 오쿠무라 남매는 고향에서 지지자들을 끌어들여 지역의 농민들에게 농사기술과 양잠기법을 일본어와 함께 가르치면서 그들이 "결국 우리의 동지들이 될 것"이라고 확신했는데, 이는 명백히 일본의 조선병탄(합병)을 예상한 것이었다.[81]

광주에서 추진한 오쿠무라 남매의 모험 —— 그리고 일반적인 일본인들의 포교활동들 —— 은 결국 흐지부지됐지만,[82] 저명한 일본 교육자요 나중에 오쿠무라 이오코가 1901년에 설립한 애국부인회(愛國婦人會)의 지도자가 되는 후치자와 요시에(淵澤能惠, 1850~1936)의 경우는 좀더 성공적이었다.

후쿠자와 유키치의 베스트셀러 『서양사정』(西洋事情, 1870)에서 영감을 얻은 후치자와는 31세 때 미국으로 건너가 미국인 기술자 가정에서 가정부로 일했으며, 나중에 샌프란시스코에서 독학으로 영어를 공부했다. 귀국한 뒤 후치자와는 교토에 있는 도시샤여자숙(同志社女子塾)에 들어갔고 그 뒤에 여러 여학교에서 강의를 했으며, 나중에 도쿄에 자신이 직접 학교를 설립했다. 1905년 후치자와는 교육에 대한 열정으로 한반도로 건너가 더 야심 찬 모험들을 시작했다. 조선의 상류층 여성들을 교육하기 위해 후치자와는 이정숙(李貞淑, 1858~1935)과 협력하면서 기쿠치 겐조의 알선으로 조선 왕실의 지원을 받아 명신여학교(明信女學校)를

---

81   이나바 쓰기오(稻葉繼雄), 1999, pp. 161~63, 270.
82   애국부인회(愛國婦人會) 편, 1908, pp. 146, 154.

세웠다. 명신여학교는 조선 여성교육의 선구였으며 지방 출신의 학생들을 위한 기숙사도 지었는데, 후치자와도 그 기숙사에서 20여 년을 살았다.[83] 후치자와는 교육이 조선 여성들을 가부장적 사회가 강요하는 사회적 관습의 족쇄로부터 해방시킬 뿐만 아니라 강성부국(强盛富國)에도 기여할 것이라고 믿었다. 그것이 그녀가 조선의 학부모와 일반대중에게 퍼뜨리기 위해 애썼던 메시지였다.[84] 그녀에게 최우선적인 과업은 양반가문의 여성들을 글자 그대로 가정에서 공공의 영역으로 끌어내 사회화하는 것이었으며, 이를 위해 그녀는 남성교사들을 교단에 세우는 등 당시로서는 다소 급진적인 수단들을 동원하기도 했다. 더 일반적으로 말하자면, 후치자와는 나중에 인터뷰에서 설명했듯이, 조선의 가사, 요리, 결혼 분야 등 생활양식의 전면적인 일본화를 촉진함으로써 조선의 '낡고 부패한 관습들'을 개혁하려고 했다.[85] 후치자와는 여생을 조선의 여성교육과 조선인 교사들의 양성에 바쳤으며, 그녀의 메시지를 받아들인 많은 사람들이 일제강점기에 여성에 대한 설득과 사회적 관리분야에서 적극적인 역할을 수행했다.

일본 민간인들이 시작한 이들 풀뿌리 차원의 모험들 중 일부는 단명으로 끝났지만, 전반적으로 일본의 팽창주의적인 군사적 야심보다는 이룬게 많았다. 군인들은 일본의 지배에 대한 최종적인 장애물들을 제거하기 위해 국가의 적들과 싸웠지만, 점차 늘어나던 일본인 교사들은 조국에 지속적인 영향력을 확보해주기 위해 일본 문화의 씨앗을 조선의 토

---

83 명신여학교는 1911년에 숙명여자고등보통학교로 개명했다. 등록학생은 1905년 5명이었으나 1914에 300명을 넘었으며, 1930년대 중반에 이르러서는 약 550명으로 늘었다(『조선공론』(朝鮮公論), 1914년 9월호, p. 69; 모리카와 기요토(森川淸人), 1935, p. 930).

84 송연옥(宋連玉), 2002, p. 78.

85 『조선공론』, 1914년 9월호, pp. 68~69;『조선과 만주』, 1914년 4월호, pp. 190~91.

양 속에 심었다. 조선 민중들을 지배하려던 노력에 보탬이 됐을 극소수의 선교사들과 함께 일본제국을 배후지원한 이들 교육자들과 어학교습소들은, 1905년 이후에야 교사들을 훈련하고 파견하는 역할을 본격적으로 떠맡기 시작한 일본 정부보다 먼저 더욱 철저한 조선의 체제전환——일본 식민지 교육을 통한 동화(同化)——을 위한 토대를 닦았다.[86]

실패한 맬서스주의의 꿈

일본은 러시아를 상대로 한 전쟁을 통해 한반도(그리고 동아시아)에서 제국의 마지막 경쟁자를 제거했다.[87] 그 전쟁은 앞서 중국을 상대로 했던 청일전쟁 때처럼 현지 정착민들의 애국적 지원을 받았지만, 조선에 대한 직접적인 정치적 지배체제 수립과 만주에서의 발판구축을 명백히 의도하고 있었다는 점에서 청일전쟁 때와는 달랐다. 뒤이어 1905년 조선에 대한 보호국 체제(통감부 체제)가 확립되자 조선으로의 일본인 이주민들 물결은 최고조에 달했다. 1906년에 4만 명이라는 경이적인 수치를 기록한 일본인 이주민 숫자는 더욱 늘어나 1907년 말에 10만 명에 육박했다.[88] 이런 사태의 전개는 조선을 이주 식민지로 만들겠다는 구상을 재확인해주었는데, 그 구상은 1904년 중반에 한반도를 보호국으로 만들기로 한 일본 정부의 각의(閣議)결정에 따라 처음 작성된 것이었다. 일본 지도자들의 이런 맬서스주의적인 구상에서 조선은 '우리의 과잉인구를 받아

---

86 조선에서 일본인 교사들은 1908년 1월에 '공무원'이 됐다. 조선병합과 공립학교 설립 이후에 사설 일본어학원들은 존재이유를 상실해 대다수가 사라졌다(이나바 쓰기오(稲葉繼雄), 1999, p. 286).

87 Peter Duus, 1995, pp. 182~87.

88 조선총독부 서무조사과 편, 1924, p. 4.

줄 이주 식민지'가 되고, 이주민들은 조선을 식량과 원료의 공급지로 묶어두는 대신에 일본은 제조업 상품수출국이 되는 체제를 계속 유지하기 위해 '농업에 종사'하도록 되어 있었다.[89] 조선을 예상되는 일본 본국의 과잉인구 압박해소를 위한 배출구로 삼아야 한다는 생각은 인구가 희박한 기름진 땅이라는 조선의 이미지와 함께, 일본 국회 내의 조선 문제 압력단체에서부터 도고 미노루(東鄕實)와 다케코시 요사부로(竹越與三郎) 같은 식민주의 이론가들에 이르기까지 광범위한 지지자들을 끌어모았다. 그들은 일본이 대규모 식민지 개척에서 거둔 첫 성공사례인 홋카이도 모델을 염두에 두고 있었다.[90] 조선에 대한 관심은 일본인 이민자들에 대한 아메리카, 특히 하와이에서의 인종적 적대감이 고조되면서 더욱 커졌다. 1909년 외무대신 고무라 주타로는 '만주와 조선으로의 (이주)집중'(만한집중론滿韓集中論)을 호소했다.[91]

이주 보내는 곳을 아메리카에서 한반도로 바꾸는 방향전환을 위해 재무대신은 시부사와 에이이치(澁澤榮一) 같은 업계의 지도자들과 협력해 1908년에 준(準)공기업인 동양척식주식회사(東洋拓殖株式會社)를 설립했다.[92] 동양척식주식회사는 전직 법무성과 재무성 관리가 작성한 그 전

---

89 Peter Duus, 1984, p. 141에서 인용.

90 Mark R. Peattie, 1984b, p. 89; Lynn, Hyung Gu, 2005, pp. 28~29. 이런 관점을 지지하는 조선 문제 압력단체로는, 1902년 3월에 오가와 헤이키치(小川平吉, 1869~1942)와 같은 고노에 아쓰마로(近衛篤麿)의 측근들, 사업가 시부사와 에이이치, 학자들, 그리고 정착민 지도자였던 나카이 기타로(中井喜太郎)처럼 조선과 관련이 있는 또 다른 개인들로 구성된 절충적인 그룹이 결성한 조선협회(朝鮮協會)가 대표적이다. 조선협회는 1905년 3월에 해체돼 동아동문회로 통합됐다(정애영(鄭愛英), 1999, pp. 54, 59~62).

91 기무라 겐지(木村健二), 2001a, pp. 173~74.

92 조선과 아시아에서의 동양척식주식회사 설립과 사업에 대한 더 많은 정보는 가와이 가즈오(河合和男) 外 編, 2000; 구로세 유지(黑瀨郁二), 2003; Lynn, Hyung Gu, 2005 참조.

의 이른바 나가모리 계획의 구상을 계승했는데, 그것은 ('황무지'로 지정될) 조선의 미개간지 대부분을 일본의 관리 아래 두기 위한 교활한 방법으로, 그 땅들은 조선 정부의 소유라는 틀은 유지했지만 조약상의 규제 대상에서 제외돼 있었다. 영국이 아일랜드를 식민화할 때 그랬던 것처럼 그 계획은 기본적으로 조선 땅의 개방과 개발에 일본의 농업 이주민들을 활용하려는 구상이었다. 나가모리 도키치로(長森藤吉郎)의 제안은 현지 일본인 정착민들로부터 열광적인 호응을 받았다. 그들은 그 계획이 조선의 농업경제가 가져다줄 잠재적 이익을 엄청나게 과장한 나가모리의 주장에 동조했다. 그러나 그 계획은 경성에서 몇 개월간 시위를 벌인 조선의 강력한 대중적 저항 때문에 실패했다.[93]

그들 이전의 나가모리 같은 동양척식주식회사의 설립자들은 그 회사가 '경험 있는 숙련' 자작농 무리를 이주시켜 한반도의 대규모 농업식민화를 비약시킬 것이라 기대했다.[94] 그러나 만주에 대한 그들의 꿈은 곧 좌절당했다. 그 한 가지 이유는 일본 농민들이 별로 관심을 보이지 않았기 때문이다.

상당한 정부보조금과 수익보장도 농민들이 해외로 이주할 때 예상되는 비용과 위험을 극복할 만큼 충분하지는 못했다. 일본에서 농촌지역이 비교적 번성했던 시기에는 특히 더 그랬다. 자본가들과 마찬가지로 대다수 농민들도 본국 땅에서 사는 것을 더 선호했다. 매년 1만에서 3만의 농가들(또는 10년간 200만 농가 이상)을 조선에 이주시키겠다던 동양척식주식회사의 계획은, 일본인 정착민들이 농사지을 수 있는 땅에 대한 그들의 원래 추산이 그랬듯이, 비현실적인 것으로 드러났다. 연간 목표치를 1,500농가로 축소하고 그들에게 생산성을 보장해주기 위해 이주비용과 농사지을

---

93 Peter Duus, 1995, pp. 368~75.
94 Edwin H. Gragert, 1994, pp. 54~55, 59~64.

땅, 장기 저리대출을 제공한 뒤에도 이주신청자 수는 매우 적었다.[95]

동양척식주식회사의 모험이 실패로 끝남에 따라 일본인들의 대규모 이주는 국가의 우선정책 목록에서 제외되었고, 그것은 거듭된 정착민들의 불만의 근원이 되었다.[96] 식민화에 대한 공식적인 열의가 눈에 띄게 식은 것은 농경지보다는 빠른 현금수입을 끊임없이 추구했던 이주민들 자신의 농업구상에 대한 배반을 분명히 보여주었다. 농업 정착민들은 소수집단으로 남아 늘어가던 화이트칼라 정착민 인구의 10퍼센트를 넘은 적이 없으며, 1940년에는 5퍼센트 아래로 떨어졌다.[97] 그러나 이 수치들은 일본인 정착민들의 토지 장악수준도 신통치 못했음을 입증한다. 한일합방 무렵, 17만 명의 일본인 정착민들은 조선 가경지(可耕地)의 3~4퍼센트를 넘지 않는 땅을 소유했는데, 그 땅들은 보통 조선인 지주들이 보유한 토지보다 토질이 떨어졌다.[98] 합방 20년 뒤 50만 명의 일본인 정착민들이 차지한 땅은 조선 땅의 10퍼센트에도 못 미쳤다.[99] 한 연구서가

---

95 Peter Duus, 1995, pp. 307~08; Karl Moskowitz, 1974, pp. 97~98; Lynn, Hyung Gu, 2005, p. 33.

96 지원자를 늘리기 위한 시도가 실패로 끝나자, 동양척식주식회사는 1927년에 농업식민화 프로그램을 중단했다(Lynn, Hyung Gu, 2005, p. 32).

97 도표 4 참조. 대규모 농민이주의 구상은 농민이주를 제국확장의 최전선에서 일종의 인간 완충제로도 활용하려던 생각과 함께 만주에서만 실현됐는데, 더 강력한 영토권 주장을 위해 일본인들을 이주시키려던 만주에서도 비슷한 문제에 부닥쳤던 도쿄 정부는 1930년대에 그것을 국가정책의 핵심적 우선과제로 설정함으로써 그 문제를 극복했다(Matsusaka Yoshihisa Tak, 2001, pp. 173~84; Louise Young, 1998, pp. 46, 311~12).

98 이 수치는 1912년 12월의 것이다(Edwin H. Gragert, 1994, p. 73). 피터 두스에 따르면, 1910년까지 일본인 지주들은 조선 경작지의 3퍼센트에 약간 못 미치는 땅을 소유했다. 조선 경작지들은 "전라북도, 전라남도, 경상남도의 하천지역 평야들, 평양과 진남포 배후지의 북서부 해안평야에 집중"되어 있었다(Peter Duus, 1995, pp. 395, 377).

99 Caroline Elkins · Susan Pedersen, 2005, p. 12.

보여주듯이, 이주와 토지의 이전이 가장 많았던 기간에도 조선의 가경지들은 기존의 토지소유 양태와 소규모 농업생산의 틀을 크게 벗어나지 않은 채 주인이 바뀌었다.[100] 이런 점에서 일본 제국주의는 자국 농민들의 광대한 토지소유를 주장하거나[101] 식민지를 대농장(플랜테이션) 경제로 전환시킨 유럽 열강들의 제국주의와는 사뭇 달랐다.[102] 조선에서는 그와 대조적으로 높은 원주민 농업인구의 밀도가 대다수 일본인 정착민들을 상업이나 무역에 종사하게 만들었는데, 이는 동아프리카에서 인도인 이주민들이 체험한 것과 비슷했다.[103] 한편, 그 많지 않은 농업 정착민들 ─ 대부분 조선인 또는 일본인 지주들 땅을 빌려 농사를 지은 소작인들 ─ 은 조선인 농민들의 낮은 임금수준과의 경쟁에서 이기려고 애를 썼으나 제대로 성공하지 못했다.[104]

그럼에도 일본인들은 자신들의 보유토지를 꾸준히 늘렸다. 그런 추세는 투기꾼들이 유입되면서 가속되었다. 그들은 돈이 없는 조선인들에게 그들의 농지를 담보물로 잡고 돈을 빌려주는 전형적인 수법을 통해 땅을 확보했다. 많은 일본인들이 가난한 조선 농민들을 상대로 한 고리대금업에 종사했다. 정직하지 못한 고리대금업자들은 채무자들에게 상환 만기일이 지날 때까지 그 사실을 숨기고는 담보물로 저당잡힌 그들의 땅을 내놓으라고 요구했다.[105] 더욱이 러일전쟁 뒤 일본인 정착촌이 급속히 늘어나면서, 지방의 일본인 정착민들은 일본인들에게 조약상의 규

100   Edwin H. Gragert, 1994, pp. 109~10.
101   Caroline Elkins · Susan Pedersen, 2005, pp. 8~10; Benjamin Stora, 2001, pp. 6~7; Caroline Elkins, 2005, p. 12.
102   J. D. Fage · Roland Oliver, 1986, Chapter 2, p. 85. 하지만 일본인들은 동남아시아와 미크로네시아에 플랜테이션을 건설했다(Mark R. Peattie, 1988b, Chapter 6).
103   Dane Kennedy, 1987, pp. 96~97.
104   Edwin H. Gragert, 1994, pp. 60, 62.
105   이영미(李英美), 2005, pp. 65, 84.

제범위를 넘어 조선인 개인소유 토지를 사고팔거나 영구임대할 수 있는 권한을 부여하도록 조선을 압박해달라고 자국 정부를 재촉하기 시작했다.[106] 정착민들의 압박으로 도쿄 정부는 결국 조선 정부를 강제해 외국인들이 조선 내륙의 땅을 소유하고 정부가 소유한 미개발지들을 임대해 개간할 수 있게 만들었다. 1906년 10월에 통감부가 제정한 '토지가옥증명규칙'(土地家屋證明規則)은 외국인의 토지소유를 합법화했으며,[107] 동양척식주식회사는 개인들에게 토지구입 자금을 대여했다. 땅값이 너무 쌌기 때문에 정착민들은 너나없이 모두 본국의 투자자들과 함께 토지장악에 뛰어들었다. 가게주인과 고리대금업자들에서부터 경찰관, 교사, 불교 승려들에 이르기까지 다양한 직종의 정착민들이 부재지주가 돼 시골의 작은 땅뙈기들을 임대해줌으로써 자신들의 고정수입을 보충했다.[108]

일본인들의 조선 토지획득의 속도는 식민지 기간에 더욱 빨라졌다. 정부의 공식지원과 투자를 활성화한 토지조사사업(土地調査事業)의 완료로 일본인 토지개발업자들과 개인들은 농업생산에서 차지하는 비중이 더 커졌으며, 그것은 농업노동 수요를 줄이는 기술발전을 촉발했다. 토지소유 집중의 심화, 특히 생산물의 대부분을 본국 시장에 수출하던 일본인 부재지주들 때문에 뿌리 뽑힌 조선인 농민들은 땅과 일자리를 찾아 북부지역이나 국경을 넘어 남(南)만주지역으로 떠날 수밖에 없었다. 이런 패턴은 식민통치가 끝날 때까지 지속됐다.[109]

106 갑오개혁의 리더요 경상북도 도지사였던 이용익(李容翊, 1854~1907)은 일본 인들에게 불법적으로 땅을 팔았다. 대구에서 발행되던 일본어 신문은 이용익을 비판하고 그에게 항의한 그 지역 일본인들에 대한 수많은 기사들을 실었다(가와이 아사오(河井朝雄), 1931, pp. 145~46; 이해창, 1971, 293~94쪽).

107 Edwin H. Gragert, 1994, pp. 62, 69. 나중에 1912년 제정된 민법으로 일본인들은 모든 토지를 합법적으로 소유하거나 양도할 수 있게 됐다.

108 도요다 쇼이치(豊田章一), 1963, pp. 12~13.

109 Edwin H. Gragert, 1994, pp. 111~12; Lynn, Hyung gu, 2005, p. 36. 조선인과

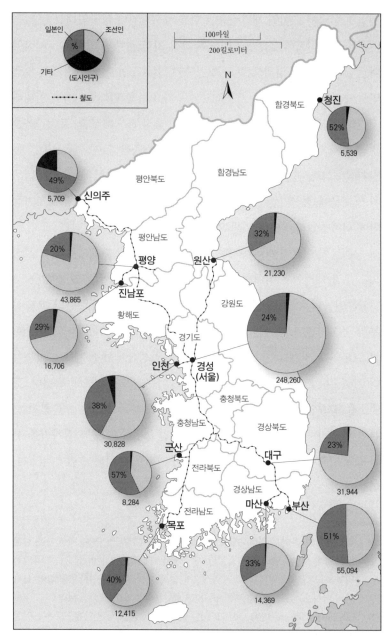

지도 2 1914년 조선의 일본인 인구분포.

정착민 사회의 성장

초기 일본인 정착민들의 상황은 '미국 개척자들'과 다르지 않았다. 이 말은 자신들의 싸움을 비우호적인 원주민들의 끊임없는 공격으로부터 자신들을 방어해야 했던 신세계(아메리카) 개척자들의 처지에 빗대곤 했던 일본인 정착민들이 쓰던 비유였다.[110] 러일전쟁 때까지 일본인 이주 자들은 조선 개항장으로 물밀 듯 몰려간 뒤 전국으로 퍼져 들어가 "땅과 식량, 그리고 가축들을 차지했으며 이는 조선 민중들을 점점 격분시켰다".[111]

집단적인 약탈행위가 진행되는 가운데 일본인들은 결코 협동정신을 발휘한 적이 없으며, "서로 경쟁하는 상인들과 세력권 다툼을 벌인 야쿠자들, 종종 싸움을 일으킨 도박꾼들"로 가득했다고 나중에 한 정착민은 회고했다.[112] 그럼에도 이 혼돈 속에서 식민지적 계층구조를 만들어낸 공간질서가 생겨났다. 일본인들이 계속 새로운 개항장들 주변 —— 종종 영사관 근처, 일장기의 보호 아래 —— 에 정착함에 따라 개척촌들이 성장해 부산과 인천 같은 도시가 형성됐으며, 내륙여행의 규제가 풀리면서 대전 같은 위성도시들도 우후죽순처럼 생겨났다. 철도망 확장을 동반한 도시들의 성장은 오랜 내륙도시들의 지위를 추락시키면서 지역의 지형도를 바꾸었고, 조선인들을 그 변두리나 배후지로 내몰았다.[113] 조선병

일본인의 토지소유 격차는 시간이 지나면서 농촌과 도시 양 지역에서 모두 점점 더 벌어져 1920년대 중반까지 일본인 보유토지 평균치는 조선인 보유토지의 3배 내지 4배에 달했다(『조선일보』(朝鮮日報), 1924년 4월 7일자).

110 예컨대, 조선총독부(朝鮮總督府), 『조선』(朝鮮), 1911년 2월호, p. 8 참조.
111 Mark R. Peattie, 1988a, p. 261.
112 도요다 쇼이치(豊田章一), 1963, p. 16.
113 Alain Delissen, 2000, p. 139. 일본인 정착민들의 조선 주변여행에 대한 것은 Peter Duus, 1995, pp. 325~34 참조.

합 당시까지 꾸준히 이어졌던 일본인 이주민들은 부산, 마산, 목포, 인천, 신의주 같은 도시들의 중심부를 장악함으로써 조선의 도시풍경을 지배했다. 일본인 이주민들은 그들 도시인구의 거의 절반을 차지한 채, "순전히 숫자와 인구밀도의 힘으로 조선 민중들의 진입을 막았다".[114]

이들 도시, 그리고 새로운 철도망을 따라 형성된 일본인 정착민들의 세계는 문화적으로 뚜렷이 구별되었지만 그들은 결코 동질적인 집단이 아니었다. 그들은 매우 다양해서 단일한 범주로 그들 이야기를 하는 것은 소용없는 일이 될 것이다. 일본열도 전역에서 건너온 조선 내의 일본인들은 각기 다양한 지역방언을 쓰고 다른 관습을 따르며, 출신지역과 연계된 정서적 유대감을 유지한 이주자들이 엮어내는 복잡다기한 문화적 혼종지대를 만들어냈다. 그들은 같은 지역의 출신들끼리 현인회(縣人會), 동국인회(同國人會) 등 '새 개척지(신개지新開地)' 특유의 조직들을 만들었으며, 그것은 정착민 정치에 '상당한 영향력을 발휘'했다.[115]

계급과 사회적 지위, 소득수준, 직업 등에 따른 엄청난 다양성이 조선 내 일본인 지역사회의 특성을 그만큼 다양하게 만들었다. 식민주의를 추동한 것이 대체로 19세기 말과 20세기의 부르주아 정신이었다면,[116] 이 주민들의 해외정착 과정의 대부분은 분명 그렇지 않았다. 영국은 귀족계급에서 노동계급에 이르기까지 제국의 전역에 자신들의 거주지를 건설했지만,[117] 조선에 건너간 일본인들은 알제리의 프랑스인들처럼 자신들 본국의 사회적 계층구조를 한 지역에 충실히 복제한 현상이 두드러진다. 지리적 근접성과 이동의 수월함이 한반도의 일본인 식민지 주민들에

---

114 Peter Duus, 1995, p. 334.

115 『조선공론』, 1935년 6월호, p. 68. 호쿠리쿠(北陸) 지역(후쿠이(福井), 이시카와 (石川), 도야마(富山), 그리고 니가타(新潟) 현 일대) 출신들의 현인회에 대한 것은 오기노 가쓰시게(荻野勝重), 1927, pp. 251~72 참조.

116 Frederick Cooper·Ann Laura Stoler, 1997, pp. 2~4.

도표 1 조선 내의 일본인 인구성장(1880~1944년)

	1880	1890	1900	1910	1920	1930	1940	1944
남성	550	4,564	8,768	92,751	185,560	260,391	356,226	345,561
여성	285	2,681	7,061	78,792	161,059	241,476	333,564	567,022
합계	835	7,245	15,829	171,543	347,850	501,867	689,790	912,583

출처: 1880~1940년의 것은 단게 이쿠타로(丹下郁太郎), 1943, pp. 3~4; 1944년의 것은 조선총독부, 『인구조사 결과보고』(人口調査結果報告), 1944, pt. 1.

도표 2 도시의 일본인 인구성장(1890~1940년)

도시	1890	1900	1910	1920	1930	1940
부산	4,344	5,758	24,936	33,085	44,273	54,266
원산	680	1,578	4,636	7,134	9,334	12,923
경성	609	2,115	38,397	65,617	97,758	150,627
인천	1,612	4,208	11,126	11,281	11,238	18,088
목포		894	3,612	5,273	8,003	8,018
진남포		339	4,199	4,793	5,894	6,879
군산		488	3,737	5,659	8,781	9,901
마산		252	7,081	4,172	5,559	5,643
평양		159	6,917	16,289	18,157	27,635
대구			6,492	11,942	29,633	19,506
신의주			2,742	3,824	7,907	9,431
개성			(1,470)	(1,212)	1,390	1,858
청진			(2,182)	4,114	8,355	27,805
함흥			(1,383)	(3,097)	7,096	10,929
대전				(4,164)	(7,262)	9,550
전주			(1,541)	(2,804)	(6,484)	6,338
광주			(1,326)	(2,825)	(8,160)	8,293
퍼센트(도시)	100.0	99.8	66.4	52.5	56.8	56.2

출처: 내각 통계국(內閣統計局) 편, 『일본제국 통계연간』(日本帝國統計年刊), 1890, 1900; 한국통감부(韓國統監府) 편, 『제3차 한국통감부 통계연보』(第3次韓國統監府統計年報), 1909; 조선총독부, 『조선총독부 통계연보』, 1911~44.
노트: 괄호 속 수치들은 군(郡) 지역의 일본인 거주자들을 가리킨다.

게 그런 현상이 영속적인 특성으로 남아 있게 만들었다. 어느 조선어 신문은 1924년에 일본인들이 조선의 "수천 년간 이어져온 조상들의 땅"을 장악해간 방식은 영국인들이 아일랜드에서 그랬던 것에 필적할 만하지만, 정착민들 구성의 다양성에서는 일본인 이주민들에 견줄 상대가 없다고 보도했다. "지주와 상인들뿐만 아니라 철도원, 집배원에서부터 터무니없게도 인력거꾼, 배달부, 하인, 그리고 소작농에 이르기까지 온갖 부류의 일본 사람들이 배를 타고 왔다." 그 신문은 '그 결과'로 "조선인들은 단지 그들의 땅뿐만 아니라 거의 모든 일자리까지 잃었다"라고 한탄했다.[118]

처음부터 조선 내의 일본인들은 매우 활동적이었다. 초기 이주민들은 대체로 정착해서 살겠다는 생각은 별로 하지 않고 빨리 돈을 버는 데 혈안이 되어 있었다. 하지만 1905년 이후 조선에 대한 일본의 정치적 통제가 안정되면서 점차 많은 일본인 이주민들이 가족들과 함께 건너왔다. 그것은 시간이 지나면서 점차 비슷해지는 남녀의 구성비를 보더라도 알 수 있다(도표 1).[119] 정착민들 인구 중 여성의 비율은 1920년대 중반부터

117 영국의 민간행정가들과 군 장교들은 일반적으로 중간계급 출신들이다(Lewis H. Gann, 1984, p. 521). 그러나 아프리카에 간 영국인 지역 정착민들의 사회적 구성은 매우 다양했다. 예컨대, 남로디지아로 몰려간 영국인들은 대부분 하층민 출신이었고, 케냐로 몰려간 이들은 사회적·정치적으로 귀족계급 농민들이었지만(Dane Kennedy, 1987, pp. 92~94), 가난한 유럽인들은 남아프리카에서 겨우 먹고살 만한 형편조차 마련하지 못했지만 계속 그곳으로 이주해 정착했다(Caroline Elkins, 2005, pp. 10, 15). 모잠비크와 앙골라로 간 포르투갈인들의 경우, 1950년대에 자국 중앙정부가 아프리카 개입정책을 강화하기 전에는 가난한 농민, 농장주, 무역업자와 정치망명자 등 미천한 계급으로 남아 있었고, 군인과 공무원들이 수는 적었지만 성장하고 있었다(Jeanne Marie Penvenne, 2005, pp. 83~84; Andrew Roberts, 1986, pp. 501~31).

118 『동아일보』(東亞日報), 1924년 2월 24일자.

119 1880년대와 1890년대에 조선 내 일본인 인구의 약 30~40퍼센트를 여성이 차지했는데, 이 수치는 1900년대에 45퍼센트로 올라갔으며(주로 게이샤와 접대

구성	고용자 수	가족구성원 수	합계	퍼센트
농업	1,298	2,251	3,549	4
어업	1,218	1,353	2,571	3
제조업	4,070	6,677	10,747	11
상업	12,571	22,407	34,978	36
사무직				
정부관리	3,940	6,052	9,992	10
공공관리	221	442	663	
노동자	4,405	5,476	9,881	10
게이샤, 작부	2,562	113	2,675	3
전문직				2
의사	206	461	667	
조산사(助産師)	80	83	163	
교사	252	270	522	
언론인	119	233	352	
변호사/검사	25	45	70	
불교 승려	86	84	170	
신도(神道) 사제	10	27	37	
기타 잡직(雜職)	7,264	10,487	17,751	18
비(非)고용자	423	2,791	3,214	3
합계	38,749	59,252	98,002	100

출처: 한국통감부 편, 1909, pp. 46~47.

여성 인구증가율이 남성 인구증가율을 능가하면서 늘 높은 수준을 유지
했다. 이런 인구통계의 추세는 타이완이나 가라후토(사할린), 남태평양
의 섬들(남양주)에 비해 조선이 훨씬 더 '안정적인' (이주)지역으로 받아
들여졌다는 것을 보여준다.[120] 본국에서 온 이주민들 가운데 여성보다

부의 증가 때문에), 1920년대 내내 그 수준이 유지됐다(단게 이쿠타로(丹下郁太
郎), 1943, pp. 3~4).
120 「조선에서의 내지인 생활의 고찰 (1·2)」(朝鮮に於ける内地人生活の考察 一·二),
『녹인』(綠人) 3, 1935년 9월호, pp. 76~77.

독신남성들이 훨씬 더 많았던 유럽의 해외 식민지들과 비교하면 더욱 그렇다.[121]

조선 내 일본인 거주민 사회가 안정되면서 그들은 점차 중산층으로 성장했다. 단기체류의 엘리트 그룹 밑에 관료와 기업경영자들로 구성된 상당수의 좀더 영구적인 이주민들이 형성됐는데, 거기에는 '신구'(新舊) 중산층이 뒤섞여 있었다. 식민지 시절 초기에 소매상과 도매상, 그리고 소생산업자들로 구성된 '구(舊)중산층'이 일본인 이주민들 가운데 가장 큰 사회적 범주를 차지했다. 그들은 기업의 직원들과 전문가, 기술자, 공학자들로 구성된, 성장하고 있던 '신(新)중산층'에 상품과 서비스를 제공했다. 일본 통치체제 관료기구의 확장에 따라 늘어난 행정요원과 공무원들도 이러한 신중산층에 속했다.[122]

1880년대 일본인들의 이주가 시작된 초기부터 지역 정착민들은 다소간에 자신들의 일상을 관리했다. 일본인 인구가 금방 눈덩이처럼 불어난 부산 같은 개항장들의 일본인 이주자들은 자신들의 일상적 경제활동을 감독하는 상업회의소(商業會議所)를 설립했다.[123] 그것은 1888년 본국에서 도시와 읍면, 마을들에 지방자치 체제가 전면적으로 시행되기 전이었다.[124] 이들 상업회의소는 상부상조를 촉진하고 분쟁[125]중재에 나섰으

---

121 David Prochaska, 1990, p. 20.

122 이는 본국에서의 사회적 계층화 유형을 반영한 것이었지만, 화이트칼라 인구의 성장은 본국보다는 해외 정착민들 쪽이 더 빨랐다. 1930년대에 해외 정착민들은 더 높은 세금부담과 낮은 실업률이 보여주듯이, 평균적으로 본국 주민들보다 더 나은 생활수준을 누리면서 확고한 중산층 입지를 확보했다(「조선에서의 내지인 생활의 고찰 (1·2)」(朝鮮に於ける内地人生活の考察 一·二」, 『녹인』(綠人) 3, 1935년 9월호, pp. 77~80.).

123 상업회의소는 부산에 처음 설립(1876)되었으며, 이어서 원산(1881), 인천(1885), 경성(1887), 그리고 목포(1890)에도 설립되었다. 러일전쟁 이후에는 진남포, 군산, 마산, 대구, 청진에도 세워졌다(조선총독부, 『최근 조선사정 요람』(最近朝鮮事情要覽), 1912, vol. 2, pp. 319~20).

	1910	1920	1925	1930	1935	1940
농업·목축업	(20,623)	39,894	39,030	42,093	37,321	32,980
어업·제염업		10,921	12,802	12,603	10,473	9,935
제조업	26,811	59,895	66,864	72,434	80,606	144,937
상업·운송업	67,625	117,289	133,273	147,438	175,118	191,247
사무직·전문직	41,269	102,022	140,925	176,795	235,964	258,260
기타	44,475	12,928	21,362	31,892	22,914	28,615
비(非)고용 및 미상	9,886	4,901	10,484	18,612	21,032	23,816
합계	210,689	347,850	424,740	501,867	583,428	689,790

출처: 조선총독부, 『조선총독부 통계연보』, 1911~40.
노트: 1910년의 괄호 속 수치들은 농업, 임업, 어업을 합친 것이다. 1940년의 분류는 약간 다르다. '제조업' 범주에는 광업(22,273)과 제조업(122,664)이 합쳐져 있다. '상업·운송업' 수치는 상업 (147,346)과 운송업(43,901)을 합친 것이다.

며, 조선인 고객들로부터 신용을 잃어버리지 않도록 이주자들의 미심쩍은 상업활동을 규제했다. 또한 그들은 조선의 모든 수입관세를 철폐하고 더 나은 항구와 부두시설, 더 많은 전보와 해운 서비스, 새 도로와 철로를 건설해달라고 당국에 끊임없이 청원했다.[126]

상업활동 차원을 넘은 공공활동 영역에서 정착민들은 1880년대 말까

---

124 강재호(姜再鎬), 2001, p. 143. 하지만 우리는 일본이 1878년에 지방의회 체제를 창안했으나 그보다 먼저 지방의 유지들이 일본 전역에 자발적 정치협회들을 설립했다는 사실에 주목해야 한다(Kim Kyu Hyun, 2007, Chapter 5).

125 한 안내서가 지적했듯이, 이는 일본인들의 상업활동에서 최대의 약점이었는데, 이는 중국인 상인들이 단결했던 것과는 대조적이었다(아라카와 고로(荒川五郎), 1906, pp. 180~81).

126 지역의 상업회의소 대표들도 조선 상인들과 '노상강도들', 그리고 본국에서 오는 새 이주민들에 대적해 정착민들의 권익을 증진하기 위한 전략들을 논의하는 합동토론회를 해마다 열었다. 조선 내의 일본 상업회의소 제7차와 제8차 총회에서 논의된 제안들을 참조하라. 경성거류민단역소(京城居留民團役所), 1912, pp. 334~36.

지 지역의 영사들로부터 자신들의 지도자를 선출하고 거류민협회(居留民協會)의 개설허락도 받아냈다.[127] 이러한 행보들 끝에 1905년 초에는 11개 도시에 거류민단(居留民團)이 설립되기에 이르렀다. 비록 거류민단이 통감부 관할 아래 놓여 있었고 각 민단들은 통감부 지부의 감독을 받고 있었지만, 지역 정착민들에게는 광범위한 자치활동이 허용됐다. 채권의 발행과 지역 일본인들에 대한 세금 및 수수료 징수권으로 힘이 커진 거류민단은 정착민들에게 공공시설을 건설하고 관리할 수 있는 안정적이고 풍부한 자금을 제공했다.[128] 학교와 신사(神社), 의료시설에 대한 용수(用水)공급 사업을 토대로 그들은 일본에서 지역정부의 재정지원을 받는 동일한 사업을 떠맡았다.[129]

정착민의 건강유지는 조선에 대한 일본의 영향력을 확대하고 전염병이 본국으로 확산되는 것을 막기 위해 특히 중요하게 여겨졌다. 이를 위해 거류민단은 천연두 백신을 제공했고 위생협회를 만들었으며, 의사들을 소개하고 콜레라 환자들을 격리했다.

그들은 제국건설자들의 정력을 유지하는 데 중요한 조치들로 간주된 게이샤와 매춘부들의 매독검사도 감독했다.[130] 정착민 지도자들은 동료 이주민들의 품행유지에도 그에 못지않게 신경을 썼다. 그들은 "선진국

---

127 기무라 겐지(木村健二), 1993, pp. 29, 36.

128 통감부(統監府), 『한국 시정연보(메이지 39/40년)』(韓國施政年報(明治39/40年)), 1907, 부록, pp. 12~13. 통감부 보호체제 기간에 경성, 인천, 부산, 군산, 진남포, 평양, 마산, 원산, 목포, 대구, 신의주 등 11개 도시에는 각기 1천 명 또는 그 이상의 주민들이 사는 일본인 정착민 집단이 거류민단을 통해 공동체를 관리했다. 더 적은 수의 또 다른 정착민들이 새 철도망 건설과 함께 10여 개의 다른 도시와 큰 읍면들에 모여들어 일본인회를 만들고 비슷한 활동을 했다.

129 Carol Gluck, 1985, p. 37.

130 경성거류민단역소(京城居留民團役所), 1912, p. 339; 기무라 겐지(木村健二), 1989, p. 73. 식민지 초기 경성의 건설에 관한 정보를 제공하는 일본인 위생 관련 직업에 대한 분석은 Todd A. Henry, 2005 참조.

인 우리나라의 높은 지위에도 불구하고", 일본인들이 종종 벗은 몸으로 백주에 활보하고 부끄럼도 없이 반바지 차림에 손수건을 머리에 맨 "조선인들보다 못한" 차림으로 거리를 걸어다니며 물건을 사라고 소리치며 다니는 것을 개탄했다. 그런 "수치스런 행위와 참을 수 없을 만큼 야만적인 모습"을 규제하기 위해 목포와 인천, 경성의 거류민 대표들은 1904년 조선 주재 일본 영사들에게 새 이주자들이 문명국의 지위에 걸맞은 처신을 하도록 감독하라고 촉구하는 청원을 했다.[131]

경성을 정착민 도시로 만들다

조선왕조의 전통적인 수도였던 경성보다 일본인들이 더 깊은 영향을 끼친 도시는 없었다. 일본의 식민통치 기간에 경성(京城)으로 이름이 바뀐 서울은 관료들과 공무원들, 회사 직원들이 지배한 소비와 행정의 중심지였다. 1910년 이후 경성은 한강 포구의 용산 — 조선 주둔군사령부가 있었고 철도운송의 핵이었다 — 을 통합해 확장하면서 일본인 거주민들이 가장 많이 사는 지역의 순위에서 부산을 제쳤다(도표 2). 그 조선의 왕도를 도시 경성으로 바꾸는 과정에서 새로 등장하던 제국적 질서가 다양한 수준으로 복제됐다. 최근 일련의 연구들이 보여주듯이, 그 질서는 철도와 전차궤도를 어떻게 깔고 길들을 어떻게 배치해서 이름을 붙였으며, 근린지역들을 어떻게 구획하고 경계를 획정했는지, 공공시설들을 어떻게 배치하고, 건물들은 어떻게 설계해서 배치했는지, 그리고 이들 물리적 배치 위에 사회적 관계들을 어떻게 엮었는지를 보면 저절로 드러난다.[132] 식민지 도시설계의 배후에 깔린 통치논리는 합리성이라

---

131   경성거류민단역소(京城居留民團役所), 1912, p. 134.

는 외관을 통해 확보한 권위에 의지해 질서를 부여하는 것이었고,[133] 무엇보다 조선왕조의 아이콘들을 일본의 우월성을 보여주는 건축적 상징들로 대체함으로써 지역주민들에게 식민통치 권력을 각인하는 것이었다.[134] 이들 대다수 사업들은 식민국가에 의해 수행됐지만, 일본인 정착민들은 이미 1910년 이전부터 자신들의 공간 ── 그리고 경계 ── 만들기에 착수했다. 조선 정부는 처음에 일본인 거주지를 남산 기슭의 '이현'(泥峴, 또는 '진고개')의 좁다란 구역으로 한정했다. 그곳은 조선 시대에는 가난한 양반 엘리트들과 중국인 상인들이 거주하던 상대적으로 방치된 지역이었다. 일본인 정착민들과 국가의 투자로 그 좁다란 지역은 수십 일 만에 작은 도쿄로 바뀌었으며, 그들은 거기에 혼마치(本町)라는 이름을 붙였다. 이 '일본인 타운'의 토대건설에 정착민들은 그 지역당국과는 무관하게 상당부분 독자적으로 기여했다. 그 과정은 초기에 경성의 거류민단을 이끌었던 언론인 나카이 기타로(中井喜太郎, 1864~1924)[*]의 회고록에 생생하게 묘사돼 있다. 혼마치 건설계획에서 나카이는 분명 기존 조선인 거주지를 일본인 거주민을 위한 2층짜리 벽돌집으로 바꿀 생각을 했다. 그것은 "바로 메이지 정부가 긴자(銀座) 거리에 만들었던 것"에서 따왔다. 첫 번째 조치로 나카이는 16명의 소방관들을 동원해 조선 오두막집 한 채를 통째로 뽑아내 그냥 '인근 길에 방치'하도록 했다.[135] 거

---

132 이 변화과정에 대한 자세한 분석은 전우용, 2001; 염복규, 2004; Todd A. Henry, 2008 참조. 경성의 도시사(都市史)에 대한 가장 최근의 한국어 연구작업 사례는 특집(special issue)으로 발표된 박찬승(Park Chan Seung), 「식민지 근대와 근대 한국 도시 만들기」(Colonial Modernity and the Making of Modern Korean Cities), 『코리아저널』(Korea Journal), 2008(가을) 참조.

133 Timothy Mitchell, 1988 참조.

134 이 과정에 대한 자세한 연구는 김백영, 2003, 76~102쪽 참조.

* 나중에 한성신보사(漢城新報社) 사장을 지냈으며, 『조선회고록』(朝鮮回顧錄, 1915) 등을 남겼다.

류민단의 추가세원을 만들기 위해, 특히 절실했던 정착민 자녀들의 교육비와 공중위생 사업비를 충당하기 위해 나카이는 유곽(遊廓)의 건설도 제안했다.[136] 또 다른 선(先)이주민은 일본인들이 자신들이 거주하는 곳 이름에 자신들의 문화와 선조들을 새로 새겨 넣음으로써 경성을 자신들 방식대로 만들어간 사실을 기록했다. 그들은 조선의 마을과 거리에 '아침 해'(아사히朝日, 旭日)와 같은 뜻의 일본말이나 그곳에 주둔한 일본군 장교들 이름, 그리고 요시노(나라奈良 현)의 유명한 벚꽃에서 영감을 얻은 지명들을 붙였다.[137]

정착민들의 이런 밀어붙이기는 관(官)의 경고를 태평스레 무시한 채 지속됐다. 일본 공사관과 영사관은 처음에는 외교적 문제를 피하려고 조선 정부와 협의하지 않은 이러한 거리 이름 다시 붙이기 생각에 반대했다. 또한 그들은 자국의 평판에 흠집을 낼 것이라는 걱정 때문에 사창가 설치를 금지했다.[138] 그런 관의 명령을 무시하고 나카이와 경성의 정착민 지도자들은 도쿄 외무성에 직접 청원하기도 했으며, "심지어 영사의 교체까지 요구"했다. 공격적인 로비를 벌이던 그들은 결국 1904년에 허가받은 유흥업소를 허용해달라고 당국자들을 설득했다. 그것은 경성의 홍등가인 신마치(新町, 이로마치色町·色街로도 알려졌다)의 기반이 됐다.[139] 정착민들과 지역관리들은 조선을 자신들 조국의 모습으로 바꾸겠

135   나카이 긴조(中井錦城), 1915, p. 113.

136   아카하기 요사부로(赤萩與三郎), 「유곽가(遊廓街) 25년사」(遊廓街二十五年史), 『조선공론』, 1935년 10월호, p. 47.

137   소가 쓰토무(曾我勉), 「왕비사건의 전말」(王妃事件の顚末), in: 후지무라 도쿠이치(藤村德一), 1927b, pp. 66~67.

138   같은 책, 65, pp. 206~07. 그러나 불법적인 매춘을 규제하면서도 일본 정부는 1880년대부터 일본인 정착지 내에서 '요리점'이라는 명목 아래 유곽(가시자시키)의 운영을 허용했으며, 예기(藝妓) 또는 작부(酌婦)라는 명목으로 합법적 매춘활동 허가를 내줬다(송연옥(宋連玉), 1993, p. 54).

다는 구상을 공유하고 있었을지도 모르겠으나, 식민지의 공간건설을 관장하는 정치는 종종 그들의 이해를 분쟁으로 몰고 가 이런 문제들에 대한 국가권위의 취약성을 드러냈다.[140]

조선병합 무렵에 '정착민 식민도시' 특유의 중층구조가 경성에 모습을 드러냈다.[141] 경성은 동서로 가로놓여 상징적 경계가 된 종로를 축으로 해서 일본인들이 사는 남촌(南村)과 조선인들이 사는 북촌(北村)으로 크게 나뉘어졌다. 조선인들 다수는 청계천 북쪽과 북악산 남쪽 기슭에 살면서 점차 외연을 청량리, 왕십리, 마포 등의 교외로 넓혀나갔다. 일본인 정착민들은 그와 반대로 남산 기슭에서 용산까지 펼쳐진 지역에 모여 살면서 청계천 남쪽으로 외연을 확장했다.[142]

두 '마을들' 사이를 크게 양분한 분단선은 다소간에 식민통치 시기의 마지막까지 남아 있었으며,[143] 다양한 표지와 거리 이름,[144] 건축 스타일,

---

139 이마무라 도모(今村鞆), 「20년 이전의 조선」(二十年以前の朝鮮), in: 후지무라 도쿠이치(藤村德一), 1927b, p. 207.

140 Todd A. Henry, 2006과 2008. 토드 A. 헨리가 말한 "공식적으로 허가받은, 사회적"(고향)사업을 통한 식민국가의 도시공간 재구성은, 혼마치를 중심으로 한 정착민 거주지 주변의 재개발을 원했던 일본인 정착민들을 포함한 지역주민들과의 수십 년에 걸친 분쟁에 불을 붙였다. 여기에는 정착민들이 지은 경성신사(京城神社)와 식민국가(총독부)가 지은 조선신사(朝鮮神社, 1925년에 '조선신궁'(朝鮮神宮)으로 명칭이 바뀜)를 둘러싼 1920년대의 흥미로운 경쟁도 포함된다(2006, pp. 372~99).

141 데이비드 프로차스카(David Prochaska)는 '정착민 식민도시'(settler colonial city)라는 유용한 유형을 제시한다(1990, pp. 22~25). 이 중층구조는 다른 도시들, 예컨대 부산과 대구, 목포 등에서도 관찰됐다. 박찬승(Park Chan Seung), 「식민지 근대와 근대 한국 도시 만들기」, pp. 5~132.

142 경성부(京城府), 『경성부사』(京城府史), 1941, vol. 3, p. 658. 두 '마을들'의 사회경제적 상황에 대한 자세한 비교는 손정목, 1996, 355~98쪽 참조.

143 이는 총독부의 '국세조사'에 나오는 인구 데이터와 통계를 활용한 식민지 경성의 역사에 대한 기존의 연구들이 내린 일반적인 결론이다. 1920년대 말부터 1942년까지 경성에 사는 일본인과 조선인 주민들의 변화하는 유형을 추적한 자

근대적 생활 편의시설들의 배치, 일상적·문화적 관행으로 (더 나중까지) 지역지형에 아로새겨졌다. 이들 경계는 청계천을 건너 혼마치로 들어가는 방문객이 금방 감지할 수 있을 정도였다. 다섯 개 블록(丁目, 街)에 걸쳐 펼쳐진 좁다란 거리들 전면에는 기모노와 책에서부터 과자까지 모든 일본 상품들과 서양 수입품들을 파는 가족경영 소매상들이 다닥다닥 뒤섞여 있었다. 그 소매상들 뒤에는 짚으로 지붕을 이은 초가집들이 늘어선 골목들이 있었는데, 혼마치의 그런 풍경은 친숙한 도쿄 시내 모습을 떠올리게 했다. 일본인 주민들은 그 지역을 도쿄의 고급상가에서 이름을 따와 '경성의 긴자(銀座)'라고 불렀는데, 특히 1920년대 중반 평당 수백 엔에 거래된 그 비싼 부동산 가격 때문에 그런 이름이 붙었다.[145] 혼마치 주변에는 최신기술의 도시 디자인, 널따란 간선도로 교차로들과 점점이 들어선 은행들, 기업들, 호텔들, 우체국, 상업회의소, 그리고 서양식 벽돌 및 석조의 다층건물들이 그 솜씨를 자랑하는 근대적이고 범세계적인 풍경들이 펼쳐졌다.[146] 어떤 관보*에는 기업가들의 활력과 가스, 전기로 밝

세한 연구는 서현주, 2000 참조.

144 1914년에 예전 구역체계가 폐지되고 통일적인 새 행정구획제가 시행되고 난 뒤에도 정(町)과 동(洞) 같은 다른 명칭들이 일본인과 조선인 구역을 구분하는 용어로 사용됐다(경성부(京城府), 『경성부사』(京城府史), 1936, vol. 2, p. 536). 일본의 초와 그 어원들에 대한 자세한 리스트는 같은 책, pp. 536~40 참조.

145 후지이 가메와카(藤井龜若), 1926, p. 71.

146 식민지 건축가들과 도시설계자들이 익힌 서양의 미학과 도시 디자인 기술(이는 종종 일본 본국으로 역수출됐다)을 토대로 건설된 경성을 일본 근대의 상징으로 제시하는, 삽화가 들어간 많은 가이드북이 등장했다. 어떤 안내서는 경성 상업회의소, 경성역, 조선호텔, 미쓰코시백화점 같은 주요 지형지물들의 모습을 담은 사진에 주석까지 단 시각적인 경성 여행안내를 독자들에게 제공해, 마치 그 건물 앞에 실제로 서 있는 방문자들처럼 그 건축미에 놀라고 '우리 조선의 자랑'을 맛볼 수 있게 했다(후지이 가메와카(藤井龜若), 1926; Jordan Sand, 2005, p. 217에 인용된 고시자와 아키라(越澤明)의 언급).

• 원문에는 'gazetter'(지명안내서)로 되어 있지만, 'gazette'(관보)의 오기(誤記)로

1930년 무렵의 경성 혼마치 풍경.

흰 거리의 불빛들로 가득 찬 혼마치의 광휘는 창조성과 조직, 위생이 결
여된 조선 도시의 어두움과는 완전히 대조된다고 나오기까지 했다.[147]
이 새로운 공간질서는 근대적 편의시설들 — '문명의 바로미터'로 여겨
진 전기, 수도, 가스, 하수관 등 — 의 불균등한 배치를 통해서도 발현됐
다. 그 편의시설들은 조선인들이 거주하는 도시의 근교나 시골 주변부보
다 일본인 정착민들 거주지에서 더 빨리 확산됐다.[148]

　식민지 건축가와 도시설계자들이 창출해낸 이 시공간상의 불균형은

　　보인다. 같은 경우가 몇 번 나오는데, 이때도 '관보'로 읽으면, 맥락에 딱 맞아떨
　　어진다.
147　오카 료스케(岡良助), 1915, pp. 278~80.
148　학교, 우체국, 전신국, 수도, 가스, 전기 등의 '문화시설들'에 관한 일본인과 조
　　선인들 이용실태에 대해서는 『조선과 만주』, 1915년 10월호, p. 9 참조. 1921년
　　조선 전역의 일본인 가구 중 87퍼센트에 전기가 공급되었으나, 조선인 가구는
　　그 수치가 20퍼센트에 지나지 않았다(『조선과 만주』, 1927년 5월호, pp. 46~47).

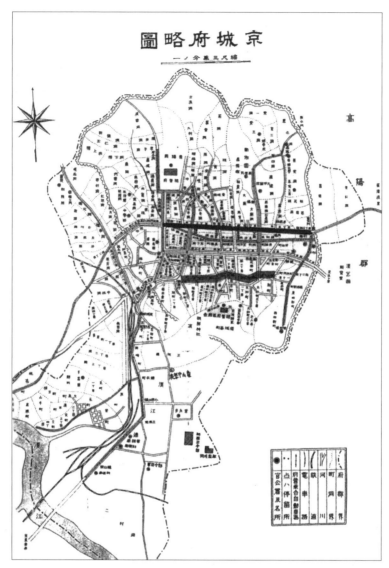

1930년 무렵의 경성 지도.
중앙의 검은 색 띠는 종로, 그 아래의 회색 띠는 혼마치를 나타낸다.

1930년대에 종로 북쪽으로 도로와 가로등, 고층건물들이 퍼져나갈 때도 변함없이 지속됐다. 그 무렵에 일본인 정착촌은 진흙창의 '거지굴'이었던 과거의 그 지역과는 닮은 점이 거의 없을 정도로 풍경이 일변했다. 철저히 일본적이면서도 코스모폴리탄 성격이 강했던 식민도시 경성은 일본인 이주자들에게 자신들의 문화를 느낄 수 있는 편안한 풍경과 휘황찬란한 근대의 스펙터클 모두를 제공했다. 우상파괴자 이상(李箱, 1910~37)이 1936년 자전적인 소설에서 묘사한 것처럼 혼마치가 장려한 건축물들의 광휘와 호화를 더해갈수록, 그리고 눈을 빼앗는 온갖 소비상품들로 넘쳐날수록 경성 남반부(혼마치)로 들어서는 조선인들은 그 풍경에 사로잡혔고, 그러면 그럴수록 자신들의 '전근대'를 상기할 수밖에 없는 소외의 순간을 체험했을 것이다.[149]

정착민들의 일상과 문화

진보와 퇴보의 이분법이 민족적 위계로 이어지는 이 식민지 공간에서 "일본인들과 조선인들은 '물과 기름'처럼 '함께' 살고 있었다"라고 식민지 시대 말기에 경성을 찾았던 와타나베 마나부(渡邊學)는 썼다.[150] 와타나베 같은 방문자들이 본 것은 문화의 도가니라기보다는 조선인들이라는 바다 위에 떠 있는 일본 문화집단의 거주지들이었다. 그것은 케냐의 고원지대와 남로디지아에 조성된 영국인 정착민들 마을인 '흰색 섬들'과 다르지 않았다.[151] 다른 해외 이주민들처럼 일본인 정착민들도 본국

---

149 가와무라 미나토(川村湊), 2000, p. 107. 신명직, 2003, 제1장도 참조.

150 와타나베 마나부(渡邊學)·우메다 마사시(梅田正), 1980, 「서문」.

151 Dane Kennedy, 1987. 그러나 남로디지아는 그 대부분이 토지투기로 개발된 케냐 고원지대의 백인 거주지보다 발전이 뒤처졌다.

의 관습과 제도들을 옮겨 심음으로써 조선에 그들 모국의 환경을 복제하려 했으며, 그런 노력들은 도시들에서 가장 충실하게 진행되었다.[152] 본국에서 멀리 떨어진 해외생활로 취약해진 자신들의 민족적 정체성을 유지하기 위해 그들은 식생활과 집, 옷, 말(언어) 등에서 일본식 생활양식을 엄격히 유지하려 했다.[153] 이 문화집단의 거주지에서 일상생활의 리듬과 사이클은 일본 달력의 주변을 맴돌았다. 정착민 가족들은 사계절 내내 일본 전래의 관습과 의례들 —— 예컨대 봄철의 소년·소녀 축제와 여름철의 오봉(お盆, 조상들에 대한 불교식 기념의례) —— 을 따랐다. 또한 그들은 천황을 근대적 주권자와 영원무궁한 일본 전통의 상징이라는 새로운 이중적 외관을 지닌 존재로 기리는 기원절(紀元節, 2월 2일 건국기념일)과 천장절(天長節, 11월 3일 천황탄생일) 같은 일본의 국경일들을 지켰다.[154]

'클럽들'이 유럽 식민지들에서 백인권력의 상징이요 요새였다면,[155] 쇼핑과 여가, 유흥업소, 신도(神道)사원들을 중심으로 돌아가던 조선의 일본인 정착민들의 사회생활은 아시아의 일본인 해외정착촌들 어디에서나 볼 수 있는 특징적인 면모였다.[156] 대다수 정착민들, 특히 여성들에게 조선 내 일본인 상점가는 그들이 모든 일상용품들과 본국에서 수입되는 식탁·식기류들을 구입하는 중심우주가 됐다(그곳은 식민지 일본인 인구의 다수를 간사이(關西) 출신자들이 점하고 있던 상황을 반영하는, '화려하

152   David Prochaska, 1990, p. 22.
153   표준 일본어(본국의 모국어로 제도화된)의 사용은 다양한 방언을 쓰는 국외거주자들의 공동체를 본국과 시공간을 함께하는 민족구성원들의 공동체로 만드는 데 중요한 역할을 했다(Naoki Sakai·Brett de Bary·Iyotani Toshio, 2005, pp. 17~31).
154   이는 후지타니 다카시(藤谷隆)가 '기억의 장소들'(mnemonic sites)이라고 불렀던 것들의 일부다. 이것들은 천황을 신민들의 일상생활의 일부로 만들기 위해 메이지 시절 지도자들이 공들여 고안해낸 장치들이었다.
155   Dane Kennedy, 1987, pp. 179~86; Mrinalini Sinha, 2001; Caroline Elkins, 2005, p. 11.
156   하시야 히로시(橋谷弘), 2004, p. 81.

고 풍성한' 오사카 분위기를 물씬 풍겼다).[157] 정착민 공동체가 계급없는 사회 이미지를 투사하는 화이트칼라적 특성을 더해가면서 과시적 소비는 식민지적 일상의 특징이 됐다. 본봉의 50~60퍼센트에 이르는 해외근무수당[158]은 기업체 직원과 공무원들이 사치스런 생활을 즐길 수 있게 해주었다. 그것은 미쓰코시백화점과 혼마치의 포목점 쇼핑을 최고의 취미로 삼았던 그들 부인의 화려한 생활양식을 보더라도 알 수 있다.[159] 다른 이주자들도 일반적으로 식민지에서의 생활이 본국에서의 생활보다 더 수월했던 것 같다. 생필품 가격은 종종 본국보다 저렴했으며,[160] 모든 계층의 일본인들이 조선의 낮은 세율 덕분에 상대적으로 쌌던 술과 담배를 대량으로 소비했다.[161] 더욱이 식민지 노동시장 사정에 따른 큰 폭의 임금격차로 정착민들은 집 안팎의 다양한 잡일에 필요한 조선인들, 즉 보모, 집안 허드렛일을 돕는 가정부 또는 어머니(글자 그대로 '어머니', 나이 든 가사 도우미), 논밭을 돌보는 농장의 일꾼을 고용할 수 있었다. 이는 온천여행과 마산 해변이나 부산의 놀이공원으로의 주말여행, 또는 경성 창경궁 내의 유명한 동물원 구경 같은 여가를 보낼 수 있는 시간적 여유를 안겨주었다.[162] 비록 현실의 정착민 사회는 여전히 매우 계층화되어 있었지만,[163] 상류층과 그 아래 계층의 일본인들은 지배민족의 집단에

---

157 전국신문(全國新聞) 도쿄연합사(東京聯合社) 편, 『일본 식민지 요람』(日本植民地要覽), 1912, pp. 123~24.

158 아오야기 쓰나타로(靑柳綱太郎), 1916, p. 246.

159 이런 엘리트 부인들이 운영하는 애국부인회가 경성에서 총회를 열 때마다 미쓰코시백화점의 고가품들이 매진됐다고 한다(『조선공론』, 1914년 3월호, p. 80).

160 조선총독부, 『조선』, 1910년 10월호, p. 7.

161 조선총독부, 『조선』, 1911년 7월호, p. 83.

162 기무라 겐지(木村健二), 1996, p. 55.

163 정착민 내부의 다양성에 대한 자세한 연구는 Nicole Leah Cohen, 2006, Chapter 2 참조.

속한다는 공통의 특권으로 엮인 동일한 문화권을 차지했다.

조선 내 정착민들은 연예산업도 일으켰다. 부산에서 오이케 추스케(大池忠助, 1856~1930)와 정착민 지도자들은 돈을 모아 오사카에서 건축가들을 불러들여 극장들을 짓게 했으며, 거기서 장사극(壯士芝居)과 나니와부시(浪花節)* 이야기에서 일본 전통극 노(能)와 조루리(浄瑠璃)** 꼭두각시극에 이르는 일본 연극들을 공연했는데, 이것은 관객들을 그들의 문화적 뿌리로 데려다주었다.[164] 영화도 1910년대에는 인기 있는 대중오락이 되었는데, 경성의 네 개 극장에서 변사(辯士)가 따라붙는 일본 무성영화나 수입한 서양 무성영화를 상영했다.[165] 정착민들이 좀더 조용하게 살았던 시골지역에서는 일본인 가족들이 정기적으로 만나 바둑, 장기, 화투 등의 전통놀이와 카드와 마작, 그리고 더 세련된 하이쿠(俳句), 단가(短歌), 서예, 꽃꽂이, 다도(茶道)와 같은 취미를 즐겼다. 이런 사회적 모임들은 지역 정착민들에게 "조선인들이라는 바다 속에서 민족적 소수자로 살아가는 삶의 외로움"에서 위로와 일시적 해방감을 안겨주었다고 전라남도 시골마을에서 살았던 전직 일본인 교사는 회고했다.[166]

부인들이 흔히 혼마치 거리에서 쇼핑을 했다면, 그 남편들도 쾌락을 좇아 흔히 경성의 유명한 홍등가인 신마치로 갔다. 거기서 그들은 일본인 게이샤들이 제공하는 음식과 술, 춤, 그리고 종종 섹스까지 즐겼다. 그런 유흥가들은 1900년에 부산에, 1902년에는 인천에, 그리고 1905년

• 샤미센(三味線)을 반주로, 주로 의리나 인정을 노래한 대중적인 창을 말한다.
•• 일본의 전통예능에서 반주에 맞추어 이야기를 읊는 행위를 말한다.

164 가가야 신코(加賀谷眞子), 2001 참조. 당시의 극장들 중 하나로 1907년에 지은 부산좌(釜山座)는 객석 1,540석으로, 당대 조선과 만주를 통틀어 최대의 객석수를 자랑했다(『조선의 실업』(朝鮮之實業), 1907년 8월호, pp. 47~48).

165 『만한(滿韓)의 실업』(滿韓之實業), p. 96; 『조선과 만주』, 1916년 2월호, pp. 122~24; 그리고 1922년 1월호, pp. 118~20.

166 이와사키 기이치(岩崎喜一), 1966, p. 187.

에는 경성에 들어섰다.[167] 일본인 매춘부는 그들을 찾는 조선인들보다 많아서 일본인과 조선 남성들의 수요를 모두 충족할 수 있었으나, 일본 남성들은 적극적으로 조선 여성들을 성적 상대자와 동거인으로 찾아 나섰다.[168] 관료들과 사업 엘리트들은 조선인 고급예인(藝人)들이나 기생의 뒤를 봐주는 후원자였다. 조선인 고급예인이나 기생들은 곧 화월관(花月館)에서 열리는 일본인 디너파티의 고정적인 참석자가 되었으며,[169] 일본인 점원들은 갈보라고 불렸던 조선인 하류 매춘부들을 자주 찾았다고 한다.[170]

민족적 정체성의 정신적 수호자였던 신도사원들도 일본의 식민문화 전반에 퍼져 있던 아이콘이었다. 사창가처럼 신도사원도 한반도 전역에

---

167 하시야 히로시(橋谷弘), 2004, p. 98. 경성의 유흥가 발전사는 「경성 화류계의 약사」(京城花柳界の略史), 『조선과 만주』, 1921년 11월호, pp. 117~21 참조.

168 매춘부와 예인, 그리고 접대부들이 초기 일본 여성이주자들의 대종을 이뤘다(도표 3: 한국통감부, 1909, p. 56). 하류층 일본인 주민들 가운데 높은 비중을 차지했던 '예인' 범주에 들어가는 이들이 1930년대까지 줄곧 이주했다(송연옥(宋連玉), 2002, pp. 70~74). 1887년 무렵에 경성의 일본 영사관 당국자들은 명백히 일본인 매춘부들과 조선 남성 간의 성관계를 금지하려 했으나 나중에 그 규제는 풀렸다(조선총독부, 『조선』, 1908년 5월호, p. 27). 사실상 바버라 J. 브룩스(Barbara J. Brooks)가 썼듯이, 일본 여성들에게는 동화정책의 일환으로 조선 남성들과 결혼하도록 권장했다(Barbara Brooks, 2005, pp. 307~08). 한편, 1890년대에 일본인 정착민들은 자신들의 공동체 내에 조선인 매춘부와 예인들을 불러들이기 시작했는데, 특히 지역의 유곽업주들이 저임금을 이용해 그들을 많이 고용했던 인천과 부산에서 그러했다(송연옥(宋連玉), 1993, pp. 59~60).

169 이마무라 도모(今村鞆), 1927, pp. 209~10. 화월관의 수석 접대부로 일한 적 있는 어떤 이는 이렇게 기억했다. "전임 통감 이토가 조선에 온 뒤, (우리 일은) 파티가 줄을 이어 열리면서 정신없이 바빠졌다"(『경성신보』(京城新報), 1912년 2월 3일자). 일본인들의 기생에 대한 후원은 식민지 시대 말까지 계속됐다. 구도 마스미(工藤眞澄, 식민지 경찰국 직원 출신)와의 인터뷰, 2002년 2월 26일; 구도 마스미(工藤眞澄), 1983, pp. 128~29, 130.

170 『조선과 만주』, 1914년 3월호, p. 76.

서 급증했다.[171] 초기 조선 이주자들은 자신들이 정착한 도시들에 이세신궁(伊勢神宮) 지부를 건립하자는 운동을 적극적으로 벌였다. 그 이세신궁에는 "(일본인들의) 영구정착의 동기를 굳혀주는" 수단으로 태양의 여신 아마테라스(天照大神)가 모셔져 있었다.[172] 경성 정착민들은 이세신궁을 그대로 본딴, 그것보다는 규모가 작은 남산신사(南山神社, 1912년에 경성신사로 개명)를 건립했다. 그들은 거기서 매일 모국과의 정서적 유대와 제국의 조상들과의 혈연관계를 확인할 수 있었다.[173] 식민지 신사들 주변에는 머지않아 애국적 의례들이 그물망처럼 형성됐는데, 그것은 러일전쟁 기간에 생겨난 본국의 국가 추모행사들을 본뜬 것이었다.[174] 지역의 신사들은 전사자들을 추모하고 전승(戰勝)을 축하하는 행사장으로 활용되었으며, 국가의 신화적 창도자인 진무(神武) 천황에게 경의를 표하는 축제들이 열렸다. 그 모든 행사들은 다양한 출신배경을 지닌 이주민들의 정서를 집단적인 천황폐하 만세와 통합하는 기회를 제공했다.[175] 이 제국 전역의 국가 성찬식 연쇄를 통해 천황 이데올로기는 해외로 퍼져나갔는데, 캐럴 글럭(Carol Gluck)의 말을 빌리자면 '공통언어'로 수용되었다. 그 속도는 본국 마을들로 퍼져나간 것과 거의 다름없을 정도로

---

171   일본인 주민들은 자비로 본국에서 목수들을 초청해 불교사원들(다수 정착민들의 종교적 취향을 반영한다)과 신사들을 지었으며, 1915년 통합적인 정부의 관리 아래로 이관될 때까지 사원과 신사들을 직접 운영했다(경성부(京城府), 1941, vol. 3: pp. 421~22). 일본 식민지의 신도사원들에 대한 연구는 스가 고지(管浩二), 2004; 아오이 아키히토(青井哲人), 2005; Todd A. Henry, 2006 참조.

172   기무라 겐지(木村健二), 1996, p. 52; 아오이 아키히토(青井哲人), 2005, pp. 148, 153.

173   아오이 아키히토(青井哲人), 2005, p. 39.

174   Franziska Seraphim, 2006, p. 14.

175   진무 천황 축제는 통감부 보호 시대 이후 매년 4월 3일에 열렸다(『조선과 만주』, 1915년 4월호, p. 7). 1906년 경성에서 열린 전사자 추모제(초혼제)는 『조선과 만주』, 1906년 12월호, pp. 41~42 참조.

경성신사 가을축제(위)와 경성신사(아래).
제공: 후지타 분페이(藤田文平), 『경성과 인천』(京城と仁川), 1978, pp. 5, 10.

빨랐다.[176] 1907년에 황태자(나중의 다이쇼大正 천황)가 한 무리의 '전쟁 영웅들'을 대동하고 경성을 방문했을 때, (어린이들을 포함한) 조선 내의 애국적 정착민 군중이 일본의 러일전쟁 승리가 안겨준 희열에 도취되어 "눈물을 흘리며" 수행단을 환영했다.[177] 그리고 5년 뒤에 황태자가 천황에 즉위했을 때, "음식점에서부터 공중목욕탕에 이르는" 일본인 가게들이 그 기쁜 날을 축하하기 위해 일제히 문을 닫았다.[178]

만들어진 전통은 더 많은 전통들을 만들어낸다. 정착민들은 일본에서 수입된 공공 기념행사들에 해외개척자로서의 자신들의 정체성을 기념하기 위해 스스로 만들어낸 행사들을 보탰다. 예컨대, 경성에서는 매년 10월 일본인 주민들이 '경성신사 가을축제'를 열었는데, 그 성대함은 본국의 유명한 하카타(博多) 축제와 다수 이주민들의 출신지역인 일본 남서부의 지역축제들을 떠올리게 했다. 이런 경축행사 때에는 이동식 신사(신여神輿, 신을 모신 상여)를 남산에서 용산역을 거쳐 다시 남산으로 끌고 갔는데, 조선인들도 — 그들이 좋아하든 말든 상관없이 — 그 행렬을 참관하도록 동원당했다.[179] 그 행렬의 통과로(路)는 나중에 종로까지 확장됐다. 정착민들은 종로 행사 때 일본 문화를 더 많이 보여주기 위해 잠시 행렬을 멈추고 판을 벌이기도 했다.[180] 축제행사 동안 정착민 상인들이 제공한 장식수레들이 줄지어 혼마치 거리를 통과하면, 들뜬 기분의 일본인 거주민들과 호기심에 찬 조선인 구경꾼들이 줄을 서서 지켜봤다. 어느 정착민 출신이 회고했듯이, 그 행렬은 단지 움직이는 '축소판 일본'의 이미지 주변으로 구경꾼들을 결속하기만 한 것은 아니었다.[181] 그

---

176   Carol Gluck, 1985.

177   도요다 쇼이치(豊田章一), 1963, p. 23.

178   경성부(京城府), 1941, vol. 3, pp. 251, 253.

179   『조선공론』, 1913년 11월호, p. 58; 사와이 리에(澤井理惠), 1996, pp. 72~73.

180   Todd A. Henry, 2006, p. 139.

것은 또한 성(젠더)과 식민지의 위계질서를 구현했다. 신을 모신 상여의 남성적 장엄함은 예복을 차려 입은 일본인 게이샤들의 여성적 우아함과 균형을 맞췄다. 1915년부터는 조선인 기생들도 그 행렬에 가담했는데, 그들의 천한 신분을 드러내기 위해 '평상복 차림'으로 참가하게 했다.[182] 그런 호사스러운 행사를 통해 정착민들은 자신들의 '일본성(性)'을 구성하고 확인했으며, 식민지 지배계급으로서의 자신들의 존재를 과시했다.

하지만 정착민들 세계가 그들을 에워싸고 있던 조선인들로부터 완전히 차단되어 있었던 것은 아니다. 사실 그들의 일상생활은 일반적으로 유럽 식민도시들에서는 볼 수 없는 이문화(異文化) 간의 상호 뒤섞임으로 와글거렸다. 알제(Algiers)와 캘커타(콜카타), 나이로비 등 원주민 하인들에게 둘러싸여 생활한 대다수 유럽 식민자들은 산간의 별장촌이나 백인타운, 그리고 또 다른 부르주아 문화적 보호막 속에서 보호를 받으며 원주민들로부터 스스로를 고립시켰다.[183] 그와 대조적으로 경성 안팎의 일본인들은 조선인 주민들을 밀어내고 그 자리를 차지하거나 조선인 거주지 한복판으로 들어가 삶으로써 현지 주거지에 정착하거나 마음대로 들락거렸다.[184] 이 때문에 많은 당대의 관찰자들은 조선이 '잡거(雜居)적

---

181   하마다 이노사부로(濱田猪三郞)와의 인터뷰, 2002년 2월 13일, 도쿄.

182   Todd A. Henry, 2006, pp. 131~32.

183   하시야 히로시(橋谷弘), 2004, pp. 69~80; Jürgen Osterhammel, 2005, p. 88.

184   경성의 경우, 한일병합 뒤에 일본인 이주자들이 그 전에 진입저항을 당했던 조선인 주거지 내로 꾸준히 밀고 들어갔다(전우용, 2001, 168쪽). 1919년까지 거의 모든 도시들에 일본인 주민들이 살고 있었는데, 그로 인해 가끔 경계면에서 분쟁이 일었다. 그런 분쟁은 인플레이션과 땅값의 급등으로 심각한 주택부족 현상이 빚어졌던 제1차 세계대전 기간에 특히 심했다(『조선과 만주』, 1911년 10월호, p. 51; 경성부(京城府), 1941, vol. 3, p. 658). 일본인 정착민들의 '북진'은 정부의 건물과 기업의 주택단지들이 경성 북쪽에 건설되던 1920년대에 속도가 빨라졌고, 1930년대에 가속도가 붙었다(염복규, 2004, 205~06쪽; 손정목, 1996, 383~84쪽). 1930년대 중반 도시화와 경성의 행정 관할지역 확장은 일본

식민지'의 특성을 갖고 있다고 봤다.[185] ("계급보다는 민족적·인종적 요소들이 더 크게 작용한" 유럽 식민도시들[186]에 비해) 조선에서는 사회적 분리(차별)의 정도가 덜한 편이었다. 확실히 식민지 생활은 차별이 만연했다. 버스건 어디건 간에, 일본인들은 종종 조선인들에게 좌석을 내놓으라고 했으며, 일본인 가게에서 조선인들은 계급에 상관없이 악담을 듣거나 환영받지 못한 경우가 많았다.[187] 그러나 토착민들이 버스와 택시, 클럽, 그리고 다른 공공 편의시설의 이용을 거부당한 아프리카의 정착 식민지들과는 달리, 조선에서는 그런 공간들이 민족적으로 분리되어 있지는 않았다.[188] 정착민들과 원주민들 간의 '경제적·사회적 접촉들'은 지역관리들의 규제나 법적 통제에 의해 방해받지도 않았다.[189] 그와 반대로 일본 당국은 병합정책의 일환으로 매우 의식적으로 위생시설과 공원, 극장, 그리고 신도사원들까지도 그 보급과 공유를 장려했다.[190] 경성의 한 관리

인과 조선인들이 뒤섞인 주거형태의 성장을 더욱 촉진했다. 그것은 특히 경성 남부지역에서, 경성의 전반적인 중층구조 내에 미세한 균열을 초래했다(서현주, 2000, 245~59쪽).

185 『조선과 만주』, 1915년 9월호, p. 58; 그리고 1915년 6월호, p. 68. 한 관찰자는 조선인 주거지에 침투해 들어가는 일본적 방식을 묘사하기 위해 조선에 대해 '중간단계(inter-stage) 식민지'라는 말을 썼다(조선총독부, 『조선』, 1911년 5월호, p. 48).

186 데이비드 프로차스카에 따르면, "계급이 형성됐으나 그것은 전면적인 인종적 구조 내의 일이었으며, 계급에 의한 거주지 분리현상이 발생했지만 민족과 인종적 분리라는 훨씬 더 중요한 구조 내의 일이었다"(David Prochaska, 1990, p. 20).

187 그러한 버스 내 사건들은 이와사키 기이치(岩崎喜一), 1966, p. 56 참조. 일본을 방문하는 조선인들은 종종 식민본국의 '친절한 일본인'과 조선 내의 차별적인 일본인 정착민들을 대비했다. 예컨대, 조선총독부, 『조선』, 1911년 9월호를 보라.

188 Caroline Elkins·Susan Pedersen, 2005, p. 12.

189 Bruce Berman·John Lonsdale, 1992, p. 121.

190 1915년에 식민정부는 일본인들이 다수인 정(町)과 조선인들이 다수인 동(洞)의 유지들을 신사의 대표(우지코 소다이氏子總代, 같은 씨족신을 모시는 사람들의 대표)로 임명해 신사의 일상적 운영을 그들에게 맡겼다. 하지만 조선인들

의 말에 따르면, 그것은 경성의 조선인 주민들에게 위생관념을 보급하고 '공동체 생활'의 인식을 기르며, '근검절약' 습관을 들이기 위한 것이기도 했다.[191] 일본인 타운의 정수인 혼마치조차 시간이 지나면서 정착민들과 조선인들의 두 세계가 만나는 접촉지대, 서로 다른 계급과 연령, 젠더와 민족의 경계를 가로지르는 주민들이 자주 출입하는 세계시민주의적 근대의 공유지대가 됐다.[192]

정착민 공동체들과 그들의 일상은 무수히 많은 미묘한 방식으로 조선인들의 미각과 습관, 생활양식을 바꾸면서 일본 문화의 헤게모니가 뿌리를 내리는 데 중대한 매개가 되었음을 의미한다. 경성에서 그 과정은 종로를 경계로 남북으로 나뉜 지역에서 각기 다르게 확산되었으며, 상당부분은 조선인 사회의 계급분화 방식에 따라 진행되었다. 예컨대, 많은 조선의 양반 엘리트들이 양복과 신발에서부터 실크 손수건에 이르기까지 '일본인들도 살 수 없을 정도로 값비싼 물품들'을 구입하면서 혼마치의 일본인 전문점과 양품점의 고객이 되었으며, 식품점 신 다쓰마(進辰馬)를 관찰하고 "최신상품들을 일본인들보다 더 사랑했다".[193] 조선인 엘

은 1926년까지 신사의 운영체계에 완전히 통합되지 못했다(아오이 아키히토(青井哲人), 2005, pp. 244~46). 정착민들이 주도하는 경성신사의 1931년 축제에 참가하는 조건을 협상하는 조선인 엘리트 교구지도자들의 매우 상반된 노력은 Todd A. Henry, 2006, pp. 429~32 참조.

191 시오카와 이치타로(塩川一太郎), 「조선인에 대한 오락기관 설비와 개량을 꾀하라」(朝鮮人に對する娛樂機關の設備と改良を圖れ), 『조선과 만주』, 1911년 5월호, pp. 16~18; 그리고 Todd A. Henry, 2005.

192 식민지 경성 거리에서의 다양한 조선 경험들에 대한 흥미로운 논의는 Oh, Se-Mi, 2008, pp. 83, 92~101 참조.

193 조선총독부, 『조선』, 1910년 4월호, pp. 83~85. '조선인들 중에서도 가장 호사스러운 자'는 명백히 일진회(一進會) 지도자 송병준(宋秉畯)이었다(제2장). 그의 담배와 와인, 브랜디 구입방식은 전임 통감 이토 히로부미의 그것과 비견될 만했다(『조선과 만주』, 1915년 6월호, p. 69). 1895년 갑오개혁에 따라 발령된 단발령(斷髮令) 또한 일본인 상인들이 파는 서양의류와 모자, 기타 액세서리들

리트들의 일본인 가게에 대한 후원은 부와 민족이 언제나 같은 편이 되지는 않았던 조선의 독특한 사회 계층구조의 존재를 입증했다. 식민지의 '중간계급'은 정착민들이 지배적인 지위를 차지했지만, 사회의 최상층은 언제나 총독을 비롯한 최고위 관리들조차 따라갈 수 없는 수입을 올렸던 부유한 조선인 지주 엘리트들이 차지했다.[194] 하지만 일본 문화의 소비는 그들 엘리트만의 전유물이 아니었다. 보통의 주민들도 차 마시기에서부터 요리용 설탕과 간장에 이르기까지 일본 물품과 관습들을 광범위하게 받아들였으며, 일본 청주(사케)와 사탕의 맛을 알게 되었다.[195] 또 다른 관찰자는 조선인들이 일본인 정착민들의 영향을 받아 전통적인 흰옷(한복) 대신에 색깔 있는 옷을 입고, 세탁할 때 비누를 더 많이 사용하며,[196] 조산원을 여는 등 생활양식을 바꾸고 있다고 보도했다.[197] 공중목욕탕(센토錢湯)의 이용 또한 모든 계급의 조선인들에게 확산됐다. 춘천에서 공중목욕탕을 운영한 어느 일본인에 따르면, 그가 '하이카라'(high collar)*라고 부른 조선인 이용자들이 매일 저녁에 와서 "일본인들보다

의 판매를 부추겼다(Moon Yumi, 2010, p. 183).

194 『조선과 만주』, 1936년 5월호, p. 78; 그리고 1936년 7월호, pp. 112~13. 이런 행태는, 내가 정착민 출신자들과 한 인터뷰들을 통해서도 드러나듯이, 식민지 시대 말기까지 지속되었는데, 그들은 조선 양반가문들이 얼마나 일본인 '졸부들'을 우습게 봤는지, 경성에서 가장 부유하게 살았던 정착민들조차 상상하기 어려운 호화스런 삶을 어떻게 살았는지를 늘 곱씹었다. 남산소학교[초등학교] 졸업생들과의 비공식 원탁회의에서 나온 증언들, 2003년 7월 21일, 도쿄.

195 그들은 모기장과 수건, 맥주, 그리고 비싸지 않은 와인도 샀으며, 시골장터에서 파는 휘발유와 성냥, 램프, 면직 실, 철물과 담배도 샀다(기무라 겐지(木村健二), 1996, p. 58). 일본 청주(사케)에 대한 조선인들의 소비증가에 대해서는 조선총독부, 『조선』, 1910년 4월호, p. 85; 그리고 1911년 7월호, p. 78; *CKZ* 126, 1926년 6월호, p. 9 참조.

196 *CKZ* 153, 1928년 9월호, p. 2.

197 Theodore Jun Yoo, 2008, p. 180.

• 서양풍을 좇거나 유행을 따라 멋을 부리는 것 또는 그런 사람을 의미한다.

몸을 더 깨끗하게 유지하고 싶어했다". 하지만 많은 일본인 공중목욕탕 주인들은 아예 조선인들의 입장을 막거나 조선인용 욕탕을 따로 설치했다.[198]

식민지에서의 이질적인 세계의 조우는 결코 단순한 문화적응으로 해결될 수 없었다. 불평등교환의 맥락 위에서 통치되기는 했지만 일본인과 조선인들의 접촉은 언제나 쌍방향적 역학관계 속에서 이뤄졌다. 불평등하고 무의식적인 과정이기는 했지만, 일부 인류학자들이 '간(間)문화화'라고 부른 과정 속에서 식민자와 피식민자는 각자 서로의 문화를 변용하면서 상대방의 관습과 습관, 그리고 가치를 받아들였다.[199] 일본인 정착민들은 필요에 따라 때로는 선택적으로 조선의 관습을 통합했으며, 그러한 무계획적인 과정을 통해 새로운 감수성들을 획득했다. 예컨대, 대다수 하층민 출신 이주자들은 새로 일본식 또는 서양식 집을 짓기보다는 곧바로 기존의 조선인 집으로 들어갔으며, "동료 이주자들과 함께 원주민 집의 한 칸을 빌리거나, 두세 가족이 집 한 채를 공유하는" 경향이 있었다.[200] 환경적 제약 또한 정착민들이 조선 땅에서 일본식 생활양식을 고집하기 어렵게 만들었다. 예컨대, 매서운 대륙의 겨울 추위는 정착민들에게 적어도 방 한 칸에 조선식 온돌을 설치하게 만들었는데, 흔히 그것은 "조선에서 한 번이라도 살아봤다면 버리기 어려운" 중독성을 지닌 생활양식이 되었다.[201] 일본 여성 중에는 조선의 치마를 입는 사람들도 있었는데, 특히 여름철에 그러했다. 치마는 일본의 기모노보다 더 편

---

198 『조선과 만주』, 1915년 4월호, p. 60; 조선총독부, 『조선』, 1911년 8월호, p. 87. 진주의 목욕탕에 대해서는 『조선의 실업』, 1907년 3월호, p. 36.

199 Viranjini Munasinghe, 2006, p. 555. 인류학자들도 크리올(Creole, 식민지에서 태어난 유럽계 자손) 문화의 발전을 이야기할 때, '이식(移植)문화'(transculturation)라는 말을 썼다(Mary Louise Pratt, 1992 참조).

200 전국신문 도쿄연합사 편, 1912, pp. 124~26.

201 전국신문 도쿄연합사 편, 1912, p. 125; 제보자 질문조사(〈부록 2〉 참조).

하고 일의 효율성을 높여주는 것으로 여겨졌다.[202] 조선 음식은 대체로 조선인들 부엌 안의 진기한 존재로 남아 있었으나, 일본인들은 명월관 (明月館) 같은 고급 조선 식당의 음식을 맛보기 위해 종로로 가는 모험을 감행했으며, 일부는 김치와 고추장 같은 지역식품들의 맛을 개선했다(일본인 주부들은 흔히 조선인 가정부들에게서 그 요리법을 배웠다).[203] 많은 일본인 주민들이 본국에서도 막강한 판매망을 자랑하던 조선 인삼제품들의 고객이 되기도 했다.[204]

조선인들과의 접촉은 일상생활 속의 물질적 측면을 넘어선 여러 다른 방식으로 일본인 정착민들을 변화시켰다. 예컨대, 많은 일본인들은 조선인 상인들과의 장기적인 거래나 조선인 직원들과의 일상적인 대화를 통해 더 분명하고 직접적으로 이야기하는 법을 배웠다. 1930년대에 조선에서 자란 정착민들은 행동상의 변화도 기록했다.[205] 조선인들의 유교전통 고수는 일부 일본인들에게 맹렬한 근대성 추구로 자신들이 잃어버렸을지도 모를 조상숭배나 어른에 대한 존경 같은 것들을 다시 떠올리게 만들었다.[206] 가끔 지역신문들은 독자들에게 조선의 오지(奧地)에서 '원주민'과 함께 살러 간 일부 일본인들의 존재를 상기시켰다. 그들은 그곳 지역사회에 깊숙이 몸을 담근 나머지 정착민 문화권에서 떨어져 나갔다.

---

202 『조선과 만주』, 1926년 1월호, pp. 48~49; 호즈미 시게토시(穗積重敏)와의 인터뷰, 2002년 2월 2일, 도쿄.

203 『경성일보』(京城日報), 1911년 5월 2일자; 중앙일한협회(中央日韓協會) 회원들의 원탁회의, 2002년 2월 2일; 제보자 질문조사. 1930년대와 1940년대 경성에서 자란 내 제보자들에 따르면, 많은 정착민 가족들이 신선한 야채와 과일을 사러 조선인 시장에 갔으며, 주말에는 동대문시장의 음식점에서 식사를 했다(경성에서 살았던 일본 여성과의 인터뷰, 2002년 7월 12일; 경성에서 식당을 했던 일본인 아들과의 인터뷰, 2002년 1월 14일).

204 *CKZ* 153, 1928년 9월호, p. 10.

205 기무라 겐지(木村健二), 1996, p. 57; 제보자 질문조사.

206 제보자 질문조사.

간(間)문화화 과정은 정착민 공동체가 시간이 지나면서 내부적으로 더욱 분화함에 따라 복잡해졌다. 하인들에게 에워싸이거나 단지화된 공동체 내에 고립된 기업이나 관료, 그리고 그들의 가족들로 이뤄진 상류계급의 생활은 더 복잡한 지역에 살았던 그보다 수가 많은 중소 소매상과 공장주들의 생활과는 극명하게 대비되었다. 그 대비는 1920년대 초에 나타난 '신래종'(新來種)과 재래종(在來種) 간의 분화를 많든 적든 반영했다.[207]

동시에 일본인과 조선인 공동체의 경계는 도시든 시골이든 간에, 사회적 스펙트럼의 양쪽 끝 부분에서 계속 흐릿해져갔다. 스펙트럼 양끝에는 조선인 노동자들, 그리고 조선인 양반 엘리트들과 친해진 상류계급 일본인들 속에 살면서 분투한 이주민들이 있었다.[208] 식민지 시대를 통틀어 일본인-조선인 관계는 점점 더 가까워지는 추세를 보였는데, 이는 프랑스인이 대량으로 이주한 알제리의 상황과는 대비된다. 데이비드 프로차스카(David Prochaska)는 알제리에서 "피식민자인 알제리인들과 식민자 유럽인들 간의 틈은 사실상 식민지 생활의 모든 면에서 좁혀지기보다는 더 벌어졌다"라고 썼다.[209]

---

207 조선총독부 편, 『산업조사위원회 의사속기록』(産業調査委員會議事速記錄), 1922, p. 22에 기록된 미노베 슌키치(美濃部俊吉)의 말. 정착민들이 조선인들, 그리고 지역의 법인들과 접촉한 정도는 계급과 지역, 직업, 젠더, 체류기간에 따라 천차만별이었다(제보자 질문조사).

208 정착민 문화의 다양성과 이질성은 센류(川柳, 풍자와 익살을 특징으로 하는 에도(江戶) 시대 중기의 5·7·5의 3구 17음으로 된 짧은 시)를 통해서도 전해진다고 헬런 리(Helen Lee)는 분석했다(2008b).

209 유럽인들이 알제리인들보다 두 배나 더 많았던 도시 본(Bône, 지금의 안나바)에서 주거와 직업, 그리고 근대생활상의 편의시설 사용 등 일상생활의 모든 면에서, "프랑스인과 알제리인들은 적어도 알제리전쟁 전인 1954년 프랑스의 마지막 인구조사 시기까지는 1911년 무렵과 마찬가지로 서로 분리돼 있었다"(David Prochaska, 1990, pp. 155, 164).

접촉의 두려움

두 공동체가 서로 밀접하게 섞이기 시작하면서 접촉의 두려움이 정착민들 속에 강력한 감정으로 대두됐다. 조선반도에 이식된 일본인들은 조선인들의 습관과 특성을 익히게 되면 자신들이 퇴화하고 일본인으로서의 정체성과 정착민 공동체의 사회적 결합에 위협이 될지도 모른다고 걱정했다. 그런 걱정들은 한일병합 무렵에 일본의 신문과 잡지들에 등장했고, 1910년대에 그 절정에 달했다. 그런 잡지들 중의 하나인 『조선과 만주』는 끊임없이 독자들에게 '조선인화(化)' 또는 당시 그 경멸적인 어투인 '요보화'•의 위험성을 상기시키면서 경고했다. 유럽인들이 이야기한 열대지역의 '식민지적 신경쇠약'[210]과 비슷하게 '조선화'(Koreanization)를 신체적·정신적 고통으로 설명했다. 그것은 사람의 외모와 행동('한복 입기'와 '장죽으로 담배 피우기')뿐만 아니라 사고방식과 관습('의기소침'해지고 '무기력'하며, '태만과 해이'에 빠지는 것)에도 영향을 끼친다고 했다.[211] 1910년대 말까지 그 잡지(『조선과 만주』)는 특히 '소규모 정착촌이나 조선인들과 함께 사는 정착촌들'에서 그런 쇠약증세가 널리 퍼지고 전염된다는 주장들이 있다고 보도했다.[212] 식민지 아프리카의 유럽인들이 자신들의 문화적 정체성을 '흑인의 유해성'과 열대의 태양으로부터 보호하기 위한 특유의 전략들을 고안해냈듯이,[213] 조선에 있는 일본인들도 조선인들과의 접촉으로 야기될 유해효과에 맞서 싸울 방

• 조선인들이 사람을 부를 때 흔히 쓰던 '여보'란 말에서 따온, 조선인들에 대한 경멸적 호칭이다.

210 Ann Laura Stoler, 2002, pp. 66~67; Dane Kennedy, 1987, Chapter 6.

211 『조선과 만주』, 1912년 10월호, pp. 1~4; 1916년 2월호, p. 1; 그리고 1917년 1월호, pp. 60~68.

212 『조선과 만주』, 1918년 4월호, pp. 2~8.

213 케냐 내 영국인들의 경우는 Dane Kennedy, 1987, Chapter 6, 7 참조.

법을 고민했다. 상인 구기모토 도지로(釘本藤次郞, 1868~1933)는 효과 빠른 해결책으로 "눈과 귀가 생기를 되찾도록 1년에 약 세 차례 정도 모국을 여행"하라고 권했다.[214] 많은 일본인 부모들도 자녀들에게 조선인들과 놀지 말라고 경고했다. 심지어 민족융합을 공식정책으로 내세워 체계적으로 고취했던 식민지 시기 말기에도 그랬다.[215]

조선 내의 일본인 주민들에게 조선인들을 계몽 ── 그리고 1910년 이후에는 '동화' ── 하려는 제국의 과업을 지원하라는 공식적인 장려책들이 증대되면서 조선화에 대한 걱정은 더욱 깊어졌다. 식민지와의 조우 최전선에 서 있다는 딜레마 때문에, 또한 조선인들에게 노출되면 시들어갈 자신들의 민족적 정체성을 지켜내야 한다는 생각 때문에 그들의 시름은 깊어갔다. 식민지 정부가 동화를 공식정책으로 선언한 직후, 단기간 존립했던 교육기관인 을미의숙의 설립자 아유카이 후사노신(鮎貝房之進)이라는 지역교육자는 이 문제에 대해 이렇게 이야기했다. "조선인들을 동화시키는 데에는 먼저 (우리가) 조선과 어느 정도 자연화(自然化)할 필요가 있다." 그런 점을 인정하면서 아유카이는 일본인과 조선인들이 "마치 물과 기름처럼" "분리돼 있는 한" "진정한 동화는 바랄 수 없기" 때문이라고 했다. 그러나 그는 "조선인들을 동화시키기보다는" 먼저 일본인들이 "어떻게 단결해서 (조선의) 자연을 극복할 것인지 그 방법을 생각"해야 한다고 주장했다. 아유카이에게 동화는 원주민들을 양육하기 전에 자연부터 먼저 정복하는 것이었다. 조선의 자연을 일본의 자연으로 주조해내는 능력 ── 조선반도로 간 이주민들의 운명을 통해 역사적으로, 특히 '임나일본부(任那日本府) 건설시기' 동안 입증됐듯이 ── 이 일본의 조선인 동화사업보다 우선일 수 있다. 만일 몇 달이고 몇 년이

---

214 『조선과 만주』, 1917년 1월호, p. 61.
215 모리타 기요시게(森田淸滋), 질문에 대한 응답, 2002년 5월 12일.

고 그냥 내버려두면 조선의 자연의 힘은 정착민들의 생활양식과 습관에서부터 성격, 심리성향, 심지어 이념적 지향성에 이르기까지 모든 것을 바꿔버릴 것이라고 그는 썼다. 예컨대, 일본인들이 '온돌'집에서 살면 그들의 "기질이 우울하고, 태만하며, 방종한 쪽으로 변할지 모른다". 아유카이는 "그게 그들의 충성심과 애국심에 금방 영향을 끼치지는 않겠지만", 문화적 변용과정은 온전한 일본인도 온전한 조선인도 아닌 범주의 사람들, 즉 "'조선의 내지인'이라는 독특한 유형을 만들어낼 것"[216]이라고 예언했다.

아유카이나 다른 관찰자들을 걱정시킨 것은 정착민들이 완전히 원주민화될 것이라는 전망보다는 그들이 식민자와 피식민자 **사이**의 경계가 희미한 중간지대로 전락하는 것이었다.[217] 그리하여 경성 상업회의소의 오무라 도모노조(大村友之丞, 1871~?)는 "(조선인들의 지도자요 개척자로서의) 자각이 부족하고 (나태, 사치, 낭비, 한탕주의 같은) 조선인들의 나쁜 관습을 익힌 일본인들"[218]을 가장 걱정스러운 존재들로 여겼다. 이 모든 특성들은 식민지 주민들의 것으로 간단히 치부되었다. 1908년 내무대신이 보신(戊辰)조서('근검절약' 조서로도 알려졌다)를 발표했을 때, 일부 조선 내 일본인 정착민 지도자들은 그것을 조선 내 일본인들의 그런 아부근성들을 바로잡으라는 요구로 받아들였다.[219] 그리고 일본 정착민 신문들은 자국민들에게 '우월한 문명국 국민'으로서의 '자각'과 '조선을 개발하고 조선인들을 계몽할 의무'를 잃지 말라고 명했다.[220]

이런 중간지대로의 전락에 대한 일본인 정착민들의 걱정은 자녀교

216　아유카이 후사노신(鮎貝房之進), 1913, pp. 146~47.
217　이 분석은 Elizabeth Buettner, 2000, p. 292 참조.
218　『조선과 만주』, 1917년 1월호, p. 63.
219　조선총독부, 『조선』, 1908년 11월호, pp. 26~28.
220　조선총독부, 『조선』, 1908년 5월호, pp. 27~28.

육의 문제에서 가장 절박한 어투로 표출되었다. 그런 걱정은 니콜 코언 (Nicole Cohen)이 보여주었듯이, 1930년대와 1940년대까지 이어졌다.[221] 조선 내 일본인들 학부모와 교육자들은 자식들이 조국을 모른다든지 야스쿠니(靖國) 신사의 상징적 중요성이나 신도숭배의 의미를 제대로 이해하지 못한 채 자랄까 노심초사했다.[222] 1908년이라는 이른 시기에 관찰자들은, 징병제를 일본 시민으로서의 특권표시가 아니라 성가신 골칫거리로 여기면서 징병면제의 조항을 조선 거주자들에게도 확대·적용해 달라고 일본 정부에 청원한 젊은 정착민들의 애국심 결여에 대해 경종을 울렸다.[223] 이런 문제들은 해외이주 정착민들에게만 국한된 것이 아니었다. 황실과 그 배경신화의 숭배는 본국 젊은이들 속에 뿌리를 내리는 데에도 거의 그만큼 오랜 시간이 걸렸으며, 징병기피도 1890년대 이전에는 일본에서 널리 퍼져 있었다.[224] 그럼에도 젊은 일본인 정착민들에게 그것을 심어주려는 시도는 조선반도에서 더욱 위압적인 것으로 여겨졌다. 조선 내의 젊은 정착민들은 본국에서 멀리 떨어져 있다는 거리상의 장벽뿐만 아니라 '조선화'라는 정반대 방향으로 작동하는 힘도 극복해야만 했다.

하지만 결국 조선화에 대한 정착민들의 우려는 이주민들의 사회적 현실보다는 그들이 중간에 낀 존재로서 유지하고자 했던 '일본성'의 취약함을 더 크게 드러내주었다. 자신들의 정체성을 유지하고 피식민자들의 정체성을 주조하려 했던 식민자들의 노력에도 불구하고, 일상의 조우는 양자 간의 접촉을 문화변용보다 훨씬 더 복잡한 과정으로 만들었다. 도시에서 호화롭게 살든 시골에서 더 초라하게 살든 간에, 정착민들은 언

---

221 Leah Nicole Cohen, 2006, Chapter 3.
222 야스다 야스노리(安田保則), 1927, pp. 224~25.
223 조선총독부, 『조선』, 1908년 11월호, p. 104; 기무라 겐지(木村健二), 1996, p. 45.
224 Carol Gluck, 1985, p. 264; Andrew Gordon, 2003, p. 137.

제나 내지와 조선 사이에 살면서 그 어느 쪽에도 완전히 정착할 수 없었다. 조선화 담론은 그런 점에서 수적 소수자요, 권위주의 체제 아래의 하층민 출신으로서의 정착민들 내면의 불안을 비추는 거울이었다. 그런 불안은 경계인으로서의 그들의 특성을 조성했고, 총독통치 아래에서 그러한 특성은 더욱 심화되었다.

조선반도로 확장해간 일본의 초기 팽창의 궤적을 보면, 식민국가와 정착민들은 제국의 공동건설자였다. 중국의 종주권 박탈에서부터 1905년 러일전쟁 승리 뒤에 일본이 조선을 보호국화할 때까지, 보통의 일본인들은 다양한 역할을 통해 세계무대에서 지분을 확보하려는 일본의 노력에 힘을 보탰다. 분명히 조선은 각자에게 각기 다른 의미로 다가왔다. 상인들과 단기체류자들에게 조선은 빠르고 쉽게 돈을 벌 수 있는 곳이었다. 교육자들에게 조선은 일본 문화의 문명화 영향력을 주입할 기회를 제공하는 곳이었다. 그리고 언론인과 대륙의 낭인들에게 조선은 그들의 정치적 야심만큼이나 큰 혁명의 무대였다. 그러나 조선 내 일본인 정착민들은 위기의 시기에는 자국 뒤에 모여들었고, 일부는 일본의 제국주의 정책수립에 더 직접적으로 참여하려 했다. 그들 개개인의 야심은 종종 국가이익과 느슨하게 연결되었을 뿐이지만, 정착민들은 일본의 식민사업 가속화의 원천이었으며, 국가를 그런 방향으로 구축해가는 데 힘을 보탰다. 해외 정착민들의 일상생활과 문화적 관행을 통해서도 입증됐듯이, 조선에서의 제국건설을 추동한 것은 근대화된 국가 일본의 일관된 힘이라기보다는 근대화하는 일본인들의 다양성이었다.

이들 초기 이주민과 정착민들 공동체에서 내가 이야기하는 '제국의 브로커들'(brokers of empire)이 출현했다. 그들은 조선 내의 엘리트 계급을 구성한 영향력 있는 일본인 장기거주자들이었다. 그들은 자영업, 대외교역, 건설, 은행업, 언론과 교육 등 다양한 분야들을 대표했다. 대다수 핵심적인 제국의 브로커들은 일본이 조선에 개입하던 초기 시절에 형성되었다. 철도건설 로비활동을 이끈 야마구치 다헤에 같은 상인들, 인쇄와 정치적 책략을 통해 제국주의를 지지한 기쿠치 겐조 같은 언론인들, 자신들의 교육학적 임무를 해외로 전개한 아유카이 후사노신 같은 교사들, 그리고 (다음 장에서 다루겠지만) 조선의 개혁가들을 동아시아 미래구상에 참여시킨 오가키 다케오(大垣丈夫) 같은 정치해결사들이 그들이었다. 제국의 브로커들은 다양한 면모를 지니고 있었지만, 그들도 집단적 정체성을 형성했다. 개인적 야망과 그에 못지않은 국가에 대한 강렬한 사명감을 지닌 그들은 일본인들의 초기 한반도 정착과 성공을 위한 투쟁의 역사와 자부심을 공유했다.

대다수 제국의 브로커들은 경성에 자리를 잡았지만, 경성을 넘어 조선 전체로 영향력을 넓혔던 그들은 조선의 진정한 명사(名士)가 되었다. 조선의 일본인 정착민들의 지도층을 형성한 핵심은 메이지 시대 초기 30년인 1860년대와 1880년대 사이에 태어난 세대였는데, 그들은 10대와 20대 나이에 조선으로 건너와 성인시절 대부분을 그곳에서 보낸 사람들이었다. 그들을 세 그룹으로 나눌 수 있다(〈부록 1〉 참조).[225]

청일전쟁 전에 조선으로 온 일본인들은 초기 '선구자들'을 대표하며, 그들의 이력은 가장 화려한 성공양태를 보여주었다. 그들은 거의 빈손 또는 무일푼으로 조선에 와서 중국인들과의 거친 경쟁에서 살아남았으며, 러일전쟁 시기까지는 어느 정도의 부와 영향력을 쌓아 올렸다. 아주 좋은 예로 야마구치 다헤에(山口太兵衛)와 와다 쓰네이치(和田常一), 그

---

225 식민지 시기에 출간된 쓸 만한 인명사전에 대해 묘사하면서, 〈부록 1〉은 경성에 자리 잡고 1905년부터 1930년대 후반, 그리고 그 이후까지 조선 내 일본인 공동체를 이끈 112명의 민간인 목록을 적어놓았다. 식민지 관리들과 수비대/주둔군 병사들을 제외한 조선 내 일본인 정착민 지도자들은 많은 경우 서로 겹치기는 하지만 대체로 다음과 같은 주요 범주들로 분류된다. (1) 상인과 사업가, (2) 건축업자와 기술자, (3) 은행/회사 경영자, (4) 자유직업가(언론인, 변호사, 교육자), 그리고 낭인.

리고 나카무라 사이조(中村再藏) 같은 경성의 유력상인들 — 그들은 '원로'로 불리게 된다 — 이었다. 그들은 도로와 철도에서부터 학교, 병원, 은행, 그리고 '일본인 타운'[226] 등 모든 것들을 건설한 것으로 알고졌다. 그들의 영향력은 본국에까지 미쳤다. 나중에 한 동료 정착민들이 회고했듯이, 특히 야마구치는 조선의 일본인 정착민들의 '등대'였을 뿐만 아니라 "본국의 대(對)조선 외교정책 입안자 및 결정권자 역할을 했다".[227]

더 많은 일본인들이 1894년 청일전쟁과 1904년 러일전쟁 직전의 전간기(戰間期)에 조선으로 건너왔다. 이들 집단은 좀더 넓은 범주의 직업들 — 상인, 사업가, 기술자, 건축업자, 언론인 등의 직업들 — 을 지니고 있었으며, 첫 세대의 집단보다는 좀더 교육을 많이 받았고 친족이나 고향의 연줄에 덜 의존했다. 청일전쟁 뒤 중국인들이 떠나면서 상업적으로 위험이 줄어든 환경이 조성된 덕분에 많은 정착민 상인들은 금세 부(富)와 사회적 지위를 획득했다. 그리고 더 많은 숙련공과 반(半)숙련공들이 인프라 공사와 조선반도를 가로지르기 시작한 새로운 철도건설 현장에서 일하기 위해 조선으로 건너왔다.

이런 이주의 방식은 러일전쟁과 1910년의 '한일합방' 사이에 조선으로 건너온 사람들에 의해 더욱 강화되었다. 그들은 수도 더 많았고 더 다양했으며, 전반적으로 더 세련된 집단이었다. 한결같이 변변찮은 집안 출신인 이전 이주자들과는 대조적으로, 이 집단은 보통 기업의 직원이나 전문가, 혹은 화이트칼라 임금노동자 같은 좀더 안정된 경력을 가지고 있었다. 그들 중 일부는 퇴직 뒤 기업에 들어간 전직관료와 식민정부 관리들, 또는 군 장교들이었다. 이 집단의 정착민들 중 다수는 일찍이 조선에 건너오기 전에 의회나 지역의 정치분야에 진출했으며, 민권운동가 출

226 『조선과 만주』, 1927년 4월호, p. 126.
227 후지무라 도쿠이치(藤村德一), in: 기타가와 요시아키(北川吉昭) 編, 1934, p. 201.

신 중 일부는 — 우리가 나중에 살펴보겠지만 — 조선의 자강(실력양성)
운동에 가담하기도 했다. 메이지 시대 말기의 일부 젊은이들은 내부로
침잠함으로써 자신들의 심리적 불안감에 대처했으며,[228] 또 다른 이들은
외부지향을 통해 변화를 수용하고 다수가 조선반도로 가서 새로운 자본
주의의 화신이 되거나 러일전쟁 직전에 등장한 저항문화의 사도(使徒)
가 됐다.[229] 요컨대, 제국의 브로커들은 분명 메이지 시대의 산물이었다.

　　제국의 브로커들이 출현한 것은 하층 이주민들(subaltern migrants)이
하위(아류)제국주의자들로 변신했음을 의미하는 것으로, 그것은 일본이
세계무대에서 급속히 열강으로 성장하고 있음을 거울처럼 비춰주는 궤
적이었다. 정착민들은 그 연결점을 선명하게 보여주었다. 비록 공식기
록상으로는 하찮은 존재들이었지만, 일반 이주민들은 일본 본국의 독자
대중들을 사로잡은 메이지 시대 위인전의 주요 소재인 '자수성가' 이야
기를 울려퍼지게 만든 많은 '성공담(談)'의 주인공이 되었다.[230] 1910년
'합병' 무렵에 무일푼에서 거부(巨富)가 된 자신의 성공담을 늘어놓으
며, '성공비결들'[231]이라는 탐나는 조언을 제시하는 부유한 정착민 사업
가들의 찬양 일변도의 전기들이 일본 신문들과 잡지들의 지면을 채웠다.
정착민들은 자서전도 썼다. 그들은 우여곡절이 심한 개척자였던 인생 초
년시절의 갖가지 고난 — 가난에서의 탈출을 위한 분투든 아무런 준비
없이 도시를 건설한 일이든 간에 — 을 떠벌리는 일, 그리고 후세들을
위한 '가치 있는 인생기록'으로 보여주려고 자신들의 회상을 수집하는
일을 한껏 즐겼다.[232] 예외적인 인물이나 전기들은 그리 많지 않았다. 지

228　　Kenneth B. Pyle, 1969 참조.
229　　오카 요시타케(岡義武), 1982, pp. 197~98.
230　　Earl H. Kinmonth, 1981, pp. 164~65 참조.
231　　전형적인 예는 야마구치 다헤에(山口太兵衛)의 「상점경영의 비결」(商店經營の
　　　　秘訣), 『조선공론』, 1914년 6월호, pp. 71~74 참조.

역 정착민들은 자신들의 빛나는 역사적 업적을 기념하기 위해 일본에서 들여온 또 다른 수입품인 동상을 세움으로써 이 '창립자들'을 기렸다.[233] 그렇게 성인으로 떠받들어져 인쇄물이나 석조기념물에 새겨진 사람들 반열에 부산의 가시이 겐타로(香椎源太郎, 1867~?)와 오이케 추스케, 경성의 야마구치 다헤에, 그리고 진남포의 니시자키 쓰루키치(西崎鶴吉)가 들어 있다.[234]

식민당국은, 일본인 정착민 사회의 언론이 요구한 것보다는 좀 느렸지만, 선구적인 정착민들의 공을 충분히 인정하고 포상했다. 식민통치 전(全) 기간을 통해 영향력 있는 다양한 정착민들이 제국의 행사와 기념행사 때에 '민간유공자'로 표창을 받았다.[235] 명성황후 시해에 가담했고 친일단체인 일진회를 지원한(제2장 참조) 기쿠치 겐조가 식민지 정부로부터 '조선합병에 기여한 공로'로 유공자 훈장을 받았다.[236] 산업발전과 자선활동에 기여한 공로로 상인 고바야시 겐로쿠 등 몇 사람은 천황이 하사하는 청색동엽장을 받았으며, 가시이 겐타로와 도미타 기사쿠(富田儀作) 같은 사업가들은 일본 본국의 특급사업가들도 받기 어려운 높은 명예와 작위를 받았다.[237]

---

232 후지무라 도쿠이치(藤村德一), 1927b, p. 3. 예컨대, 20년 이상 조선에 살았던 정착민들 집단은 '조선 후타무카시(벌써 20년) 모임'이라는 사회단체를 만들었으며, 한반도에서의 자신들의 분투를 기록하고 자체적으로 편집한 정착민 개인들의 회고집인 이마무라 도모(今村鞆), 『거류민의 옛날이야기』(居留民之昔物語, 1927)라는 책을 출간했다.

233 후지타니 다카시(藤谷隆), 1996, pp. 123~24.

234 다카하라 기지(高原木二), 1935; 다나카 이치노스케(田中一之介) 編, 1936, pp. 56~57; 『조선과 만주』, 1928년 9월호, p. 75.

235 예컨대, 『조선과 만주』, 1928년 11월호, p. 84; 그리고 모리카와 기요토(森川淸人), 1935 참조.

236 아베 가오루(阿部薫), 1937, pp. 59~60.

237 『조선과 만주』, 1928년 12월호, p. 62.

정착민들에게 전기를 쓰고 동상을 세우고 명예를 얻는 일은, 모두 민족의 전통 속에 자신들을 선구적인 조선의 건설자요 애국적인 일본 국민으로 새겨 넣는 상징적인 행위였다. 이런 기념의 무대들은 국가와 제국을 만든 이름 없는 영웅들을 중시하는, 그리고 국가의 성취에 초점이 맞춰진 서사에 대항하는 '대안적 의미와 기억들'[238]로 대접받았다. 그러나 정착민들은 자신들의 개인적 고난과 승리가 국가지도자들의 그것과 연결되어 있다는 점을 강조하거나 자신들의 자서전을 제국의 역사로 주장하는 일에는 조심스러워했다. 그 결과, 정착민들의 글에서 전형적인 후렴구처럼 등장한 것은 주판과 칼의 합작이 아니라 그 둘 다를 한 몸에 지닌 정착민들의 뛰어난 업적이었다. 그런 이야기의 한 예를 들자면, 다음과 같다.

어디서든 국가의 깃발이 가기 전에 회사의 깃발이 먼저 갔으며, 상인들이 관리들보다 그리고 낭인들이 군인들보다 먼저 갔다. 조선을 통치하고 발전시킬 사명을 부여받은 상인들과 낭인들은 각자 조선 내륙 깊숙이, 그리고 다양한 섬들로 뚫고 들어갔다. 그들은 오른손에 주판을, 왼손에는 칼을 들거나, 어깨에 총과 일본 천황의 초상을 멘 채 설탕을 움켜쥐고 일본인들이 한번도 가 본 적이 없는 조선의 작은 마을들로 들어갔다.[239]

이런 이야기가 일본의 식민지 신화의 일부로 떠받들어진다 하더라도 그것은 정착민들의 실제현실과 거의 부합하지 않으며, 시간이 갈수록 그 괴리는 더욱 커졌다. 새로운 계급인 관리들과 군 장교들, 기업경영자들이 조선에 들어오면서, 정착민들은 비록 자신들이 "일본 국기보다 조선

238   후지타니 다카시(藤谷隆), 1996, p. 231.
239   조선총독부, 『조선』, 1908년 5월호, p. 25.

에 먼저 들어온" 진정한 '개척자들'이라는 주장을 결코 그만둔 적이 없으나 '열등감'이라든지 신분이 낮은 '타향살이 취업자'(出稼ぎ人)[240]로 취급당하지 않을까라는 두려움 같은 것을 품기 시작했다.[241] 투쟁에서 성공에 이르는 과정에서 제국의 브로커들은 복잡한 식민지 심성(colon mentality)을 갖게 됐으며, 그것은 조선에 대한 일본의 지배가 확고해짐에 따라 더욱 심화되었고 식민지배가 끝날 때까지 그들과 함께했다.

---

240 신미선(辛美善), 1995, p. 59.

241 고조 간도(古城管堂), 「새로운 시정(施政)에 대하여」(新施政に對して), 『조선』, 1921년 10월호, pp. 66~69; 핫토리 도루(服部徹), 1931, pp. 32~33.

정착민들과 국가: 불안한 동반자들

이시카와(石川) 현 출신의 언론인 오가키 다케오(大垣丈夫, 1862~
1929)는 1905년 경성으로 출발하기 전에 지역신문에다 독자들에게 작
별을 고했다. 그는 그 작별인사에서 조선반도에 '영구정착'하기로 결심
했다고 썼다. 오가키는 부자연스런 겸손의 어투로 "일본에서 이름 없는
사람으로 생을 끝마치기보다는" "국가에 대한 내 의무의 백만분의 일이
라도 수행하고 …… 조선인을 교육하고 …… 제국의 대(對)조선정책을
도움으로써 국민으로서의 의무를 다할 수 있을 것"이라고 했다.[1] 조선의
개혁을 돕는 일로 오가키는 자신의 인생을 재창조할 수 있기를 기대했
다. 그는 여러 가지 면에서 자신이 놓인 환경의 제약을 벗어나 해외에서
기회를 찾고, 일단 정착하면 '평범한 사람으로 되돌아가는 것'을 거부하
는 전형적인 이주민들 가운데 하나였다.[2] 그러나 오가키는 결코 평범한

---

1 이케가와 히데카쓰(池川英勝), 1986, p. 79에서 인용.
2 Albert Memmi, 1965, p. 61.

식민지 주민이 아니었다. 그는 정말 가장 영향력이 큰 제국의 브로커들 중 한 사람이 되었으며, 스스로를 변변찮은 사람이라 묘사했지만 결코 그런 사람이 아니었다.

1871~72년 메이지 과두체제를 분열시킨 '정한론'(征韓論)을 둘러싼 논쟁 이후에 조선은 일본 지도자들이 본국에서의 정치적 성공여부를 재는 척도가 되었다.[3] 민권운동의 억압과 사무라이 길들이기 같은 국내에서의 승리는 해외에서의 승리들 못지않게 메이지 지도자들의 조선 통치에 대한 결의를 강화했다. 그러나 해외로 나간 일본인들은 순종하는 무리들과는 거리가 멀었다. 자신들만의 문화세계를 발전시키면서 해외 정착민들은 1905년부터 1919년까지 일본의 조선 지배의 형성기에 제국정치의 대변자로 등장했다. 일본은 러시아인들을 몰아낸 뒤 조선에 대한 지배를 강화했지만, 그 뒤에 이어진 것은 고작 부서지기 쉬운 안정기였다. 목청이 큰 정착민들과 현지의 관리들은 협력해서 조선 땅에 일장기를 꽂으려 했지만, 그것은 분쟁의 씨앗을 뿌릴 수밖에 없었다. 그리고 그들은 조선에 대한 일본의 지배가 더 충실해지면서 점점 더 갈라섰다.

불안한 동반자 관계 뒤에서 국가정책과 관련한 정착민들의 이익에 구멍을 내는 일련의 문제들이 서서히 모습을 드러냈다. 그들 간의 긴장에서 핵심적인 문제는 상호 간 인식의 차이였다. 정착민들은 자신들을 식민통치의 동반자로 여겼지만 정부는 그들을 침입자로 대우했다. 오가키처럼 정치적 야심을 지닌 언론인들과 본국에서 온 모험가들은 각자 자신들의 이해관계에 따라 조선 개혁에서 제 역할들을 찾으려 했다. 상인들이든 관리들이든 간에, 이들 이주민은 제국의 브로커들의 영원한 직업처럼 자리 잡게 되는 활동형태인 정치적 개입에 나서지 않았다.

제국의 사업에 참여하려는 정착민들의 분투는 국민자격의 추구와 뒤

---

3 Alexis Dudden, 2005, pp. 45~50.

얽히게 된다. 정치적 행동주의 시기가 1910년 이후 총독통치 체제로 넘어가면서 정착민들의 자치는 국가 전제정치의 위협 아래 놓이게 됐다. 잇따른 분쟁들은 메이지 시대 일본의 자유민권운동의 소요를 떠올리게 했으며, 다이쇼(大正) 시기의 민주주의를 향한 열기가 되살아난 것 같았다. 그와 연관되고 마찬가지로 까다로운 문제는 '원주민 정책'이었다. 그것은 조선인들을 국민화하고 통합하는 사명이라는 말로 모호하게 포장됐다. 요컨대, 일본인들은 조선에 개화라는 공동의 임무뿐만 아니라 관(官)과 민(民)을 분열시키는 정치도 가져왔다.

수십 년 동안 고질적으로 남아 있던 이런 긴장들은 제국건설과 국가건설을 분리하고, 식민지 조선의 역사와 근대 일본의 역사를 분리하기가 어렵다는 것을 분명히 보여준다. 최근의 연구가 보여주듯이, 식민주의는 근대 국민 만들기의 핵이었다. 세기말 전환기에 세계적으로 통용된 인권과 국가, 정체성 개념들은 제국 본국에서 토론의 대상이었다. 본국에서 식민지 주민들은 '잠재적 국민'으로 논의되었으며, 정착민들은 존경할 만한 자세를 견지하고 귀감이 될 만한 국민성을 보여줌으로써 '피식민자들에게 모범을 보이도록' 해야 한다는 기대를 받았다.[4] 본국의 논의들은 동시에 논쟁적인 정치로 주변부 지역에서 번역되었으며, 주변부 지역의 일본인 정착민들은 국가가 통제할 수 없을 만큼 요란했다. 정착민들은 합병의 장점을 극구 칭찬하는 한편, 정치적·법적으로 식민지와 본국 사이에 걸쳐 있는 자신들의 상반되는 지위에 대한 토론에도 열심이었다. 그들은 조선과 본국의 국가가 지닌 두 얼굴에 대항하기 위해 민권과 언론의 힘이라는 수사(修辭)를 동원했다. 일본의 국가건설 및 제국건설을 견인한 것은 참여하고자 하는 대중의 욕망과 국민들을 통제범위 안에서

---

4   Julie Evans et al., 2003; Richard Keller, 2007, p. 5; Sophie Roberts, 2010, pp. 20~31
     참조.

동원하고자 하는 국가의 욕망 사이에서 조성된 위태로운 상승작용 효과였다. 제국의 브로커들은 일본인과 조선인의 두 세계 못지않게 국가와 사회도 서로 충돌하고 뒤얽힌 이런 과정의 간극 속에서 자신들의 일을 열심히 꾸려갔다.

이토 히로부미의 '자치'정책에 대한 정착민들의 공격

차르체제 아래 러시아와의 전쟁이 끝난 직후, 승리한(비록 재정적으로 쪼들렸지만) 메이지 정부는 조선을 이토 히로부미(伊藤博文, 1841~1909) 통감이 통치하는 보호국으로 만들었다. 조선 황제 직속의 권력을 장악한 이토는 일본인 고문들을 정무, 국방, 재정, 경제 등 조선 정부의 모든 요직에 배치하고 지휘권을 찬탈함으로써 간접적인 통치체제를 수립했다.[5] 그 2년 뒤에 체결한 또 다른 조약으로 일본은 조선의 외교업무를 완전히 통제할 수 있게 되었으며, 이는 사실상 조선합병이 완료되었음을 보여주는 신호였다.[6]

일본의 첫 총리요 메이지 시대의 가장 유력한 정치가인 이토는 자신의 정부가 국민을 위해 확고부동하게 추구해온 목표인 개화를 조선에 이식했다.[7] 일본의 보호 아래 '조선의 자치력을 양성'한다는 명목으로, 이토는 조선의 근대화 개혁을 지도하고 조선을 믿을 만한 정치적 동맹국으

---

5 전직 경찰관이었던 마쓰이 시게루가 나중에 회고했듯이, 이런 조치들은 보호국 체제 수립 몇 개월 전에 취해졌다(마쓰이 시게루(松井茂), 1952, pp. 238~40).

6 모리야마 시게노리(森山茂德), 1992, p. 140. 합병의 적법성 문제는 운노 후쿠주(海野福壽), 1995; Alexis Dudden, 2005 참조.

7 세계여론의 법정에서 제국의 적법성을 확보하기 위해 조선에 일본의 법률과 '입법 임무'를 이식한 '문명화'(civilization) 개념의 핵심을 보려면 Alexis Dudden, 2005 참조.

로 만들겠다는 두 가지 정책을 추진하면서 다른 열강들을 자극하지 않도록 조심했다. 이토 정부의 공개된 목표는 토지등록, 과세, 산업개발, 위생, 교육, 그리고 토목공학 분야에서 이미 진행되고 있던 개혁들(이는 조선의 개혁적 관리들에 의해 단속적으로 시작됐다)을 가속하고, 법률과 사법의 개혁, 농업시험장, 단일통화 발행 등의 새로운 사업을 추가하는 것이었다.[8] 그러나 조선의 주권을 강화한다는 구실 아래, 일본인들은 속이 뻔히 들여다보이는 제국주의 의제를 추진했다. 보호체제 아래의 정부는 1907년 조선의 군대를 해산하고 보호조약 체결에 항의하기 위해 헤이그 평화회의에 사절단을 비밀리에 파견한 고종을 강제로 퇴위시킴으로써, 군사적·정치적 힘을 엄청나게 증대했다. 이런 조처들은 조선인들에게 저항의 물결을 불러일으켰다. 그것은 반감을 품은 유학자들이 조직하고 해산당한 군인들이 가담한 의병의 봉기로 그 절정에 달했다.

그러나 일본의 조선 '문명화 사명'은 그 목표가 늘 고정되어 있었던 것이 아니다. 피터 두스가 보여주었듯이, 조선 개혁의 지도과정은 정부와 여론, 강경파와 온건파, 그리고 때로는 자본가와 군사지도자들 간에 벌어진 끊임없고 격렬한 논쟁들로 점철되어 있다. 이 모든 것은 자신들만의 팽창주의 의제들을 추진한 극우민족주의자들 때문에 더욱 복잡해졌다.[9] 통감 재임기간에 이토는 의회 내 정적들의 끊임없는 비판에 직면했으며, 아시아 대륙을 겨냥한 강력한 군사정책을 부르짖은 군부와 외무대신의 간섭을 막기 위해 고투를 벌였다. 하지만 이토에 대한 가장 격

---

8 Peter Duus, 1995, p. 220. 엔화 기반의 새로운 통화체제, 중앙은행과 다이이치은행 (第一銀行, 나중에 '조선은행'으로 개명)의 설립, 그리고 이를 통해 금본위제에 영향력을 행사하고 중국에 대한 대출을 확대한 것 등은 조선반도에 대동아제국의 재정 거점을 건설하려던 일본의 노력과정에서 특히 중대한 조처들이었다(Mark Metzler, 2005, pp. 52~55, 66).

9 Peter Duus, 1995, p. 29 and Part 1.

렬한 공격은 러일전쟁 뒤 몇 년간 거의 10만 명으로 불어난 조선 내 일본인 정착민들로부터 왔다. 정착민들의 다툼거리 중 하나는 이토가 조선 내 치외법권을 폐지하기 위해 발표한 계획이었다. 이는 그의 '자치' 육성정책의 일부로, 일본이 "다른 민족들이 뒤따를 만한 모범을 보이도록" 처신하기를 바랐던 그의 욕망을 반영했다.[10] 일한(日韓) 공동의 '자치'를 수립하겠다는 그의 구상을 제외하면, 치외법권의 폐지 뒤에 감춰져 있던 이토의 의도는 일본인들의 토지소유에 대한 법률적 규제를 철폐해 그들의 경제활동 영역을 조약에 명기한 개항장들 바깥으로 확장하겠다는 것이었다. 그럼에도 일본인 정착민들은 그런 조처가 사유재산—1909년 6월 현재 조선 내 일본인 정착민들의 사유재산은 거의 2천만 엔에 달했으며, 이는 대체로 당시 조선 정부의 1909년 회계연도 예산액과 거의 맞먹었다—에 대한 국가의 통제력을 강화하고, 특히 조선 정부가 부과하는 재산세에 대한 자신들의 면세특권을 폐지함으로써 그들의 공동체를 위협할 것이라는 두려움에 사로잡혔다.[11] 그들이 생각한 이주민들에 대한 허술한 공식적인 대우도 정착민들이 가진 불만의 또 다른 원천이었다. "이토 통감은 조선에 도착하자마자 일본인 거주민들을 부랑자와 방랑자들이라 부르기 시작했다"라고 조선 거주 일본 언론인은 불만을 토로했다. 그는 이토가 1906년 사업 및 고용상의 사기와 불법 고리대금, 만연한 대출금 회수대행업 등을 막기 위해 일본인 정착민들에게만 배타적으로 적용되는 보안규칙을 발표해 그들의 자치를 제한한 데에 불만을 토로했다.[12]

고조되어가던 통감부에 대한 좌절감은 급기야 정착민들이 이토 반

10 아사노 도요미(淺野豊美), 2008, p. 170.

11 아사노 도요미(淺野豊美) · 마쓰다 도시히코(松田利彦), 2004, p. 152n6; 아사노 도요미(淺野豊美), 2008, p. 172.

12 조선총독부, 『조선』, 1908년 3월호, p. 29; 아사노 도요미(淺野豊美), 2008, p. 173.

대라는 언론운동까지 지속적으로 벌이게 만들었다. 1908년 4월, 500명의 청중이 참가한 정치집회에서 일본인 언론인들은 차례차례 연단에 올라 "조선의 발전은 우리 국민의 힘 덕분"이라 주장하고, 언론에 대한 통제의 강화는 "헌법이 보장한 언론의 자유에 배치된다"라며 맹렬히 비판했다.[13] 관료들에 대한 비평과 조언은 '거류민들'의 '권리'이자 '의무'라고 『대한일보』(大韓日報)의 도카노 시게오(戸叶薫雄)는 주장했다. '야마토 민족의 대표'임을 자처한 도카노는 "통감부에 아첨하고 맹목적으로 복종하는 자들은 정착민 자격이 없다"라며 무시했다. 『경성신보』(京城新報)의 편집자 미네기시 시게타로(峰岸繁太郎)는 과장된 어투로 "오직 신문기자들만이 조언을 할 자격을 갖췄으며, 그들의 입을 틀어막는 것은 그들을 죽이는 것이나 마찬가지"라고 주장했다. 또 다른 기자는 '조선에서 추방명령'을 당할 위험까지 무릅쓰고라도 정부의 '탄압'에 맞서 싸우겠다고 맹세했다.

전형적인 정착민적 장광설이 되어버린 연설에서 언론인들은 또한 통감부 "당국이 조선인들에게 동정적이고 (일본인) 동포들에게는 냉담하다"라며 거세게 불평했다. 『조선타임스』의 다치바나 고키쓰(橘香橘)는 이토의 "회유정책은 근본적으로 결함이 있고" 쓸모도 없는 것이라면서, "조선인들은 물질적으로나 정신적으로나 타락했기 때문"이라고 주장했다. 게릴라 저항활동의 증가로 입증되듯이, 조선인들은 일본 지도(指導)의 진가를 알아보지 못했기 때문에 일본이 완고한 민족들에 좀더 확고한 제국주의적 자세를 취해야 한다고 이토 비판가들은 주장했다. 초점이 "많은 일본인들을 조선으로 이식"하는 문제로 옮아가자, 그들은 "통감은 자국민의 권리를 존중하고 그들의 이익을 보호해야 하며, 그들의 힘

---

13 이하의 언론인들의 말은 경찰기록 「경비」(警秘), no. 1515-1(1908년 4월 23일), 『통감부 문서』(복간본), 1998, 1: pp. 127~31에서 인용.

을 키울 수 있도록 지원해야 한다"라고 촉구했다.[14] 그런 주장은 개념상 조선의 미래상을 이주의 공간으로부터 원주민(조선인) 복지가 식민본국 국민들의 이익에 불필요한 정착민 식민지 쪽으로 밀어붙였다.

통감부 시절 내내 아마도 가장 끈질기고 통렬하게 이토를 공격한 이는 미네기시 시게타로(峰岸繁太郎)였을 것이다. 1907년 11월,『경성신보』 창간호부터 미네기시는 선동적인 수사(修辭)를 구사하며 이토의 조선인 통치정책이 "이집트에서의 크로머 경(Lord Cromer, Evelyn Baring, 1841~1917)*의 정책"처럼 '유약'하다고 거세게 공격하면서 그에게 보호통치를 넘어서야 한다고 촉구했다. 그것은 사실상 본국 정부보다 먼저 조선의 합병을 요구한 것이었다. 자신의 주장이 무시당했다고 느낀 미네기시는 계속해서 쟁점을 제기하며 이토가 "통감직을 맡기에 부적절하다" (1908년 4월 10일)라면서 그의 '회유정책'은 완전히 실패했다고 선언하기에 이르렀다. 그는 유럽의 모든 제국들이 채택한 '무단적(武斷的) 수단'(군사적 전략)을 선호한다고 했다(1908년 6월 4일).[15]

이토에 대한 미네기시의 반대는 격렬한 비판수준을 넘어 일본 국내의 더 큰 정치적 분열을 반영하고 있었다. 현존하는 기록들은 미네기시가 가쓰라 다로(桂太郎, 1848~1913) 총리와 개인적 연관성을 지니고 있었음을 보여준다. 가쓰라는 1901~06년, 그리고 1908~11년에 일본 총리를 지냈는데, 이토의 후배 사이온지 긴모치(西園寺公望, 1849~1940)와 총리직을 번갈아가며 맡았다. 보수적인 '가쓰라파(派)' 멤버임을 자처한 미네기시는 이토의 통감 재임기간이 끝나갈 무렵에 조선에 파견된 '비밀특사'임이 분명해 보이는데, 가쓰라파는 정부의 장악을 놓고 사이온

---

14   조선총독부,『조선』, 1908년 9월호, pp. 2~3.

•   1883년부터 1907년까지 이집트 총영사로 재직하면서 사실상의 총독 노릇을 한 영국 귀족이다.

15 『경성신보』(京城新報), 1908년 4월 10일자; 그리고 1908년 6월 4일자.

지가 이끄는 집권당 정우회(政友會)와 경쟁을 벌이고 있었다. 1909년 말에 도쿄를 방문 중이던 미네기시는 가쓰라를 만나 만주와 조선의 철도 관리에서부터 조선 정치기관들의 현황에 이르는 일본의 식민지 업무에 관한 일련의 문제들을 논의했다. 그 기회를 활용해 미네기시는 동양척식주식회사의 수많은 '결함들'도 지적했다. 그것은 일본의 저명한 여론주도자들인 언론인 시부카와 겐지(澁川玄耳)와 소설가 나쓰메 소세키(夏目漱石)를 자극해 그 문제를 조사하게 만든 것으로 알려졌다.[16] 일본의 국내논쟁과 분열이 일본 바깥으로 새어 나오지 않게 막으려 했던 이토의 노력에도 불구하고, 그런 분쟁들은 이토 비판자들 편에 선 일본인 거류민 언론을 통해 조선에도 전해졌다.

미네기시와 같은 언론인들의 활동은 광범위한 사회적 그물망도 만들어냈다. 제국의 브로커들은 그 그물망을 통해 활동하면서 성장하던 언론의 힘을 빌리고, 또한 종종 그것을 조종함으로써 자신들의 이익을 키웠다. 아마도 전쟁 이전 시기의 일본에서 그때만큼 언론이 국내정세에 큰 영향력을 발휘한 적은 없었을 것이다. 세기말의 조선에서 활약한 식자들은 일찍이 영국에서 그랬던 것처럼 메이지 시대 일본에서 정치 기관지로 출발한 신문들이 이끈 위대한 여론의 시대의 산물이었다. 이 기관지들이 대형 일간지들로 발전하면서 그 경영자들은 금방 정계로 진출하거나, 낡은 정계의 틀을 뚫고 성장하던 지배 엘리트들의 작고 탄탄한 최상층부와 좋은 관계를 유지할 수 있었다.[17] 요컨대, 언론인들은 매우 힘이 셌다. 그리고 그들의 영향력은 그들의 정치와 함께 제국 속으로 확장되어갔다. 통감부는 자기들의 정책들을 알리고 조선 대중의 선명하게 나뉘

---

16 「경비」(警秘), no. 3257-1(1909년 10월 15일), 그리고 no. 3225-1(1909년 10월 14일), 『통감부 문서』(복간본), 1998, 10: pp. 391~94 수록.

17 메이지 시기 언론의 정치적인 힘에 대해서는 James L. Huffman, 1997; 그리고 Kim Kyu Hyun, 2007, pp. 86~98 참조.

어진 층들을 자기편으로 끌어들이기 위해 자체 기관지인 『경성일보』(京城日報)를 발행했다. 정착민들은 조선인들과 조선 정부를 비롯한 외부자들에게 자신들의 집단적 목소리를 전달하는 데에 이 새로운 언론권력을 이용했다. 『경성신보』와 같은 신문들과 언론인들의 정치연설은 정착민 공동체 내에 극우애국주의(jingoism)를 고취하는 효과도 발휘했다. 언론과 언론인들은 독자들로부터 독설에 찬 반응들을 끌어내기 위해 그들을 선동했다. 예컨대, 신의주에서 일부 조선인 학생들이 조선 황제의 북부지방 순행 환영행사를 위해 그들에게 나눠준 일장기를 찢어버렸을 때 그러했다. 언론인들은 그런 행동이 '일본제국을 모욕'한 행위라고 비난했을 뿐만 아니라 그 사건을 통감의 조선인 관용정책을 책망하는 또 다른 기회로 활용했다.[18] 언론인들의 그런 자세는 상인들에서 학생들에 이르는 조선 내 일본인 정착민들의 공감을 불러일으켰다. 정착민들은 이토가 그해에 통감직을 사임했다는 뉴스를 듣고 유감을 표시하기보다는 그것이 오래 기다렸던 이토의 '조선 중심의 정책'이 막을 내린 것으로 받아들이면서 기뻐했다.[19]

애국계몽운동에 참여한 일본인 고문들

통감부에는 두 집단의 반대세력 — 조선인 저항세력과 일본인 정착민들의 여론 — 이 있었는데, 이토 비판자들이 조선의 개혁사상에 반대했다고 생각하면 그것은 오해다. 그와 반대로 정부가 끌어들이고자 했던

---

18 「헌병대 기밀문서」(憲機), no. 466(1909년 3월 1일), 『통감부 문서』(복간본), 1998, 6: pp. 49~51 수록.

19 금병동(琴秉洞), 1999에 재수록된 『시사평론』(時事評論) 기사, vol. 3: pp. 150~51; 「고비수」(高秘收), no. 3214-1, 『통감부 문서』(복간본), 1998, 10: pp. 354~55.

것보다 훨씬 더 많은 개인과 집단들이 개혁과정에 참여했다. 조선의 관료들이 이토 통감부와 협력하는 한편에선 학생들, 학자들, 언론인들, 사업가들, 전직관리들, 그리고 지배층 바깥의 다른 엘리트들이 조선의 국력신장을 위한 계획을 짜고 조직을 만들었다. 그것은 애국계몽운동(愛國啓蒙運動)으로 불리게 되는 움직임에 속도를 붙였다.[20]

일부 야심 찬 일본인들이 조선으로 건너와 이 기라성처럼 빛나는 무리에 합류했다. 그들은 조선 내 여러 다양한 조직들의 고문이 되고 지지자가 됐다. 민족주의적 반대세력의 주요 대변지였던 『대한매일신보』(大韓每日申報)는 이런 흐름을 탄식과 함께 전했다.[21] 그런 일본인들과 단단하게 협력했던 가장 큰 조직들 중에는 일진회(一進會)와 대한자강회(大韓自強會, 나중에 '대한협회'로 개칭), 그리고 서북학회(西北學會) 등이 있었다.[22]

다른 자강운동 조직들처럼 그 조직들은 조선의 '주권'을 지킨다는 폭넓은 목표를 공유하고 있었으나, 이용구(李容九, 1868~1912)가 1904년에 창립하고 송병준(宋秉畯, 1857~1925)이 이끈 일진회는 그 목표달성을 위해 비엘리트적 접근을 한 점과 대규모 회원을 확보한 점에서 다른 조직과 달랐다.[23] 역사학자 문유미에 따르면, 일진회는 '전제적 정부'를 공격하고 '인민주권'을 요구하는 강력한 반(反)군주의 의제를 내세운 '인민주의 조직'이었으나, 범(汎)아시아적 개혁구상을 추구하는 가운

---

20 애국계몽운동에 대한 종합적인 연구는 박찬승, 1992; 그리고 김적봉, 1994.

21 『대한매일신보』(大韓每日申報), 1907년 3월 20일자.

22 박찬승(1992)에 따르면, 조선인들의 '자강운동'에 일진회는 들어가 있지 않았으나, 일본 통감부 당국은 그것을 자강운동의 가담조직으로 분류했다.

23 일진회의 회원수는 14만 명을 약간 넘었고, 그들 중 대다수는 동학교도들이었다(외무성(外務省) 편, 『일본 외교문서』(日本外交文書), vol. 41, no. 1, 1960[1908], pp. 854~55). 일진회 지도자들은 자신들 조직의 회원수가 가장 많을 때는 거의 1백만 명에 이르렀다고 주장했으나, 좀더 현실적인 평가자들은 그 수가 12만 명에서 14만 명 사이였을 것으로 본다(하야시 유스케(林雄亮), 1999, pp. 46~48).

데 친일적 성격을 드러내기도 했다.[24] 독자적 목표와 공공적 합리성을 수립했던 일진회는 우치다 료헤이(內田良平, 1874~1937)와 도야마 미쓰루(頭山滿, 1855~1944)의 감독 아래로 들어가면서 점차 타협하게 된다. 우치다와 도야마는 일본 최대의 애국단체인 흑룡회(黑龍會)의 지도자들이었으며, 그 회원들은 청일전쟁 무렵 중국과 조선의 개혁가들과 연합하기 위해 아시아 대륙으로 퍼져나갔다.[25]

일진회에 가담한 것으로 널리 알려진 규슈(九州) 출신의 모험심 가득한 이들 민족주의자들 외에도, 많은 일본인 정착민들이 일진회나 그 경쟁조직들을 지원했다. 이런 서사들은 더욱 잘 알려져 있지 않다. 우치다 같은 수많은 일본인 고문들은 조선에 건너오기 전 젊은 나이에 1870년대와 1880년대의 민권운동 지지자로서 정치활동을 했다. 고문들 중에는 나중에 국회로 진출한 이들도 있었는데, 예컨대 일진회의 사세 구마데쓰(佐瀬熊鐵)와 서북학회의 다카하시 쇼노스케(高橋章之助)는 잠시 중의원(衆議院) 의원으로 활동했다. 조선 개혁운동에 가담한 그들의 개입동기를 이해하려면, 민권운동가들이 무엇보다 메이지 시대 일본에서 가장 열렬한 팽창주의 지지자의 면모를 보였다는 사실을 상기해볼 필요가 있다.[26] 다른 많은 동시대인들처럼 보수주의자로 전향한 예전의 민권운동가 도쿠토미 소호(德富蘇峰)는 1895년에 "로마인들이 유럽과 지중해로 뻗어나갔듯이, 정치조직의 축복을 동아시아 전체와 남태평양으로 확장"하는 것이 일본의 임무라고 이야기했다.[27]

이들 비공식적인 제국주의 선동가들 중에서 메이지 유신의 제도적 성과를 조선으로 이전하는 구상을 이시카와(石川) 현 출신의 노련한 언론

---

24 Moon Yuni, 2010. 그리고 Vipan Chandra, 1974 참조.
25 강창일(姜昌一), 1988 참조.
26 가지무라 히데키(梶村秀樹), 1992, pp. 127~29; Siniawer, 2008, p. 53.
27 Kenneth B. Pyle, 1969, p. 181에서 인용.

인 오가키 다케오(大垣丈夫, 이 장(章)의 서두에서 소개했다)만큼 적극적으로 품고 있던 사람은 없었다. 오가키는 일진회의 최대경쟁자로 1906년 경성에서 전직관료들이 결성한 대한자강회를 지원했다.[28] 그 전직관료들은 교육과 경제발전을 통해 조선의 주권을 회복한다는 점진적 접근방안을 추구하면서, 일진회의 '지나치게 친일적인' 활동에 반대했다.[29] 자칭 메이지의 지사(志士)였던 오가키는 후쿠자와 유키치 밑에서 수학했으며, 자신의 청소년기를 민권운동에 바쳤다. 또한 그는 외국인들이 '국내(외국인과의) 잡거(雜居)금지' 구호를 내건 조약상의 규제를 받지 않고 활동할 수 있게 한 이토 내각을 비판하기 위해 1890년대 초에 대외정책 강경파들이 벌인 단기간의 캠페인에 가담한 적도 있다. 오가키는 나라(奈良)와 가가(加賀), 도쿄에서 언론인 경력을 쌓아가는 한편, 정부에 강경한 정책을 펴도록 계속 촉구했다.[30]

오가키의 활동궤적은 자유주의와 제국주의가 완벽하게 양립할 수 있는 기획이라고 본 그의 세대가 지닌 무자비한 정신을 대표한다. 오가키(그리고 다른 고문들)에게, 그의 나이 40대에 그랬던 것처럼 조선으로 들어간다는 것은 세계사적 중요성을 지닌 무대로 들어가는 것과 같았다. 그 무대는 메이지 유신의 시작만큼이나 획기적인 혁명의 문턱이었다. 오

---

28 외무성(外務省) 편, 『일본 외교문서』(日本外交文書), vol. 41, no. 1, 1960[1908], pp. 854~55. 대한자강회는 처음엔 윤치호(尹致昊, 1866~1945)가 의장을 맡았으나, 곧 장지연(張志淵, 1864~1921)과 윤효정(尹孝定)의 관리 아래로 들어갔다. 설립취지, 회원, 대한협회로의 조직개편을 하는 목적 등은 대한협회(大韓協會) 편, 『대한협회』(大韓協會), 1907; 한국 주차(주둔) 헌병대사령부(韓國駐箚憲兵隊司令部) 편, 『대한협회 약사』(大韓協會略史), 1910 참조. 대한협회에 대한 연구는 이현종, 1970; 김항구, 1999 참조.

29 오가키 다케오는 1906년 경성에 도착한 직후 대한자강회 고문이 되었다. 그의 대한협회 가담에 대한 자세한 연구는 이케가와 히데카쓰(池川英勝), 1985, pp. 525~67; 이케가와 히데카쓰(池川英勝), 1986, pp. 65~84 참조.

30 이케가와 히데가쓰(池川英勝), 1986, pp. 67~70.

가키는 일진회의 활동(그리고 그 평회원이 된 '비천한' 농민들과 일용노동자들)[31]을 "단지 반일감정을 부채질할 뿐"이라고 가차없이 비판했지만, 그의 활동은 대동아동맹이라는 목표를 추구하고 조선의 개혁과정을 일본의 지도 아래 두어야 한다고 했던 우치다나 다른 국수주의자들의 활동과 전혀 다를 바가 없었다. 그 시대에는 저널리즘과 정치적 모험 사이의 경계가 모호했던 것처럼 오가키의 생각과 활동은 일본의 헤게모니를 아시아로 확장하자는 공세적인 요구 —— 어느 역사학자는 '대(大)아시아주의'라고 했다 —— 와 동아시아 연대라는 수평적 구상 간의 차이가 얼마나 유동적인지를 보여주었다.[32]

당대의 대동아(大東亞)사상가들, 그중에서도 일진회 지도자들에게 영감을 준 가장 유명한 다루이 도키치(樽井藤吉, 1850~1922)에게 호응해서[33] 오가키는 서양의 침략위협에 대항하기 위한 '삼국동맹' —— 일본, 조선, 중국 —— 을 부르짖는 한편, 조선이 일본의 지원을 받아 국력을 키워야 한다고 강조했다. 1906년 2월에 『황성신문』(皇城新聞)에 처음 등장한 오가키의 글은 조선의 인텔리겐차에게 상당한 호소력을 지니고 있었다. 그들 조선 인텔리 중 다수는 처음에는 주저했으나 그 주장을 받아들였다.[34] 하지만 다루이와는 달리, 오가키가 처음부터 염두에 둔 동맹은 논쟁의 여지가 있는 '동양의 맹주(盟主)'로서의 일본의 우월성에 근거를 두었다.[35] 게다가 그는 보호통치 체제의 합법성에 의문을 제기하지도 않았다. 그의 주장에 함축돼 있는 조선에 대한 주권보장론은 다음과 같은 실용적

---

31 오가키 다케오(大垣丈夫), 1927, p. 111.

32 하쓰세 류헤이(初瀬龍平), 1980, pp. 20~23. Sven Saaler · Victor Koschmann, 2007도 비슷한 구분을 채택했다.

33 '대동합방'(大東合邦)에 대한 다루이의 글들은 다루이 도키치(樽井藤吉), 1975 [1893] 참조.

34 이케가와 히데카쓰(池川英勝), 1985, p. 539; 박찬승, 1992, 57쪽.

35 『황성신문』(皇城新聞), 1906년 2월 26일자.

인 전제를 감추고 있었다. "만일 [조선이] 자체적으로 건전한 독립국가의 지위를 유지할 수 없다면, 우리는 제국의 안전이라는 관점에서 선택의 여지없이 그 영토를 점령할 수밖에 없다."[36] 그의 구상실현에 실패의 기미가 조금이라도 보인다면, 다른 많은 동시대인들과 마찬가지로 '지원'에서 완전한 '지배'로 전환한다는 것이 오가키의 정치적 입장이었다.[37]

오가키는 특히 '교육받은 반일(反日) 유학자와 양반'들을 겨냥해 그들을 믿을 만한 동맹자로 바꾸려 했는데, 그런 노력은 이토의 정치적 의제를 방불케 했다.[38] 오가키의 전략의 핵심은 유교문명을 일본과 조선이 공유하는 평가기준으로 부각하는 것이었다. 예컨대, 1908년 조선에서 발표된 그의 저서 『청년입지편』(靑年立志編)에서 오가키는 외곬으로 서양화를 주창하며 유교를 깎아내리던 사람들에게 대항해 유교옹호에 나섬으로써, 지역의 양반들 중 진보적 인사들의 처지에 힘을 실어주려 했다. 그리고 그는 조선의 학자들이 자신들의 유교적 스승들의 지혜를 활용하지 못하고 있다고 질타하면서 근대화에 대한 일본의 신(新)전통주의적 접근을 상징하는 교육칙서가 담고 있는 유교사상의 중요성에 대해 언급했다. 그런 움직임은 처음에 유교의 유산을 버리지 않고 조선 근대화의 길을 모색하고 있던 박은식(朴殷植, 1859~1925)과 김윤식(金允植, 1835~1922) 같은 영향력 있는 조선인들에게 먹혀들었다.[39] 오가키는 "조상 전래의 관습과 제도를 보존하면서도 그 병소(病巢)들을 제거해서 점차 개선해가기 위해" 근대와 전통을 융합하는 앵글로아메리카 국가들의 능력

---

36 이케가와 히데카쓰(池川英勝), 1986, p. 79에서 인용.
37 다루이 자신은 조선합병 무렵에 입장을 바꿨다(하타다 다카시(旗田巍), 1969, pp. 58~59).
38 오가키 다케오(大垣丈夫)가 구라치 데쓰키치(倉知鐵吉)에게 보낸 진정서(陳情書, 1911년 1월 12일).
39 한기형, 2005, 171쪽.

에 특별한 찬사를 보내기도 했다. 메이지 계몽사상가를 자임한 오가키는 조선의 지도자들에게 '위대한 국가들'은 '혁명이 아니라 개혁을 통해 앞서가는 사람들'에 의해 만들어진다고 설파했다.[40]

오가키가 비록 조선 인텔리겐차로부터 그럭저럭 상당한 존경을 받기는 했지만 그들의 관계가 항상 원만했던 것은 아니다. 1907년 대한자강회가 주권회복의 방안으로 국채보상운동(國債報償運動)을 전국적으로 벌이자 이를 지지하면서 '헤이그 밀사사건' 폭로 뒤에 고종의 퇴위를 압박한 일본에 반대했을 때, 둘 사이의 긴장은 폭발했다. 대한자강회에는 결국 해산하라는 통감의 명령이 내려졌다. 그러나 회원들은 재빨리 대한협회(大韓協會)를 결성해 다시 모였다.[41] 그럼에도 그 긴장은 분쟁으로 확대되지는 않았다. 조선의 지도자들은 대부분 자신들의 나라가 독립을 회복할 능력이 있으며, 일본 역시 보호조약에서 약속한 대로 결국 떠날 것이라는 낙관적인 생각을 견지했다.[42] 오가키의 노력 또한 효과를 발휘했다. 1909년 무렵, 대한협회의 기본노선은 '반일'에서 보호통치와 화해하는 쪽으로 방향을 바꿨으며, 이는 그 지도자 가운데 한 명인 김가진(金嘉鎭, 1846~1922)의 개인적 발언을 통해서도 확인됐다. "우리는 일진회가 제안한 일한의 합방과 합병에 절대 동의할 수 없다"라며, 김가진은 현지의 기자들에게 이렇게 말했다. "[우리의 조직] 회원 중에 반일사상을 품고 있는 사람은 한 사람도 없다."[43] 기자는 김가진의 그런 주장을 의심스러워하기는 했지만, 그의 동지였던 정운복(鄭雲復, 1870~1920)은 대한협회가 "완고한 저항가들도 아니지만" 일진회와 같은 '일본도'(日本徒)도 아니라고 말했다.[44]

40 오가키 다케오(大垣丈夫), 1906, pp. 1~5.
41 이케가와 히데가쓰(池川英勝), 1985, pp. 556~58.
42 박찬승, 1992, 59쪽.
43 조선총독부, 『조선』, 1910년 4월호, p. 14.

조선의 개혁가들은 통감부를 두고 저항과 협력 사이의 가느다란 외줄기 길을 걸어야 했으며, 이는 그들을 지지하던 일본인들도 마찬가지였다. 대동아사상을 고취하고 반일감정을 꺾는 것은 통감의 목표달성에는 도움이 되었겠지만, 오가키 등 일본인 고문들은 종종 당국을 불안에 빠뜨린 다른 의제를 추구했다. 그것은 그들의 조직을 정당으로 발전시키는 것이었다.[45]

한때 민권운동에 앞장섰던 이 일본인 고문들이 남긴 전기적 소묘들은 그들 중 다수가 미야자키 도텐(宮崎滔天) 같은 대동아주의자들이 중국에서 그랬듯이, 조선에서 대중민주주의라는 그들의 좌절당한 꿈을 이루기 위한 출구, 그리고 메이지의 하급무사들이 빼앗겨버린 혁명을 되찾을 수 있는 새로운 정치무대를 발견했음을 시사한다.[46] 특히 오가키는 조선에 양당체제를 도입하고 대한자강회를 대중정당으로 발전시키겠다는 생각을 갖고 있었으며, 그 지도자들에게 그런 방향으로 가자고 몇 번이고 거듭 촉구했다.[47] '국가적 사상'의 양성을 위해 마찬가지로 중요한 것은 지역의 자치체제를 만들어내는 것이라고 그는 강조했다. 그러면서 그런 과정이 지역언론과 기관지들이 쏟아낸 엄청난 양의 기사를 통해 추진되어간 일본의 선례를 자세히 설명했다.[48]

44 정운복(鄭雲復), 1908, p. 20. 그러한 온건한 자세는 "울타리 양쪽에서 친일파로 또한 반일파로 양다리 걸치기를 한다"라는 새로운 비난에 예민하게 반응하도록 만들었을 것이다. 정운복 자신이 정치적 라이벌들로부터 그런 비판을 받았다(조선총독부, 『조선』, 1910년 4월호, p. 13).

45 이케가와 히데카쓰(池川英勝), 1996, pp. 120~21.

46 오이 겐타로(大井憲太郎, 1843~1922) 같은 일부 민권운동가들이 자신들의 민주주의 혁명구상을 조선에 수출('오사카 사건'으로 알려졌다)하고, 일본에서 실패했던 정치개혁을 벌충하기 위해 그것을 일본으로 역수입하려 했던 것은 그런 맥락에서였다(가지무라 히데키(梶村秀樹), 1992, p. 131).

47 박찬승, 1992, 65쪽. 일진회의 정당으로서의 자기인식에 대해서는 Moon Yumi, 2010, Chapter 4 참조.

1907년 봄, 일진회가 주최한 집회와 같은 시각에 대한자강회가 조직한 정치집회에서 오가키는 조선인 청중들에게 그들 두 단체가 이미 근대의 정당들처럼 작동하고 있다고 말했다. "조선의 두 거대정당들이 대치하고 있으며 …… 각기 그 능력에 대한 판단을 공론에 맡기고 있다. 이른바 이들 군자의 싸움은 물론 공당들의 고유한 특성이다." 게다가 "조선의 당파들로서는 공개적으로 자신들의 정치적 관점을 제시하고 국가의 이익과 사람들의 장단점을 조사하는 것은 실로 모두에게 축복이며 문명의 수준을 높이는 것"이라고 했다. 이 가르침을 마음에 새기면서 오가키는 모여든 사람들에게 조직이 진정한 '국가 진체의 대변자'가 될 때까지 "당의 힘을 키우는 데에 [스스로를] 헌신하라"라고 촉구했다.[49]

오가키의 이상(理想)이, 마찬가지로 자신들의 영향력을 정당에 반영하기를 간절히 바란 대한협회 지도자들의 이상과 공명하면서[50] 그것은 점차 통감부와의 논쟁의 초점이 되었다. 이토는 정부 바깥에서 활동하는 오가키나 조선의 개혁가들 같은 민간의 대화상대들과 협상할 때, 처음부터 실용적 접근자세를 취했다. 이토는 그들이 '법을 준수'하는 한 활동을 허용했지만, 그들이 자신의 개혁계획을 손상하려 할 경우에는 언제라도 그것을 단속할 태세를 갖추고 있었다. 대다수 일본인 고문들은 애초

---

48 『대한자강회 월보』(大韓自强會月報) 4(1906년 10월 25일), 5(1906년 11월 25일), 6(1906년 12월 25일), 8(1907년 2월 25일), 10(1907년 4월 25일), 11(1907년 5월 25일), 그리고 12(1907년 6월 25일) 참조.

49 오가키 다케오(大垣丈夫), 「본회의 장래」(本會의 將來), 『대한자강회 월보』 11 (1907년 5월 25일), pp. 7~8, 12.

50 사세 구마테쓰(佐瀬熊鐵), 1927, p. 69. 박찬승에 따르면(1992, 47쪽), 새로 결성된 대한협회는 회원들로부터 회비를 받고 집회를 열며, 정책수립을 위해 전국회의를 여는 등 정당으로서의 기능을 효과적으로 수행했다. 또 다른 단체의 한 조선인 지도자는 대한협회를 일본의 정우회(政友會)에 비유했다(「일한합방론에 대한 한인(韓人)의 언동」(日韓合邦論에 對하는 韓人의 言動), 「을비」(乙秘), no. 2711 (1909年 12月 7日)).

에 이토에 대해 충분히 알고서 활동했다. 이토는 조선을 개혁하고 반대를 최소화하는 데 그들의 지원을 적극적으로 활용했다. 예컨대, 1906년에 이토가 일진회를 친일파 관리로 끌어들여 조선의 조정을 통제하겠다는 생각으로 우치다를 통감 참모로 임명한 것은 바로 이런 맥락에서였다. 그러나 1907년 이후 조선에 대한 통감부의 장악력이 확고해지면서, 이토는 허풍쟁이 같은 행동으로 대중의 반감만 불러일으키는 우치다 같은 열렬지지자들의 과잉행동을 점검하기 시작했다. 또한 그는 (전통적 엘리트들의 영향력을 되살리는 한편) 납세거부운동에서 드러나듯이, 대중영합적인 전략이 안정과 통제를 바라는 일본의 욕구와 충돌하게 된 일진회에 대한 지지를 철회했다.[51] 이토는 오가키에 대해서도 비슷한 자세를 취했다. 이토는 오가키로부터 정기적으로 정보와 조언을 청취하면서 그의 초기 노력들을 지원했으나, 그와 그의 동료들이 해체된 대한자강회를 부활시키기 위해 정당을 조직하려 하자 멈칫거렸다.[52] 그는 오가키가 새로 결성된 대한협회를 지원하려 하자, 새로운 회원모집을 위해 사무실을 개설하려는 협회지도자들의 시도를 가로막았다. 만일 그 시도를 허용했다면, 조선의 개혁가들은 메이지 통치체제에 반대했던 노련한 의회정치 이데올로그들과 손을 잡았을 것이다. 그것은 당시의 사회적 불안정기에 이토가 바라던 것과는 거리가 멀었다.[53]

수십 년간 정치적으로 각성된 대중들과 맞서야 했던 본국의 사정을 생각하면, 이토가 오가키를 왜 그렇게 대했는지 알 수 있다. 이토가 정당이념에 대한 타고난 반대자가 아니었던 것은 확실하다. 사실 그는 정당들의 가치를 인정한 첫 총리였으며, 결국 1900년에 보수적인 입헌정우회

51 Moon Yumi, 2010, Chapter 5.
52 오가키 다케오(大垣丈夫), 1911; 한국 주차(주둔) 헌병대사령부 편, 1910.
53 이케가와 히데가쓰(池川英勝), 1996, pp. 119~21.

(立憲政友會)를 창당했다. 그러나 정당들과의 동맹전략은 대중민주주의를 향한 시끌벅적한 소요와 1890년대 초의 첫 의회선거 때의 투표장 폭력사건 등을 10여 년간 겪은 뒤에야 등장했다. 투표장 폭력사건은 정당에 대한 관료주의적 의심과 '정치변화'를 이뤄내려던 노력을 더욱 고취한 경험이었다.[54] 통감부는 초창기에 국가의 위신을 손상하는 일본인 하층민들의 이미지를 전파했던 이주민들과 낭인들이 이제 정치참여라는 더욱 위태롭게 보이는 사상을 조선에 퍼뜨릴지도 모른다는 점을 걱정하기 시작했다.

정착민들의 조선합병 요구

이토가 점차 조선의 개혁가들을 경계하게 되면서 일본인 고문들과 지지자들이 조선의 개혁속도를 놓고 갈라서게 되었다. 그들 간의 차이는 1909년 6월에 이토 통감의 사임 뒤에 명백해졌다. 이토는 많은 비용이 들었고 무자비했던 봉기 진압작전으로 인해 지방에 반일 적대감이 만연하게 된 지 2년 만에 사임했다. 그의 점진주의 정책이 실패했다는 것을 인정한 셈이 된 이토의 사임은 본국 가쓰라 다로(桂太郞) 내각 내의 이토 비판자들에게 조선의 완전한 합병 — 이토는 이를 마지막 방책으로 생각하고 있었다 — 을 추진할 수 있도록 길을 열어주었다.[55] 메이지 일본의 지도자들이 한 번도 제대로 수용하지 못했던 동아시아 국가들의 수평적 제휴라는 이상을 내버린 뒤, 일본은 초점을 개혁에서 현실정치 쪽으로 옮겨갔다.

---

54   Carol Gluck, 1985, pp. 49~60.
55   Peter Duus, 1995, pp. 230, 234~37.

그러나 합병에 이르는 몇 개월간의 작업들을 주도한 것은 본국 도쿄 쪽이 아니라 조선 현지에서 경쟁하던 일군의 요원들이었다. 그 중심에 오가키와 우치다 같은 언론인이자 정치해결사들이 자리 잡고 있었다. 점 진주의 정책이 파탄나자 일진회와 대한협회, 그리고 서북학회의 지도 자들은 오가키의 주선으로 협상을 벌이면서 정부에 대한 통제권 회복 을 위해 그들 간의 견해 차이를 해소하는 방법을 잠시 숙고했다.[56] 하지 만 제휴의 전망이 금세 무산된 뒤에 일진회 지도자들은 자신들의 계획 을 밀어붙였다. 그것은 일본이 곧바로 조선을 정치적으로 흡수하는 것이 었다.[57] 그것을 위한 절호의 기회가 이토가 하얼빈(哈爾濱)에서 조선 민 족주의자 안중근(安重根)의 손에 암살당한 1909년 10월에 찾아왔다.[58] 우치다는 재빨리 일진회에 고종의 양위(讓位)와 조선·일본의 '정치적 합병'(정합방政合邦)을 요구하는 의견서를 고종의 후계자인 순종(純宗, 1874~1926)에게 제출하고 이완용(당시 총리)과 새 통감 소네 아라스케 (曾禰荒助, 1849~1910)에게 청원하도록 했다.[59]

일진회의 움직임에 충격을 받고 분노한 경성에서 폭발적인 항의시위 가 벌어졌다. 대한협회와 서북학회 지도자들은 일진회의 '분별없는' '시 기상조'의 합방요구[60]를 비난하기 위한 대중집회를 조직했으며, 조선어 신문들은 대중들의 외침소리가 경성을 넘어 지방으로 확산되도록 도왔 다. 경찰보고서에 따르면, 당시 이에 대한 일본인 정착민들의 반응은 "한 결같이 적대적인 것으로 드러났다".[61] 가장 요란했던 것은 또다시 미네

---

56 하타노 마사루(波多野勝), 1993, p. 74; 박찬승, 1992, 52~53쪽.

57 구즈우 요시히사(葛生能久), 1930, pp. 510~11.

58 경성 헌병분대(京城憲兵分隊) 편, 『일진회 약사(略史)』(一進會略史), 1910, p. 31.

59 하타노 마사루(波多野勝), 1993, p. 82.

60 그러나 그 두 조직은 오가키가 도쿄의 지도자들에게 설명한 것처럼 기본적으로 합병안에 반대하지 않았다(오가키 다케오(大垣丈夫), 「한국 국정 일반」, 「을비」 (乙秘), no. 2891(1909년 12월 28일)에 첨부).

기시 시게타로(峰岸繁太郎) 같은 부류를 포함한 경성의 언론인들이었다. 몇몇 동조자들[62]을 뺀 그들 대다수는 우치다의 허장성세적 행동을 일제히 공격하고 그에 대한 자신들의 항의의사를 도쿄에 재빨리 알렸다. 조선인들 대다수와는 달리, 일본인 정착민들은 합방안에 기본적으로 반대하지 않았다. 그해 12월 21일에 경성의 일본인 언론인들이 발표한 성명에 따르면, 그와는 정반대로 그들을 격분시킨 것은 일진회가 '정치적 합병'(정합방)[63]이라는 얼버무리는 투의 용어를 쓰고 감히 "그런 중대한 일을 우리와 상의도 없이 추진한" 우치다가 기획한 '교활하고 가증스런' 행위였다.[64] 정착민들은 자신들이 극우민족주의자들에 의해 옆으로 밀려났다고 느꼈을 뿐만 아니라 국수주의자들 또한 조선을 완전히 장악해야 한다는 요구를 충분히 하지 못하고 있다고 느꼈다.

우치다와 오가키 두 일본인들 사이의 개인적 다툼은 통감부 당국을 혼란에 빠뜨린 것 같다. 어느 군(軍) 사령관은 전쟁대신 데라우치 마사타케

61 「경비」(警秘), no. 4249-1(1909년 12월 10일), in: 『통감부 문서』(복간본), 1998, 8: p. 95.

62 일부 정착민들은 일진회의 합병운동을 교착상태를 깨는 것이라며 환영했다. 교쿠호세이(旭邦生), 「합방문제」, 『조선』, 1910년 1월호, p. 6 참조. 경찰보고서에 따르면, 우치다도 미네기시를 비롯한 일부 언론인들에게 뇌물을 주었으며, 이케다 초지로(池田長次郎) 같은 정착민 지도자들에게 정착민들의 여론을 합병운동 지지 쪽으로 몰아달라고 호소했다(「기밀통발」(機密統發), no. 2095(1909년 12월 18일); 「한일합방 문제에 대한 종합보고의 건」, 별지 4; 「헌기」(憲機), no. 2489 (1909년 12월 17일), 「재(在)경성 일본 거류민의 신문사 매수 및 합병운동의 건」, in: 『통감부 문서』(복간본), 1998, 8: pp. 157~58).

63 Moon Yumi, 2010, pp. 225~26에 따르면, 일진회 지도자들은 정치적 통합요구에 대해 내심 독일과 오스트리아-헝가리 모델을 염두에 두고 있었던 것으로 보이지만 정부 내의 조선 자치문제에 대해서는 계속 모호한 자세를 취했다.

64 「경비」, no. 4141-1(1909년 12월 6일), in: 『통감부 문서』(복간본), 1998, 8: p. 56; 「헌기」, no. 2394(1909년 12월 9일), in: 『통감부 문서』(복간본), 1998, 8: p. 85; 『요미우리 신문』(讀賣新聞), 1909년 12월 26일자.

(寺內正毅)에게 이완용을 비롯한 조선의 지도자들이 "그들 뒤에서 비웃고 있으며", 일본인들 간의 불협화음을 이용해 이익을 얻으려 획책하고 있을지 모른다는 걱정스런 보고서를 올렸다.[65] 우치다와 오가키 간의 견해 차이를 해소하기 위해 동료 언론인 기쿠치 겐조가 끼어들었다.[66] 기쿠치는 우치다가 "조선 민중의 정서를 헤아리지 않고" 일진회로 하여금 청원서를 제출하게 한 것이 분별없는 짓이었다는 점을 인정하게 만들었고, '일진회를 구출'하는 일은 오가키에게 맡기자는 데에 대한 동의도 받아냈다.[67] 오가키도 대한협회 지도자들의 합병안에 대한 입장을 '절대 반대'보다는 '시기상조'로 보도록 확정해줌으로써 그 조직문제를 능숙하게 처리한다는 데에 동의했다.[68] 한편, 가쓰라 내각은 언론인들과 일진회 사이의 긴장을 해소하기 위해 자체의 조사단을 파견했다. 이런 노력들이 아무 소용이 없는 것으로 드러나자 일본 정부는 일진회에 합병운동을 중단하도록 명령했다. 대중의 저항이 거세지자 소네 통감도 '조선 정계의 화합을 회복하기 위한 최후의 전략'으로 우치다와 오가키에게 조

---

65 하타노 마사루(波多野勝), 1993, p. 81.

66 「기밀통발」(機密統發), no. 2087(1909년 12월 8일), in:『통감부 문서』(복간본), 1998, 8; pp. 70~71, 72~73.

67 소네 아라스케(曾禰荒助) 통감이 가쓰라 다로(桂太郎) 총리에게 보낸 보고(「기밀통발」(機密統發), no. 2087(1909년 12월 8일), 별지 1 보고서(「헌기」, no. 2365), 별지 5 보고서(「헌기」, no. 2380), in:『통감부 문서』(복간본), 1998, 8: pp. 70~71, 72~73.

68 치안감 와카바야시 라이조(若林賚藏)가 통감 소네 아라스케에게 보낸 보고(「경비」, no. 4417-1(1909년 12월 20일), in:『통감부 문서』(복간본), 1998, 8: p. 166). 대한협회의 조선인 지도자들이 합병반대 성명서의 제출문제를 논의하고 정부에 일진회 지도자 이용구와 송병준 처벌을 요구하기 위해 집회를 열었을 때, 오가키는 고문인 자신과 상의 없이 집회를 연 것을 비난하고, 그런 분별없는 행동은 일본-조선 관계를 해칠 뿐이라고 주장하면서 조직을 떠나겠다고 협박함으로써 그들의 요구를 철회하게 만들었다(「헌기」, no. 2530(1909년 12월 21일), in:『통감부 문서』(복간본), 1998, 8: p. 172).

선반도를 떠나도록 명령할 수밖에 없다는 결론을 내렸다.[69] 그러나 합병 운동은 결국 성공했다. 그 무렵 우치다와 동료 극우민족주의자들은 도쿄 정부로부터 조선인들의 개입 없이 합병을 앞장서서 추진하겠다는 동의를 얻어냈다.[70] 오가키 자신은 합병이 상황을 '근본적으로 해결'할 길을 열어줄 것이라는 결론을 내리고 그것을 강행하도록 일본 정부를 설득할 계획을 세웠다.[71] 1910년 8월 22일, 이완용은 합병조약에 서명했다.

위기상황의 조선반도를 안정시키겠다고 주장했지만, 일본은 세기의 전환기에 조선을 바꾼 모든 세력들 가운데 가장 불안정하게 만든 존재임이 드러났다. 그러나 이 와일드카드 제국주의 이미지는 이토의 통감부의 행위와 구상 탓이라기보다는 오가키 같은 정치해결사들과 미네기시 같은 언론인들의 행위와 구상 탓이 더 크다. 경쟁상대였던 극우민족주의자들과 마찬가지로 그들은 공식 통제범위의 바깥에서 활동했다. 제국주의 정치무대 위의 아무 잘못 없는 구경꾼들이었건 단순한 장애물들이었건 간에, 조선 내 일본인 정착민들은 정치와 언론의 상호침투 영역을 통해 표면상 일본 국가와 조선인 민족주의자들이 대립하고 있는 것으로 보인 현실과 무관하게 살아가기 어려웠다. 정착민들의 완전한 합병 요구를 통해 그려지는 그림은, 그 일을 자신들이 떠맡기를 바랐던 국수주의자들의 요란한 선동과 주저하는 제국의 이미지다. 그들이 가한 충격은 간접적이었지만 하위제국주의자들로서의 그들의 충동은 정착민들을 정치적 자이로스코프(gyroscope, 回轉儀) 안으로 밀어넣기에 충분했으며,

69　하타노 마사루(波多野勝), 1993, pp. 77, 81; 「헌기」, no. 2535(1909년 12월 21일), 그리고 「경비」, no. 4513-1(1909년 12월 22일), in: 『통감부 문서』(복간본), 1998, 8: pp. 173~74.

70　하타노 마사루(波多野勝), 1993, pp. 75, 82.

71　「헌기」, no. 2591(1909년 12월 25일), in: 『통감부 문서』(복간본), 1998, 8: pp. 184~85.

일군의 대립하는 세력들이 그것을 통해 일본이 조선을 영토적으로 정복하도록 몰아갔다. 이토의 '자치'정책에 대한 정착민들의 자극적인 공격과 맹목적 애국주의에 사로잡힌 그들의 조선합병 요구는 대안들을 제거하고 일본의 통감부와 조선의 내각, 그리고 정치개혁가들 간의 이미 복잡한 관계들을 더욱 뒤엉키게 함으로써 계속 직접적인 정치통제 쪽으로 몰아갔다. 그것은 도쿄나 경성의 강경파와 온건파(점진주의자)들 간의 긴장을 격화시켰으며, 조선의 자강운동 내부의 균열을 더욱 심화시켰다. 언론인들과 극우민족주의자들 간의 싸움은 이런 맥락에서 낙타의 등에 지푸라기 하나를 더 올림으로써 낙타 등뼈를 부러뜨린 것과 같은 효과를 발휘했다. 정착민들의 대응은 안정적인 통치체제를 수립하고자 했던 통감의 실패를 역설적으로 보여줄 뿐만 아니라 내각 안팎의 일본인 강경론자들로 하여금 조선의 완전한 식민화를 밀어붙이도록 하는 마지막 핑곗거리가 되었다.

동화정책

합병 전의 몇 개월에 걸친 혼란에도 불구하고 결국 합병이 감행되자, 일본인 정착민들은 일제히 자국 정부의 결정을 환영했다. 조선의 주권은 조선의 모든 주민들을 '왕국의 신민(臣民) 또는 제국의 신민'이라 선언한 합방조약에 따라 공식적으로 일본에 넘어갔다. 이 축하의 분위기는 그러나 곧 쓰라린 것으로 바뀌었다. 식민국가와 일본인 정착민들 간의 긴장은 1910년에 데라우치 마사타케가 조선의 초대 총독으로 그 통치권을 떠맡은 뒤 절정에 다다랐다. 이 새로운 통치자는 대체로 조선의 조정 위에 걸터앉아 있던 통감부의 행정체제를 그대로 물려받았으나, 독자적인 권한을 지닌 존재였다. 오직 천황에게만 책임을 지고 광범위한 입법권을 부여받은 데라우치 총독은 그 자신이 발령한 법령의 홍수 속에서 통치하면서 강력한 헌병대 및 보안대 조직망의 지원을 받았다. 그의 통치 스타일은 호의적이지 않은 '무단정치(군사통치)'라는 딱지를 받았을 뿐만 아니라 나중에 살펴보겠지만 일본인 정착민 단체와 국민들에게 해로운 결과를 안겨주었다.[72]

만일 '무단정치'가 오해를 살 만큼 강제에 대한 절대적 의존을 의미한다면, 그것은 새 총독이 자신의 통치지역을 바꾸기 위해 구사한 엄혹한 지배를 적절히 포착한 말이다. 조선은 전국적인 토지조사와 일련의 '국가사업들' — 철도, 도로, 항구, 부두시설, 관개사업들 같은 "[국가]권위와 '문명화하는' 근대의 가시적이고 물질적인 체화"[73] — 을 통해 급속히 반출의 장소로 재구성되었다. 토지조사사업이 양반 엘리트의 힘을 강화함으로써 식민체제에 대한 그들의 지지를 확보하는 데 기여했지만,[74] 총독은 한때 강력했던 지주귀족 계급을 포함한 조선 내의 모든 집단들을 식민당국에 복종시킴으로써 힘의 균형을 자신이 바라는 대로 거침없이 변화시켰다. 대체된 그 전의 조선 정부보다 더 중앙집권화되고 참견적이었던(동시대의 대다수 유럽의 제국들처럼)[75] 이 일본 식민국가는 세금징수와 질서유지에서부터 교육과 위생관리에 이르는 나날의 조선 행정을 감시하는 광범한 경찰망을 통해 조선 주민들의 일상생활 속으로 더욱 깊숙이 침투해 들어갔다.[76] 일본 당국은 또 식민지 학교의 건설을 통

---

72 조선 총독의 임명과 그의 권력규모, 그리고 도쿄 정부와의 관계(식민지 타이완과의 비교)에 대한 자세한 내용은 Edward I-te Chen, 1970; 오카모토 마키코(岡本眞希子), 2008 참조.

73 Manu Goswami, 2004, p. 46.

74 Edwin H. Gragert, 1994, pp. 71~72.

75 조선 국가의 상대적 약점에 대해서는 James B. Palais, 1975 참조; 유럽의 제국들에 대해서는 Lewis H. Gann, 1984, pp. 509, 515 참조.

76 Ching-chih Chen, 1984, pp. 224~25. 조선인은 전체 경찰인력의 약 60퍼센트를

해 활발한 사회공학 조치들을 취하는 한편, 조선의 사립학교들을 흡수하거나 폐지했으며, 수많은 법률과 규제들을 공포해 '후진적인' 관습을 제거하고 모든 범위에 걸친 조선 대중의 삶을 억눌렀다.[77]

이런 식민지 관례들 중 다수는 훈육적 계몽정신[78]으로 작성된 메이지 개혁계획의 '과잉'을 대표했으며, 일본이 동화정책을 펴는 근거의 일부가 되었다. '합방선언'에서 데라우치 총독은 동화정책의 시행이유를 다음과 같이 설명했다. "나라가 서로 아주 가깝고 이해가 일치하며 형제애로 얽혀 있는 두 민족[조선과 일본]이 통합해서 한 몸이 되는 것은 자연스럽고 피할 수 없는 사물의 이치다."[79]

문화적·인종적 유사성의 필연적 결과로서의 일본 통치를 정당화하기 위해 고안된 동화는 조선과 제국의 다른 영토들을 통치하는 일본의 기본원칙이 되었다. 프랑스의 공화주의적 동화이념[80]과는 달리, 일본의 동화는 유교에 근거를 둔 동문동종(同文同種, 문자와 인종이 같음)과 일시동인(一視同仁, 차별이 없이 공평하고 평등하게 인애를 베풂) 관념, 황제 중심의 가족국가 이념, 역사적으로 다양한 아시아 민족들을 동화시킨 혼합된 민족으로서의 일본인 개념 등으로 구성된 이론적 조합에서 자라난 것이었다.[81] 동화정책에 대한 정당화 논리의 핵심은 일본은 혼합(混合)민족이다, 일본인과 조선인은 조상이 같다(일선동조론日鮮同祖論)라는 이론들이었다.[82] 이는 '일본인의 기원'을 탐구한 일본의 1세대 역사학자들, 인

차지했다(야마다 간토(山田寬人), 2000, p. 138).

77 Lee, Chulwoo, 1999, p. 39.
78 '과잉'의 개념은 Lewis H. Gann, 1984, p. 518에서 차용.
79 Government General of Chosen, *Annual Report on Reforms and Progress in Chosen (Korea), 1910~1911*, Keijo: Government General of Chosen, 1912, p. 242.
80 프랑스의 동화 개념과 시민권의 이념, 그리고 프랑스에서 교육받은 아프리카 엘리트 집단에서 벌어진 인권투쟁은 Alice L. Conklin, 1997, pp. 151~73 참조.
81 Mark R. Peattie, 1984b, pp. 96~98.

류학자들, 고고학자들, 그리고 언어학자들의 작업을 통해 개발된 것이었다.[83] 식민지 주민 및 제국 내의 소수자 집단과 관련한 '일본인' 규명작업에서 이들 학자는 또한 서구에서 가져온 민족(문화적·민족적으로 정의된 인종집단)과 인종(생물학적으로 정의된 종족) 개념을 소개하고, 유연하고 상호교환 가능한 활용을 통해 친숙하게 만들었다.[84]

그러나 합병 전에 두 민족의 친연성에 대한 생각이 일본인 정착민들에게 어느 정도로 받아들여졌는지는 전혀 분명하지 않다. 1910년 이전에 현지 일본인의 거류민 신문들은 그 문제를 거의 거론하지 않았다.[85] 친연성 개념과 함께 일본인의 순수성과 동질성 관념도 존재했다. 그런 관념들은 중단 없는 승계를 통해 유지되어온 천황제를 강조해온 국체(國體, 국가의 통치체제)이론가들이 일본인을 혈족(血族)으로 묶인 유일무이한 민족으로 개념화하면서 고취한 것들이다.[86] 대다수 정착민들은 동화(同化)가 정책으로 살아남을 수 있을지에 대한 논의를 시작할 때, 이런 후자의 개념을 선호했다. 합병할 무렵에 두 가지 상호연관된 동화문제들 — 조선인의 동화가능성과 동화시킬 수 있는 일본인의 능력 — 이 일본인의 거류민 신문에 실린 상당한 분량에 이르는 논의의 주제가 됐다. "조선인은 교육을 받아야 할까, 그렇지 않은가", "조선인의 동화능력"과 같은

---

82 이들 이론에 대한 자세한 설명은 오구마 에이지(小熊英二), 2002 참조.

83 Pai, Hyung-il, 1999, pp. 366~67; Stefan Tanaka, 1993, 특히 pp. 164~67, 244~48.

84 전쟁 전 일본의 담론에서 인종, 종족, 국민의 융합에 대한 논의는 Michael Weiner, 1995, p. 442 참조.

85 사토가미 류헤이(里上龍平), 1996, p. 293.

86 이는 이노우에 데쓰지로(井上哲次郎)와 호즈미 야쓰카(穗積八束) 같은 국체이론가들이 창안한 관점이다(오구마 에이지(小熊英二), 2002, Chapter 3). 그러나 오구마는 이들 명백히 대립하는 두 개의 '일본인' 개념이 사실상 매우 유사한 것이라고 통찰력 있게 지적한다. '공동조상론'은 '혼합민족론'의 변종이자 단일민족으로서의 일본을 동아시아 제국의 확장된 공간에 맞춰 보정한 관념이다(같은 책, p. 64).

문제에 대한 응답형 여론조사 때, 많은 정착민들은 처음에는 비관적이었다. 그런 사람들 중 한 사람으로 몇 년간의 정치활동(제1장 참조) 뒤에 학자적 은둔자의 삶을 택한 아유카이 후사노신(鮎貝房之進)은 조선인들에 대한 교육에서 "아무런 희망도 보지 못했다"라고 분명히 말했다. 그는 자신이 시도한 그런 모험에서 실패했으며, 두 민족이 같은 인종적 뿌리를 갖고 있다는 생각을 완전히 뿌리쳤다.[87] 정착민들 담론에는 점차 날카로워지고 성별화된 '후진적인' 조선인들과 '문명화된' 일본인들로의 양분화에 대한 내용도 포함되어 있었다. '여성적인' 조선인들을 교육하는 일은 '여성과 어린이 양육'만큼이나 어려울 것이라고 예언한 어느 정착민이 그렇게 표현했다.[88]

그러나 공통의 인종적 유산이라는 관념에 논쟁의 여지가 남아 있었다면, 마찬가지로 그 시기에 문명화가 곧 일본화라는 등식 또한 불확실했다. 그 무렵 해체된 일진회의 송병준은 일본인 신문기자에게 유교전통의 충직한 관리자인 조선인들은 일본인들과 문화, 그리고 문학을 다소 '얄팍하고' '엉성한' 것으로 보는 경향이 있다고 말했다.[89] 그런 인식이 없어지는 데에는 수십 년이 걸렸는데, 문명화와 일본화도 일부 일본인들 눈에는 상관관계가 없는 것으로 비쳤다. 조선인들에게는 "일본으로의 동화가 근대문명에의 동화보다 더 어려운 것"이었다고 1915년에 어느 정착민은 관찰했다. 그는 "그들(조선인들)은 서양의 관습과 매너를 익히는 것을 더 명예롭고 즐거운 것으로 여기는 경향이 있다"라는 점을 인정했다.[90] 만일 영국 식민주의자들이 서양화된 아프리카인들을 자신들

---

87 조선총독부, 『조선』, 1908년 6월호, p. 7.

88 조선총독부, 『조선』, 1908년 7월호, p. 8.

89 조선총독부, 『조선』, 1911년 10월호, pp. 43~44; 『조선사정 기밀통신』(朝鮮事情機密通信), no. 1(1924년 12월), p. 23.

90 『조선과 만주』, 1915년 10월호, p. 9.

의 본성에 반하는 문명을 모방하려는 야만인들이라고 비웃었다면,[91] 일본 통치자들은 조선에서 '원주민들'을 문명화하려는 (서양)모방적 시도를 할 경우에 서양에 대한 자신들의 후진성을 불편하게 반추해야 하는 문화적 모멸감에 부닥쳤다.

그럼에도 합병과 동화정책의 공식선언은 회의주의자들을 소수파로 만들었다. 식민지 출판물들이 그때까지 일본에서 거의 학문적 합의사항에 가까웠던 공동조상론을 퍼뜨리기 시작하자, 동화에 대한 질문은 **할지 말지**의 문제에서 **어떻게**의 문제로 바뀌었다.[92] 동화정책에 대한 공식입장은 거의 확고부동해졌다. 조선총독부 학무국장 세키야 데이자부로(關谷貞三郎, 1875~1950)는 "정부 일을 하는 우리 같은 사람들은 동화가 가능하며, [식민지] 경영의 모든 것들이 이 원칙 아래 진행된다고 믿는 수밖에 없다"[93]라고 말했다. 대다수 일본인 조선 정착민들 역시 관리들과 함께 정책적 이상으로서의 동화, 그리고 그 장래의 성공에 대한 순진한 낙관주의에 관한 폭넓은 공동인식을 나눠 갖게 되었다. 하지만 동화가 정책으로 떠받들어지기는 했어도 식민지 관리들 중에 그것이 정확하게 무엇을 의미하는지에 대한 확신을 가진 이는 거의 없었다. 총독부 학무국장에게 동화는 "조선인들을 새로운 문명으로 인도하고 그들을 충성스럽고 선량한 일본제국의 신민[일본제국민]으로 만드는 정책", 그리고 '일본어 보급'을 최우선의 목표로 삼는 것과 관련이 있었다. '게으름'을 '조선인들의 최대약점'으로 선정한 부통감(합방 이후에는 총독부 정무총감, 즉 부총독) 야마가타 이사부로(山縣伊三郎, 1858~1927)는 "[그들을] 부지런하고

---

91 Dane Kennedy, 1987, p. 163.

92 일본의 관리들 마음속에서 가시적인 식민지 정책으로서의 동화문제는 1895년에 타이완이 식민화된 이후 더는 논쟁의 여지가 없어진 것으로 보인다(Mark E. Caprio, 2009, pp. 71~73, 81).

93 조선총독부, 『조선』, 1911년 11월호, pp. 2~5.

근면한 사람으로 바꾸는 것"이 장기적인 행정의 목표라고 강조했다.[94]

그 용어의 모호함 때문에 정착민 공동체에서 많은 사람들이 이 문제를 상의했다. 그들은 이 불확실한 과정의 정책윤곽을 그려내기 위해 동화에 대한 다양한 정의들 — 문화적·정신적·경제적·사법적·환경적 — 을 제시했다. 식민지 관리들처럼 그들 중 다수가 동화의 전체적인 목표를 일본 근대화 개혁의 수출로 바꿔 읽었다. 이는 그들이 조선의 민족성에서 문제가 많다고 보는 측면들을 바로잡겠다는 목표와 함께 조선의 발전하는 '민도'(民度)에 맞춰 서서히 추진될 것이었다. 예컨대, 전통적 엘리트들의 돈벌이에 대한 경멸을 불식하고 근면한 사고를 함양하는 것은 '조선인들의 생활고를 덜어주기' 위한 조치였다.[95] 조선 내 일본인 교사들도 성격의 개선을 교육활동의 최우선순위로 간주했다. 그들은 조선인들의 '위생관념 부재'와 '부도덕', 그리고 '오만'[96] 같은, 메이지 시대 초기 관리들이 본국에서 벌였던 '우민'(愚民)논란을 연상시키는 악덕을 바로잡는 일에 대해 이야기했다.

동화에 대한 더 급진적인 요구는 조선 내 일본인 언론인들 속에서 등장했는데, 그들에게 동화는 결국 정신적 정복의 문제였다. 샤쿠오 슌조(釋尾春仿)에 따르면, 그것은 '조선성(性)'과 '일본혼'(日本魂) 간의 융합인데, "1천만 명의 새로운 신민들이 우리 일본인들과 함께 천황 앞에서 사생결단할 수 있을 정도"의 융합을 의미했다.[97] 이것은 조선인의 모든 것 — 언어, 관습, 특성, 감정 — 을 근절해 '우리'와 '그들'을 구분하기 어려울 정도까지 나아갈 것을 요구한다고 그는 주장했다. 그 과업은 일

---

94 같은 책, pp. 2~3.
95 이것은 기쿠치 겐조(菊池謙讓)의 의견(『만한(滿韓)의 실업』, 1910년 8월호, pp. 19~22)이다.
96 조선총독부, 『조선』, 1911년 11월호, pp. 6~7.
97 같은 책, pp. 10~13.

본의 젊은 정착민들의 어깨 위에 지워졌다고 샤쿠오 슌조와 같은 생각을 지닌 아오야기 쓰나타로(靑柳綱太郞)는 썼다. 조선 내의 일본인 젊은이들이 조선인들을 정신적으로 동화하도록 이끌어감으로써 "애국심이 전혀 없고 걷잡을 수 없는 개인주의에 빠진" 그들이 그 덕에 정신적으로 재생할지도 모를 일이었다. 자신의 동화에 대한 비전과 일본을 세계 제일의 '세계제국'으로 만들어야 한다는 요구를 결합한 아오야기는 "조선에 있는 25만 명의 젊은 [일본인] 남자들"에게 '사방천하'(四方天下)의 나라들을 '평정'하고 '통치'하라는 태양의 여신 아마테라스의 말씀에 따라 '대(大)일본주의' 건설을 위한 '야마토 정신'(大和精神)을 발휘하라고 촉구했다.[98]

대부분의 식민지 기간 동안에 동화정책은 확고한 실천장치라기보다는 모호하게 정의된 행정의 신조로 남아 있었다. 정착민들이 계속 논의하고 그 의미를 개선했음에도 불구하고, 공식적인 정책으로서의 동화는 그 진척을 평가하는 기준이 잘못 설정되어 있는 과정들의 불확실한 혼합물로 남았다.[99] 우리는 초기 식민지 담론과 실천들에서 동화정책에 함축되어 있던 몇 가지 눈에 띄는 과정들, 즉 문명화와 일본화(日本化) 또는 일본인화(日本人化), 신민화(臣民化), 그리고 국민화를 가려낼 수 있을 것이다.[100] 이들 과정은 각기 다른 단계들의 주안점과 함께 일사천리로

---

98   아오야기 쓰나타로(靑柳綱太郞), 1916, pp. 11~18, 27~29.

99   마크 캐프리오(Mark Caprio, 2009)는 조선에서의 일본의 동화정책, 특히 교육 분야에서의 동화정책은 제국의 다른 곳, 즉 오키나와(沖繩)와 홋카이도, 그리고 타이완 등에서 만들어진 아카이브에 의지하고 있었다는 매우 중요한 관점을 제시했다. 그러나 일본 통치자들의 성공을 평가 — 그의 책에서 핵심적인 관심사 — 하면서 캐프리오는 식민지 사업으로서의 동화(정책)에 일관성이 있었으며, 그 의미에 대한 공식적 합의도 그랬다고 본다. 하지만 내가 보기에 그것은 그의 분석이 제시하는 것보다는 좀더 논란의 여지가 있으며, 애매모호하다.

100   이들 과정을 내 초고에서부터 함께 사용할 수 있게 해준 안드레 슈미트(Andre

진행한 것으로 볼 수도 있고, 우리가 뒷 장에서 살펴보게 되겠지만 조선 통치상의 지배적인 필요에 맞추기 위해 주기적으로 개편된 것으로 볼 수도 있다. 비록 반드시 일본인 정착민들이 바라던 대로는 아니었지만 말이다.

제국의 확장구상을 둘러싼 충돌

정착민들은 조선인들을 동화시키는 가장 좋은 방법을 논의하면서 곧 자신들의 삶이 총독통치의 굴레에 갇혀 있다는 사실을 깨달았다. 동화정책을 정당화하기 위해 데라우치는 유교사상에서 유래한 개념인 일시동인(一視同仁)을 구호로 채택했다. 1913년에 현지 언론인과의 인터뷰에서 데라우치는 자신의 정책을 '원주민과 본국민을 전혀 구별하지 않는 것'이라고 재차 말했다.[101] 이것이 단지 수사(修辭)였던 것은 아니다. 데라우치는 조선인들과 일본인 정착민들이 공개연설, 언론, 정치활동, 상업, 토지소유, 그리고 해외이주 등의 분야에서 차별받지 않도록 자신의 단일한 지휘 아래에 두었다.[102] 이 광범위한 관리는 정착민들과 원주민들을 분리해 관리한 대다수 유럽의 식민지들과는 크게 달랐다.[103]

공언된 일본의 일시동인 정책은 분명히 모순투성이였다. 합병조약에

Schmid)에게 감사한다.

101 『조선과 만주』, 1913년 12월호, p. 5.

102 일본인 정착민들을 포함한 조선 거주민들의 사회생활에 관한 경찰의 단속에 대해서는 이종민(李鐘旼), 2004, pp. 340~42 참조.

103 예컨대, 케냐의 경우에 악질적인 정착민들을 체험한 식민지 관리들은 인종적 '상호침투'에 대한 희망을 버리고, 1910년대 초에 "백인과 흑인을 분리하는 행정조치를 점차 강화하는" 쪽을 택했다(Bruce Berman · John Lonsdale, 1992, p. 94). 프랑스령 알제리의 경우는 좀더 복잡했다(「서문」의 각주 37 참조).

따라 조선인과 일본인 정착민들은 일본 국민, 그리고 '천황의 신민'으로 간주됐다.[104] 그러나 통치의 각 영역들에서 총독은 '분리하되 동등하게' 원칙에 따라 조선인과 일본인 신민들을 미세하게 차별했다. 그것은 암 암리에 식민지 법률체계의 지원을 받았다.[105] 예컨대, 대부분의 형법은 정착민들과 조선인들에게 각각 독립적으로 집행됐다. 악명 높은 사례가 '조선 태형령(笞刑令)'인데, 조선인들에게만 배타적으로 적용된 그 법령 은 조선인들의 '낮은 민도'를 근거로 정당화됐다.[106] 초기 조선 교육령의 경우에도 그랬는데, 일본인 초등학교에는 본국 수준의 교육을 허용했으 나, 조선인 '보통학교'에는 직업훈련과 일본어 수업으로 교육을 제한했 다.[107] 더 근본적인 문제는 가족구성원 자격을 근거로 일본 국민의 여부 를 규정하는 본국의 법률들 —— 즉 가족등록 관련 법률(민적법民籍法)[108] 과 민법, 그리고 징병법 —— 이 오로지 해외 정착민들에게만 확대·적용

---

104 Ching-chih Chen, 1984, pp. 245~46.
105 매우 다양하고 복잡하게도 이 시스템은 대체로 세 종류의 법률에 따라 작동했
     다. 첫째, 총독의 법령들로, 수많은 외지(外地)의 법률들이 만들어졌다. 둘째, 본
     국에서 제정한 법률들로, 칙령의 형태로 식민지에 확대·적용됐다. 셋째, 제국의
     회의 승인을 받아 특별히 제정된 식민지 제도 관련 법률들이 그것이다. 이들 법
     률은 다시 사람이나 국적을 기준으로 적용하는 법(속인법)과 거주지 기준으로
     적용하는 법(속지법)으로 더 세분되었는데, 조선인들과 정착민들 또는 그들 모
     두의 국민적 권리와 의무의 부여여부가 이들 법에 의해 결정되었다. 더 자세한
     것(결혼 및 범죄의 처벌과 관련한 식민지와 본국의 법률들을 1918년 관습법으
     로 통합하려 했던 시도까지 포함해서)은 아사노 도요미(淺野豊美)·마쓰다 도시
     히코(松田利彦), 2004, pp. 112~13 참조.
106 Lee, Chulwoo, 1999, p. 34.
107 김부자(金富子), 2005, p. 70.
108 호적은 국민자격(citizenship) 여부를 결정하는 핵심 메커니즘이었다. 그것이 징
     병과 해외근무수당, 그리고 친족과 상속 관련 사안의 적격성 여부를 좌우했다.
     이 시스템은 일본과 분리된 호적법(조선 호적령) 제정을 통해 조선인들에게도
     부분적으로 적용됐다(아사노 도요미(淺野豊美)·마쓰다 도시히코(松田利彦),
     2004, pp. 127, 131).

되었다는 것이다.[109]

국민자격(citizenship)에서 국적(nationality)을 구분하는 이러한 시스템 아래, 일본인과 조선인들은 결코 법 앞에 평등할 수 없었다. 하지만 그럼에도 일본인 정착민들은 자신들 해외 정착민에게만 적용되는 규제들에 여전히 직면해 있었다. 예컨대, 일부 민법과 형법의 영역에서 일본인과 조선인 거주자들은 정치적 범죄와 처벌(1919), 그리고 평화유지(1925)[110] 와 관련해 같은 법률의 적용을 받았다. 특히 치외법권의 폐지와 함께 일본인 정착민들은 거주지 원칙(주소주의)에 따라 본국에서의 선거투표권을 상실했다. 일본에서는 종족이나 민족의 차이에 따라 선거권을 제한하는 법률규정이 없었기 때문에 법적으로 특이한 상황이 발생했다. 예컨대, 일본에 사는 조선인(또는 타이완인)이 거주와 납세 관련 자격을 갖추기만 하면 투표권을 획득할 수 있었지만, 일본의 해외 정착민들은 투표권을 상실했다.[111] 이런 일본의 관행은 아프리카의 유럽 종주국들의 그것과는 달랐다. 아프리카의 유럽인들은 어디에서 살든 본국 시민권만 갖고 있으면 그 권리를 모두 행사할 수 있었다. 그리하여 오직 백인들만이 '어둠의 심연'에서 '문명사회'를 건설할 수 있었다.[112]

---

109 다른 형태의 조선인 대상 법률들의 적용에 대한 상세한 내용은 조선총독부 내무국(內務局),『개정(改正) 지방제도 실시개요』(改正地方制度實施槪要), 1922, pp. 485~86, 489; 이영미(李英美), 2005, pp. 119, 204 참조.

110 아사노 도요미(淺野豊美)·마쓰다 도시히코(松田利彦), 2004, p. 137.

111 같은 책, p. 131. 정착민들은 일본의 자기 가족의 등록지에서 공직에 출마할 수 있었지만, 거주지를 근거로 투표권을 부여하는 이 조항은 토착 엘리트들을 달래보려는 정부의 고민이 반영되어 있다. 당국자들은 자격 있는 약간의 식민지 출신들에게 본국(내지)에서의 정치참여를 허용해주는 것이 그런 기회를 완전히 막아서 반일감정을 싹틔우는 것보다 낫다고 생각했다(오구마 에이지(小熊英二), 1998, pp. 195~200). 1925년 이전에는 일본 본국 인구 가운데 투표권을 가진 사람이 5퍼센트도 되지 않았다는 사실을 고려하면, 종족과 민족이 입법자들에게는 큰 문제가 되지 않았다는 게 그리 놀라운 사실은 아니다.

이와는 대조적으로 조선 내의 일본인 거주자들은 자신들이 법률적으로 어중간한 처지에 놓여 있다는 사실을 깨달았다.[113] 스스로 생각하기에 해외 정착민들은 자신들이 본국 거주자들과 전혀 다를 바 없는 일본인이었다. 하지만 법률세계에서 그들은 테사 모리스-스즈키(Tessa Morris-Suzuki)가 '식민지 국민들이 형성한 수많은 동심원들'이라고 적절히 그 특성을 묘사한 세계의 모호한 변방에 존재했다. 그 세계는 '일본 본토'(메이지 헌법과 본국 법률에 의해 통치되는)에서 해외 주변부(총독체제의 지배를 받는)로 뻗어나갔다.[114] 크게 총독의 재량권으로 작동되는 조선의 식민지 국민 시스템 속에서 정착민들의 양면적이고 쓰라린 처지는 특히

---

112 Benjamin Stora, 2001, p. 6; John Ruedy, 2005, pp. 74~76, 80, 86~87. 마흐무드 맘다니(Mahmood Mamdani)에 따르면, 문명사회는 거의 식민지 아프리카 백인 정착민들의 전유물이었다. 하지만 우리는 그들이 분리된 법률적 인프라로 인해 자신들의 지위가 보장된 곳에서만 완전한 시민권을 누렸다는 사실을 덧붙일 수 있을 것이다. 대영제국에서 정착민들과 원주민의 정치적 권리에 대한 공식관행은 식민지들 속에서도 매우 다양했다. 예컨대, 오스트레일리아 원주민인 애보리진과 남아프리카 원주민들은 모두 투표권을 거부당했으나, 뉴질랜드의 마오리족과 백인들은 비슷한 정치적 권리를 누렸다. 그러나 이 새로운 민주주의 국가들에서 정착민들이 완전한 선거권을 누리게 된 것은 1910년이 되고 나서였다. Julie Evans et al., 2003 참조.

113 전쟁 이전의 국민(people, nation) 개념에 따르면, ─ 신민(臣民, 제국의 국민)은 메이지 헌법에서 일본인들을 지칭할 때 쓴 말이다(Kevin M. Doak, 2007, pp. 148~49) ─ 본국의 일본인들 역시 권리를 완전하게 누리는 시민도 억압당한 신민도 아니었다(어느 역사학자는 그들을 '시민-신민'citizen-subjects이라고 해설했다(Kim Kyu Hyun, 2007)). 그러나 총독체제 아래에서 해외 정착민들은 더 모호한 지위를 갖고 있었는데, 거기서 그들은 조선인들에 비해서는 신민보다 시민에 가까웠지만 본국 주민들에 비해서는 시민보다 신민에 가까웠다.

114 Tessa Morris-Suzuki, 1998, p. 168. 메이지 시대 일본에서 대니얼 보츠먼(Daniel Botsman, 2005)은 현대국가에서 새로운 국민의 자격은 법적으로 더 평등한 보호를 받는 것으로 규정된다고 주장했다. 총독이 곧 법이나 마찬가지였던 식민지 조선에서 정착민들은 법이 부여하는 자유의 효과와 근대시민으로서의 참여에서 배제당한 것으로 느꼈다.

조선인 엘리트들의 지지를 얻으려는 관리들의 노력 때문에 더욱 악화된 것으로 보인다. 관리들에게 조선인 엘리트들은 강력한 합병의 지지자들이자 국민(citizen)의 지위를 얻으려고 다투는 도전자들이었다. 영국의 식민지 관리들이 종종 자신들의 사회적 지위를 인도의 왕자들이나 아프리카 추장들과 같은 것으로 여겼듯이, 일본 당국도 조선의 양반 엘리트들을 타고난 통치자이자 이상적인 협력자로 인정했다. 그리고 토착 엘리트들이 가난한 백인 정착민들보다 더 큰 존경과 관심을 받았듯이, 영향력 있는 조선인들이 하층 일본인 이주자들보다 더 큰 친밀감과 가치를 총독에게 주었다.[115] 조선인 지도자들의 적대감을 완화해야 한다는 조바심 때문에 식민지 정부는 전직 조선 정부의 관리들과 유학자들에게 명예와 귀족의 지위를 무더기로 하사했으며, 그들에게 중추원(中樞院) 의원직을 부여하고 그들이 상실한 정치권력에 대한 보상으로 연금을 지급했다.

조선인들을 향한 이러한 화해의 제스처는 정착민들에게 불만과 더불어 무시당한다는 느낌을 안겨주었다. 조선 내의 일본어 잡지『조선공론』(朝鮮公論)의 편집자 마키야마 고조(牧山耕藏, 1882~1961)는 일본 정착민들의 심정을 대변해, 일본 거류민들도 제대로 인정해달라고 국가에 요구했다. "조선에 있는 우리 내지인들은 청일전쟁과 러일전쟁 때 제국의 신민으로서 의무를 다했을 뿐만 아니라", "[그들] 또한 정부의 지원을 요구하지 않고 학교와 도로, 병원, 사원을 건설했으며 조선 전역에 일본인 정착민들을 퍼뜨리는 토대를 마련했다"라고 그는 주장했다. 이타적인 희생과 제국에 대한 공헌을 통해 "조선의 발전에 남다른 봉사를 한 민간인으로서 존경받아 마땅하다"라고도 주장했다.[116]

정착민들의 인정요구는 거의 언제나 '원주민(조선인)'을 편애하는 관

---

115   David Cannadine, 2002, p. 125.
116   『조선공론』, 1913년 12월호, pp. 6~7.

리들에 대한 비난과 동시에 제기되었다. 그런 경향은 아프리카의 유럽인 정착민들한테서도 찾아볼 수 있었다.[117] '총독통치의 결함: 내버려진 일본인'이라는 제목의 기사가 그런 참담한 정서를 요약하고 있다.[118] 관리들이 정착민들을 무시한 사례로 가장 널리 알려진 것 중에는 총독부가 조선인에 대한 교육재정은 지원하면서 일본인 정착민들에게는 자녀교육비를 자비로 부담하도록 했다고 불평하는 이야기도 있다. 하지만 정착민들은 "조선인들의 귀감이요 지도자들로 여겨지고 있으므로" 조선인 학생들을 위해 새로 지은 시설들 앞에서 무색해지는 낡은 학교시설일지라도 만족해야 했다. 일반적 추정과는 반대로 많은 일본인 이주자들은 '경제적으로 허약'하고 당국의 보호를 받아야 할 처지인데, 특히 일본인과 조선인 간의 역학관계가 종종 '역전'되는 농촌지역에서 그러하다고 썼다. 이 작가는 심지어 그런 마을에서 일본인 어린이가 조선인 주민한테서 남은 밥을 얻어먹는 것을 목격했다고 주장하면서, 그 순간 그는 "우리 일본인들이 조선인들의 동정을 구하고 멸시를 받는 상황에서 어떻게 우리가 조선인을 동화시킨다는 이야기를 할 수 있느냐"라고 묻지 않을 수 없었다고 했다. 일본인 거류민 언론들은 일본인 정착민들의 비참함을 과장하면서 편리하게도 조선인들의 곤경을 무시하는 그런 부당한 비교로 법석을 떨었다.

경제운용 분야에서 정착민들에 대한 보호요구는 데라우치 총독의 정책과 직접적으로 맞부딪쳤다. 그들 간의 긴장을 최고로 고조시킨 것은 1913년에 발령된 '소농보호'에 관한 데라우치의 명령이었다.[119] 소농은

---

117 예컨대, 『조선과 만주』, 1914년 4월호, pp. 88~103 참조.

118 『조선과 만주』, 1913년 3월호, pp. 7~9.

119 그의 지시는 『경성일보』, 1913년 8월 25일자에 실렸고(원문은 존재하지 않음), 아오야기 쓰나타로(青柳綱太郞), 1913에 인용되었다. 그것들은 그 전해에 편집된 소작농에 대한 총독부의 감사보고를 짙게 반영하고 있다(조선총독부 취조국

당시 조선인 대다수가 소속되어 있던 직업의 범주였다. 데라우치는 '대지주들'의 지배와 '사회적 기둥들'(중견中堅)의 결여를 "산업성장과 일반적 사회진보를 방해하는" 중요한 요소들로 보면서 조선에서 '자작농'을 시급히 보호하고 육성할 필요가 있다고 강조했다. 그러나 그 무렵 조선으로 떼를 지어 모여들기 시작한 일본인 이주자들이 촉발한 토지투기와 만연한 토지매매라는 우려할 만한 추세가 진행되었다. 특히 데라우치는 "견실한 농업경영을 약화시킬" 뿐만 아니라 "수많은 조선 중농과 소농들에게 조상 전래의 땅을 팔라고" 유혹해 조선 사회의 기본구조를 파괴하는 '투기꾼들'의 도래를 두려워했다. 조선 농민들을 보호하고 그들을 땅에 계속 붙들어두기 위해 데라우치는 도지사들에게 일본인들이 토지를 장악하는 "이런 추세를 미연에 방지하기 위해 모든 노력을 다 기울이라"고 촉구했다.

데라우치의 지시는 식민지 국가가 당면한 더 큰 도전이 어떤 것인지에 대한 예를 보여준다. 프랑스의 알제리 식민정부와 영국의 케냐 식민정부도 안고 있던 그 문제는 정당성과 통제라는 상호모순되는 요구에 균형을 맞추는 일이었다. '정착민들과 원주민(토착민) 간의 이해충돌이 일어났을 때의 최종결정권자'로 행동하면서 자국민들의 경제활동을 지원해야 하는 모순이 그것이다.[120] 투기와 토지장악이라는 악을 경계하면서 데라우치는 영국의 케냐 식민지 행정가들이 동아프리카 보호통치 형성기에 그랬듯이, 크고 작은 본국 자본가들의 활동을 통제함으로써 조선 농민들의 후원자가 되는 쪽을 택했다. 일본인 이주를 그대로 방치할 경우, 지역경제의 근간이 되어야 할 자작농의 성장을 방해함으로써 조선인

(取調局), 『소작농민에 관한 조사』(小作農民に關する調査), 1912, pp. 465~69, 474, 523~25, 535).

120   Ian Lustick, 1985, p. 65; Bruce Berman · John Lonsdale, 1992, pp. 88~89, 95, 119, 193.

들을 점증하는 소작과 빈곤 속에 빠뜨릴 것이었다. 일본 내 지방의 자본주의 경제에 부정적인 영향을 끼칠 것이라는 동시대의 우려에도 반영되어 있던 그런 걱정은 데라우치가 회사령(會社令)을 발표(1910)하도록 결심하는 데 부분적으로 영향을 주었다. 회사령은 조선에서 사업을 시작할 경우에 공식허가를 받도록 했다(더 자세한 것은 제5장). 게다가 식민당국은 '악당과 방랑자들'에서부터 언론인, 사업가, 회사의 경영자, 그리고 교역자들에 이르기까지 광범위한 정착민들을 경찰의 감시체계 아래에 둠으로써 지속적으로 그들의 이주를 규제하고 조선 도착 이후의 그들의 활동을 관찰했다.[121]

중립적인 무표정을 연출하면서 데라우치는 정착민들에 대한 자신의 경멸감을 전혀 감추려 하지 않았다. 1915년 현지 언론인과의 인터뷰에서 그는 일본인 거류민들이 세금납부에 최악의 기록을 세웠고 여전히 '일확천금'의 꿈을 품고 있으며, 다수가 별로 하는 일도 없이 변통수로 그럭저럭 살아가고 있다고 불평했다. 또한 재력가들조차 '오만'한 데다 조선인들을 "동화시키고 계몽하려는 열망이 전혀 없으며", "[그 대신] 명예와 이익을 둘러싼 사소한 다툼에 골몰하고 있다"라고 지적했다.[122] 이주민들에 대한 관료주의적 멸시의 근저에는, 현지의 언론도 종종 비판했듯이, "관리들을 민간인들 위에 두고(관존민비)" 민(民)을 '어리석은 백성(우민愚民)' 이상으로 보지 않는 국가의 경향성이 자리 잡고 있었다. 지배 엘리트들이 보기에 일본은 여전히 식민지나 정치는 고사하고 자국 내의 일에도 무관심한 소작농들의 나라였다.

현지 언론인 아오야기 쓰나타로는 그런 관료들의 태도 속에서 정착민들과 국가 —— 또는 그가 불길한 '이주정책과 개발정책 간의 [구상]충돌'

---

121 야마모토 시로(山本四郎), 1984, p. 125, 이승엽(Lee Seung-yup), 2008에서 인용.
122 『조선과 만주』, 1915년 5월호, pp. 5~7.

로 해석한 것 사이의 메울 수 없는 심연을 확인했다. 소농들에 관한 데라우치의 지시에 대한 그의 길고 감정적으로 격앙된 반응 속에서, 아오야기는 동양척식주식회사를 통해 '이주를 장려하는 우리 정부의 정책'과 '각하(총독)의 정책'은 "근본적으로 양립할 수 없다"라고 썼다. 계속해서 그는 "대자본가들이 토지경영에 참여하면 각하는 토지장악의 악에 대해 이야기하고, 소자본가들이 땅을 사면 각하는 그들을 투기꾼이라며 억압한다"라고 말했다.[123] 도쿄의 제국정책과 모순되는 식민지의 이런 '기이한 현상'은 정착민들의 사기에 해로운 영향을 끼친다고 그는 주장했다. 그에 따르면, 일본인 공동체는 "소자본가들과 떠돌이 개처럼 일거리를 찾아 바삐 거리를 돌아다니는 무산자들", 그리고 "그날그날 조선인들이 먹고 버린 것들로 연명하는" 끔찍한 궁핍들이 도사린 도시의 상황을 반영하기 시작한 '위험한 사회문제들'의 영향을 받았다. 동시에 데라우치의 '동화주의' 정책 ─ 조선 민중을 애무하고 그들을 빨리 본국 사람들처럼 문명화하기 위한 ─ 도 민족의 융합을 강화하는 데 아무런 보탬이 되지 못했다. 그와 반대로 그것은 '장차 민족분쟁이라는 무서운 악의 번창'을 예고할 뿐이라고 아오야기는 단언했다.[124]

아오야기는 재계의 추세에 발맞춰 토지장악과 소작농 증가를 수반한 이주행렬이 늘어나는 것이 '인간의 진보와 발전'을 위한 필요악이라고 옹호했다. 심지어 토지강탈이 벌어지더라도 조선인들은 재빨리 척박한 땅을 개간해 삶을 재건할 것이라며, 그런 일은 일본인 이주민들보다는 "토착민들의 손에 맡기는 것이 더 적절"한 것으로 본다고 했다. 그는 토지의 식민화를 옹호하면서 이주와 개발 사이의 인지된 틈을 메워줄 경제 방정식을 제안했다. 그것은 "일본인 정착민들과 토지매매의 증가는

123   아오야기 쓰나타로(靑柳綱太郎), 1913, pp. 331~36.
124   같은 책, pp. 329, 336~37.

조선반도의 미개간지들이 그만큼 더 많이 개간된다는 걸 의미한다"라는
것이었다.[125] 정착민의 식민화 구상에서 그런 산술법칙은 분명히 국가의
통제논리에 역행했다.

정착민 자치옹호

동화정책을 둘러싼 국가와 정착민들 간의 점증하는 긴장은 의미상의
차이 이상의 것을 반영하고 있었다. 그것은 국민자격(citizenship)을 얻
기 위한 현지 정착민들의 기나긴 투쟁의 시작을 알리는 신호였다. 분쟁
의 씨앗들은 이미 통감부 시절, 특히 1908년 메이지 정부가 통감에게 일
본인 거류민협회의 장(長)을 임명할 권한을 주고 공직자들에게 그런 협
회장 자리들에 출마할 수 있도록 허락했을 때 뿌려졌다. 그런 행위들은
현지 정착민들에게 모욕으로 비쳤다.[126] 더 결정적인 모욕은 데라우치가
거류민협회 제도를 모조리 해체하고 그 기능을 총독부로 흡수함으로써
정착민들의 자치를 종식시키겠다고 발표했을 때 가해졌다.[127] 예상대로
해체소식은 조선 전역에서 항의의 울부짖음을 촉발했다. 1912년 로비
스트들이 도쿄로 파견되어 본국 정부에 호소했으며, 지역의 거류민협회
들은 청원서를 총독과 총리, 주요 대신들, 양원(兩院) 의장들에게 숱하게
보냈다.[128] 정착민 지도자들은 자신들이 조선인들과 같은 신분으로 대접
받게 될 것이라는 전망과 관련해 자신들과 조선인들 간의 '더는 좁힐 수

---

125 같은 책, pp. 329, 333~34.
126 기무라 겐지(木村健二), 1989, pp. 78~79; 조선총독부, 『조선』, 1908년 9월호,
     pp. 4, 7~12.
127 Peter Duus, 1995, pp. 362~63.
128 경성부(京城府) 편, 『경성부정(府政) 일반』(京城府政一般), 1936, p. 896.

없는 '민도'(民度)의 차이를 주장하며 맹렬한 반대운동을 시작했다. 정착민들은 "조선에 있는 우리 본국인들은 오늘날 이미 단순한 이주자도 타향살이 취업자(出稼ぎ人)도 아니다"라고 주장하면서 자신들의 '대륙 개척의 선구자' 정신을 훼손하지 말라고 국가에 간청했다.[129]

정착민들은 이러한 주장을 거창한 역사적 요청으로 격상했다. 한 청원서는 이렇게 주장했다. "거류민 자치제도가 중단된다면" "그것은 관료제의 퇴보와 함께 우리 헌정사에 오점을 남기게 될 것이며", "동아시아에서 평화와 행복을 지키는 특별한 역할을 부여받은 우리 제국의 갈 길을 막는 것이다."[130] 선출된 중의원 의원들이 도저히 무시할 수 없을 정도의 혈기왕성함을 과시하던 시기에, 게다가 정치적 이견을 표출할 수 있었던 다이쇼(大正) 문화기에 청원서를 쓰면서 싸울 수 있었던 정착민들은 자신들이 쌓아놓았던 민주주의의 초석이 총독이 조선 땅에 부활시키겠다고 협박하는 '관료적 권위주의'의 무게에 짓눌려 망가질 것이라고 주장했다. 그들의 주장이 전혀 근거가 없지는 않았다. 우리가 살펴보았듯이, 가장 오래된 거류민협회들은 조선 현지의 정부가 도입한 본국 제도가 충분히 효력을 발휘하기 전인 1890년대에 이미 조선에서 활동을 개시했다.[131] 정착민들이 바란 것은 단지 자신들의 협회를 보존하는 것만이 아니라 일본의 더 발전된 모델을 수용해 '지금의 제도보다 나은 자치제도'를 창출하는 것이었다.[132] 정착민 지도자들은 30년간의 자치를 옹호하면서 자신들을 일본 역사상 초창기 일본 민주주의의 사도들로 새

129 재선 민단의원연합회(在鮮民團議員聯合會), 「진정서」(陳情書)(청원(請願):
      1912年 11月 25日),『사이토 마코토 문서: 조선총독부 시대관계 자료』(齋藤實文
      書: 朝鮮總督府時代關係資料), vol. 13, pp. 43~44.
130 다나카 한시로(田中半四郞) 外 編, 1913, pp. 39~40.
131 강재호(姜再鎬), 2001, p. 143.
132 재선(在鮮) 민단의원연합회, 1912, p. 44.

겨넣고자 했다. 그들은 자신들을 해외건설자요 본국 헌정제도의 실천가라고 주장했다.

하지만 그런 항의들은 아무런 소용이 없었다. 1911년 대외조약의 개정과 해외정착지(거류지)의 폐지로 정착민들의 자치제도는 그 근거를 잃었으며, 아우성치는 반대에도 불구하고 거류민협회들은 1914년에 해체되었다. 그러나 정착민들은 총독의 명령에 순순히 굴복하지 않았다. 바로 그해에 그들은 '대표권 없는 과세'에 항의하는 운동을 시작했다.[133] 정착민 지도자들은 엄중한 언론통제에 반대하고 자신들의 공동체를 위한 더 큰 정치적 자유를 요구하면서, 그것을 검열제도가 허용하는 한도까지 최대한 밀어붙였다. 정착민들은 청원과 개인적 항의, 그리고 동원할 수 있는 모든 제한적 수단을 통해 데라우치의 통치체제가 메이지 헌법정신을 완수하지 못했다고 계속 맹렬하게 비판했다.

이러한 정착민들의 운동이 이른바 일본제국의 민주주의의 최고조기, 즉 '정치대중의 시대'에 등장한 것은 결코 우연의 일치가 아니었다. 그 시대는 과두체제의 권력독점에 대항해 정치적 이견을 표출하는 문화가 활기차게 일어난 1905년의 히비야(日比谷) 봉기로 시작되었다.[134] 정착민들의 청원서는 메이지 시대의 수사(修辭)인 민권이라는 말을 계속 빌려 쓰는 한편, 1889년 헌법공포와 1890년대의 의회투쟁 뒤에 일어난 행진이나 집회, 시위상황도 반영했다. 대중의 의지와 정치에 참여할 헌법적 권리를 존중하는 정치제도만이 일본을 계속 번영으로 이끌 수 있다고 정착민들은 주장했다. 일부 정착민들은 본국의 정치에 간접적으로 참여했다. 예컨대, 조선 내 일본인 언론인들은 1912년 말에서 1913년 초까지 정우회가 이끈 호헌운동을 지지했는데, 그 명분 뒤에는 사쓰마

---

133 『조선과 만주』, 1914년 2월호, pp. 2~8.
134 Andrew Gordon, 1991.

(薩摩)-조슈(長州) 파벌의 지배에 맞서 싸우려는 이들이 모여들었다. 사쓰마-조슈 파벌의 영향력은 군(軍)의 고위급 인사를 통해 조선에까지 미쳤는데, 데라우치를 총독에 임명하고 아카시 모토지로(明石元二郎, 1864~1919)를 헌병대장과 경무국장에 겸임시킨 것이 대표적이다.[135]

본국의 민주주의 소요를 정착민들의 국민자격 추구와 연결하는 일에 가장 열심히 노력한 언론인은 샤쿠오 슌조(釋尾春芿, 1875~?)였다. 민권운동이 한창이던 시기에 오카야마(岡山) 현에서 태어난 샤쿠오는 1900년에 도요(東洋) 대학을 졸업한 뒤 조선으로 건너갔다. 부산을 비롯한 여러 도시들에서 교사로 일한 그는 자신의 이력을 언론인으로 재구축하기 위해 1907년에 경성으로 갔다. 샤쿠오는 기쿠치 겐조가 운영하던 잡지의 편집장이 되었고, 1908년에 그로부터 그 잡지를 물려받아 자신의 트레이드마크가 된 잡지 『조선』(朝鮮, 나중에 『조선과 만주』로 개칭)으로 탈바꿈시켰다.[136] 샤쿠오는 정당에 소속되어 있지는 않았으나, 자신의 동향(同鄕)으로 오카야마 출신에다 사쓰마-조슈 파벌이 지배하는 정부 반대세력을 이끈 저명한 정치인 이누카이 쓰요시(犬養毅, 1855~1932)[137]를 숭배했다.

샤쿠오의 잡지는 처음부터 급진적인 정착민 정치의 플랫폼이 됐다.[138] 이토의 정책에 반대하는 지독한 장광설을 시작한 샤쿠오는 1910년 이

---

135 『조선과 만주』, 1913년 2월호, pp. 1~3; 마부치 사다토시(馬淵貞利), 1987, pp. 70~71.
136 나카무라 시료(中村資良), 1926, pp. 424~25; 이해창, 1971, 291쪽. 샤쿠오의 성(姓)은 특이하지만 그가 등재되어 있는 모든 식민지 인명록에 그 이름이 '시'(し, 일본어 히라카나에서의 '시'를 말함) 항목 속에 실려 있듯이 그렇게 읽힌다 (예컨대, 가와바타 겐타로(川端源太郎), 1913, p. 28; 나카무라 시료(中村資良), 1926, p. 17 참조).
137 김규환(金圭煥), 1959, p. 227n66.
138 샤쿠오 슌조(釋尾春芿)의 논설과 조선에 살던 일본인 해외거주자들의 정치적 목소리를 대변한 그의 잡지의 역할에 대한 연구는 Barbara J. Brooks, 2005 참조.

후 새로운 정치적 대의, 즉 '데라우치의 독재에서 식민지를 해방하라'를 대표하는 투사가 되었다. 대다수 언론인들이 '총독찬가를 부르고' 있을 때, 샤쿠오는 외롭게 반대의 목소리를 내면서 끈질기게 '식민통치를 선도하고 훈육'했다고 자신의 과시적인 십자군전쟁을 묘사했다. 조선인들에 대한 데라우치의 가부장주의를 한탄한 그의 글은 이토의 자치정책에 반대한 초기의 항의들처럼 식민지 정치에 대한 자신들의 목소리를 거부당한 식민지 정착민들 속에서 뜨거운 반응을 불러일으켰다. 그 잡지는 1910년대에 식민지 경찰들 손에 다른 많은 매체들이 폐간당했을 때도 살아남았으며, 여러 해 동안 곤경을 참고 이겨냄으로써 식민지 출판업계에서 특별한 자부심과 지위를 샤쿠오에게 안겨주었다.

샤쿠오는 논설들(검열로 삭제당하지 않았다면)에서 메이지 일본에 소중했던 자유주의적(liberal) 가치들에 대한 당국의 억압을 당시 본국 언론에서는 좀체 찾아보기 어려운 말을 동원하면서 비난했다. 조선은 '헌병과 순사의 천국'에 지나지 않으며, 데라우치의 통치는 자신의 모국 사람들을 '노예로 만든' '마키아벨리적 관료절대주의'의 전형이라고 했다. 샤쿠오는 '세계의 큰 흐름'을 촉진하는 것을 자신의 대의명분으로 내세우면서 총독체제는 정착민들을 중세 시대로 되돌리는 것이라고 주장했다. 천황과 제국, 그리고 민주주의라는 이념의 삼위일체가 그의 데라우치 공격에 기본적인 틀을 제공했다. "우리 일본인 정착민들(내지인들)의 여론을 통치에 포함시키는 것"은 "나랏일은 공론을 통해 결정되어야 한다"라고 규정한 칙어에 명시되어 있는 '메이지 천황의 말씀'에 따라 위임된 것이기 때문이다.[139] 국민의 자유를 제한하기 위해 법과 규제들을 과도하게 공포함으로써 헌법정신을 무시하는 것은, 따라서 "우리 제국의 진정한 목표도, 우리 천황의 기풍도 아니다". 샤쿠오는 식민통치자가 참을

139 『조선과 만주』, 1914년 4월호, pp. 6~7.

수 없는 '민권위반'을 자행하고 있다고 비난하면서 다음과 같은 항변을 결론으로 삼았다. "한 사람의 총독과 관료들을 위한 조선이 아니라 국민을 위한 조선을 만들어야 한다고 나는 크게 외친다."[140]

'국민'(people)이라는 말을 샤쿠오는 명백히 권리를 지닌 시민(citizen)이라는 의미로 사용했는데, 거기에 어울릴 정도로 문명화된 존재는 정착민들밖에 없다고 그는 생각했다. 그와 대조적으로 조선인들──"그들의 성격과 지력, 그리고 문명화는 극도로 낮은 수준에 머물러 있다"──은 '일본인 견습생'에 지나지 않았다.[141] 몇몇 경우를 제외하고는 샤쿠오가 조선반도에서 광범위한 정치적 자유를 요구하기 위한 전략의 일환으로 조선인들을 '국민'에 포함하자는 자세를 취할 때,[142] 그는 이렇게 단언했다. "오늘날 조선인들은 우리처럼 **일본제국 신민**이지만 그들은 [여전히] **일본인**은 아니다. …… 그들이 이제부터 100년 간에 걸쳐 지력, 성격, 관습, 그리고 말을 완전히 일본화할 때까지 조선인들은 계속 조선인들로 남아 있을 것이다."[143]

'일본제국 신민'(국가통제주의적이며 헌법적인 국민의 정의)과 '일본인'(1899년 국적법에서 사용된 국가적·민족적 용어)을 구별한 것은 신기한 방법으로 국민자격(citizenship)의 경계를 정했다는 것을 의미한다.[144] 이는 정착민들이 '신민'(subjects)과 '국민'(citizens)을, 그런 구분이 공식적·법률적으로 존재하지 않았음에도 굳이 분리했다는 이야기다. 아마도 거의 틀림없이 본국의 중앙정부는 1945년까지 오직 '신민'이란 지위만 인정

---

140 『조선과 만주』, 1915년 11월호, pp. 6~7.
141 같은 책, p. 7.
142 『조선과 만주』, 1914년 4월호, pp. 6~7.
143 『조선과 만주』, 1912년 7월호, p. 2. 강조 부분은 필자.
144 Kevin M. Doak, 2007, pp. 148~49. 메이지 헌법은 일본인이 누구인지 규정하지 않았으며, 국민과 민족에 대한 언급도 하지 않았다. 일본인들을 단지 '군주의 신민 또는 제국의 신민'이라고만 명기했다. 이 장(章)의 주 113 참조.

했으나, 샤쿠오 같은 조선 내의 일본인 정착민들은 '천황의 신민들'로서의 일본인이라는 그런 엄격한 헌법적 정의를 조선인들에게만 확대·적용하고 자신들에게는 '국민'(citizens)이라는 초헌법적 지위를 배타적으로 인정해달라고 요구했다. 그들의 잠재의식이 그런 엄격한 분리를 고집하도록 그들을 몰아갔다.

동화에 대한 불안

정착민들은 조선에서의 자신들의 모호한 정치적 지위와 관련해 종종 원주민(조선인)과의 노골적인 분리를 요구하는 식으로 대응했다. 그것은 그들과 유사한 지위를 차지하고 있던 식민지 타이완 내의 그들 사촌들의 행태와 닮았다.[145] 일시동인 정책에도 불구하고, 그들은 원주민과 정착민들이 분리통치되는 좀더 일반적인 식민지의 관행대로 해달라고 국가에 요구했다. 예컨대, 1912년 7월의 기사에서 샤쿠오는 대략적으로 세실 로즈의 모델을 따르자고 제안했다. 이 유명한 영국의 남아프리카 식민지 개척자는 "원주민들은 억압적으로 대하고 앵글로색슨인들에게는 자유를 달라고 주장"한 것으로 알려져 있었다.[146] 샤쿠오는 또 다른 기사에서 "지금 조선인들에게는 일본인과 같은 호적이 없고 교육은 분리되어 있으며, 군 복무의 의무도 없다"라고 지적하면서 이를 도쿄 중앙정부가 "국민으로서의 근본조건이라는 면에서 [조선인들을] 일본인과 다르

---

145   이타가키 다이스케(板垣退助)와 그의 자유주의적 추종자들이 타이완 주민들과 일본인 정착민들의 반대에 대처하기 위해 메이지 헌법이 규정한 권리들을 확대·적용하려고 1914년에 타이완에서 시작한 '동화운동'에 대해서는 Harry Lamley, 1970~71 참조.

146   조선총독부, 『조선』, 1912년 7월호, pp. 2~3.

게 대하고 있는" 가장 확실한 표시라고 해석했다.[147] 그는 그런 구별이 '완전히 자연스러운' 것이며, 문화적으로 더 진보한 "일정수준의 자유를 헌법에 의해 보장받을 자격이 있는" 정착민들에게 '정치적으로 정당한' 것이라고 옹호했다.[148]

정착민들에게 '정치적으로 정당한' 것이 어떤 것인지는 본국 헌법의 발전이 어느 정도인지에 달려 있었다. "높은 수준의 문명을 지니고 자유 (의 공기)를 호흡하는 일본인들"은 거의 모두 "조선 땅에 들어오기만 하면" 국민(citizens)에서 피식민 신민(colonized subjects)이 되었다고 샤쿠오는 1913년 인터뷰에서 데라우치에게 불만을 토로했다.[149] 그리고 그는 총독통치 아래에서 국민자격(citizenship)을 얻어내기 위해 싸우던 정착민들의 투쟁을 신세계에서 민주주의와 자유를 위해 제국주의 본국에 맞서 싸운 미국 개척자들의 그것에 비유했다.[150] 실제로 국내와 해외의 관행 사이의 모순이 새로운 민주주의의 토대를 확립하는 것으로 끝맺은 운동 쪽으로 정착민들을 몰아간 곳은 북아메리카와 같은 초기 정착 식민지들이었다. 정치학자 데이비드 애버네시(David Abernethy)가 지적했듯이, 그와 같은 모순은 케냐와 알제리 같은 새로운 정착 식민지들에서 특히 확연했다. 식민지의 모국(母國)인 영국과 프랑스는 본국에서는 자유와 평등의 원칙 위에 세련된 정치체제를 수립하고 운영했지만, 해외영토들은 그와 대조적으로 복종과 인종분리의 원칙 아래 통치했다.[151]

식민지 조선의 경우, 일본인 정착민들도 마찬가지로 본국과 식민지 간

147　『조선과 만주』, 1914년 7월호, p. 6.

148　같은 책; 『조선과 만주』, 1915년 11월호, pp. 6~7.

149　같은 책; 『조선과 만주』, 1915년 11월호, pp. 6~7.

150　조선총독부, 『조선』, 1911년 2월호, p 8.

151　David Abernethy, 2000, p. 328; 오구마 에이지(小熊英二), 1998, pp. 205~06도 참조.

의 이런 모순들에 항의하면서 원주민들과 자신들을 구별해 대우하는 것이 성공적인 통치의 관건이 된다고 단호하게 분리를 옹호했다. 샤쿠오는 어떤 기사에서 일본의 식민지 관리들에게 영국의 식민지 인도, 프랑스의 식민지 알제리, 그리고 독일의 식민지 알자스-로렌을 모델로 삼으라고 촉구했다. 이 식민지들과 관련해 샤쿠오가 특히 깊은 인상을 받은 것은 "원주민의 권리를 존중하고 그들의 행복을 증진하고자 하더라도, 원주민들을 위해 그 어떤 본국인(本國人)들의 권리도 희생하지는 않는다"라는 것이었다.[152] 총독부는 서방제국의 가장 억압적인 조치들을 따라가지 말고 온정주의적인 원주민 정책과 분리통치의 관행을 솜씨 좋게 결합하는 법을 배워야 한다고 그는 주장했다. 급진적 동화관을 재촉하고 있던 샤쿠오가 원주민과 정착민들 간의 분리 또한 급진적으로 요구하고 있었던 것은 놀랍지 않다. 샤쿠오는 그런 완전한 융합이 이뤄지려면 '수십 년, 심지어 수백 년'이 걸릴 것이라면서 그 사이의 이행기간에 일본인들은 유럽 식민주의자들이 세워놓은 기준을 따라야 한다고 주장했다.

동화에 대한 이런 이중성은 데라우치의 '무단통치'에 대한 정착민들의 양가적 감정을 설명하는 데 오랜 시간이 걸리게 만들었다. 샤쿠오는 총독통치가 정착민들의 이익을 위협하는 측면에 대해 매우 공격적인 자세를 취했으나, 조선인들에 대한 데라우치의 억압정책은 적극적으로 지지했다. 이것이 1910년대의 그 삼엄했던 언론통제 시절에도 그의 잡지가 살아남을 수 있었던 이유다. 무단통치에 대해 예의 그 신랄한 비판을 하는 와중에도 샤쿠오는 "매년 1천만 엔을 조선의 국정운영과 산업, 국민복지에 투입"하는 덕에 "조선인들은 총독과 더불어 행복할 것"이라고 주장했다. 본국의 입헌주의적 통치보다는 "총독통치가 오늘날의 조선인들에게는 최선[의 정부형태]"이라고 샤쿠오는 단언했다.[153] 요컨대,

---

152   『조선과 만주』, 1914년 7월호, pp. 3~4.

정착민들은 총독통치에 대한 시끄러운 비판자일 수도 있었고 또한 가장 열렬한 옹호자, 아니면 샤쿠오처럼 동시에 양쪽 다일 수 있었다.

분리와 차별적인 대우를 바란 정착민들의 욕망 밑바탕에는 '조선화' 할지 모른다는 사라지지 않는 두려움이 자리 잡고 있었다. 조선에서 역(逆)동화에 대한 (일본인 정착민들의) 불안은 식민체제(총독부)가 일본화 정책들을 철저히 강제하고 있던 1910년대에 깊어졌다. 일부는 조선화의 이유를 자연이나 환경 탓으로 돌리기도 했지만(제1장 참조), 정착민들은 이제 그것은 사람이 만든 것, 특히 데라우치의 무단통치 탓이라고 주장했다. 상인인 구기모토 도지로(釘本藤次郎)는 총독의 동화정책이 "조선인들을 일본화하기보다 일본인들을 '요보'*화하지 않을까"라고 걱정했다. 경성의 어느 변호사는 데라우치의 정책이 정착민들의 경쟁력과 야심, 기업가 정신을 질식시키고 있다고 비난했다. 그는 '사기와 속임수'가 점점 판을 쳐가고 있다면서 "[그들은] 이제 대화혼(大和魂, '일본 정신')을 잃어버린 일본인으로 경직되어 가고 있다"라고 우려했다. 또 다른 정착민은 자신이 생각하기에 '세상 사람들 중에 가장 민족주의자'인 일본인들이 "조선인들을 야마토 민족으로 바꾸는 일[자신들의 임무]을 완전히 잊어버렸고", 오히려 일본인과는 반대로 '개인주의' 이념을 구현하고 있는 조선인들에 동화되고 있다며 '밤낮없이 안달'했다.[154]

일부 정착민들은 '조선화'가 나쁜 일은 아니라고 믿고 있었음이 분명하다. "그들과 적극적으로 협력하고 화합하고 [또] 그들을 일본화하는 것"은 "자연스럽게 우리가 그들에 의해 기꺼이 바뀌는 것"이라고 경성 상업회의소의 오무라 도모노조(大村友之丞)는 주장했다. 그는 조선화를

153 『조선과 만주』, 1912년 7월호, pp. 2~4.
•   '요보'에 대해서는 135쪽의 옮긴이 주 참조.
154 『조선과 만주』, 1917년 1월호, pp. 60~68.

"우리 본국인이 새로 통합된 국민이 되기 위해 수행해야 할 임무"라고 규정했다. 또 다른 일부 정착민 지도자들은 조선인들을 동화시키는 가장 효과적인 방법으로 일본인들이 조선화하는 것을 지지하면서, 동화는 상호전환의 과정이 되어야 한다는 데에 동의했다.[155]

하지만 최종진단에서 피해망상적 목소리들이 정착민들 속에 만연했다. 그것은 그들의 식민지적 신경증이 얼마나 심각한지를 뒷받침해주었다. 동화작업은 조심스럽게 진행하지 않으면 심각한 결과를 빚게 될 수도 있었다. 조선인들을 동화시키는 데 실패하는 것보다 조선인들에게 그들 자신이 동화되는 것이 훨씬 더 나쁜 일이 될 터였다. 조선인들로부터 문화적으로나 정치적으로 충분한 거리를 유지해 정착민들의 힘을 유지하는 것이 매우 중요했다. 정착민들이 '우월한 자', 그리고 '문화적으로 선진적인 민족'으로서 요구한 헌법적 권리가 반드시 '열등한 자', 그리고 '문화적으로 뒤처진 민족'인 조선인들의 동일한 권리에 대한 부정에 입각한 것은 아니었다. 애매모호한 국민의 지위를 갖고 있었던 만큼 정착민들의 특혜를 확대하려면 이 차이를 주장할 필요가 있었다. 국가는 동화를 조선인의 '후진성'을 해소하기 위한 방책으로 봤지만, 정착민들에게는 조선인들을 후진성 속에 계속 가둬놓는 것이 자신들의 정치적 몰락을 막는 예방조치일 수 있었다.

동화에 대한 불안은 결코 정착민들 특유의 현상이 아니었다. 그것은 총독부 관리들도 느끼고 있었다. 조선인들에게 '일본인으로 쉽게 혼동될 수 있는 이름'을 짓지 말도록 금지한 1911년 법률, 즉 식민지 위계질서를 유지하기 위해 취해진 조치인 그 법률을 떠올려보라.[156] 그럼에도 불구하고 국가와 정착민들은 일본인으로 '통하는'(passing as) 조선인들

---

155   같은 책, p. 63.
156   미즈노 나오키(水野直樹), 2008, pp. 28~30.

에 대한 우려를 공유하면서도, 식민지 관리들은 매일의 일상에서 조선인과 일본인 거류민들을 거의 구별하지 않았다.[157] 그들은 모두 확고하게 총독의 통할 아래 있는 제국의 신민으로서 효과적으로 다루어졌다.

1916년 데라우치가 총독에서 물러났지만 그것이 정착민들과 식민정부 간의 관계개선에는 거의 소용이 없었다. 그의 후임인 하세가와 요시미치(長谷川好道, 1850~1924)가 1917년 10월 경성에 도착했을 때, 가장 유력한 정착민들 가운데 한 사람이 새 총독 —— 오무라는 그렇게 표현했다 —— 에게 요구한 것은 "민간인과 총독 사이에 세워놓은 장벽을 제거하라"는 것, 그리고 "국민의 소리를 들으라"라는 것이었다.[158] 정착민들은 곧 실망했다. 하세가와는 대체로 데라우치의 통제와 질서의 정책을 계승하면서 '민권'을 요구한 정착민들에게 전임자 이상의 관심을 전혀 보여주지 않았다. 1916년 인터뷰에서 하세가와가 샤쿠오에게 다음과 같이 이야기한 것처럼 말이다. "당신들은 메이지 시대에 태어났기 때문에 민권과 자유에 대해 자유롭게 이야기하지만, 우리는 도쿠가와(德川) 시대 말기에 태어나 압제정치에 매우 익숙해져 있다." 조선이 '도쿠가와 시대에서 메이지 시대 초기로 넘어가던 시기'와 비슷한 단계를 밟아가고 있는 시절에 권리와 자유에 대해 "이야기하기에는 아직 너무 이르다"라며, '달변가들'인 조선인들에게 그 충격이 전해지면 그야말로 '위험'해질 것이라고 하세가와는 주장했다.[159]

이런 세대 간의 인식 차이가 정착민들과 식민지 고위관료들을 계속 갈라놓으면서 그들 상호관계는 1910년대 말에 급속히 약화되었다. 그리고 식민국가가 그 에너지를 거의 전적으로 조선인들을 달래는 데에 투입하

---

157 '통하는 것'의 역동성은 오키나와인들 가운데서도 관찰된다(Alan Christy, 1993, p. 617).

158 『조선과 만주』, 1917년 1월호, p. 63.

159 샤쿠오 슌조(釋尾春芿), 1930, p. 16.

고 있는 것처럼 여겨지면서 정착민들의 두려움과 조선인들에 대한 혐오
는 커져갔으며, 그것은 결국 신체적 학대와 언어상의 모욕으로 표출되었
다. 국가가 민족적 친밀감과 관료주의적 공명정대함을 선전했지만, 많은
정착민들은 '일본인'으로서의 정체성 주변에 자신들이 둘러 세운 울타
리를 침해할지도 모를 관행들을 계속 피해갔다.[160]

결론

정착민들과 국가는 제국건설의 동반자 관계를 구축했지만 동시에 상
호모순적 토대를 쌓기도 했다. 합병 무렵에 피터 두스가 '주판과 칼'의
관계라고 부른 양자의 관계는 상호의존에서 상호의심 쪽으로 발전해갔
다. 정착민들은 국가의 정치적 보호와 군사적 지원을 계속 기대하고 거
기에 의지했지만, 한편으로는 그 통제로부터 벗어날 자유를 요구했다.
식민국가는 그 나름대로 가장 먼저 해야 할 일을 통제 아래 두었다. 조선
내의 저항을 억눌러야 했던 상황에서 새 행정가들 —— 그들은 모두 그 무
렵 도쿄의 거리가 성난 군중들에게 장악되는 것을 지켜봤다 —— 중에서
정착민들이 요구한 대중정치나 헌법적 권리 같은 것들이 수출하기에 적
합한 것이라고 믿은 이는 아무도 없었다.

조선의 최대지주로서의 국가의 자기이해와 조선의 건설자라는 정착
민들의 자기 이미지 사이에는 근본적으로 차이가 있었다. 이로 인한 긴
장이 조선에 대한 일본의 지배를 강화한 민관협력을 가로막지는 않았
지만, 그 긴장이 가실 날이 없었던 것도 분명하다. 이 제국통합 시기 ——

---

160 이에 딱 들어맞는 사례는 경성 거류민협회가 통과시켜 시장에게 제출한 결의문
인데, 그것은 "일본인과 조선인들을 함께 섞어 교육하는 것은 절대 금지되어야
한다"라고 주장했다(『조선공론』, 1914년 8월호, p. 85).

1905년의 통감부 체제부터 1910~19년의 무단통치 첫 10년까지 — 를 통해 간파할 수 있는 핵심적인 사안은 정착민들이 조선인들과의 부딪침을 통해서만이 아니라 점차 투쟁으로 점철되어간 식민국가와의 관계를 통해 정치적 실체로 등장했다는 점이다. 그리고 자치제도를 보호하려는 정착민들의 끈질긴 운동, 또 패배 이후에 장차 닥쳐올 더 많은 투쟁에 대비하려는 그들의 무대설정이다. 정착민들과 국가를 동료 '식민지 개척자'로 융합하는 것은, 제국건설을 이끈 이 동반자 관계의 지저분한 성격을 비켜가는 길이었다.

관(官)과 민(民)의 경계를 강화하는 것은, 한편으로는 일본인과 조선인 간의 구별을 흐릿하게 만들 위험이 있었다. 식민사회의 건설은 일본인이 되고 문명인이 된다는 것이 어떤 의미인지, 그 두 범주가 언제 불편하게 맞물리는지, 새로운 해외영토들에 사는 사람들을 수용할 때 국가의 경계가 얼마나 확장되는지 등에 대한 논쟁을 불러일으켰다. 국가에 소속될 사람이 누구인지, 누가 나랏일에 참여하고 그것을 결정해야 하는지 등은 기본적으로 국민자격(citizenship)에 대한 문제였다. 당대에 전 세계에서 논의된 그 문제들은 메이지 시대의 지도자들에 의해 해결되지 못했을 뿐만 아니라 일본 본국 사람들 사이에서만 논의된 것도 아니다. 정치적으로 애매한 지위였던 정착민들은 조선인들과 부딪치면서, 그리고 관리들과 다투면서 이러한 문제들과 일상적으로 마주쳤으며 상당히 다른 결론에 도달했다. 정착민들은 자신들이 헌정체제로부터 배제당했다고 느꼈기 때문에, 일본의 국가정체성에 관한 메이지 초기의 토의는 민족(nation)의 존립근거가 국가(state)인지 인민(people)인지에 대한 문제의 기본 틀을 형성했다.[161] 식민지에 오래 거주하던 정착민들이 처해 있던 정치적 상황은 본국의 그것보다 수십 년은 뒤떨어져 있는 것으로 보

161　Kevin M. Doak, 2007, p. 221.

였다. 그 토의가 본국에서는 헌법조항으로부터 그 해결책을 찾았다면, 세기말의 조선에서 그것은 식민국가와 정착민들 간의 깊어가는 적대감 속에서 스스로를 드러냈다. 그 문제는 조선인 학자들과 개혁가들 또한 민족(nation), 그리고 점차 외국으로 통제권이 넘어가고 있던 국가와 민족 간의 관계를 재검토하기 위해 '민족'(民族)이라는 신조어를 사용하기 시작했을 때 등장했다.[162] 국가주의(state nationalism)와 민족주의(ethnic nationalism) 간의 미묘하고 함축적인 긴장, 즉 역사학자 케빈 도악(Kevin Doak)이 식민본국(일본)의 정치논쟁 속에서 확인했다고 주장한 그 긴장은 일본 국적자들이 국민으로서의 정치적·법률적 경계 안에 불완전하게 편입되어 있던 해외영토인 조선에서 한층 더 선명하게 부각되었다. 조선의 식민국가와 정착민들은 일본 민족에 대한 논쟁적인 비전들을 발전시켰다. 하나는 메이지 정부가 제도적으로 규정한 제국신민들의 정치 공동체 구상이며, 다른 하나는 관습과 풍습, 그리고 핏줄의 공유로 엮여 있는 민족적이고 문화적으로 (조선인들과) 분리된 일본인 공동체 구상이었다. 조선인들을 제국의 틀 안에 포함한 것은 총독부의 권위를 유지하려는 국가의 논리와 일본 민족의 특권 및 차별적인 지위를 요구한 정착민의 논리 사이의 틈새를 더욱 벌려놓는 효과를 낳았다.[163] 해외 정착민들은 본국 주민들과 마찬가지로 일본인으로서의 정체성과 국민자격이 갖는 의미를 놓고 벌이고 있던 논쟁의 당사자였다.

총독통치 체제의 첫 10년 동안에 법률적이고 정치적인 주변성 (marginality)이 조선에서 정착민이 된다는 것의 의미를 규정하게 된다. 그러나 정착민들이 국가에 반대했다 하더라도 그것은 그들과 일본 간의 관계를 떼어놓기보다는 강화하는 데에 기여했으며, 관료주의의 주도

---

162   Andre Schmid, 2002, pp. 174~75.
163   오구마 에이지(小熊英二), 1998, p. 207.

아래 통합된 국가건설 노력에 실패보다는 성공의 요인으로 작용했다.[164] 일본과 조선을 가로질렀던 정부정책에 대한 반대의사의 표출문화는 정착민들의 청원서와 언론이 주도한 운동의 말들에서도 선명하게 드러나듯이, 천황 중심의 민족국가(nation-state)와의 강력한 일체감을 그 특징으로 하고 있다. 정착민들과 국가 간의 논쟁은 해외개척자로서 본국 및 식민지 일에 관여한다는 특권의식, 그리고 '일본인'으로서의 더 큰 특권의식을 둘러싸고 고조되었다(이에는 중앙과의 저항 및 타협의 과정을 거치면서 그와 비슷하게 지역정체성이 형성된 일본 농촌지역들의 경험이 그대로 반영되어 있다).[165] 반(反)관료주의적이지만 친(親)제국적인 조선의 일본인 정착민들은 도쿄 거리의 선동당한 군중만큼 요란하거나 폭력적이지는 않았지만 그들의 참여요구는 그만큼 절박했다.

식민정부에 대한 정착민들의 불완전하고 기껏해야 부분적이었던 참여는, 그러나 그들이 제국의 브로커로 등장하는 데 토대가 되어준 중요한 요소였다. 총독통치 과정에서 정착민들 대다수가 식민지 정치참여에서 배제당했지만 기쿠치나 오가키, 샤쿠오 같은 강한 열망을 지닌 일군의 개인들은 자신들의 뜻을 관철하기 위한 다양한 통로들을 모색했다. 총독통치의 작은 틈새에 만들어진 한계공간에서 활동하면서 그들은 정착민들의 이익을 지키는 대변자, 식민정부의 협력자, 일본인 공동체와 조선인 공동체들 간의 중재자, 그리고 식민본국에 대한 조선의 대표자 등 다양한 역할을 수행해냈다. 그러나 뒤늦은 조선 정치의 소용돌이 속에 모습을 드러내기 시작한 그들의 유동적이고 다채로운 정체성은 1919년 3월에 발생한 제국의 새로운 위기가 다시 한 번 그들이 영향력을 발휘하도록 몰아갈 때까지는 충분히 다져지지 못했다.

---

164 나 역시 일본 국내정치상의 반대세력에 대해 앤드류 고든(Andrew Gordon)이 지적한 것과 비슷한 관점에서 썼다(Andrew Gordon, 1991, p. 55).

165 Michael Lewis, 2000, pp. 12~14.

제2부

행동

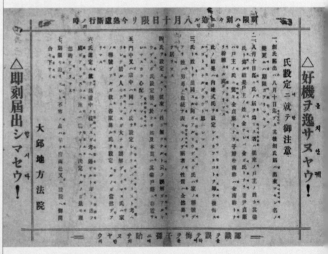

대구 지방법원의 창씨개명 공고, 1940.

화합의 제국건설

1919년 3월 1일, 일군의 조선 민족주의 지도자들이 서울의 한 식당에 모여 독립선언서를 낭독했다. 그 독립선언 행사는 지역의 대표들을 통해 조선 전역에서 반복해서 열렸다. 그 행사가 끝나면 바로 조선 주민들이 길거리로 쏟아져 나와 일본 통치에 반대하는 시위를 벌였으며, 자유의 함성은 다른 사람들에게로 들불처럼 번져나갔다. 여러 기폭제들 ― 특히 고종 황제의 붕어(崩御)와 1919년 3월 초로 예정된 인산일(因山日, 장례일), 그리고 그 전해에 미국 대통령 우드로 윌슨(Woodrow Wilson)이 발표한 14개조 선언 ― 이 겹쳐 촉발된 그 운동은 모든 연령대와 각계각층에서 100만 명이 넘는 남녀노소가 참가함으로써 '조선 근대의 역사상 최대규모의 민족주의 시위'로 기록되었다.[1]

처음에 평화롭게 시작된 시위는 곳곳에서 격렬한 대치로 바뀌었고, 이를 막으려던 식민지 경찰과 헌병들은 야만적인 폭력을 행사했다. 관리들

---

1 Peter H. Lee, 1996, p. 430에 수록된 「3·1운동」 참조.

과 행정기관들에 대한 공격과 더불어 일본인 거류민들에 대한 일부 돌발적인 공격도 벌어졌다. 헌병대의 한 보고서는 히스테리에 가까운 반응을 나타냈다.

경기도와 충청도 북부 일부 지역의 일본인 정착민들은 농장과 집, 가게를 비우고 비상집결지로 피해 위기를 모면했다. 많은 헌병분소들이 방어 불능으로 방치되었다. 일본인 정착민들은 군 예비역이나 소방관들이 이끄는 자경단(自警團)을 서둘러 결성해 헌병이나 군대가 지원하러 올 때까지 스스로를 지켜야 했다. 자경단들은 야간 순찰조와 방어조를 짜고 …… 경성의 일본인들은 해가 진 뒤에는 바깥출입을 금지당했다. 일본 민간인들이 협박을 당하고 경찰관이 살해당한 수원에서는 정착민들이 일본인 한 명이 살해당할 때마다 50명의 조선인들을 죽이겠다고 맹세했다.[2]

공식보고서의 과장과 왜곡을 인정한다 하더라도, 그 운동이 일본인 거류민들을 공포에 빠뜨린 것은 의심의 여지가 없다. 두 달 동안 공포에 떤 일본 거류민들이 조선반도 전역에 흩어져 있는 취약한 정착촌들에 '수비대 업무를 지속'시켜달라거나 '군대의 영구주둔'을 간청하는 청원서를 총독부에 무더기로 보냈다.[3] 1920년에는 일본인 이주자들의 수도 가파르게 줄었다.[4]

3·1운동은 젊은 제국의 심장부까지 충격에 빠뜨렸다. 조선인들의 침묵을 복종으로 오인한 일본 통치자들에게 그 운동은 그들의 안일함을

2 Frank Baldwin, 1979, p. 145에서 인용.
3 *SMB* 12, pp. 635~81. 정착민들의 무장자경단의 활동에 대해서는 이승엽(李昇燁), 2005, pp. 120~29 참조.
4 1920년에 이민자 수는 1,231명으로 떨어졌다. 그다음 해에 다시 회복되기는 했다 (조선총독부, 『조선총독부 통계연보』, 1921).

산산조각 냈다. 도쿄는 그 위기에 대한 대응조처로 새 총독을 임명했다. 새 총독 사이토 마코토(齋藤實, 1858~1936)는 '문화정치'의 시대를 열겠다는 자신의 뜻을 신속하게 발표했다. 사이토의 문화정치는 본국에서 사주한 단순한 정책전환의 차원을 넘어 조선 식민지 전략에서 심층적이면서도 지속가능성이 높은 이념적 전환이 일어났음을 반영했다.

민족주의 감정의 대두에 직면해 식민지 행정부는 내선융화(內鮮融和)의 관점에서 목표를 설정함으로써 동화정책을 재편했다. 이러한 정책의 이념 아래 노골적인 일본화 요구는 뒷선으로 물러났고, 당국은 조선인들에게 조선 민족으로서의 정체성 부정을 강요하지 않을 것이며, 교육과 사업, 정치, 그리고 다른 공공생활 영역에서 더 많은 기회(이를 통틀어 식민지 공민권이라 부를 수 있을 것이다)를 주겠다고 한 자신들의 약속을 강조했다.[5] 민족공생이라는 명분 아래 동화를 추진하는 실험은 1920년대의 일본 통치자들에게는 새로운 도전을 알리는 신호였다. 전 세계적으로 낡은 제국들이 해체되고 새로운 민족국가들이 등장했던 제1차 세계대전 이후, 일본인들은 조선의 민족주의를 지역운동으로서만이 아니라 자치에 대한 더 광범위하고 전 지구적인 담론의 일환으로 대해야 했다. 아울러 그들은 실험을 진행하면서 동질성을 높이는 것이 공표된 목표였던 제국신민의 범주 속에 이질적인 요소를 어느 정도까지 수용해야 할지 점차 더 깊이 고민할 수밖에 없었다.

---

5 앞 장의 논의를 토대로, 나는 '식민지 국민'(colonial citizenship)이란 말을 일본 국적자 공동체의 일원이라는 한정적 의미로 사용하고자 한다. 그 공동체에서는 국민-신민(citizen-subjects)으로서의 기본적인 권리와 의무가 권력의 여러 중심—천황, 도쿄의 본국 정부, 그리고 무엇보다 총독—에서 발령된 법에 따라 규정되었다. 총독은 독자적인 법령을 발표했으며, 또 본국 법률을 식민지에 어느 정도까지 적용할 것인지도 결정했다. 정치적 권리를 획득하는 수단으로서 '제국 국민자격'(imperial citizenship)에 대한 비슷한 논의를 영국이 인도에서 시행했던 정책의 기본 틀 내에서 살펴보려면 Sukanya Banerjee, 2010 참조.

(지배민족 그룹의 통일을 유지하라는) 민족국가의 명령과 (다양한 민족구 성원들을 인정하라는) 식민주의의 명령 사이에 균형을 취하려는 일본의 도전은 제국의 브로커들이 직면하고 있던 새로운 딜레마를 반영하고 있었다. 우리가 보아왔듯이, 합병 이후에 조선 내 정착민들은 행정적 중립 (일시동인)을 공언한 총독의 정책에 원한을 품고 있었다. 그들 중에 자신들의 삶이 조선인들과의 좋은 관계에 의존하고 있다고 믿는 사람은 거의 없었다. 하지만 1919년 이후 변화하는 정세 앞에서, 그들은 민족공생을 부르짖는 정부의 요청에 무관심할 여유가 없어졌다. 조선인들에게 접근하려는 새 총독부의 열망과 제국 내에서 부여받은 자신들의 몫을 지키려는 정착민 지도자들의 욕망은 협력이라는 복잡한 기하학과 맞물렸다. 식민국가가 조선반도 전역에서 밀어붙인 선전, 즉 통합 메시지를 퍼뜨리는 것 — 하지만 정착민들은 오랫동안 몹시 싫어한 것 — 은 역설적이게도 그들의 활동에서 최우선순위를 차지했다. 일부 장기체류 정착민들은 사이토 총독부의 고문과 정보원, 이데올로그로 일하면서 조선인 유력자들을 문화정치라는 사이토의 새로운 정책에 참여시키는 일을 도왔다. 또 다른 이들은 조선인 유력자들과 손잡고 산업과 교육의 개발, 사회복지 사업, 그리고 급진주의에 대한 싸움을 고취하는 일에 나섰다. 그런 일들은 자강(自强)이라는 옷만이 아니라 대동아의 단결이라는 더 넓은 개념의 옷도 걸치고 있었다. 요컨대, 제국의 브로커들은 새로운 식민정부의 가까운 동맹이 되었다.

민족화합이라는 이상 위에 제국을 재구축하려는 국가의 노력을 지원하면서 제국의 브로커들은 두 종류의 경계, 즉 국가와 정착민들을 가르는 경계 및 조선인들과 정착민들을 나누는 경계를 종종 가로지르기 시작했다. 자신들을 국가와 조선인 사회 사이를 잇는 중재자로 내세움으로써, 그리고 이제까지 자신들이 추구해온 정치적 영향력을 문화정치 시대로 옮김으로써 정착민들은 새로운 식민지 사업에 참여할 수 있는 지위를 보장받으려고 노력했다. 체제와의 협력관계는 조선인 통치의 영역을 그때까지 식민당국이 시도해보지 않았던 범위로까지 넓힐 수 있게 했다. 하지만 그것은 문제투성이의 동화 프로젝트에 새로운 긴장과 모순을 야기할 수밖에 없었다.

사이토의 문화정치

조선인들의 독립요구는 결국 세계여론의 지지를 확보하는 데는 실패했으나, 하라 다카시(原敬, 1856~1921)가 새 총리로 임명된 일본 정부가 즉각적으로 대응하게 만드는 데는 성공했다. 하라는 일본 국내정치의 전환기에 총리직을 떠맡았다. 당시는 원로들과 군부의 영향력이 약화되고 의회와 정당들이 힘을 얻어가던 때였다. 문민통치에 대한 식민지들의 오랜 요구 끝에, 하라는 조선 식민정부를 철저히 점검하겠다는 자신의 뜻을 신속하게 발표했다.

1919년 3월의 대참사에 대한 하라의 대응은 동화의 노력을 줄이는 것이 아니라 배증(倍增)하는 것이었다. 영국의 식민지 자치제도를 참고하는 대신, 그는 본국 통치체제에 통합된 인접한 정착민 식민지인 프랑스 통치 아래의 알제리나 독일 통치 아래의 알자스-로렌을 본보기로 삼았다. 하라는 내지연장(內地延長) 정책 아래, 식민지 조선을 근대화된 일본 쪽으로 더욱 단단하게 묶도록 요구했다. 그것은 그가 1890년대에 타이완에서 성공적으로 밀어붙였던 것과 유사한 동화정책이었다. 그에게 동화란 식민지 주민들을 '일본의 민족구성원'[국민]으로 만드는 것을 의미했으며, 문화를 이식하는 것이라기보다는 식민지의 정치와 법률, 경제, 그리고 교육을 본국의 그것에 통합하는 것이었다. 그러한 과정을 통해 조선인들은 오키나와인들이 그랬던 것처럼 일본인의 생활방식에 자

사이토 마코토 총독.
출처: 후지타, 1978, p. 21 제공.

연스럽게 동화될 것이라고 그는 기대했다.[6] 하라는 적어도 당분간은 조
선인들이 민족적·문화적으로 조선인으로 남아 있을 수 있도록 '허용'했
지만, 식민당국은 장차 단계적인 정치적 권리확장을 포함해 본국 법률과
제도들을 가능하다면 어디에서든 적용함으로써 조선과 일본을 행정적
으로 통합하는 쪽으로 작업을 진행했다.[7]

조선에 대한 문민통치라는 하라의 구상은 군부 탓에 좌절당한 데다가
1921년 그의 암살로 야심 찬 개혁계획이 졸지에 중단당했으나, 내지연
장이라는 그의 이상은 새 총독 사이토 마코토의 새로운 문화정치 속에
반영되었다. 문화정치는 여러 면에서 전임자의 정책보다 더 야심 찬 목

6 오구마 에이지(小熊英二), 1998, pp. 85~86, 244~46. 하라를 포함한 식민지와 본
   국 지도자들은 조선이라는 요괴가 일본제국의 아일랜드 —— 제국종말의 사례 —— 로
   바뀔까 노심초사했다.
7 하라 게이이치로(原奎一郎) 編, 1950, pp. 292~94.

표들을 담고 있었다. 그것은 중앙정부가 완력보다는 설득을 더 앞세우는 전략을 구사하는 제국을 창출하는 것이었다.[8] 내선융화(內鮮融和)라는 새로운 구호를 내걸고 사이토의 총독부는 방법론과 수사(修辭)의 초점을 문화변용보다는 문화수용 쪽에, 일본화보다는 두 민족의 상호발전 쪽으로 바꿈으로써 통치형태를 좀더 받아들이기 쉽게 하는 교묘한 동화정책을 추구했다. 이러한 미묘한 조정들 ── 식민지 국민의 민족적 다양성을 묵인함으로써 그 한도를 넓히겠다는 몸짓 ── 은 "조선인들의 더 큰 경제적 번영과 정치적 표현을 촉진"하기 위해 고안된 개혁의 범위를 확대하는 것으로 구체화되었다. 사이토는 조선의 기업들을 질식시키고 있던 회사령을 폐지하고, 식민지 관료체계의 말단과 중간층에 조선인이 고용되는 것을 막아온 장벽들 일부를 제거했다. 또한 그는 독자적인 조선어 신문의 발간을 허용하고 집회와 결사의 자유에 대한 규제를 완화했는데, 그것은 온건한 민족주의 활동을 자극했다.[9] 게다가 사이토 총독은 조선 전통의 관습과 문화에 대한 존중과 함양을 위해 총독부 관리들에게 조선어 및 조선의 관습과 역사, 고고학을 배우도록 장려했다.[10]

하지만 무단통치와 결별하겠다던 공언이 무력사용을 하지 않겠다는 이야기는 결코 아니었다. 제국의 가장 가시적인 억압의 표지(標識)들 ── 예컨대, 헌병대와 착검을 한 관리들, 교사들의 대검(大劍)복장 등 ── 을 지우는 대신, 사이토는 조선반도 북부지방에 가장 엄선된 일본군 부대 둘을 배치하고 경찰력을 증강하며 검열통제 체계를 강화함으로써 강압구조를 그대로 유지했다. 이 이중성 또한 조선 민족주의자들에 대한 사이토 정책의 특징적인 면모였다. 분위기가 완화된 새로운 정치상

---

8   Shin, Gi-wook·Micahel Robinson, 1999, pp. 5~18은 이 문화정치 전략을 '식민지 헤게모니'라는 말로 그 특징을 묘사했다.
9   조선총독부, 『조선에서의 새 시정』(朝鮮に於ける新施政), 1921, pp. 35~94.
10   David Brudnoy, 1970, p. 177.

황은 일본에 있던 조선의 유학생들, 그리고 미국과 중국에 있던 정치망명자들을 조선으로 돌아오도록 유혹했으며, 그것은 조선의 정치활동 및 문화활동의 급증으로 이어졌다. 조선 체류자들에 대한 사이토의 정책은 급진주의자들은 가혹하게 탄압한 반면, 온건한 민족주의 활동은 장려하는 것이었다. 직접적인 탄압보다는 좀더 세련되고 효과적인 이 유서 깊은 '분할통치' 전략은 내부분열을 조성하고 불만을 지닌 지도자들을 식민체제와의 협조로 끌어들임으로써 조선 민족주의를 약화시키고 궁극적으로는 파괴하겠다는 목표를 지니고 있었다.[11]

1919년 이전에 식민정부는 조선 민족주의자들의 연합을 깨기 위해 다양한 조선 엘리트들과 긴밀한 관계를 맺었는데, 그러한 노력은 주로 지주들과 전직관료들을 중심으로 한 협소한 인맥층에 집중되었다. 식민지 관리들로서는 실망스럽게도 '친일인사'로 여겼던 교육받고 '진보적인' 조선인 지도자들 다수가 3·1운동에 가담했다. 그리하여 사이토 정부는, 이미 맺어놓은 조선인 유력자들과의 연줄은 그것이 아무리 미약한 것일지라도 살려서 다짐으로써 귀족과 관리들, 지주들, 사업가들, 그리고 다른 유력인사들을 지배구조 속으로 끌어들이려고 애썼다.

엘리트들의 지지를 확보하려는 열망이, 조선 통치에 대한 '민의창달'(民意暢達)을 꾀한 사이토의 널리 알려진 노력의 기저를 이루고 있었다. 사이토는 그 첫 제스처로 1919년 9월에 조선 전역에서 조선인과 일본인 지도자들을 경성으로 불러들여 정부의 개혁에 대한 그들의 견해를 타진하고 문화정치를 선전하는 일에 대한 지지를 요청했다.[12] 또한 그는 조선인 귀족과 관료 엘리트들로 구성된 총독의 자문기관인 중추원(中樞院)

---

11   조선 민족주의운동 내의 이념적 분열에 대한 자세한 분석은 Michael E. Robinson, 1988 참조.
12   조선총독부, 『조선에서의 새 시정(新施政)』, 1921, p. 47.

교육연구위원회.
출처: 오조라샤(大空社), 『사진첩: 조선』(寫眞帖: 朝鮮), 2008, p. 10. 허락받고 사용.

을 부활했다.[13] 게다가 식민정부는 전례를 깨고 여러 민관합동의 위원회와 심의회를 만들어 민간인들을 비(非)공식고문으로 위촉했다. 정착민의 거두인 도미타 기사쿠(富田儀作, 1858~1930)와 아루가 미쓰토요(有賀光豊, 1873~1949), 그리고 조선인 사업가인 한상룡(韓相龍, 1880~1947)과 조진태(趙鎭泰, 1853~1933) 같은 저명인사들이 관리들과 함께 이들 위원회 위원으로 임명되어 교육과 재정, 산업과 같은 핵심분야의 정책들을 검토했다.[14]

---

13 조선총독부, 『조선』, 1921년 4월호, pp. 240~41.
14 조선총독부, 『조선총독부 시정(施政)연보』(朝鮮總督府施政年報), 1921, pp. 14, 149~55; 조선총독부, 『조선』, 1921년 2월호, pp. 4~5; 우방협회(友邦協會) 편, 『와타나베 도요히코 구술: 조선총독부 회고담』(渡邊豊日子口述: 朝鮮總督府懷古談), 1984, pp. 52~53. 민간인들의 경제정책 입안과정 참여에 대해 더 알아보려면 제5장 참조.

언론인 기쿠치 겐조(菊池謙讓)는 이 현상을 두고 사이토가 조선 내 엘리트들을 '총동원'해 '위원회들의 유행'을 낳았다고 장난스럽게 묘사했다.[15] 하지만 이 유행은 식민정부의 영구기관이 됐다. 민의창달을 하겠다는 사이토의 명목상의 약속은 1920년대 내내 민간인 유력자들이 정책수립 과정에 일정부분 참여할 수 있게 보장해주었다. 결과적으로 새롭고도 지속적인 상호의존의 관계가 국가와 정착민들, 그리고 조선인 엘리트들 사이에 형성되어 조선 민족주의운동과 대립했다.

정착민들의 대응

조선 내 일본인 정착민들은 이 새로운 협력기구에 숨을 불어넣기 전에 오랫동안 심사숙고를 했다. 1919년의 그 분수령이 된 사건은 모든 분야의 일본인 거류민들—언론인들뿐만 아니라 상인들, 사업가들, 교육자들, 그리고 종교지도자들—을 당황시켰다. 그들은 그 파열을 이해하고 그것이 그들 사회에 끼친 영향을 숙의하기 위해 회의를 거듭했다. 일본어 신문과 잡지들은 정착민들이 느낀 불확실성을 연대기적으로 기록한 수많은 기사들을 내보냈다. 3·1운동의 원인과 그 사건을 일으킨 장본인들에 대해 대체로 동의할 수 없었던 정착민들은 데라우치와 '완강한 조선인(불령선인不逞鮮人)들', 기독교도들, 조선인들 또는 그들이 지목한 모든 사람들을 비난했다.[16]

한편, 총독부 본청으로 흘러들어간 경찰보고들에서 전혀 다른 평가가 등장했다. 3·1운동을 촉발한 직접적인 원인들 가운데 하나는 다름 아닌

15　기쿠치 겐조(菊池謙讓), 1925, p. 270.

16　예컨대, 『조선과 만주』, 1919년 12월호, pp. 143~50 참조.

일본인 공동체에 있다는 것을 그 보고들은 시사했다.[17] 기밀로 분류된, 각계각층의 조선인들의 이야기를 모은 어느 공식조사에 따르면, 일본 거류민들 — 고리대금업자들과 동양척식주식회사의 후원을 받은 농민들에서부터 하급관리들과 경찰관에 이르기까지 — 은 조선인들을 '오마에'(너), '오이'(야), '고라'(이 자식), '요보' 따위의 막말로 부르면서 상습적으로 모욕했다.[18] "이런 경멸적인 말을 쓰는 일본인들은 의심의 여지없이 독립사건의 진짜 원인"이라고 조선인 젊은이는 단언했다. 그는 3·1운동의 시위를 매일 마주치는 정착민들의 말 또는 신체적 학대를 통해 누적된 '사소한 [반일]감정의 폭발'의 결과라고 설명했다.[19] 이런 생각은 유력한 기독교 지도자로서 온건한 정치적 입장 때문에 총독부의 이상적인 협력자가 된 윤치호(尹致昊)의 일기 속에서도 은밀히 공유되고 있었다. 윤치호 자신은 비록 일본 통치에 대해 심히 애증이 엇갈리는 양가적 감정을 지니고 있었으나 그는 대뜸 말했다. "두 민족 간의 우호관계 증진을 가로막는 가장 큰 방해물은 조선에 사는 일본인 거류민들의 오만과 공격성, 그리고 탐욕이다[원문은 영어]."[20] 메시지는 크고 분명했다. 즉 정착민들이 일본인에 대한 증오감만 퍼뜨렸다는 것이다.

『경성일보』사장 출신인 아베 미쓰이에(阿部充家)는 따라서 '조선 내 일본인 거류민들'과 '조선 젊은이들', 그리고 '외국인 선교사들'을 일본 식민통치의 '3대 장벽'으로 꼽을 충분한 이유가 있다면서 총독에게 그 문제아들을 제어할 적절한 방안을 고안하라고 촉구했다.[21] 정착민들은

17　『조선총독부 관보』(朝鮮總督府 官報), 서무부 조사과, 1924, p. 22.

18　조선말 '여보'(영어 'dear'의 의미를 갖고 있으며, 흔히 배우자를 부를 때 쓰는 말)는 식민통치 기간에 일본인들이 조선인을 부를 때 쓴 경멸적인 말로 전락했다.

19　『조선총독부 관보』, 서무부 조사과, 1925, pp. 43~44.

20　대한민국(大韓民國) 문교부(文敎部) 국사편찬위원회(國史編纂委員會), 1987, 8: pp. 144~45(1920년 10월 1일 항목).

21　아베 미쓰이에(阿部充家), 1919.

"당국을 측면공격하고 법을 제멋대로 주무르는" 경향이 있다고 친정부 신문인『경성일보』는 썼다.[22] 조선 내의 일본인들은 아프리카의 백인 정착민들이 갖고 있던 정치적 자원과 탐욕이 결여되어 있었는지 모르지만, 동화에 대한 양가의 감정을 지닌 것으로 알려진 그들의 막대한 수(35만 명이 넘었다)는 문화정치를 부식시킬 만한 영향력이 있었다. 사이토의 총독부는 조선인 엘리트들에 대한 양보와 일본인 정착민들에 대한 양보 사이의 균형을 잘 맞춰 정착민들이 총독부 체제의 자산이 되기보다 골칫거리가 되는 일이 없도록 특히 조심해야 했다.

사이토의 문화정치에 대한 정착민들의 반응은 예상대로 뒤섞여 있었다. 그의 자유화 방안들은 환영을 받았으나, 조선인에 대한 통치방식은 그들에게 불안을 야기했다. 이런 양면성은 1920년 말에 약 120명의 선도적 일본인 사업가들이 비밀리에 경성 상업회의소에 모였을 때도 뚜렷이 드러났다. 사흘 동안의 회의에서 그들은 그때까지도 조선인들 속에서 부글거리고 있던 반일감정에 어떻게 대처할 것인지 그 전략을 모색하면서 "조선에서 벌여온 다년간의 사업이 바닥에서부터 무너질지도 모른다"라는 걱정을 했다고 그 회의에 참석했던 당시 경무국장 마루야마 쓰루키치(丸山鶴吉, 1883~1956)는 나중에 그 분위기를 전했다.[23] 정착민들은 추진 중이던 자신들의 사업을 보호하는 일에 서로서로 돕겠다고 굳게 맹세했지만, 참석자들의 거의 절반은 동화정책에 대한 자신들의 신념을 버렸다. 식민정부는 민족화해에 더욱 힘을 쏟는 해결책을 추구했지만, 일부 정착민들은 군 부대의 증설과 헌병대 부활을 요구하면서 무단통치 체제로의 복귀를 촉구했다. 더 많은 이주자와 자본을 본국에서 끌어들이는 한편으로 군사적 식민지 개척자들인 둔전병(屯田兵)*을 정착

---

22 『경성일보』, 1919년 3월 25일자.
23 조선총독부,『조선』, 1923년 7월호, p. 19.

시키자는 제안도 했다. 그들은 마치 자신들의 공동체가 소멸의 위기에 처하기라도 한 것처럼 이는 "조선인들에게 동화를 당하느냐 본국으로 철수하느냐"의 문제라고 주장했다.[24] 그리고 회의기간 내내 정착민들은 자신들 본국인의 목소리는 무시한 채 조선의 양반 엘리트들을 진정시키기는 일에 힘을 쏟는 사이토의 '조선인 위주'의 개혁정책에 신랄한 불평들을 쏟아냈다.

그러나 3·1운동 이후 민족주의에 대한 걱정이 만연할 때, 정착민 지도자들은 자신들의 제국이 수세에 처한 새로운 정치현실을 받아들일 수밖에 없다는 사실 또한 깨달았다. 조선 민중들이 언제 또 들고일어설지 모를 정도로 점점 불온해지고 있던 상황에서 정착민들은 자신들의 기득권을 지키고 확장하기 위해 비록 내키진 않았지만, 사이토의 문화정치에 발맞춰가는 것이 결국 자신들에게 득이 된다는 것을 깨달았다. 그런 사실은 사업가들이 내린 잠정적인 결론에 반영되어 있다. 사흘 동안의 회의 끝에 사업가들은 새 총독의 관심사를 반영하는 5개 목표를 스스로 설정함으로써 그를 지지하기로 다짐했다. 그것은 '정착민들의 품위고양'과 '조선인에 대한 사상선도' 고취, 그리고 '사회복지 사업, 자선, 구호활동, 청소년 교화'를 추진하고 '조선의 실제상황'에 대한 본국의 이해를 증진하는 것 등이었다.[25]

이들 목표는 겉치레 장식의 차원을 넘어 정착민들의 향후 대응방식의 중요한 변화를 예고했다.[26] 1919년 뒤에 식민국가가 마치 계몽군주처럼

---

* 　메이지 초기에 홋카이도의 개척과 경비 등을 위해 창설했던 농민병을 말한다.

24　전선(全鮮) 내지인실업가유지간화회(全鮮內地人實業家有志懇話會),『전선 내지 인실업가유지간화회 속기록』(全鮮內地人實業家有志懇話會速記錄), 1920, pp. 30, 129, 161. 이들 정착민의 요구에 대한 부정적인 공식반응을 전체적으로 살펴보려면 이승엽(李承燁), 2005, pp. 136~37 참조.

25　전선(全鮮) 내지인실업가유지간화회(懇話會), 1920, pp. 14~15, 183.

26　앞으로 살펴보겠지만, 이 목표들은 동민회(同民會)를 통한 내선융화를 촉진하기

스스로를 개조하려 했듯이, 자신들이 누려온 이익과 지위를 보호하는 일에 열중하던 제국의 브로커들은 제국의 정치지형이 바뀌어가는 상황 속에서 자신들 공동체의 위치를 변경할 필요가 있다는 사실을 인정했다. 사상 처음으로 조선인들이 정착민들의 정치에서 중요한 요소로 등장했다. 일찍이 특권의식 속에 거의 일방적으로 처신해오던 정착민들은 조선인들의 민족주의 고양에 직면해 점차 자신들의 힘과 특권을, 자신들이 조선인들과 일본인들의 공유된 가치와 목표라고 여기는 것들에 맞춰가기 시작했다. 산업과 문화 또는 교육의 분야에서 그러했다. 달리 말하면, 정착민들은 자신들의 반동적인 정치에서 발을 빼서 타협점을 찾기 위해 자신들의 이익추구 전략뿐만 아니라 자신들을 규정하는 조건 자체를 바꿔야만 했다. 많은 정착민들에게 정부의 공식정책을 지지한다는 것은 내선융화를 위해 열정을 불태우는 것을 의미했지만, 또 다른 사람들은 시류에 편승해 사이토의 새 총독부를 선도하는 역할을 용감하게 떠맡았다. 그런 정착민들을 위한 다양한 역할들이 마련되었으며, 자신들의 잃어버린 특권을 되찾으려던 그들은 점차 자칭 문화정치의 중재자들이 되었다.

고문과 정보원 역할을 한 정착민들

내선융화의 촉진은 처음부터 협력사업으로 출발했다. 3·1'봉기'를 진압한 사이토의 총독부는 대중에게 문화정치의 혜택을 충분히 주지시키기 위한 정교한 선전운동을 시작하면서 지역 엘리트들의 협력을 요청했다. 이를 위해 사이토는 관리들을 지방에 파견하고 중추원 의원들을 동원했을 뿐만 아니라 귀족들과 사업가들, 원로들, 명망가들, 그리고 다른

위해 정착민들이 주도한 운동의 중심축이 되었다.

유력자들에게도 지원을 요청했다. 대신 사이토는 그에게 더 나은 통치 전략을 귀띔해주거나 총독부에 직접 요청하는 민간인 비판자들에게도 늘 신경을 썼다. 그의 개인메모들이 보여주듯이, 사이토는 다수의 유력한 정착민들 외에 김성수(金性洙, 1891~1955) 같은 조선인 사업가들과 이광수(李光洙, 1892~1950) 같은 민족주의 지도자들도 정기적으로 만났다. 임기 말까지 사이토의 서류뭉치 속에는 약 6,000통의 개인편지와 300여 명의 특이한 인물들 — 일본인, 조선인, 중국인, 미국인 — 로부터 받은 비밀편지들, 그리고 방대한 양의 지역·직업·종교 기관들의 청원서도 쌓여 있었다.[27] 현장의 목소리들에 그다지 신경 쓰지 않은 전임자들과는 달리, 사이토는 자기 정책의 주축을 이루는 사람들과 대화를 했다.

이 잡다한 집단 속에서 사이토는 조선의 민족주의 대두에 대처하기 위해 조선인들의 관습과 언어, 심리를 새로 파견된 식민지 관리들보다 더 잘 안다고 주장하는 언론인 출신의 여러 개인들에게 도움을 요청했다. 그중에서도 그에게 가장 소중한 조언자는 아베 미쓰이에(阿部充家, 1862~1936)였다. 아베는 조선인 귀족들과 가깝게 지내려고 노력하는 한편, 망명정치에 환멸을 느끼고 1919년 이후 더 자주 조선으로 귀국했던 이광수와 그의 동료 민족주의자들을 제 편으로 끌어들이는 일에도 무척 애를 썼다. 심지어 일본으로 돌아간 뒤에도 아베는 사이토의 판공비로 온건파 민족주의자들과 조선인 유학생들에게 장학금을 주면서 그들을 끌어들이는 노력을 계속했다.[28] 도쿄와 경성을 오가며 사이토를 도운 또 한 사람의 비공식고문이 호소이 하지메(細井肇, 1886~1934)인데, 언론인인 그는 그 전에 일진회를 지원했다. 아마추어 학자요 일본이 지

---

27 강동진(姜東鎭), 1979, p. 457.

28 사이토 총독에게 보낸 아베 미쓰이에(阿部充家)의 편지(1922년 5월 29일), (1922년 6월 23일), (1922년 7월 16일), (1923년 4월 23일), (1923년 5월 2일).

배하는 '조선학'(朝鮮學)의 배후 핵심인물(제4장 참조)이었던 호소이는
사이토의 지원을 받아 '조선 민족의 특성을 분석'할 목적으로 도쿄에 자
유토구사(自由討究社)를 설립하고, 조선 국가경영 지침서와 역사적 문
헌들을 총서로 번역·출간했다.[29] 이 원본들에서 발췌한 사례들을 토대
로 호소이는 강연을 하고, 관리들에게 편지를 보내고, 수많은 기사와 논
문들을 썼다. 그 모든 것들은 '인류의 역사상 유례없는 부패한 통치체제
의 전형'으로서의 조선이라는 고정된 상(像)을 그리는 데에 초점이 맞춰
졌다.[30] 그는 그것을 조선인들이 스스로를 통치할 수 없는 무능의 증거로
해석했다.

　도쿄에 근거지를 두고 있던 아베와 호소이뿐만 아니라 조선에 집을 갖
고 있던 정착민들도 사이토를 도왔다. 그들 중 일부는 이미 우리에게 친
숙하다. 예컨대, 오가키 다케오(大垣丈夫, 제2장 참조)는 최근의 '소란'에
대한 자신의 진단을 제시한 편지들을 새 총독에게 보냈으며, 한상룡 같
은 조선인 유력자들은 조선 전역을 대상으로 한 '정부정책에 대한 이해
를 넓히기 위한 캠페인'(시정주지운동施政周知運動)의 민간요원 자격으로
지방들을 여행했다.[31] 오가키의 언론 동료인 기쿠치 겐조(菊池謙讓)는 농
촌지역의 상황을 조사하고 조선 내부와 북쪽 국경 너머 만주 조선인들
의 정치활동에 대해 보고하면서 개인적으로 사이토를 도왔다. 다른 조
언자들처럼 기쿠치는 사이토와 정기적으로 편지를 주고받았고 1922~

29　번역된 텍스트들에는 정약용의 『목민심서』(牧民心書)와 『정감록』(鄭鑑錄)도 들
　　어 있었다. 총독부 정무총감 미즈노 렌타로(水野錬太郎)는 『목민심서』의 번역이
　　'조선인의 정서연구'와 조선의 '과거 통치체제의 부패'가 어느 정도였는지를 이해
　　하는 데 '최고의 안내서'라고 극찬했다(조선총독부, 『조선』, 1921년 9월호, pp. 52,
　　54~77).

30　사이토 총독에게 보낸 호소이 하지메(細井肇)의 의견서(意見書, 1923년 9월 17일):
　　pp. 642~48.

31　오가키 타케오(大垣武夫), 1919; 조선총독부, 『조선』, 1921년 5월호, pp. 125~31.

24년 사이에는 매월 평균 열 차례 이상 만났으며, 정보수집에 대한 임무의 대가로 매달 300엔이라는 큰 보수를 받았다.[32] 게다가 기쿠치는 1923년 1월, 호남지방에 1주일간의 순회강연을 나가 '조선 문화의 개조' 필요성을 설파하고 '실력양성'의 중요성을 강조했다. 그것은 조선민족주의의 핵심 이데올로기적 교의에 암시 이상의 것을 주었다.[33]

기쿠치나 사이토의 다른 조언자들이 필요에 따라 자신들의 임무를 수행했던 데에 비해 일부 정착민들은 식민정부 공식기구의 일부가 되었다. 1920년에 창설된 조선정보위원회(朝鮮情報委員會) 위원들의 경우가 그러했다.[34] 정무총감(政務總監) 미즈노 렌타로(水野鍊太郎, 1868~1949)가 이끈 그 위원회는 22명의 고위관리와 '학식 있는 민간인 전문가' 몇 사람 — 언론인 오가키 다케오, 하기타니 가즈오(萩谷籌夫), 야마가타 이소오(山縣五十雄), 현지학자 아유카이 후사노신(鮎貝房之進), 기독교 교육자 니와 세이지로(丹羽淸次郎, 1865~1957) 등 — 으로 구성됐다. 이들은 모두 영향력 있는 정착민들로 조선인 핵심그룹들과 긴밀하게 연계되어 있어 조선인 협력자들과 거의 다를 바 없는 활용가치가 있었다. 오가키와 아유카이는 일찍부터 조선의 개혁작업에 가담하면서 조선 정계에 상당한 영향력을 발휘했다. 니와와 야마가타는 그들보다 약간 뒤에 조선으로

---

32 『경성신문』, 1932년 2월 20일자; 사이토 총독에게 보낸 기쿠치 겐조(菊池謙讓)의 편지(1920년 12월 5일); 강동진(姜東鎭), 1979, p. 53, n. 25. 300엔은 『경성일보』 사장의 월급이 약 500엔이었고, 『동아일보』 사장의 월급은 150엔밖에 되지 않았던 당시로서는 많은 액수였다(조성구(趙聖九), 1998, p. 248, n. 43).

33 사이토 총독에게 보낸 기쿠치의 편지(1923년 2월 2일). 사이토 자신은 1919~27 사이에 총 35회에 걸쳐 지방순행에 나섰다(강동진(姜東鎭), 1979, p. 25).

34 조선정보위원회는 (육군 참모장 야마나시 한조(山梨半造)가 조선으로 출발하기 직전 사이토에게 제출한) 총독부의 '비밀 선전기관' 창설을 위한 제안 속에 입안되어 있는 아이디어를 토대로 만들어졌을 가능성이 높다. 사이토 총독에게 보낸 야마나시 한조(山梨半造)의 의견서, 1919, pp. 151, 157; 조선총독부, 『조선』, 1921년 1월호, pp. 148~49.

건너왔지만 조선의 기독교 지도자들과 친밀한 관계를 맺으면서 윤치호의 믿을 만한 '개인적인 벗'이 되었다.[35] 친정부적 영문판 신문인 『서울 프레스』(Seoul Press)를 발행했던 야마가타에게 정보위원회 위원으로서의 활동은 그가 자신의 신문을 통해 지속적이고도 성공적으로 펼쳐왔던 노력의 일부였다. 야마가타는 신문을 통해 "우리 총독부 통치체제를 조선에 있는 외국인 거주자들, 특히 선교사들에게 설명하고 그들이 우리 정부의 원대한 정책에 따르게 만들려고" 했다.[36]

정보위원회는 여러 업무들을 지휘해 선전을 서서히 정보활동으로 바꾸었으며, 사이토의 고문 같은 요원들이 협력자 찾기와 개화작업을 결합하게 만들었다.[37] '원주민 정보원들'과 비슷한 역할을 수행하면서 위원회 요원들은 방대한 자료와 문서들을 수집해 번역했으며, "조선의[of] 지식이나 조선에 관한[about] 지식으로 분류되고, 가공되고, 분석된" 보고서들을 썼다.[38] 필름과 강연, 두 개 언어로 인쇄된 팸플릿, 그리고 사진 앨범들(일부에는 영문으로 설명을 붙였다)을 통해 그들은 네 가지 특별한 목표를 달성하기 위한 지식을 퍼뜨렸다. 그 네 가지 목표는 조선 내부의 사정을 일본과 외국에 소개하고, 일본 본국의 사정을 조선인들에게 알리며, '식민지 행정의 진실'을 퍼뜨리고, 식민정책을 널리 선전하는 것이었다.[39] 위원회가 소속된 정보계(係)도 연례적으로 본국 도시들을 돌아보고 지역의 정치인들과 잠재적 투자자들을 상대로 강연회를 열었으며, '조선의 산업, 교육, 운송 분야의 발전증거'를 보여주는 영화들을 상영했

---

35   대한민국 문교부 국사편찬위원회, 1987, 8: p. 234(1921년 4월 6일 항목).

36   야마가타 이소오(山縣五十雄), 1916, pp. 195, 199~200.

37   그들의 활동은 프리야 사티아(Priya Satia, 2008)가 중동의 '비밀제국'이라고 불렀던 영국 정보요원들의 활동을 닮은 점이 일부 있다.

38   영국 식민지 인도의 경우를 보려면 Bernard S. Cohn, 1996, p. 51 참조.

39   『조선총독부 관보』, 서무부 조사과, 1920, p. 231; 강동진(姜東鎭), 1979, p. 19.

다.[40] '내지의 사정을 조선인들에게 소개하기' 위한 좀더 창의적인 시도로 정보위원회는 전 제국차원의 음악경연대회를 열어 본국과 (타이완, 만주, 상하이를 포함한) 해외에서 살고 있는 일본인들에게 '내지의 노래들'을 보내달라고 요청해 160개의 응모작 중에서 수상곡을 '조선 학교들에서 사용할 교육자료'로 활용하게 했다.[41]

잔존한 기록들을 보건대, 정보위원회 위원들은 대부분의 시간을 조선 안팎, 특히 미국에서 추진되는 조선의 독립운동에 대한 자료수집과 분석으로 보냈다. 관리들만 볼 수 있었던 기밀문서들에 담긴 내용을 보면, 그들은 영문매체들에 실린 조선 관련 기사들을 면밀히 모니터하고 총독통치에 대한 비평들을 세밀히 조사했다.[42] 서방의 주류매체를 총독통치 체제의 선전에 활용하려는 사이토 정부의 노력과 더불어,[43] 그런 활동들은 무단통치의 파탄 이후 조선의 새 관리들에게 얼마나 큰 국제적인 관심이 쏠렸는지를 보여준다.

사이토의 조언자들과 정보위원회의 민간요원들은 기본적으로 오래된 정착민 공동체의 일원이었다. 그들은 조선인 유력자들과의 개인적 친분을 통해 그런 요직에 발탁되었다. 그들과 식민국가의 동맹을 통해 새로운 통치전략이 수립되었다. 그것은 관리와 민간요원들이 사회통제와 감시, 그리고 선전분야 — 대다수 정착민들은 그때까지 자신들이 관여할 수 없었던 분야(왜냐하면 그들 자신이 그 대상이었으므로) — 에서의 비밀작전들을 함께하는 전략이었다. 그들의 비밀활동 대부분은 허점투성이

---

40 예컨대, 조선총독부, 『조선』, 1923년 6월호, pp. 129~30.

41 조선총독부, 『조선』, 1922년 8월호, p. 167.

42 조선정보위원회(朝鮮情報委員會), 『조선에 관한 외국인의 평론』(朝鮮に關する外國人の評論), 1921b; 『조선에 관한 해외간행물 기사적요』(朝鮮に關する海外刊行物記事摘要), 1921c 참조.

43 사이토 마코토(齋藤實), 1920, pp. 167~69 참조.

였지만 풀뿌리 동맹들의 전개는 대중의 관심을 끌기에 충분할 만큼 확산되었다. 어느 조선인 출판업자는 총독부가 한정된 예산을 경찰업무로 낭비하면서, 그 대부분을 조선의 산업과 교육 분야에 투입하는 대신에 '첩자들'을 지원하는 기밀비로 쓰고 있다고 질책했다.[44] 총독부의 식민지 선전운동은 대중들의 마음을 돌려놓기는커녕, 더 많은 에너지를 자신의 대리인들의 보수로 할당함으로써 조선인들의 정서를 멀어지게 만들었다.

친일부역자들 양성

사이토 정부를 위해 일하는 일부 정착민들의 활동은 사무직 범주를 훨씬 넘어선 분야까지 확장됐다. 조선 민족주의의 도전에 대처하려는 일본의 노력은 현지의 동맹자들과 협력자들을 찾는 더 깊은 모색 쪽으로 발전했으며, 그것은 '왕족, 양반, 귀족, 유학자, 부자, 사업가, 교육자, 종교지도자' 등 조선 사회의 모든 분야에 침투해 들어가는 것을 목표로 삼고 있었다.[45] 이미 1910년대 중반에 식민정부는 식민지 관료들과 조선 엘리트들을 엮은 공제조직인 대정실업친목회(大正實業親睦會)를 발족시켰다. 그 단체는 오가키 다케오의 감독 아래 있었는데, 그는 "매일 일본인들보다는 조선인들을 훨씬 더 많이" 만났다.[46] 다른 사회집단들을 국가의 통제 아래 두기 위해 당국은 해체된 일진회의 지도자였던 송병준 같은 조선인 유력자들과도 협력해 1920년대 전반기에 다양한 친(親)정부단체들을 만들어냈다(도표 5 참조).[47]

---

44 『조선총독부 관보』, 서무부 조사과, 1925, p. 13.
45 사이토 총독에게 보낸 야마나시 한조(山梨半造)의 의견서, 1919.
46 『조선』(조선총독부)에 수록된 오가키의 글, 1921년 9월호, p. 109.
47 이런 조선인 단체들에 대한 자세한 내용은 강동진(姜東鎭), 1979, pp. 229~59 참조.

도표 5 주요 친일단체들(1915~25)

명칭	결성일자	단체장	목적
대정친목회 (大正親睦會)	1916년 11월	민영기 (閔泳綺)	일본인과 조선인 간의 상호공제
대동사문회 (大東斯文會)	1919년 11월	어윤적 (魚允迪)	유학자들 간의 화해와 협력
국민협회 (國民協會)	1920년 1월	민원식 (閔元植)	'내지연장' 촉진정책과 선거권 획득
유도진흥회 (儒道振興會)	1920년 1월	김영한 (金榮漢)	유교진흥과 향교의 부활
조선소작인 상조회	1920년 8월	송병준 (宋秉畯)	지주와의 협력으로 소작분쟁 방지
대동동지회 (大東同志會)	1921년 10월	선우순 (鮮于筍)	평남지역 일본인·조선인의 '공존공영'
동광회(同光會) 조선 지부	1922년 2월	이희간 (李喜侃)	조선의 천황 직할통치를 위한 의회청원
상애회(相愛會) 조선 지부	1924년 4월	이기동 (李起東)	노동자와 민족주의운동 억제, 민족화합
동민회(同民會)	1924년 4월	호조 도키유키	동화이념, 산업, 사회교육 촉진
갑자구락부 (甲子俱樂部)	1924년 8월	오가키 다케오	'내지연장' 정책에 의한 선거권 획득, 산업진흥

출처: 조선총독부 경무국 편,『치안상황』(治安狀況), 1922; 조선총독부 경무국 보안과, 1927[1984];
그리고 강동진(姜東鎭), 1979, pp. 230~56.
비고: 동광회와 상애회(상애회 총본부 문화부, 1923)는 본국에 본부가 있고 조선에 지부들을 둔 단체.
그러나 우치다 료헤이와 교류회의 다른 지도자들이 결성한 동광회는 해체된 일진회의 일부 낙오
자들이 운영하는 조선 지부를 두고 있었는데, 총독부를 없애고 조선을 천황 중심의 체제 아래 직
할통치로 하자는 변덕스러운 의회청원서 제출 뒤 설립 1년 만에 해산명령을 받았다(동광회 본부,
1922). 일본 내 조선인 일꾼들의 관리와 감독을 위한 상애회의 역할에 대해서는 Ken Kawashima,
2009, Chapter 5 참조.

그들 대다수 단체들의 장(長)은 국가의 명령대로 움직이는 '친일파'
조선인들이 맡았지만,[48] 그들의 실제활동은 종종 장기거주 정착민들 손

비록 나 또한 그 단체들이 단순히 식민정부의 '하향식' 지시에 따라 만들어졌다
는 강동진의 주장에 의문을 갖고 있긴 하지만, 이 장에서 다룬 친일단체들에 대한
내 논고의 많은 부분은 사이토의 문화정치에 대한 그의 중요한 작업에 빚을 지고
있다.

에 맡겨졌다. 조선 정치 말년의 기록에 자신들의 이름을 새겨넣은 두 문인인 기쿠치 겐조와 오가키 다케오[49]는 전통적으로 중요한 세 개의 사회집단, 즉 유교 엘리트들과 무당들, 그리고 보부상(褓負商)들을 끌어들이기 위한 일본의 노력을 간간이 기록한 문서 속에 그들의 영향력의 흔적들을 남겼다.

이들 이질적인 조선 내 세력들을 체제의 동맹세력으로 전환하기 위한 노력들은, 역사학자 강동진(姜東鎭)의 선구적인 연구가 제시하듯이, 조선의 국정운영 기술에서 도출되었다. 식민당국은 그들의 활동을 조선 전통의 잔재로 탄압하기보다 그들의 '유용한' 기능들 — 도덕성 강조, 신분질서 유지, 권위에 대한 복종 — 을 보전하고 '미신적인' 면들을 제거함으로써, 그들을 국가와 국가 근대화 개혁의 요원으로 개조하려 했다.[50] 남아 있는 일부 문서들은 제국의 브로커들의 핵심세력이 어떻게 거기에 관여했는지를 보여준다.

영향력이 있었지만 극렬한 반일주의자였던 유교 지식인들을 끌어들이기 위해 오가키는 경성의 대동사문회(大東斯文會)를 지도했으며, 기쿠치는 경상북도에 근거지를 둔 유도진흥회(儒道振興會)를 감독했다. 이 두 단체의 회원들은 순회강연을 통해 문화정치를 선전하는 한편, '도덕성을 함양'하고 '법과 질서를 유지'하며 '일반인들을 위한 모범'을 제시하는 데에 헌신했다.[51] 그들은 근검절약하고 '나쁜 관습들'을 추방하라고 지역의 향교(鄕校)에서 가르치고 회보를 발행했으며, 지역의 마을들에

---

48 국민협회(國民協會)의 활동은 제6장에서 좀더 자세히 다루게 될 것이다.

49 제1장과 제2장 참조.

50 이 전략은 일본 통치자들이 만주국에서 지역상조회들을 활용한 방식과 닮았으며, 어떤 면에서는 그것의 전조가 되었다(Prasenjit Duara, 2003, p. 115).

51 「각도 시정 선전강연」, 『유도』(儒道), vol. 2, 유도진흥회(儒道振興會), p. 115; 강동진(姜東鎭), 1979, p. 238.

서 강연하면서 유교적 가치의 부활을 기대했다.[52] 그들의 봉사에 대한 보답으로 사이토는 그 핵심회원들을 중추원 의원에 임명했다. 조선 상류층(양반)을 문명개화의 도구요 유교윤리의 담지자로 내세움으로써, 일본 통치자들은 자신들을 조선을 근대화하면서도 조선의 전통을 관리하는 이중적 역할을 하는 존재로 부각하려 했다.

유교 지식인들 외에 조선의 무당들(일본에서는 '후게키'巫覡) 또한 오가키의 관할 아래로 들어갔다. 식민정부는 무당들을 자기 개인의 통제 아래 두려 했던 또 다른 일본인에 대한 고소를 접수한 뒤, 오가키에게 그런 권한을 주었다.[53] 자신들을 경신교풍회(敬神矯風會)의 창립자라고 밝힌 세 명의 조선인들이 진정서(1923년 8월)를 사이토에게 제출했다.[54] 그 진정서의 주인공들은 고대 이래로 "요청을 한 사람에게 행운을 빌어주고 악령을 내쫓아온" 조선 무당들은 "위로는 높은 신분의 궁정관리들에서부터 아래로는 일반 백성에 이르기까지 수많은 신봉자들"을 거느리고 있었다고 설명했다. 합방 이후 일본의 정책은 그런 조선인들의 '미신적'이고 '나쁜 관습들'을 억누르려 했으나 무당을 찾아가는 사람들의 발

---

52 『매일신보』(每日申報), 1920년 1월 29일자; 그리고 1921년 12월 9일자.

53 공식적인 '통제'의 대상으로서만이 아니라 민족지학적 호기심의 대상으로서 조선의 무당들은 아유카이 후사노신(鮎貝房之進)과 같은 현지학자들에서부터 무라야마 지준(村山智順, 1891∼1968)과 같은 총독부 관리들에 이르기까지 많은 일본인들의 관심을 끌었다. 무라야마 지준은 샤머니즘과 일본 신도 간의 연계는 공동조상론을 입증하는 것이라고 강조했다(사쿠라이 요시유키(櫻井義之), 1964, pp. 285∼86; 사카노 도루(坂野徹), 2005, Chapter 5). 무라야마는 샤머니즘을 미신의 한 형태로 일축하지 않고 그것의 사회통합 기능을 인정했다. 역설적이게도 그의 연구들은 최남선과 같은 조선 민족주의자들이 조선 민족의 정체성(identity)과 문화적 자주성을 확립하는 데에 활용되었다(사카노 도루(坂野徹), 2005, pp. 310∼20).

54 SMB 16, pp. 625∼46에 수록된 「진정서」(陳情書). 진정서는, 천황과 총독에 대한 작성자들의 순종적 자세로 보건대, 전체적으로 친일적 성향을 드러내고 있다.

걸음을 거의 막지 못했다. 이런 사정을 사업기회로 포착한 고미네 겐사쿠(小峰源作, 조선식 이름은 '김재현')는 1919년에 경무국 허가를 받았다며, 자격 인증기관을 설립하고 무당들을 등록시켜 그들을 '저항하는 조선인(불령선인)들을 염탐'하도록 파견했다. 고미네는 무당들에게 값비싼 회원자격증과 잡부금을 뜯어냈으며, 무당들이 돈을 내지 못하거나 경찰에 불만을 고발하면 엄하게 징계했다. 그의 전횡을 더는 두고 볼 수 없게 된 조선인 청원자들은 "오가키 씨가 관장하는 조직을 만들어 경무국이 그 조직을 직접 감독하도록 해달라고 탄원"했다. 그는 즉각 그 책임을 지겠다는 데에 동의했다.[55] 자신들의 활동을 감시하고 규제하기 위한 빙안의 하나로 무당들은 경신무격조합(敬神巫覡組合) 쪽에 몰려들었다. 이 조직은 경신교풍회라는 간판을 달고 활동하면서 '사회를 속이는 나쁜 무속적인 관습'을 규제하고 조선 시골마을 생활에 대한 자신들의 영향력을 점차 약화시킴으로써 "인민의 미신을 추방하고 물질문명을 진작한다"라는 목표를 내걸었다.[56] 하지만 경신교풍회가 설립된 뒤에도 고미네의 횡포는 계속됐다. 그는 무당들과의 회합을 계속하면서 '그들로부터 돈을 갈취'했다. 자신의 호주머니를 채우는 그러한 행위는 "샤머니즘의 나쁜 관습을 지속시킬 뿐"이라고 청원자들은 주장하면서, 조선인들에게 '문화정치와 일시동인'의 증거를 보여주는 조치로서 그 못된 짓을 중단시키라고 당국에 촉구했다.[57]

그들의 구체적인 활동내용은 별로 남아 있지 않지만, 조선 유학자들과 무당들을 통제하려 했던 일본인들의 노력은 별 소용이 없는 것으로 드

---

55 같은 책, pp. 626~36.
56 같은 책, p. 625.
57 같은 책, pp. 637~43; 강동진(姜東鎭), 1979. 같은 청원을 살펴본 강동진은 고미네가 사실상 오가키의 '부하'였다고 썼지만(p. 54, n. 29), 이 문서나 다른 어떤 증거에 의해서도 뒷받침되지 못한 추정이다.

러났다. 사이토에게 보낸 호소이의 보고서를 보면, 조선의 시골마을 사람들은 예전처럼 무당을 찾아갔고 두 유교단체에는 하찮고 달갑지 않은 인물들만 꼬여들었으며, 반면에 유명 지식인들은 '자진해서 산속에 은거'함으로써 참여를 거절했다.[58] 만성적인 재정문제와 두 유교단체 간의 경쟁도 그들의 몰락을 재촉했다.[59]

당국자들과 좀더 적극적으로 협력하려 했던 건 보부상(褓負商)으로 알려진 떠돌이 봇짐행상들이었다. 조선왕조 시절에 이들 보부상은 나라가 허가해준 길드형태의 협동조합 네트워크를 통해 활동했는데, 모든 지역과 도시에 조합들이 설립되어 있었다. 그들은 임금에 대한 특별한 충성심을 갖고 있었으며, 왕조 말기까지 정보수집이나 동학봉기와 같은 반정부활동의 대응분야에서 왕실을 도왔다.[60] 사이토의 조언자였던 호소이 하지메는 그들이 새로운 식민지 체제에 유용하다는 사실을 가장 먼저 깨닫고 있던 사람들 중 하나였다. 호소이는 조선 보부상들을 국가의 비상사태 때 메신저로 활용함과 더불어 반(反)체제인사들을 추적해 경찰의 민족주의운동 탄압을 지원하는 '첩자'로 활용하도록 권고했다.[61] 이에 따라 1920년에 식민정부는 상무연구회(商務硏究會)라는 보부상 조직을 만들어 경성에 본부를 두었다. 회원들은 '좋은 국민이 되겠다'라는 서약과 함께 정치논쟁과 집회를 금지하는 규칙이 뒷면에 인쇄된 패(牌)를 지니고 다녀야 했다. 그들의 행위는 정교하게 분류된 상벌체계를 통해 감시받았다.[62] 그 2년 뒤에 10여 개의 기존 보부상 조합들을 이지용

58 강동진(姜東鎭), 1979, p. 239에서 인용.
59 유도진흥회 창립 몇 개월 만에 그 지도자들이 재정지원을 요청하면서 이 두 가지 문제를 사이토에게 보고했다(김영한(金榮漢), 「조선 유도진흥회 경과상황 보고서」, SMB 9, pp. 162~63 수록).
60 보부상에 대한 더 자세한 정보는 「보부상의 내력」, SMB 8, pp. 929~32 수록 참조.
61 사이토 총독에게 보낸 호소이 하지메(細井肇)의 의견서(1920년 4월 13일), pp. 530~35; 강동진(姜東鎭), 1979, p. 241.

(李址鎔, 1870~1928)과 일진회 출신 인사들의 지휘 아래 더욱 단단하게 통합하기 위해 상무사(商務社)가 설립되었다.[63] 그해 11월 초에는 일군의 보부상들이 약 300명의 조선인 학생들과 급진적인 젊은이들이 가담한 기독교인 반일시위를 진압함으로써 자신들의 힘을 과시했다.[64] 또한 그들은 정보를 수집하고 '산적들'을 물리치는 데 '놀랄 만한 성과'를 올려 식민지 경무국으로부터 치하를 받았다.[65]

뒤에서 그 단체를 조종해온 기쿠치 겐조가 1927년에 이지용을 상무사의 사장 자리에 앉히자, 그는 보부상의 활동을 더욱 충실히 제국에 봉사할 수 있도록 개조했다. 표면적으로 보부상 가족들의 복지를 개선한다는 명목으로 약을 팔 수 있는 허가를 받아낸 기쿠치는 조선 안팎에서 대규모 경제사업을 벌이는 일본인들을 지원할 목적으로 상무사 내에 노동부를 신설했다. 조달품을 원거리에 운송하던 그들의 전통적인 업무가 그 역할을 다해감에 따라 보부상들은 '함경남도의 수력발전소 건설과 전라도 해안지방의 관개사업'을 지원하기 위해, 그리고 여러 작업장에 '노동분쟁의 방지'를 위해 파견되었다.[66] 오랜 세월의 검증을 거친 보부상들의 국가에 대한 충성심과 애국적 노동을 활용해, 기쿠치는 그들을 식민지 자본의 풀뿌리 요원으로 개조함으로써 그들에게 또 하나의 역할을 부여했다.

1919년 이후 등장한 다양한 친일단체들은 본질적으로 관리와 민간설계자들이 그리고 다시 그린, 새로운 수용전략의 지도였다. 오가키와 기

---

62 이 단체의 설립에 식민정부는 일진회 출신의 김광희와 협력했다(「상무연구회 규칙」, *SMB* 8, pp. 681~714 수록).

63 상무사 활동에 대한 자세한 내용은 「상무사 해설」, *SMB* 8, pp. 721~31 참조.

64 같은 책, p. 722.

65 강동진(姜東鎭), 1979, p. 242.

66 「상무사 해설」, *SMB* 8, p. 731.

쿠치 같은 남자들의 활동은 이 임기응변의 시기에 '협력'이 현장에서 어떻게 작동했는지를 잠시 들여다볼 수 있게 해준다. 조선의 사회조직들을 통해 통치하려 애쓴 일본인들의 노력을 들여다보면 그 일상적 속내가 개략적으로 드러난다. 정착민 지도자들(그리고 조선인 엘리트들)이 식민지 경무국과 함께 시작한 방안들의 무계획적인 조합이 그것이다. 동맹자들을 확보하고, 급진파들과 싸우고, 민족주의자들을 포섭하려는 노력들 ― 총독에게서 판공비 지원을 받은 ― 에는 많은 실패가 뒤따랐다. 조선 내 요원들과 기관들의 이런 활동은 기껏해야 임시변통의 미봉책이었을 뿐이다. 서둘러 기획되고 급조된 단체들 중에 사이토 총독의 재임기간 내내 존속했던 것은 거의 없었다.

사이토의 문화정치 기간에 등장했다가 사라진 단체들의 망(網)의 확산 속에서 그들 단체가 직면해야 했던 가장 근본적인 문제는 눈에 띄는 대중적 지지가 없었다는 점이다. 그들 단체의 회원자격은 제한되어 있었고 리더십은 종종 무기력했다. 대다수 단체들은 시작단계부터 조선어 매체들의 거센 공격을 받았으며, 밀려오는 조선 민족주의자들의 활동과 힘겨운 싸움을 벌여야 했다. 그 10년간 한반도 안팎에서 전개된 조선인들의 반식민지 투쟁의 새로운 삶 속에는 민족주의자들과 사회주의자들, 그리고 공산주의자들의 세력이 스며들어 커져갔다. 급진세력과 공산주의자들은 대결전략(지하로 잠입하거나 상하이 망명집단에 합류했다)을 채택했으나, 부르주아 지향의 온건파들 ― 마이클 E. 로빈슨(Michael E. Robinson)이 '문화적 민족주의자들'이라고 불렀던 ― 은 1920년대 초에 조선의 자기각성, 문맹퇴치, 산업진흥 사업들을 주도했다.[67] 폭넓고 다양

---

67 문화적 민족주의자들은 당시 성장하고 있던 다양한 계급의 교육받고 진보적인 조선인들이었으며, 그들 중 다수가 일본에서 공부했다. 그들의 주요 활동에는 민립대학의 설립운동과 물산장려운동(物産獎勵運動)이 포함된다. 문화적 민족주의운동에 대한 더 자세한 내용은 Michael E. Robinson, 1988, pp. 92~100 참조.

했던 문화적 민족주의자들의 활동을 이끈 것은 독립이라는 항구적 목표를 위해 조선 민족을 부강하게 만들려는 실용적인 필요성에 대한 믿음이었다. 그것은 19세기 말의 애국계몽운동을 상기시키는 점진적인 전략이었다.

이러한 조선의 문화적 고양기에 일본과 조선의 관계는 1923년 가을 도쿄를 강타했던 관동대지진(關東大地震) 뒤에 바닥을 찍었다. 대지진이 일어나고부터 약 1주일 뒤에 수백 명의 도쿄 거주 조선인들이 공포에 사로잡힌 일본인들 손에 학살당했다는 뉴스가 조선 신문지면의 머리를 장식했고 대중적인 공분을 불러일으켰다. 그때까지 공표된 문화정치의 개혁들이 서서히 실행되고 있었지만, 조선인 학살은 일본의 조선 지배의 앞날에 좋지 않은 전조였다. 대다수 비관적인 관찰자들에게 그것은 3·1운동기의 강경정책으로 퇴보하거나, 심지어 "필시 조선을 포기할 수밖에 없을 것이라는 예감"을 안겨준 흉조(凶兆)였다.[68] 호소이 하지메가 사이토에게 보낸, 나중에 총독부 관리들 사이에 회람된 극비메모는 조선 언론의 사주를 받은 나라 안팎의 조선인 대중들이 일본 상품과 일본 교육, 그리고 납세를 거부하는 불온한 사례들을 열거했다. 조선인들이 보복할 것이라는 두려움은 정착민들이 각 지역에 자경단(自警團)을 서둘러 조직하게 만들었다. 그 상황은 1919년 봄의 3·1봉기 때를 방불케 할 정도로 흉흉했다.[69]

다시 일어난 반일 적대감은 이미 민족에 대한 배반이라는 비난에 짓눌리고 있던 친일단체들을 더욱 약화시켰다. "지금의 근시안적인 공산주의나 독립추세를 근절"하기로 마음먹은 이들 허둥대던 단체들의 조선인

68 사이토 총독에게 보낸 호소이 하지메(細井肇)의 의견서(1923년 9월 17일), p. 566.
69 조선총독부 경무국(警務局) 편, 『극비: 고등경찰 관계연표』(極祕: 高等警察關係年表』, 1930c, p. 133.

지도자들은 1924년 3월에 연합해 각파유지연맹(各派有志聯盟)을 결성했다. 그들은 자신들이 급진주의자들에게 대처할 마지막 보루임을 자처했으나 아무 소용이 없었다.[70] 민족주의적 반대세력에 대한 폭력사건[71]을 비롯한 연맹의 활동은 대중들의 반감에 기름을 끼얹었다. 연맹은 내분으로 상황이 더욱 악화되어 1925년 이후에는 빈사상태에 빠졌다.

동화 캠페인: 동민회(同民會)

조선인들이 운영한 단체들이 민족주의적 압력 때문에 흔들리자, 일본인 정착민 엘리트들이 들고일어나 대항조치를 취함으로써 두 민족 간의 관계를 수정하려 들었다. 그들은 점차 공허해지고 있던 내선융화의 담론을 되살리기 위해 1924년 봄에 식민국가 및 믿을 만한 조선인 동맹자들과 손잡고 명칭과 목적이 부합하는 이념단체인 동민회(同民會)를 설립했다. 다른 많은 단체들처럼 동민회도 경무국의 보호 아래 활동했으나, 동민회는 그 출발부터 특이했던 부역자들의 조직이었다. 동민회는 1920년대에 사이토 총독의 개인적인 축하 속에, 특히 문화정치를 촉진하기 위해 설립된 (이런 종류의 단체들 중에서는 가장 큰) 일본인-조선인 연합단체였다.[72] 본국에까지 지원망을 확장했던 동민회의 활동을 자세히 살펴보면, 정부 공식정책의 동맹자였던 부르주아 정착민들의 새로운 역할과 영

---

70 조선총독부 경무국, 『관동대지진이 조선에 영향을 끼친 상황』(關東地方震災の朝鮮に及ぼしたる狀況), 1923; 『조선사정 기밀통신』(朝鮮事情機密通信), no. 2 (1925년 2월), p. 14~15.

71 『동아일보』, 1924년 4월 10~11일자.

72 이 장(章)의 동민회 논의는 우치다 준(內田じゅん), 2003a, pp. 173~201에 토대를 두고 있다.

동민회 지도자들.
신석린(위), 나카무라 겐타로(아래 왼쪽), 사토 도라지로(오른쪽).
출처: 동민회, 1926.

향력, 특히 조선 민족주의에 대항하는 핵심세력으로서의 그것을 분명하
게 알 수 있다. 게다가 내선융화의 실천가를 자처했던 그들은 식민주의
수사(修辭)를 구체적인 사업들로 전환했는데, 그것은 지역[조선]의 역동
성뿐만 아니라 화합하는 제국을 창출하려 했던 일본인들의 시도가 갖고
있던 한계까지 살펴볼 수 있게 해준다.

　동민회는 가쿠슈인(學習院) 대학의 총장을 지낸 호조 도키유키(北條時
敬, 1858~1929)가 이끌었던 도쿄의 일본인 애국단체인 공민회(公民會)
로부터 직접적인 영감을 받아 설립되었다.[73] 호조의 사위는 다름 아닌 식

73　『동민』(同民) 1(1924년 6월호), p. 80.

민지의 경무국장 마루야마 쓰루키치(丸山鶴吉), 즉 수많은 친일단체들의 활동을 뒤에서 조종한 바로 그 사람이었다. 1923년 초 공민회 지도자들이 순회강연 차 경성을 방문한 뒤, 사이토는 마루야마에게 조선에도 비슷한 단체를 만들고 싶다는 자신의 뜻을 전달했다. 마루야마는 그 작업을 보기 드물 정도로 조선어에 능통했던 장기 정착민 나카무라 겐타로(中村健太郎, 1883~?)를 경무국 촉탁직에 임명해 그 일을 맡겼다. 나카무라는 1899년에 구마모토(熊本)에서 어학 교환학생으로 조선에 왔다. 그의 선생이 범아시아주의자인 사사 마사유키(佐々正之, 1862~1928)였는데, 그는 유명한 일본의 민족주의자 사사 도모후사(佐々友房, 1854~1906)의 동생으로 명성황후 시해에 가담한 자였다. 합병 당시 유창하게 조선어를 구사했던 나카무라는 동민회 조직작업을 맡기 전에 1910년대에 『경성일보』와 『매일신보』 일로 언론에 첫발을 내디뎠다. 나카무라는 이후 동민회와 총독부 사이의 핵심적인 연락책 역할을 했다.[74]

동민회의 구성과 회원을 보면, 개인적 접촉이 나카무라와 같은 제국의 브로커들에게 얼마나 중요한 일이었는지 알 수 있다. "[당신은] 조선 내에서의 소규모 활동만으로는 내선융화를 충분히 수행할 수 없다"[75]라는 사이토의 독촉을 받은 나카무라는 단체모임에서 선발된 다른 두 명의 대표들과 함께 도쿄로 갔다. 그 두 명은 정착민 사업가로 국회의원을 지낸 사토 도라지로(佐藤虎次郎, 1864~1928), 그리고 중추원 의원이자 국민협회 이사로 사이토와 가까웠던 신석린(申錫麟, 1865~1948)이었다.[76]

---

74 나카무라 겐타로(中村健太郎), 1969, pp. 9~18, 85~93.

75 같은 책, p. 83.

76 신석린(申錫麟)은 1911년부터 식민지 관료로 일했고 1921년에 강원도 도지사가 되었다. 1923년부터 1930년대까지는 중추원 의원을 지냈으며, 그 기간 중인 1927년부터 1929년까지는 충청남도 도지사로 있었다(모리카와 기요토(森川淸人), 1935, p. 33).

3개월간의 일본 여행 마지막에 그들은 동민회 설립을 위한 1백 건이 넘는 지원의 약속을 얻어냈고 3만 엔의 개인기부금도 받았다. 이렇게 기금을 낸 것은 각계각층의 개인들이었다.[77] 거기에는 도쿠토미 소호(德富蘇峰, 1863~1957)와 시부사와 에이이치(澁澤榮一, 1840~1931)처럼 조선과 오랜 기간 관계를 맺어온 전직 식민지 관료들과 유명인사들이 포함되어 있었다.[78] 국회의원을 지낸 사토는 또 자신의 광범위한 사회관계망을 활용해 이누카이 쓰요시(犬養毅)와 가토 다카아키(加藤高明, 1860~1926), 그리고 극우민족주의자 도야마 미쓰루(頭山滿, 1855~1944)와 그의 예전 낭인시절 동지 우치다 료헤이 같은 고위급 정치지도자들로부터 지지를 이끌어냈다.

동민회가 1924년 4월 15일 공식적으로 출범할 때까지, 조직가들은 마찬가지로 인상적인 조선의 진짜 '명사'들을 출연자로 끌어들였다. 동민회의 초대 회장인 호조 도키유키를 두 명의 부회장이 보좌했다. 한 사람은 조선인 남작(男爵) 이재국(李載國)이고, 또 한 사람은 경성 철도국의 일본인 국장 안도 마타사부로(安藤又三郎)였다. 다수의 '고문들' 속에는 귀족 타이틀을 지닌 유명인사들과 광범위한 조선 엘리트들이 망라되어 있었다. 관리들, 사업가들, 지주들, 기업의 중역들, 중추원 의원들, 그리고 친일단체의 지도자들이 이사회를 채웠다.[79] 거의 비슷하게 일본인과 조선인으로 나뉘어 있던 동민회 회원들은 계급을 통합의 새로운 토대로 끌어올림으로써 민족관계를 재구성하려는 조직가들의 욕망이 반영된

---

77 나카무라 겐타로(中村健太郎), 1969, pp. 83~89; 『동민』1(1924년 6월호), pp. 11~12, 80~81.

78 시부사와는 대동동지회와 상애회(相愛會)를 비롯한 다른 많은 단체들에도 재정지원을 했다(시부사와기념재단(澁澤青淵記念財團) 류몬샤(龍門社), vol. 31, 1960, pp. 745~67).

79 동민회의 대다수 조선인 이사들은 동시에 국민협회, 유도진흥회, 대정친목회 등 다른 단체들의 이사도 겸했다.

내선융화의 이상을 구현하고 있었다.[80]

　동민회의 목표와 전략, 그리고 활동은 바로 사이토의 문화정치의 전형이었다. 단체의 안내문에 따르면, 이 단체는 두 개의 전선에서 이념적 전투를 전개할 것이라고 공언했다. 하나는 민족마찰 및 조선 내의 급진주의 사상과의 전투, 그리고 다른 하나는 동아시아에 대한 서구의 제국주의적 침략에 맞서는 것이었다. 사회진화론적인 관점의 안내문에 따르면, 그 두 가지 문제를 해결할 수 있는 만병통치약은 종족의 보전과 공동의 번영을 위해 일본인과 조선인 간의 '유대와 상호지원을 강화'하는 것이었다. 이러한 정신으로 동민회는 활동의 총괄지침이 될 세 가지 목표를 내세웠다. '내선융화의 완전한 실현'을 통해 서구의 세계지배와 아시아 민족에 대한 차별에 대항한다는 것이 그 하나였다. 또 하나는 '사상선도'(思想善導)를 통해 사회주의 사상과 독립지향을 제거하는 것이었다. 끝으로 산업진흥, 노동과 훈련을 통해 '목표 없는 행동과 나태의 습관'을 제거하겠다는 것이었다.[81] 달리 말하면, 동화를 제국주의 서구에 대적하기 위한 일본과 조선의 공동사업으로 다시 제시함으로써 조선의 건전한 자본주의 발전을 다지고 그에 따르는 계급갈등과 사회적 무질서 등의 불온한 부작용들을 피해가겠다는 것이었다.

　동민회의 최고이자 최대의 임무는 민족화합이라는 복음을 전파하는 것이었다. 이 단체는 특히 일본인과 조선인 합동으로 자본주의 조선의 건설을 촉진하기 위한 새로운 이념 — 설립자들은 이를 뭉뚱그려서 '동민정신'이라고 불렀다 — 과 공간을 제공하려 했다. 설립자 중 한 사람

80　동민회 설립은 3·1운동 뒤, '일본인과 조선인 자본가들 간의 협력'에 토대를 둔 영향력 있는 단체를 만들고 싶어했던 정부의 욕구가 오랜 기다림 끝에 충족된 것이라고 볼 수도 있다(사이토 총독에게 보낸 야마나시 한조(山梨半造)의 의견서, 1919, pp. 155~56).

81　『동민』1(1924년 6월호), pp. 80~81;「동민회 창립취지」, *SMB* 12, pp. 279~89.

인 도요(東洋) 대학의 다카시마 헤이자부로(高島平三郎)는 동민이라는 말이 이중적 의미를 지니고 있다고 했다. 가장 넓은 의미에서 그것은 "일본인과 조선인 사이에 우열의 차별을 없애는 것"을 뜻했고, 두 민족을 '같은 국민'으로 대우하는 것을 의미했다. 그것은 또한 "공동의 의지로 뭉친 사람들이 하나의 훌륭한 국가를 건설하기 위해 함께 협력하는 것"을 의미했다.[82] 국민-신민(citizen-subject) 양쪽에 걸쳐 있어서 일본의 국민 개념상으로는 애매한(제2장 참조) 이 동민이라는 말은 조선을 식민체제(colonial polity)로 보는 인식이 바뀌고 있던 현실을 포착해 만든 것이다. 프라젠짓 두아라(Prazenjit Duara)가 '동아시아 근대'(East Asia Modern)라고 불렀던 것[83]을 상징하는 동민 이데올로기는 자치와 시민권이라는 근대의 정치이념을 제1차 세계대전 뒤의 세계적 추세에 맞춰 번역하고, 그것을 메이지 시대 국정운영관과 1910년대의 일시동인 정책에 무게를 둔 제국신민이라는 '전통적' 일본 관념과 결합하는 역할을 했다. 일정부분 '윌슨주의 효과'(Wilsonian moment) 또는 반제(反帝)민족주의의 대두에 대한 일본식 대응[84]이었는데, 이 어색한 합성어는 식민지 통치자들이 자신들의 통치권 아래 다민족집단들이 공존하는 것을 인정해야 할 정치적 필요(지금은 세계적 규범이 된)에 대한 새로운 자각(뒤늦었지만)을 반영했다. 이런 이해의 논리적 결론은 명목상 모두가 평등한 혼합민족국가(다민족국가) 이념의 수립이었다. 그것은 만주국(滿洲國)의 출현을 예고하는 구상이었다.[85] 그 이념은 명시적으로 밝히진 않았지만, 화합의 수사

---

82 다카시마 헤이자부로(高島平三郎), 「동민회의 근본정신」, 『동민』 1(1924년 6월호), p. 26.

83 만주국 내에서 '동아시아 근대'가 어떻게 작동했는지에 대해서는 Prasenjit Duara, 2003, pp. 2~3, 62~63 참조.

84 Erez Manela, 2007.

85 Prasenjit Duara, 2003. 조선에 대한 이런 다민족 혼성(混性)의 구상은 총독부 관리들도 지니고 있었다. 예컨대, 히라이 미쓰오(平井三男), 1924, pp. 4~5 참조.

(修辭) 속에 동화사업을 묻어버린 동민회의 활동 속에 암시되어 있다.

늘어나는 지부들을 활용해 동민회는 '동민정신'을 '조선 방방곡곡으로' 확산시키려 했다. 이를 위해 강연과 영화상영, 공부모임, 그리고 두 공동체 간의 대화를 증진하기 위한 '일본인과 조선인의 비공식적인 토론회' 등을 쉴 새 없이 열었다.[86] 이런 일에 다수 관여해 '거의 언제나 조선어로' 강연을 한 나카무라가 그렇게 한 이유는 일본어로 하면 40대와 50대의 조선인들에게 그 이야기가 퍼지지 않기 때문이었다.[87] 그리고 "반일기사들이 조선의 신문사업을 지탱해주고 있는" 때에, 동민회는 나라 안팎에서 "동화가 성과를 낳고 있다"라는 것을 입증하려고 열심히 노력했다.[88] 동민회는 매월 회보 『동민』(同民) 5,000부를 배포했다. 『동민』은 일본인과 조선인 주민들 간의 다양한 '미담'을 특집으로 내보내고, 두 민족 간의 결혼(회원이 아닌 사람들도 자신들의 결혼 사실을 알려 동민회의 특별한 축복을 받을 수 있게 했는데, 그것은 전시 국가정책의 전조였다)을 집계함으로써 정기적으로 '민족화합의 증거'를 제공했다.

동민회는 명백히 그 활동을 한반도 경계를 넘어 더 광범위하게 전개된 인종적 갈등에까지 확장했다. 일본인과 다른 아시아인들의 미국 이주를 금지한 1924년의 미국 이민법이 그해 7월 1일부터 발효되었다. 동민회는 그날을 '유색인종 모욕일'로 선포하고 수천 장의 포스터와 엽서를 뿌려 "세계의 우수한 존재인 일본인과 조선인이 협력할 것"을 촉구했다.[89] 범아시아의 대동단결에 초점을 맞춘 것은 우치다 료헤이 같은 천황주의자들의 낡은 의제를 유지하겠다는 신호였으나, 일본제국의 면모를 바꾸기 시작한 새로운 이념적 흐름도 흡수했다. 첫째, 미국의 반(反)이민법

---

86 『동민』 7(1924년 12월호), p. 8.
87 나카무라 겐타로(中村健太郎), 1969, pp. 89~90.
88 『동민』 5(1924년 10월호), p. 11; 『동민』 1(1924년 4월호), p. 17.
89 『동민』 7(1924년 12월호), p. 5.

안의 통과는 일본에 자신을 제국주의 가해자가 아니라 희생자로 보도록 부추겼다.[90] 둘째, 세계적으로 대두된 반(反)식민민족주의가 서구지배에 대항하는 '피지배민족들'의 투쟁으로서의 동아시아 동맹이라는 이념을 되살릴 기회를 일본에 주었다. 아시아 평등주의를 앵글로아메리칸 팽창주의와 병치하면서, 동민회 지도자들은 민족단결을 고취하고 계급투쟁이라는 불온한 사상을 논박함으로써 일본인과 조선인 간의 관계를 강화하기를 바랐던 것만은 아니다. 그들은 또 충돌의 축을 동서양의 분열에 맞춰 재설정함으로써 '동양'을 재구성하려 했다. 그것은 확실히 문명의 충돌 쪽으로 방향을 바꾸기 위해서였다.

범아시아주의적 요구는 마찬가지로 절박하고 고된 작업을 통해 보완되었다. 그것은 조선 내 정착민들을 민족공생의 메시지로 전환하는 작업이었다. 당국이 피부양자들에 대한 가부장적인 의무에 대해 이야기하는 곳에서 동민회 지도자들은 정착민들이 마치 자신들은 조선인들에게 신세를 진 게 아무것도 없는 듯이 행동하는 것을 걱정했다. 동민회는 일본인 거주자들에게 조선인을 부를 때 쓰는 경멸적인 말인 '요보'(여보)를 쓰지 말도록 촉구하는 수만 장의 전단지를 조선 안팎의 도시들에 뿌렸다.[91] 그들은 또 회보 『동민』에 '조선인에 대한 일본인의 자각'을 촉구하는 발표문을 공지했다. 1926년에 인쇄된 그런 공지문 중의 하나는 모든 일본인 거류민에게 "꼭 좋은 정착민이 되라", "2,000만 명의 [조선] 동포들과의 공존공영에 대한 자각을 서로 높이자", "조선에 대한 본국의 오해를 바로잡자", "정부당국, 식자들, 정치인들이 국가정책을 개선하도록 안내하고 깨우치자"라고 촉구했다.[92] 동민회는 모든 서민에게 민족관계

90 Prasenjit Duara, 2003, p. 78.
91 『동민』4(1924년 9월호), p. 17; 그리고 『동민』7(1924년 12월호), p. 8.
92 『동민』19(1926년 2월호), p. 14.

를 바탕부터 철저히 바꿔 제국의 짐을 지라고 촉구했다. 그것은 사실상 각 정착민을 제국의 브로커로 임명한 것이나 다름없었다.

　동민회의 조선인 회원들은 자신의 동료들을 포함한 일본인 정착민들이 행실을 바로잡아야 한다고 촉구하는 합창에 종종 동참했다. 회보에 정기적으로 글을 쓰고 있던 최정호(崔定浩)는 "일본인들은 늘 조선인들이 더 열심히 일해야 한다고 들들 볶으며 내선융화를 이야기하지만, 자신들의 특권을 과시하고 오만하다"라고 불만을 토로했다. 그런 '차별적인 우월감'은 일본인들이 자국의 역사에서 조선 땅에 대한 그릇된 추정을 하고 있는 데서 비롯된 것이라고 그는 주장했다. 예컨대, "조선을 [1877년의] 사쓰마(薩摩) 반란의 원인으로 보고", "일본의 조선병합을 청일전쟁과 러일전쟁 때의 (일본의) 희생에 대한 보상으로 알고 있는 것" 등이 그러했다.[93] 내선융화는 근대 일본의 최근 역사에 대해 잘못 알고 있는 식민주의자들을 재교육해야 비로소 시작될 수 있을 것이라고 최정호는 제안했다.

　조선 민족주의는 동민회운동의 주요 표적이었다. 조선의 독립요구를 약화시키기 위해 동민회는 일찍이 아베 미쓰이에가 사이토에게 제안했듯이, "[조선의] 자강(自强)에 대한 주장과 손잡고", "교육과 산업진흥을 두 가지 핵심목표"로 삼으려 했다.[94] 그 활동은 조선의 자본주의 발전을 촉진하고 사회주의와 싸우면서 대중적 기반건설보다 중간계급의 지도력 창출을 우선시한 온건한 민족주의자들의 목표와 합치되도록 틀이 짜였다. 이러한 부르주아 의제를 수용함으로써 정착민 지도자들은 일본의 헤게모니가 조선의 민족주의운동 내에서 빠른 속도로 번지고 있던 극심한 반목 속에 천천히 뿌리내릴 수 있을 것으로 기대했다.

93　『동민』 7(1924년 12월호), pp. 22~23, 그리고 『동민』 15(1925년 9월호), pp. 24~26.
94　사이토 총독에게 보낸 아베 미쓰이에(阿部充家)의 편지(1921년 9월 6일).

복지와 교육, 그리고 경제에 대한 조선인의 욕구가 커지고 있던 상황에 부응하기 위해 동민회는 '사회사업'이라는 관점에서 기획한 다양한 계획들을 제안했다. 급진주의에 대처하는 예방수단으로 자선사업을 활용하는 것은 그 무렵 일본에서는 낡은 전략이었으나, 식민지 조선의 운영에서 그 새로운 용도를 찾아냈다.[95] 그것은 민족주의의 기세를 꺾어놓는 것이었다. 내선융화의 명분으로 동민회 경성 본부는 '경제적으로 곤궁한 사람들을 위한 개인상담', '회원 중에 가족사별(死別)의 불행을 당한 유족들에게 조문하기'와 같은 다양한 봉사활동을 벌였다. 지역의 지부들은 더 힘든 사업들을 수행했다. 공주 지부는 '가난한 고아들을 위한 구제원'을 운영했으며, 강경 지부는 어린이들에게 새끼를 꼬고 가마니를 짜는 작업을 시켰다. 그렇게 해서 농민과 노동자들이 부수입을 얻어 '곤란을 덜도록' 도와주기 위해서였다.[96]

대구 지부는 한 걸음 더 나아가 그 지역 조선인 지주들과 사업가들이 농업점검팀을 만들도록 했다. 이 단체는 전라북도 거주 일본인이 소유한 '유명하고 선진적인 농장모델과 관개시설' 몇 군데를 찾아가 지주와 소작인들이 "내선융화를 얼마나 이상적으로 실행하고 있는지" 직접 살펴보기도 했다.[97] 총독부 및 일부 농업단체들과의 협력을 통해 동민회 본부는 양잠에 대한 연례연수회도 조직했는데, 당시 지역농민들은 양잠을 가장 장래성 좋은 부업으로 여겼다. 1925년 10월에 열린 첫 연수회에 전국 13도(道)에서 온 약 300명의 조선인 및 일본인 양잠농들이 기술자들의 강연을 듣고, 영상물을 보고, 선도적인 제사(製絲)공장들과 경성의 시험장을 견학했다. 동민회 활동들은 당국, 특히 예산규제 때문에 총독부가

95 Carol Gluck, 1985, p. 91.
96 『동민』 54(1929년 3월호), p. 5, 그리고 『동민』 75(1930년 12월호), p. 3.
97 『동민』 15(1925년 9월호), p. 29, 그리고 『동민』 16(1925년 10~11월호), pp. 50~56.

동민회의 '통신판매 강의' 광고.
출처: 『동민』 71(1930년 8월호), p. 8.

'양잠육성 15년 계획' 시행을 뒤로 밀쳐둬야 했던 시기의 당국으로부터 크게 환영을 받았다.[98]

이 모든 계획들 중에 동민회가 가장 많은 돈과 노력을 쏟아부은 것은 교육진흥 사업이었다. 더 많은 젊은이들을 끌어들이고, 또 그들의 과격화 추세를 막기 위해 동민회는 공립학교의 설립속도보다 앞서가던 조선인의 커져가던 교육에 대한 열망을 흡수할 다양한 사업들을 벌였다.[99] 1926년에 동민회는 초등학교 고학년생과 중학생의 교육과정을 대상으로 한 '통신판매 강의'를 제안하기 시작했다. 지방 도지사들과 교육단체의 지원 속에 동민회는 일이나 경제적 이유로 학교를 다닐 수 없었던 시골의 조선인 어린이들에게 저렴한 가격으로 교과서를 배부했다.[100] 판매 부수가 대체로 기부자 수와 일치한다고 보면, 동민회는 총 1만 명이 넘

---

98 『동민』 17(1925년 12월호), pp. 51~55.
99 후루카와 노리코(古川宣子), 1993, pp. 51, 54~55.
100 『동민』 23(1926년 7월호), p. 50. 조선어 광고에 따르면, 당시 동민회의 교과서들은 '조선에서만 쓸 수 있는 독학강의용 인쇄물'이었다.

는 많은 학생에게 도움을 준 셈이 된다.[101] 어린이와 청년들이 함께 지역 청년회의 교육을 받았을 것이고, 일부에서는 졸업식 행사까지 열었다.[102]

지역의 수장들과 상업회의소의 지원 속에 동민회는 지역교육과 산업 진흥에 기여한 '남몰래 선행을 한 사람들'을 찾아내 보답하는 활동도 벌였다. 그들 대다수는 '지역개혁과 산업발전'에 참여한 서당(書堂)의 훈장들과 모범농민들, 그리고 헌신적인 학교운영위원회 위원들과 '대중 사회교육'을 발전시킨 지역의 유지들 등 지역의 영향력 있는 조선인들이었다. 국가와 사회에의 그들의 기여에 대해 동민회는 '감사의 편지'를 헌정하고 그들의 모범적인 행동을 회보에 게재해 널리 알렸다.[103] 조선의 민족적 이익과 일본의 식민지 사업의 결합을 강조함으로써 동민회는 모든 계층의 지역지도자들을 운동에 끌어들여 내선융화의 풀뿌리 실천가로 묶어내려 했다.

이런 교육활동들은 친일부역자들을 육성하는 차원으로 확장되었다. 그것은 국가가 지속적으로 기울여온 노력을 반영하는 동시에 그것을 보완했다. 1925년 여름을 시작으로 동민회는 해마다 '동민 하계대학'이라 불린 지도력 훈련과정을 실시했다. '미래의 지역지도자들'을 훈련하기 위해 고안된 열흘간의 그 특별교육 참가자들은 각 도(道)의 도지사들이 '사회계몽, 사상선도, 산업진흥' 분야에서 선발해 '동민정신'을 불어넣었다. 요컨대, 그 하계대학은 내선융화 이데올로그들을 길러내는 인큐

---

101 불행하게도 기부자 수와 그들의 지역배부에 대한 자료가 남아 있지 않다. 이용이 가능한 기록들은 동민회가 1928년에 3,138부의 초등학교 교과서와 6,070부의 중학교 교과서를 판매했음을 보여준다. 1930년대 초의 중학교 교과서 연간 판매량은 약 5,000부를 맴돌았으며, 초등학교 교과서는 약 7,000부로 늘었다. 『동민』 54(1929년 3월호), pp. 7~8; 『동민회 회보』(同民會 會報)(1933년 2~5월호), pp. 19~20, 그리고 (1933년 5월~1934년 2월호), p. 17.

102 함경북도 경성지방 한 마을의 사례. 『동민』 54(1929년 3월호), 부편(附篇), p. 1.

103 『동민』 5(1924년 10월호), p. 9.

동민회 하계대학 제1기, 1925년 8월.
출처:『동민』14(1925년 7·8월호), 표지 뒷면.

베이터였던 것이다. 경성에서 열린 제1기 대학에 90명이 참가 ─ 60명
이 조선인, 30명은 일본인 ─ 했는데, 그들은 전국 각지에서 왔으나 경
기도에서 온 참가자들이 다수를 차지했다. 분야별로 가장 많았던 참가
자는 보통학교 교사들이었고,[104] 그다음으로 다양한 지역 행정단위의 지
역의회 의원들, 청소년단체 지도자들 순이었다. 그들의 직업분포를 자세
히 살펴보면, 특히 정부의 하급 공무원으로 일하는 젊은 조선인들 또는
'기술관료형 협력자들'을 끌어들이려던 대학조직가들의 의도가 드러난
다. 역사학자 나미키 마사토(並木正人)가 명명한[105] '기술관료형 협력자'
들은 1920년대에 식민지 관료체계 확장에 따라 꾸준히 그 수가 늘었다.
자신의 직업을 제국에 대한 봉직보다는 사회적 신분상승의 방도로 생각

---

104 '보통학교'는 조선인 아동들을 위해 공식적으로 설립된 초등학교(소학교) 시설
      들을 가리킨다.
105 나미키 마사토(並木正人), 1993, pp. 40~45.

했을 가능성이 농후한 이들 새로운 세대의 조선인 관리들을 세뇌하려는 노력은 융화운동의 성공에 매우 중요한 요소로 여겨졌다.

동민회의 하계연수회는 1930년대 말까지 거의 매년 열렸다. 각 기별 주제와 교과과정은 총독부 정책에 맞춰 신중하게 책정되었고, 대다수 강의들은 자신들의 전문영역에 대해 이야기하는 식민지 고위관료들의 이야기로 채워졌다. 1926년에 조선 산미증식운동(産米增殖運動)이 재개되었을 때, 하계대학 과정이 초점을 맞춘 것은 농업개발 분야 지역지도자들의 훈련이었다. 1930년 광주학생운동(光州學生運動)이 한창 벌어지던 때의 강사들은 경성에서 일본인과 조선인 학생들을 상대로 다양한 '당대의 이념추세에 대한 학문적 주장들'을 개괄하고 비평했다.[106] 몇 년 동안 관료들 외에 제국 전체에 이름을 알린 유명한 학자들도 강사로 참여했는데, 동민회는 그들의 권위를 자신들의 이념적 주장을 강화하는 데에 활용했다. 도쿄 제국대학의 보수적인 일본 고대사학자 구로이타 가쓰미(黑板勝美, 1874~1946)는 '국체'(國體)의 의미와 제국 일본의 기원을 규명했고, 유명한 범아시아주의자 오카와 슈메이(大川周明, 1886~1957)는 학생들에게 만주의 현황을 알려주면서 "동서양의 여러 통찰들, 신구(新舊)의 철학자들을 조합해 자신만의 통찰로 만들어내는 것"의 중요성에 대해 자세히 이야기했다. 이러한 강연들은, 1929년에 '사상의 퇴보'가 심화될 것을 우려한 동민회가 시작한 사업을 통해 연수회 참가자들뿐만 아니라 더 많은 사람들이 그 내용을 담은 소책자 형태로 접할 수 있었다.[107]

열흘간의 연수회가 끝나면 모든 참가자들은 식민지 고위관리들이 참석한 졸업 축하행사에서 수료증과 기념배지를 받았다. 총독부 정무총감

---

106 『동민』23(1926년 7월호), pp. 44~45, 그리고 『동민』71(1930년 8월호), p. 6.

107 「동민총서의 발행에 대하여」(同民叢書の發行について), in: 구도 다케키(工藤武城), 1929, 표지 뒷면.

이었던 시모오카 주지(下岡忠治, 1870~1925)는 축사에서 "일본과 조선은 [그들끼리] 화합해야 할 뿐만 아니라 모든 피부색의 민족들을 단결시켜 백인종에 저항해야 한다"라며, '조선인을 선도하고 계몽'하는 일에 그들이 연수회에서 획득한 '보물'을 활용해야 한다고 촉구했다.[108] 참가자들을 대표해 함흥에서 온 함경남도 소속의 공무원 최상옥(崔相玉)은 다음과 같은 맹세로 이에 화답했다. "우리가 고향으로 돌아가면 …… 우리는 더욱 철저히 동민정신을 보급하고 국가사회의 구성원으로서 우리의 임무를 다하며, 친화력과 자선정신, [우리] 교우들의 공존을 고취하고 아시아 민족의 단결을 위해 서로 더욱 헌신할 것이다."[109]

동민회 활동은 민관협력의 최고의 본보기였다. 내선융화에 대한 설교가 새로운 영혼과 이미 세뇌당한 사람들을 얼마만큼 사로잡았는지를 남아 있는 자료들을 통해서는 파악하기 어렵지만, 동민회는 조직의 규모와 위상에서 상당한 성장을 경험했다. 자선사업에 조선인을 끌어들이려던 화광교원(和光敎園)과 향상회관(向上會館) 같은 일본인이 운영하는 유명 불교단체들[110]과 함께 동민회는 창립 몇 년 만에 경성의 선도적인 '도덕함양 센터들' 중의 하나로 공식적인 인정을 받았다.[111]

1930년까지 동민회는 (지역의회가 운영하는) 지부들을 대구, 부산, 공

---

108 『동민』14(1925년 7~8월호), pp. 1~4.

109 같은 책, p. 37.

110 두 단체는 경성에 근거지를 둔 많은 정착민 지도자들의 지원을 받았다(화광교원(和光敎園), 『화광교원 사업요람』(和光敎園事業要覽), 1927, pp. 79~81; 대곡파(大谷派) 본원사(本願寺) 조선개교감독부(朝鮮開教監督部) 편, 1927, pp. 174~84). 두 단체는 식민정부와 양가적인 관계, 즉 한편으로는 정부의 동화정책을 촉진하면서도 또 한편으로는 더 순수하게 박애정신을 지키는 관계를 맺고 있었다(윤정욱(尹晟郁), 1996, pp. 160~61, 166~68).

111 경성부(京城府), 『경성부 내(內) 사회사업 개황』(京城府內社會事業槪況), 1927, pp. 48~50.

주, 강경에 설립했고 회원수는 총 3,000명에 이르렀으며, 일본과 만주까지 활동영역을 넓혔다. 문화정치의 발명품인 동민회는 대체로 총독부의 외곽조직과 같은 기능을 수행했다. 민족주의자들에 대한 대응, 정착민들 자각시키기, 산업과 교육의 진흥, 친일부역자 양성 등을 망라한 광범위한 동민회의 의제는 기본적으로 사이토 체제의 핵심사업으로 농축되었다. 나카무라가 말했듯이, 동민회와 식민정부는 '동전의 양면처럼' 작동했다.[112] 활동의 변방에서 핵심으로 진입해간 제국의 브로커들의 수법을 이보다 더 적절하게 포착해낸 비유는 없을 것이다.

내선융화의 풀뿌리 요원들

동민회의 조직활동 바깥에서는 개별 정착민들이 내선융화를 촉진하기 위한 노력들을 펼치고 있었다. 자발적이고 종종 우상파괴적이기도 했던 그들의 노력은 쌀자루를 도시의 빈민에게 나눠주는 단순한 자선[113]에서부터 혜택을 받지 못한 조선인에게 직업훈련을 제공하고 조선인 수도승들을 일본 대학에 파견하는 좀더 공을 들인 사업에 이르기까지 다양했다.[114] 이런 활동들을 추적하노라면, 우리는 초점을 풀뿌리 차원에 맞추게 된다. 통치의 사상과 전략들이 어떻게 정책의 입안자들로부터만이 아니라 다양한 제국의 브로커들이 자신들만의 이상적인(또는 공상적인) 다민족적 조선의 미래를 추구하는 일본인과 조선인 공동체 간의 접속으로부터도 솟아나오는지를 입증했다.

---

112   나카무라 겐타로(中村健太郎), 1969, p. 91.
113   신영홍(愼英弘), 1984, pp. 87~88.
114   초지야상점(丁子屋商店) 편, 『초지야상점 소사(小史)』(丁子屋商店小史), 초지야
        상점, 1936, n. p.

민족단결의 확산은 스기 이치로베이(杉一郎平, 1870~?)와 같은 헌신적인 일부 이데올로그들에게는 핵심적인 소명이 되어버렸다. 스기는 이미 1924년에 동민회 총무가 됨으로써 내선융화를 촉진하는 사업분야에서 자신의 역할을 일찌감치 창출했다. 전직 헌병대 장교요 일진회 지지자였던 그는 고전적인 낭인형(型) 인물로, 이런저런 일을 전전하다가 정치에 잠깐 손을 댄 뒤 범아시아주의를 자신의 평생의 사명으로 삼았다.[115] 그 과업은 합병 직후에 시작되었다. 그때 스기는 조중응(趙重應, 1860~1919) 같은 조선인 귀족들, 경성의 일본인 정착민들과 협력해 반도의 '내선융화 단체들의 선구'라던 세심회(洗心會)를 결성했다. 3·1운동에 대응하기 위해 스기는 또 다른 단체인 동아공창회(東亞共昌會, 동아시아공동번영회)를 창설한 뒤 지방을 돌아다니며 연설을 통해 합방이 옳다는 것을 선전하고, 조선인 젊은이들과 의견을 교환했다. 그는 1924년에 동민회 일에 진력하기 위해 동아공창회를 해산했는데, 그다음 해 동아공창회가 동민회에 합병될 때까지는 그 단체의 운영을 감독했다. 동민회를 본궤도에 올려놓은 뒤, 스기는 '정신작흥(作興, 고양)'을 위해 몇몇 헌병대 지휘관들과 손잡고 러일전쟁 때의 일본군 영웅(그리고 스기의 옛 지휘관)인 노기 마레스케(乃木希典, 1849~1912)의 이름을 딴 조선노기회(朝鮮乃木會)를 창립했다. 그 이름을 기리기 위해 조선노기회는 경성의 남산 꼭대기에 '장대한 신사(神社)'를 지었다.[116] 1930년대에 스기는 경성의 일본인 공동체 일과 교육사업, 특히 가난한 조선 어린이들 약 300명을 기숙사에 입소시켜 교육한 릿쇼(立正)학원의 운영에 적극적으로 뛰어들었다. 이 경력으로 그는 널리 알려지게 되었으며, 그 덕에 그는

---

115 스기의 전기적 사실들에 대한 정보들은 경성신문사(京城新聞社), 1936, pp. 32~
33; 후지무라 도쿠이치(藤村德一), 1931, pp. 49~56; 경성부(京城府) 사회과,
『경성부 사회사업 요람』(京城府社會事業要覽), 1934, p. 123에서 찾아냈다.

116 『공창(共昌)의 길』(共昌之道) 1(1923년 9월), pp. 7~8.

경성 부의회의 의원으로도 선출되었다.[117]

정착민들 중에서 동화작업에 가장 적극적으로 앞장선 이들 가운데, 상인으로는 고바야시 겐로쿠를 능가할 사람이 없을 것이다. 그는 앞서 이야기한 초지야(丁子屋)상점(백화점)의 주인이었다. 고바야시가 유명해진 것은 한 세대만에 의류가게를 백화점으로 변모시킨 성공적인 업적 때문만은 아니다. 독실한 불교신자인 그는 자선가로 더 유명했다. 그의 방대한 사회복지 사업 목록에는 보육원(그의 재정지원은 그가 1918년 굶주린 조선 고아들을 잠시 보호하고 있을 때부터 시작되었다)에 돈을 댄 구세군 지원도 들어 있으며, 조선 젊은이들을 위한 과정을 운영한 또 다른 자선단체인 향상회관의 지원도 들어 있다.[118] 고바야시의 '조선인 복지' 지원은 그의 가게 운영방식에도 적용되었다. 다른 많은 정착민들과는 달리, 그는 다수의 조선인을 고용 ── 조선인을 백화점 양단코너의 점장에 앉히기도 했다 ── 하고 그들에게 기숙사와 회사의 공동묘지를 제공했으며, 직업훈련도 시켜주었다.[119] 그리고 매일 아침 고바야시는 직원들을 모아놓고 '불교적 상도(商道)'를 설파하면서 특히 "창사 이래 우리 가게를 애용해준 조선인 고객들을 소중히 여기라"라고 훈시했다.[120]

정신적 차원에서 '일본인과 조선인의 동화를 가속'하기 위해 고바야시는 원산에서 온 조선인 승려 이원석(李元錫), 동민회의 나카무라 겐타로(中村健太郎)와 함께 1925년에 조선불교단(朝鮮佛敎團)을 설립했다.[121]

117 대경성 공직자 명감(公職者名鑑) 편찬계 편, 『대경성 공직자 명감』(大京城公職者名鑑), 경성신문사(京城新聞社), 1936, pp. 32~33.

118 「구세군 육아 법무의 성장」, 그리고 「향상회관 창립」, in: 초지야상점(丁子屋商店) 편, 『초지야상점 소사(小史)』(丁子屋商店小史), 초지야상점, 1936; 모리카와 기요토(森川淸人), 1935, pp. 933~34.

119 조선총독부 학무국(學務局) 사회과(社會課) 편, 『조선의 사회사업』(朝鮮の社會事業), 1933, p. 110.

120 「친교(親交)」, 『초지야상점 소사(小史)』, 초지야상점, 1936.

고바야시는 조선불교단의 활동에 개인적으로 매년 1만 엔이 넘는 돈을 지원했다. 순회포교, 영화상영, 강연회 조직, 노인들에 대한 공경심 고취, 병자와 가난한 이들에 대한 의료지원, 그리고 '조선인들의 마음을 계몽하고 선도'하기 위한 월간지 『조선불교』(朝鮮佛敎)의 무료배포 등이 거기에 포함되었다. 조선불교단의 가장 야심 찬 사업은 많은 조선인 승려들을 훈련시켜 일본에 있는 불교 대학들에 유학을 보내는 것이었는데,[122] 거기에는 기독교 선교사들의 지배적인 영향력에 대처하려는 의도가 담겨 있었다.[123]

고바야시에게는 종종 사업과 자선의 경계가 모호했으며, 그만큼 내선 융화를 위해 헌신한 정착민은 거의 없었다. 하지만 그의 선한 삶은 조선인에게 잘 보이기 위해 계산된 부분도 있었다. 1919년 이후 조선의 정치지형에서는 화합을 앞세워서 얻는 이익 쪽이 침묵에 따르는 비용보다 더 컸다. 특히 직원의 절반이 조선인이고 고객의 3분의 1 역시 조선인이었던 초지야와 같은 기업에는 더욱 그랬다. 다른 말로 하면, 고바야시는 융화운동과 높은 상업적 이해관계가 있었다. 거기에 정착민 자본주의의 논리가 깔려 있었다. 문화정치는 정착민들이 부르주아적 선행(자선)의 가면을 쓰고 값싼 조선의 노동력을 계속 착취할 수 있게(그리고 정치적 배당금을 손에 넣을 수 있게) 해주었다.[124] 산업과 교육을 진흥함으로써, 설사

---

121   나카무라 겐타로(中村健太郎), 1969, pp. 95~96, 172~73.

122   고바야시 겐로쿠(小林源六), 1926.

123   「조선고」(朝鮮苦), 『개벽』(開闢), 1924년 7월호, pp. 18~19. 그러나 이 특별한 시도는 완전히 실패한 것으로 보인다. 1930년에 어느 조선 잡지가 보도했듯이, 조선불교단은 10년간 겨우 '20명 내지 30명의 조선인 승려들'을 일본에 보냈는데, 그나마 그들 중 절반이 "급진적 민족주의 감정에 눈떠" 조선으로 돌아왔다 (『조선과 만주』, 1930년 12월호, p. 5).

124   고바야시 겐로쿠(小林源六)의 손자와의 인터뷰, 2001년 12월 16일, 일본 지바 (千葉).

조선인들을 동화시키려는 노력이 실패하더라도 정착민 소매상들은 조선인들의 구매력 성장 덕을 누릴 수 있었다.[125] 고바야시와 같은 상업자본가들에게 내선융화는 늘 그렇듯이 결국 또 하나의 사업이었을 것이다.

일부 풀뿌리 동화주의 이데올로그들은 조선인에게 초점을 맞추는 대신, 무지와 무관심 때문에 다른 질서창출에 시험대가 된 본국인들의 계몽에 정력을 쏟아부었다. 동민회의 대구 지부장으로 경상북도 지방관리를 지낸 와타나베 벤조(渡邊弁三)는 퇴직 뒤 일본에서 순회강연을 다니면서 여생을 "조선의 사정을 밝히는" 일에 바쳤다.[126] 그러나 조선반도에는 더 긴급한 일이 남아 있었다. 그것은 소통이 가능한 정착민들을 민족 공존의 메시지로 전환하는 일이었다. 이는 26세 때 조선으로 건너와 부산 인근에서 과수원을 운영하던 하야시 쇼조(林省三)의 복음주의 해법을 통해 착수되었다. 조선 내의 일본인 고리대금업자들의 폭력적인 행태에 화가 난 하야시는 1923년 3월에 그 자신이 세족운동(洗足運動)이라 이름을 붙인 도덕십자군(moral crusade)운동을 시작했다. 그것은 '야마토 민족'으로서의 존엄을 되찾고 그들(정착민)에게 조선인 동화의 이상을 주입하기 위한 것이었다.[127] 관동대지진 때의 조선인 학살뉴스로 뒤숭숭한 가운데, 하야시는 자신이 쓴 선언문 사본을 배포하고 일본인들이 모여 사는 도시들의 기차역에 전단을 뿌렸다. 역시 연설을 하며 이 지방 저 지방을 돌아다니던 마루야마 쓰루키치가 하야시를 도왔다. 마루야마는 정착민들에게 조선인을 착취하지 말라고 경고하면서 대신 "조선인을 사랑하고 구하라"라고 설파했다.[128] 그 메시지는 분명 요시노 사쿠조(吉野作

---

125 1943년에 발간된 어느 산업연감은 그 무렵 초지야 고객의 60퍼센트가 조선인이라면서 '반도인들의 급속한 구매력 증가'에 대해서도 지적했다(오구라 세이타로(小倉政太郎) 編, 1943, p. 145).

126 이진석(李軫錫) 외 편, 1934, pp. 11, 15.

127 하야시 쇼조(林省三), 1964, p. 278.

造, 1878~1933)의 귀에 들어갔고, 요시노는 도쿄에서 운동에 지지를 보낸다는 엽서를 써서 하야시에게 보냈다.[129]

곤경에 처한 조선 농민들을 동정했던 그는 정부의 농업정책을 비판했다.[130] 그런 점에서 하야시가 다른 이데올로그들과는 달랐겠지만, 그의 운동 역시 결국 조선에 대한 일본의 정치적 설계를 떠받치는 역할을 했다. 하야시는 일본의 조선 통치의 근간에 대한 의문 없이 일본의 통치를 바로잡으려 한 기독교 민족주의자였다. 그는 '일본의 조선합병 목적은 두 민족의 공존과 공영'이라고 믿었다.[131] 하야시 농장의 방문행렬 속에 흑룡회 회원들과 만주의 낭인들도 들어 있었다는 것은 하야시가 좀더 공격적인 일본 팽창주의 지지자들과도 연계되어 있었음을 보여준다.[132] 사실 하야시의 운동은 우익의 범아시아주의자들에서부터 총독통치 체제에 대한 가장 노골적인 비판자들에 이르기까지 온갖 신조의 조선인들과 일본인들로부터 지지를 끌어냄으로써, 정치적 스펙트럼을 넘나드는 광범위한 호소력을 지니고 있음을 입증했다. 내선융화는 비록 지배적 지위를 누리지는 못했지만, 다민족체제로서의 조선에 대한 구상과 함께 조선의 정치풍경을 급속도로 바꾸었던 여러 경쟁적인 이념체계들 —— 민족주의, 사회주의, 공산주의 —— 속에서 나름대로 뿌리를 내린 것으로 보인다.

---

128 같은 책, pp. 278, 303~16.

129 같은 책, p. 281.

130 『조선실업클럽 회보』(朝鮮實業クラブ會報), 1930년 12월, pp. 17~22.

131 하야시는 자신의 공모관계를 몰랐기 때문에, 총독부에 대한 자신의 비판적인 글이 검열을 통과하고 『경성일일신문』(京城日日新聞)이 주최한 에세이 콘테스트에서 3등을 했을 때 깜짝 놀랐다(하야시 쇼조(林省三), 1964, p. 306).

132 같은 책, p. 318.

융화운동의 한계

하야시가 제국주의와 자신의 공모관계를 대체로 자각하지 못하고 있었다면, 동민회는 그 지도부가 지닌 과격한 국수주의에 매우 후안무치한 태도를 드러냈다. 정착민 지도자들이 공유한 반사회주의 이념은 그들을 황민회(皇民會)와 대일본국수회(大日本國粹會)를 비롯한 본국의 애국단체들과 손잡게 만들었다.[133] 황민회는 상대적으로 잘 알려져 있지 않았으나, 국수회는 제국 전체로 활동을 펼칠 수 있을 정도로 조직의 규모가 컸다.[134] 국수회의 조선 지부는 금세 일종의 폭력단과 같은 존재로 악명을 떨쳤으며, 그 회원들은 종종 폭력극을 벌여 사람들을 깜짝 놀라게 만들었다.[135] 그런 폭력사건이 1925년 여름, 본국에서 초청돼온 프롤레타리아 작가 나카니시 이노스케(中西伊之助, 1887~1958)가 연설하던 도중에 한 회원이 '단도를 휘둘러' 조선 사회주의자들의 집회를 방해했을 때 일어났다.[136]

그 사건으로 조선인과 일본인 사회주의자들이 자신들의 신조 — 그 집회에 대해『동아일보』가 보도했듯이, '계급의식'이 얼마나 쉽게 '민족의 단결력'보다 우선하는가 — 를 입증할 수 있었던 반면, 그들의 부르주아 적들은 자신들의 민족화합 선언을 수호하기가 더욱 힘들어졌다. 동

---

133 후자는 1919년에 설립되어 집권 정우회가 지휘하고 있던 애국단체였다. 대일본 국수회에 대한 더 자세한 연구와 일본의 정치적 폭력문화에 대한 더 종합적인 내용은 Siniawer, 2008 참조.

134 1923년 1월 현재, 국수회의 조선 지부장은 경성 상업회의소 소장이던 건축업자 와타나베 사다이치로(渡邊定一郞)였고, 부지부장은 국회의원이자『조선신문』(朝鮮新聞) 소유주였던 마키야마 고조(牧山耕藏)였다. 그들은 모두 동민회 이사였다.

135 「신어 대사전 (4)」(新語大辭典(四)),『별건곤』(別乾坤) 30(1930년 7월 1일), p. 51.

136 경성 혼마치 경찰서장(1925년 8월 18일);『동아일보』, 1926년 1월 1일자.

민회 지도자들이 그 사건 뒤 얼마 지나지 않아 원통해하며 깨달았듯이, 국수회와의 제휴는 그들에게 아무런 도움도 되지 못했다. 1926년 4월에 동민회의 두 명의 이사 다카야마 다카유키(高山孝之, 1882~?)와 사토 도라지로(佐藤虎次郎)는 창덕궁에서 승하(昇遐)한 조선의 마지막 황제 순종(純宗)의 문상을 하고 나오다 식민지 고위관리로 오인당해, 창덕궁(昌德宮) 문 바깥에서 조선인 문상객이 휘두른 칼에 찔렸다.[137] 공교롭게도 다카야마는 국수회 회원이기도 했다. 그의 피격소식을 듣고 국수회 동료들은 '유도복을 입고' '곤봉'으로 무장한 채 범죄현장으로 몰려가 동료들을 구출한다며 창덕궁에 난입했다.[138]

예측하지 못한 뜻밖의 일들이 벌어졌고 그것은 금세 참사로 번졌다. 신성시되는 왕궁에 난입한 사건은 즉각 조선 대중의 공분을 불러일으켰다.[139] 이는 다시 황제 국상(國喪)기간의 조선 민중들의 호곡(號哭)이 '봉기를 촉발'할지도 모른다는 관리들의 불안을 증폭했다. 그러나 문상객들에 대한 경찰의 잇따른 통제강화는 조선인들의 반감만 키웠고, 그것은 "[민족]화합에 근본적으로 균열을 야기했다". 국수회의 잔학행위는 대민관계에 재앙을 초래했을 뿐만 아니라 조선인 공산주의자들을 자극해 한 달 뒤의 국상기간에 반일봉기, 이른바 6·10만세운동을 불러왔다.[140]

---

137 『동민』 24(1926년 8월호), pp. 35~38; 조선총독부 경무국 도서과(圖書課), 『순종의 서거에 즈음하여 '언문 신문지를 통해본' 조선인의 사상경향』(李王殿下ノ薨去ニ際シ"諺文新聞紙ヲ通シテ見タル"朝鮮人ノ思想傾向), 1989[1926], pp. 247~330.

138 경성(京城) 혼마치(本町) 경찰서장(警察署長), 「경성 기자 내홍에 관한 건(件)」(京城記者內訌に關する件)(1924년 10월 21일/no. 8296).

139 「국수회원 창덕궁 침입에 관한 건(件)」(國粹會員昌德宮侵入に關する件)(1926년 5월 5일/no. 2408).

140 조선총독부 경무국 도서과, 1989[1926], p. 313.

이런 사건들은 드물었지만 그것들은 융화운동 핵심의 구조적 취약성, 즉 대중적 지지기반의 취약성을 드러내 보였다. 확실히 교과서 제작과 농업현장에서 펼친 동민회의 활동은 교육과 산업에 대한 일부 조선인들의 열망을 흡수하고 적지 않은 조선의 상류층을 그 속으로 끌어들였다. 그 성공은 부분적으로 유리했던 시의성 덕을 봤다. 일본인과 조선인의 세계를 서로 이으려면, 조선의 민족주의자들이 내분으로 갈라져 있을 때만큼 좋은 시기는 없었다.[141] 내분이 조선 민족주의운동을 힘들게 만들었겠지만, 그럼에도 그것이 융화운동에 대한 조선인들의 공격을 약화시키진 못했다. 약간의 정부보조금과 기업들의 기부금이 동민회와 다른 친정부단체들의 활동을 지탱하게 해주었으나, 그 단체들이 일본인 정착민들 사이에서 헌신적인 참여를 이끌어낸 경우는 별로 없었고, 하물며 조선인들의 경우는 더욱 미미했다.[142] 수많은 동화정책들은 풍자에 영감을 주기도 했는데, 동민회의 어느 조선인 회원은 불순한 연금술을 통해 동화를 이익창출의 기회로 이용하는 '화합 장사꾼들'의 출현을 비아냥댔다.[143]

사이토 총독의 문화정치에 호의적인 사람들조차 융화운동에는 시큰둥한 반응을 보였다. 윤치호는 자신의 일기에 융화운동이 민족화합의 명분 아래 일본화라는 목표를 추구하고 있다며 다음과 같이 썼다.

---

141 급진주의자들의 수용(화해)주장은 문화적 민족주의운동을 괴롭혔는데, 특히 1924년 초 『동아일보』에 이광수의 논설 5부작(「민족적 경륜」, 1월 2~6일)이 실린 뒤 그러했다. 「민족적 경륜」은 조선 민족의 재건에 대한 그의 논란을 부른 초기작(「민족개조론」(民族改造論), 『개벽』, 1922년 5월호)의 후속편이었다.

142 일부 관찰자들은 너무 많은 부적격자들이 융화를 앵무새처럼 외면서 '사회사업 과잉'을 초래했으며, "조선인에 대한 예지력이나 지식도 없이 내선융화를 외쳐대는" 일본인들을 가리키는 말인 '나팔수'라는 경멸적인 용어가 조선인들 사이에 널리 퍼졌다고 말했다(『동민』 18(1926년 1월호), pp. 7~30; 『조선시보 기밀통신』, no. 1(1924년 12월), p. 24).

143 방태영(方台榮), 「조선인의 사상의 변천」(朝鮮人の思想の變遷), 『조선과 만주』, 1927년 4월호, pp. 133~34.

조선인들 가운데 친일분자들은 자신들의 이상, 즉 조선 민족의 일본화를 실현하기 위해 비상한 노력을 기울이고 있다. 국민협회와 동민회는 그 일에 적극적으로 참여하고 있는 두 단체다. 그들은 일선융화(日鮮融和) 등을 주창하는 전단지들을 뿌리면서 연설을 한다. 아무 소용이 없다. 일본이 조선에서 추구하는 정책이, 일본이 원하는 것은 조선인들이 아니라 조선이라고 보는 우리의 믿음이 옳다는 것을 보여주는 한 조선인들이 일본의 지배를 감수하게 만드는 건 불가능할 것이다. 매수당한 친일분자들의 활동은 반일감정을 더욱 부추길 뿐이다.[144]

윤치호가 보기에, 융화를 선전하는 일본인들이 진짜 바라는 것은 '조선인들 없는 조선'이며,[145] 그것은 프랑스의 식민지 농장주들(colons)이 바라는 무슬림(또는 유대인) 없는 알제리와 똑같은 것이었다. 윤치호의 관찰은 거의 정곡을 찌른 것이다. 1933년의 헌병대 보고가 분명하게 밝혀놓고 있듯이, 화합의 장려는 조선 내의 정착민들 — 게이샤와 주부, 그리고 초등(소)학교 학생들을 포함한 — 에게 별로 효력이 없었다. 그들은 조선인들과의 일상적인 접촉에서 인종차별적인 태도로 일관했다.[146]

사실 윤치호가 지녔던 감정은 동민회의 많은 조선인 회원들도 공유하고 있었다. 조선인 이사 송달변(宋達變)은 일본인 동료들이 "조선인들을 잊어버리고" "조선인과 일본인 합동모임에서 [누군가를] 선출하거나 무엇을 배분할 때 늘 일본인에게 우선권을 주는" 경향이 있다며 불만을 토로했다.[147] "일본인들은 끊임없이 내선융화를 지껄이면서 조선인들에게

---

144 일기는 한자들이 섞인 영어로 작성되었다(대한민국 문교부 국사편찬위원회, 1987, 8: pp. 457~58(1924년 5월 3일 항목)).

145 David Prochaska, 1990, p. 6. 프랑스 시민권을 획득한 후에도 유대계 유럽인들은 계속 지역 자치정부의 반(反)유대정치에 직면해야 했다(Sophie Roberts, 2010).

146 한국 주차(주둔) 헌병대사령부 편, 1933.

화합촉진을 요구하지만", "특권과 우월감을 과시한다"라고 또 다른 회원은 비통해했다.[148] 조선 내의 두 엘리트 그룹이 조선의 자본주의화라는 공동의 구상을 중심으로 민족관계를 재정립하자고 손을 잡았을 때조차 조선인 동맹자들 중에서 민족단결이라는 겉치레 아래에 숨겨진 일본의 지배라는 오랜 의제를 간파하지 못하는 사람은 거의 없었다. 정착민들과의 상호관계 속에서 조선인들의 민족단결 의식은 금방 사라져버렸다.

융화운동이 시작된 지 몇 년이 지나지 않아 단결의 최대장애물은 바로 편견에 사로잡혀 자신들이 입에 올리는 수사(修辭)조차 포용하지 못하는 일본인 전도사들이라는 사실이 분명해졌다. 유감스런 상태의 민족관계에 대한 책임이 정착민들에게 있다는 조선인들의 거듭된 불만은, 그들이 낡은 특권의식을 조선인 엘리트들과 권력을 공유해야 한다는 새로운 임무에 맞춰 재조정할 능력이 없다는 사실을 분명히 보여주었다. 내선융화의 추구는 식민지에서 정치적으로 불안정한 지위를 갖고 있던 정착민들의 사회적 특권의 핵심을 공격하는 일이었다. 정착민들이 사이토 총독의 수용정책에 대해 기껏 양가적인 동맹자로 머물렀다는 사실은 그들의 경제적 위치로 인한 긴장을 증언하는 것이었다. 그 긴장은 1920년대에 더욱 날카로워지기만 했다.

결론

일본의 식민지 동화사업은 3·1운동 뒤에 가장 취약해 보였다. 일본제국은 계속해서 강압적으로 조선을 지배했지만, 1919년 이후 체제에서

---

147   송달변(宋達變), in: 『동민』 12(1925년 5월호), p. 37.
148   『동민』 7(1924년 12월호), pp. 22~23.

통치의 정당성과 현지의 협력을 얻어내려는 욕구는 엄청 커졌다. 식민지 관리들은 계속 통치해가려면 조선인들을 체제 내로 수용할 필요가 있다는 걸 알고 있었다. 정착민 지도자들도 점차 마지못해서라도 그런 자각을 공유했다. 동화의 궁극적 목적[일본화]은 기본적으로 바뀐 게 없었지만, 내선융화라는 수사(修辭)는 조선인들이 일본의 식민지 국민 지위획득에 나서도록 이끌어내기 위한 새로운 이념적 틀을 제공했다. 같은 전략이 머지않아 다른 곳에서도 전개될 것이었다. 일부 학자들이 주장했듯이, 식민통치의 요구와 다민족 시민권 요구의 조화, 마찬가지로 제국주의 권력구조와 반식민 수사(修辭) 간 모순의 조화를 위해 사이토의 문화정치는 '다민족국가'인 만주국에 하나의 본보기를 제공했다.

문화정치는 이러한 의미에서 국가와 정착민들 간 정치관계의 새로운 진화단계를 시사했다. 사이토 정치의 민의창달(民意暢達)에 의해 전략적으로 상호침투성이 보장된 관(官)과 민(民)을 나누는 경계들은 정착민들이 조선의 통치업무에 개입할 기회를 더 많이 만들어냈다. 3·1운동 이후 정착민들이 일본의 통치를 위태롭게 만든다는 비난이 광범위하게 퍼졌다. 그것은 많은 정착민에게 자신들의 위치를 다시 생각하게 했으며, 조선인 수용이라는 정부정책을 따르게 만들었다. 1920년대 중반까지 사이토는 어디서 동맹자들을 찾아야 하는지를 알았고, 정착민들은 어디서 영향력을 추구해야 하는지를 알았다. 다수의 정착민은 자신들이 정부의 통치과정에 발언권을 행사하려는 외부자(outsiders)에서 식민지 관료들을 도와주는 내부자(insiders)로 바뀌었다는 것을 느꼈다.

사이토의 내선융화 요구에 부응한 정착민 지도자들은 제국을 위에서부터, 그리고 아래에서부터 바꾼 중요한 비공식적 영향력을 형성했다. 다양한 개인들로 구성된 각계각층의 조언자들이 식민지 관료체계의 그늘 아래서 자율적으로 또는 반(半)공식적인 자격으로 활동했다. 조선인들의 마음을 얻기 위한 풀뿌리 차원의 많은 노력들이 이 비공식영역에서 이뤄졌다. 게다가 영향력 있는 민간인들을 정책의 입안과정에 선택적으로 참여시키는 것은 지역(조선)통치의 이런 비공식영역을 제도화하는 데에 기여했다. 특히 동민회의 활동은, 실제로 종종 관료들의 업무로 간주됐지만, 정착민 지도자들이 얼마나 효과적으로 통치전략을 함께 짜는 공저자(共著者)가 될 수 있었는지를 보여준다. 제국의 브로커들은 동화를 민족화합으로, 그리고 식민지 조선을 다민족국가로 재구성하는 데 중요한 역할을 했다. 그런 개념들은 신생제국이 자치에 대한 세계적인 (global) 담론을 채택함으로써 위기를 해소하려 했을 때의 핵심적인 수사법(修辭法)이었다.

결국 그 시기 제국의 브로커들의 활동은 장기 정착민들이 자신들이 직접 손에 넣은 조선에 대한 지식을 토대로 민간인들에게는 흔치않은 수준의 영향력을 어떻게 획득해갔는지를 보여준다. 오가키와 기쿠치 같은 오랜 조선통(通)들에게 사이토의 문화정치는 그들이 더 많은 영향력을 행사할 수 있도록 공간을 넓혀주었다. 선전과 감시의 비밀왕국에서 활동하면서 그들 유식자는 대중 인쇄매체를 통해 제국을 도왔다. 인쇄매체를 통해 그들은 자신들의 영향력 추구와 조선 민족주의자들과의 공통지반 탐색을 결합했다. 이제 우리가 살펴보려는 것이 바로 이 산만한 교환영역이다.

제4장

조선과 조선인에 대한 담론

1924년에 일본인이 쓴 조선 역사서에 대한 서평에서, 조선의 전직관
료로 명망이 있던 김윤식은 제국에 대한 통찰력 있는 비평을 내놓았다.
그는 "자신들의 대륙경영의 일환으로 조선인 심리를 이해하려는" 일본
인들의 비할 데 없는 열망을 지적하면서, 식민지배를 위해 "서구의 제
국주의가 선교사들을 앞잡이로 활용했다면 일본은 학자들을 주요 앞잡
이로 이용했다"라고 갈파했다.[1] 김윤식의 비유는 권력의 또 다른 핵심
적 메커니즘을 포착해내고 있다. 그것은 제국에 봉사한 담론[2]으로, 제국
의 브로커들은 식민국가를 떠받치고 조선인들의 저항에 맞서 자신들의
정당성을 주장하는 데에 이 담론을 활용했다. 1919년 3·1운동은 일본

---

[1] 김윤식의 호소이 하지메(細井肇), 1924에 대한 논평. 다카사키 야스타카(高橋泰
隆), 1982a, p. 112에서 인용.

[2] 그러나 이 비유를 약간 고쳐서 바로잡자면, 에드워드 사이드(Edward Side) 등이 지
적했듯이, 그 메커니즘 역시 근대 유럽의 식민체제를 떠받쳤다. Edward Side, 1978;
Spurr, 1995; Thomas Richards, 1996 참조.

인들로 하여금 조선 통치를 위한 제도적 장치를 새로 구축하게 만들었을 뿐만 아니라 그 인식론상의 토대 자체에 의문을 제기했다. 앞서 살펴보았듯이, 합병 이후 조선인을 동화시키는 가장 좋은 방법이 무엇인가라는 질문은 정착민들 사이에 활발한 논의를 불러일으켰다. 하지만 조선인들이 합병을 원한다는 게 단순한 상상에 지나지 않았음이 드러났고, 조선인이 온순하고 정치적 자각이 결여돼 있다는 것 역시 마찬가지였다. 독립을 향한 조선인들의 대규모 시위를 통해 그런 생각이 잘못되었음이 입증되자, 제국의 브로커들은 많은 일본인에게 돌연 불가해한 것으로 다가온 '조선인의 마음'을 파악하기 위한 수많은 기사와 팸플릿, 논문들을 앞다퉈 쏟아냈다.

이들 담론의 주요한 생산자 및 유포자들 또한 기쿠치 겐조와 호소이 하지메(김윤식이 함축적인 논평을 내놓게 만들었던 바로 그 책의 저자) 같은 언론인들이었다. 조선 문제 전문가였던 그들은 사이토 마코토 총독의 조언자로도 활동했다. 조선을 식민당국에 이해시키고 또한 총독에게 제대로 된 통치지침서를 제공하고 싶어했던 그 유식자들은 그것을 위한 문화적 재현들을 생산해냈다. 그런 노력들이 식민지 사업에 맞춰 만들어진 지식체계인 '조선학'(朝鮮學)을 발전시켰다. 이 아카이브는 대다수 현존 연구들이 보여주고 있는 것과는 달리, 문화정치가 시작되기 전부터 개발되기 시작했다. 그것은 '무단통치'의 후원 아래 그 기반을 굳혔다. 그것은 일본인들이 직면했던 모든 질문들 가운데 가장 핵심적인 질문에 대답하기 위한 노력의 산물이었다. 그 질문이란, 조선 민족을 어떻게 통치할 것인가였다. 이를 위해 총독부는 조선의 땅과 인구를 조사했지만 제국의 브로커들은 조선 고대의 기록물들, 정치적 협약들, 역사소설들을 샅샅이 뒤져 그 실마리를 찾으려 했다. 하지만 그들은 조선의 풍부한 문학전통을 이해하려는 조선인들 자신의 노력에는 거의 관심을 기울이지 않았다. 그리하여 사이토 총독부는 방대한 군사적·정치적 지배장치들과 함께 지식이 곧 힘이라는 첨예한 자각을 전임자들로부터 물려받았다.

조선에 대한 아카이브 확립에서 수행한 정착민들의 역할 — 그리고 그 과정에서 그들이 자신들의 이익을 어떻게 증진했는지 — 을 충분히 파악하려면 1910년대에 조선 연구가 어떻게 시작되었고, 1920년대에 그것이 어떻게 조선 민족주의와의 대화로 발전했는지 살펴볼 필요가 있다. 학자들이 지적하듯이, 아카이브는 정보의 창고라기보다는 통치자들의 열망 속에서 진행된 미묘한 변화들을 기록하고 있다.[3] 조선인의 마음을 해부할 목적으로 구축된 일본의 식민지 아카이브는 그 설계자들의 변화하는 '제국의 마음' 속으로 우리를 안내한다. 배형일을 비롯한 학자들이 이미 그 작업에 착수했다.[4] 장기적인 조선 연구의 핵심을 구성하는 조선인들의 이론과 캐리커처들은 이 시대에 '인식상의 불안'과 실패한 한반도 통치구상의 궤적을 확장하고 있다. 그 페이지들에는 조선 민족주의의 희미한 망령들이 지워질 수 없게 아로새겨져 있다.

식민지 아카이브의 출현

역설적이게도, 조선인들에 대한 지식생산을 위해 정착민과 국가가 협력하기 시작한 것은 그들이 지난날을 회고할 때 이야기하는 '언론의 황금 시대'가 끝나갈 무렵부터였다. 통감부 보호통치 기간에 산업은 놀라

---

3 Ann Laura Stoler, 2002b, p. 100; Nicholas B. Dirks, 2002, p. 54.
4 우리는 종종 식민국가의 '공식 아카이브'가 다양한 민간인 학자들과 일본에서 건너온 개별적인 원주민(조선) 자료수집가들의 작업 덕에 구축된 것으로 여긴다. Pai, Hyung-il, 1999, pp. 353~82; Stefan Tanaka, 1995; Akitoshi Shimizu, 1999, pp. 115~71; Boudewijn Walraven, 1999; Kim Brandt, 2007; 그리고 E. Taylor Atkins, 2010, Chapter 2 참조. 이 자료들을 좀더 살펴보면 그 설계자들과 생산자 및 유포자들이 조선 내 일본인 정착민 사회의 지도적인 여론주도자들임을 알 수 있다.

울 정도로 규제를 받지 않았다. 당시 현지[조선] 언론인들은 언론검열에 많은 불만을 토로했지만, 1910년대 이후 그들이 경험한 것은 전혀 다른 차원이었다. 새 총독은 취임하자마자 모든 반대 목소리를 잠재우기 위해 재빨리 움직임으로써, 자신이 조선의 유일한 대변자임을 선언했다. 애국계몽운동을 이끌었던 조선어 신문들이 규제의 첫 목표이자 가장 중요한 표적이 되었다. 조선어 인쇄문화의 정신을 간직했던 한 줌의 문학작품과 청소년 관련 잡지들 정도를 빼고 모든 주요 조선어 종이매체들이 사라졌다. 나중에 『매일신보』로 이름을 바꾼 『대한매일신보』(大韓每日申報)는 식민정부의 선전 기관지로 전락했다.[5] 새 총독체제가 시작된 지 몇 년 만에 활기찼던 조선인들의 목소리는 거의 들을 수 없을 지경이 되었다. 그리하여 일본의 식민지 언론인들과 그 수십 년 뒤의 한국 탈식민주의 역사가들이 한국 역사상의 '암흑기'라고 명명했던 시대가 시작되었다.[6]

그러한 상황이 일본인 거주민들의 언론에 더 낙관적인 환경을 제공했던 것도 아니다. 일본인 언론매체들은 엄중한 정부의 통제 아래에 있던 조선어 매체들보다 훨씬 덜한 규제를 받기는 했으나, 일본어 매체들도 조선에서 발행되는 것이든 일본에서 수입된 것이든 간에 검열의 날카로운 예봉에서 자유롭지는 못했다. 언론인들은 데라우치 마사타케(寺內正毅, 1852~1919)의 언론통제에 수없이 항의하고 울분을 토했지만,[7] 그들의 활동은 현지의 신문들을 매수하거나 발행을 정지해버리는, 분명히 성공적이었던 정부정책 때문에 금세 큰 어려움에 빠졌다. 1910년대 중반까지 가혹한 언론통제로 많은 비판적인 매체들이 문을 닫았다. 『경성신보』(총독통치 체제의 적임을 자처했던 조선 유일의 독립적 민간신문[8])의 미네

5 Michael E. Robinson, 1984, p. 320.
6 아오야기 쓰나타로(青柳綱太郎), 1916에 수록된 샤쿠오 도호(釋尾東邦)의 후기; Carter J. Eckert et al., 1990, p. 260.
7 조선총독부, 『조선』, 1911년 5월호, pp. 2~3.

기시 시게타로(峰岸繁太郎) 같은 혈기왕성한 언론인들도 사라졌다. 그들은 비타협적인 경무국장 아카시 모토지로(明石元二郎)가 그들의 매체발행을 금지한 뒤에 (상대적으로) 민주화된 일본으로 떠났다.[9] 조선에 남은 언론인들 대다수는 정부의 탄압에 굴복해 사실상 식민지 선전선동가로 전락했다.[10] 새 총독체제를 지지한 언론인들 중에 깊은 불안감을 품지 않은 이는 명백히 없었다. 제2장에서 살펴보았듯이, 정착민들은 자신들의 자치를 요구하면서 국가정책에 반대하는 요란한 목소리들을 냈다. 하지만 조선인들의 공적인 삶과 반대를 억압하는 정부정책 아래에서 그들은 대체로 침묵을 지켰다.[11]

비판적 언론이 시들어가던 그 시절에 문화산업 하나가 번성했다. 이름하여 조선과 조선인 탐구가 그것이다. 조선인에 대한 민족성 탐구는 경성에 있던 언론인과 학자집단의 특화된 추구의 대상이 되었다. 그들은 일본에 있던 자신들의 동료들과 협력해 합병 2년 전인 1908년에 조선연구회(朝鮮硏究會)를 설립했다. 출범 당시 조선연구회는 거의 20여 명에 이르는 개인들이 모인 열정적인 조합으로 구성되었다. 그 면면은 다음과 같다. (기쿠치 겐조, 샤쿠오 슌조, 아오야기 쓰나타로, 호소이 하지메[細井肇] 등) 조선 내의 언론인들, 도쿄 제국대학의 문학 교수 하기노 요시유키(萩野由之, 1860~1924)와 미카미 산지(三上參次, 1865~1939), 그리고 와세다

8   시바자키 리키에(柴崎力榮), 1983, p. 70에서 인용.

9   『매일신보』, 1912년 3월 29일자; 샤쿠오 슌조(釋尾春芿), 1930, p. 12.

10   『조선과 만주』, 1915년 10월호, pp. 78, 80~81.

11   합병 뒤 오가키 다케오(大垣丈夫)는 국가에 대한 자신의 소신에서 크게 벗어난 것으로 보인다. 다른 동료 언론인들이 데라우치 총독이 남발한 억압적인 법령들에 대들었으나, 오가키는 데라우치의 통제정책이 '조선인들의 이념적 혼란'을 막고 일본 통치의 안정성을 확보하기 위해 불가결한 것이라며 공개적으로 옹호했다(「총독정치를 비난하는 논자의 오해를 바로잡는다」(總督政治を非難する論者の誤解を正す), in: 아오야기 쓰나타로(靑柳綱太郎), 1916, pp. 260~63 수록).

대학 강사 요시다 도고(吉田東伍, 1864~1918), 아유카이 후사노신과 다카하시 도루(高橋亨) 같은 조선 내의 교육자와 학교의 운영자들, 오다 쇼고(小田省吾, 1871~?), 아키야마 마사노스케(秋山雅之介, 1866~1937) 같은 박사학위를 보유한 식민지 교육관료들, 그리고 통감부 시절 조선 문교부 고문을 지낸 시데하라 다이라(幣原坦, 1870~1953), 야마지 아이잔(山路愛山, 1865~1917)과 후쿠모토 니치난(福本日南, 1857~1921) 같은 일본 본토의 선구적 언론인과 비평가들.[12]

합병 직후 이 연구단체는 다양한 회원들을 유지한 채 그 주도권이 정착민 지식인들의 손으로 넘어갔으며, 아오야기 쓰나타로(青柳綱太郎)의 카리스마적 지도 아래 총독부 지원단체 비슷하게 성격이 바뀌었다. 사가(佐賀) 현 출신의 아오야기는 1901년에 『오사카 마이니치신문』(大阪每日新聞)의 젊은 특파원으로 조선에 건너갔다. 기쿠치 겐조와 같은 동료들처럼 아오야기의 삶은 정치와 학문연구의 환상적인 조합을 대표했다. 나주와 칭다오(青島)의 우체국들을 운영한 뒤 아오야기는 1905년에 조선 조정의 탁지부(度支部, '재무부'에 해당)에 들어가 일본인 고문 메가타 다네타로(目賀田種太郎, 1853~1926) 밑에서 일을 했다. 1908년부터 1910년까지 아오야기는 기쿠치와 마찬가지로 조선 왕실에 촉탁직으로 고용되어 조선왕조에 대한 사료(史料)들을 수집하고 편집하는 일을 했는데, 그것이 그의 평생직업의 시작이었다. 1932년 아오야기가 죽을 무렵, 그는 조선에서 가장 많은 작품을 쓴 식민지 작가들 가운데 한 사람이 되었다. 주간 『경성신문』(京城新聞)을 운영하는 한편, 그는 조선 역사에 대한 10여 편의 논문과 총독통치에 대한 여러 편의 평론들, 그리고 다양한 편람들을 썼다.[13]

---

12 U Kai Zai, 2001, p. 184.
13 아오야기 쓰나타로(青柳綱太郎), 1935, 「서문」; 그리고 나카무라 시료(中村資良),

서재에 앉아 있는 아오야기 쓰나타로.
출처: 아오야기, 1916. 미시건 대학의 해시트러스트(HathiTrust)
디지털도서관의 허락을 받고 게재.

설립취지문(취의서)에 따르면, 조선연구회의 목표는 조선에 대한 모든
것 ─ '사람과 문학', 그리고 '예절, 관습, 제도, 전통, 의례' ─ 을 현미경
처럼 조사하는 것이었는데, 그 표면적인 목적은 조선의 '지도와 계몽'을
돕는다는 것이었다.[14] 그러한 총체적 접근을 하는 데에서 조선연구회는
다른 그룹들이 아직 해내지 못한 역할을 했다고 자평했다. 어느 창립회
원이 설명했듯이, 이 단체의 주요 목표는 "옛 조선에서 생활용품들을 찾
아내 우리의 새로운 조선 경영을 위해 제공하는 것"이며, 그것은 조선 고
서(古書)들의 번역과 출간을 통해 가장 잘 완수될 수 있었다.[15] 조선인 통

1926, pp. 348~49.
14 「취의서」(趣意書), in: 마키야마 고조(牧山耕藏), 1911, 뒤표지.
15 이 단체의 회원들은 또 인도를 통치하기 위해 "조사에 돈과 정력을 쏟아부은" 영
   국의 사례도 인용했다(오무라 토모노조(大村友之丞), 1911, 「서문」).

조선연구회.
출처: 아오야기, 1916. 미시건 대학의 해시트러스트
디지털도서관의 허락을 받고 게재.

치를 위한 중요한 교훈들은 고대부터 조선왕조 말까지 왕조의 흥망성쇠
를 기록한 조선의 방대한 문헌들 속에 풍부하게 들어 있다고 정착민 전
문가들은 믿었다. "어떤 국가의 상태와 관습을 알고 싶다면", "그 나라에
고유한 문헌의 진가를 알아보는 것보다 더 긴요한 일은 없다"라고 호소
이 하지메(細井肇)는 설명했다. 왜냐하면 "문헌은 그 시대의 정신을 드러
내줄 뿐만 아니라 모든 시대를 관통하는 국민들의 특성과 감성을 통제
하고 영향을 끼치기 때문이다".[16] 쓸모 있는 과거를 탐색하면서 조선연
구회 회원들은 한반도 유사 이래의 오랜 역사로부터 '조선다움'의 변하
지 않는 알맹이를 찾아내려 했다.

　아오야기가 이끌던 조선연구회는 희귀문헌에 접근할 수 있는 특권과

16　호소이 하지메(細井肇), 1911, p. 1.

발굴해낸 것들을 인쇄할 수 있는 기술을 활용해 —— 통감부 시절 이후 이런 특권과 기술은 점차 일본인들 손에 넘어갔다 —— 현존하는 역사적 문헌들, 소설들, 고문서들과 삼국 시대 이후 제작된 국가운영 문헌들의 수집, 복사, 편집, 출판 등의 힘든 작업을 벌였다. 1911~18년 기간에 조선연구회는 회원들의 개인적 작업들까지 포함해 40개가 넘는 분야의 총 65,000개에 이르는 문건들을 출판했으며,[17] 자신들의 조사·발굴의 결과들을 강연이나 연수회, 전시회, 그리고 샤쿠오 슌조(釋尾春芿) 회원이 발행하던 현지의 잡지기사들로 발표했다.[18]

조선연구회의 방대하고 광범위한 출판물들에는 편집자들에게 제시된 일관된 원칙이 관통하고 있었다. 각 작품의 문학적 가치나 특징을 평가하기보다는 "역사적인 문제라는 관점에서 오직 정치적이고 사회적인 사안들"을 확인하고 조사하는 데에 관심이 있을 뿐이라고 아오야기는 설명했다.[19] 그리고 조선과 일본의 역사적인 관계를 분석하면서 조선연구회 회원들은 좀 역설적인 두 가지 목표를 추구했다. 그것은 둘 간의 친연성을 밝히고, 또 그 차이를 분석하는 것이었다.

---

17 아오야기 쓰나타로(靑柳綱太郞), 1916, 「서문」; 아오야기 쓰나타로(靑柳綱太郞), 1911~18.
18 「조선연구회 임시규칙」(1908년 11월), 조선총독부, 『조선』,1908년 12월호, pp. 91~92. 이 사업들은 회비와 국가보조금, 그리고 개인기부금으로 꾸려졌다. 샤쿠오 슌조(釋尾春芿)는 조선 연구를 활성화하고 희귀한 역사서들을 더 많은 대중들이 이용할 수 있게 하겠다는 뜻을 품고 1909년에 '조선고서간행회'(朝鮮古書刊行會)를 만들어 출판사업을 시작했다(조선총독부, 『조선』, 1909년 9월호, pp. 8~9; 그리고 1911년 11월호, p. 14). 1909년부터 1916년에 걸쳐 조선고서간행회는 한문으로 쓰인 고문서들을 일본어로 번역하고 주석을 단 80권짜리 『조선군서대계』(朝鮮群書大系)를 간행했다. 이는 식민지 시대 최대의 조선사 자료집 간행이었다(국사대사전편집위원회, 1988, p. 608). 이 방대한 작업은 식민지 고위 관리들과 영향력 있는 일본인 정착민들, 그리고 김윤식과 유길준(兪吉濬) 등 조선 엘리트들의 재정지원을 받아 진행되었다.
19 김춘택(金春澤), 1914, 「서문」.

"우리 연구회의 중요한 임무"는 "일본-조선 관계의 역사적 사실들을 검증하고 두 민족의 정신적 융합을 달성하는 것"이라고 아오야기 쓰나타로는 자신의 한 저서 「서문」에서 선언했다.[20] 그들의 '검증'목표는 일본인과 조선인의 일치를 상정하고 있었는데, 그들 두 민족의 관련성을 보여주는 '사실들'을 기존의 지식체계에서 발굴을 앞두고 있는 서사의 일부로 취급했다. 혈통을 공유하고 있다는 관념은 식민지 관리들과 마찬가지로 많은 조선연구회 회원들이 합병과 동화정책을, 한국사에서 전례가 없긴 하지만, '자연스런 일'로 정당화하는 작업의 전제가 되었다. "조선과 일본이 문자와 종족이 같은 민족(동문동족同文同族)이라는 것은 거의 의문의 여지가 없는 사실"이라고 조선연구회 회원 야마지 아이잔(山路愛山)은 1913년에 썼다.[21] 아오야기는 자신의 저서 『조선4천년사』(1917)를 비슷한 주장으로 시작한다. 일본인과 조선인은 한때 '같은 뿌리를 지닌 한 가족의 형제들(동족동근일가同族同根一家)'이었다. 조선을 세운 신화적 인물인 단군(檀君)은 일본의 신성한 천황가(家)의 조상들이 그랬던 것처럼 '가족의 불화'로 갈라서기는 했으나 원래 '같은 종족'(동종족同種族)이었다.[22]

조선연구회 필자들의 주장은, 그들이 처음 만들어낸 것은 아니었다. 기타 사다키치(喜田貞吉, 1871~1939)나 가나자와 쇼자부로(金澤莊三郎, 1872~1967) 같은 일본 본국의 학자들이 제기한 동족론을 흡수한 그들은, 일본이 역사적으로 체험한 조선 및 중국과의 접촉을 동양사학자들이 해석한 대로 이해한 바탕 위에 그러한 주장을 펼쳤다. 이런 학설들은 통감부 시절에 조선으로 퍼져나갔다.[23] 달리 말하자면, 제국의 브로커들은

20   아오야기 쓰나타로(靑柳綱太郎), 1917, 「서문」.
21   야마지 아이잔(山路愛山), 「일선(日鮮)동족의 사적(史的) 좌증(左証)」, in: 아오야기 쓰나타로(靑柳綱太郎), 1913, p. 81.
22   아오야기 쓰나타로(靑柳綱太郎), 1917, pp. 4~6.

조선연구회를 통해 일본의 조선, 타이완, 만주, 중국대륙 침략의 최전선에서 활약한 역사학자와 민속학자, 그리고 인류학자들이 선봉에 섰던 더 큰 제국적 사업에 동반자로 가담하게 된 것이다.

조선사에 대한 아오야기의 논문은 당시 일본 역사학자와 언어학자들 사이에 널리 받아들여지고 있던 민족융합론의 기본교리들을 모두 담고 있었다.[24] 그 이론은 고대의 연대기인 『고사기』(古事記)와 『일본서기』(日本書紀)에 기록되어 있는 일본의 건국신화들에 대한 분석에 크게 기대고 있었다. 신들의 시대에 일본의 신성한 조상들이 조선을 통치했거나 고대 신라(新羅)를 통치한 스사노오(素戔嗚尊, 여신 아마테라스의 남동생)와 함께 조선반도로 이주해 조선의 신이 되었다고 아오야기는 썼다.[25] 초기 천황들의 통치시절에 일본이 다시 조선을 일본에 복속시켜 통치했다는 이야기는 서기 3세기 진구(神功) 황후의 '신라 정벌' 기록에 전형적으로 남아 있다.[26] 이런 관점은 동료 연구자인 하기노 요시유키(萩野由之)에 의해 정교하게 다듬어졌는데, 그는 "(신라) 정벌 이후 제국의 영향력은 반도 거의 전 영역에까지 미쳤다"라고 주장했다.[27] 6세기 중반에 야마토(大和) 조정은 한반도 남부에 임나(任那)로 불리는 식민근거지를 건설함으로써 일본인들의 대대적인 반도로의 이주와 정착을 촉진했다.[28]

---

23 오구마 에이지(小熊英二), 2002, p. 86.

24 유명한 예외가 『동양사』(東洋史)의 저자 시라토리 구라키치(白鳥庫吉)였는데, 그는 그 시절 유력한 일본인 학자들 중에서 유일하게 일선동조론을 분명히 거부했다.

25 아오야기 쓰나타로(青柳綱太郎), 1917, pp. 203~08.

26 "어떤 의미에서는 일본인이 신라 왕국을 수립했다"(아오야기 쓰나타로(青柳綱太郎), 1924, p. 10).

27 하기노 요시유키(萩野由之), 「헤이안조 시대와 반도의 종족」, in: 아오야기 쓰나타로(青柳綱太郎), 1913, p. 97.

28 임나(任那) 건설에 대한 자세한 내용은 아오야기 쓰나타로(青柳綱太郎), 1924, pp. 39~44, 1023~25.

"동족동근론의 역사적 사실을 검증하기 위해" 이런 주장들을 펼친 조선연구회 회원들이 추구한 또 하나의 주요 의제는 조선왕조 기록들에 많이 들어 있는 '오류와 날조'를 바로잡는 것이었다. 그들은 이 오류와 날조를 '당(唐)과 송(宋) 이래 조선의 역사와 지리를 고치고 날조한 중국의 정치가들과 학자들' 탓으로 돌렸다.[29] 중국의 조선 지배를 보여주는 기록들을 반박하기 위한 그들의 전략은 그 국토지리를 과장되게 재구성하는 것이었다. 예컨대, 아오야기는 만주를 '고구려(高句麗)의 고토(故土)'였다고 주장했는데, 이는 일찍이 기쿠치 겐조가 『경성신보』(京城新報)에 실은 글에서 주장한 것을 그대로 되풀이한 것으로 분명히 고종(高宗)을 흡족하게 만들었을 것이다.[30] 이러한 서사전략은 자국의 과거사를 새로 쓰려고 했던 그 시대 조선 역사가들의 노력 — 안드레 슈미트(Andre Schmid)가 설명했듯이, 중국에서 벗어나려는 '탈중심'의 '자기 이해'를 꾀하는[31] — 을 반영하고 있지만, 일본인 정착민 작가들의 조선사 탈중국화는 곧 일본화였을 뿐이다. 그들에게 조선의 과거사를 중화(中華)유산의 족쇄로부터 해방하는 것은 그것을 다시 제국 일본의 민족신화 중심으로 재구성하는 것을 의미했다. 따라서 그들에게 '일본의 조선병합이 일한(日韓)의 정치적 부활'이었던 것처럼 그들은 조선사를 '대(大)일본제국 일부로서의 역사'로 만들었다.[32] 조선연구회 지도자들에게 반도의 역사를 다시 쓰는 일은 조선을 일본제국의 지식계보에 통합하는 회고적 행위를 상징했다.

하지만 두 민족의 친연성을 검증하는 작업과 더불어 조선연구회의 일관된 관심사는 조선인들은 어떻게, 그리고 왜 "역사에서 떨어져 나갔는

---

29 아오야기 쓰나타로(靑柳綱太郎), 1917, 「서문」.
30 아오야기 쓰나타로(靑柳綱太郎), 1926, p. 876.
31 Andre Schmid, 2002, Chapter 2.
32 아오야기 쓰나타로(靑柳綱太郎), 1917, 「서문」.

지"를 설명하는 것이었다. 정착민들은 두 민족이 같이 출발했지만 어떻게 조선인들은 당대의 일본인들과 다른 민족으로 갈라져 그토록 뒤처지게 되었는지 의아해했다. 샤쿠오 슌조는 사실상 그의 모든 잡지의 기사들에서 조선인의 특성으로 알려진 악습들 — '나태', '찰나주의'(todayism), '교활', '나약', '태만', '위생결핍' — 을 줄줄이 늘어놓으며 고질적인 '민족성'이라고 조롱하면서 문명화된 일본인들이 그것을 바로잡기 위해 왔다고 주장했다.[33] 아유카이 후사노신과 호소이 하지메 같은 조선연구회의 일부 회원들은, 조선인들은 근본적으로 다르게 태어났으며 인종적으로 열등하다고 주장하면서 동료들의 주장에 반론을 제기했다.[34] 정착민 언론인들은 조선인들을 낯선 다른 인종으로 만들어 그 차이를 강조함으로써 독자들에게 그런 생각들이 스며들게 하려 했지만, 아니나 다를까, 그러기 전에 자신들이 먼저 그 작업과정에서 두 민족의 친연성에 대한 확신을 갖게 되는 고통을 감내해야 했다. 1910년 이후 조선연구회 회원들은 조선인들이 같은 조상의 후손임을 믿든 아니면 최근에 일본제국에 통합됐을 뿐인 다른 인종으로 보든 간에, 조선인 동화가 성공할지 말지를 묻기 전에 무엇보다 먼저 자신들의 민족성부터 연구해볼 필요가 있다는 데에 동의했다.[35]

정착민 전문가들은 반도의 과거의 고민과 현재의 정치적 고민 사이의 예기치 않은 연관성을 찾아내기 위해 방대한 조선 문헌들을 파헤쳤다. 그들은 그렇게 함으로써 당시 일본인 학자들과 재야학자들이 '조선 정체론'을 해명하기 위해 제시하고 있던 설명 — 생물학적·사회적·환경적·문화적 — 에 역사적 근거를 부여했다.[36] 이 사이비학문적 이론의 가

---

33 샤쿠오 슌조(釋尾春芿), 1914, pp. 94~95. 조선인에 대한 일본의 민족지적 담론들에 대한 더 자세한 내용은 Peter Duus, 1995, Chapter 2; Todd A. Henry, 2005.
34 호소이 하지메(細井肇), 1911, p. 34.
35 아유카이 후사노신(鮎貝房之進), 1913, p. 137; 호소이 하지메(細井肇), 1911, p. 16.

장 전형적인 공식은 일본인과 조선인의 공동기원에서 시작되어 대분화의 이야기로 끝난다.

아오야기는 이러한 관점을 지닌 탁월한 이야기꾼이었다. 저서 『조선통치론』(朝鮮統治論, 1923)에서 아오야기는 기록으로 남은 2,000년 간의 조선 역사를 대외예속, 정치적 부패, 도덕적 퇴락이라는 단조로운 이야기로 과감하게 요약했다. 고대의 일본인과 조선인을 뒤섞어 다원주의적인 생존투쟁사를 펼치는데, 조선인들은 제국의 가계도에서 떨어져나오고 일본인은 위대한 여정을 계속한다는 것이었다. 조선사는 나약해져 '남성적인 활기'가 없어졌고, 그와 대조적으로 일본사는 '충성스럽고, 용감하며, 영웅적이고 정중한 활동'으로 채워졌다. 아오야기는 주장했다. "조선은 과거에 독립국이었던 적이 없는데", 그 이유는 "오직 민족만 있었지 국가는 없었기 때문"이다.[37] 합병 무렵에 조선인들은 외부의 열강에 의존하는(사대事大) 타고난 본성 탓에 국가 없는 민족, 새로운 가부장적 통치자가 필요한 불쌍한 고아(孤兒)의 신세가 되어 있었다.

제국 일본의 조선합병은 이런 쇠락해가는 역사에 대한 신성한 개입이었다. 아오야기는 모든 이민족들 중에서도 조선인의 동화야말로 태양의 여신 아마테라스의 말씀으로 운명지어진, 건국 이래 일본의 국가적 '사명'이라고 설명했다. 더욱이 아오야기는, 특히 중국왕조들의 실패를 강조하면서 조선인의 동화를 한 정복자에서 또 다른 정복자로 전달되어온 사업이라고 했다. 그들의 혈족인 일본인들만이 그 일을 하기에 적합한 존재라고 그는 주장하는 듯했다. 태고의 형제 개념을 상기시키면서 아오야기는 일본만이 조선을 통치하고 회복시켜 오랜 기간 외부의 정복자들과 자체 통치자들 때문에 저지당해온 문명의 길로 이끌 수 있는 독보적

---

36 Peter Duus, 1995, pp. 419~20; 하타다 다카시(旗田巍), 1975, pp. 42~47.

37 아오야기 쓰나타로(青柳綱太郎), 1923, pp. 58, 64, 229.

인 권한을 갖고 있다고 결론지었다.[38]

아오야기의 이야기는 니컬러스 더크스(Nicholas Dirks)가 지적했듯이, "정치적 주체가 아닌 민족지적 주체(ethnographic subjects)를 생산한"식민지 시대 기록물의 핵심적인 내부역할들을 보여준다. 1920년대 초 조선의 민족주의가 한창일 때 발간된 아오야기의 논문은 조선반도의 역사에서 국가의 존재를 부정하고 오직 민족집단의 존재만을 인정함으로써 그 효과를 달성하려 했다. 민족지적 지식의 축적은 그리하여 "식민지 백성이 정치적 능력과 역사적 이해 모두가 결여돼 있음을 밝히는" 역할을 했는데, 그 능력과 이해는 오직 자신들만이 제공할 수 있는 중요한 능력이라고 일본인들은 주장했다.[39]

조선의 쇠락을 설명해줄 수 있는 모든 원인들 중에서 당파주의를 가장 결정적인 변수라고 조선연구회 회원들은 지목했다. 17세기 후반 김만중(金萬重)이 쓴 역사소설 『사씨남정기』(謝氏南征記) 같은 작품들을 번역하고 분석하면서 그들은 당파주의를 조선왕조사의 지배적인 중심사상으로 간주했다. 교묘한 편집기법을 통해 이 역사는 종종 숙종(肅宗) 시대(1674~1720)의 서인(西人)과 남인(南人) 간의 치열한 각축 때 최고조기에 도달했던, 조선 궁정을 뒤흔든 정치적 소란들을 모아놓은 목록이 되어버렸다. 이러한 서사에 대한 편집기법의 효과는 조선의 과거를 궁정 드라마의 연속쯤으로 '풍자'하고 혼돈이 반복되는 유형을 강조함으로써 조선인이 통합능력이 없음을 보여주는 더 많은 '증거'를 제공했다.[40]

조선연구회 회원들이 개별적으로 발간한 논문들은 이런 서사구조를 메아리처럼 답습했다. 병합 직전에 간행된 조선 정치지도자들의 자세한

38 아오야기 쓰나타로(靑柳綱太郎), 1923, pp. 106, 118~19, 120, 128.
39 Nicholas B. Dirks, 2002, pp. 60~61.
40 U Kai Zai, 2001, pp. 200~01.

전기에서 호소이도 조선의 '병폐들'을 진단하고 "조선의 흥망성쇠 역사는 모두 당파싸움에 관한 것"이라고 결론지었다. 그는 끝없는 다툼 속에 스스로를 소모하면서 나라를 쇠락으로 이끈 반도 지배 엘리트의 긴 계보를 나무랐지만, 가장 비난받아야 할 사람으로 고종(高宗)을 지목했다. "음모로 살고 음모로 무너진 사람이 바로 국왕 폐하"라고 호소이는 주장했다. 그는 암투를 벌인 고종의 측근들이 심지어 1907년 고종이 퇴위한 뒤에도 후계자인 순종(純宗)의 측근들과 어떻게 권력투쟁의 진창에 빠져 있었는지 묘사했다.[41] 기쿠치 겐조는 더 가까운 과거를 그와 비슷한 모습으로 그렸다. 조선이 병합당한 해에 출간된 대원군 전기에서 기쿠치는 조선왕조 최후의 수십 년을 대원군과 민비(閔妃) 간의 사적인 경쟁 때문에 분열된 상황으로 묘사하면서 대원군을 '영웅'이라며 더 호의적으로 그렸다. 그가 보기에 대원군의 지도력은 조선이 정말 놓쳐버린 기회를 대변했다. 기쿠치는 대원군이 조선의 전통적인 사대외교를 탈피하고 조선의 자율성을 회복하기 위해 '국가재건이라는 웅대한 과업'을 수행하려 했으나 그의 그러한 노력은 내부의 고질적인 문제와 외부의 공세로 좌절당했으며, 정치적 수완에서 정적(대원군)보다 한 수 위였던 민비는 상황을 악화시켰을 뿐이라고 썼다.[42]

이런 주장들은 정착민 작가들에게 특별할 게 없었으나, 일부 작가들은 자신들을 직접 이야기 속에 등장시켜 공식적인 기술과는 다른 이야기를 만들어냈다. 예컨대, 기쿠치는 조선왕조 말기에 대한 개인적 회고담 속에서 자신이 궁정에서 감행했던 개인적 모험을 조선 국왕과 일본 정부를 아래로부터 움직였던 외교적 중재자의 영웅적 이야기로 변조했다.[43]

41 호소이 하지메(細井肇), 1910, pp. 8~9; 모리야마 시게노리(森山茂德), 1997, p. 479. 호소이 하지메(細井肇), 1911, p. 17도 참조.
42 기쿠치 겐조(菊池謙讓), 1910a; 사쿠라이 료주(櫻井良樹), 1998, pp. 76, 78, 112.
43 기쿠치 겐조(菊池謙讓), 1931, p. 1; Chapter 2.

조선 말기의 정치에 대한 다른 정착민들의 기록은 그들 작가의 전기처럼 융합되어 하층민 출신의 미천했던 그들을 일본 국가확장의 최전선에 앉힌 '현지인들'(men-on-the-spot, 조선 내 일본인 정착민들)의 외교에 관한 이야기로 만들어졌다.[44] 정착민들은 공식적인 제국의 서사를 지지하면서도 조선에서 펼쳐진 제국 모험담의 익명의 주인공으로서 자신들만의 업적을 내세웠다.

정착민 작가들은 조선인과 일본인의 같은 경로와 다른 경로들을 추적하면서 조선인을 일본인의 친족이자 외국인으로 규정하는 위태로운 껴안기를 했다. 의도적으로 둘을 구분하지 않거나 '인종적 차이보다는 애매한 동일성'을 강조하는 것[45]은 정착민들이 자신들의 경계인적 상태를 해소하려고 노력하는 방식이기도 했다. 자신들의 식민지배를 정당화하기 위해 제국의 브로커들은 조선인과 일본인 사이의 친연성을 강조하면서 동시에 그 둘의 '동시성을 부정'할 수 있게 해줄 개념적 체계를 만들어내려 했다.[46] 정착민 전문가들은 공동의 조상이라는 선험적

---

44 사실과 허구 간의 불일치는 우치다 료헤이(內田良平)나 도야마 미쓰루(頭山滿) 같은 선대의 애국적 위업을 찬양했던 흑룡회 회원들이 쓴(1966) '몸소 체험한' 수많은 정치적 모험담들의 특징 가운데 하나다.

45 이는 동화에 관한 일본의 식민지 담론에 대한 오구마 에이지(小熊英二)의 성격 묘사를 레오 T. S. 칭(Leo T. S. Ching)이 인용한 것이다(Leo T. S. Ching, 2001, p. 197). 데이비드 애스큐(David Askew)의 말에 따르자면, 일본의 인류학은 "다름 아닌 자신과 자신에 가까운 것에 대한 조사"와 연결되어 있다(David Askew, 2003, p. 140).

46 '동시성의 부정'은 요하네스 페이비언(Johannes Fabian)의 인류학 비판의 핵심 개념이다. 페이비언은 타자를 시간적으로 유예된 존재로 그리는 인류학의 민속학적(ethnographic) 묘사를 비판했다(Johannes Fabian, 1983, 특히 Chapter 2 참조). E. 테일러 앳킨스(E. Taylor Atkins)도 조선에 있던 일본 민속학자들에 대한 자신의 최근 분석에서 이 개념을 채택했으나, 통찰력 있게도 그들은 공동체적 과거에 대한 향수와 서양으로부터 도입된 근대를 향한 일본의 독자적인 길에 대한 진지한 자기반성을 결합했다는 점을 덧붙였다(E. Taylor Atkins, 2010, pp. 91~93).

관념을 문화적 수준[민도(民度)]이라는 현세적 개념과 묶어서 동족(同族)은 균질화를 허용하고 문화와 역사[민도]는 차이를 허용하는 쪽으로 일본인과 조선인 간의 관계를 설정했다.[47] 이런 유연한 정체성의 결합[48]은 정착민들이 그들 간의 지위에서조차 지배계급으로서의 특권을 주장할 수 있게 해줄 뿐만 아니라 식민지 관리들이 조선인들을 통치하면서 평등과 차별의 원칙 사이를 융통성 있게 오갈 수 있게 해주는 현세적인 기능이 되었으며, 동화는 일본 식민통치의 궁극적 목표로 그 실현이 연기되었다. 동화와 차별은 사실상 식민지 담론에서 동의어가 되었다.

정착민들의 사이비과학적인 활동은 조선 민족주의에 대처하려는 더 야심 찬 정치적 기획도 채용했다. '조선 역사를 편집하고 출간하려는 우리의 지속적인 노력의 진짜 목적'은 "[조선] 젊은이들의 머릿속에 어리석고 추한 조국의 이미지를 심어주고 그들이 그것을 되찾겠다는 생각을 버리게 만드는 것"이었다고 아오야기는 1925년에 되새겼다.[49] 조선연구회가 염두에 두고 있었던 진짜 청중은 실은 일본인이 아니라 "[그런] 역사를 되풀이하지 않기 위해" 자국의 멸망에서 교훈을 얻게 될 조선인들이었다.[50] 역사의 재구성을 통해 제국의 브로커들은 조선의 민족의식을 재구성하려고 했다. 또한 그렇게 함으로써 그들은 조선인들은 '4,000년 역사를 통해 함양된 지울 수 없는 민족의식'의 소유자들이기 때문에 동

---

47 나는 이 관점을 배형일의 연구(Pai, Hyung-il, 2000, pp. 35~42)에서 끌어냈는데, 이는 조선에 대한 민족지학적·고고학적·역사적 연구들이 얼마나 일본인과 조선인 간의 **인종적** 친연성을 강조하는지, 그러면서도 **문화적** 진보(중국 영향력의 약화와 독립에 의해 조성된)라는 면에서 각자의 차별성을 유지하는지를 보여주었다.

48 일본의 민족 개념에서는 편리하게도 인종과 민족성, 그리고 문화가 잘 구분되지 않는다(Michael Weiner, 1995, p. 442).

49 아오야기 쓰나타로(青柳綱太郎), 1925(아오야기 쓰나타로(青柳綱太郎), 1926b로 재인쇄), pp. 146~47.

50 같은 책, p. 240.

화는 '불가능하다'고 선언했던 역사가 박은식(朴殷植)이나 박영효(朴泳
孝, 1861~1939) 같은 조선인 비판자들에게 대답을 해주고 싶었다.[51] 그
자신의 말에 따르면, 아오야기는 개인적으로 데라우치 총독과 중추원 서
기관장인 고쿠분 쇼타로(國分象太郞)에게 식민지 교육에 역사를 활용하
라고 조언했다. 조선인들이 자신들의 역사를 연구하는 것을 완전히 막
기보다는, 데라우치가 늘 그랬듯이, 식민지 교육을 통해 '올바른 역사'를
가르치는 것이 더 낫다고 아오야기는 주장했다. 그가 말한 올바른 역사
란 조선이 독립할 능력이 없다는 것을 명백하게 입증해준 '당파주의, 암
투, 음모, 착취, 그리고 끔찍한 혁명들' 중의 하나다.[52] 조선인들을 동화시
키는 가장 효과적인 방법은 "자신들의 나라가 영광스러운 과거를 지녔
다는 그들의 잘못된 가정" ─ 당시 조선인 학자들이 적극적으로 함양하
려 했던 관념 ─ 을 바로잡고, 대신에 그들의 나라가 기억할 가치도 없
는 나라였다고 그들을 설득하는 것이라고 그는 주장했다. 목적은 다름
아닌 집단적 기억상실을 획책하는 것이었다.

조선연구회의 영향을 받은 조선과 조선인에 대한 담론은 그 담론의 생
산지를 훨씬 넘어 먼 곳까지 확산되었으며, 식민지 지식인이라는 협소한
범위를 넘어서는 청중들을 확보했다. 1910년대까지 500명 남짓의 조선
연구회 회원들은 조선 내의 광범위한 엘리트와 관리들(한 줌의 조선인 지
방 행정수장들을 포함한)뿐만 아니라 일본과 만주, 타이완의 독자들까지
포섭했다.[53] 총독부 관리들은 가장 열렬한 조선연구회의 독자들 가운데

---

51 아오야기 쓰나타로(青柳綱太郞), 1923, pp. 129~31; 한기형, 2005, 172쪽. 이러한
    것들은 아오야기 쓰나타로의 『이조오백년사』(李朝五百年史, 1915)와 『조선4천년
    사』(朝鮮四千年史, 1917) 등 일부 회원들의 저서를 조선어로 번역 · 출간하는 동기
    가 되었다.
52 아오야기 쓰나타로(青柳綱太郞), 1925, p. 146.
53 아오야기 쓰나타로(青柳綱太郞), 1916. 책 말미에 실려 있는 조선연구회 회원명단
    참조.

한자리를 차지했다. 강압에 크게 의존하고 있던 데라우치 총독조차 교육의 역할을 모르지 않았다. 조선연구회의 간행물들은 종종 총독과 유명한 본국 정치지도자들의 소개글을 실어 공인을 받았는데, 그것은 그 간행물들이 조선 통치를 위한 값진 안내서임을 보장하는 것이었다.[54] 총독부는 이들 민간간행물들을 후원했을 뿐만 아니라 고종과 순종 치세의 기록들을 편찬하고, 『매일신보』를 통해 조선인 독자들에게 총독부판(版) 조선사를 전파하는 자체의 사업을 지휘하기도 했다.[55] 데라우치의 총독부는 "역사에 주의를 기울이지 않고 조선을 통치하는 건 무모한 일"이라는 아오야기의 조언을 결코 무시하지 않았다.[56]

정착민과 국가의 이러한 담론적 관행들의 중복과 통합은 식민지 기록자료들의 기능에 필수적이었으며, 그것은 식민지 지식의 생산과정에서 제국의 브로커들에게 발언권을 부여했다.[57] 조선연구회의 탄생은 인류학의 급속한 제도적 성장과도 일치했다. 일본에서 인류학은 다른 나라들과 마찬가지로 19세기와 20세기 초의 제국주의 팽창(식민지 확장)의 최일선에서 발전했다. 조선연구회 회원들은 특이하게도 이 초기 인류학의

---

54 예컨대, 같은 책, 「서문」 참조.
55 국사대사전편찬위원회, 1988, p. 604; Andre Schmid, 2002, p. 159. 총독부는 조선의 전통관습 및 민속에 대한 고고학적 조사와 연구도 촉진했는데, 이런 일들은 중추원에 맡겼고 아유카이 후사노신(鮎貝房之進) 같은 현지학자들에게 부탁했다(Pai, Hyung-il, 1994, p. 22). 식민정부의 임명을 받은 일본인 민족학자들, 특히 이마무라 도모(今村鞆, 1870~1943)와 무라야마 지준(村山智順)의 역할에 대해서는 Boudewijn Walraven, 1999, pp. 223~26; 그리고 E. Taylor Atkins, 2010, pp. 66~74 참조.
56 아오야기 쓰나타로(青柳綱太郎), 1923, pp. 8~9; 1926, p. 146.
57 거기에는 정착민들의 작품이 조선사에 대한 공식적인 서사를 형성했다고 믿을 만한 이유도 있다. 어느 학자가 하나의 사례로 지적했듯이, 호소이가 쓴 조선인 정치 엘리트들의 전기는 1925년에 출간된 총독 자신의 조선 귀족 80명에 대한 전기적 인명사전의 토대가 되었을 가능성이 아주 높다(모리야마 시게노리(森山茂德), 1997, p. 479).

특징적 면모였던 학자와 아마추어, 과학적 방법과 사이비과학적 방법, 신화와 역사의 구분이 제대로 이뤄지지 않은 토대 위에서 활동했다.[58] 정착민들은 자신들이 조선 전문가라고 자처했는데, 그들은 역사학 분야에서 아마추어 집단이었지만 그럼에도 상당한 자료들을 확보하고 있었고 그들 마음대로 쓸 수 있는 국가의 지원을 받았다. 예컨대, 호소이와 아오야기는 자신들의 '전문가'적 지식이 도출된 연구가 아마추어적 성격을 지녔음을 매우 솔직하게 인정했다. 그리고 정착민들은 그들의 아마추어리즘을 호기롭게 옹호하면서 그들의 작업 — "비할 데 없는 열정에 이끌린" — 이 결코 무미건조한 게 아니라고 주장했다.[59] 그들이 공언한 조선에 대한 전문지식은 그것이 없었더라면 민간인들에게는 허용되지 않았을 식민통치에서의 역할에 대한 주장이 내포되어 있었다.

더 중요한 것은, 식민지 정치에 대한 정착민들의 담론적 개입은 그들이 만든 조선사 버전이 어떻게 정통으로 확립되어가는지를 잘 보여준다는 점이다. 정착민들이 지역(식민지 조선)관리들 및 본국의 식자들과 엮어서 짠 접촉망 — 제국의 브로커들의 핵심적인 수법 — 은 조선에 대한 지식이 제국 전체를 관류하는 중요한 통로가 되었다.[60] 또한 이 지식의 순환회로는 텍스트들의 상호연관성도 체계적으로 만들어내어, 연구자들은 동일한 '역사적 증거'를 재활용하면서 서로 널리 인용했다.[61] 한 전

---

58 시미즈 아키토시(清水昭俊), 1999, pp. 117~18, 136~37; Boudewijn Walraven, 1999, p. 239; 오구마 에이지(小熊英二), 2002, pp. 53~54. 일본제국의 식민지 인류학 발전에 대한 최근의 연구들은 나카오 가쓰미(中生勝美), 2000; 2004; 그리고 사카노 도루(坂野徹), 2005 참조.

59 아오야기 쓰나타로(靑柳綱太郎), 1917, 「서문」; 호소이 하지메(細井肇), 1911, pp. 17~18.

60 예컨대, 수많은 여행기와 안내서가 조선의 일본인 거류민들과의 인터뷰 및 그들이 이미 써놓은 방대한 조선 관련 글들을 토대로 작성되었다(Peter Duus, 1995, p. 401).

61 기쿠치 겐조(菊池謙讓)의 『조선병합사』(朝鮮倂合史)는 그런 정본 텍스트 가운데

문가가 발설한 조선인들에 대한 이야기는 다른 사람이 받아 자신의 주장을 강화하고 단언하는 근거가 되었다.[62] 진구 황후의 삼한(三韓) 정벌, 조선반도 내 일본 식민지 임나(任那)의 존재, 그리고 사대사상 등은 모두 일본인들이 역사적 '사실'로 가르치게 되는 기본자료가 되었다.[63] 그리고 그 모든 것들은 조선연구회 작가들에 의해 '고대에도' '야마토 민족이 조선인들보다 우수했다는 증거'로 유포 — 그리고 이나바 이와키치 (稻葉岩吉, 1876~1940) 같은 총독부에 정식으로 고용된 역사가들에 의해 정교하게 다듬어져 — 되었다.[64]

조선에 대한 정착민들의 연구가 지닌 이런 일방적인 독백식 성격에는 놀랄 수밖에 없는데, 거기에는 전문적인 조선 역사가들과 협의한 흔적이 전혀 없거나 거의 없다.[65] 통감부 통치가 시작되기 전에 이미 최남선(崔

하나였다. 조선어 교환학생이었던 나카무라 겐타로도 그와 그의 지지자들이 조선의 역사와 지리, 사회에 대한 '매우 유용한' 정보들을 담은 기쿠치 겐조의 『한반도』(韓半島, 1906)를 어떻게 읽었는지에 대해 이야기했다(나카무라 겐타로(中村健太郞), 1969, p. 14).

62 텍스트들의 이런 상호연관성은 생산적이고 상호적인 지식과 권력 간의 관계에 핵심적 역할을 한다(Edward Said, 1978, p. 36).

63 이소다 가즈오(磯田一雄), 1999, pp. 197~98. 이 정설에서 정보를 얻은 일본 본국의 몇몇 정치가들은 조선사에 대한 지식이 관료주의적 기술의 중요한 수단이 될 것이라고 생각했음이 분명하다. 1918년 제40차 제국의회에서 다카기 마스타로(高木益太郞) 중의원 의원은 스사나오가 건립 예정인 조선신궁(朝鮮神宮)에 아마테라스 및 메이지 천황과 함께 봉안돼야 한다고 주장했다. 총독부 정무총감 야마가타 이사부로(山縣伊三郞)는 이에 대해 조선에 대한 스사노오의 영향력은 더 논의될 필요가 있다며 부정적인 답변을 내놨다. 다카기는 그런 역사적으로 '명백한 사실'을 부정하는 것은 '바로 일본의 토대를 위협'할 수 있다며, "당신은 정무총감이 될 자격이 없다!"라고 외쳤다(『조선공론』, 1918년 6월호, pp. 50~52).

64 이나바 쿤잔(稻葉君山),「비문(碑文)으로 입증된 진구 황후의 신라 정벌」, in: 샤쿠오 슌조(釋尾春芿), 1931, pp. 383~36.

65 이는 조선인 정보원들과 조수들에게 기대고 있던 일본인 관리들과 학계 민속학자들의 경우와는 대조적이었다(Boudewijn Walraven, 1999, p. 230; E. Taylor Atkins,

南善, 1890~1957)이나 신채호(申采浩, 1880~1936) 같은 학자들은 고려 왕조와 조선왕조의 공식적인 사대(事大)사관 속의 왜곡과 무관한 자민 족의 역사와 민속에 대해 연구를 시작했다. 하지만 안드레 슈미트(Andre Schmid)가 보여주었듯이 조선인과 일본인의 유사한, 그리고 외견상 완전히 정반대로 보이는 작업들은 실은 많이 겹친다.[66] 예컨대, 조선인과 일본인 작가들은 새로운 사회적 다원주의 사상을 자신들의 역사에 도입 했는데, 서로 전혀 다른 메시지를 발신했지만 그들은 공통의 인종학적 언어를 사용했다. 그 메시지란 한쪽은 조선 민족의 영광에 기대는 것이 었고, 또 다른 한쪽은 이미 예정되어 있는 몰락을 입증하는 것이었다. 조선인 작가들도 근대적이고 과학적인 역사서술 기법을 일본인들로부터 빌려왔는데, 그들은 자신들의 학문적 주장을 입증하기 위해 흔히 일본인 들의 권위를 들먹였다. 결과적으로 일부 조선인과 일본인의 글쓰기 서술 전략은 서로 가깝게 닮아갔다. 그리하여 조선인 학자들도 민족을 꺾이지 않는 불변의 핵으로 봉안하는 '직선적인 역사'를 주장했고, 그것은 일본 인들이 조선사를 재구성할 때 완고한 조선의 민족성을 강조한 만큼이나 과감했다. 대체로 그들은 조선인의 분열과 부패에 대한 은유로서의 양 반 개념, 조선 정치문화에 내재하는 특성으로서의 사대주의 강조와 같은 역사에 대한 몇몇 비판적 평가들에 집중했는데, 이는 민족주의와 식민주 의 기획(project) 사이에 일종의 공모관계를 맺는 효과를 낳았다.[67] 이런 담론들의 구성은 결국 당대 조선의 병폐를 밝혀내겠다는 공동의 욕망이

2010, p. 93).

66 안드레 슈미트는 조선인 학자들에 대한 분석에서 그들이 식민지 지식체계에서 벗어난 대안적이고 자치적인 공간을 찾아내기 위해 어떻게 노력했는지, 하지만 일본 담론의 헤게모니에서 탈피하는 것이 얼마나 힘든 일이었는지를 보여주었다 (Andre Schmid, 2002, 특히 Chapter 2).

67 같은 책, pp. 110~13.

빚어낸 일본과 조선의 합작품이었다.

그러나 정착민들은 자신이 찾아낸 것들을, 역사로부터 자민족을 구원해내고자 했던 조선인들의 노력을 부정하는 데 동원할 수 있었고 또 그렇게 했다. 그들은 조선의 역사에서 구제할 가치가 있는 것은 아무것도 없다고 용감하게 주장했다. 예컨대, 샤쿠오는 자신이 문헌자료 조사를 통해 찾아낸 '발견들'이 '실망스러운' 것임을 깨달았다며, "조선에는 어떤 위대한 예술도, 어떤 위대한 문학도, 어떤 위대한 인물도, 어떤 위대한 사상도 없었으며, 따라서 어떤 위대한 역사도 없다"[68]라고 서둘러 결론을 내렸다. 말할 필요도 없이, 이런 결론은 조선인이 더 일본인다운 일본인이 되기 위해 "조선 역사를 잊어야 한다"거나 "조선의 말과 관습을 버려야 한다"라는 자신의 신념을 재확인한 것이었다.[69] 호소이는 거기서 더 나아가 조선의 자치능력을 그 민족의 기원에서부터 부정했다. 단군신화를 (학문적으로 연구할 가치가 없는 것이라고) 부정하고 그것과 경쟁한 유교적 기자(箕子)신화를 ("조선의 유교세력이 대륙을 향한 사대사상으로 날조해낸" 것이라며) 부정한 호소이는 "조선은 하나의 민족으로 등장하자마자 소멸해버렸다"라고 선언했다.[70] 조선의 과거를 재구성하면서 일본인 식민지 학자들은 조선인들의 주권의 역사적 근거를 부정했을 뿐만 아니라 역사적 사실성(史實性) 그 자체까지 부정했다. 실로 식민지 아카이브의 존재이유가 그 발전을 부정하기 위한 것이었던 셈이다. 식민지 아카이브는 진정한 과거의 유일하고도 변하지 않는 기록자, 시간의 흐름을 거스르는 '국가의 기념비적 성격'의 구현체임을 고집했다.[71] 정착민 작가들에게 조선의 역사는 국가(민족)종말의 우화일 뿐이었다. 그들의

---

68 『조선과 만주』, 1916년 2월호, p. 1.

69 조선총독부, 『조선』, 1911년 11월호, pp. 12~13.

70 호소이 하지메(細井肇), 1911, p. 34.

71 식민지 문헌자료는 "근대사의 시작에 저항했다"(Nicholas B. Dirks, 2002, p. 61).

서술전략은 에드워드 사이드(Edward Said)가 이야기한 '오리엔탈리즘' (Oridentalism)과 유사했지만, 일본인 '조선 전문가들'은 동화를 해결책 이라 주장하면서도 한 가지 점에서 그 시대의 유럽인들과는 근본적으로 달랐다. 그들은 '(자민족이 아닌) 타자(타민족)'를 위한 고정불변의 과거를 만들어냈을 뿐만 아니라 그들의 미래를 지워야 한다고까지 주장했다.

문화적 제국주의 대(對) 문화적 민족주의

1919년에 일어난 3·1운동은 자신들의 제국이 탄탄한 만큼이나 믿을 만하다고 생각했던 그들의 아카이브에 대한 일본인들의 자만심에 상처 를 입히면서 그 폐쇄적인 지식 순환체계를 흔들어놓았다. 일본인 관리들 은 조선의 후진적 이미지에 맞춰 조선인들의 대중행동 능력을 매우 과 소평가했는데, 이는 그들 자신의 잘못된 담론의 실패였다. 1919년의 그 사건 뒤에도 식민지 담론의 이념적 발판이 완전히 무너진 게 아니라는 것은 분명하다. 적지 않은 정착민들이 3·1운동을 반체제의 도당들이 꾸 며낸 음모 — 하기타니 가즈오(萩谷籌夫)가 『조선신문』에 썼듯이, 극소 수의 급진적 활동가들의 기회주의적인 야단법석 — 라거나 오가키 다케 오(大垣丈夫)가 사이토 마코토 총독에게 보낸 편지에서 썼듯이 기껏해야 무지한 대중들의 '대중심리'의 반영일 뿐이라며 일축했다.[72] 정체와 몰 락을 향해 가는 불가피한 도정이라고 했던 조선 역사서술이 그러했듯이, 틀에 박힌 민족관념도 쉽게 사라지지 않았다. 호소이 하지메는 새로 부 임한 식민지 관리들에게 어느 시대에나 그랬듯이 통치자에 대한 복종과 배반 사이를 오가는 조선인들의 타고난 '면종복배'(面從腹背)적 특성을

---

72 『조선과 만주』, 1919년 12월호, pp. 143~50; 오가키 다케오(大垣丈夫), 1919, p. 119.

조심하라고 경고했다.[73] 1919년 이후 조선의 민족주의가 계속 성장하고 다양화하면서 일본인 작가들이 선호한 주제로 '배반'이 '후진성'의 자리를 대체했고, 그것은 곧 '불령선인(不逞鮮人, 반항하는 조선인)'이라는 딱지를 조선인 전체에게 붙이는 것으로 변형되었다.

하지만 안정되어 있는 듯 보이는 체계 밑을 살펴보면 거기에는 식민지 아카이브에서 일어나기 시작한 중요한 변화가 드러난다. 변화는 특히 그 주변부에서 뚜렷했는데, 제국의 브로커들은 거기에서 조선 민족의 '저항하는' 현실과 맞닥뜨렸다. 사이토 총독이 조선인들에게 자체 신문발행을 허용한 뒤, 정착민 전문가들은 조선인 엘리트의 의견에 상담을 해주는 것만으로는 만족하지 못했으며, 식민지 출판산업에 스며들기 시작한 조선인들의 반체제 목소리를 무시할 수도 없게 되었다. 이러한 상황의 전개효과로, 평탄하진 않았지만 조선에 대한 일본인들의 일방적인 독백이 자신들만의 민족구상과 제국비판을 분명하게 표출했던 조선인들과의 복합적인 대화로 점차 바뀌어갔다.

무엇보다 조선인들에게 신문발행을 허용하고 일본인 언론인들이 그들의 본래 직업으로 돌아갈 수 있게 해준[74] 언론통제의 완화로 총독부 정책들을 둘러싼 조선인들의 공격과 거기에 맞선 정착민들의 반격이 봇물 터지듯 쏟아져 나왔다. 민족주의의 지적 전위역할을 한 세 개의 조선어 일간지 ──『동아일보』와『조선일보』, 그리고『시대일보』(時代日報) ── 들이 특히 식민정책의 착취와 차별적인 측면들을 바로잡기 위해 압수와

---

73 호소이 하지메(細井肇), 1924b, pp. 56, 63.
74 일본어로 발행한 신문의 수는 사이토가 부임한 뒤 1년 안에 거의 두 배가 됐다(계훈모 편, 1979, 246, 249~50, 538~39쪽). 1920년대 말까지 일본인들은 31개 신문과 11개 잡지, 그리고 8개의 통신사를 운영했는데, 6개의 신문과 5개의 잡지를 운영했던 조선인보다 훨씬 많았다(조선총독부 경무국,『조선에서의 출판물 개요』(朝鮮に於ける出版物概要), 1930b, pp. 3~4).

삭제, 발행정지 등의 위험을 무릅썼다. 그러나 세 신문 모두 각자 독특한 방식으로 자신들의 시각을 독자대중에게 제시할 수 있었다. 신문은 검열제도의 허점과 모호성을 이용하거나 일본인들이 조선어에 익숙하지 못한 점을 활용했으며, 고속인쇄기의 도움으로 서둘러 인쇄하고 배포했다.[75] 많은 정착민 언론인들은 이에 대해 서둘러 사이토 총독 방어에 나섰다. 정착민 언론인들은 총독부 통치에 대한 불만의 토로에 주저하지 않았으나, 조선인들에 대한 자신들의 이익을 증진할 때만큼이나 식민당국을 충실하게 옹호했다. 『평성신문』(平城新聞)의 미야카와 고로사부로 (宮川五郎三郎)는 매우 솔직하게 자기 신문의 임무가 '식민정책의 선전' 이라고 선언했고,[76] 오가키 다케오의 경성통신(京城通信)에서 일했던 야마후쿠 노보루(山副昇)는 '혼신의 힘'을 '식민정부의 옹호'에 쏟아부었다.[77] 조선에 대해 정식교육을 받지 않은 관료들을 지도하겠다는 열망으로 아오야기 쓰나타로는 동료 샤쿠오 슌조와 함께 새로운 신문인 『경성신문』을 창간했다. 그는 또 조선인 동화를 촉진하기 위해 선전국을 설치했는데, 공식지원을 받은 일본으로의 출강이나 조선에 대한 영화상영 ── 이런 것들이 사이토 총독의 선전운동 항목들이었다 ── 등을 '전혀 쓸모없는' 돈 낭비라고 봤다.[78]

그와 동시에 정착민 전문가들은 조선에 대한 자신들의 진부한 담론을 재생산하는 과정에서 새로운 장애물을 만났다. 그들은 점차 조선인 작가들이 만들어낸 대응서사들과의 경쟁에 내몰렸다. 예컨대, 호소이 하지메가 '어떻게 그리고 왜 조선은 멸망했는가'를 대중에게 가르치겠다는 분명한 목적을 가지고 쓴 대원군에 관한 책이 1926년 6월 『오사카 아사히

---

75 Michael E. Robinson, 1984, pp. 332~35.
76 강동진(姜東鎭), 1979, p. 32에서 인용.
77 모리카와 기요토(森川淸人), 1935, pp. 1172~73.
78 아오야기 쓰나타로(靑柳綱太郎), 1926, pp. 87~90.

신문』(大阪朝日新聞)에 연재되기 시작했을 때, 분개한 이광수는 이에 대해 "조선 민족에 대한 완전한 무지의 소치이거나 근거 없는 중상모략"이라며 호소이를 비난했다.[79] 이와 반대로 조선연구회 회원인 호소이의 동료 오다 쇼고(小田省吾)는 자신의 '조선인 친구'가 당시 저술한 역사책에 대해 불만을 토로했다. 그 책은 "백제(百濟)의 유학자가 일본에 유학(儒學)을 어떻게 전했으며, 그 문화가 얼마나 일본인들을 크게 깨우쳤는지"를 강조하면서, 삼국 시대에 한반도 남부지역을 지배한 일본의 세력확장에 대한 언급을 모조리 빼버렸다고 오다는 썼다. 그는 이름을 밝히지 않은 자신의 친구가 『삼국사기』(三國史記)에만 너무 의존했다고 나무라면서 자신이 '잃어버린 사실들을 보완'하는 데에 더 믿을 만한 자료라고 여기는 『일본서기』를 조선인 학자들도 참고해야 한다고 하나마나한 충고를 했다.[80] 하지만 그도 자신이 재구성한 조선사에서 빠진 부분을 마음대로 무시해버렸다.

조선어 신문들은 식민주의 고정관념에 대항하기 위해 조선인들에 대한 자신들 나름의 이론을 발전시켰을 뿐만 아니라 정착민들에 대한 신랄한 묘사들을 내보냈는데, 그러한 것들은 조선 거주 일본인들에 대한 상투적인 이미지가 되었다. 조선어 신문들은 빚에 찌든 소작농들을 딛고 부를 쌓아 올린 정착민 지주들과 벼락부자들에 대한 경멸로 가득 차 있었다. 사실상 그들은 각계각층의 일본인들을 조선인을 비참하게 만든 원흉으로 그렸다.[81] 좀더 시선을 사로잡은 비유들 중에는 그들을 "조선인들의 생혈을 빠는" '독사들'로 묘사한 것도 있다.[82] 그들의 분노는 특

---

79 다카사키 소지(高崎宗司), 1982a, p. 113에서 인용.

80 오다 쇼고(小田省吾), 「조선사 대강 (1)」, 『동민』 19(1926년 2월호), pp. 19~20.

81 예컨대, 『동아일보』, 1922년 5월 21일자; 1924년 5월 13일자; 그리고 1927년 12월 13일자를 보라.

82 『시대일보』(時代日報), 1924년 9월 5일자.

히 동양척식주식회사의 지원을 받아 조선에 건너온 농업 이주민들을 향해 있었는데, 그들은 수적으로는 적었으나 일본의 억압을 보여주는 가장 중요한 상징이었다. 조선어 신문들은 이 반관(半官)의 기업이 인민들의 땅과 수확물, 그리고 생혈을 빼앗아가고 있다고 비난했다.[83] 김제의 어느 노동자·농민 단체는 '[일본인] 이주제도의 폐기'를 요구하는 결의문을 통과시키기까지 했는데,[84] 그 호소에 『동아일보』의 편집자들이 공감했다. 그 신문은 '2천만 명의 조선인 모두'를 위해 동양척식주식회사가 '자진해산하거나 정부가 폐업시켜라'라고 요구했다.[85]

조선인들의 이런 비판에 대해 일본인 작가들은 종종 진부한 반응을 나타냈다. 그들은 이주자들을 근대의 선교사로 역할변조하고, 조선은 그냥 내버려두면 정체상태를 벗어나지 못할 것이라고 주장했다. 예컨대, 어느 지역관리는 경상남북도 마을들에 사는, 동양척식주식회사가 지원하는 농민들을 옹호하면서 그들이 산업과 진보, 기술, 지역개혁뿐만 아니라 근검절약과 저축, 노동, 위생, 시간엄수, 심지어 민족화합의 가치까지 퍼뜨렸다고 주장했다.[86] 정착민 언론인들이 공식보고에 호응했다. 조선의 출판인들은 "민족주의 열병을 사주하는 것보다는" "[조선인의] 인격과 개성을 향상시키고, 생활습관을 고치고, 부를 늘리고, 실력을 양성하는 일에 전념"해야 한다고 『조선과 만주』의 편집인은 주장했다.[87] 정부

---

83 『조선일보』가 인용한 어느 어처구니없는 사례를 보면, 동양척식주식회사는 재령(載寧)의 수해가 난 마을에서 일본인 이주자들을 '대피시키고'는, '조선인 소작농들'을 그 마을에 정착시키기 위해 끌고 간 것으로 알려졌다(『조선일보』, 1924년 4월 30일자). 『개벽』(1925년 3월 1일, pp. 59~68)도 동양척식주식회사를 조선인의 땅을 빼앗아가고 조선인의 삶을 위협하는 '악의에 찬', '사악한 악마'로 묘사했다.

84 『조선일보』, 1924년 5월 21일자.

85 『동아일보』, 1924년 11월 4일자.

86 조선총독부, 『조선』, 1921년 11월호, pp. 91~95.

의 선전원들처럼 제국의 브로커들은 일본의 착취를 개발로, 정착민의 지배를 온정주의로, 조선인 동화를 민족화합으로 변조하는 전략적 효과를 위해 내선융화(內鮮融和)라는 수사(修辭)를 사용했다.

정착민 언론인들에게 출판계에서의 그들의 지배를 가장 빛이 바래게 하는 위협적인 존재는 당시 송진우(宋鎭禹, 1890~1945)처럼 젊고 영민한 인재들이 장악하고 있던 『동아일보』였다. 1920년대 말에 3만 7,000명이라는 타의추종을 불허하는 구독자를 자랑하던[88] 『동아일보』의 인기에 대항하려면 정부검열의 도움을 받는 수밖에 없었는데, 『동아일보』에 대한 통제가 눈에 띄게 강화되면서 같은 기간에 『경성일보』의 부수가 확장되었다.[89] 다양한 조선어 잡지들과 소책자들, 소설들이 식민지 출판시장에 밀려들어왔고, 정착민 언론인들은 더 엄중한 검열을 요구하면서 식민지 경찰의 '해이'(解弛)를 거세게 책망했다. 그러한 반동적인 태도는 일본인 사회와 조선인 사회 사이의 틈을 더욱 벌려놓았다. 『동아일보』는 일본인 거류민 언론매체들이 정착민들을 '너무 호전적으로' 몰아가 '(조선인들의) 동화를 거부하고' '그들만의 특권에 매달리게' 만들었다며 애통해했다. 그 신문은 정착민 언론인들이 사이토의 문화정치가 "조선인들을 점점 더 오만하게 만든다"라고 비난했을 뿐만 아니라 "조선인들을 억압하기 위해 데라우치 방식의 무단통치 ─ 그들 자신이 한때 고통을 받았고, 그래서 밤낮으로 욕을 해대던 바로 그 통치방식 ─ 의 부활을 갈망"하고 있다고 불평했다.[90]

---

87 『조선과 만주』, 1930년 5월호, p. 10.

88 계훈모 편, 1979, 538~39쪽.

89 김규환(金圭煥), 1959, p. 192.

90 『동아일보』, 1920년 8월 1일자.

식민지 백성의 목소리를 들어라

그러나 가시 돋친 말들을 일상적으로 주고받는 현실의 이면에서 조선 민족주의의 힘에 대한 자각이 커지면서 제국의 브로커들은 점차 조선에 대한 자신들의 개입방식을 바꿔갈 수밖에 없었다. 검열도 독설 가득한 공격도 조선 언론의 기를 죽일 수 없게 되자, 일본인 거류민들은 단순히 '반항하는 조선인'(불령선인)들을 비난하거나 그들의 후진성을 밤낮 떠들어대는 것만으로는 이제 소용이 없다는 것을 알게 되었다. 예컨대, 매일신보사(每日申報社)와 같은 일본인 출판사들은 '실력양성'의 목표를 환기시킴으로써 조선인 독자대중에게 다가가는 한층 더 의식적인 노력을 기울였다.[91] 어떤 신문들은 조선인 필자가 쓴 기사를 더 많이 실었고, 또 어떤 신문들 —『서선(西鮮)일보』(진남포),『군산일보』(군산)와 같은 지방신문들 — 은 조선인과 일본인 양쪽 모두의 관심을 끌어올리기 위해 일본어와 조선어 기사들을 섞어 싣는 쪽으로 판매전술을 바꿨다.[92]

그들 중 누가 썼듯이, 가장 눈에 띄는 변화는 자신들이 쓰는 글에서 조선인 여론을 거의 다루지 않았던 일본인 정착민들이 '조선인들에 의한 조선 연구들'을 읽기 시작했고 '식민지 조선인들의 말을 듣기' 시작했다는 점이었다. 이런 일을 설립목적으로 내세운 조직이『조선사상통신』(朝鮮思想通信)을 발간한 출판사였다. 1926년에 이토 유사부로(伊藤卯三郎, 필명은 '이토 간도') 편집장 체제로 시작한 그 잡지[93]는, 그 몇 년 전에 일

---

91 그러한 노력들은 1910년대에 발행된 유일한 조선어 신문인『매일신보』(每日申報)가 이미 시작했는데, 그것은 1920년대에 조선어 일간지들에 대항할 수 있는 경쟁력을 가져다주었다.

92 강동진(姜東鎭), 1979, p. 31. 1920년대 말에 일본인이 경영하는, 조선어와 일본어로 동시에 발행된 신문이 10개 있었다(계훈모 편, 1979, 537쪽).

93 『매일신보』(每日申報), 1926년 4월 28일자.

본인 거류민 언론인들과 본국 일간지 특파원들이 조선어 언론매체들에서 가려 뽑은 기사들을 번역하고 연구하기 위해 설립한 한 공부모임에서 탄생했다.[94] 식민지 사람들의 목소리에 관심을 기울이겠다는 새로운 열망의 산물인『조선사상통신』은 조선인들의 민족주의적 사고의 이념적 받침대들을 탐구하기 위해 체계적으로 접근했다. 그 잡지는 매월 조선어 출판물에 대한 번역기사 특집을 실었는데, 거기에 등장한 필자들은 『신민』(新民)과『개벽』(開闢) 같은 잡지들이나 유력일간지의 편집자와 특파원들에서부터 교사들, 종교지도자들, 국민협회와 같은 '친일'단체의 이사들에 이르기까지 다양했다. 우리는 이들 조선인의 목소리를 담아내려 했던 일본인들의 노력을, 조선사상통신사(朝鮮思想通信社)가 설립 1주년을 맞은 1927년에 '조선 및 조선 민족'이라는 제목으로 펴낸 번역 논문 모음집에서 일별할 수 있다.[95] 번역된 "조선인들에 의한 조선 연구들" 중에는 '동방문화의 원류'로서의 단군과 조선에 대한 최남선의 유명한 논문도 있었는데, 그것은 식민자들에게 할 말을 하면서 민족적 긍지를 되찾으려는 노력이었다.[96] 식민주의 문헌자료에 대한 더 직접적인 공격은『동아일보』사장 송진우가 쓴 '세계의 대세와 조선의 장래'라는 제목의 논설이 시초였다.[97] "우리는 조선 없이는 일어설 수도, 살아갈 수도

---

94 『동아일보』, 1920년 7월 9일자. 그 전해에 이토는 이완응(李完應, 1887~1949)과 함께 "일본인들에게 조선어를 가르쳐 그들과 조선인들 간의 조화로운 관계를 조성"하고 조선인들의 심리상태를 관찰할 기회를 주기 위해 '조선어연구회'(朝鮮語研究會)도 설립했다(같은 책).

95 마지막 인쇄본과 필사한 원본이 (도쿄의 우방문고(友邦文庫)와 가쿠슈인 대학 동양문화연구소의 마이크로필름 속에) 남아 있는데, 언론검열이 조선인의 마음을 분석하려는 정착민들의 노력에 어떤 영향을 끼쳤는지를 살펴볼 수 있는 드문 기회도 제공한다.

96 Robert L. Janelli, 1986, 특히 pp. 31~34; E. Taylor Atkins, 2010, pp. 93~95.

97 송진우의 기사는 가장 길었으나, 최종 발행단계에서 삭제당했다.

없는 조선 사람들이다"라고 선언한 첫 문단이 동화정책을 단호하게 거부하는 송진우 논설의 논조를 결정했다. 민족을 분열적인 정치보다 우위에 두면서 그는 '조선인들 속의 조선이라는 개념'은 살아남았고 역사의 우여곡절을 뛰어넘었다며, "조선인들은 언제나 외국의 오랜 간섭이나 통치에 철저히 저항해왔다"라고 덧붙였다. 송진우의 초월적인 민족 개념[98]은 조선사를 사대주의와 외부에의 종속, 자치능력 부재로 날조해온 일본인들의 흔해빠진 모든 주장들을 사실상 근거 없는 것으로 만들어버렸다.[99]

다양한 초점과 수준의 조선인 비평들은 일본어 번역문에서도 없어지지 않은 선명한 집단적 메시지를 발신했는데, 그것은 민족은 민족국가(nation-state)라는 틀 바깥에서 존속할 수 있다는 것이었다.[100] 그 메시지는, 조선에는 역사적으로 "국가는 없었고 민족만 있었다"라며 조선의 자치능력을 부정한 아오야기 주장의 토대를 뒤집었다. 조선에 대한 조선인들의 담론을 감시하는 것만큼이나 깊은 주의를 기울이려는 열망은 전·현직 식민지 관리들, 본국 지도자들, 동료 언론인들, 그리고 '늘'『조선사상통신』을 읽었음이 분명한 사이토 총독의 보좌관 아베 미쓰이에(阿部充家) 등 그 잡지의 회원으로 참여한 일본인들에 의해 널리 공유되었다.[101] 그러나 그 잡지가 혹독한 출판검열을 받았다는 사실은, 역설적으로 식민국가가 조선인의 마음을 해부해보려는 자국 정착민들의 노력

---

98   이 개념은 더욱 근본적인 민족정신의 구현이었으나, 단명했던 역사가 신채호의 국가관에 공명했다(Andre Schmid, 1997, p. 32).

99   송진우(宋鎭禹), 1927, n. p.

100   하지만 민족국가(nation-state)는 '국제법'이 인정한 유일한 정치적 실체였다. 조선인들은 1910년에 실망스럽게도 현실이 그러하다는 것을 알아차렸다. Alexis Dudden, 2005, Chapter 1 참조.

101   『중앙조선협회 회보』(中央朝鮮協會會報), 1928년 8월호, pp. 88~89. 중앙조선협회 지도자들(제5장)도 정기구독자였다.

에 간섭할 수도 있었다는 점을 보여준다. 경찰당국은 그러한 조선인들의 작성문건들이, 특히 일본 사회주의자들이 대한해협 너머에서 자신들의 이념적 친족들을 찾아내려 할 수도 있는 시절에 일본어 번역문으로 출간되기에는 너무 위험하다고 생각한 것으로 보인다.[102] 조선에 있던 일부 일본인 거류민들은 명백히 그런 생각에 동조했다.『조선공론』의 어느 독자는 편집자에게 보낸 편지에서 조선 내의 일본어 신문이 당시 경찰의 조선인 학생운동 탄압에 대한『동아일보』기사를 '뻔뻔스럽게' 번역해서 내보낸 사실에 자신이 얼마나 '놀랐는지'에 대해 적었다. 그는 그와 같은 행위가 조선 민족주의자들에게 찬사를 보내고 '『동아일보』의 도구'로 전락하는 것과 마찬가지라고 비난을 쏟아냈다.[103] 단지 번역만으로도 제국의 지식생산과 정치적 전복의 충돌지점들에 다리를 놓을 수 있다는 건 분명했다.[104]

하지만 제국의 브로커들은 다르게 생각했다. 조선 내 일본어 매체들은 가끔 조선어 기사들에 대한 자체 번역문을 싣고 독자들을 위해 자세한 분석과 논평들을 덧붙였다. 그중에서도 가장 열심히 그런 작업을 한 정착민 출판인이 당시 조선 최대의 일본어 잡지였던『조선공론』의 이시모리 히사야(石森久彌, 1891~?)다. 그 잡지의 1925년 3월호에서 이시모

---

102 아베 미쓰이에(阿部充家, 1925년 7월 12일).

103 「독자의 목소리」,『조선공론』, 1920년 8월호, p. 150.

104 1926년 6월에서 1927년 가을까지의 단기간에 조선 내 일본인들과 조선인 에스페란토어 사용자들이『조선시론』(朝鮮時論)을 발간했는데, 이 잡지는 조선 사회와 정치운동을 호의적으로 보도하고 조선인들에게 일본어를 강요하는 것에 반대했다. 이는 다른 일본어 신문들과는 다른 점이었다. 조선에 대한 일본인 정착민들의 무지를 바로잡기 위해『조선시론』은 수차례 번역된 조선어판 특집을 내보냈으며, 조선어를 일본인 정착민 아이들에게 의무적으로 가르쳐야 할 과목으로 지정하자고 제안했다. 짧은 발행기간이 암시하듯이, 이 잡지는 좌편향을 문제삼은 식민지 검열의 희생양이 되었을 가능성이 농후하다.『조선시론』(朝鮮時論), 1926~27; 다카야나기 도시오(高柳俊男), 1997.

리는 당시 『개벽』에 등장한 총독통치에 대한 비평들을 하나하나씩 평가해보자고 제안했다.[105] 그의 논평은 데라우치 총독의 무단통치 ─ 조선인에 대한 '노예'취급, '군벌(軍閥)정치'의 폐악들, 헌병체제의 실패, 그리고 태형령 ─ 에 대한 『개벽』의 거센 비난에 거의 전적으로 동의하면서 시작하는데, 그는 "이런 것들이 또한 우리[조선 내 일본인들]가 데라우치 통치에 반대하는 이유"라고 했고 "번벌(藩閥)정치의 잘못된 유풍을 식민지(조선)에 도입하는 것에도 절대 반대"한다고 거듭 이야기했다.[106] 하지만 이시모리와 『개벽』은 사이토 총독의 문화정치에 대한 평가를 둘러싸고는 상당히 틈이 벌어지게 된다. 이시모리는 특히 "총독[사이토]의 문화정치와 데라우치의 무단통치의 내용이 겉으로 드러나 보이는 것만큼 서로 다르지 않다"라는 『개벽』의 주장을 문제삼았다. 『개벽』은 현행 식민정부 체계의 결함들, 부족한 정부의 조선어 교육 진흥정책, 조선인 통제를 위한 경찰관 증원, 그리고 엄중한 언론통제 등의 면에서 둘 사이에는 내용상 별다른 점이 없다고 지적했다. 이시모리는 지역의원에 임명된 개인들의 빈곤한 선택권과 부족한 교육제도 같은 일부 불완전한 점을 인정했으나, 사이토의 문화정치와 데라우치의 무단통치를 동일시하는 것은 '지독한 오해'가 될 것이라고 주장했다. 이시모리는 "우리는 잡지 『개벽』에 실린 데라우치의 무단통치에 대한 관찰에 완전히 동의하지만", "사이토의 문화정치에 대한 관찰에 전폭적인 지지를 보내긴 어렵다"라는 결론을 내렸다.[107]

『조선공론』은 일본의 통치에 대한 조선인들의 비평들을 번역하여 게재하는 것과 함께 가끔 조선인 독자들이 보내오는 편지들도 실었다. 그

---

105 「조선 정치의 과거와 현재」, 『개벽』, 1925년 3월호, pp. 33~40.

106 이시모리 히사야(石森久彌), 「언문(諺文)에 나타난 문화정치의 비판을 평한다」 (諺文に現はれたる文化政治の批判を評す), 『조선공론』, 1925년 3월호, pp. 3~4.

107 같은 책, pp. 6~8.

들의 논평은 거의 언제나 이시모리의 편집관점을 지지했으나, 일본인들에 대한 자신들의 불만을 덧붙이기도 했다. 예컨대, 어떤 열성적인 조선인 독자는 관동대지진 때의 조선인 학살에 대한 『조선공론』의 사과문 발표가 분명히 그에게 '감동의 눈물을 흘리게 한' 행동이었다며 찬사를 보냈다. 하지만 그는 또 "조선인들은 어쩔 수 없다"라고 말하는 일본인들의 습관[108]에 대해 몹시 불평했다. 함경도 북부지방의 또 다른 조선인 독자는 조선의 가난에 대한 일본의 무시를 비판한 이시모리의 1927년 8월 사설을 지지하면서, 특히 '눈먼, 이익을 좇는' 사업가들과 본국에서 온 이주민들 때문에 "조선인들은 살 수가 없다"라며 애통해했다.[109]

조선인의 목소리를 끌어안으면서 공통의 관점을 세우려는 이시모리와 같은 조선 내 언론인들의 노력은 조선인들의 비판에 대처하기 위해서만이 아니라 그들을 좀더 폭넓은 일본인 사회와의 대화로 끌어들이기 위한 새로운 열망을 반영하고 있었다. 『조선사상통신』과 같은 조선 내 일본인 신문들과 잡지들은 지배계급 성원들이 피식민지인들과 연락을 하며 지낼 수 있는 중요한 매개체 역할을 했다.[110] 번역은 직접 대화에 한참 못 미치는 방식일지 몰라도, 식민지 분할의 이면으로 통하는 창문을 열어젖혔고 두 개의 언어로 분리된 세계 사이를 잇는 통로를 창출했다. 이후 정착민들은 비록 대체로 단일언어의 환경에서 계속 살아갔지만 어떻게든 조선인 세계와 연결되어야 했고, 변화하는 정치현실과 그것이 그들의 공동체에 가한 충격을 '대화를 통해' 이해해야 했다.[111]

108　『조선공론』, 1926년 4월호, p. 71.
109　『조선공론』, 1927년 9월호, pp. 69~71.
110　조선인 출판사들은 반대로 조선의 민족주의운동과 사회운동에 대한 일본어 매체의 기사들을 발췌·번역해 보도했다. 일본인 필자들과 조선인 필자들은 서로 상대방의 담론을 살폈다. 예컨대, 「일본 사람이 본 조선의 민족운동과 사회운동」, 『개벽』, 1923년 5월호, pp. 27~28 참조.
111　나는 일상생활에서의 접촉과 소통에는 언제나 상호주체성을 발휘할 공간이 있

일본인 출판인들과 조선인 출판인들이 직접 교류하는 흔치 않은 기회에 그들은 민족주의 문제 등 여러 사안들을 두고 이론적 논쟁을 벌였다. 그런 논쟁이 1926년 바로 친정부적인『경성일보』와 조선의 일간지들 사이에 벌어졌다. 논쟁을 촉발한 것은 그해 6월 14일 '계급의식과 민족의식' 간의 관계를 논한『조선일보』의 사설이었다.『조선일보』는 민족의식과 국가의식을 개념적으로 구분하고, 전자를 '억압당한 민중들 속에서 특히 활기찬'[112] 것으로 강조하면서 조선을 간접적으로 언급했다. 사설은 '지금의 세계적 추세는 상호협력'이라며, 노동계급운동과 '약하고 작은 민족들'의 독자적인 운동 간의 상호협력을 사회주의적 맥락에서 덧붙였다. 며칠 뒤『경성일보』가 드물게도『조선일보』사설에 직접 대응하는 자세를 보였다.『경성일보』는 "프롤레타리아의 보편적인 공통의식의 강화는 국가적인 관념과 민족적인 본능의 약화를 수반하기 마련"이라고 주장하면서, 일본과 조선의 관계를 자본가와 프롤레타리아 간의 싸움으로 규정하기를 꺼렸다. '사회주의자들과의 연합전선에 대해 이야기'하려는 사람들에게『경성일보』는 당시 조선인들의 경제상황이 "하나의 민족이 하나의 국가를 구성하느냐 그렇지 않으냐에 달려 있는 건 아니다"라고 주장했다.『경성일보』는 "세상에는 단일민족국가보다는 혼합민족국가가 더 많다"라며, 마치 일본 지배 아래의 조선이 세계의 표준이기라도 되는 양 주장했다. 그 사설은 "경제적 어려움은 국가가 독립하면 없어질 수 있다고 생각하는 것은 민족주의적인 미신"이라며, 조선의 자치를 바라는 마음이 마치 '이념적 망상'이기라도 한 듯한 결론을 내렸다.[113]

조선인 편집자들은『경성일보』의 도발을 환영했다. 그들은 '조선의

다고 한 미하일 바흐친(Mikhail Bakhtin)의 통찰력에서 도움을 받았다.

112 『조선일보』, 1926년 6월 14일자.

113 『경성일보』, 1926년 6월 17일자.

독립운동 문제'를 모조리 묵살해버리기보다 그것을 '직접 토의하자'는 그 신문의 선의를 믿었다.[114] 『조선일보』는 민족의식이 계급의식과 잠재적으로 충돌할 수 있다는 것을 인정했고, 혼합민족국가가 많다는 사실도 인정했다. 그러나 그 신문은 "5,000년의 민족사와 2,300만 명의 인구를 지닌 조선 국민은 독립적인 민족생활을 영위할 수 있다"라고 선언하면서, 조선에서 민족주의자들과 사회주의자들이 반제국주의 투쟁을 위해 단결할 수 있다는 주장을 견지했다. 『동아일보』도 『경성일보』의 주장을 좀더 날카로운 논조로 반박했다.[115] 『동아일보』의 사설은 『조선일보』의 주장을 더 밀고 나아가 "자본주의 경제원리가 약하고 작은 민족들을 지배하는 토대를 이루고 있는 한" 민족의식에서 계급을 따로 떼어낼 수 없다고 주장했다. 그들 간의 이론적 차이는 그것이 '실제운동'에 적용될 때 결국 사소한 것으로 해소된다는 것이었다.

이런 공방과 관련한 어법은 그에 상응한 내용도 드러냈다. 무엇보다 『동아일보』(언제나 민족단결을 계급이익보다 우선시했다)[116]가 계급과 민족(독립)투쟁의 결합을 강조할 때 『조선일보』와 손을 잡아야 했던 것은 대중활동의 새로운 기반을 조성하는 일과 관련해 민족주의운동 내의 온건파와 급진파 사이에 더 폭넓은 대화가 진행된 사실을 반영하고 있었다.[117] 이 두 조선어 신문은 일본인들을 민족에 대한 자신들의 대화에 끌어들이려고 무척 애를 쓴 것 같다. 『경성일보』는 조선인들을 단지 통제의 대상으로서가 아니라 대화의 상대로 만나는 새로운 의지를 보여줌으로써 그 열망에 화답했다. 민족, 국가, 그리고 계급이라는 동일한 개념들 ─ 제1차 세계대전 이후 전 지구적으로 두드러졌던 범주들 ─ 을 사

---

114 『조선일보』, 1926년 6월 19일자.
115 『동아일보』, 1926년 6월 19일자.
116 『동아일보』, 1923년 4월 1일자 참조.
117 이는 1927년 초에 신간회(新幹會) 합작으로 이어졌다.

용하면서 조선인들의 비판에 대응한 것은 식민지 담론의 좁은 한계를 넘어 새로운 세계적 영역, 곧 양자가 각자의 이념적 지위의 정당성을 확인하고 서로의 주장들을 면밀히 검증할 수 있는 영역으로 나아갔다는 것을 의미했다.

그러한 상호관여는 양측에 어떻게 자신의 입장을 상대방의 이념적 어법으로 정당화할 수 있는지에 대한 더 큰 이해로 이끌었다고 추정할 수 있을 것이다. 그런 이해는 일본인들을 자신들의 식민주의적 추구를 정당화하기 위해 조선인의 '자강'이념을 끊임없이 환기하는 쪽으로 몰고갔다. 거꾸로 그것은 또한 조선인들이 문화정치와 그 내선융화라는 수사(修辭)를 민족적 동등성을 주장하기 위해 활용할 수 있었던 이유에 대해서도 설명해준다. 1920년대 이후에 보이는 이러한 수사적 전략들은 다양한 이념적 색깔을 지닌 일본인 정착민들과 조선인들이 어떻게 자신들이 공유하고 있다고 여긴 가치와 이익의 관점에서 자신들의 의제를 제기하기 시작했는지를 보여준다. 요컨대, 일본인과 조선인은 각자 나름의 방식대로, 그리고 자신들의 목적을 위해 서로 이념적 중간지점을 찾기 시작했다.[118]

---

118 이 장(章)에서 이야기한 '중간지점'(middle ground) 개념에 대한 나의 이해와 그 활용은 리처드 화이트(Richard White, 1991)의 작업에서 영감을 얻었다. 식민지 아메리카에서 영국인과 아메리카 원주민 간의 상호작용에 대한 자세한 연구를 통해 화이트는 '중간지점'을 '중간의 장소'(the place in-between)로 규정하는데(p. x), 그곳에서 유럽 식민주의자들과 원주민 인디언들이 '상대방 담론의 어법들'을 이해하고 활용하려는 전략적 노력들을 통해 서로 관여했고, 그런 만남의 결과로 서로 바뀌어갔다. 화이트는 '중간지점'이란 말을 유럽인-인디언 간 상호작용이 일어난 프랑스령 캐나다 북부지방의 특수한 역사적 공간을 염두에 두고 사용했지만, 나는 과정으로서의 '중간지점'이 식민지 조선을 포함해 일반적인 비교문화적 조우를 분석하는 데에 더 폭넓은 통찰을 제공한다고 믿는다.

변화하는 조선 민족주의 평가

중간지점을 향한 일본인들의 탐구노력은 조선 민족주의에 대한 새로운 평가로 옮아갔다. 1919년 이후 우리는 많은 정착민 전문가들이 조선의 독립시위운동을 무지한 대중을 견인하려는 한 줌의 선동자들 탓으로 돌리는 것을 봐왔다. 그러나 가장 심한 편견을 가진 동화 이데올로그들조차 1920년대에 잇따랐던 민족주의 활동의 조류가 뭔가 더 큰 것이 진행되고 있다는 신호라는 걸 인정할 수밖에 없었다. 조선의 민족주의는 급진적 민족주의의 주변부나 사대주의 정신의 잔여물이 아니라 제국주의에 저항하는 식민지 민족들의 세계적 투쟁의 일부라는 새로운 독해가 생겨났다. 예컨대, 호소이는 조선의 역사적 몰락이 불가피했다는 주장을 계속 전파했지만, 당대 조선 청년들의 마음에 아일랜드 민족주의에서부터 공산주의, 레닌주의, 그리고 심지어 마하트마 간디(Mahatma Gandhi)의 사티아그라하(비폭력저항)에 이르는 근대 혁명사상들의 혼합물이 들어 있는 것을 봤다. 이 사상들은 호소이가 "사상의 [유포를] 막을 국경을 설치하기 어렵게 만들었다"라고 인정한 근대 통신수단 덕에 초국적 순환로를 흘러다녔다.[119] "일본은 지금 폭탄을 끌어안고 자고 있다"라고 그는 관동대지진 뒤 사이토 총독에게 경고했다. 청년투르크당처럼 조선인들은 '폭력혁명'을 일본제국을 뒤엎기 위한 최신모델로 가슴에 품고 있다는 것이었다.[120] 호소이는 조선의 민족주의운동이 더 큰, 세계적 반제

---

119 사이토 총독에게 보낸 호소이 하지메(細井肇)의 의견서(1923년 9월 17일), p. 614. 일본 본국에서도 "온 세상의 온갖 이념들을 드러내 보이고 있다"라고 본 호소이는 일본의 지도 아래 '세계의 작고 약한 민족들을 끌어안는 하나의 큰 유색인종 동맹'을 창출하는 범아시아주의적 해결책을 제안했다(호소이 하지메(細井肇), 1923, pp. 615, 663).

120 같은 책, p. 576.

국주의 담론의 지역적 변종이라는 결론을 내렸다.

식민지 이데올로그들은 점차 그런 봉기 시나리오에 사로잡히기 시작했다. 심지어 조선연구회 회장이요 비할 데 없는 동화의 옹호자인 아오야기 쓰나타로조차 동요의 조짐을 보이기 시작했다. 조선 민족주의의 절정기에 쓴 총독통치에 관한 자신의 논문에서 아오야기는 두 가지 특별한 방식으로 수행되어야 할 '적극적 동화'정책을 촉구했다. 먼저, 정부가 운영하는 학교들이 충성스런 제국의 신민들로 만들겠다는 그들의 목표달성에 실패했다고 본 그는 "조선어를 말살하고 조선인들이 일본어를 쓰게 만들며, 교과서를 근본적으로 뜯어고쳐 그들을 일본식으로 교육할 것"을 주장했다. 이는 민족융합의 힘을 가하기 위해 "[더] 많은 일본 민족을 조선에 정착시키는" 과업과 동시에 추진되어야 할 것이었다.[121]

하지만 동화정책에 대한 확신의 이면에서 아오야기도 자신의 구상을 누그러뜨리기 시작했다. 1925년에 발간된, 조선 통치에 대해 쓴 또 다른 두꺼운 분량의 논문에서 아오야기는 자신이 제안한 적극적 동화를 거듭 거론했으나, 앞에 놓인 장애들에 대해 훨씬 더 길게 설명했다. 그의 논문은 일본이 혼합민족국가라는 생각을 거부하는 호즈미 야쓰카(穗積八束)와 같은 본국의 사상가들이 공통적으로 인용하는 사례인 로마제국의 몰락에 대해 언급하면서 시작한다.[122] 로마의 멸망은 "문화적 수준과 민족적 특성을 고려하지 않은 채 합병한 이질적인 민족에 대한 극단적 동화정책"으로 초래되었다고 아오야기는 설명했다. 특히 '근친혼의 적극적 추진'은 '로마인의 우수한 혈통의 몰락'과 '전사(戰士)와 같은 그들의 순혈성의 불순화'를 야기했다. 아오야기는 고대 로마에서 제국 일본의 장래 운명을 목도했다. ── 이는 곧 "두 국민을 사상과 일상생활이 하나인

---

121   아오야기 쓰나타로(青柳綱太郎), 1923, pp. 128, 131~40.
122   오구마 에이지(小熊英二), 2002, pp. 42~46.

국민으로 융합할 준비"를 하고 "더 많은 일본인 정착민들을 본국에서 (조선으로) 입식"[123]해 '진정한 동화'를 이룰 수 있도록 진로를 바로잡지 않는 한 일본제국도 걷게 될 운명이었다. 불순화를 경계하는 한편으로 민족융합을 촉구한 아오야기의 논문은 실행가능성을 약화시킨 양가성을 지니고 있었다.

조선인 동화의 또 다른 어려움은 국가주의와 민족주의라는 근대 정치사상의 핵심적인 두 이념적 기둥이 조선반도에서 점차 충돌하게 된 점에 있다고 그는 지적했다. 이를 설명하기 위해 아오야기는 자신의 독자들에게 잠시 조선인 입장이 된 자신을 상상해보라고 요청했다. "일본인 여러분, 우리 섬 민족이 미국에 합병당해 그들의 교육정책 아래 놓여 있다고 상상해보세요. …… 여러분은 일본이라 불리는 민족적 운명과 관계를 단절한 채 일본인의 마음을 버릴 수 있겠습니까?" "여러분은 마지막 한 사람까지 결코 그럴 수 없을 것입니다." "그렇다면 이는 조선 민족이 처해 있는 상황과 같은 것이 아닐까요?"라며 그는 혼잣말로 이어갔다. "나는 조선 민족의 전통적 심리가 (천황 중심의 국가와 공감을 함양하기 위한) 일본의 교육정책으로 제거될 수 있다고 생각하는 건 부질없는 짓이라는 걸 깨달았습니다." '지금의 세계상황에서' 민족이 모든 형태의 정체성을 능가하는 듯 보일 때, 일본의 국가이념인 국체(國體)가 국경을 초월해서 민족 개념을 대신할 수 있을지 아오야기는 확신이 서지 않았다. 더구나 그것이 '휴머니즘'이라는 보편적 이상으로 발전할 수 있을지에 대해서는 더욱 그랬다.[124]

아오야기의 의심의 밑바탕에는 당시의 동화정책 실패가 일본이 늘 안고 있는 약한 국력 때문이라는 가슴 아픈 생각이 자리 잡고 있었다. 일본

---

123 아오야기 쓰나타로(靑柳綱太郎), 1925, pp. 3~5, 66~74.
124 같은 책, pp. 142~45, 159.

을 여전히 서양에 뒤진 '2류나 3류의 열등국가'라고 본 아오야기는, 일본이 미국을 이기지 못하는 한 조선인의 마음을 붙잡으려는 일본의 노력은 영원히 실패할 운명에 처해 있다는 '가까운 조선인 친구들'의 이야기에 은연중에 동의했다. 불과 몇 년 전에 일본이 '세계제국'이라고 했던 사람에게 이는 근본적인 재평가였다. "조선총독부가 지금의 사상 흐름을 막는 조치를 취하지 않는다면", "일본에 대한 조선 민중들의 저항정신은 엄청난 힘, 즉 최근의 독립운동보다 10배, 100배 더 강한 힘으로 폭발할 게 틀림없다"라고 그는 경고했다.[125]

식민통치를 위한 지침을 제시할 요량이었던 아오야기의 논문은 정착민들의 내부 딜레마에 대한 자기고백이기도 했다. 정착민 전문가들은 민족화합을 내세우는 한편으로 조선 민족주의에 대한 자신들의 입장을 말없이 다시 정리하기 시작했으며, 그것은 그들 자신의 취약한 기반에 대해 자성하게 만들었다. 조선인들을 순치하려 했던 사이토의 문화정치가 조선인 반체제인사들을 침묵시키는 데에 별 소용이 없다는 게 분명해지면서 점차 좌절감을 키워가던 정착민들은 자신들의 눈앞에서 변해가는 조선과 조선인들에 대한 자신들의 생각을 바꾸기 시작했다.

그러나 제국의 브로커들이 조선 민족주의에 대처할 수 있다는 자신감을 잃어갔다면, 그들과 대립한 조선인들도 그에 못지않게 자신들의 조직적 단결을 유지할 수 있을지 확신할 수 없게 되었다. 강화된 언론통제와 경찰의 급진세력 단속강화로 1920년대 말의 조선 민족주의자들은 대립각을 누그러뜨릴 수밖에 없었다.[126] 이처럼 식민주의와 민족주의 사업들

---

125 같은 책, pp. 82, 86, 146. 그러나 아오야기는 조선인들이 주권을 회복하는 것이 쓸데없는 짓이라는 것을 그들에게 확신시키는 '올바른 역사'를 가르쳐야 한다고만 했을 뿐 다른 해결책을 제시하지 않았다.
126 이는 또한 신간회 지도부 내에서 커져가고 있는 균열의 원인에 대해서도 설명해준다(Michael E. Robinson, 1982~83).

모두 온건해짐에 따라 새로운 중간지점이 출현할 조건이 갖춰졌다.

하나의 신호가 가장 있을 법하지 않은 곳에서 나타났다. 그것은 『조선과 만주』의 샤쿠오 슌조와 『동아일보』의 송진우라는 식민지 언론의 오랜 맞수 사이에서였다. 1928년 2월, 총독의 신년회에서 그 두 언론인들은 내선융화에 대한 '너무 억지스럽고' '혐오스러운' 영화상영장에서 나온 뒤에 우연히 식민정책들에 대한 일대일 대화를 나누게 되었다. 대화 중에 샤쿠오와 송진우는 자신들이 그 전에 알고 있던 것보다 서로 공통점이 많다는 사실을 발견했다. 송진우는 조선의 독립이 "우리 가슴속 깊이 묻어둔" 비현실적인 목표라는 걸 인정하면서 자신의 온건한 정치적 입장을 솔직하게 털어놨다. 그가 더 큰 관심을 갖고 있었던 것은 '조선인의 언론의 자유', 그리고 관료조직과 회사에 입사할 때의 민족차별을 없애는 것이었다. 말하자면 식민체제 내 조선인의 권리와 기회의 확대인데, 샤쿠오에게 이는 매우 합리적인 것으로 여겨졌다. 다른 분야에서도 그들은 합의점을 찾아냈다. 두 사람은 국가가 조선의 독립이나 공산주의 혁명에 대한 급진적 담론에 대해 경계를 유지하면서도 조선어 언론매체들에 대한 가혹한 통제는 완화해주기를 바랐다. 또한 그들은, 조선인들은 '자신들의 기질과 지력(知力)을 개선'해야 하고, 일본인들은 자신들의 야비한 행위를 바로잡아야 한다는 데에 의견이 일치했다. 샤쿠오가 송진우에게 왜 그날 밤에는 유달리 '온건'하냐고 묻자, 그는 "실질적인 문제로 들어가면, 우리는 온건해질 수밖에 없다"라고 솔직하게 대답했다. 샤쿠오는 그것이 '열정적인 민족주의자'라는 가면 뒤에 숨겨진 송진우의 본심이라고 믿었으며, 그런 그를 "입만 열면 언제나 일본을 욕하고 일본인들을 철천지원수라고 이야기하는" 『조선일보』의 신석구(申錫九)와는 조심스럽게 구분했다.[127]

127   『조선과 만주』, 1928년 2월호, p. 35. 송진우와 일본인 언론인들 간의 더 진한 친

식민지 기록들의 여백 속에서 펼쳐진 이 드문 개인적 교류——정부의 검열에 저항한 일본인과 조선인 언론인들의 공동행동 기록들과 더불어——는 양자가 서로를 비난하면서도 모종의 관계를 발전시켜갔다는 것을 시사한다.[128] 더욱이 샤쿠오와 송진우 사이의 대화는 조선의 언론인들이 일본의 통치를 어떻게 체험했는지를 엿볼 수 있게 해줄 뿐만 아니라 일본인 정착민들이 조선 민족주의를 어떻게 이해했는지에 대해서도 살필 수 있게 해준다. 예컨대, 공적으로는 '열정적인 민족주의자'의 모습으로 각인되어 있는 송진우에 대한 샤쿠오의 성격묘사는 일본인들이 조선인들을 온건한 사람이든 급진적인 사람이든 간에 모두 식민통치에 저항하는 완강한 적으로 뭉뚱그려 보는 경향이 있었음을 입증해준다. 더 중요한 것은, 송진우가 '보통은 온건한' 정치적 입장을 지니고 있다고 한 샤쿠오의 폭로가, 그런 유의 개인적 접촉이 샤쿠오와 같은 정착민을 조선의 딜레마에 대해 깊이 생각하는 사람으로 변모시킬 수 있었다는 사실을 보여준다는 점이다. 체제순응이라는 급진주의자들의 비난에 취약했던 조선의 문화적 민족주의자들은, 마이클 E. 로빈슨(Michael E. Robinson)이 지적했듯이, "민족구성에 대한 복수의 서사들이나 경쟁적인 해석에 대적하기 위해 끊임없이 민족의 단결을 구성하고 강화"해야 했다.[129] 송진우에 대한 샤쿠오의 관찰은, 잠깐 동안이었지만 그런 딜레마에 공감하고 있었음을 보여준다. 게다가 샤쿠오와 송진우가 서로 자신들의 비타협적이었던 초기의 자세에서 뒤로 물러설 듯한 의지를 보인 것은 조선인 문화적 민족주의자들과 일본인 제국주의자들 모두에게서

밀감을 보여주는 또 다른 일화에서 샤쿠오는 송진우를 "놀랍게도 조선인들의 특징인 교활함이 거의 없는", 자기 민족을 위해 '끝까지 싸울' '진정한 조선의 지사(志士)'로 묘사했다(같은 책, 1928년 4월호, pp. 61~63).

128   예를 들어 『매일신보』, 1925년 10월 9일자와 10월 15일자 참조.

129   Michael E. Robinson, 1993, p. 167.

일어나고 있던 더 폭넓은 자세의 변화를 반영하고 있었다. 그들 모두는 점차 자신들의 이념적 입장의 한계를 깨달아가면서 중간지점으로 나아가기 시작했다.

조선의 민족주의자들에게 이 중간지점 추구는 자신들의 실용적 타협을 반영한 것이었다.[130] 조선민족 통일전선의 결성노력이 흔들리는 한편으로, 검열통제 강화가 노골적인 저항의 입장을 견지하려던 조선어 신문들의 능력과 결의를 파괴하는 재정적·심리적 타격을 가하기 시작했다.[131] 선택지가 좁아지면서 조선어 신문들은 경영의 안전을 도모하기 위해 계속적인 정치투쟁을 포기했다. 그러나 그 반대편에서 그 나름의 위기를 겪고 있던 일본인들 역시 그들만큼이나 열심히 중간지점을 추구했다. 조선인들의 저항의 깊이와 복잡성을 헤아리기 시작하면서 정착민 전문가들은 동화에 대한 자신들의 초기 열정을 누르고 식민주의 사업을 진지하게 재고하기 시작했다. 심지어 샤쿠오 같은 열렬한 제국주의자조차 일본인들이 조선 신문들과의 싸움에서 지고 있다는 것을 인정했으며,[132] 문화적 정복에 대한 자신의 요구수준을 점차 낮췄다. 그 자신의 동화의 수사(修辭)에 노예가 되어버린 총독부가 개혁되지 않는 데에 대한 좌절감을 토로하는 이들도 있었다. 마찬가지로 가차없이 조선인들의 명예를 훼손했던 호소이 하지메도 1923년에 이미 총독부에 내지연장(内地延長) 정책과 조선인들이 단지 '행정명령만으로도' 일본인으로 바뀔 수 있다는 '근본적으로 결함이 있는' 가정을 포기하라고 촉구했다. 조선인

---

130 이는 통감부 시절의 『황성신문』(皇城新聞) 같은 조선인 출판물들에 대한 안드레 슈미트(Andre Schmid, 2002)의 분석에 등장하는 핵심적인 관찰이다. 그의 주장을 지지하면서, 나는 크게 봐서 조선인 출판물들의 타협은 1919년 이후 일본인과 조선인들 간의 상호창조의 과정이 되었다고 주장한다.

131 Michael E. Robinson, 1984, pp. 338~39. 압수와 기사의 삭제는 1927~30년에 절정에 달했다.

132 샤쿠오 슌조(釋尾春芿), 1931, p. 58.

비판자들에 동조하면서 호소이는 동양척식주식회사가 영국 식민지 인도의 '백인들의 식민주의 정책을 흉내 내는 데'에 토대를 둔 '착취도구'라며 그 해체까지 주장했다.[133]

아오야기의 비관주의는 더 깊어갔다. 그의 글들에 종종 기어들던 자기회의는 1920년대 말에는 동화에 대한 신념의 위기로 발전했다. 조선 역사에 대한 그의 생각은 바뀌어 자신의 초창기 모든 글의 토대가 되었던 이론적 전제를 부정하는 지점까지 나아갔다. 1928년 이후의 아오야기는, 조선인들을 동화시키기 어려운 까닭을 일본인과 조선인이 몇 세기에 걸쳐 '완전히 갈라진 혈통'으로 발전한 탓으로 돌렸다. 아오야기는 이제 '고대에 조선인의 피가 야마토 민족으로 통합'된 부분이 '아주 적'다고 의미를 축소하면서 그 갈라진 민족정신이 '조선의 혼(魂)'과 '야마토의 혼'으로 현존하고 있는 사실을 강조했다.[134] 아오야기는 "조선은 2,000년의 역사, 2,000만 명이나 되는 큰 민족, 유전적으로 한 민족이라는 생각과 오랜 관습, 그리고 당당한 민족언어를 지니고 있다"면서 "새로운 교육이 그들의 민족사상을 확장함에 따라 조선의 혼이 야마토의 혼에 맞서게 될 것"이라고 내다봤다. 그때까지 역사의 힘이 조선인을 바꿀 것이라고 믿었던 아오야기는 이제 점차 조선인들에 의해 역사가 바뀌고 있다는 사실을 깨달았다.

과거와 함께 조선의 장래도 다르게 보이기 시작했다. 두 민족정신 간의 임박한 충돌을 내다보면서 아오야기는 조선의 자치사상에 대한 '깊은 공감'을 표시했다. 그것은 바로 그 자신이 『조선통치론』에서 일축했

133 사이토 총독에게 보낸 호소이 하지메(細井肇)의 의견서(1923년 9월 17일), pp. 580, 653.
134 아오야기 쓰나타로(靑柳綱太郞)[필명 구사무라 가쿠토], 「소에지마 하쿠(副島伯)의 자치론의 근본을 고찰하고 동화정책 연구를 첨서(添書)함 (3)」, 『경성신문』, 1928년 6월 3일자.

던 사상이었다. "오늘날 우리는 모든 [조선] 민중이 자신들의 모국을 되찾기를 간절히 바라고 있는 현실을 보고 있다"라면서 그는 이렇게 선언했다. '아마도 나는 10년이나 15년 안에' '성과 없는 동화정책들'을 지지하는 대신에 "분명히 그리고 솔직하게 (조선의) 자치에 대한 주장을 지지하게 될 것이다".[135] 동화에 대한 아오야기의 근본적인 사고전환을 이보다 더 명백하게 보여주는 발언은 없다. 자신의 완전한 입장전환을 예고하면서 아오야기는 예전에 자신이 절대적으로 거부했던 바로 그 박영효의 결론 — 인종적·문화적으로 다른 조선 민중을 동화시키는 건 불가능하다 — 을 수용하는 쪽으로 다가갔다.

1920년대 말에 역설적인 수렴현상이 일본인 정착민 언론인들과 조선인 언론인들을 중간지점으로 몰아갔다. 일본인 동화주의 이데올로그들은 조선인 민족주의자들이 조직적 활기를 잃어간 것과 마찬가지로 자신들의 주장을 얼버무리기 시작했다. 바로 이 양쪽의 비관주의가 합류함으로써 문화적 제국주의자들과 문화적 민족주의자들로 하여금 서로 간의 깊은 틈새를 가로질러 새로운 수용의 길을 모색하게 만들었다.[136] 비록 이런 발전이 거의 자동적으로 이루어진 것이기는 해도, 양쪽이 각기 자신들의 이질적인 정치적 의제를 추구하기 위해서는 타협이 불가피하다고 믿기에 이르렀다는 것이 내 생각이다. 『조선공론』의 이시모리는 정확하게 그런 맥락에서 혈통의 공유와 내선융화 같은 피곤한 서사들보다는 자발적인 대화가 '조선 민중과의 정신적 통합'을 조성하는 데에 훨씬 더

---

135 아오야기 쓰나타로(青柳綱太郎)[필명 구사무라 가쿠토], 「소에지마 하쿠의 자치론의 근본을 고찰하고 동화정책 연구를 첨서함 (4)」, 『경성신문』, 1928년 6월 10일자.
136 박찬승(1992)이나 김동명(1997) 같은 학자들은 동화정책의 한계에 대해 더 잘 알게 된 식민국가와, 자신들의 목표를 독립에서 자치로 낮춤으로써 식민당국과의 타협을 추구한 온건한 조선인 우파의 상호수렴에 주목했다. 이런 역동성에 대한 논의를 좀더 보려면 제6장 참조.

효과적이라고 주장했다.[137] 분열된 사회에 통합이라는 낡아빠진 수사(修辭)를 떠안기는 대신에 토론을 북돋는 것이 더 확실하게 일본인과 조선인을 서로 껴안게 만들 것이었다.

결론

조선이 일본 통치 아래 들어간 뒤, 조선 내의 일본인 정착민들은 식민지의 다른 이면세계를 이해하려고 앞다투어 노력했으나 그것은 거의 자신들만의 관점에 입각한 것이었다. 일본인들은 조선인들을 뒤처지고 분열되어 있으며 주체적 발전능력이 없는 존재로 간주하고 그저 자신들이 생각하는 세계로 동화시키려 했다. 조선인들 역시 일본인들을 미천한 이주민이나 탐욕스런 식민주의자로만 봤다. 하지만 이런 고정관념들이 지속되고 상호접촉의 지점을 넘어 확산되면서 그들 간의 담론교환의 성격과 문맥은 내부적으로 더욱 복잡해졌다.

1919년 이후에 조선 민족주의의 대두로 일본 식민주의의 독백은 종말을 고했다. 정착민 전문가들은 일본인들이 조선인들에 대해 세워놓은 이론의 전제들이 그 전에 자신들이 추정했던 것처럼 확고부동하지 않다는 사실을 점차 인식하게 되었다. 조선어 신문들이 식민지 아카이브에 대한 새롭고 지속적인 공격을 가하고 담론의 한도를 정하기 위해 그 권력에 도전하면서 일본의 독백은 조선인들과의 대화와 토론을 통해 수정되었다. 또한 정착민들이 반대의 이념적 근거를 조사하기 시작하면서 — 1919년에 무슨 일이 일어났는지, 그리고 1919년 이후 세계에 무슨 일이 벌어질 것인지를 알고자 하는 간절한 노력 — 그들은 조선의 민족성이

---

137   『조선공론』, 1925년 8월호, p. 9.

기존의 범주들에 딱 들어맞지도 않고 그들이 알고 있던 역사를 통해 손쉽게 이해할 수 있는 것도 아니라는 사실을 발견했다. 정착민 전문가들은 그 대신에 자신들의 조선인 상대들이 진보적이고 정치적으로 민감하며, 세계의 추세와 이어져 있다는 점을 인정할 수밖에 없었다. 『경성일보』와 두 조선어 신문들(『조선일보』와 『동아일보』) 간의 토론 같은 더 직접적인 교류는, 서로의 생각을 주고받음으로써 일본인들과 조선인들이 국민에 대한 건설적인 대화를 나눌 수 있음을 보여주었다.

분명히 정착민들과 관리들은 모두 조선의 과거에 대한 자신들의 이해를 현재의 정치적 상황평가에 적용하려는 작업을 결코 멈추지 않았다. 또한 자신들의 역사에 대한 조선인들의 이해를 바꾸려는 노력도 포기하지 않았다. 1930년대 말 『조선일보』 사설은 정착민들이 조선을 오직 '중상비방하고 조롱하며 업신여기기'만 한다고 불만을 토로하며, 이른바 일본의 조선 전문가들에게 그 책임을 돌렸다.[138] 그러나 일본인들이 조선인들을 문화적·세속적으로 이도저도 아닌 어정쩡한 상태에 가둬놓으려 해도 역동적인 정치의 현실은 끊임없이 거기에 개입해 일본인들이 만들어낸 그런 서사의 기만적인 일관성을 뒤집었고, 그들이 조선인들에 대해 설정해놓은 가정들의 진정성에 의문을 제기했다. 점차 목청을 높이면서 자각한 조선 서민들에 의해 촉발된 일본인 정착민들의 조선 민족주의 재평가는 식민주의 동화사업을 계속 어지럽힌 인식론적 불확실성을 제공했다. 아오야기와 같은 조선 내 식민주의 지식의 설계자들조차 1930년대 말에는 동화의 해체에 참여하기 시작했다. 식민지 아카이브는 총독의 전방위적 감시를 대체했다기보다는 제국의 요원들이 자신들의 지식에 대해 의심하기 시작하고 공식적인 범주들이 더는 현실을 제대로 설명할 수 없는 것으로 여겨지기 시작했을 때 제국을 걱정하는 장이 되

138 『조선일보』, 1930년 2월 2일자.

었으며, 불확실한 순간들에 대한 기록이 됐다.[139]

1930년대 말까지 각자의 사업들이 위기를 맞게 된 상황에 비례해 늘어난 상호교류는 정착민들과 조선인들 간에 벌어진 이념적 균열에 다리를 놓으려는 그들의 노력에 박차를 가했다. 물론 일본인들은 그러한 교류의 맥락에 대한 통제권을 포기할 준비가 되어 있지 않았다. 중간지점을 향한 그들의 모색 또한 민족주의자와 제국주의자라는 각자의 이념적 입장을 근본적으로 바꿔놓지도 못했다. 결국 송진우는 자기 민족을 위한 투쟁을 포기하지 않았고, 샤쿠오 역시 자신의 동화에 대한 지지입장을 완전히 철회하지는 않았다.

그러나 그들 간의 상호교류는 그들의 세계관을 상당히 바꿔놓았다. 그 상호교류의 기간에 일본인 정착민들은 동화정책이 지닌 심각한 딜레마와 대면했고, 또한 조선의 민족주의자들은 통합의 최대의 시험대에 올랐다. 양자의 불안과 고민은 식민지 아카이브를 둘러싸고 소용돌이쳤다.

인쇄물은 중간지점이 출현한 수많은 영역들 중의 하나였을 뿐이다. 중간지점은 식민주의자와 민족주의자들 사이, 정착민들과 조선인 엘리트들 사이 등 각자의 입장유지에 토대를 이루는 전제들과 이념적 어법들을 자각하게 된 두 세력들 사이에 출현했다. 한편으로 정착민들은 위기 속에서 제국을 단결시키기 위해 중간지점을 추구했으며, 다른 한편으로는 그 (중간지점이라는) 무대를 국가의 권위에 대항하는 통합행동의 장으로 바꿀 수도 있었다. 조선인들과의 그런 협력이 가장 빈번하게 일어난 영역은 경제와 정치의 분야였으며, 정착민들은 거기에서 식민정부의 강제력을 체감하기도 했다. 브루스 버먼(Bruce Berman)의 이야기를 빌리자면,[140] 국가가 '약한' 통제양식을 상쇄하기 위해 자신의 '강함'을 선언

139   Ann Laura Stoler, 2008.
140   Bruce Berman, 1990, pp. 424~25.

하려 할 때, 정착민 지도자들도 유연하게 대응했다. 조선의 일본인 정착민들은 지배계급 주변에 양다리를 걸친 채 본토의 중앙정부에 대해서는 조선인들과 함께 힘을 모아 대항할 수 있었고, 조선 민족주의자들에 대해서는 식민정부와 한편이 되었다. 다음 두 개의 장은 제국의 브로커들의 이런 야누스적 이면을 탐구해보려 한다.

제5장

조선의 산업화

1934년 10월, 서울에서 한 정착민 집단이 그 도시에 가장 먼저 정착한 상인 '개척자'인 야마구치 다헤에를 기리기 위해 모였다. 그들은 쇠가죽 장사라는 미천한 처지에서 시작한 야마구치가 아무런 사전준비도 없이 오직 '사무라이 정신과 상인의 재능'을 솜씨 좋게 버무려 일본인 공동체를 건설하고 철도건설 로비를 열심히 벌였으며, 모든 인프라 ── '교역과 재정, 가스, 전기, 운송, 은행들' ── 의 토대를 놓았다고 극찬했다. 야마구치에게 '경성의 시부사와(일본의 가장 유명한 재계의 거물)'라는 별명을 안겨준 그의 삶을 축하하고 그의 성취를 기리기 위해 동료 상인들은 두 가지 기념사업을 시작했다. 그들은 야마구치가 조선에서 펼친 반세기에 걸친 고투를 '살아 있는 역사의 가치 있는 장(場)'으로 기록하기 위해 전기를 편찬했으며, 조선에서 가장 오래된 일본인 사회의 중심지인 경성 남산공원에서 그의 70회 생일을 맞아 청동흉상을 세우고 제막식을 거행했다. 그리하여 조선반도에는 "국내정치에 사로잡힌 일본이 다른 분야에 아무런 관심도 기울이지 않았을 때", 자민족과 제국에 공헌한 일본인 초

기 정착민들의 자축기념물들이 산재하게 되었다.[1]

야마구치와 그의 발자취를 뒤쫓은 상인들과 무역업자들, 기술자들, 그리고 도급업자들은 비록 그 성공이 제국의 군사력과 정치적인 힘에 지속적으로 기댄 덕택이기는 했지만, '자수성가한 사람들'로서의 각별한 자부심을 지니고 있었다. 투쟁의 세월을 지나 오래도록 그들은 제국의 브로커들과 사실상 동의어가 된 자신들의 지위, 즉 '조선 발전의 선구자들'을 자임했다.

반면에 국가의 요원들은 외견상 민간인들의 왕성한 활동을 뒤쫓아갔다. 그러나 조선합병 뒤 정착민들의 경제활동 궤적은 정착민 언론인들의 그것처럼 그들의 전기작가들이 묘사했던 것보다는 초라했다. 1905년 이후 '벼락부자가 될' 기회는 전쟁수요와 건설공사들이 사라짐에 따라 점차 줄어들었다. 게다가 새 식민정부는 개발의 중앙조정자를 자임하면서 조선 경제에 대한 통제를 강화했다. 마치 자신이 조선의 유일한 목소리인 양 선언하면서 많은 기자들을 현직에서 밀어낸 것처럼 말이다. 결과적으로 대다수 정착민들의 자본주의 활동은 식민지의 최종검열관인 총독이 규제한 상업과 산업의 분야에서 그 규모와 발언권 모두 변변찮았다. 후원관계를 통해 체제와 손잡은 일본인과 조선인 유력사업가들조차 대개 정책수립의 순환고리에서 배제를 당했다.

이런 상황은 1919년 이후 바뀌기 시작했다. 총독 사이토 마코토는 자신의 문화정치를 선전하기 위해서만이 아니라 1921년의 산업위원회(産業委員會) 출범과 함께 새로운 산업정책을 입안할 때도 조선 엘리트들의 지원을 요청했다. 제국의 브로커들은 약화되어가던 조선반도 건설자로서의 자신들의 역할을 되살리겠다는 기대 속에 자신들의 영향력을 더욱 확대할 그 기회의 창을 확보했다. 정착민 지도자들의 경제관리 참여

---

1 기타가와 요시아키(北川吉昭) 編, 1934, pp. 3~4.

로 비록 그들과 국가 및 조선인 엘리트들 간의 동반자 관계가 복잡해지기는 했지만, 민간협력의 역동성이 제도화되었다. 식민지 자본과 원주민 자본 간의 경쟁과 더불어 비록 간과되기는 했지만, 그 시절의 가장 중요한 긴장관계가 일본 본국 정부의 파견요원으로서의 총독과 조선 내의 경제활동가로서의 정착민들 사이에 표출되었다. 식민정부는 일본의 확대되는 식량수요에 맞추기 위해 조선의 농업경제를 보호·유지하려 했지만, 조선반도를 산업화하라는 야심만만한 요구가 1930년대에 완비된 공식적인 정책으로 자리를 잡기 훨씬 이전에 조선 내 일본인 사업가들로부터 제기되었다. 제국의 브로커들은 조선의 산업개발을 증진하기 위해 펼쳐진 전(全) 조선 차원의 운동에 앞장섰으며, 이를 위해서는 철도망 확장이 없어서는 안 될 요소였다. 하지만 또한 조선의 쌀 생산이 일본 본국의 수입통제로 위기에 처할 경우에, 그들은 조선의 산업발전이라는 명분을 앞세우고 (수입규제 철폐를 요구하면서) 본국 시장에서의 자신들의 특권적 지위를 보호하는 데에도 그에 못지않게 힘썼다. 정착민들은 도쿄의 본국 정부에 조선 내 자본의 목소리를 대변하기 위해 본국의 재정삭감과 조선의 경제민족주의 흐름을 거스르면서 조선의 엘리트들과 광범위한 동맹을 맺기 시작했다. 그럼에도 그 연합전선은 거기에 가담한 다양한 세력들의 상호충돌하는 구상과 이해에 다리를 놓기보다는 그것을 살짝 숨겼을 뿐이다.

식민지 산업의 불편한 동반자들

1910년 이후 조선의 경제변화는 여러모로 익숙한 식민지 시절의 이야기이지만, 일본인 정착민들의 경험은 또 다른 변종을 보여주었다. 조선의 경제는 식민정부에 의해 재구성되었는데, 그 최우선적인 목적은 산업화하는 본국의 수요에 맞추는 것이었다. 그 본국의 수요란 제조업 상품들에 시장을 제공하고 산업원료들을 공급하며, 늘어나는 인구를 먹일 식량을 공급하는 것이었다.[2] 총독부는 조선의 식량, 특히 쌀 증산을 위한 가혹한 계획에 착수하는 한편, '건강한 경제개발'을 확보하기 위해서라는 명분을 내걸고 비농업분야의 산업성장을 막고 기업활동의 자유를 제한했다. 경제에 대한 국가통제의 핵심장치는 악명 높은 회사령이었다. 1911년에 공포된 이 법률은 모든 기업들에 사업개시 전이나 조선에 지사를 개설하기 전에 반드시 공식허가를 받도록 요구함으로써 '부적절한 사업계획들'을 규제하는 것이 그 목적이었다.[3] 그런 허가제도는 무엇보다 조선의 소자본을 뿌리 뽑기 위해 고안한 것이었기 때문에, 일본인 정착민들은 도시지역의 상업과 무역에서 자리를 잡을 수 있었고 1910년대 말 전쟁특수 기간에는 제조업 분야로 진출할 수 있었다.[4] 하지만 식민지 경제에 대한 정착민들의 자본기여는 국가의 몫(약 60퍼센트를 유지했다)에 비하면 보잘것없었다.[5] 1924년 정부의 공식조사에 따르면, 조선 내 일본인이 경영하는 회사들의 산업생산은 "여전히 초보적 단계에 머물러 있었다".[6]

조선 경제에 대한 국가통제의 족쇄는 1919년 이후 사이토 총독 아래

<hr>

2 Samuel Pao-San Ho, 1984, p. 347.
3 『경성신보』(京城新報), 1911년 1월 21일자. 회사령에 대한 연구는 고바야시 히데오 (小林秀雄) 外, 1994 참조. 결과적으로 1910년대 전반기에 조선에서 가동된 회사는 약 170개에 지나지 않았다(가네코 후미오(金子文夫), 1986, 도표 3, p. 180;『경성일보』, 1917년 3월 27일자).
4 가네코 후미오(金子文夫), 1986, p. 181.
5 조선의 자본형성에는 정부투자가 대부분을 차지했는데, 그 대부분은 일본 본국에서 들어온 자본이었다(미조구치 도시유키(溝口敏行)·우메무라 마타지(梅村又次), 1988, p. 71).
6 조선총독부 서무조사과 편, 1924, pp. 114~17.

의 새 총독부가 쌍둥이처럼 얽혀 있던 두 가지 주요 행정업무를 해결하려 애쓰면서 풀리기 시작했다. 그 하나는 타이완과 마찬가지로 조선도 계속해서 일본의 경제산업화 엔진에 연료를 공급하게 해야 한다는 것이었다. 또 하나는 밑으로부터의 동요가 더 커지는 것을 막기 위해 국가는 지역[조선]에 1차상품 생산을 넘어서는 발전기회를 제공해야 한다는 것이었는데, 조선이 식민본국에 재정적으로 의존하고 있었기 때문에 더 복잡한 과제였다.[7] 이런 모순되는 과제를 해결하는 한 가지 방법으로 사이토의 총독부는 일본과 조선 간의 '협력자본주의(cooperative capitalism)의 발전'을 촉진하는 새 경제정책을 선포했다. 총독부는 농업 중시정책을 유지하면서 일본 국내산업과 경쟁하지 않고 그것을 완성하는 한도 내에서의 제조업과 상품의 개발을 허용했다.[8] 그리고 총독부는 몹시 경멸당하던 회사령을 폐지했다. 이런 조치들은 조선의 산업활동을 촉진했을 뿐만 아니라 야심만만한 사업가들을 식민체제와의 계급적 협력 쪽으로 끌어들였다.[9]

경제분야의 내선융화를 촉진하려던 사이토의 정책은 통감부 시절에 싹튼 부르주아 협력모델에 토대를 두었는데, 당시 일본 상인들은 조선의 지주 및 사업 엘리트들과의 협력에 눈을 돌리고 있었다. 일본 본국의 자

---

7 식민지 아프리카에서 진행된 축적과 합법화라는 상호모순된 요구를 해결하기 위한 비슷한 시도를 보려면, Bruce Berman, 1990, p. 151 참조. 비록 재정자립 원칙이 관찰되기는 했지만, 그것이 일본의 식민제국 중에서 그 어느 곳보다 통치와 치안, 근대화 프로젝트에 훨씬 더 많은 비용이 들어간 조선만큼 광범위한 지역에서 실현된 적은 없다(미조구치 도시유키(溝口敏行)·우메무라 마타지(梅村又次), 1988, pp. 74~75; 미조구치 도시유키(溝口敏行)·야마모토 유조(山本有三), 1984, pp. 404~11).

8 Carter J. Eckert, 1991, p. 57.

9 사이토 마코토(齋藤實), 「산업개발은 조선의 시각을 다투는 지금 급무에 속한다」 (産業開發は朝鮮刻下の急務に屬す), 『조선』, 1922년 10월호, p. 5. 제3장에서 살펴보았듯이, 이는 조선의 초창기 부르주아지를 회원으로 가입시킨 동민회 설립의 주된 동기였다.

본통제 아래 일본인들이 운영했던 초창기의 상업회의소는 제국의 지배
수단으로 운용되었으며, 조선인들은 상업회의소를 저항조직으로 활용
했다.[10] 그러나 그 관계는 두 조직이 당대의 주요 경제문제들에 대처하기
위해 손을 잡으면서 점차 적대에서 친선 쪽으로 바뀌었다.[11] 게다가 그
두 사업가단체는 상호협력의 증대가 각기 자신들 공동체의 이익증진에
유익하다는 사실을 목도했다. 일본인 정착민들에게는 현지 마케팅 조직
에 파고들어 가는 데 효과적이었고, 조선인들에게는 자본과 기술에 대한
노하우에 접근하고 사업기회를 얻는 데 유리했다. 조선 내 사업가들이
1915년에 일본인 상업회의소와 조선인 상업회의소를 통합하라는 총독
의 권고에 따랐던 것은 바로 그런 분위기 덕이었다.[12] 그리고 각양각색의
성공을 거둔 일부 사업가들이 유럽인 정착 식민지들에서는 찾아보기 어
려운 다민족협력의 실험실 역할을 한 합작투자회사를 다수 설립했다.[13]
영국의 남동아프리카 식민지의 경우에 소규모의 지방 원주민 부르주아
지가 정착민들과의 접촉 속에 발전했지만,[14] 일반적으로 백인 식민주의
자들은 교육받고 도시에 기반을 둔 원주민들을 배제하고 대신 자신들이
만들어낸 부족의 '족장들'과 일하는 쪽으로 빠져버렸다.[15] 산업의 변화

---

10 이재항 편, 1984, 58~71쪽; 김동순 편, 1979, 119, 121쪽.
11 그런 문제 중의 하나가 '백동화(白銅貨) 가치폭락'이었다. *KSKN* 1941, 1: p. 131.
12 새로 만들어진 합동 상업회의소를 지배한 것은, 예상대로 정착민 자본이었다(같
   은 책, pp. 138~44, 그리고 같은 책에 나오는 송병준과 예종석(芮宗錫)의 회고,
   pp. 134~35: 조선총독부,『조선총독부 시정연보』, 1915, pp. 244~46).
13 볼품없었지만, 다수의 합작투자회사들이 설립되어 1911년에 16개에서 1915년에
   는 29개로 늘었다(조선총독부,『조선총독부 통계연보』, 1911; 1915). 드물었던 성
   공사례들 가운데 하나가 1914년에 니시하라 가메조(西原龜三)와 박승직(朴承稷),
   그리고 서울의 면화무역업자들이 설립한 공익사(公益社)였다(나카무라 시료
   (中村資良), 1925, pp. 238~39).
14 Ralph A. Austin, 1996, pp. 179~80.
15 Andrew Roberts, 1986, pp. 33~35; Bruce Beram·John Lonsdale, 1992, pp. 89~

정도가 유럽의 '(돈 적게 드는) 저렴한 제국들'을 훨씬 능가했던 조선에
서[16] 당시의 다수 사업가들은 당국과의 장기지속 가능한 관계도 발전시
키기 시작했다. 그들은 국가의 경제사업을 대행한 동양척식주식회사 같
은 반관(半官)의 은행이나 기업의 역할을 수행함으로써 그런 관계를 발
전시켰다. 그들의 이사회는 저명한 일본인과 조선인 사업가들 — 조진
태나 한상룡 같은 일류 자본가들이 상임이사가 되었다 — 로 채워졌다.
그들은 식민지 조선의 기업귀족을 대표하고 있었다.[17]

91, 197. 식민지 아프리카 전체, 즉 포르투갈령 앙골라에서 벨기에령 콩고에 이
르기까지 유럽인 통치자들은 국가와 피지배인들 사이에서 중개인 역할을 한 원
주민 엘리트들에게 의존했으나, 그들에게 지역통치의 보조역할 범위를 넘어서는
기회를 주게 될지도 몰라 몹시 주저하는 상반된 감정을 지니고 있었다(Crawford
Young, 1994, pp. 227~28). 예컨대, 서아프리카의 프랑스인들은 족장들의 지위
를 높여주는 대신에 엘리트들이 프랑스 시민권(évolué)을 획득하려면 무슬림 법
이 규정한 신분자격을 포기하도록 함으로써 사실상 그것을 어렵게 만들어 그들
을 약화시키는 정책을 추구했다(같은 책, pp. 34~35). 포르투갈령 아프리카에서
는 '동화된 시민'(assimilados)의 지위를 획득한 사람들을 식민정부가 어느 정도
육성했지만, 백인 정착민들은 그들을 환영하지 않고 약화시켰다(Andrew Roberts,
1986, pp. 497~98; Jeanne Marie Penenne, 2005, p. 91).

16 Frederick Cooper, 2005, p. 157.
17 조진태는 대한천일은행(大韓天一銀行, 나중에 '조선상업은행'으로 개명)의 은행
장이었다. 관료의 경력을 거친 뒤 재계에 발을 들여놓았고, 1905년에 조선인이
운영하는 경성 상업회의소 의장이 됐다. 그는 또 한성창고회사 사장으로도 일했
고, 많은 은행들과 동양척식주식회사를 비롯한 기업들의 이사진으로도 활동했다.
그는 1915년부터 1925년까지 경성 상업회의소 부의장을 지냈다(나카무라 시료
(中村資良), 1926, p. 94). 한상룡은 한성은행(漢城銀行) 설립자였으며, 전무로 재
직하면서 실질적인 경영을 떠맡았다. 그는 통감부 시절 총리를 지낸 이완용의 외
사촌이기도 했다. 영어를 공부하고 일본 세이조(成城)학교를 졸업한 한상룡은
1903년에 한성은행을 설립했으며, 1924년에 이 은행의 은행장이 되었다. 조진태
처럼 그는 동양척식주식회사 설립 당시 그 회사의 이사였다. 그는 조선생명보험
주식회사와 조선신탁주식회사 등의 기업들도 설립해 이사로 재직했으며, 일본인
자본가들과 많은 합작투자회사들을 설립했다. 그는 또 1915년부터 1925년까지
경성 상업회의소 이사, 1925년부터 1928년까지는 조선인 부의장으로 재직했다

국가의 정책수행을 지원하는 한편, 영업세 징수에서부터 1915년의 조선 박람회 같은 더 거창한 사업에 이르기까지,[18] 이들 자본가는 자신들의 활동영역을 반관(半官)적 역할을 넘어 지속적으로 확장해가는 데 지역(조선)의 상업회의소를 활용했다.[19] 조선 전국대회와 만주의 지역자본가들과 함께 연 합동포럼들[20]을 통해 조선 내 사업가들은 조선과 일본의 경제적 통합을 더욱 촉진하기 위한 전략(관세철폐와 수송망 확장 같은)을 논의했을 뿐만 아니라 회사령을 철폐해 자신들이 자유방임자본주의의 영역으로 간주하는 것들에 대한 규제를 풀도록 국가에 거듭 촉구했다.[21] 이런 산업적 구상들이 1920년대에 사이토 총독체제 아래에서 경제관리에 대한 민간의 참여 폭이 넓어지면서 국가 지배체제의 표면에 균열을 내기 시작했다.

사업가들과 새 식민정부의 동반자 관계는 1921년 산업조사위원회와 함께 공식적으로 시작되었다. '양국 사업가들의 조화로운 협력'을 통해[22] '일본과 조선 공동의 경제적 이익을 실현하기 위해' 사이토 총독이 설립한 산업조사위원회는 식민통치의 이정표에 해당했다. 그리하여 사업가

(나카무라 시료(中村資良), 1926, pp. 154~55). 한상룡의 전기적 사실에 대한 좀 더 자세한 내용은 한익교(韓翼敎), 1942 참조; 한상룡의 사업활동에 대한 더 자세한 내용은 김명수, 2000 참조.

18 식민지 박람회에 대한 연구는 Hong Kal, 2005; Todd A. Henry, 2006, Chapter 3, 7; 그리고 Oh Se-Mi, 2008, Chapter 1 참조.

19 1915년의 일본인 상업회의소와 조선인 상업회의소의 통합은 상업과 산업의 문제에 대해 당국에 청원하고 자문할 수 있는 그들의 권리를 잃게 만들었다. 하지만 현지의 상인들은 곧 그 권리를 어느 정도 축소된 형태로 되찾았다(기무라 겐지(木村健二), 1989, p. 100).

20 만선(滿鮮) 상업회의소연합회 편, 『만선(滿鮮) 상업회의소연합회 속기록』(滿鮮商業會議所聯合會速記錄), 1918, pp. 74~81.

21 기무라 겐지(木村健二), 1997, pp. 55~58.

22 조선총독부, 『조선총독부 시정연보』, 1921, p. 191.

들이 처음으로 정부의 경제정책 수립에 고위관료로 초빙되었다.[23] 그 결과 산업조사위원회는 총 48명의 관리들과 민간인들이 참여한 '거물들'로 구성된 하나의 제국의회였는데, 그들은 조선에 식민지 기업을 세운 사람들과 일본 본국에서 온 사람들이었다.[24]

산업조사위원회에서 가장 큰 비중을 차지한 것은 조선 출신의 대표 28명이었는데, 그들 중 8명이 식민지 관료들, 10명은 정착민 사업가, 그리고 나머지 10명은 조선인 사업가들이었다.[25] 조선인 대표들에는 귀족들(이완용과 송병준 같은)과 불어나는 부(富)를 금융과 산업의 분야에 투자했던 은행과 기업의 경영자들(조진태와 한상룡 같은)이 들어 있었다. 정착민 참여자들은 그와 유사한 일본인 사업계의 명망가 집단, 즉 은행과 대기업, 농업기업의 수뇌부들, 그리고 목축업에서부터 수산업과 제철업에 이르는 모든 분야의 자본가들을 대표했다. 가장 강력한 대표는 진남포에서 타의추종을 불허하는 돈을 벌어 '조선의 시부사와'(야마구치 다헤에에 버금가는 지위)와 '민간총독'이라는 별명을 얻은 광산 벼락부자인 도미타 기사쿠(富田儀作)였다.[26] 조선의 '수리(水利) 왕'인 후지이 간타로(藤井寬太郎, 1876~?)는 군산 등지에서 토지간척 사업을 벌여 부를 쌓은 사람이었다.[27] 부산 출신의 가시이 겐타로(香椎源太郎)는 이토 통감의 알

23 Carter J. Eckert, 1991, p. 104. 에커트는 1921년의 산업조사위원회에 대해 간략하게 언급했지만(그리고 그 대신 1930년대에 열린 제2차, 제3차 회의의 분석에 초점을 맞췄다), 나는 그 과정과 중요성을 더 자세히 분석했다.

24 일본에서 온 위원들 중에는 네 명의 관료(내각의 법제국, 재무성, 농상성, 척무성(拓務省)에서 파견된)와 몇 명의 학자들, 그리고 동양척식주식회사와 남만주철도주식회사, 다이이치은행 같은 기업들이나 미쓰이와 미쓰비시에 지분을 가진 재벌들을 대표하는 10여 명의 경영자들이 포함되어 있었다.

25 참여자들 전체의 명단은 조선총독부 편, 『산업조사위원회 회의록』(産業調査委員會會議錄), 1921, pp. 17~20 참조.

26 도미타의 전기(傳記)는 도미타 기사쿠(富田儀作), 1936 참조.

27 나카무라 시료(中村資良), 1926, pp. 304~05.

선으로 조선 황실 소유 최고의 어장들에 대한 관리권을 획득한 뒤, '해산물 왕'이 된 사람이었다.[28] 조선의 부(富)를 착취한 이들 식민지 대기업가는 조선반도를 자신들의 개인적 부를 발굴해내는 지도책으로 만들었다.

6일 동안 산업조사위원회는 세 개 분과로 나눠 산업정책 대강을 담은 정부의 공식초안을 검토하고 특수분야들을 수정했다. 그들은 마지막 날에 다시 모여 각자의 제안들을 정밀하게 검토한 뒤 그것을 총독에게 제출했다. 식민지의 경제정책 가운데 그들의 손을 거치지 않은 것은 하나도 없었다. 최우선적 과제는 제국의 식량수요를 충당하기 위해 농업생산을 확대하는 것이라는 데에 그들 사업가는 동의했다. 철도와 다른 물리적 인프라의 건설 역시 싹트기 시작한 조선의 산업들 — 양잠, 목재, 해산물, 원료가공, 광업 — 을 발전시키는 데에 긴요한 것으로 여겨졌다. 이러한 목표들을 실현하기 위한 에너지원의 개발도 마찬가지였으며, '필요한 자본을 긴급하게 획득하는 것'은 더 한층 절실했다.[29]

이처럼 화려한 면면으로 구성된 위원회는 결국 공식초안을 실질적으로 거의 수정하지 않고 대체로 원안 그대로 승인했다.[30] 그러나 그 모임에서 사업가들 사이의 심각한 불일치가 드러났고, 그들과 국가 간의 동반자 관계의 밑바탕에 깔려 있는 근본적인 긴장도 표출되었다. 예컨대,

---

28 다나카 이치노스케(田中一之介), 1936, 부산 편(釜山 編), pp. 56~57. 가쓰 가이슈 (勝海舟, 1823~99) 밑에서 공부한 가시이도 우익 애국단체인 현양사(玄洋社) 출신의 전직 '장사'(壯士, 건달)였다.

29 조선총독부 편, 『산업조사위원회 회의록』, 1921, pp. 29~35. 산업국장 니시무라 야스키치(西村保吉)와 재무국장 고치야마 라쿠조(河內山樂三, 1880~?) 같은 최고위급 경제관료들이 질의에 응답하고 초안의 여러 내용들을 설명하기 위해 각 분과위원회에 배속되었다.

30 조선총독부 편, 『산업조사위원회 의사속기록』(産業調査委員會議事速記錄), 1922, 부록, pp. 101~200.

초안에 그 윤곽이 제시된 다양한 사업들을 실행하겠다는 공식적인 약속을 요구하면서 정착민 사업가들은 당국이 구상한 산업화 범위를 훌쩍 넘어서는 요청을 했다. 후지이 간타로는 3·1운동 이후 총독부가 치안유지에 그 자원을 쏟아부으면서 "합병 이후 산업 관련 총지출은 총독부 세입의 겨우 1퍼센트에 지나지 않았다"라고 불만을 토로했다.[31] 그의 이러한 심정에 공감한 가다 나오지(賀田直治, 1877~?)와 그가 속한 분과위원회의 동료 위원들은 조선의 철도를 '향후 10년간 총 3,500마일(약 5,600킬로미터)'로 확장하자고 제안했지만, 재무담당 관리들은 "예산확보가 극히 어렵다"는 말로 이에 대응했다.[32] 그리고 본국에서 온 어느 관료가 온건하고 점진적인 산업진흥을 옹호하면서 그것이 "조선인들에게 적합하다"라고 말하자, 수리(水利)회사 사장인 마쓰야마 쓰네지로(松山常次郎, 1884~1961)는 강력하게 이의를 제기하면서 조선의 기업들을 육성하기 위해서는 "재정자립 [원칙]을 폐지해서라도" 더 많은 정부지원금을 투입하고 본국 자본을 조선으로 유입시켜야 한다고 촉구했다.[33]

정착민들의 이러한 요구에 대한 정부의 공식반응이 미적지근했지만, 조선인과 일본인 대표들 간에는 의견 차이가 깊어졌다. 그 조사위원회가 열리기 며칠 전에 조선인 단체들이 자신들만의 산업회의를 열고 당국에 일련의 청원서를 제출한 사실에 주목할 필요가 있다. 조선어 신문들이 공감을 나타낸 그들의 제안은 조사위원회에 참석한 조선인 대표들 자신의 것으로 받아들여졌다.[34] 가장 설득력 있는 제안들은 박영효가 이끄는 경성의 조선인 자본가들 단체인 유민회(維民會)에서 나왔다. 그들의 청원은 동양척식주식회사가 '일본인 농민들을 정착시키는 계획을 폐기'

31 조선총독부 편, 『산업조사위원회 의사속기록』, 1922, p. 218.
32 같은 책, pp. 177~78.
33 같은 책, pp. 162~63, 166.
34 같은 책, pp. 140, 162, 246~48.

해야 한다면서 억압적인 지주들 밑에서 몰락해가는 '[조선인] 소작농들을 즉각 보호'하라고 촉구했다.[35] 그리고 그들은 "오로지 조선인 경영자들이 운영하는" 예치금 2천만 엔의 특수은행과 자본금 10억 엔의 농업회사를 설립하라고 요구했다.[36] 그 청원들은 자신들의 경제에 대한 통제수단과 소유권을 되찾고자 했던 조선인 엘리트들의 열망을 집단적으로 표출한 것이었다. 이에 대해 식민지 경무국장 마루야마 쓰루키치(丸山鶴吉)는 나중에 이를 '일본 자본을 수입하는 것에 대한 저항'이라고 과도하게 해석했다.[37]

마루야마는 이러한 조선인 대표들의 요청을 교육에서부터 산업에 이르기까지 "모든 분야에서 일본을 배제하기 위한" 통일된 민족주의운동의 일환이라고 섣불리 판단했다.[38] 하지만 조선인 대표들의 태도는 여러모로 마루야마의 그러한 인상을 뒷받침했다. 위원회 기간 내내 조선인 사업가들은 거의 전적으로 민족이익이라는 관점에서 발언(일부는 통역에 의존했다)했다. 예컨대, 대구은행 은행장은 조선인이 경영하는 산업체들이 일본인이 경영하는 업체들을 따라잡을 때까지 적어도 10년간 국가가 조선인 업체들에 우선적으로 보조금을 지급하고 보호해달라고 요구했다.[39] 친일단체 일진회의 전임 회장인 송병준은 동료 참석자들에게 '조선인 소작농들이 겪고 있는 지금의 고난'을 거듭 상기시키면서 지방

---

35 같은 책, p. 247.
36 같은 책, pp. 247~49. 또한 『동아일보』, 1921년 9월 14일자와 9월 20일자 참조.
37 마루야마 쓰루키치(丸山鶴吉), 「조선의 치안」(朝鮮の治安), 『조선』, 1923년 7월호, p. 24.
38 같은 책, p. 25.
39 조선총독부 편, 『산업조사위원회 의사속기록』, 1922, pp. 55, 142~43. 전라남도 지방에 몇 개의 기업을 소유했던 현기봉(玄基奉)은 당시 일본 자본의 유입으로 위협을 받고 있던 '직물과 같은 조선인 가내공업들'을 지원해달라고 국가에 특별히 요청했다.

326 제2부 행동

의 구제를 촉구했으며, '조선 인구의 80퍼센트를 실망'시키지 말라고 그들에게 호소했다.[40] "곤궁한 생활은 사람들의 마음을 끊임없이 나빠지게 만든다"라는 것을 목도해온 전라북도의 지주 박영근(朴永根)도 그런 요청을 되풀이했다.[41] 조선인 대표들은 번갈아가며 좀더 '조선인 본위'의 산업정책을 펴줄 것을 요구하면서 '조선인들'을 위한 주장을 펼쳤다.[42]

이들 조선인 엘리트들은 식민지배를 거부하기보다는 제국의 커져가는 경제적 파이를 공정하게 분배해줄 것을 요구했다. 아마도 조선인 사업가들 중에서 가장 권세 있고 존경도 받은 한상룡은 "일본인과 조선인의 합작투자회사는 그 이익이 평등하게 분배되지 않기 때문에 조선인들은 그것을 촉진하려는 일본인들의 노력을 환영하지 않는다"라고 솔직하게 말했다. '공존공영(共存共榮)에 대한 무관심' 같은 것을 탄식하면서 한상룡은 일본인 참석자들에게 "이익을 조선인들에게도 똑같이 나눠주고, 명예와 지위도 조선에 충분히 배분하라"라고 간청했다.[43] 1920년대 내내 동료들의 공감을 얻은 한상룡의 이야기는 후지이 간타로 같은 정착민 자본가들을 겨냥하고 있었다. 후지이는 늘 조선인들에게 "더 큰 이익을 위해 작은 불이익은 참아라"라고 이야기하면서 조선의 장래기반을 더욱 단단히 쌓기 위해 안락은 뒤로 미뤄야 한다고 주장했다.[44] 분명

---

40 같은 책, pp. 239~41.

41 같은 책, p. 212.

42 조선인 자본가들이 전략적으로 자신들의 요구를 민족이익의 관점에서 이야기한 것은 자신들의 정치적 의사를 일본인뿐만 아니라 자민족에게도 전달한 것이다. '소수 유산계급의 이익'보다는 '일반적 다수의 행복'이 우선임을 강조함으로써, 조선인 엘리트 대표들은 점점 더 자신들을 식민자본의 앞잡이로 보면서 피하려는 자민족 공동체에 대한 자신들의 정당성과 영향력을 확보하려 한 것으로 보인다.

43 같은 책, pp. 160, 245.

44 후지이 간타로(藤井寬太郎),「산업조사위원회에 대한 감상」(産業調査委員會に對して),『조선』, 1922년 10월호, pp. 65~66.

히 많은 조선의 엘리트가 조선인들은 '부와 지식의 수준이 낮기'[45] 때문에 일본인의 도움에 기대야 한다는 식민주의자들의 주장을 받아들였다. 하지만 그들은 그와 동시에 약속된 식민지 근대화 계획들을 강력한 '이의제기 장치'로 전환함으로써 자신들을 발전시킬 수 있는 수단들(그들의 일본인 상대자들은 습관적으로 주지 않으려 하는)을 요구했다.[46] 달리 말하자면, 조선인 사업가들은 일본의 통치 헤게모니 틀 안에 머물렀지만 일본인 정착민들이 그것을 지배해야 한다는 전제를 수용하지 않았으며, 민족화합이라는 식민주의적 수사(修辭)를 총독부의 정책협력에 대한 정당한 보상을 요구하는 수단으로 활용했다.[47]

이들 조선인의 요구에 대한 대다수 정착민 대표들의 반응은 예상대로 적대적이었다.[48] 조선인들이 일본인 이주민과 자본의 조선 유입을 제한하라고 국가에 요구한 것에 대해 정착민들은, 조선은 자신들 없이는 발전할 수 없다고 주장했다. 그리고 조선인 농민들과 가내공업을 보호해 달라는 조선인 대표들의 요구에 대해 정착민들은 자신들의 공동체 확장을 위한 철도건설 요구로 맞섰다.[49] 유민회가 '조선인들만으로' 경영되

---

45 조선총독부 편,『산업조사위원회 의사속기록』, 1922, p. 159.

46 Frederick Cooper, 2005, pp. 146~47.

47 여기서 우리는 윤해동(2003, 제3장)이 신채호의 사례를 통해 그렇게 했듯이, '부르주아 민족주의'(bourgeois nationalism) ― 또는 온건파와 급진파가 주조한 다면적인 민족주의의 부르주아적 변종 ― 를 '인종적 민족주의'(ethnic nationalism)의 틀을 넘어서서 민족 부르주아지의 정체성과 전략을 다시 생각해보는 방법으로 이야기해볼 수 있다. 일본인들과 함께 일하면서 조선인 엘리트들은 정말 끊임없이 민족을 들먹이고, 민족을 위해 이야기하며, 자신들의 활동을 민족의 관점에서 정당화했다(박흥식(朴興植), 1981에 수록된 박흥식의 메모; 그리고 제6장도 참조). 이런 정치적 몸짓들은 참석자들의 (주체적) 역할을 부정하는 협력이라는 익숙한 관점이나 민족보다 계급이 앞선다는 추정에 의문을 던진다. 그 대신에 계급과 민족은 조선인 부르주아와 정착민들의 동반자 관계 속에 밀접하게 서로 얽혀 있다.

48 정착민들의 반응이 부족한 데에는 부분적으로 번역의 문제가 작용했다(조선총독부 편,『산업조사위원회 의사속기록』, 1922, pp. 139~40).

는 회사의 설립을 요구한 데에 대해, 후지이 간타로는 조선인 대표들에게 내선융화를 위해 "조선인 우선 주장은 그만둬야 한다"라고 항변했다. 그리고 그는 일본인 이주민들이 '황무지를 일구어' '옥토'를 만들어내고 최신 농업기술을 조선에 도입함으로써 물질적 진보의 통로역할을 하고 있다면서 단호하게 그들을 옹호했다.[50] 그가 말한 옥토는 군산 인근의 자기 농장에서 계속 추진하고 있던 '일본인 마을모델'의 건설이라는 모험적 사업을 암묵적으로 지칭한 것이었다.[51] 경성의 유력상인이었던 구기모토 도지로(釘本藤次郎)도 정착민들이 근대성의 모범을 퍼뜨리고 있다고 주장했다. 그는 "어민이든 농민이든 간에, 일본인들은 실물교수(實物教授)로서 항상 조선인들의 생산성 제고를 지원해왔다"면서 철로확장이 그런 '교사들'을 조선의 낙후된 미개발지에 더 많이 퍼뜨리는 최선의 방법이라고 주장했다.[52]

'조선인 본위'의 사고는 정착민들에 의해 완전히 무시당한 듯 보였다. 그 대신에 『동아일보』가 매우 비판적으로 관찰했듯이, 산업조사위원회는 오히려 '일본인 본위의 정책'을 수립한 뒤 폐회했다.[53] 그러나 조선인들의 목소리가 완전히 무시당한 것은 아니었다. 지방의 문제들을 깨닫고 또 조선인 엘리트들의 선의를 확보하려는 열망으로 공식참가자들과 가다 나오지(賀田直治) 같은 일부 식민지 기업가들이 조선인들의 요구에 귀를 기울이려는 의지를 보였으며, 그것은 위원회의 최종제안의 여러 부분에 반영되었다. 예컨대, 그 제안은 식량증산을 강조하면서 '소작 관련

49 같은 책, pp. 144~45, 171, 217.
50 같은 책, p. 250.
51 후지이 간타로(藤井寬太郎), 1922, p. 7. 그의 계획은 조선인 마을들에 '심각한 위협'으로 비쳤다(『동아일보』, 1929년 1월 28일자).
52 조선총독부 편, 『산업조사위원회 의사속기록』, 1922, pp. 147, 171~72.
53 『동아일보』, 1921년 9월 23일자.

관행들을 개선하고 소농들을 보호'하기 위한 방법들을 고안할 필요가 있다고 강조했다. 이 구절은 관련 분과위원회가 조선인 단체들이 제출한 '청원과 제안들을 철저히 검토'한 뒤에 포함되었다.[54] 감독시설과 직업 관련 시설들의 확대를 제안한 한상룡 같은 조선인들의 또 다른 의견들은 바로 포함되었으며,[55] '가내공업의 보호와 진흥'을 촉구한 조선인들의 요구도 바로 수용되었다.[56]

그리하여 산업조사위원회는 그 뒤 1920년대 내내 지속된 조선인과 일본인 사업가들 사이의 불편한 동반자 관계, 그들과 국가 간의 어정쩡한 관계라는 하나의 정형을 만들었다. 조선인의 언론들은 종종 지역 엘리트들 간의 유착관계를 식민지 자본주의의 상징이라며 비판했지만, 산업조사위원회의 논의과정이 보여주었듯이 일본인 정착민들과 조선인 사업가들의 상호접근은 겉으로 보이는 것보다 더 복잡했다.[57] 그들은 자본주의 발전을 도모한다는 점에서는 생각을 공유했지만, 그들의 협력에는 대립하는 산업관과 자본을 둘러싼 긴장이 드물게 표출되기는 했으나 상존했다.[58] 그리하여 상업회의소는 정착민들의 통제 아래 있었지만, 조선인

---

54 조선총독부 편, 『산업조사위원회 의사속기록』, 1922, p. 184.

55 같은 책, p. 186.

56 유민회의 요청에 대해 재무국장 고치야마 라쿠조(河內山樂三)도 조선식산은행 (朝鮮殖産銀行)과 유사한 '또 다른 조선인 본위의 은행'을 설립하겠다고 명백한 구두약속을 했다(같은 책, p. 205). 사이토 총독 또한 나중에 경성방적과 같은 유망한 조선인 경영회사들에 산업보조금 등의 지원방안들을 제안하게 된다(Carter J. Eckert, 1991, pp. 81~84).

57 이는 특히 젊고 신분이 상승하는 상인들 및 사업가들(한상룡과 같은 최상위 자본가들 아래의 지위)이 그러했다. 그들의 목표는 종종 단지 식민지에서 허용된 제한된 기회들을 잡아 사회적 사다리를 올라가는 것이었다(임대식, 1997, 117쪽).

58 조선인 엘리트 사업가들의 산업관에 대해 좀더 알아보려면 조선총독부, 『조선』, 1922년 10월호의 산업발전에 대한 특별판을 보라. 그리고 조선 자본가들의 활동에는 복종하는 겉모습 뒤에 민족주의 정치의 흔적이 남아 있었다. 예컨대, 부산 상업회의소의 조선인 회원들은 다음과 같은 범주로 분류된 걸로 알려졌다. 1) 기업

자본가들은 일반적 경제문제들과 지방의 빈곤에서부터 교육기회 부족에 이르는 조선인들 특유의 관심사들에 대해 발언할 수 있는 자신들만의 제도적 배출구들을 만들었다. 조선실업구락부(朝鮮實業俱樂部)[59]가 그 가운데 가장 유명했다.[60] 하지만 일본인과 조선인 사업가들이 곧 깨닫게 되었듯이, 관개사업이든 철도든 간에 조선에서의 산업기획의 전망은 그 어떤 것이든 결국 총독의 통제력조차 미치지 못하는 요소들에 의해 좌우되었다. 그 힘들은 바로 도쿄에 있었기 때문이다.

조선의 산업을 위한 로비

산업조사위원회에서 검토한 다양한 프로젝트들이 단지 스케치로만

과 상업회의소를 반일투쟁과 독립운동 자금모집을 위한 전략으로 이용한 백산무역(白山貿易)의 최준(崔俊), 안희제(安熙濟) 같은 "반일형(反日型)", 2) 어대성(魚大成)과 정기두(鄭箕斗)처럼 조선의 발전에 적극적으로 참여하기 위해 "일본 통치를 받아들인 사람들", 3) 공공연하게 체제와 협력했고, 그 때문에 종종 조선 민족주의자들로부터 공격당한 "친일형(親日型)", 그리고 4) 상업회의소 이사진에 들어가 "출세하고 자신을 보호하려 했던 사람들"(양정모 편, 1982, 253~54쪽).

59 조선실업구락부는 1920년에 조선인 은행과 기업의 중역들(소수 일본인 자문관들 포함)이 결성한 공제회였는데, 회장 한상룡이 자랑스럽게 설명했듯이, "일본인들이 주로 사업을 주도하고 조선인들은 [단지] 뒤따르기만 하던 일반적 관행의 유일한 예외"를 표방했다(한익교(韓翼敎), 1941, p. 380). 1930년대에 이 모임은 더 많은 일본인 회원들을 받아들이기 시작했고, 그들은 이사회에 이름을 올렸다(『조선실업구락부』(朝鮮實業俱樂部), 1936년 1월호, p. 58). 조선실업구락부의 1930년대 활동에 대한 이용 가능한 자료들에 따르면, 이 단체는 산업합리화, 조선의 제조업, 만주와의 교역 등에 대한 월례모임, 강연회, 원탁포럼 등을 열어 조선의 산업에 대한 지역사업가들과 식민지 관리들 간의 대화를 촉진했다.

60 예컨대,『조선실업구락부 회보』(朝鮮實業俱樂部會報), 1930년 3월호, pp. 12~13, 25~27 참조.

남게 하지 않기 위해 제국의 브로커들과 그들의 조선인 동료들은 그 프로젝트들이 가능한 한 신속하고도 철저하게 실현될 수 있도록 당국을 압박하기 시작했다. 그런 노력이 도쿄로까지 확대된 강도 높은 로비활동에 집중되었다. 1922년 2월, 조선상업회의소연합회는 '조선 산업개발 4대 요항(要項)'[61]을 추진했다. '4대 요항'은 산미증식, 조선의 철도체계 완공, 이입세(수입관세) 철폐, 그리고 광산업 발전을 위한 항만시설의 개선이었다. 사업가들이 제안한 이 목표들은 당시 일본이 워싱턴에서 체결한 해군군축조약(Naval Treaty, 1921)으로 생긴 도쿄 중앙정부의 잉여금 2억 엔 가운데 일부를 투입해야 달성될 수 있는 것이었다.[62]

'4대 요항'이 이미 추진 중인 정부의 경제계획에 맞춰 조정된 것이라면, 그것은 각기 강력한 로비를 벌이고 있던 정착민들의 핵심적인 이해 영역 — 쌀 시장, 관개사업, 철도, 수산물 — 과도 밀접하게 연결되어 있었다. 달리 말하면, '4대 요항'은 정부의 산업정책을 자신들의 사업적 이익에 부합하는 쪽으로 중점을 옮기려던 정착민들의 노력을 반영했다. 그들의 첫 도쿄 방문로비의 밑바탕에는 분명히 그런 동기가 깔려 있었다. '4대 요항'을 들고 간 조선상업회의소연합회의 일본인 대표 세 명 — 경성의 시키 신타로(志岐信太郎, 1869~?), 부산의 가시이 겐타로(香椎源太郎), 평양의 후쿠시마 소헤이(福島莊平) — 은 총리와 중의원·참의원의 유력의원들을 상대로 1922년 2월 23일부터 3월 23일까지 한 달 동안 로비를 벌였다. 조선의 산업발전을 위해 더 많은 재정지원을 요청하면서 그들 로비스트는 본국 중앙의 정치지도자들에게 무엇보다도 식민지 내 일본인 정착민들의 영향력 확대가 한계에 봉착했다는 사실에 대한 경각

---

61 조선상업회의소연합회는 경성 상업회의소의 일본인 의장이 이끄는 조선 내 모든 상업회의소들의 우산(방패막이)조직이었다.

62 *KSKN* 1941, 1: pp. 179~83.

심을 불러일으켰다. 그들은 "조선 내의 일본인 인구는 합병 이래 거의 늘지 않았다"라고 불평을 늘어놓으면서, 반면에 조선인들은 북쪽 국경 너머로 활발하게 세력을 확장해 "거의 300만 명이 이미 만주와 시베리아에 정착했다"라고 지적했다.[63] 조선의 발전을 위해서는 더 많은 일본 자본과 이주민들을 끌어들일 필요가 있는데, 1900년대 이후 본국 중앙정부는 그 점을 완전히 무시하고 있다고 그들은 느꼈다.

'4대 요항'을 제시하면서 로비스트들은 빠른 투자수익에도 불구하고 '조선의 수산물업체들에 대한 완전한 무시'는 말할 것도 없고 '타이완과 비교해도 무색할 정도의 느려터진 조선의 철도건설' 문제를 부각했다. 또한 그들은 "제국의 식량부족 문제를 해소하기 위한 쌀 증산지로 조선보다 더 완벽한 데가 없다"라고 주장했으며, 그들이 보기에 총독부의 위신에 '심각한 문제'를 안겨주고 있는 이입세를 즉각 철폐하라고 촉구했다. 그들은 "조선이 식민지가 아니라 내지(본토)의 연장이라면", "내지의 산업발전 계획을 검토할 때마다 조선도 늘 동등하게 취급해야 한다"라는 결론을 내렸다. 정착민 로비스트들은 내지연장이라는 공간논리를 활용해 조선의 산업화를 일본의 유기적 확장차원에서 봐야 한다며, 예산도 '일본열도의 혼슈(本州)와 거의 같은 크기'인 조선반도의 지리적인 크기에 비례해 배정하라고 요구했다.[64]

자신들의 청원에 대해 구체적인 공식반응을 전혀 얻어내지 못한 세 명의 로비스트들은 그해 9월 말 본국 의회의 예산 심의기간에 맞춰 다시 도쿄 방문로비에 나섰다. 이번에는 특별히 그들의 산업운동의 첫 10년 예산으로 연간 1억 엔의 정부투자를 요청했다. 그런 투자가 '합병 이래 일본 통치의 목표들'인 정착민들의 번영과 조선인들의 복지를 증진할

---

63   *KSKN* 1941, 1: pp. 183~84; *KSKN* 1941, 2: p. 29.
64   *KSKN* 1941, 1: p. 184.

것이라고 그들은 주장했다. 로비스트들은 정착민들의 수와 경제력을 증대할 필요가 있다고 거듭 주장했는데, 왜냐하면 그것이 조선인들을 동화시키는 최선의 방법이기 때문이라는 새로운 이유를 앞세웠다. "진정한 내선융화를 실현하고 문화정치를 충분히 실행하려면, 일본인과 조선인 두 민족이 함께 섞여 살고 서로 결혼하는 것을 촉진해야 한다"라고 정착민들은 주장했다. 그러기 위해서는 '[현재] 조선인 인구의 적어도 10퍼센트에 해당하는, 150만 명 또는 160만 명에서 200만 명 정도의 일본인들'이 정착해야 한다고 했다.[65] 점점 짙어지는 재정삭감 분위기를 걱정하면서 정착민들은 도쿄 중앙에 조선에 대한 경영보조금 지급을 지속해달라고 탄원했다. 그렇게 하지 않을 경우에 그것은 "곧바로 [조선]사람들의 생활을 압박할 것이고, 또 그들의 마음을 불안하게 만들어 저항을 키울 게 분명하다"라고 그들은 경고했다.[66] 조선의 산업진흥이 주민의 안전과 복지문제일 뿐만 아니라 '제국의 위대한 문화적 사명'이라고 정의한 로비스트들은 조선의 산업화로 본국과 식민지 조선 모두 이익을 향유하게 될 것이라고 주장했다.

'4대 요항' 중에서 관세철폐와 산미증식은 사이토 총독 부임 뒤에 새 행정부의 최고 경제의제로 비교적 신속하게 실행되었다. 주류(酒類)와 직물을 제외한 모든 물품에 대한 관세가 1923년까지 폐지되었다.[67] 1920년에 식민정부는 산미증식운동을 시작했는데, 그것은 특히 당시 일본에서 일련의 쌀 폭동을 야기한 식량부족 사태에 대처하기 위해서였다.[68] 그 운동은 재정 등의 문제들 때문에 몇 년 못 가서 허우적거렸으나

---

65 *KSKN* 1941, 1: p. 190; *KSKN* 1941, 2: p. 30.
66 *KSKN* 1941, 1: p. 191.
67 기무라 겐지(木村健二), 1997, p. 59.
68 그것은 80만 정보의 땅을 개간하는 30개년 계획이었다. 캠페인은 전반기 15년간 개간지의 절반을 쌀 900만 석을 생산하는 경작지로 만들고 수확량의 절반을 본국

1926년에 재출범했으며,[69] 산업조사위원회에 참여했던 일부 정착민들
은 거기에 바로 참여했다.[70] 더 많은 돈이 투입되고도 더 늦게 시작된 게
철도건설인데, 1920년대 중반 산업 로비활동의 초점이 바로 거기에 맞
춰져 있었다.

　산업발전의 촉진에 조선의 철도망을 확장하는 것보다 더 나은 방안이
없다고 정착민 지도자들은 주장했다. 상업회의소의 초기 회원들 중 일
부는 철도부설 사업에 직접 참여했다. 19세기 말 이후, 특히 야마구치 다
헤에(山口太兵衛, 1865~1934)와 같은 조선 내 일본인 상인들의 로비 덕
분에 조선의 철도망은 꾸준히 확장되어 조선 전역의 주요 도시들과 항
구들을 연결했다. 그 길이는 1924년까지 약 1,500마일(약 2,400킬로미터)
로 일본 본국 철도망의 약 6분의 1에 달했다.[71] 식민국가의 관점에서 보
자면, 철도는 조선을 농업 식민지로 전환하고 내부의 안전을 유지하며,
중국대륙을 향한 군사적·경제적 동맥을 발전시키기 위해 건설되었다.[72]
하지만 대다수 정착민들에게 철도는 통치수단 이상의 것이었다. 그들의
모든 경제생활이 철도망과 연결되어 있었고 공동체와 소비문화 역시 철

　에 수출한다는 것이었다(가와이 가즈오(河合和男), 1986, pp. 102~05).
69　같은 책, pp. 111~13.
70　그들 중에 조선토지개량주식회사(朝鮮土地改良株式會社) 사장을 지낸 후지이 간
　　타로(藤井寛太郎)(나카무라 시료(中村資良), 1931, p. 370)와 조선식산은행의 아
　　루가 미쓰토요(有賀光豊)도 포함되어 있었다. 후지이는 '[운동]계획을 짜고 총
　　독부 정무총감 시모오카 주지(下岡忠治)를 배후에서 움직인' 사람으로 알려졌다
　　(이시모리 히사야(石森久彌), 연도미상, p. 70). 아루가는 은행을 통해 막대한 개
　　인 소요자금을 마련한 것으로 알려졌다. 산미증식운동은 많은 경제계획들(광산
　　업을 포함한) 중의 하나였다. 농림국 국장을 지낸 어느 인사에 따르면, 아루가는
　　"마치 조선의 발전이 자신의 개인사업인 양 민간총독"으로 처신하면서 그러한 계
　　획들에 영향력을 휘둘렀다(『아루가 상의 업적과 추억』(有賀さんの事蹟と思い出),
　　1953, pp. 141~44, 158~59).
71　조선총독부, 『조선』, 1923년 10월호, p. 67; 그리고 1924년 5월호, pp. 86~87.
72　고성봉(高成鳳), 2006, pp. 47~50.

도를 따라 성장했다. 그러나 제국의 브로커들은 조선의 철도를 일본에서 제조업 상품들을 들여오고 조선의 농산물을 본국으로 실어 보내는 운송수단으로서의 역할을 넘어서 산업영역으로 키우겠다는 구상을 하고 있었다. 그들이 추진했던 철도건설 계획은 조선을 단순히 일본의 농업적 부속물이 아니라 산업화하는 본국의 탄탄한 연장으로 만들어줄 것이었다.

식민국가와 정착민들 간의 대조적인 철도망 개념이, 철도망이 조선의 산업발전에 중요하다는 데에 그들 양자가 기본적으로 동의하고 있었다는 쟁점을 흐려놓지는 않는다. 오히려 문제의 핵심은 제한된 식민지 자금을 어떻게 배분하느냐는 것이었다. 비록 정착민들과 생각이 비슷한 식민지 관리들이 고전적인 식민지 분업의 개념에서 벗어났다 할지라도, 조선의 경제는 여전히 식민본국 자본의 족쇄에 묶여 있었다. 대규모 산업계획들에는 대규모 자본지출과 국가지원, 그리고 충분한 보조금의 확보가 필수적이다.[73] 조선철도주식회사(朝鮮鐵道株式會社) 경영에 참여했던 정착민 기업가 구기모토 도지로(釘本藤次郎)에 따르면, 철도건설 분야야말로 정말 그러했다. '조선의 자본부족'은 "단독으로 대기업을 설립하고 운영하는 것을 거의 불가능하게" 만들었다고 그는 말했다. 철도사업은 개인의 자본을 끌어들이기에는 너무 위험부담이 컸기 때문에 국가의 지원이 필수적이었다.[74]

제국의 브로커들은 도쿄에서 왕성한 로비활동을 벌이기 시작했다. 그들은 공식적인 철도건설 30개년 계획의 '첫 10년간'이 철도확장에 가장 중요한 기간임을 강조하면서, 일본인 사업가들이 산업조사위원회에서

---

73 미조구치 도시유키(溝口敏行) · 우메무라 마타지(梅村又次), 1988, pp. 71~73.
74 구기모토 도지로(釘本藤次郎), 「조선철도계에 대한 사견(私見)」(朝鮮鐵道界に對する私見), 『조선』, 1923년 10월호, p. 74.

와타나베 사다이치로.
출처: 후지타, 1978, p. 24.

촉구했듯이, 매년 적어도 150마일의 철도를 건설하라고 요구했다.[75] 하지만 철도건설 로비스트들은 1923년 9월에 일본 동부지방을 강타한 관동대지진을 만나 예상치 못한 차질을 빚게 되었다. 대지진으로 파괴된 제국의 수도(首都) 재건사업에 막대한 비용이 들어감에 따라 조선의 산업계획들을 위해 예정됐던 정부보조금은 보류되거나 삭감, 또는 완전히 취소될 위험에 처했고 곧 그것이 현실이 되었다.

　조선의 산업운동은 와타나베 사다이치로(渡邊定一郞, 1872~?)라는 새로운 지도력이 없었다면 쉽게 곤경에 처했을 것이다. 우익 국수회(國粹會)의 조선 지부장도 지낸 와타나베는 구기모토 도지로의 뒤를 이어 1924년 8월에 경성 상업회의소 의장이 되었다. 그는 1931년 봄까지 그 자리에 있었다. 1904년에 경의선 철도건설 현장을 감독하기 위해 처음으로 조선에 와서 잠시 머문 와타나베는 그 뒤 1910년대 초에 황해도의

75　조선총독부, 『조선』, 1923년 10월호, p. 67.

토지개간 사업을 관리하기 위해 조선에 다시 와서 상주했다. 1918년에 동료 건설업자인 마쓰야마 쓰네지로(松山常次郎)와 함께 수리(水利)회사 고카이샤(黃海社)를 설립했으며, 1926년 초 마쓰야마가 본국 중의원 의원이 되어 사장직을 물러난 뒤에는 모든 경영을 떠맡았다.[76]

한쪽 시력을 잃은 데다가 독단적인 성격이어서 나중에 '외눈박이 용(龍)'이라는 별명으로 불린 와타나베는 자신의 카리스마와 건설 및 민간 토목분야 동료들의 결정적인 지원을 업고 산업운동을 이끌었다.[77] 각 상업회의소에는 상인들의 수가 더 많았지만, 일본인 건설업자들은 그 기간에 관개사업에서 도로, 다리, 항구, 그리고 철도건설 공사에 이르는 조선의 공공사업들을 감독하면서 그들 인원수보다 더 큰 영향력을 휘둘렀다.[78] 산업운동에서 목청 큰 사람들은 나리마쓰 미도리(成松綠, 1880~?), 아라이 하쓰타로(荒井初太郎, 1873~?), 다가와 쓰네지로(田川常次郎, 1884~?) 같은 강력한 장기 정착민들이었다. 그들은 와타나베처럼 19세기 말부터 20세기 초에 처음 조선으로 건너와 경부선과 다른 군사철도 건설의 기술자, 현장감독, 납품업자로 어렵사리 일자리를 얻었다. 또한 그들 중 다수는 조선에 상주하기 전에 일찍부터 국회나 식민지 정치에 발을 들여놓은 사람들이었다.[79] 조선의 초기 산업에 대한 기반시설 건설을 지원했던 그들은 이제 정부당국에 재정적으로 허용할 수 있다고 생각하는 것 이상으로 그 사업들을 키우라고 요구했다.

와타나베와 동행한 경성 상업회의소 총무 오무라 도모노조(大村友之

---

76 나카무라 시료(中村資良), 1926, pp. 133~34.

77 그들의 로비의 발판은 조선토목건축협회(朝鮮土木建築協會)였다. 1918년에 설립된 이 협회는 1920년 말에 거의 7만 엔에 이르는 순자산을 보유했다(사사키 다헤이(佐々木太平) 編, 1930, pp. 345~47).

78 마쓰오 시게루(松尾茂), 2002, pp. 13~15.

79 그들의 전기적 사실에 대한 정보는 〈부록 1〉 참조.

丞)에게 도쿄 방문로비는 연례 또는 반기(半期)의 행사가 되었다.[80] 또한 와타나베는 1924년 7월부터 1925년 말까지 재임기간이 짧았지만 큰 영향력을 발휘했던 정무총감 시모오카 주지와도 긴밀히 협력했다. 조선의 '산업제일주의'를 꿈꾸던 시모오카는 정착민 지도자들에게 가장 소중한 정부 내 동맹자가 되었으며, 도쿄 중앙정부와 정착민들 간의 중요한 연락담당자이기도 했다. 조진태와 원덕상(元悳常, 1883~?) 등의 사업가들, 그리고 노련한 관료 이진호(李軫鎬, 1867~1946) 등 조선인 유력자들의 지원도 중요한 역할을 했다.[81]

이들 강력한 동맹자들과 함께 제국의 브로커들은 조선으로 자본이 지속적이고 중단 없이 흘러들어오도록 하는 방안을 대한해협 양쪽의 국가 당국과 협의하면서 경성과 도쿄를 오갔다. 로비스트들은 총독부에 청원하는 한편으로 당시 3당 연립정부를 이끌던 가토 다카아키(加藤高明) 총리와 하마구치 오사치(濱口雄幸, 1870~1931) 재무대신 등 핵심관료들에게도 조선에 할당된 국가보조금과 산업기금들을 삭감하지 말라고 직접 호소했다. 그들은 또 재계의 지도자들과 전직 식민지 관리 등 모두 1백 명이 넘는 유력인사들을 만나 호소했다.[82] 한편, 조선상업회의소연합회는 본국 자본의 조선 유입통로인 세 금융기관 ── 조선은행, 조선식산은행(朝鮮殖産銀行), 그리고 동양척식주식회사 ── 과 협상을 벌였다. 조선 상업회의소연합회는 그들 기관에 대출규제를 완화하고 협력범위를 확대하며, 지역(조선) 프로젝트들이나 부동산 개발에 투입되고 있는 융자

---

80 그들의 방문로비는 동료 건축업자들의 후원을 받았고, 일부 뜻을 같이하는 식민지 관료들과 조선인 자본가 엘리트들의 자금지원을 받았다(KSKN 1941, 3: p. 42).

81 KSKN 1941, 1: pp. 196, 198.

82 CKZ 104, 1924년 8월호 p. 5; KSKN 1941, 1: p. 192. 그들의 자세한 로비활동에 대해서는 CKZ 103, 1924년 7월호, pp. 1~6; 104, 1924년 8월호, pp. 1~5; 그리고 128, 1926년 8월호, pp. 58~64.

를 중단하지 말아달라고 요청했다.[83]

산업을 위한 정착민들의 요구가 일부 경제관료들의 의견과 완전히 어긋난 것은 아니었다. 예컨대, 정무총감 시모오카처럼 식산(殖産)국장 니시무라 야스키치(西村保吉, 1865~1942)도 조선은 '농공병진'(農工竝進, 농업과 제조업의 병행발전)을 추구해야 한다고 주장했다.[84] 하지만 총독부 관리들이 그런 구상을 추구할 수 있는 범위는 결국 도쿄의 지역(조선)대표라는 그들의 지위 때문에 제한되었다. 그들의 가장 중요한 임무는 내지연장(內地延長)의 틀 안에서 조선의 종속적인 역할을 구현하는 것이었다. 그것은 곧 일본의 식량수요를 충당하고 일본에서 생산한 공산품들에 시장을 제공하는 것이었다. 일본 자체의 산업이 해외의 투자지역으로 충분히 밀고 들어갈 정도로 아직 성숙하지 못했으며, 일본 국내의 제조업자들이 자신들과 경쟁하는 산업이 식민지에 등장하는 데에 극도의 거부감을 갖고 있는 상황에서 그러한 식민지 분업체계에서 벗어나는 것은 '전혀 불가능'한 일이었다.[85] 어떤 모임이나 일본 내각에서 누군가가 조선의 제조업을 발전시켜야 한다는 이야기를 꺼낸다면, '즉각 강력한 반발을 불러일으킬 것'이라고 시모오카는 말했다.[86]

조선에서 간 로비스트들은 식민지의 산업발전 지원을 요구하는 목소리에 별로 귀를 기울이지 않는 본국의 지도자들을 설득하기 위해 분투했다. 특히 국가의 부(富)가 쪼그라들었다고 느끼는 불황기에 본국 지도자들의 그런 태도는 더 심해졌다. 경성 상업회의소의 주도 아래 조선의 재계지도자들과 현지의 대표들은 계속 도쿄를 찾아가 거듭 지원을 요청

83 *KSKN* 1941, 1: p. 193.

84 『조선과 만주』, 1921년 9월호, pp. 38~39; 조선총독부, 『조선』, 1922년 8월호, p. 15.

85 가와키타 아키오(川北昭夫), 1995, pp. 172, 184; 가네코 후미오(金子文夫), 1986, pp. 196~97; Peter Duus, 1984, p. 159.

86 *KSKN* 1941, 3: p. 87.

하는 한편, 총독에게는 조선 내 산업지원기금을 조성하기 위한 자신들의 비용지출을 삭감해달라고 요구했다.[87] 하지만 그들의 노력이 즉각적인 성과를 내지는 못했으며, 이미 승인받은 보조금 일부는 연기되고 공공차관은 취소되었다.[88] 그들은 좌절감을 느꼈다. 정착민 로비스트 시키 신타로(志岐信太郎)는 이렇게 말했다. "본국 정부가 조선의 발전에 계속 냉담한 태도를 보인다면, 몇 년간 이 조선반도에서 애써온 우리 정착민들은 우리 국기를 접고 [본국으로] 되돌아갈 수밖에 없을 것이다."[89]

로비스트들은 또 다른 장애물들로 고통을 겪었다. 1925년 산업운동의 핵심기둥이었던 시모오카의 갑작스런 죽음은 철도건설을 비롯한 기반시설 건설사업에 대한 정부지원을 확보하려는 노력에 큰 타격을 가했다.[90] 한편, 일본 본국의 전국상업회의소연합회는 전혀 도움이 되지 않았다. 조선상업회의소연합회 대표들이 일본의 국가적 의제로 채택되리라는 희망을 안고 조선의 철도건설을 위한 자신들의 제안서를 제출하자, 본국의 재계지도자들은 그것을 '지역의 문제'라며 묵살해버렸다.[91] 이는 그들의 조선관(觀)이 조선을 농업지역으로 간주하는 기존 고정관념에서 전혀 벗어나지 못하고 있었던 사실을 뒷받침한다.

로비스트들은 자신들의 공동체 내부로부터도 비판을 받았다. 와타나베의 전임자인 구기모토 도지로가 이끌던 경성 상업회의소의 '상업파(派)'에서 반대 목소리를 냈다. 상인들이 철도건설에 반대한 것은 결코

---

87 그 로비스트들 중에는 부의장 조진태, 총무 오무라 도모노조(大村友之丞), 그리고 '시민대회' 대표인 원덕상(元悳常)과 오무라 모모조(大村百藏, 1872~?)도 포함되어 있었다.

88 *CKZ* 106, 1924년 10월호; *KSKN* 1941, 1: pp. 196~98; 『조선과 만주』, 1925년 11월호, p. 80.

89 *KSKN* 1941, 1: p. 195.

90 『조선공론』, 1925년 12월호, pp. 16~24.

91 *KSKN* 1941, 1: p. 199.

아니지만 그들은 와타나베와 그의 '산업파(派)' 세력이 상업회의소를 '정치적 운동', 심지어 자신들의 개인적 지위강화의 목적으로 이용하는 경향이 있다며 불만을 토로했다.[92] 지역상인들에 영향을 주는 더 긴급한 문제들을 외면하고 국가정책들에 간섭한다는 언론의 유사한 비난이 쏟아지자, 좌절감을 느낀 와타나베는 "4대 요항은 [일본의] 국가정책과 동일한 것"이라고 강조했다. 그는 자신의 로비활동이 '경성의 지역적 이익'을 기꺼이 무시하고 더 폭넓은 조선의 발전을 도모하기 위한 것이라고 옹호하면서, 자신의 철도건설 로비를 애국주의의 이타적 행위, 즉 그 자신의 말을 빌리면 "경성을 사랑하고 조선을 사랑하는 사람이라면 누구나 자연스럽게 그렇게 하기 마련인" 일일 뿐이라며 정당화했다.[93]

산업운동의 전망은 점차 개선되었는데, 그것은 로비스트들 자신의 회복탄력성 덕분이기도 했지만 식민지 정치경제상의 새로운 사태발전의 덕도 있었다. 1925년 4월, 1917년 이후 남만주철도주식회사에 위임되어 왔던 조선철도주식회사의 운영권이 다시 조선으로 넘어왔다. 새로 부임한 철도국장 오무라 다쿠이치(大村卓一, 1872~1946)는 곧 기존의 철도망을 확장하는 포괄적인 계획을 추진하기 시작했다. 그 계획은 자원개발과 국가방위라는 두 가지 목적을 갖고 있었다.[94] 그리고 철도 로비스트들은 1926년 1월에 도쿄에서 결성된 중앙조선협회(中央朝鮮協會)로부터 중요한 지원을 얻어냈다.[95] 일본 외교에 관여해온 노련한 정치가 사카타니 요

---

92 *KSKN* 1941, 1: pp. 251~52; *KSKN* 1941, 3; pp. 46, 76, 92~95; 『조선공론』, 1924년 10월호, pp. 34~36.

93 와타나베 사다이치로(渡邊定一郞), 「(상업)회의소의 사업에 대하여」, *CKZ* 121, 1926년 1월호, p. 2.

94 *KSKN* 1941, 1: p. 197. 이 계획은 나중에 사이토 총독을 통해 제국의회에 제출되었다. 사이토는 1926년 8월 도쿄의 지지를 얻기 위해 개인적으로 총리를 방문한 뒤에 그 계획서를 제출했다(『아사히신문』, 1926년 8월 16일자; 그리고 1927년 1월 30일자).

시로(阪谷芳郎, 1863~1941)가 의장을 맡고 있었고 전직 식민지 관료들이나 시부사와 에이이치(澁澤榮一) 등의 사업가들, 그리고 마키야마 고조(牧山耕藏) 등의 국회의원들이 회원으로 참여한 중앙조선협회는 조선에서 간 로비스트들이 자신들의 운동에 대한 지지를 이끌어내기 위해 본국 중앙정치계와 사회적 연결망들에 접근할 수 있는 중요한 제도적 통로를 제공해주었다. 이사 가운데 한 명으로 사이토 총독의 자문역인 아베 미쓰이에(阿部充家)는 협회와 총독부 사이를 잇는 핵심적인 연락관 역할을 수행했으며, 선구적인 정착민들의 친숙한 간부로서 협회의 경성지부를 운영했다.[96] 오직 일본인에게만 허용된 회원자격이 보여주듯이, 중앙조선협회는 정착민들의 이익대변자이자 본국에서의 '조선 로비' 대변자로서 제국의 브로커들의 역할을 대신하면서, 제국의 브로커들이 자신들의 목소리를 도쿄의 정책입안자들과 잠재적 투자자들에게 전달할 수 있도록 중요한 수단들을 제공했다. 조선에서 보낸 로비스트들의 계속되는 도쿄 방문로비 때마다 중앙조선협회는 그들이 제국의 정계를 쥐고 흔드는 이들에게 개인적으로 자신을 소개하려 할 때 반드시 들러야 할 곳이 되었다.[97]

이러한 사태의 진전은 결국 도쿄의 제국철도협회(帝國鐵道協會) 회원들을 움직여 조선의 철도에 대한 깊이 있는 조사에 나서도록 만들었다. 조사결과를 토대로 그들은 1926년 3월에 로비스트들의 요구를 대부분

---

95 중앙조선협회의 배경과 역할에 대한 좀더 자세한 정보는 이형식(李炯植), 2007; Lynn, Hyung Gu, 2008 참조.

96 경성 지부는 와타나베 사다이치로(渡邊定一郎)와 아루가 미쓰토요(有賀光豊), 그리고 고치야마 라쿠조(河內山樂三) 등이 운영했으며, 이사진에는 후지이 간타로(藤井寬太郎)와 도미타 기사쿠(富田儀作), 그리고 고바야시 겐로쿠(小林源六)와 같은 상인과 사업가들, 또 샤쿠오 슌조(釋尾春芿)와 오가키 다케오(大垣丈夫) 같은 언론인들이 참여했다.

97 『중앙조선협회 회보』(中央朝鮮協會會報) 1, 1926년 8월호, p. 13.

수용한 청원서를 제국의회에 제출했다.[98] 이는 조선의 철도건설운동에
더 큰 동력을 부여했으며, 그해 7월의 조선철도망속성기성회(朝鮮鐵道網
速成期成會)의 결성으로 귀결되었다. 의장인 시부사와 에이이치와 함께
조선철도망속성기성회는 정착민들과 조선인 부르주아 엘리트들, 식민
지 관료들, 그리고 중앙조선협회 회원들을 비롯한 본국의 유력한 지지자
들 다수를 끌어모아 도쿄에서 조선 철도건설 지원안을 밀어붙일 제국차
원의 광범위한 협력발판을 구축했다.[99]

전략적으로 본거지를 도쿄에 두고 1926년 말 예산안 재검토기간에 마
지막 청원에 박차를 가함으로써 로비스트들은 1927년 3월에 마침내 중
의원과 참의원 양원(兩院)에서 철도건설 지원안이 통과되는 것을 지켜
볼 수 있었다.[100] 그것은 '조선 철도 12년 계획안' 입안으로 결실을 맺었
는데 그 내용은 기존의 철도, 특히 조선 북부 만주와의 국경지역 쪽으로
가는 철도를 복선화하는 것이었다.[101] 그것은 그 뒤 몇 년간의 새로운 장
애물들 때문에 발목이 잡히기도 했지만, 1945년까지 '일본 외에 아시아
에서 가장 발달된 철도체계'를 갖추게 됨으로써 영국령 인도의 철도망
을 능가하게 될 조선 철도망 확장사업에 시동을 걸었다.[102]

산업과 철도건설에 대한 로비활동은 정착지의 식민주의가 지닌 역동
성을 더없이 생생하게 보여준다. 정착민 활동의 이념적·담론적 영역에

98   제국철도협회(帝國鐵道協會) 편,『조선에서의 철도복구 촉진에 대한 건의』(朝鮮
      に於ける鐵道復舊促進に付き建議), 1926; 선교회(鮮交會) 편,『조선교통사』(朝鮮
      交通史), 1986, p. 76.
99   KSKN 1941, 1: pp. 203~04; CKZ 131, 1926년 11월호, pp. 1~5; 선교회(鮮交會) 편,
      1986, p. 77; 이형식(李炯植), 2007, p. 114.
100   CKZ 136, 1927년 4월호, pp. 49~52.
101   오히라 뎃코(大平鐵畊),『조선 철도 12년 계획』(朝鮮鐵道十二年計劃), 1927;
      KSKN 1941, 1: pp. 205~08.
102   Bruce Cumings, 1984, p. 487.

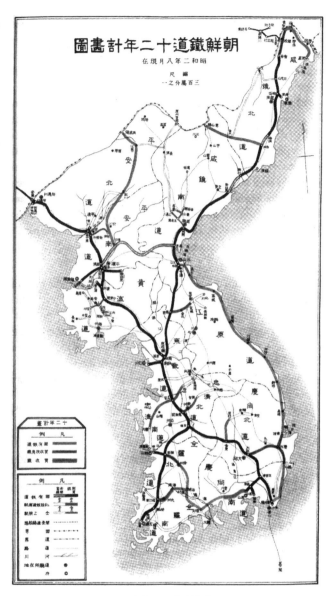

조선 철도 12년 계획안.
1927년 8월.

서도 그랬지만, 비공식적 또는 준(準)공식적 소통채널의 활용은 제국의 브로커들의 중심적인 활동방식으로 자리 잡았다. 총독부와 그들의 사업 공동체들 사이, 도쿄와 경성 사이를 오가면서 정착민 지도자들은 (시모오카와 의회 내의 '조선 로비' 성원들 같은) 일부 핵심관료들과 조선인 엘리트들을 자신들의 동맹연결 속으로 끌어들였으며, 그들은 그 연결망을 통해 자신들의 산업구상을 적극적으로 추구했다. 케냐의 정착민들도 토지, 노동, 조세, 공공지출 같은 핵심영역의 정책형성에 영향력을 행사할 때, '식민지 당국을 압박'하고 최선의 이익을 끌어낼 수 있는 정책입안을 위해서는 그와 비슷한 비공식적인 전술들을 동원할 필요가 있다는 점을 배제하지 않았다.[103] 그런 비공식적인 영향력 행사의 통로들은 재정자립도 달성하지 못했고 식민지 정부 내에서 공식적인 대표권도 없었던 일본인 정착민들에게는 더욱 절실했다. 나중에 경성 상업회의소 의장이 되는 진나이 모키치(陣內茂吉, 1873~?)가 이야기했듯이, "자치제도의 부재 속에서" "그 시절에는 상업회의소가 견인차가 되어 늘상 정치적으로 움직이지 않으면 할 수 있는 일이 아무것도 없었다".[104] 하지만 그들이 정부의 부서에 어떤 믿음도 갖고 있지 않았다는 것이 그들에게 득이 될 수도 있었는데, 그들의 그러한 불신은 자신들의 이익을 직접 추구하게 만들었으며, 그것은 서로 완벽하게 조정되지 않은 상황에서도 국가의 정책목표 달성에 보탬이 되었다. 국가(일본)와 조선 내의 그들 국민 사이의 중재자로서 제국의 브로커들은 자신들이 상대적으로 더 많이 지니고 있던 유연성을 식민지 관리들을 구속하는 경향이 있던 본국 정부의 의제를 넘어서기 위한 로비에 활용할 수 있었으며, 정착민들은 그런 상황을 조선의 산업발전 추진에 충분히 활용했다.

103　Bruce Berman, 1990, pp. 137, 140; Caroline Elkins, 2005, p. 12.
104　*KSKN* 1941, 3: p. 44.

조선의 경제적 민족주의

1920년대 말의 몇 년 동안에 조선의 산업 로비스트들은 산미증식운동이 다시 가동되고 철도건설안이 통과되며, 대다수 관세의 철폐와 조선 남해안을 따라 더 많고 더 좋은 항만시설들이 갖춰지는 현실을 지켜봤다. 정착민 지도자들은 그들의 초기 '4대 요항'이 다소간에 결실을 맺게 되자 또 다른 운동을 시작했다. 그것은 조림(造林)과 수해방지 사업에서부터 제조업과 광업, 그리고 수산업 발전까지 망라한 '6대 요항'이었다.[105] 정착민들은 이제 포괄적인 공업화 정책[106]의 시행을 식민국가에 촉구했으며, '전 세계의' 자본가들과 잠재적 투자자들에게 '무궁무진한 매장량'을 지닌 조선반도의 철광석과 석탄, 금, 규사에 투자하라고 선전했다.[107]

하지만 조선 민중들은 산업운동을 그 시초부터 냉랭하게 대했다. 일본인 정착민들이 조선의 발전을 명분으로 더 많은 산업을 촉구할 때,『동아일보』는 그로 인해 빚어지는 역설적인 현실을 다음과 같이 지적했다. "산업이 더 많이 늘어날수록 더 많은 조선인들이 고통당한다."[108] 농민들은 점점 더 자신들의 수확물이 아니라 수입된 만주(滿洲)의 기장에 기대어 근근이 살아갈 수밖에 없도록 내몰렸다.『조선일보』도 경쟁신문의 그런 탄식에 공감해 조선인들은 "매일 산업적 권리를 박탈당한 채" "거대은행들과 기업들에서부터 영세 고리대금업자들에 이르는 외국인 군

---

105 『제10회 조선상업회의소연합회 의사속기록』(第十回朝鮮商業會議所連合會議事速記錄), 1927; *KSKN* 1941, 1: pp. 208~12.

106 제조업 진흥은 1927년 회의에 모인 산업주의자들이 주장했듯이, '정부가 거의 무시해온' 영역이었다(『경성일보』, 1927년 5월 5일자).

107 『오사카 아사히신문』(大阪朝日新聞), 1926년 3월 27일자.

108 『동아일보』, 1924년 8월 10일자.

단의 착취 아래" 간신히 끼니를 때우고 있으며, "우리 농토와 집들과 숲은 끊임없이 저들의 손아귀로 들어가고 있다"라고 한탄했다.[109] "우리는 쌀 증산도 산업발전도 원치 않는다"라고 『조선공론』의 어느 독자는 편집자에게 보낸 편지에서 단호하게 선언했다. 관개사업, 광업, 농업 등 그 어느 분야의 산업이든 간에, "그것들은 오직 일본인 기업가들의 이해와 탐욕을 만족시켜줄 뿐"이고, "조선인들의 일상적인 고난을 더 악화시킬 뿐"이라고 그는 지적했다.[110]

조선 민족주의자들은 운동을 통해 그런 감정들을 행동으로 이행하려 했다. 그 전형적인 것이 물산장려운동(物産獎勵運動)이었다. 1922년에 조만식(曺晩植, 1883~1950)과 이광수가 조직한 그 운동에 김성수 같은 이름난 민족주의 사업가들이 합류했다. 제1차 세계대전 뒤에 인도와 중국 같은 나라들을 휩쓴 경제적 민족주의의 세계적 흐름을 구현한 그 운동은 조선의 경제적 자급자족과 토착 부르주아지 육성을 촉진하는 것을 목적으로 삼고 있었다.[111] 지역에 설치된 지부들의 연결망을 통해 물산장려운동은 사람들에게 "조선인들이 만든 물건을 사서 쓰고", "자력으로 상품을 만들어 공급하자"라고 촉구했는데, 이는 1923년에 가장 활발했던 일부 일본 상품들에 대한 불매(不買)운동으로까지 이어졌다.[112]

초기 2년간의 열정과 성공 뒤에 물산장려운동은 정부의 탄압과 좌익의 비판 속에 흔들리기 시작했다. 그러나 일본인들은 그 운동을 심각하게 받아들였다. 마루야마 경무국장은 "지역의 물산장려라는 외견상 아

109　『조선일보』, 1924년 5월 23일자.

110　『조선공론』, 1927년 9월호, pp. 69~71. 일본의 황해도 산업지배에 대한 조선인들의 두려움을 부채질한 비슷한 기사로는 『개벽』, 1925년 6월호, pp. 82~86 참조.

111　물산장려운동에 대한 자세한 연구는 박찬승, 2007, 117~31쪽; 윤해동, 1992; 그리고 방기중, 2002, 47~108쪽.

112　박찬승, 2007, 123쪽에서 인용한 물산장려운동의 "목표달성 계획"; 조선총독부 경무국, 『최근의 치안상황』, 1930, pp. 39~40.

름다운 딱지 뒤에"[113] 도사리고 있는 체제전복적인 '일본 통화(通貨) 보이콧'(조선인 지도자들은 그 반대로 주장했지만) 촉구를 주목했다.[114] 또한 정착민 지도자들은 물산장려운동을 이끌고 있는 것이 '비타협적인 정신'이라고 의심했다.[115] 지역의 반대자들에 대한 그런 사라지지 않는 불안은 정착민들로 하여금 그들의 산업운동을 (조선인 자본가들과 손잡음으로써) 정부의 순화정책에 맞추도록 했을 뿐만 아니라 그 불안의 근원, 즉 자급자족을 향한 조선 민족주의의 요구에도 지지를 보내게 한 것으로 보인다.

이런 점에서 특히 유용했던 것이 '조선의 물산장려'라는 수사(修辭)였다. 그것은 정착민들의 산업진흥 활동과 조선 민족주의운동 간의 차이를 적절히 메웠다. 예컨대, 1924년에 도미타 기사쿠(富田儀作)가 설립한 조선물산협회(朝鮮物産協會)는 '조선물산공진회'(朝鮮物産共進會)를 오사카(大阪)와 다른 일본 도시들에서 열어 조선에서 생산한 물품판매를 촉진했다. 그것은 조선의 경제 전반에 이익이 된다고들 했지만 주로 정착민 무역업자들이 득을 봤다.[116] 그다음 해에 시모오카도 지방의 수장들에게 "조선 물산을 우선적으로 사용해달라"라는 지시를 내렸다. 시모오카의 요청은 지역[조선]의 일본인 사업가와 기업가들에게는 조선 민족주의의 자강[실력양성] 이데올로기에 대한 희미한 반향차원을 넘어 조선에서 제조업을 더욱 발전시키는 기회로 큰 환영을 받았다.[117]

---

113   마루야마 쓰루키치(丸山鶴吉), 「조선의 치안」(朝鮮の治安), 『조선』, 1923년 7월호, pp. 24~25.
114   박찬승, 2007, 129쪽.
115   사이토 마코토(齋藤實)에게 보낸 호소이 하지메(細井肇)의 의견서(1923년 9월 17일), pp. 581~83.
116   *CKZ* 1924년 11월호, pp. 50~52; 『조선공론』, 1925년 7월호, p. 114; 도미타 세이이치(富田精一), 1936, pp. 381~87.
117   *CKZ* 115, 1925년 7월호, pp. 49~50; *CKZ* 51, 1928년 7월호, p. 5.

겉으로 동등해 보이는 물산장려운동과 일본인들의 조선 제품 구매장
려 사이에는, 그러나 근본적인 차이가 그 밑바닥에 깔려 있었다. 『동아
일보』가 독자들에게 상기시켰듯이, 물산장려운동은 조선인들에게 '자
신들의 손으로' 생활용품들을 만들도록 촉구하는 한편, "수입품뿐만 아
니라 조선에서 조선인들 손으로 만들지 않은 모든 것의 사용을 거부"하
라고 호소했다.[118] 반면에 조선에서 만든 제품에 대한 일본인들의 판매
촉진운동은 "그것을 조선 내에서 소비하는 차원을 넘어 수출용 제품"
으로 확장하고 "일본을 포함한 외국에서 들여오는 수입품들을 거부"하
라고 촉구했다. 그것은 순전히 "자신들의 일자리를 늘리거나" "자신들
의 생활비를 줄이기 위한" 정착민들의 이기적 욕망의 산물이었다. 『동아
일보』가 지적했듯이, "전자(물산장려운동)는 자급자족을 증진하려는 민
족주의적 색깔을 지니고 있는 반면, 후자는 조선이 일본의 한 지역이라
는 의식 속에 조선에서 만든 제품을 적극적으로 판매촉진하자는 것이
었다". 달리 말하면, 일본인들은 자신들의 산업증진 활동을 위한 토대를
'민족'에서 '지역'으로 대체함으로써 전략적으로 자신들의 식민주의적
목적추구를 민족주의 사업처럼 보이게 만들었다.[119]

---

118 『동아일보』, 1927년 6월 30일자.
119 이런 움직임은 자신들이 선점한 대의를 식민주의자들이 도용했다며 짜증을 내
      고 있던 조선 민족주의자들로부터 경멸당했다(조선총독부 경무국,『치안상황』
      (治安狀況), 1930, p. 40). 조선어 신문들은 마찬가지로 조선 자본가들이 일본인
      들의 산업운동에 동참하는 데에도 비판적이었지만, 물산장려운동의 전체적 메
      시지가 1921년 산업조사위원회에서 이 자본가들이 요구한 '조선인 본위'의 산
      업정책 의제와 공명하고 있었던 점을 간과해서는 안 된다. 쌍방이 조선인의 실
      력양성을 강조하고 식민지 체제 내에서 '민족적' 권리를 확장하려고 애쓰면서,
      두 집단은 한편으로 그들의 경제가 점차 일본의 통제로부터 벗어나고 있던 상황
      속에서 서로 거의 동조하기에 이르렀다. 온건파 민족주의자들 ── 대부분 쌀 생
      산지인 전라도의 '지주-기업가들' ── 은 '친일파' 엘리트들이 그랬던 것처럼 민
      족주의적인 성향을 지니고 있었던 것으로 보이며, 그 점은 모든 타협안을 배척

마찬가지로 산업화를 촉구한 일본인들과 조선인들의 접점이 단지 교활한 제국주의자들이 만들어낸 수사적 효과에 지나지 않는다는 이유로 부정될 수도 없다. 정착민들의 산업화 요구를 이끈 원동력은, 기본적으로 도쿄의 지도자들이나 조선에 잠시 머무는 식민지 고위관료들은 거의 공유할 수 없는 관심사들이었다. 조선을 농업 식민지로 보는 고답적인 관념에 집착하는 당국을 비판하면서도 정착민들은 자신들의 사업이 제조업보다 농업을 우선시하는 정부정책의 영향에서 결코 자유로울 수 없다는 것을 깨달았다. 식민지에서의 모든 경제활동이 구조적으로 일본의 필요에 좌우되는 한 정착민들이나 조선인들이 어떤 공통된 기반을 찾기란 불가능하며, 식민지의 이익을 희생하면서 일본 본국의 구미에 맞추는 정책들에 대항해 싸우는 상호유익한 동맹이 될 수도 없다는 사실을 그들은 알고 있었다.[120]

1920년대 내내 조선의 산업진흥 노력은 종종 정착민 자본과 조선의 민족자본을 식민국가와 대립하는 그들 양자의 동맹 쪽으로 끌어들이기도 했다. 조선의 상업회의소들은 비록 정착민들이 지배하고 있었지만 중소규모의 일본인 및 조선인 상인과 제조업자들을 위해 당국에 로비활동을 펼치고 좀더 손쉬운 저리융자 같은 공동의 관심사들을 다룸으로써 특히 중요한 역할을 했다.[121] 그리고 1920년대 중반부터 상업회의소들은 조선의 수출품을 팔 유망한 시장들을 찾아 조선인과 일본인 상인들

___

했던 급진세력이나 공산주의자들과 비교할 때 특히 도드라진다. 바로 그런 이유에서, 마이클 E. 로빈슨이 지적했듯이, 자신들과 대립했던 친일파 엘리트들만큼이나 자본주의를 적극적으로 수용했던 온건파 민족주의자들은 일본인들과의 공공연한 협력관계를 거부한 채 협력과 경쟁 사이에서 줄타기를 할 수밖에 없었다(Michael E. Robinson, 1988, p. 104).

120 예컨대, Dennis L. Mcnamara, 1996, Chapter 7; Uchida Jun, 2008 참조.

121 예컨대, 1920년에 경성에서 상공조합연합회(商工組合聯合會)가 설립된 것은 분명히 그런 목적 때문이었다. *KSKN* 1941, 1: p. 158.

로 구성된 무역사절단을 만주와 중국, 타이완, 그리고 일본의 여러 다른 지역들에 파견했다.

산업발전에 대한 그들의 공통적 이해관계는 정착민들과 조선인들, 그리고 식민지 관리들을 본국에 대항하는 일시적 동맹자로 묶는 일종의 지역적 '경제적 민족주의'마저 창출할 수 있었다.[122] 우리는 그런 예를 조선 전역에서 전개된 조선 쌀 보호운동인 선미옹호운동(鮮米擁護運動)에서 볼 수 있다.[123] 선미옹호운동은 1932년 여름에 일본 정부가 조선 쌀의 생산을 규제하기로 결정한 데에 대한 저항으로 시작했는데, 일본 정부의 그런 조치는 식민지의 값싼 쌀 유입으로 손해를 보게 된 본국 농민들의 항의로 촉발되었다. 산미증식운동의 결과로 식민지의 곡물이 지속적으로 일본 본국에 쏟아져 들어가면서 쌀값을 하락시켜 1920년대 일본 농업의 장기불황을 야기했으며, 그것은 1930년대 말까지 이어진 본국 지방농민들과 쌀 상인들의 거센 항의를 불러왔다.[124]

그들의 항의 뒤에는 산미증식운동의 수혜자들인 식민지 쌀 상인들의 위협적인 영향력이 어렴풋이 그 존재감을 드러내고 있었다.[125] 그들의 영향력은 수출업자들이 1930년대 말에 총독부와 협력해 일본 내 조선 쌀 판매를 증대하기 위한 마케팅 로비단체인 선미협회(鮮米協會)를 결성

122 '경제적 민족주의'라는 용어를 사용할 때 나는 브루스 버먼(Bruce Berman)의 단어사용법에 대해 부연하는데, 그는 그것을 본국에 대한 식민지 국가와 정착민들의 동맹으로 국한해서 사용했다(Bruce Berman, 1990, p. 178).

123 이 운동에서 정착민들이 수행한 역할을 자세히 알아보려면, 기유정, 2009 참조.

124 예를 들어 『고베 신문』(神戶新聞), 1936년 7월 10일자; 『도쿄 아사히신문』(東京朝日新聞), 1936년 8월 15일자; 『경성일보』, 1936년 8월 28일자; 그리고 『오사카 아사히신문』, 1936년 10월 1일자 참조.

125 합병 이전 시기에 조선 내의 일본인 쌀 수출업자들은 마케팅과 유통망뿐만 아니라 수확 이후의 각 생산단계, 즉 건조와 탈곡, 도정 등에 대한 통제력을 꾸준히 확대했다(이형랑(李熒娘), 1996, p. 213).

한 뒤 본국으로 확장되기 시작했다.[126] 검사절차의 강화로 도정하지 않은 조선 쌀의 일본 수출은 줄었고, 그로 인해 본국의 쌀 도정업자(정미소)들은 손해를 봤지만 식민지의 도정업자들과 도정한 조선 쌀을 일본으로 수출하는 업자들은 득을 봤다.[127] 그리하여 식민지 도정업자들과 수출업자들은 일본 최대의 오사카 곡물시장을 움직일 정도의 엄청난 영향력을 발휘하게 되는데, 도정된 조선 백미(白米)가 시장점유율을 급속히 높이면서 본국 도정미는 점차 경쟁력을 잃어갔다. 정착민 상인들이 중개한 수지맞는 조선 쌀 교역은 조선의 쌀 중심 단작(單作)경제와 조선 쌀에 대한 본국의 의존강화라는 정형화된 틀을 심화시켰고, 그것은 '일본 전역의 크고 작은 도시들의 소비자들 부엌' 속으로 기세 좋게 침투해 들어갔다.[128]

이들 정착민 쌀 상인들과 수출업자들은 도쿄 정부의 식민지 쌀 수입에 대한 제한결정에 반대하는 운동의 중추를 형성했다. 부산의 쌀 상인들이 그 항의운동을 시작했고,[129] 그것은 곧 조선 전역으로 급속히 확산되어 곡물거래업자들과 거래소들, 지주들에서부터 쌀농사를 짓는 농민들까지 끌어들였다. 마쓰이 후사지로(松井房次郎), 사이토 히사타로(齋藤久太郞, 1874~?), 다다 에이키치(多田榮吉, 1879~?)와 같은 유력한 일본인 쌀 상인들과 지주들은 선미옹호기성회(鮮米擁護期成會)를 결성해 본국 정부의 정책에 대한 반대운동을 이끌었다. 선미옹호기성회는 총독부의 충분한 지원, 그리고 "총독부의 정치적 해결을 아래로부터 지지하고 촉구하는" '순수민간운동'을 활성화하려던 언론의 지원 속에 결성되었다.[130] 식

---

126   『동아일보』, 1923년 11월 9일자;『아루가 상의 업적과 추억』(有賀さんの事蹟と思い出), 1953, p. 163.
127   이형랑(李熒娘), 1996, p. 127;『부산일보』(釜山日報), 1933년 7월 27일자.
128   『조선공론』, 1939년 5월호, pp. 24~25, 28.
129   『부산일보』, 1932년 7월 22일자.

민지 관료들이 도쿄 정부와 직접 협상을 벌이는 동안 선미옹호기성회의 지도자들은 본국 정부에 식민지 쌀 생산을 규제하는 것은 "이제 싹이 트고 있는 조선의 산업을 그 토대부터 파괴"할 것이라고 주장하는 항의전보들을 보냈다. 그리고 조선인과 일본인 로비스트들은 함께 도쿄로 몰려가 본국의 경제적 수요를 충당하는 데 기여해온 조선의 희생을 강조하면서 조선에 대한 정책에서 표변하는 정부의 태도를 질책했다.[131] 한편, 조선 내의 '선미옹호 촉구집회'가 조선 전역에서 벌어졌다. 지역의 상업회의소들과 지방의회들도 '우리 조선의 쌀'과 '우리 생명줄'을 지키고자 대중들을 결집하기 위한 자체의 청원운동을 벌이기 시작했다.

선미옹호운동이 산업진흥운동처럼 대지주들과 상인자본가들의 이익위주로 진행된 것은 사실이다. 소작농들은 이 운동의 부담을 가장 무겁게 졌을 뿐만 아니라[132] 이제 자신들의 생계까지 위협당하게 되었다.[133] 그럼에도 쌀 생산은 조선 경제의 모든 단계들과 연관되어 있었기 때문에 생산위축의 전망은 조선인 생산자들과 일본인 상인들, 그리고 양쪽 공동체의 지주들이 발전을 위해 함께 뭉칠 수 있는 공동의 기반을 조성했다. 조선의 농민들이 이 운동을 생존의 문제로 봤듯이, 정착민들도 본국의 정책에 영향력을 발휘할 정치적 수단이 없는 상황에서 그런 공동의 관심사들이 자신들의 거래이익 추구에 중요하다고 봤다.[134] 따라서

---

130 『경성일보』, 1932년 7월 15일자; 『조선신문』(朝鮮新聞), 1932년 7월 15일자.

131 *CKZ* 199, 1932년 7월호, pp. 95~96; *KG* 1932, 11: pp. 39~41. 선미협회의 의장을 지낸 아루가 미쓰토요(有賀光豊)는 조선의 단체들과 일본 본국 간의 중재자로서 중요한 역할을 수행했다(『아루가 상의 업적과 추억』(有賀さんの事蹟と思い出), 1953, pp. 159, 161~62).

132 마쓰모토 다케노리(松本武祝), 1991, pp. 107~16; 『삼천리』(三千里), 1931년 7월호, pp. 6~8.

133 『동아일보』, 1933년 9월 2일자 석간(夕刊).

134 그들은 알제리의 정착민들이 프랑스 본국의 경쟁자들로부터 자신들의 포도재

그들 간에 이해관계가 엇갈렸음에도 불구하고 조선인들과 일본인들은 전면적으로 조선 쌀을 옹호하기 위해 전략적으로 단결한 것으로 보인다. 현지의 농민들을 대변한 조선어 신문들은 정부의 조선 쌀 통제정책이 '쌀 위에 구축된' 조선 경제를 무너뜨릴 것이라고 위협조로 경고했다.[135] 친정부적인 『경성일보』조차 이례적으로 조선을 "단지 착취의 대상으로만" 취급한다며 도쿄의 '이기주의'를 험악한 어조로 비난하는 기사를 실었다.[136]

항의시위가 조선에서 소용돌이쳤지만 고집스런 일본 정부는 1933년 9월 이에 아랑곳하지 않고 조선과 타이완에서의 식민지 쌀 생산계획을 부분적으로 중단하기로 결심했다.[137] 선미옹호기성회는 일본인과 조선인으로 구성된 그룹인 '선미옹호 십자군'을 파견했는데, 이에는 미쓰이 에이초(三井榮長), 마쓰이 후사지로(松井房次郎), 한상룡과 장헌식(張憲植, 1869~1950)이 참여했다. 아라이 하쓰타로(荒井初太郎)와 사이토 히사타로(齋藤久太郎)도 나중에 합류했다.[138] 선미옹호기성회와 산하단체들은 신중하라는 총독부의 조언을 때로 무시하면서 1934년 3월에 약 6,000건에 이르는 청원들을 엮어 "한목소리로 본국에 집중포화를 쏟아부었다".[139] 결국 일본 농민들의 압력과 조선 쪽에서 밀려온 단호한 반대가 합쳐져 쌀 통제에 관한 타협안과 조선 쌀 증산을 위한 소극적인 운동 쪽으로 귀착됐는데,[140] 그런 조치들은 본국 소비자들 속에 형성된 조선

배권을 보호하기 위해 프랑스 상업회의소 회원으로서 누렸던 것과 같은 영향력은 누리지 못했다(John Ruedy, 2005, pp. 87, 116).

135 『조선일보』, 1933년 9월 16일자.

136 『경성일보』, 1932년 7월 19일자.

137 『평양매일신문』(平壤每日新聞), 1933년 9월 9일자.

138 『경성일보』, 1934년 2월 6일자.

139 『경성일보』, 1934년 3월 6일자.

140 KG 219, 1934, 3: pp. 121~22. 1932년부터 식민지 정부는 지방의 자급자족 능

쌀의 변함없는 인기를 꺾는 데는 거의 아무런 소용이 없었다.

선미옹호운동은 '지역의 경제적 민족주의'의 여러 사례들 가운데 하나였다. 다양한 이해관계와 다양한 사회단체들의 심리가 그들 간의 차이를 떠나 본국과 만주를 포함한 '외부자들'에 대적하기 위한 통일전선을 구축하게 했다.[141] 국가와 지역사회, 본국과 식민지 사이에서 활동하면서 제국의 브로커들은 조선 지역의 이익옹호자로서 목소리를 높이면서 종종 스스로 그러한 운동들의 중심에 섰다.[142] 일련의 청원과 도쿄에서의 '조선 로비'를 통해 조선의 대변자를 자처한 그들은, 역사학자 고마고메 다케시(駒込武)가 식민지의 습격에 대비한 '방파제'라고 불렀던 것을 세우려던 일본 정부의 성향에도 불구하고 정책입안자들에게 그런대로 영향을 주었다.[143]

결론

일본인 통치자들이 유럽의 통치자들보다 더 많이 자신들의 식민지 개발에 투자했다면, 그것은 조선에서의 개발이 어떤 것이든 다른 식민지들에서처럼 제국 본국의 필요와 명령에 따른 것이었다. 총독부의 가장 큰

력을 높이기 위한 지방재건 캠페인에 힘을 쏟았다(제7장 참조).

141 '지역의 경제적 민족주의'의 또 다른 예는 1929년에 남만주철도주식회사의 새 제강공장을 만주의 안산(鞍山)이 아니라 신의주로 끌어들이기 위해 조선 전역에서 벌인 로비활동이었다.

142 이는 특히 와타나베 사다이치로(渡邊定一郎)의 경우가 그러했는데, 그는 "중앙정부에 보내는 모든 [조선의] 청원들과 요청들을 혼자 해치웠으며", 자신을 조선의 '민간인 대표'로 내세웠는데, 적어도 도쿄 쪽에서 보기에는 그랬다(『경성일보』, 1930년 8월 14~15일자).

143 고마고메 다케시(駒込武), 1996, p. 217.

임무는 농업국가 조선으로 하여금 급속한 일본 산업화의 엔진에 연료를 공급하도록 만드는 것이었다. 지역[조선]의 일본인 상인들과 자본가들은 조선의 가장 중요한 생산자들을 종속적인 존재로 만들고 종종 빚더미와 빈곤의 악순환의 수렁에 빠뜨림으로써 조선이 그런 역할에 머물도록 하는 것을 도왔다. 하지만 식민지와 본국 간의 경제관계의 진화는 흔히 생각해왔던 것보다 더 복잡했다. 1919년 이후 식민지 정부가 조선의 제한된 산업화를 허용하고 지역사업가들을 정책수립 과정에 참여시켰을 때, 일본인 정착민 지도자들은 참여시늉만 하는 것 이상의 역할을 요구했다. 그 무렵까지 제국의 브로커들은 분명히 본국 자본의 대리인에서 자신만의 투자지분과 이해관계를 지닌 식민지 내의 지역활동가로 진화해 있었다. 그런 지위가 그들이 조선인들, 특히 상층부 조선인들과 동맹관계를 맺게 만들었다. 상층부 조선인들은 공통의 자본주의적 이해관계뿐만 아니라 민족의 강성화라는 자신들만의 목적을 위해 일본인 정착민들의 조선 산업진흥 로비활동에 합류했다.

그들이 함께 내는 목소리, 국가에 조선의 산업화를 촉구하면서 더 커져갔던 그 목소리는 우리에게 식민지 권력에 대한 과대평가의 위험성을 경고할 것이다. 예컨대, 그 목소리들에 관심을 기울임으로써 우리는 식민지 국가가 지역의 산업발전에 내재하는 깊은 양면성에도(게다가 도쿄의 반대에도) 불구하고 어떻게 조선을 근대화했는지 알 수 있게 될 것이다. 그리고 변화가 늘 위에서 시작된 것은 아니었다. 정착민들이 주도한 조선의 산업화 캠페인이나 그들과 대립했던 조선인 민족주의자들의 존재는 특히나 식민지 산업화가 1930년대까지는 시작되지 않았으며, 산업화는 주로 전쟁시기에 국가의 필요에 의해 추진된 것이라는 우리에게 익숙한 시각을 복잡하게 만든다.[144] 더 정확하게 이야기하자면, 조선의

---

144 이런 관점에 도전했던 일부 학자들 중에는 가네코 후미오(金子文夫, 1993)와 김

산업화는 장기간에 걸쳐 내부경쟁을 거치고 식민지와 본국의 당국, 그리고 식민지 경제담당자들 간의 끊임없는 협상을 통해 추진되었다. 그때 정착민들은 브로커로서 결정적인 역할을 수행했다.[145]

철도건설과 쌀 증산로비는 한때 일본 본국 경제의 농업적 부속물이었고, 많은 일본인들이 정착했던 식민지로서 산업자치를 요구했던 조선의 점증하는 모순을 표출시켰다. 한편으로 그 긴장은 부르주아 엘리트들과 관료동맹자들, 그리고 때로 조선 사회의 더 광범위한 부분들을 도쿄에 대항하게 만들었다. 다른 한편으로 그것은 정착민들이 조선의 자급자족 목표를 자신들의 식민지 내 사업이익을 보호하는 가장 확실한 수단으로 생각하고 활용할 수 있게 해주었다. 산업화된 조선이라는 구상의 주위에서, 그리고 식민자본과 민족자본이라는 이분법을 가로질러, 미약하기는 했지만 정착민들과 조선인들, 자본가들과 민족주의자들, 그리고 인종과 계급, 직업적 토대 위에서 활동하는 다양한 이익단체들 간의 새로운 유대가 성장했다.

정착민들의 산업화운동 역시 비정부 민간분야의 활동이 더 많은 이익을 가져다준다는 것을 입증했다. 제국의 브로커들은 개인적 접촉망, 그리고 관료집단과 함께 만든 후원조직을 통해 활동을 지속했지만 식민지 관료들을 본국의 필요에 종속시키는 정책적 관심사들에 속박당하지는 않았다. 그리고 개인적 로비활동을 통해 정착민들은 본국의 지도자들과 자신들만의 직접적인 소통통로를 만들었으며, 식민국가는 도쿄에 순응

낙년(2003)도 들어 있다.

145 지역자본가들의 역할은 본국의 민간자본 개입이 1930년대가 될 때까지 제한되어 있던 상황을 감안하면 더욱 의미가 있었다. 주요 재벌들 가운데 1910년대 말 이후 조선 내의 기업투자에서 중요한 비중을 차지하고 있었던 것은 미쓰비시(三菱)뿐이었다(미조구치 도시유키(溝口敏行)·우메무라 마타지(梅村又次), 1988, pp. 74~75; Mark R. Peattie, 1984a, p. 33).

하는 공식적인 관점을 견지했다. 사업가들에게 조선의 쌀과 산업, 철도 건설 로비를 허용했다는 것은 니시무라 야스키치(西村保吉)와 같은 식민지 관료들이 자신들이 지지하기는 하지만 공개적으로 추진할 수는 없었던 의제를 민간단체들에 위탁할 수 있었다는 것을 의미한다. 이는 식민지 정착민들이 경계인으로서의 자신들의 존재론적 특성을 활용해 취약점을 강점으로 바꾼 또 하나의 사례였다.

정착민 지도자들은 그들 정부의 동맹자로 처신했으며, 그들과 유사한 실용주의적 행태를 보였던 조선 부르주아 엘리트들의 동반자였다. 지역의 상업회의소나 전국적인 산업운동을 통해 함께 일할 때, 조선의 자본가들은 일반적으로 일본인들의 지도에 따랐다. 카터 J. 에커트(Carter J. Eckert)가 지적했듯이 다수의 조선인 사업가들, 특히 도쿄에 유학하고 "언어와 태도, 심지어 일본인들의 성취목표들까지" 자기 것으로 받아들인 이들은 아마도 식민주의자들 속에 있을 때가 자신의 동족들 속에 있을 때보다 더 편안했을 것이다.[146] 역사학자들이 다른 식민지 세계에서 관찰했듯이, 계급은 종종 인종이나 민족보다 더 강력한 만남의 이념이 되었을 것이다.[147]

동시에 정착민 지도자들이 조선의 엘리트들과 거듭된 직접적인 대면을 통해 발견했듯이, 반식민민족주의 시대에 계급은 넘을 수 없는 한계가 있었다. 산업조사위원회와 (자신들의 경영자단체 회보들을 포함한) 다른 장(場)들에서 조선인 자본가들은 심지어 친일부역자로 고발당하면서도 민족주의 진영의 비판자들이 그랬던 것만큼이나 자신들이 자기 민족을 대표한다고 주장했다. 그리고 그들은 일본어 사용권 내에서 활동할 수밖에 없었지만 자신들만의 저항언어를 발전시켰고, 거의 모든 경우에 '조

---

146   Carter J. Eckert, 1991, p. 230.
147   David Cannadine, 2002.

선인 본위'를 옹호했다. 그런 반대 목소리들이 그들이 공유했던 자본주의의 추구차원에서는 침잠했지만, 제국의 브로커들이 식민통치에서 영향력을 발휘하고자 했던 또 다른 핵심영역인 지역과 지방의 정치에서는 조선인 부르주아와의 협력과 경쟁 속에 그것이 표면화되었다.

제6장

정치적 목소리를 찾아서

총독부 체제의 출범 이후 정착민들과 조선인 엘리트들은 권력과 부
(富), 영향력에 대한 접근이 제한된 세계에서 성공하겠다는 야심을 공유
하는 협력자가 되었다.[1] 그들이 외견상 복종의 자세를 취하고 있었던 이
면에는 식민체제와 맺은 무언의 협약이 있었다. 조선인 엘리트들은 자본
주의 근대화가 가져다줄 이익에 참여할 기회를 부여받는 대신에 정치에
는 참견하지 않겠다는 데에 동의했다. 일본인 정착민들은 자신들의 경
제적 이익을 확대하고 지역의 지배력을 확보하기 위한 수단으로 국가의
하급 파트너로서의 역할을 받아들였다. 이런 사회계약들 중에 1919년

---

1 '협력'(collaboration)이라는 말은 대부분 외국세력을 위해 일하는 반역행위를 지칭
한다. 내가 「서문」(주 31)에서 설명했듯이, 나는 그 말을 식민국가와 그곳 신민들
(subjects) 간의 정치적 관여를 가리키는, 좀더 느슨하고 폭넓은 맥락을 지닌 말로
사용하려 한다. 식민지 국민 속에는 식민국가에 대한 지역협력자들 가운데 또 하나
의 그룹을 형성한 정착민들이 포함되는데, 이는 로널드 로빈슨(Ronald Robinson,
1972)이 제기한 중요한 지점임에도 일본의 학자들은 종종 이를 보지 못했다.

이후 오래 유지된 것은 아무것도 없었다.

사이토 총독의 문화정치 아래, 정치적 참여의 기회가 늘어나면서 제국의 브로커들은 식민통치 체제에서 자신들의 목소리를 키우려 했다. 하지만 그들은 새로운 문제들과 부닥쳐야 했으며, 그중에서도 가장 긴급한 것은 어떻게 조선인들의 적대감을 부채질하지 않고 또 정부정책을 약화시키지 않으면서 자신들의 지배를 유지해나갈 것인가 하는 문제였다. 그들의 통상적인 전략은 원주민 부르주아 엘리트들과 손잡는 것이었는데, 그러한 예는 아프리카의 유럽인 거류민들에게는 드물었으나, 식민지 정부에 비해 정치적으로 취약했던 일본인 정착민들에게는 매우 논리적인 것이었다.[2] 아베 미쓰이에(阿部充家)가 관찰한 대로, '협력자들'이라는 의존적인 계급으로서 조선 사회에서 소외당한 조선인 엘리트들은 바로 그 점 때문에 자본주의적 이해관계 및 식민지 기업 내의 정치적 지분을 자신들의 정착민 맞상대들과 공유하면서 서로 협력하는 경향이 있었다.[3] 이는 대부분 아베가 예견한 대로 진행되었다. 정착민 지도자들과 조선인 엘리트들은 우리가 앞 장들에서 살펴보았듯이, 조선의 경제발전을 위해 그리고 민족주의의 위협에 대처하기 위해 함께 관리들을 도왔다. 또한 그들은 식민국가의 권위주의적인 구조에 대항하기 위해 가끔 공동전선을 펼쳤다.

총독부 체제 아래에서 일본인 정착민들과 조선인 엘리트들은 일종의 평행우주 속에서 자신들의 정치적 권리를 확장하기 위해 노력했다. 제국

---

2 1919년 이후 민족주의운동이 급속히 성장하자, 조선 내의 일본인 정착민들은 아프리카의 유럽 식민주의자들이 공격적으로 추구했던 것과 같은 분리주의적인 정치를 피할 수밖에 없었다. 특히 프랑스령 세네갈과 독일령 남서아프리카 및 동아프리카, 영국령 남로디지아와 케냐에서 정착민들은 상당한 수준의 입법권과 지역 대표기관들의 통제권을 갖고 있었다. 교육받은 아프리카인들은, 완전히 그런 것은 아니지만 대체로 거기에서 배제당했다(Andrew Roberts, 1986, pp. 34~35).
3 사이토 총독에게 보낸 아베 미쓰이에(阿部充家)의 편지(1929년 11월 11일).

내의 주변적 지위를 극복하려는 정착민들의 노력은 본국에 대한 동화와 자치 사이를 왔다갔다하면서 때때로 식민국가의 권력독점에 대항하는 강력한 동맹결성에 동등하게 참여하려는 조선인들의 분투와 교차했다. 예컨대, 지역[조선]정부에 대한 쌍방의 좌절감은 준(準)국가기관들 바깥의 정치행위를 위한 그들만의 공간을 창출하려는 노력으로 이어졌고, 그것은 본국에서의 참정권(투표권)을 획득하기 위한 공동운동으로 확대된 지역의 자치운동을 촉발했다. 식민지 정치의 유동적인 경계들을 가로지르면서, 제국의 브로커들과 그들의 조선인 동맹자들은 자신들의 활동영역을 총독의 권위주의적 통치 너머로 꾸준히 확장했다.

하지만 이 정치적 동맹은 언제나 긴장으로 얼룩진 쉽지 않은 공생이었다. 정치적 양보를 얻어내기 위한 공동의 투쟁 속에서 일본인과 조선인 엘리트들은 그들 각자의 공동체가 안고 있는 구체적인 고충들이 매우 다르다는 사실을 알아차렸다. 그리고 그들은 곧 조선의 정치적 미래를 서로 다르게 그리기 시작했다. 조선인들은 자치를 주장했고, 정착민들은 조선이 본국에 완전히 통합되어야 한다고 주장(그럼에도 정착민들은 종종 도쿄에 대한 조선의 자치권을 옹호하는 모순적인 입장을 취했다)했다. 결과적으로 제국의 브로커들과 그들의 조선인 동맹자들 간에 협력과 갈등의 복잡한 매트릭스가 펼쳐졌다. 국민자격(citizenship)을 획득하기 위한 그들 공동의 요구는 동시에 그들을 지역지배권을 둘러싼 끈질긴 경쟁 속으로 몰아넣었으며, 국가는 경쟁의 대상이자 결정권자[중재자]가 되었다.

정착민 정치권력의 한계

일본의 통치가 시작된 뒤 첫 10년 동안, 총독부는 식민정책을 대중적 비판이 닿지 않는 곳에 두는 데에 대체로 성공했다. 다양한 단계의 식민지 관료체계를 위해 일하는 협력자들의 테두리 바깥에서 조선인들의 정치생활은 조선어 신문들과 함께 거의 사라졌다. 그것은 1919년 3월의 자유를 향한 외침이 분출할 때까지 계속되었다. 한편, 지역[조선]의 일본인 자치가 종말을 고하면서 그 체제는 또 늘 고통스럽고 선거권도 없는 정착민 계급을 탄생시켰는데, 조선에 건너온 선구자들로 여겨졌던 그들은 정부 일에 거의 또는 전혀 발언권이 없는 투쟁적인 이주민이 되었다. 조선 내 일본인 정착민들이 정치적으로 온순하다는 것은, 특히 다른 곳의 식민주의자들의 지위와 비교해보면 잘 드러난다. 그 무렵 영국과 프랑스 정착민 식민지들의 유럽인 주민들은 본국의 민주주의 제도를 옮겨와 다수의 원주민들과는 분리된 '시민사회'를 만들었는데, 그들은 지역대표권을 위한 중요한 수단을 획득하거나 자치정부를 향해 순항하고 있었다.[4] 식민지 조선에서는 그런 일이 일어나지 않았다. 당시 유럽 식민지들에서 식민지 행정관리들이 그랬던 것처럼 공공정책 입안에서 정착민들의 '정당한 이익'을 인정하고 그들에게 어느 정도까지 정치권력을 위임할 수 있는지 논의하기보다 조선총독부는 그것을 줄 것인가 말 것인가의 양자택일 문제로 다뤘다.[5] 그리고 그 대답은 완전히 부정적이었다. 총독은 자신이 다스리는 국민들에게 절대로 정치에 접근하지 말라고 이야기했다. 사이토, 그리고 정도가 좀 덜하긴 했지만 1910년대의 그의 전임자들은 우리가 이미 살펴보았듯이, 장기체류 정착민들을 외견상 전문가로 대접했으나 당국은 그들에게 공공정책에 영향력을 발휘할 수 있는 입법협의회와 같은 공식적인 제도적 통로를 허용하지 않았다. 두 가

---

4 Evans, et al., 2003, p. 8; Ruedy, 2005, pp. 86~87. 알제리에서 자치는 세네갈의 네 개 코뮌들(Four Communes)처럼 지방자치 정부들로 제한됐다.
5 Bruce Berman, 1990, p. 137.

지 고려사항이 영향을 끼쳤다. 하나는 모든 권한을 총독부로 집중시키려 한 총독부 체제의 야심이었고, 다른 하나는 조선인들의 자치요구를 미연에 막으라는 명령이었다.

초대 총독 데라우치 마사타케(寺內正毅)는 1914년에 거류민협회 제도를 없애버리고 정착민들에게는 교육분야만 맡기는 조치를 통해 그 나름의 통치기풍을 확립했다.[6] 그해에 12개 도시(府)에 부협의회(府協議會)가 설치되었고 새로운 지방 행정단위들이 생겨났다. 데라우치가 부임하기 전에 수십 년간 자신들의 공동체를 운영해온 조선 내 일본인 거류민들에게 부협의회는 전혀 대안이 될 수 없었다. 각 부협의회의 주요 임무는, 국가가 지시한 대로 지방통치와 관련해 선정된 안건들 —— 조례의 제정과 수정, 폐지, 그리고 예산안 작성과 지방채 발행 —— 을 토의하는 일이었으며, 그 모든 일들은 각 부협의회 의장이었던 시장의 지시에 따라 처리되었다.[7] 부협의회의 권한은 단지 자문으로 한정되어 있었으므로 그 업무가 지방의 행정가들에게 중요한 영향을 주었을 것으로 보기는 어렵다. 대부분 일본의 통치에 호의적인 자본가들과 지주들 가운데서 엄선된 일본인과 조선인 엘리트들로 구성되는 게 일반적이었던 부협의회는 시장과 휘하의 관료들을 지원하기보다는 지방의 유력자들에게 식민지 정치 주변부의 한직(閑職)을 맡김으로써 그들을 회유하기 위해 고안된 것이었다.[8] 일본인 거류민협회의 많은 회원들이 새로운 부협의회 의원으로 임명되었지만, 그런 순응장치들은 마지못해 조선인 엘리트들과

---

6 일본인과 조선인들의 교육위원회에 대한 더 자세한 정보는 강재호(姜再鎬), 2001, pp. 227~28, 239 참조.

7 강재호(姜再鎬), 2001, pp. 151~53. 나중에 총독부는 비슷하지만 훨씬 더 제한적인 면(面) 단위의 행정제도를 1917년 10월에 도입했다(같은 책, pp. 168~70).

8 [조선총독부], 「선거제도의 연혁 및 현황」(選擧制度の沿革竝に現況), 1929; 김동명, 2006, 64쪽.

자리를 나눠 갖고 있던 정착민 지도자들이 식민국가를 호의적으로 받아들이게 하는 데는 아무 소용이 없었다.

　지역대표권의 발휘에 유용한 제도를 빼앗겨버린 제국의 브로커들은 자신들의 목소리를 당국에 전달하기 위해 다양한 비공식적 방안들을 동원했다. 언론과 상업회의소를 활용하는 것을 넘어 정착민 지도자들은 총독에게 편지와 청원서를 보내고 총독과의 개인적인 접촉기회를 만들었으며, 비공식적인 사회적 압력을 활용함으로써 관리들과의 직접적인 소통망을 만들고 그들의 후원을 받으면서 그들의 의견을 좌우할 수 있기를 바랐다.[9] 이러한 접근법들은 자신들의 정책에 대한 지역의 협력을 갈구하고 있던 총독부 관리들로부터 어느 정도 호응을 얻었다. 정착민들을 경멸하기만 하던 데라우치조차 사업가들과 언론인들, 그리고 다른 민간인 유력자들을 총독부 청사로 초청해 연례적인 송년만찬회 등 비공식모임들을 열었다. 그 초청자들 중에는 가장 목소리가 컸던 비판자이자 관리들 사이에서 호시탐탐 '관료들을 공개비방하는' '골칫거리'로 알려진 언론인 샤쿠오 슌조(釋尾春芿)도 들어 있었다.[10] 샤쿠오는 나중에 자신이 얼마나 그런 초청을 고대했는지를 회고했다. "왜냐하면 [당국은] 우리가 신문이나 잡지들을 통해 데라우치를 공격하거나 총독의 통치를 비판하는 것을 허용하지 않았기 때문에, 초청을 받을 때마다 나는 내 억눌린 불만을 솔직하게 쏟아낼 수 있는 절호의 기회를 놓치고 싶지 않았다."[11]

　그런 교류기회는 1919년 이후 극적으로 늘어나, 사이토 총독의 특징을 보여주는 정책으로 자리 잡았다.[12] 후원제도가 정착민과 국가 간의

9　케냐의 영국인 정착민들도 비슷한 전략을 동원했다(Bruce Berman, 1990, p. 139). 말할 것도 없이, 그런 기회들은 조선의 다수 주민들에게는 허용되지 않았다.

10　『조선과 만주』, 1916년 2월호, pp. 18~23.

11　『조선과 만주』, 1936년 1월호, p. 6.

12　경무국장과 문화정치의 핵심설계자인 정무총감 미즈노 렌타로(水野鍊太郎)도 지

관계에 토대를 제공하는 가운데, 사이토 총독은 1920년대에 조선에서의 정치참여 폭을 조심스럽게 넓혀갔다. '여론'을 수집하고 조선인 엘리트들을 자신의 문화정치에 모시겠다던 약속을 지키면서 사이토는 부협의회 의원선거를 허용(그때까지는 도지사가 임명했다)하고 그들의 임기를 3년으로 늘렸으며 의석수도 늘렸다. 또한 그는 일본인 거류민 비율이 비교적 높은 '지정면(指定面)들'에 유사한 선출직 자문위원회를 설치했다. 그리고 그 전에는 없었던 도(道)와 그 밖의 [지정면이 아닌] 면 단위의 자문위원회도 설치했다.[13]

지역정부에서 일했던 전직관료 도미나가 후미카즈(富永文一, 1891~1959)의 회고에 따르면, 식민당국은 1919년 3·1운동 이후 조선인들 사이에서 '극도의 동요'와 '커져가는 반항심'이 관찰되는 상황에서 몹시 반신반의하면서도 그런 조치들을 취했다.[14] 이런 지역정치의 개혁들은 달리 말하면, 새로운 식민체제를 위한 어떤 대담한 사회적 실험을 대표했다.

여러 해에 걸쳐 의미 있는 정치적 발언기회를 부정당했던 조선 내의 많은 일본인들과 조선인 엘리트들은 정치참여 기회의 확대를 환영했으나, 그 실험은 매우 실망스런 것임이 드러났다. 식민통치에 가장 중요한 것으로 여겨졌던 부(府)협의회[15]는 계속 일본인 정착민 유력자들과 이념

역사업가들과 언론인들 모임에 어김없이 참석했는데, 그것은 정부정책을 설명하기 위해서만이 아니라 그들의 비판이 어떠한지 타진해보려는 목적도 있었다. 샤쿠오 슌조(釋尾春芿)에 따르면, "조선은 사실상 미즈노 씨의 재량과 기술에 맡겨져 있었으며", 정무총감(미즈노)은 '사이토 총독보다 더 큰 권한'을 행사했다 (샤쿠오 슌조(釋尾春芿), 1930, pp. 397, 433).

13 조선총독부 내무국, 『개정(改正) 지방제도 실시개요』(改正地方制度實施概要), 1922, pp. 39~48.

14 도미나가 후미카즈(富永文一)의 발언. 가쿠슈인 대학(學習院大學) 동양문화연구소(東洋文化硏究所), 『조선총독부, 조직과 사람』(朝鮮總督府, 組織と人), 2002, p. 241에 수록.

적으로 온건한 소수의 조선인 상층계급으로 채워졌다. 많은 부협의회 의원들은 상업회의소와 교육위원회부터 신도(神道)의 교구조직들에 이르는 공동체의 모든 기관의 임원직을 그때 이미 맡고 있었거나 나중에 맡게 된다.[16] 지역기관들의 연계가 확장되어가는 가운데 그런 자리들은 많든 적든 부유한 민간인들로 구성된 동일한 핵심집단의 몫이 되었다. 게다가 외관상의 '보통'선거는 일본인들이 집중적으로 거주하는 부(府)와 지정면들에서만 실시되었다. 일본인 정착민들의 유권자 비율이 높았으므로 그들은 지방선거에서 조선인들에 비해 명백한 수치상의 이점을 누렸다. 1920년대 중반에 가서야 조선인 전체인구의 겨우 1.5피센트 징도만이 선거권이 있었다. 식민당국은 매년 지방세를 5엔 이상 납부하는 25세 이상의 남성만으로 선거권을 제한하면 12개 부협의회에서 일본인들이 다수를 보장받을 수 있다는 것을 잘 알고 있었다.[17] 그런 맥락에서 우리는 당시 지방업무를 논의할 때, 조선 내 일본인 정착민들의 이익이 수적으로 훨씬 더 많은 조선인 주민들의 그것보다 우선적으로 고려되었다고 추정할 수 있다.[18] 일부 조선인 대표들을 위해 통역사를 배치한 것도 안건의 논의과정에서 자연히 일본인 대표들에게 언어상의 이점을 안겨주었을 것이고, 조선인 청중의 참여범위도 제한했을 것이다.

그럼에도 불구하고 이런 불평등에 맞서 싸운 조선인 선출직 대표들

---

15 [조선총독부], 「선거제도의 연혁 및 현황」(選擧制度の沿革竝に現況), 1929.
16 경성 부협의회의 의원명부는 『조선과 만주』, 1920년 11월호, p. 56 참조.
17 [조선총독부], 「선거제도의 연혁 및 현황」, 1929; 가쿠슈인 대학 동양문화연구소, 2002, pp. 252~54.
18 일본인 정착민들이 "조선인 자문역 없이 자신들끼리만 심사숙고해서 결정"하려는 경향이 있었던 것은, 1920년에 경성 부협의회 의원에 입후보한 전성욱(全聖旭, 1877~1945)이 소개한 바로 그런 이유 때문이었다(기유정, 2007, 10쪽). 일본인 정착민들의 장악력이 특히 두드러졌던 곳은 1920년대의 부산 부협의회 의원과 부협의회 행정직이었다. 홍순권, 2006a 참조.

은 정착민들이 지방의회들을 완전히 자신들만의 이익확보를 위한 도구로 전락시키는 것을 막아낼 수 있었다. 식민지 아프리카와의 비교가 이 점을 설명하는 데 다시 도움이 될 것이다. 예컨대, 1884년 이후 알제리에서 유럽 거류민들이 집중되어 있던 민간코뮌들에서 소수의 재산 있는 무슬림 남성들과 관리들이 지방의회에 무슬림 의원들을 선출할 수 있었다. 무슬림 의원들 수는 초기에는 4분의 1로 제한되어 있었으나 나중에는 3분의 1로 늘었다. 시장(市長)의 선출권을 독점했던 유럽 정착민들은 시의회를 지배했고 "주로 다수를 점한 원주민들로부터 거둬들인 세수를 배분했다". 게다가 그들은 자신들의 예산을 재정위원들(Délégations financières)을 통해 배정했고 그것을 유럽인들의 통제 아래에 두었다.[19] 조선의 부협의회에서는 정착민들의 대표권과 원주민들의 대표권, 그리고 선거기구들이 비슷하게 전자에 유리한 쪽으로 왜곡되어 있었는데, 시간이 지나면서 그 불평등의 정도는 줄어들었다. 1920년과 1923년, 그리고 1926년의 초기 세 차례의 선거결과들을 살펴보자. 12개 부협의회 모두에서 일본인들이 의석을 지배했지만 경성과 평양의 두 대도시에서는 조선인들이 일본인들보다 더 많이 선출되었다.[20] 1920년 첫 선거에서 조선인들은 면과 부의 협의회, 그리고 도평의회(도회)의 선출직 및 임명직 총 446석 가운데 4분의 1을 차지했다. 그해에 경성에서는 일본인이 19명, 조선인은 11명이 부협의회 의원직을 차지했으나, 3년 뒤에는 조선인과 일본인이 30석 의석을 똑같이 나누어 가졌다. 유권자의 수는 4,773명(일본인 2,147명, 조선인 2,626명)에서 9,297명(일본인 4,356명, 조선인 4,941명)으로 거의 두 배로 늘었다.[21] 그리고 도평의회에서는 조선

19 John Ruedy, 2005, pp. 86~87, 111.
20 [조선총독부], 「선거제도의 연혁 및 현황」, 1929.
21 같은 책; 『조선과 만주』, 11월호, p. 56.

인들이 수적 우위가 주는 혜택을 누렸다. 민선의원들은 아니었지만, 비례대표의 원칙 덕에 일제 식민통치 기간 내내 모든 도평의회에서 조선인이 의석의 과반을 차지했다.[22]

이런 통계치들은 정치적으로 적극적이면서 몸집이 커지고 있던 조선인들이 목소리 큰 정착민들과 어깨를 나란히 하고 있었으며, 지역 자문위원회의 명예직이나 자문역 몇 자리도 만일 다른 대안이 완전히 배제된다면 경쟁해볼 만했다는 것을 시사한다. 자리 다툼은 1920년대 10년간 매우 심해졌다. 지역의 어느 잡지는 그런 추세를 "조선인의 자각이 커지고, 일본인들에 대한 그들의 경쟁심이 증대되고, 심지어 압도하게 됐음을 보여주는 징표"라고 해석했다.[23] 1920년대 내내 조선인 유권자의 80퍼센트, 그리고 일본인 정착민 유권자의 85퍼센트 가까이가 투표했는데, 이는 사이토의 개혁이 적어도 식민지 사회의 상층부에서 지역정치에 대한 지속적인 관심을 불러일으켰다는 것을 보여준다.[24]

하지만 지역협의회를 자신들이 완전히 장악하려던 정착민들의 노력을 방해했던 더 큰 요소는 그들이 결국 국가에 의해 경질된다는 점이었다. 이는 정착민들이 더 큰 영향력을 행사할 수 있을 것으로 기대를 모았던 부(府)협의회에서도 마찬가지였다. 1920년대 초에 새로 선출된 부협의회 의원들은 임기가 시작되자마자 자신들의 권한을 축소하는 여러 고질적인 통제장치로 족쇄가 채워졌다는 사실을 깨달았다.[25] 그들에게는 시장과 함께 토의할 기회가 주어졌고, 그래서 시장에게 예산과 지방조례

---

22 가스야 겐이치(糟谷憲一), 1992, p. 141.
23 『조선과 만주』, 1923년 11월호, p. 80; 그리고 1923년 12월호, p. 55.
24 정치에 대한 열정은 뇌물사건과 부정선거의 증가로도 입증되었다. 이 때문에 경찰은 선거운동을 감시하기 위한 단속조례들을 발표했다(『조선과 만주』, 1931년 4월호, p. 82).
25 고조 간도(古城管堂),「새로운 시정(施政)에 대하여」(新施政に對して),『조선』, 1921년 10월호, pp. 66~69.

도평의회 장면(경상북도).
출처: 오조라샤, 2008, p. 40. 오조라샤의 허락을 받아서 수록.

같은 지방의 통치사안들에 대해 질문했지만 그들의 결정에는 아무런 구
속력이 없었다. 이른바 그들의 '자치'라는 것 역시 통제망에 의해 축소
되었고, 각 부협의회의 의장을 겸하고 있는 시장의 입법권에 의해 쉽게
무시당했다.[26] 그런 제한장치들과 잘 열리지도 않는 회의 때문에 정착민
들이 지역정치를 자신들의 이익을 관철하는 쪽으로 끌고 가기란 사실상
거의 불가능했다.

　부협의회의 선출직 의원들은 지역통치에서 배제되고 있다고 느꼈고,
도평의회의 임명직 의원들은 그보다 사정이 훨씬 더 나빴다. 한때 자신
이 이끌었던 경성의 거류민협회 해산조치로 고통을 받고 있던 고조 간
도(古城管堂, 1858~1934)는 당시 자신이 참석했던 경기도 도평의회가 당

26　가스야 겐이치(糟谷憲一), 1992, pp. 133~34; 가쿠슈인 대학 동양문화연구소,
　　2002, p. 253.

국이 민간의 의견을 듣고 상의하는 토론회가 아니라 "지방상황을 어떤 정보기관에 보고하는 자리처럼 느껴졌다"라며 불만을 토로했다.[27] 많은 조선인 대표들이 새로운 제도를 환영했지만, 일부는 자신들의 권한이 명목상의 시늉에 지나지 않는다는 고조 간도의 불만에 공감했다. 경상북도 도평의회의 서병조(徐丙朝, 1882~1952)는 당국에 조선이 정치적 토론에 관한 '오랜 역사'를 지니고 있다는 사실을 알려주었고, 전라북도 도평의회의 강동희(姜東曦, 1886~1963)는 좀더 완전한 '지방자치'를 요구했다.[28] 지방정치를 담당했던 식민지 관료 와타나베 도요히코(渡邊豊日子)는 통상적인 진부한 이야기로 다음과 같이 응답했다. "사람들이 지금까지 자치에 관해 경험도 없고 훈련을 받지도 않았는데, 완전한 지방자치 제도를 요구하는 것은 …… 사물의 질서를 무시하는 것이 될 것이다." 그는 지방정부 제도에 많은 진보가 이루어졌으며, "입법협의회 [제도]도 거의 동일한" 진보를 이룩했다고 주장했다.[29]

더 큰 지방자치를 위한 로비

자신들 권한의 제한에 대한 좌절감이 점차 커지면서 일본인 정착민들과 조선인 엘리트들은 식민국가의 권위주의적인 권력에 대항하기 위해 손을 잡기 시작했다. 그런 동맹관계를 구축하는 과정에서 그들은 자신들

27 고조 간도(古城管堂), 「새로운 시정(施政)에 대하여」, 『조선』, 1921년 10월호, p. 69.
28 서병조(徐丙朝), 「(시기)상조론은 옳지 않다」(尚早論は中らず), 그리고 강동희(姜東曦), 「소기의 목적을 달성하는 것도 멀지 않았다」(所期の目的を達するも遠きにあらざるべし), 『조선』, 1921년 10월호, pp. 248~49.
29 와타나베 도요히코(渡邊豊日子), 「실시 이후를 되돌아보며」(實施の後に顧みて), 같은 책, pp. 133~34.

의 불만을 새로운 단계로 전화시켰다. 그들은 더 큰 지방자치를 조선에서 요구했을 뿐만 아니라 도쿄의 제국정치에서도 목소리를 내기 시작했다. 처음으로 자신들의 목소리를 높이기 시작한 것은 제국의 브로커들 일부가 안정적으로 자리 잡고 있던 경성 부(府)협의회 의원들이었다. 그들은 지방의 통치사안들을 논의하기 위한 부협의회가 열리기 전에 먼저 자신들의 차화회(茶話會, 다과회)부터 열었다. 그것 자체가 시장에 대항하기 위한 하나의 몸짓이었다. 1923년에 새로 선출된 의원들은 차화회의 전통을 비공식적으로 지켜가면서 1924년 부협의회에서 지역 축산회사를 놓고 시장과 언쟁을 벌인 뒤 더 큰 정치적 자유를 요구하기 시작했다. 협의회에 대해 자신이 맞다면서 제멋대로 구는 시장 때문에 모욕감을 느낀 민간대표들은 자신들이 협의회에 남아 있는 한 '인민의 의지'를 '독재적인' 지방정부의 횡포를 참고 견디는 일에 동원할 수는 없다는 결론에 도달했다.[30] 좌절감을 느낀 그들은 민간지도자들이 전체적으로 조선 관련 사안들에 대한 생각을 자유롭게 교환할 수 있는 전국적인 토론회를 지역관료들의 통제권 바깥에 설치하는 문제에 대해 심사숙고했다.

그런 생각들이 1924년 6월 경성에서 12개 부(府)의 민간지도자들의 회의를 소집하려는 역사상 첫 시도로 귀결되었다.[31] 그 회의에는 100명이 넘는 대표들이 참가했는데, 그들은 주로 사업가들로 부협의회와 상업회의소, 그리고 각 도시의 교육위원회 위원들이었다. 이들 지역공동체 기관들에 복무하고 있던 민간인들은 '공직자'로 불렸기 때문에 그들의 모임은 전선공직자대회(全鮮公職者大會)라는 명칭이 붙었다. 전선공직자대회는 이후 1930년까지 매년 열렸다.[32] 이 대회는 민간 엘리트들이

---

30 『동아일보』, 1924년 4월 6일자; 경성 혼마치 경찰서장, 「전선공직자대(大)간친회의 건(件)」(全鮮公職者大懇親會の件)(1924년 5월 29일/no. 4062).
31 경상북도 경찰부[박중양(朴重陽)] 편, 『고등경찰 요사』(高等警察要史), 1934, p. 53.
32 이승엽(李昇燁), 2003, p. 109.

조선의 교육과 산업을 비롯하여 지방자치에 이르는 식민통치와 관련된 불붙기 쉬운 온갖 사안들을 논의하는 드문 토론회 역할을 했으며, '사람들'의 집단적 목소리로 제출된 의안들을 놓고 표결도 했다. 하지만 식민정부에 대한 민주적인 견제를 확고히 하겠다는 갈망을 공유하는 것 외에 이 대회의 최종목적에 대한 합의는 그 대회의 일본인 설립자들 사이에도 없었다. 어떤 사람들은 그 대회를 '조선 의회'라는 기분으로 자치훈련을 하는 장으로 여겼고, 또 도쿄의 제국의회에 자신들의 대변인들을 보낸다는 관점에서 그것을 '본국이 조선의 힘을 인정하게 만드는 전략'으로 생각하는 사람들도 있었다.[33] 우리가 앞으로 살펴보게 되겠지만, 그러한 견해 차이는 더 많은 독서대중을 사로잡게 될 조선의 정치적 운명에 대한 논의가 점차 분화되어가던 사정을 반영했다.

그러한 의제에 대한 이야깃거리들 중에 정착민 지도자들의 최대관심사는 본국의 선거권을 조선 거주 일본인들에게도 확대·적용하는 것이었다. 제2장에서 살펴봤듯이, 해외거주 탓에 정착민들은 제국의원 선거 때 자동적으로 선거권을 박탈당했다. 일본에서 선거권은 인종(ethnicity, 민족)에 바탕을 두기[속인법屬人法]보다는 어디에 거주하는지를 기준[속지법屬地法]으로 부여되었기 때문에 1925년까지 선거권은 재산을 가진 남성들에게만 주어지는 특권이었다. 하지만 그들의 호적은 일본에 있었기 때문에, 그들의 공직 피선거권은 거주지가 아니라 호적지에 따라 결정되고 있었다. 일부 야심만만한 정착민들은 식민지 정치에 참여하는 간접적인 방법으로 본국 의회에 직접 들어가는 길을 찾아 본국의 자기 고향에서 출마하기도 했다. 그렇게 해서 성공한 사람들 중의 한 명이 제1차 세계대전 때 조선에서 텅스텐 광산을 운영해 거부가 된 신문업계

---

33 경성 혼마치 경찰서장, 「전선공직자대(大)간친회의 건(件)」(1924년 5월 29일/no. 4062).

의 거물 마키야마 고조(牧山耕藏)였다. 해산되기 직전의 경성 거류민협
회에서 활동하던 마키야마는 1913년에 잡지『조선공론』을 창간했으며,
1920년에는 일간지『조선신문』(朝鮮新聞)의 경영주가 되었다. 마키야마
는 자신의 고향인 나가사키(長崎) 현의 이키(壹岐) 섬에서 보수적 집권당
인 정우회(政友會) 소속의 후보로 출마했다. 1917년 중의원 의원에 처음
당선된 마키야마는 6선 의원이 되었으며, 그 과정에서 당적을 경쟁당인
민정당(民政黨)으로 바꾸었다. 그의 화려한 정치이력은 사이토 마코토
총리 정부에서 정무차관에 임명된 1930년대까지 이어졌다.[34]

　조선에서 많은 재산을 모은 뒤 정당정치의 세계에 발을 들여놓은 또
한 명의 국회의원이 마쓰야마 쓰네지로(松山常次郎)였다. 와카야마(和歌
山) 현 출신의 기독교 개종자였던 그는 1915년에 경험 많은 노련한 기술
자로 조선에 건너갔다. 그는 (제5장에서 언급한 바 있는) 도급업자 와타나
베 사다이치로(渡邊定一郎)와 함께 1918년에 황해도에서 관개(灌漑)회사
와 전기회사를 설립했다. 조선에서 모험적인 사업가로 승승장구하던 마
쓰야마는 1920년 효고(兵庫) 현에서 정우회 소속으로 국회의원에 입후
보해 헌정회(憲政會) 소속의 상대후보를 이기고 초선 중의원이 되었다.
1924년 이후 마쓰야마는 고향 와카야마 현에서 계속 출마해 1946년 은
퇴할 때까지 20년간 중의원직을 유지했다.[35] 와타나베도 출마를 고려했
고 몇몇 다른 정착민들도 시도했지만 대다수는 성공하지 못했다.[36] 마키
야마 정도의 부(富)와 지위 없이 해외에 살면서 본국 선거에서 당선되기
어려웠으리라는 것은 상상하기 어렵지 않다.

　통상적으로 조선 내의 정착민 또는 사업가 출신인 마키야마와 같은 몇

34　조선신문사(朝鮮新聞社),『조선인사흥신록, 쇼와(昭和) 10년도』(朝鮮人事興信録,
　　昭和10年度), 1935, pp. 431~32.
35　나카무라 시료(中村資良), 1926, p. 285.
36　『조선공론』, 1928년 2월호, 2. 15~2. 17.

몇 정착민 대변자들과 본국 의회의 다른 '조선통들'의 존재[37]는 케냐의 유럽인 정착민들[38]과 알제리의 콜롱(colons, 식민지 개척자)들[39]이 그랬던 것과 거의 흡사한 변화를 만들어냈다. 본국 의회 내의 '조선통들'은 무엇보다도 본국의 정치지도자들로 하여금 조선 내 정착민의 복지와 전반적인 현안들에 지속적인 관심을 갖게 만들었다. 해외의 현안들에 호의적이었던 마키야마나 다른 국회의원들은, 정착민 지도자들이 자신들의 대의명분에 대한 지원을 얻어낼 수 있는 유용한 내부통로를 제공했을 뿐만 아니라 의회의 심의과정에서 이런 정착민들의 관심사를 대변했다. 예컨대, 1918년 제40회 제국의회에서 마키야마와 그의 동료들은 '인민들의 지역적 특성을 무시'하고 "정책입안 때 하급 지방관리들이 올린 지극히 잘못된 보고들에만 의존"했다고 질책하면서 부총독[정무총감] 야마가타 이사부로(山縣伊三郎)와 논전을 벌였다. 마키야마는 당시 막 조선식산은행 이사가 된 한 식민지 관리의 임명과 관련된 문제점도 지적하며 야마가타 부총독을 다그쳤다. 마키야마는 조선인들이 다른 식민지 농업은행 및 식산은행들의 이사회를 어떻게 지배해왔는지를 지적했고, 야마가타로부터 "앞으로는 가능한 한 일본인들도 많이 임명하겠다"라는 약속을 받아냈다.[40] 그런 도발적인 질의를 통해 '조선통들'은 정착민들의

---

37 그들 중에는 야마미치 조이치(山道襄一, 민정당), 아다치 겐조(安達謙藏, 민정당), 그리고 나카노 세이고(中野正剛, 헌정회/민정당), 또 다케우치 도모지로(竹內友二郎, 정우회)와 같은 전직 식민지 관료들이 있었다. 『조선공론』, 1928년 2월호, 2. 15~2. 17. 또한 『조선공론』, 1925년 9월호, pp. 89~92에 나와 있는, 조선에서 활동했던 본국 국회의원들의 명단도 참조.

38 그들의 가장 저명한 지도자인 델러미어 경(Lord Delamere)과 함께 그들의 '아버지와 형제들, 그리고 아저씨들'이 영국 의회의 상원의석을 차지하고 있었다 (Caroline Elkins, 2005, p. 11).

39 정착민 대표들은 종종 본국의 정치인들에게 승리를 거두었으며, 알제리 문제에 초점이 맞춰진 의회의 회기 중에 식민지 원주민에게 양보하도록 하는 개혁입법을 성공적으로 저지했다(John Ruedy, 2005, p. 111).

관심사를 본국 의회에 직접 알리고, '미완성 철도'의 건설에서부터 일본 내의 '조선인 유학생과 첩자'의 문제에 이르기까지 여러 분야에 걸쳐 정부의 정책들을 비판했다.

하지만 해외에서 본국 의회의 의원에 선출될 가능성이 낮았기 때문에, 정착민들이 제국정치에 영향력을 발휘하려 할 경우에 더 실용적인 방법은 자신들의 대표를 본국 의회에 보내 본국 의회의 의원선거권[참정권]을 식민지 조선에까지 확대해달라고 요구하는 것이었다. 전선(全鮮)공직자대회 첫 회의를 지배했던 일본인 정착민들은 그 문제를 주요 토의안건으로 부각했다. 일본인 대표들 속에서 진지한 반대의견들도 나왔지만, 대다수 대표들은 본국 의회의 선거권을 조선에까지 확대·적용하는 안을 명백히 지지했다.*

전선공직자대회의 창립자인 와타나베 사다이치로와 오무라 모모조(大村百藏)는 그 참정권[선거권]을 조선의 산업발전에 필요한 핵심요소, 즉 경성 상업회의소의 핵심적인 현안으로 간주했다. 그들이 보기에 참정권은 본국에 대한 조선의 교섭능력을 신장하고 산업진흥 사업들, 특히 철도건설에 들어갈 자금을 확보하는 방안을 마련해줄 것이었다. 본국 중앙의 정당들과 연결되는 통로를 마련하면 조선의 만성적인 재정부족 문제를 해결할 수 있을 것이라고 그들은 기대했다. 만일 참정권 획득에 실패한다면 조선은 "중앙정부에 구걸하는 짓을 계속할 수밖에" 없게 될 것이라고 그들은 주장했다.[41] 정착민들의 참정권 요구는 10년 전에 데라우

---

40 『조선공론』, 1918년 7월호, pp. 43~46.

* 조선 거주 일본인 정착민들은 본국의 호적지에 입후보해서 그 지역의 유권자들로부터 의원으로 뽑힐 수 있는 자격, 즉 호적지의 피선거권은 있었지만, 조선에는 그들에게 표를 던질 수 있는 선거권[투표권], 즉 참정권이 없었다.

41 경성 혼마치 경찰서장, 「전선공직자간화회의 건(件)」(全鮮公職者懇話會の件)(1924년 6월 15일/no. 4554); 「전선공직자간화회의 건」(1924년 6월 16일/no. 4627).

치 총독에 의해 부정당한 지역(조선 현지)자치권을 되찾고자 하는 그들의 더 오래된 바람도 담고 있었다. 해산당한 경성 거류민협회를 한때 이끌기도 했던 다카하시 쇼노스케(高橋章之助)는 초기 식민지 개척자들의 입장에서 데라우치 총독이 조선을 자신의 통제 아래 두고 재정적으로 본국에서 독립한 조선을 만들겠다는 자신의 구상을 실현하기 위한 방안의 하나로 정착민들의 자치기구를 얼마나 난폭하게 해산했는지를 비통하게 회고했다. 재정의 자급자족을 향한 데라우치의 집착은 조선에 대한 본국의 개입을 약화시켜 역설적이게도 일본 거류민들이 매년 정부보조금을 타내기 위해 도쿄로 방문로비를 떠나도록 만들었다고 다카하시는 주장했다. 따라서 다카하시는 참정권 요구의 압력과 함께 본국 자본의 지속적인 조선 유입을 확보하기 위해 경성 상업회의소가 주도한 조선 산업진흥운동을 강화하라고 공직자들에게 촉구했다.[42]

당시 다카하시 등 제국의 브로커들의 자치요구는 "없던 자치를 만들자는 것이 아니라 있던 자치를 회복하자는 것"이었다.[43] 이에 공감하던 일본인 공직자들과 경성의 거류민들, 그들에게 합류했던 조선인 동료들이 첫 전선공직자대회가 열린 지 두 달 뒤에 갑자구락부(甲子俱樂部)를 결성했다. 갑자구락부는 도쿄에 참정권 허용을 압박하기 위한 전선공직자대회의 '상설로비' 협의체로 만들어졌다. 갑자구락부는 외관상 일본인과 조선인의 합작단체라는 모양새를 띠고 있었으나, 그 핵심세력은 조선에 건너와서 산 지 적어도 20년은 된 일본인 장기 정착민들의 모임인 '20년 당'의 간부들이었다(그들 중에는 당시 경성에서 가장 영향력 있던 정착민 '장로들' 중의 한 사람인 오가키 다케오도 있었다). 그 클럽의 다른 일본인 지도자들과 그들의 조선인 동료들은 여러 지역협의회에 함께 참여하

---

42 경성 혼마치 경찰서장, 「전선공직자간화회의 건」(1924년 6월 15일/no. 4554).

43 후지무라 도쿠이치(藤村德一), 1927a, p. 31.

는 것 외에 동민회(제3장 참조)의 이사회에서도 자리를 함께했다.[44] 그들의 이름이 서로 겹치는 것은 그 두 조직이 이념적으로 긴밀하게 연결되어 있었음을 입증하며, 식민주의의 이상인 내선융화와 정치적 원칙인 내지연장을 아우르는 민족화합을 상징한다.

갑자구락부의 정치성향은 명백히 온건했으나, 식민지 경찰은 '극도의 경계심'을 갖고 그 활동을 주시했다.[45] 구락부 지도자들은 일종의 외부 자원봉사자로서 정책자문을 시작했다. 갑자구락부는 조선의 운영을 '관민(官民)의 공동책임'으로 보면서 부탁받지도 않은 다양한 '제안들'과 '조언'을 식민지 당국에 제시했다. 예컨대, 1924년 8월에 구락부는 부총독에게 관료조직의 간소화와 재정구조의 개혁을 위한 제안목록을 제출했다.[46] 그해 말 갑자구락부는 더 명확한 요구사항을 제시했다. 그것은 현행 선거법을 개정해 조선의 거류민들 일부에게 본국 의회의 선거투표권을 허용하라는 것이었다.[47]

44 조선총독부 경무국 보안과 편, 『치안상황』(治安狀況), 1927, pt. 5, 6, 8; 경상북도 경찰부 편, 1934, p. 54. 일본인 이사들 중에는 오무라 모모조(大村百藏, 1872~?), 다카하시 쇼노스케(高橋章之助, 1864~?), 나리마쓰 미도리(成松綠, 1880~?), 고에즈카 쇼타(肥塚正太, 1866~?), 그리고 데라오 모자부로(寺尾猛三郎, 1870~?)가 포함되어 있다. 조선인 이사들 중에는 조병상(曺秉相, 1891~?), 신응희(申應熙, 1859~1928), 그리고 전성욱(全聖旭) 등이 포함되어 있다. 1926년 말 당시, 갑자 구락부는 40명의 일본인과 12명의 조선인으로 구성되어 있었다. 1년 뒤에 회원수는 배로 늘었다.

45 경상북도 경찰부 편, 1934, p. 53.

46 경성 지방법원(地方法院) 검사정(檢事正)·가키바라 다쿠로(柿原琢郎) 외 완(宛), 「갑자구락부위원회의 건(件)」(甲子俱樂部委員會の件)(1924년 9월 16일/no. 758), p. 111. 그 청원은 8월 19일에 통과된 '진언서'(進言書)를 토대로 작성되었다. 경성 혼마치 경찰서장, 「갑자구락부위원회의 건」(1924년 8월 19일/no. 6467).

47 조선총독부 경무국 보안과 편, 1927, pt. 5, 6; 경성 혼마치 경찰서장, 「갑자구락부 총회 개최의 건(件)」(甲子俱樂部總會開催の件)(1924년 11월 15일/no. 8802), pp. 491~93.

첫 전선공직자대회의 대표들에게 호응해 갑자구락부의 청원은, 선거권[참정권]이 조선의 산업진흥 사업들을 추진하기 위한 보조금 및 융자 문제를 본국과 협상할 때 자신들의 입장을 강화해줄 것이라는 조선 엘리트들의 기대를 반영했다.[48] 그해 여름 갑자구락부가 창설되었을 때, 와타나베 사다이치로가 경성 상업회의소(그리고 조선상업회의소연합회)의 장이 된 것은 결코 우연의 일치가 아니었다. 출발할 때부터 갑자구락부와 조선상업회의소연합회 지도자들은 산업화와 참정권 청원운동을 위해 조심스럽게 어울렸다. 조선에서 사회적 불안에 대한 우려가 커졌을 때, 제국의 브로커들은 자신들의 경제적 특권과 정치적 영향력을 증대하기 위해 교묘한 전략들을 동원할 수밖에 없었다. 관동대지진이 발생한 뒤에 조선의 기반시설 건설계획에 배정되었던 정부보조금이 삭감되고 조선인들의 반일감정이 되살아났을 때 특히 그러했다. 그런 염려가 마쓰야마 쓰네지로로 하여금 대지진 발생 몇 달 뒤, 동료 국회의원들에게 선거권을 조선으로 확대하자고 제안하는 팸플릿을 돌리게 만들었다. 마쓰야마는 선거권 확대가 지진 뒤의 (조선인 학살) 비극으로 야기된 반일적대감의 고조 — "조선의 독립운동 세력이 자신들에게 유리하게 이용한" — 에 대처하기 위한 '유일한 협조적 해결책'이라고 주장했다.[49] 그리하여 정착민 지도자들에게는 잃어버린 보조금과 잃어버린 자치권에 대한 '권리'의 회복을 '인민의 요구'[50]라는 더 포괄적인 용어로 감춰야 할 더 절실한 이유가 생겼다. 하지만 그런 속임수는 외부의 조선인 관찰자 그 누구도 속일 수 없었다.[51]

48 경성 혼마치 경찰서장, 「전선공직자대(大)간친회의 건(件)」(全鮮公職者大懇親會 の件)(1924년 5월 29일/no. 4062).

49 마쓰야마 쓰네지로(松山常次郎), 1924.

50 와타나베 사다이치로(渡邊定一郎), 「회의소의 사업에 대하여」, CKZ 121, 1926년 1월호, pp. 1~8.

일본에서 남성 보통선거권이 도입된 1925년 초에 갑자구락부 지도자들은 도쿄에서 활발한 청원운동을 벌였다. 그들의 요구는 두 가지였다. 첫째, "귀족원(貴族院)의 법 개정으로 일본인 귀족들이 누리는 권리를 조선인 귀족들도 똑같이 누릴 수 있도록 할 것"과 "조선의 일본인 거류민들도 제국의 법령으로 귀족원 의원에 임명될 수 있는 길을 열어줄 것", 둘째, "중의원 선거법을 경성, 부산, 대구, 그리고 평양에까지 확대·적용하고 '조선의 상황에 맞는' 투표자격과 피선거권을 규정하는 법을 제정할 것"이 그것이었다. 이들 안건은 갑자구락부 청원의 핵심을 이루고 있었다.[52] 그 안건들은 오가키 다케오 외(外) 56명의 대표들의 서명을 받아, 1927년 2월에 확대된 보통선거권 아래 실시된 선거에서 이긴 헌정회가 내각통제권을 쥐고 있던 때에 마쓰야마 쓰네지로의 발의로 국회에 정식으로 제출되었다. 긴박감과 기회에 대한 기대감 속에 제출된 갑자구락부의 청원은 식민지로의 선거권 확대를 주변부[조선]의 새로운 위기 상황에 대한 해결책으로, 그리고 본국에서 참정권 범위가 확대되고 있던 바로 그 시기에 그 문제(조선으로의 선거권 확대)를 본국의 의제로 제시하려 했던 노력을 대변했다. 그것은 산업과 마찬가지로 참정권이 일본 본국 및 식민지의 이익을 증진할 뿐만 아니라 조선 내 정착민들과 조선인들이 공유하고 있던 바람을 충족할 수도 있음을 시사했다.

갑자구락부는 참정권 청원운동을 벌이면서 일본인 정착민들보다 몇 년 앞서 국민협회(國民協會)를 통해 자신들의 운동을 시작한 조선인 엘리트 그룹과 협력했다. 국민을 앞세운 이 단체는 '친일파' 조선인 관료

---

51 전선공직자대회에서 나온 참정권 제안의 내용에 대해 『동아일보』는 "이는 우리 보통사람들의 요구가 아니라 '자발적인 요구로 위장한 것'일 뿐"이라고 주장했다 (1924년 6월 18일자).
52 오가키 다케오(大垣丈夫) 外, 1927; 조선총독부 경무국 보안과 편, 1927, pt. 5, pp. 6~7.

들, 귀족들, 기업가들, 그리고 한일합방 이래 일본인들과 발을 맞춰온 중추원 의원들이 만든 소규모 동아리가 운영했다.[53] 초대 의장인 민원식(閔元植, 1886~1921)이 만든 조어(造語)인 '신(新)일본주의'의 기치 아래,[54] 국민협회는 무엇보다도 일본 본국의 선거권을 조선에 확대·적용함으로써 '내지연장'을 완전히 실현하라고 요구했다. 1921년 2월 초에 민원식은 개인적으로 도쿄로 가서 국회의원들에게 조선의 참정권을 지지해달라고 요청했다. 그 일로 그는 큰 대가를 치렀다. 그 단체가 결성된 지 1년 만에 그는 어느 민족주의자 청년의 손에 암살당했다.[55] 민원식의 청원을 중의원이 받아들였지만 한 번도 실행되지 못했으며, 본국 정부는 참정권을 조선으로 확대·적용하기에는 조선의 상황이 '성숙되지 못했다'라고 그 이유를 댔다.[56] 거의 매년 국민협회 지도자들은 다소간에 같은 내용의 청원서를 제출했으며, '내지연장' 정책을 고창한 '조선통'인 마쓰야마 쓰네지로(松山常次郎)와 마키야마 고조(牧山耕藏) 같은 정우회 회원들이 이를 소개하고 후원했다.[57]

정착민들과 조선인 엘리트들이 이끈 비슷한 참정권 청원운동들은 1930년대에 결국 하나의 운동으로 통합되어갔으나,[58] 그 진영 간에는 여

53 이 단체는 한때 1만 명이 넘는 회원을 거느리고 있었지만, 조선 대중들로부터 부일(附日)협력자라며 가장 심하게 매도당한 단체들 중의 하나이기도 했다(아사노 도요미(淺野豊美)·마쓰다 도시히코(松田利彦), 2004, p. 368). 1920년대의 국민협회 활동에 대한 더 자세한 내용은 국민협회(國民協會) 선전부 편, 『국민협회운동사』(國民協會運動史), 1931 참조.

54 민원식(閔元植), 1919, pp. 123~25. 민원식은 마루야마 쓰루기치의 지도 아래 '신일본운동'에 전념하기 위해 고양 군수직에서 물러났다(마루야마 쓰루기치(丸山鶴吉), 1955, pp. 66~67).

55 『동아일보』, 1921년 2월 21일자; 그리고 1921년 3월 2일자.

56 『오사카 아사히신문』, 1929년 3월 27일자.

57 경상북도 경찰부 편, 1934, pp. 52~53.

58 아사노 도요미(淺野豊美)·마쓰다 도시히코(松田利彦), 2004, pp. 400~01.

전히 차이가 존재했다. 정착민들은 참정권을 조선인들에게도 허용하는 것이 조선인들의 체제순응을 위한 유용한 전략으로 보았으나, 조선인 지도자들은 이를 일본 국민으로 완전히 인정받기 위한 근본적인 문제로 여겼다. 당시 본국 정부에 대해 국민협회 지도자들은 일시동인(一視同仁, 동등하고 차별 없는 대우)의 이상에 부응하지 못하고 있다고 불만을 토로하면서 "똑같이 천황의 적자로 태어났지만, 조선인들만 마치 망국의 유민들처럼 국정참여를 거부당하고 있다"라고 개탄했다. 그들의 청원은 일본 본토에서 남성의 보통선거권이 실행되려 하고 있던 1925년에 긴박한 어조를 띠고 있었다. 계속되는 불공평이 "2천만 국민의 높아가는 불만과 완전한 사고혼란"을 더 악화시키게 놔두지 않으려면 "이번 일은 조선인들의 열망에 부응하는 것이 가장 옳을 것이다".[59] 내지연장을 요구하면서 조선인 지도자들은 기본적으로 하라 다카시(原敬)의 그것과 비슷한 동화관(同化觀) —— 정치적 시민권을 비롯한 시민권을 점진적으로 식민지에 확대·적용하자는 것 —— 을 옹호했지만, 조선 사람들은 자의식 강한 '국가구성원들'로서 국정에 참여할 만반의 준비가 되어 있다면서 그런 권리들을 즉각 허용하라고 요구했다. 그리하여 국민협회는 일본 정부에 내지연장 정책을 철저하게 실행하라고 촉구했다. 그것은 (유권자를 명시하지 않은 네 개 도시[府府]에서의 통제된 선거만을 구상했던) 갑자구락부 지도자들의 요구수준을 넘어서는 것이었다.[60]

내지연장의 이름으로 국민의 목소리를 대변한다는 국민협회의 주장은 조선어 신문들의 공격을 불렀다. 국민협회가 1924년에 일본 정부에 세 번째로 청원서를 제출했을 때, 『동아일보』는 협회회원들이 "지속적으로 우리 민족의 단결노력을 방해하는 착각에 이끌려" 자기 민족에 대

59 아베 가오루(阿部薫), 1925, pp. 97~98, 101에서 인용.
60 김동명, 2006, 128~36, 415~17쪽; 『오사카 아사히신문』, 1929년 2월 21일자.

한 '범죄'를 저지르고 있다고 비난했다.[61] 하지만 이들 '친일파' 엘리트들의 목표와 그들의 민족주의 진영 비판자들의 목표는 조선어 신문들이 묘사한 것만큼 그렇게 서로 멀리 떨어져 있지 않았다. 역사학자 마쓰다 도시히코(松田利彦)가 지적했듯이, 그들이 전략을 놓고 서로 격렬하게 충돌할 때조차도 두 진영 모두 실력양성이 근본적으로 먼저라는 공유된 신념을 버리고 식민주의 체제에서 떨어져 나가기보다는 그 체제 내에서 '민족적 권리'를 추구했다. 국민협회는 "장차 선진국들과 경쟁할 수 있는 실질적인 능력을 양성하기 위해" "[조선에] 가장 긴급한 일은 교육을 증진하고 지력을 함양하며, 산업을 권장하고 부를 늘리는 것"이라고 주장했다. 그들에게 참정권[선거권]은 조선인의 실력양성이라는 더 큰 요구의 일부일 뿐이었으며, 그런 주장은 온건한 민족주의자들의 접근방식과 공명했다.[62] 조선의 산업진흥운동과 마찬가지로 참정권 청원운동도 그것이 일본인 정착민들의 주장과 명백하게 겹칠 뿐만 아니라 민족주의적인 반대와는 연관성이 덜한 것으로 인식되었다는 점이 주목할 만하다. 사실 부역자들과 저항세력은 "민족적 실력양성[자강]을 하자는 동일한 주장을 동원해 서로 대립하는 이념을 구축할 수 있었다".[63] 역사가 티머시 브룩(Timothy Brook)이 점령당한 중국에서 그와 유사한 현상을 관찰했다. 똑같은 이유로 그들 간의 대립은 쌍방 모두의 약점에 의해 추동되었다고도 할 수 있다. 두 정파는 자신들이 대표권을 완전히 확보하지도 못한 민족 전체를 대변한다고 주장했다.

---

61 『동아일보』, 1924년 6월 28일자.

62 아사노 도요미(淺野豊美)·마쓰다 도시히코(松田利彦), 2004, pp. 379~80에서 인용. 마쓰다는 국민협회가 사회주의와 공산주의에 대한 자신들의 반대입장을 분명히 하면서 근대지상주의(近代至上主義)의 포용과 '낡은 도덕성'(질서와 절제 같은)에 대한 유교적 강조 사이의 균형을 취하는, 민족주의 우파를 강하게 연상시키는 신(新)전통주의적 근대관을 취하고 있다고 지적했다.

63 Timothy Brook, 2000, p. 162.

두 세력 간의 연관성은 일부 정착민 보수주의자들에게는 신경이 쓰일 만큼 명백했다. 그들의 눈에 부역자들과 저항자들 간의 경계는 모호했다. 아오야기 쓰나타로(靑柳綱太郞)는 자신들의 불안을 다음과 같이 더할 나위 없을 정도로 적확하게 표현했다. "그[3월 1일의] 봉기 이후 일부 조선인 식자들이 제국정부의 관대함과 총독부의 가부장주의 덕에 최근 점점 더 무분별해져서 참정권을 요구하고, 자치를 요구하고, 대내적 자치 정부를 요구하고, '국민'으로서의 권리를 열심히 주장한다." 그는 이들 시끄러운 조선인들에게 이렇게 일렀다. "권리를 요구하기 전에 당신들은 먼저 병역에 복무할 수 있는 수준까지 품성과 경제력을 배양하고, 제국에 대한 민족적 의무라는 개념을 함양해야 한다."[64] 계급이나 이념적 성향과 상관없이 조선인들은 먼저 '미완의' 실력양성과 제국적 주체성 확립을 완수함으로써 국민자격부터 갖춰야 한다고 그는 주장했다.[65]

참정권과 자치 사이

아오야기가 갑자구락부의 청원을 지지했지만, 일본인 정착민들이 모두 참정권 문제에 일치단결해 움직였던 것은 결코 아니다. 공직자 동아리 외에 가장 열정적으로 참정권을 요구한 것은 1910년대 말에 최고조에 도달했던 일본의 민주주의 발아기에 조선으로 건너온 아베 가오루(阿部薰)와 같은 언론인들이었다. 국민협회가 요구하듯이 참정권을 즉시 한

---

64 아오야기 쓰나타로(靑柳綱太郞), 1923, pp. 216~20.
65 아오야기가 이끌었던 조선연구회는 내지연장 정책의 토대 위에서 갑자구락부의 청원에 대한 지지를 표명했다(相良孫四郞 編, 『신조선의 연구』(新朝鮮の硏究), 1932, pp. 44, 48~49). 그러나 우리가 제4장에서 살펴보았듯이, 아오야기는 나중에 조선인들의 정치참여에 대한 자신의 입장을 바꾸게 된다.

꺼번에 조선 전체로 확대하기보다는, 중의원 선거법부터 먼저 조선인들
이 '일본인들과 자주 접촉'할 수 있는 도시들에 확대·적용해야 한다고
아베는 주장했다. 하지만 아베는 무엇보다도 귀족원이나 추밀원(樞密院)
의 노망 든 일본인 의원들과는 비교할 수 없을 정도로 도량이 큰 이완용
과 작고한 송병준 같은 조선인 엘리트들만 귀족원 의원으로 임명하라고
촉구했다. 그런 조선인 대표들을 보내면 "나른한 귀족원을 정신 차리게
만드는 일종의 자극제"가 될 뿐만 아니라 반쯤 활동중지 상태에 들어간
중의원에 활력을 불어넣게 될 것이며, 이는 또한 조선인들의 생각이 더
과격해지는 것을 막아줄 것이라고 그는 주장했다. 마쓰야마 쓰네지로가
뿌린 팸플릿에 공감해 ── 그리고 1925년 일본의 남성 보통선거권 도입
배후에 있는 더 폭넓은 근거를 토대로 ── 아베는 조선인들에게 "자신들
의 불령(不逞)한 [저항적인] 관점들을 놓고 의회에서 공개적으로 싸우도
록" 허용해주는 것이 숨어서 반체제운동을 벌이게 놔두는 것에 비하면
'지극히 안전할 것'이라고 주장했다.[66]

　다른 정착민들은 아베가 그런 것처럼 갑자구락부를 전폭적으로 지지
하지는 않았다. 사실 전선공직자대회에서 동료 일본인들이 갑자구락부
의 참정권 청원운동에 즉각 반발했다. 참정권 안을 지지하기는 했지만
적지 않은 대표들, 특히 참정권 청원의 대상인 네 개 도시 외의 도시대표
들이 갑자구락부가 경성 중심의 지역파벌주의에 빠져 있다며 신랄하게
비판했다. 경성의 일부 젊은 공직자들도 아무런 이의제기 없이 그 운동
을 지지하지는 않았다. 그들은 네 개 도시의 범위를 넘어 조선의 더 광범
위한 지역에 참정권을 확대하라고 주장했다.[67] 갑자구락부의 청원은 조

66　아베 가오루(阿部薫), 1925, pp. 102~04.
67　경성 혼마치 경찰서장, 「전선공직자간화회에 관한 건(件)」(全鮮公職者懇話会に關
　　する件)(1924년 6월 11일/no. 4457), pp. 629~33.

선 내의 일본인 여론 주도세력에게서도 반발을 샀다. 정착민 자치를 오래도록 주장해온 샤쿠오 슌조도 갑자구락부를 "자신들의 여생을 제국의회의 의석으로 장식해보려는 가냘픈 희망"을 품은 '노망 든 이들의 모임'이라고 조롱했다. 그는 그들의 참정권 요구가 "조선 내 일본인 거류민들의 일반적 의견을 대표하지 못하기" 때문에 도쿄의 중앙정계가 그것을 진지하게 받아들이지 않을 것이라고 예상했고, 그것은 정확했다.[68]

갑자구락부의 청원에 대한 엇갈리는 반응들은 참정권에 대한 일본인들의 의견이 폭넓은 스펙트럼을 갖고 있었다는 것을 입증했다. 그러한 반응들은 정착민들이 자신들의 자치권을 박탈당한 뒤에 지역잡지들의 토론회를 통해 등장하기 시작했다.[69] 경성 부협의회 의원이었던 핫토리 도요키치(服部豊吉)는 총독부를 없애고 조선에 본국의 현과 같은 지위를 부여함으로써 정치적으로 조선을 일본에 영원히 흡수해버리는 방안을 구상했다. 그와 반대로 대구 부협의회의 모토키 후사키치(本木房吉)는 총독에게 '총리 수준 이상의' 권한을 부여하고 조선에 독립적인 입법기관을 설립하기 위한 '특별의회'를 설치해 더 큰 정치적 자치를 허용해야 한다고 주장했다. 좀더 평등한 주장을 펼친 이가 원산 상업회의소 의장인 모토오카 우노키치(本岡卯之吉)였는데, 그는 각각 조선인을 대표하는 의원과 일본인 정착민을 대표하는 의원으로 이뤄지는 양원제의 선출직 다민족의회를 만들자고 주장했다.[70] 그것은 프랑스인과 비프랑스인 투표자들을 위한, 두 개로 분리된 선거인단을 두고 있던 프랑스령 알제리 의회와 유사했다.[71] 타이완과 조선을 하나의 의회로 통합하자는 제안도

68 『조선과 만주』, 1927년 3월호, p. 8.
69 지역의 참정권 논의는 종종 프랑스령 알제리 및 영국과 아일랜드의 관계 등 외국의 사례들을 참고했다. 예컨대, 아키야마 마사노스케(秋山雅之介), 「조선과 헌법」(朝鮮と憲法), 『조선과 만주』, 1916년 1월호, pp. 33~35 참조.
70 『조선공론』, 1925년 9월호, pp. 56~58.

있었다.[72] 갑자구락부의 지도자들과는 달리, 많은 정착민들이 본국 입법 기관의 해외확대 이상의 가능성들, 심지어 조선인의 자치안까지 기꺼이 검토해보자고 했다. 이는 전직 총독부 관료였던 호즈미 신로쿠로(穗積眞六郎, 1889~1970)가 나중에 회고했듯이, 데라우치 시대로부터 벗어나는 '거대한 발걸음'이었으며, "사이토 씨의 총독 재임기간에 일본인들이 조선의 민족의식을 점차 이해하기 시작했다"라는 신호였다.[73]

1920년대에 참정권에 대한 일본인 정착민들의 의견은 점차 두 개의 진영으로 정형화되어갔다. 갑자구락부 지도자들처럼 많은 정착민들이 내지연장 정책의 토대 위에서 조선의 대표들을 제국의회에 보내도록 해야 한다고 주장했으며, 또 다른 이들은 식민지의 반항아들을 본국 의회에 보내는 걸 피하자는 생각에서 그랬는지 조선의 정치적 성숙과 문화적 특성을 존중해서 그랬는지 알 수는 없지만 독립적인 조선 의회의 설립을 주장했다.[74] 이들 대조적인 두 정착민들의 입장 — 동화 대(對) 자치 — 은 내지연장론(국민협회가 대표)과 자치론(온건파 민족주의자들의 주장)으로 나뉜 조선인들 간의 비슷한 균열을 그대로 반영했다.[75] 더 근본적으로는, 이러한 균열은 정착민 자신들의 양가적인 제국 내의 정치적 지위에서 비롯되었다. 본국과의 연계가 강해졌다가 약해졌다가 하는 모

---

71 1919년 정착민들의 불신 속에 설립된 알제리 의회는 "사실상 일종의 중간단계의 원주민 시민권 같은 것을 만들어냈다"(John Ruedy, 2005, p. 112).

72 아베 가오루(阿部薰), 1931, p. 67.

73 호즈미 신로쿠로(穗積眞六郎)와의 인터뷰, in: 우방협회(友邦協會) 편, 『호즈미 신로쿠로 구술: 역대(歷代) 총독통치 통감』(穗積眞六郎口述: 歷代總督統治通鑑), 1986, p. 37.

74 예컨대, 『조선과 만주』, 1925년 11월호, pp. 9~11에 수록된 경성 언론인들 사이의 논의, 그리고 1927년 1월에 발행된 『조선과 만주』가 던진 질문에 대한 반응들을 참조.

75 김동명(2006)은 이런 조선의 정치운동들을 식민지 정부에 대한 '동화주의적 협력'과 '분리주의적 협력'으로 각각 나누었다.

순적인 경향은 프랑스령 알제리의 초기 정착민들에서 비슷하게 관찰되었지만,[76] 또한 그것은 일본인 정착민들이 직면하고 있던 독특하고 지속적인 딜레마도 보여준다. 그 딜레마는 어떻게 하면 식민지에서의 지역적 이점을 잃지 않고 본국 시민권을 획득할 것인가라는 것이었다.

흥미롭게도 조선의 정치적 미래에 대해 충돌하는 이 두 가지 관점은 일본과 조선의 역사적 관계에 대한 상호모순적인 이해에 그 뿌리를 두고 있다. 조선의 자치론자들은 일반적으로 조선 특유의 역사, 언어, 관습들을 강조했으며, 종종 영국 식민지 내 자치제도의 성공과 프랑스 식민지 내 동화정책의 실패를 대비했다.[77] 반대로 그들을 비판하는 이들은 일본과 조선의 오랜 세월에 걸친 접촉을 강조하면서 종종 동근동종(同根同種, 같은 뿌리 같은 종족) 이론을 환기시켰다. 그런 이들 가운데 한 사람인 오가키 다케오는 일본이 자국의 고대 식민지라 주장하는 임나(任那)를 그런 접촉의 거점으로 거론했다. 오가키는 "아마도 지금 [일본인] 6천만 명의 절반은 조선인의 후손일 것"으로 추측하면서 세이무(成務) 천황 재임기의 신라 왕자의 '귀화'(naturalization)와 다른 조선 왕가의 일본 방문자들을 동화의 초기 사례라고 주장했다.[78] 그가 인용한 좀더 현대에 가까운 사례들 중에서 그들이 변함없이 선호한 것은 스코틀랜드였다. "나는 조선이 아일랜드뿐만 아니라 스코틀랜드로부터도 배우기를 바란다"라고 동민회의 사토 도라지로(佐藤虎次郎)는 1926년의 강연에서 청중에게 말했다. 많은 이미지들을 영국이 영유한 두 지역주민들 쪽으로 이동시킨 사토는 아일랜드인 — '끊임없는 다툼에서 헤어나지 못하고 있는 불행한 사람들' 그리고 '위험한 개인들로 가득 찬' — 과 '근면하고' '자립

---

76 Ian Lustick, 1985, pp. 8~9; John Ruedy, 2005, p. 86; Sophie Roberts, 2010, Chapter 1 and 2.

77 『조선과 만주』, 1923년 4월호, p. 25.

78 아베 가오루(阿部薰), 1929, pp. 119~20에서 인용.

적'이며 '생산적인' 스코틀랜드인을 대비했다. 이는 아마도 사토가 스코
틀랜드의 사업가들과 거래하면서 획득한 직접적인 통찰이었을 것이다.
사토는 "내지와 조선은 잉글랜드와 스코틀랜드처럼 한 가족으로서 서로
분리될 수 없는" 관계라고 결론을 내리면서 조선이 언젠가는 "조선의 윌
리엄 글래드스턴(William Gladstone, 1809~98)*을 낳아 일본제국을 이끌
어주기를" 희망했다.[79]

　정착민들의 담론은 식민지 지식인들을 당혹스럽게 만든 어떤 사건이
벌어진 뒤에 더 심하게 갈라졌다. 1925년 11월, 『경성일보』 사장인 소에
지마 미치마사(副島道正, 1871~1948)가 조선의 자치를 지지하는 글을 발
표했다. 토머스 매콜리 경(Lord Thomas Macaulay)이 쓴 영국의 식민지 인
도에 관한 글에서 일부 영감을 받은 소에지마는 조선에서의 지역[식민
지]자치 제도의 시행을 공개적으로 지지했다.[80] 사실 그러한 주장을 펼
친 사람은 그뿐만이 아니었다. 식민지 이론가들과 야나이하라 다다오(矢
內原忠雄, 1893~1961) 같은 동화정책 비판자들, 시마다 사부로(島田三郎,
1852~1923)와 오카와 다키치로(大川田吉郎) 같은 본국 정치인들도 그와
비슷하게 조선과 타이완의 자치를 신속하게 시행하라고 촉구했다.[81] 그
럼에도 친정부 신문의 사장이 공개적으로 조선의 자치를 주장 ── 정부
정책과는 전혀 다른 ── 한 것은 매우 드문 일이었다.

　조선 지식인들 다수가 소에지마의 주장을 환영했지만, 대다수 정착민
들은 결코 열광하지 않았다. 사실 소에지마의 글은 경성의 일본 언론인

●　스코틀랜드 태생으로 네 차례에 걸쳐 영국 총리를 역임했다.

79 「소감」(所感), 『제2회 동민(同民) 하계대학 강연집』(第二回同民夏季大學講演集),
　 1927, pp. 10~15 수록.

80 소에지마 미치마사(副島道正), 「조선 통치의 근본의의」, 『경성일보』, 1925년 11월
　 26~28일자 사설.

81 아베 가오루(阿部薰), 1925, pp. 106~11. 가토 다카아키(加藤高明) 총리는 조선
　 인에 대한 참정권 허용을 '시간문제'로 여겼다고 한다.

들 사이에서 대단한 소동을 불러일으켰으며, 그들 중 다수는 완고한 내지연장 주창자들인 것으로 드러났다. 총독부 대변지로 여겼던 신문에 등장한 소에지마의 글은 그들에게 가장 중요한 시정원칙인 동화에 관한 정부의 공식입장에 의문을 품게 만들었다. 터져 나온 그들의 의심 앞에 총독부는 동화정책을 약속대로 밀고 나가겠다는 뜻을 재확인하는 공개성명까지 발표해야 했지만, 그것으로 언론인들의 의심을 잠재울 수는 없었다. 사이토 총독이 언론인들에게 소에지마의 주장이 총독부의 시각을 대변하는 게 아니라고 해명까지 한 뒤에도 『경성일보』에는 언론들의 맹렬한 공격이 계속 쏟아졌다.[82] 사이토에 대한 그러한 공격의 선두에 선 사람이 오가키 다케오(大垣丈夫)였다. 나중에 쓴 조선 통치에 대한 비평문에서 오가키는 조선 자치의 주창자들이 자신들도 모르게 '독립을 요구하는 반항적인 조선인'에게 대의명분을 제공했다며 책망했다. 그는 일본인과 조선인을 각기 독립된 민족으로 취급하면서 조선인에게 자체의 정부를 허용해야 한다고 주장하는 것은 일본의 통치를 거부하는 '구실을 주는 것'과 다름없다고 지적했다. 자치정책의 채택은 "통감부 시절에 쓰라린 경험을 한 제국으로서는 절대로 피해야 할" 일이라며, 자신이 가담했던 조선 개혁시도의 초기와 그 뒤의 실망 등을 떠올렸다(제2장 참조).[83]

오가키의 오랜 동료였던 샤쿠오 슌조도 더 속 깊은 정착민들의 불안을 배경으로 조선의 자치를 혹독하게 비판했다. 샤쿠오는 단순한 인구학적 법칙에 따라 정착민들의 지위는 곤두박질치게 될 것이라고 우려했다. 조선인이 일단 자치권을 확보하게 될 경우에 총독의 권위주의적 통치보다 훨씬 더 나쁜 사태가 초래될 것이라고 그는 내다봤다. "조선인은 일본인

82 조성구(趙聖九), 1998, pp. 148~50, 173.
83 오가키의 글은 아베 가오루(阿部薰), 1929, pp. 116~21에 요약되어 있다.

에 대한 자신들의 증오를 정치의 모든 측면에 투사해 일본인의 조선 이주와 정착을 제한하고 그들의 기업활동을 억누르며, 일본인 모두를 우울증에 빠뜨릴 것이다."[84] 국가가 정착민들을 하층민 지위상태로 방치한다면, 조선의 자치는 다름 아닌 일본인 정착민들의 전면적 몰락을 예고하는 징조가 될 것이라고 그는 예언했다.

자치에 대한 이러한 비판에 대응해 소수의 정착민들이 소에지마를 옹호하고 나섰다. 일본의 해외영토들에 대한 자치허용을 오랫동안 주장해온『민중시론』(民衆時論)의 마치다 고사쿠(町田耕作, 필명은 '텐민'天民)는 "내지연장은 실현 불가능하다"라는 주장까지 내놓기에 이르렀다. 그리고 그는 오스트레일리아와 캐나다가 어떻게 그들 국가의 국방을 관장하는 영국과 '여전히 모자(母子)관계를 유지'하고 있는지를 설명함으로써 자치를 독립과 다름없는 것으로 여기는 사람들을 안심시켰다. 동시에 마치다는 이런 예들을 동화론의 전제인 동근동종론의 '약점'을 지적하는 재료로 활용했다. 그는 같은 뿌리로 엮인 민족들 중에 통합된 민족국가를 형성하고 있는 예를 지금의 세계에서는 찾아보기 어렵다고 주장했다.[85] 그러나 정착민들의 다수 여론은 조선 자치론을 기피했다. 그리고 정부가 아무리 안심시켜도 그들의 의심을 가라앉힐 수 없었기 때문에 언론인들 간의 불화는 결국 소에지마를 『경성일보』 사장 자리에서 물러나게 만들었다.

소에지마의 사임은 많은 정착민들에게는 내지연장론의 승리를 가리키는 신호로 받아들여질 수 있었지만, 조선 자치론은 윤치호(그는 아일랜

---

84 『조선과 만주』, 1926년 1월호, pp. 2∼9; 그리고 1930년 4월호, p. 5.

85 마치다 텐민(町田天民), 「자치반대론자에게 일언(一言)한다」, in: 아베 가오루(阿部薫), 1929, pp. 122∼23, 128, 130∼33. 소에지마의 논쟁적인 글이 『경성일보』에 발표되기 전에 마치다는 '영국 식민지 모델에 근거한 조선 의회의 설립'을 촉구했다.

드가 연구해볼 만한 '몹시 흥미로운' 사례임을 발견했다)[86] 같은 지식인 집단에서부터 부르주아 민족주의자, 그리고 일부 사회주의자들까지 포괄하는 조선인들 속으로 점차 퍼져갔다.[87] 1920년대에 조선 자치론을 가장 진지하게 받아들인 쪽은 온건파 민족주의자들이었다. 그때 김성수, 송진우, 조만식, 그리고 최린(崔麟, 1878~1958)이 조선의 자치운동에 착수할 제도적 포럼인 연정회(硏政會)를 설립할 계획을 세웠다.[88] 통제와 양보 간의 균형을 취하려 애쓰고 있던 총독부는 그들의 운동을 의도적으로 고무하고 격려한 것으로 보인다. 사이토 총독이 신임했던 조언자 아베 미쓰이에가 그들의 운동과 식민체제 사이에 공통의 기반을 마련해보려는 희망을 갖고 1925년 중반께부터 그들 저명한 민족주의자들과 접촉한 것은 그런 의도에서였다.[89] 아베의 접근은 결국 아무 소용이 없었다. 최린만이 아베와 함께 작업하는 데에 진지한 관심을 보인 것으로 드러났으며, 급진세력의 부일(附日)협력 비판은 어쨌거나 온건파 민족주의자들이 자치운동을 시작하기로 계획을 짜자마자 보류하게 만들었다.[90] 그럼에도 자치가 식민당국자들까지 민족주의자들과 협상해 체제에 대한 그들의 지지를 얻어낼 수 있는 방안의 하나로 숙고됐다는 사실 자체는 주목할 만한 것이었다. 그러한 접근은 참정권이 일본인들의 조선인 지배를 약속하고 자치는 그것을 위험에 빠뜨린다는 식으로 보던, 점차 강화되어 가던 정착민들의 이분법적 시각과 충돌했다.

---

86   대한민국 문교부 국사편찬위원회, 1987, 8: pp. 10~11(1920년 1월 20일 항목).

87   경기도 경찰부 편, 『치안상황, 그 1』(治安狀況その1), 1929, pp. 290~303.

88   경기도 경찰부 편, 『치안개황』(治安槪況), 1928, pp. 76~77; 경기도 경찰부 편, 『치안상황』(治安狀況), 1931, pp. 290~91; 경상북도 경찰부, 경상북도 경찰부[박중양(朴重陽)] 편, 『고등경찰 요사』(高等警察要史), 1934, pp. 45~46.

89   박찬승, 2007, 140~44쪽. 이 운동에 대한 더 자세한 내용은 김동명, 2006, 299~315쪽 참조.

90   조성구(趙聖九), 1998, pp. 164~68.

접근전

자치론은 제국의 브로커들이 함께 참정권 청원운동을 벌였던 조선
인 동맹자들 속으로 점차 퍼져갔다. 자치론은 식민지 국민자격(colonial
citizenship)이라는 틀 내에서 조선인의 힘을 키워야 한다는 더 큰 요구의
하나로, 점차 늘어나던 엘리트들의 정치적 요구항목들 —— 더 나은 조선
인 교육,[91] 중추원의 역할확대, 조선인 소작농의 보호강화 —— 에 추가되
었다. 말할 필요도 없이 이런 항목들은 정착민 지도자들에게는 그렇게
큰 관심사가 아니었다. 그 결과 1920년대 후반에 엘리트들의 정치적 동
맹에 새로운 균열들이 나타났다. 전선공직자대회 연례회의와 지역협의
회들에서 조선인 대표들은 정착민들만의 국민자격과 지역우선주의 요
구를 저지하기 위해 자신들의 의제들을 강하게 밀어붙였다. 그 토론회
들을 정착민들이 지배하고 있었음에도 불구하고, 제국의 브로커들은 조
선인들이 상황을 바꿔가기 시작하면서 자신들의 지배를 확신할 수 없게
되었다는 사실을 깨달았다.

1926년 5월의 제3차 전선공직자대회가 그 분수령이 되었다. 어느 경
찰보고서에 따르면, 그 대회에서 "정착민들의 정치적 요구는 상대적으
로 업신여김을 당했고 대신에 [회의는] 조선인들이 주도했다".[92] 그들의
'반란'은 평양에서 온 조선인 대표 박상희(朴尙僖)가 심사위원회에 항의
하고 삭제된 자신의 제안을 긴급동의를 통해 제출하면서 시작되었다. 심
사위원회는 회의가 시작되기 전에 지역의 공직자들이 제출한 제안들을
전부 모아 그중에서 의제가 될 사안들을 가려냈다. 박상희는 조선인 귀

---

91 보통학교에서 수업 때 조선어를 사용하고 조선인 학교장들과 교사들을 임용하
    자는 것은 공직자들 간 민족마찰에서 특히 민감한 부분이었다(이승엽(李昇燁),
    2003, pp. 105~06).
92 조선총독부 경무국 편, 『치안상황』(治安狀況), 1930, pp. 200~01.

족들과 전직관료들로 구성된 자문기관인 중추원 의원들을 식민정부가 임명할 것이 아니라 지역협의회가 선출해야 한다는 자신의 제안을 의제로 채택해달라고 회의에서 요구했다.[93] 그러나 조선인 대표의 이런 동의를 놓고 심사위원회의 일본인 위원이자 갑자구락부 이사인 오무라 모모조는 중추원이 데라우치 총독 때부터 내려온 '쓸모없는 유물'이며 "보통선거를 통해 뽑히든 공식적으로 임명되든 간에, 우리 일상생활에서 아무 관심도 없는 것"이라고 폄훼하는 것으로 응수했다.[94] 화가 난 박상희는 오무라에게 소리치며 대들었고 회의는 난장판이 되었다. 오무라의 묵살은 평양에서 온 또 다른 조선인 대표 강병옥(康秉鈺, 1880~1928)을 화나게 만들었다. 때마침 중추원 의원이기도 했던 강병옥도 중추원의 '임무'와 일본의 조선 통치에 필수불가결한 그 역할에 대한 일장연설을 하기 위해 와 있었다. "모든 청중이 공손하고 주의 깊게 경청"하도록 만든 강병옥은 또 다른 긴급동의를 제기했는데, 이번에는 그때까지 전선공직자대회에서 배제됐던 지역협의회 의원들을 전선공직자대회 대표에 포함시키자는 제안을 하기 위해서였다. 그 제안은 민족주의적인 색깔을 띠고 있었는데, 왜냐하면 지역협의회의 의원 다수가 조선인이었기 때문이다. 조선인 대표들은 자신들이 전선공직자대회에서 배제당한 데에는 일본인 대표들의 의도가 작용한 결과라고 믿었다. 강병옥의 제안은 즉각 통과됐다.[95]

제4차 전선공직자대회가 열렸을 때, 참정권 문제를 둘러싸고 일본인과 조선인 사이에 새로운 견해 차이가 생겨났다. 어느 일본인 대표가 조선인들은 참정권을 획득하기 전에 먼저 "일본에 동화되어야 한다"라는

---

93 경성 혼마치 경찰서장, 「제3회 공직자대회 개최의 건(件)」(第3回公職者大會開催の件)(1926년 5월 12일/no. 2397), p. 183.
94 같은 책, pp. 184~85.
95 같은 책, pp. 194~95; 『경성일보』, 1926년 5월 13일자.

전제조건을 충족해야 한다고 주장하자, 조병상 등 조선인 대표들은 그것은 절차가 완전히 뒤집힌 것이라며 참정권이 조선인들을 동화시키는 수단으로 먼저 주어져야 한다고 역설했다.[96] 권리보다 의무가 앞선다는 고리타분한 일본인 대표의 반복되는 불평을 뒤집어엎은 조선인 대표들은 동화보다 먼저 대표권을 요구했다.

이런 에피소드들은 전선공직자대회의 내부토의에서 일본인과 조선인 대표들 사이에 벌어진 충돌들 가운데 일부에 지나지 않았으며, 그것은 결국 국민자격(citizenship) 문제로 압축되었다. 특이하게도 가장 극적인 다툼들 가운데 일부는 정부가 임명한 대표들의 권력순종적인 태도로 유명했던 도평의회들에서 벌어졌다. 예컨대, 1928년 1월 전라남도 도평의회가 열렸을 때, 야마노(山野)라는 일본인 대표가 만찬 때마다 조선 학생들을 기술을 익힌 죄수에 비유하고 조선인을 위한 학교건설안을 그들의 '낙후된 경제수준' 때문에 헛된 노력을 하는 것과 같다며 반대하는 등, 일련의 실수를 저지르면서 조선인 동료 대표들을 도발했다. 조선인 대표들이 야마노의 이야기가 '조선인을 모욕하는 것'이라며 차례차례 일어나 회의장에서 공식사과를 요구했다. 야마노가 거기에 굴복하자, 이번에는 일본인 동료 대표들이 항의하면서 조선인 대표들이 평의회의 공식 의제 외의 사안에 대해 발언함으로써 규칙을 위반했다고 비난했다. 또한 그들은 조선인 도지사 석진형(石鎭衡, 1877~1946)이 조선인 대표들 편을 들어 야마노에게 사과를 강요했다면서 화를 내며 대들었다. 일본어 지역신문 하나가 '50만 조선 거주 일본인 동포(在鮮內地人同胞)에게 잊을 수 없는 치욕스런 추도일'이라고 부른 사건이었다. 일본인 거류민 신문들이 도지사 공격에 가담했고, 회의장에서의 그 '아수라장'이 대중에게 공개되면서 '일본인과 조선인들 간에 감정상의 문제'를 야기했다.[97]

---

96 『동아일보』, 1927년 6월 6일자.

비공개로 총독의 질의에 답하고 문제를 토의하기 위해 총독의 명에 따라 1년에 한 번씩 열리는 중추원의 의원들 사이에서도 그런 새로운 대담성이 관찰되었다. 1926년 회의 때 나온 강병옥의 연설이나 그의 문제제기는 사이토 총독 후임으로 1927년부터 1929년까지 단기간 재임한 새 총독 야마나시 한조(山梨半造, 1864~1944)에게도 충분히 그렇게 보였듯이, 그들의 정치적 행동에 일어난 폭넓은 변화의 한 양상에 지나지 않았다. 1928년 1월에 그들의 연례회의가 열리기 전에, 어느 지역 언론인이 보도했듯이, "그때까지 새끼고양이처럼 복종해왔던 중추원 의원들은 자신들의 종래 태도를 확 바꿔"[98] 야마나시에게 "총독부 각 국마다 조선인 참여관[자문역]을 둘 것", "중추원 확대", "특수은행과 회사들에 조선인 중역의 임명", "농민들의 해외이주를 막기 위한 지주제 도입" 같은 일련의 요구들을 담은 청원서를 제출했다. 회의가 열리자 조선인 대표들은 요구사항을 더 늘렸는데, 거기에는 "보통[보편]교육과 징병제 실시", "일본인과 조선인 간의 차별철폐", 그리고 "평안북도 도지사는 늘 조선인으로 임명할 것" 등이 들어 있었다.[99] 새 일본인 사장의 취임 이후에 조선인 대표들에 대한 악의적인 비판을 가하기 시작한 『경성일보』는 중추원 의원들("자신들의 지위에 어울리지 않는 요구를 즐겨 하는 무리")의 "대담함에 놀라고", "그들의 요구를 참고 들어주는 총독 야마나시의 관대함"에 더욱 놀랐다면서 조선인 대표들의 요구사항을 "부적절하고 심지어

---

97 그 사건에 대한 자세한 내용은 「전라남도 평의회 내선인 알력의 전말」(全羅南道 評議會員內鮮人軋轢の顚末)(年月日 未詳), in: 『사이토 마코토 문서: 조선총독부 시대관계 자료』(齋藤實文書: 朝鮮總督府時代關係資料), vol. 4, pp. 381~419 참조. 조선인 교육문제를 둘러싼 경상남도 도평의회의 조선인 의원들과 도지사 사이의 대립도 심각했는데, 도쿄 중앙정부가 이 문제로 조사위원회를 파견해야 했다. 손정목, 1992, 227~30쪽 참조.
98 아베 가오루(阿部薰), 1932, p. 170.
99 『경성일보』, 1928년 1월 15일자; 1928년 1월 12일자 석간.

상궤(常軌)에서 벗어난 것"이라며 징병제 요구를 '원숭이 흉내'라는 말까지 동원해 헐뜯었다.[100] 조선인 대표들은『경성일보』가 "인민의 의지를 구현한 유일한 조직"에 대해 독설을 퍼붓고 내선융화의 목표달성을 방해하고 있다고 책망하면서 반격을 가했다.[101] 야마나시는 분명히 거기에 동의했다. 그는『경성일보』사장을 불러 비공개로 되어 있는 회의내용을 누설한 것은 말할 것도 없고, "무례한 언사를 써서" "조선인들 사이에 논란을 불러일으킨" 것을 나무랐다.『경성일보』는 사과성명을 발표해 전적으로 책임을 졌다.[102]

전통적으로 권력에 굴종적인 조선의 정치 엘리트들의 그런 몸짓들은, 꼭 정착민들 편에서 판결을 내리진 않는 결정권자로서의 국가[총독부]의 반응과 더불어 실로 놀랄 만한 일이었다. 조선인 엘리트들은 단지 일본 통치의 앞잡이가 아니라 조선의 문제들에 대한 정착민들의 완전한 무지와 조선에 대한 일본의 통제력 완화를 드러내 보인 신랄한 비평가일 수 있었다. 1920년대 말의 전선공직자대회는 점차 정치적 협력을 위한 장(場)에서 논쟁의 무대로 바뀌었으며, 조선인 대표들은 더 급진적이고 충격적인 제안들을 심사위원회에 제출했다. 예컨대, 청진의 공직자들은 '조선인 부총독[정무총감] 임명'과 '3·1운동 참가자들 보호' 같은 제안들을 내놓았다. 정착민 지도자들은 그런 제안들을 두고 '터무니없는 환상'이라며 반대했으나, 경무국의 놀란 간부들은 그것들이 명백히 "조선인들의 심리상태를 솔직히 드러낸 것"이라며 심각하게 받아들였다.[103]

1920년대가 끝날 무렵에 그 무엇도 원기왕성한 조선인 대표들의 방진

100　『경성일보』, 1928년 1월 15일자와 1월 18일자.
101　『조선공론』, 1928년 2월호, pp. 2~8. 이 다툼은 명백히『조선신문』이 교사한 것이었다(『조선과 만주』, 1928년 2월호, p. 80).
102　『경성일보』, 1928년 1월 28일자.
103　조선총독부 경무국 편,『치안상황』(治安狀況), 1930a, pt. 5, p. 3.

(方陣)이 일본인 정착민 사회의 오래된 방어망에 대항한 그 반란의 물결을 되돌려놓을 수 없는 듯 보였다. 1929년, 한때 망상이라며 거부당했던 조선의 입법기관 설립이 제6차 전선공직자대회의 공식 토의안건으로 채택되었다. 그 문제는 대구 학교운영위원회의 조선인 대표 손치은(孫致殷, 1892~?)이 제기했다. 갑자구락부 지도자들의 경악 속에 손치은은 본국 참정권의 조선으로의 확대·적용과 그 뒤에 배경으로 깔린 내지연장이라는 전제를 분명히 거부했다. 그는 제국의회와 분리·독립된 조선 입법기관의 설립만이 교육받은 조선인들에게 만연한 문제, 즉 "자신들의 삶과 재산에 관한 법에서 어떤 발언권"도 없는 고등유민(高等遊民, '고등룸펜')이 되어버린 그들의 문제를 풀 수 있다고 주장했다.

일본인 정착민 지도자들은 "지금의 정책 아래에서 내지(內地)와 외지(外地) 사이에는 어떤 차별도 없다"라며 손치은의 제안에 반대했다. 경성 부협의회의 중진의원이자 갑자구락부 이사였던 이케다 초지로(池田長次郎, 1878~?)는 이렇게 덧붙였다. "일본인들도 경제불황으로 고통을 받고 있다." 그런 말들은 조선인들의 눈살을 찌푸리게 만들었다. 경성 부협의회 내 이케다의 동료인 한만희(韓萬熙)는 일본인 대표들에게 현실을 직시하라면서 손치은의 제안을 옹호하고 나섰다. "조선의 지금 상황은 여러분이 조선의 신문들만 읽어보면 자명해질 것"이라고 한만희는 도발적인 어조로 말했다.[104] 비록 조선인과 일본인 대표들 간의 '충돌 분위기' 때문에 손치은이 자신의 제안을 결국 철회했지만, 1930년 평양에서 열린 다음 대회에서 그가 같은 제안을 내놓는 것을 막지는 못했다. 그 대회에서 그의 제안은 많은 논의 끝에 결국 다수의 결의로 통과되었다.[105]

이런 '전례 없는 현상'을 어떻게 설명할 것인가? "자신들의 요구를 다

104 『경성일보』, 1929년 10월 6일자 석간; 1929년 10월 8일자.
105 『경성일보』, 1930년 4월 27~29일자.

수의 지지를 얻어 단숨에 통과시키는"[106] 조선인 대표들의 기술과 자기 주장이 강해졌다는 것은 무엇보다도 조선인 엘리트들이 새로운 정치적 주체성을 지니게 되었음을 입증했다. 그것은 일본인 정착민들과의 직접 적이고도 깊은 교류를 통해 그들 스스로 만들어낸 것이었다. 전선공직자 대회가 정착민 지도자들이 식민지 정치에 영향력을 발휘할 수 있는 또 다른 길을 제공했지만, 그것은 또한 일본인과 조선인을 반목하게 만들었 다. 전선공직자대회는 조선인 엘리트들에게 긴급한 관심사와 오랜 불만 을 토로하고 자신들의 요구를 직접 식민주의자들과 협상할 수 있게 해 주었다.[107] 그것은 역사학자 나미키 마사토(並木正人)가 적절히 이름을 붙였듯이, '접근전'을 치르는 것이었다.[108] 조선인 엘리트들은 자신들의 관심사가 일본인 정착민 동료들의 그것과 다르다는 것을 느끼기 시작하 면서 점차 민족주의의 변화하는 흐름 속으로 끌려들어갔다. 공직자들이 온건파 민족주의자들의 자치 추구과정에서 나타난 새로운 생각을 흡수 하는 한편으로, 급진파들도 1925년에 제1차 조선공산당을 결성하고 농 민운동과 노동운동의 발흥을 뒷받침하는 등 자신들의 영향력을 넓혀갔

106 조선총독부 경무국 편, 1930a, pp. 56~57.
107 경상남도 지방의 어느 보도에 따르면, 일본인들과 가까워질수록 조선인들의 불
     만의 소리는 더 길어졌다. 하층계급의 보통 조선인들은 일반적으로 일본인들에
     게 '무관심'하거나 심지어 '우호적'이었으나, "중간계급과 상층계급의 조선인들
     은 늘 마음속에 깊은 적의를 품고 있었고 일본인들 등 뒤에서 반일적인 언사를
     내뱉었다". 특히 "면(面)협의회 의원들과 같은 이른바 지역의 명사들과 유력인
     사들은 일본인들과의 교류를 피하는 경향이 있었다". 그런 태도는 "일본어를 유
     창하게 할 수 있는 사람들과 일본 본국의 사정을 잘 알고 있는 사람들, 그리고 고
     등교육을 받은 사람들, 특히 일본에 유학했거나 정부의 관리로 일한 적이 있는
     사람들 가운데서 확연"했다(『조선총독부 관보』, 서무부 조사과, 1924, p. 34).
108 나미키 마사토(並木正人), 1993, p. 40. 더 넓게는 김동명(2006)이 총독부, 그리
     고 참정권에 이어 자치운동을 시작한 조선 엘리트층 지도자들 간에 벌어진 협상
     의 동역학(dynamic)을 '흥정'이란 말로 개념화했다. 그런데 이 개념은 두 세력
     간의 역학관계를 대등한 것으로 오해하게 만들 여지가 있다.

다. 1927년 말에 갑자구락부의 지도자들은 급진파와 온건파의 연합전선인 신간회(新幹會)의 활동을 특별히 경계하라[109]고 당국에 청원하면서 조선어 언론들에 대한 통제도 더욱 강화하라고 촉구했다.[110] 또한 동화운동이 민족주의의 공세 아래 비틀거리면서 예민해진 위기감은 갑자구락부와 국민협회, 동민회 등 '친일 정치단체들'이 똘똘 뭉치게 하는 계기가 되었으며, 국가에 반란의 대비책들을 강화하도록 재촉했다.[111]

민족주의의 취지는 식민지 관료조직의 하층부를 차지하고 있던 조선인 공직자들을 더욱 압박했다. 관료조직의 하층부는 대중의 눈에는 일상적인 행정업무와 좀더 이념적인 '협력'행위 사이의 경계선이 흐려지는 영역이었다. 점점 더 이념적 입장을 옹호하기 어려워진 조선인 공직자들 중 다수가 1920년대 말에 자치론 쪽을 선호하면서 동화론의 폐기를 갈망했다. 그리고 그들은 '조선인 본위'적 요구를 압박했으며, 그것은 경찰도 지적했듯이 "전선공직자대회를 그들에게 유리한 쪽으로 바꾸었고", 일본인 설립자들의 애초 계획을 저지하는 효과를 가져왔다.[112] 1929년에는 조선 입법의회 설치의 제안이 공식적으로 논의 테이블에 올랐으며,

---

109 신간회의 대두는 대중차원의 강력한 조선 민족주의운동이 다시 일어날 수 있음을 예고하는 신호였다. 단기간 존속했던 신간회는 일본인 정착민들과 조선인 엘리트들에게 위협적인 존재였다. 1930년에 신간회는 급진세력과 공산주의자들이 주도권을 쥔 386개의 지부조직을 갖고 있었으며, 청년단체와 노동자·농민단체들, 그리고 학회구성원들로 이뤄진 7만 6,939명의 회원을 거느리고 있었다 (Robert A. Scalapino·Lee Chong-Sik, 1972, p. 112).

110 조선총독부 경무국 보안과 편, 『치안상황』(治安狀況)(12月), 1927, pt. 5, p. 7; 조선총독부 경무국 편, 『극비: 고등경찰 관계연표』(極祕: 高等警察關係年表), 1930c, pp. 237~38. 갑자구락부의 일부 격앙된 회원들은 명백히 "폭력으로 [민족주의자들을] 응징하기 위해" 폭력단과 같은 비밀조직을 결성해야 한다고 제안했다.

111 『중외일보』(中外日報), 1927년 11월 28일자; 조선총독부 경무국 편, 1930c, p. 240.

112 경상북도 경찰부[박중양(朴重陽)] 편, 1934, p. 53.

당시 조선인 대표들은 '독립사상'을 공개적으로 이야기하고 '민족성'의 관점에서 자신들의 처지를 설명했다. 대구에서 온 어떤 대표는 유명한 이론가 야마모토 미오노(山本美越乃, 1874~1941)의 말을 인용하면서 자신의 조선 의회 설치요구를 옹호했다. 야마모토는 당시 일본의 해외영토에서 일본의 내지연장 정책을 민족자결주의로 대체해야 한다고 주장했다.[113] 조선인 대표들의 이런 행태는 그 전에 언론들이 전선공직자대회를 일진회와 다를 바 없는 친일부역자들의 모임이라고 묘사했던 것과는 전혀 달랐다. 친일부역자들은 노골적으로 '인민의 의지'를 무시하고 '일본인들이 사주'한 내지연장을 굴욕적인 자세로 받아들였다.[114]

예컨대, 조선 자치론은 전염성이 강해서 잘 알려진 '친일파' 엘리트들 사이에도 퍼져나갔다. 정착민들의 정치적 감시견들이 이를 놓칠 리 없었다. 예컨대, 기쿠치 겐조(菊池謙讓)는 사이토 총독에게 '참정권과 제한된 지역자치 획득을 획책'하는 조선인들에 대한 실망감을 토로했다. 그가 보기에 국민협회와 동민회의 '친일파' 엘리트들의 활동조차 "민족주의 운동을 닮아" 있었다.[115] 1930년 무렵에 작성된 정부의 어느 비밀보고서에서도 신뢰하던 대다수 조선인들의 충성심을 비슷하게 의심했다. 사이토에게 보고한 그 작성자는 한상룡이 어느 만찬회에서 공개적으로 반일적인 언사를 했다며, 이는 그가 동화론에서 자치론 쪽으로 입장을 바꾼 것임을 시사하는 충분한 증거가 될 것이라고 썼다.[116] 그리고 한상룡만 그런 건 아닐 것이라는 뜻을 그 보고서는 내비쳤다. 일본인 거류민 신문

---

113 『경성일보』, 1929년 10월 8일자. 야마모토의 논평은 1929년 9월 식산부(殖産部)가 주최한 식민지 현안들에 대한 첫 원탁회의 뒤에 나왔다(『요미우리신문』, 1929년 9월 10일자).

114 『동아일보』, 1924년 6월 18일자.

115 사이토 총독에게 보낸 기쿠치 겐조(菊池謙讓)의 의견서(1929년 9월).

116 「한상룡의 언동에 관한 건」(韓相龍の言動に關する件)(年月日 未詳), 『사이토 마코토 관계문서』(齋藤實關係文書)(書簡の部).

역시 점점 더 많은 '협력자들'이 민족주의자들과 어울려 지내고 있고 실패한 식민지 사업에 대한 지지를 철회하려 하고 있다며, 그런 의심을 부채질했다.[117] 물론 이들 친일파 엘리트들이 제국을 무너뜨리려던 민족주의자들과 연계되어 있었다는 명백한 증거는 없었지만, 일본인들은 그들을 그런 식으로 몰아가는 경향이 있었다. 1920년대 말에 일본인 관리와 정착민 모두는 조선인들이 민족주의자였든 이제까지 '친일파'였든 상관없이 조심해야 한다고 믿게 되었다. 그들 사이의 구분은 의미가 없어졌다고 그들은 생각했다.[118]

점차 까다로워지기는 했지만 조선의 정치적 장래에 대한 지역 엘리트들의 논의는 식민지 당국에 중요한 영향을 끼쳤다. 1927년 초, 사이토와 휘하의 관리들은 "참정권과 조선 거류민들의 지방자치에 관한 견해"를 작성했다. 때는 바야흐로 갑자구락부가 도쿄에서 참정권 청원운동을 시작하고, '조선 의회'에 대한 제안이 전선공직자대회에 안건으로 등장했던 시기였다. 사이토의 '견해'는 지역협의회를 입법기관으로 바꾸고 이어서 조선에 제한된 참정권을 확대·적용하는 완전한 자치체계의 실현을 구체화한 것이었다.[119] 게다가 사이토는 내지연장 정책을 일단 제쳐

---

117 예컨대, 『경성신문』, 1930년 3월 30일자 참조.

118 동화정책에 대한 정착민들의 집착은 식민지 관리들과 본국 동맹자들에게조차 퍼져나간 그런 의심과 더불어 가장 편견이 심한 견해로 굳어졌다. 그들의 편집증은 1928년에 경성을 방문한 중앙조선협회(中央朝鮮協會)의 이사들에게도 작동했다. 중앙조선협회는 총독부와 긴밀한 관계를 맺고 있었기 때문에 이사들은 동민회 지도자들의 강한 의심 속에 영접을 받았으며, 동민회 지도자들은 이사들이 조선의 자치에 공감하고 있음을 '질책'했다고 이사들 중 한 사람이 나중에 회고했다. 그런 비판은 이사들로서는 뜻밖이었다(『중앙조선협회 회보』, 1928년 9월호, p. 45). 중앙조선협회 지도자들은 그 문제에 대해 일치된 의견을 갖고 있었던 것은 아니었지만, 조선의 참정권 확대문제 특별조사위원회를 구성하고 이즈미 데쓰(泉哲)와 야마모토 미오노(山本美越乃) 등의 학자들을 위원으로 임명했다(이형식(李炯植), 2007, pp. 119~20).

놓고 관리들과 함께 '조선 지역의회'의 설립이 갖는 장단점을 토의했음이 분명하다.[120] 1920년대가 저물 무렵에 여러 요소들 —— 강인한 민족주의, 공직자들의 새로운 주장, 이런 사태들이 불거지는 문화정치의 커져가는 한계 —— 이 결합되면서 총독으로서는 적어도 참정권의 조선 확대, 그리고 조선 의회의 설립가능성까지 고려해봐야 하는 상황이 되었다.[121]

---

119   '조선에서의 참정에 관한 제도의 방책'(朝鮮に於ける參政に關する制度の方策) 이란 제목이 붙은 두 필사본(하나는 날짜가 없고, 다른 하나는 1929년 12월 2일로 되어 있다), '조선에서의 참정권 제도의 방책'(朝鮮に於ける參政權制度の方策)이라는 제목이 붙은 필사본(年月日 未詳), 그리고 '조선에서의 참정에 관한 제도의 방책'(朝鮮に於ける參政に關する制度の方策)이란 제목이 붙은 타이핑된 자료(年月日 未詳). 사이토는 1927년 초에 식민지 정부의 나카무라 도라노스케 (中村寅之助) 문서담당 국장에게 그 문서의 작성을 요청했다. 사이토는 1929년에 이 '견해'의 개정판을 또 만들었다(강동진(姜東鎭), 1979, pp. 365~88; 김동명, 2006, 439~54쪽).

120   '조선에서의 참정에 관한 제도의 방책'이라는 제목이 붙은 타이핑된 자료(日字未 詳), pp. 10~20 참조; 우방협회(友邦協會) 편, 1986, p. 38. 그러나 총독부가 자치문제를 진지하게 고려한다면, 그것은 일본인 정착민들의 "매우 강력한 반대를 불러일으킬 것"이라고 아베 미쓰이에도 사이토에게 경고했다. 아베는 그렇게 될 경우 정착민들 사회가 분명히 복잡해질 것이며, 심지어 지역의 정치개혁 과정 자체를 연기시키게 될 것이라고 했다(사이토 총독에게 보낸 아베 미쓰이에(阿 部充家)의 편지(1929년 11월 11일)).

121   와카쓰키 레지로(若槻禮次郎) 내각의 돌연한 해산과 조선인 참정권 문제에 대한 "검토의 여지조차 주지 않았던" 다나카 기이치(田中義一) 새 내각의 수립으로 사이토 총독은 본국 정부에 이에 관한 자신의 '견해'를 공식적으로 제출하지는 못했다(강재호(姜再鎬), 2001, p. 201). 일부 역사가들(강동진(姜東鎭), 1979; 박찬승, 1992; 김동명, 2006)은 점차 자신의 한계를 자각해가던 총독부가 1920년대 말에 정책방향을 어떻게 동화에서 (민족주의자들과의 '타협점'으로서) 조선인 자치 쪽으로 전환해갔는지에 대해 설명하고 있다. 이와 대조적으로 마쓰다 도시히코(松田利彦, 2004)는 총독부가 결정적으로 자치 쪽으로 기울었다는 그들의 주장에 대해 회의적인 시각을 갖고 있다. 결과적으로 정부의 관심은 토론 차원을 넘어 실천을 위한 실질적인 정책수립으로까지 나아가지 못했으며, 본국 정부와 총독부는 외견상 반대입장을 유지했는데, 그 이유로 조선인의 '낮은 민도(民度)'에 비추어보건대 참정권 허용여건이 '미성숙'하다는 점을 내세웠다.

참정권도 자치도 사이토의 재임기간에 실현되지는 않았지만 지역(조선)정부 개혁의 제2라운드에서는 기존의 지역협의회에 입법권을 효과적으로 부여했으며, 그 작업은 1930년대 초 후임 총독에 의해 마무리되었다.[122] 그 무렵 갑자구락부도 전직 식민지 관료들 및 동민회 같은 단체들과 함께 조선에 거주하는 몇몇 인사들 — 귀족인 박영효, 상애회(相愛會) 회장인 박춘금(朴春琴, 1891~1973), 그리고 조선식산은행의 아루가 미쓰토요(有賀光豊) — 의 본국 의회의원 입후보를 지지했고, 그들은 1932년에 제국의회 의원에 성공적으로 임명 또는 선출되었다.[123] 이런 결과는 정착민들이 조선인 엘리트들과 손잡고 10년에 걸쳐 펼친 정치적 권리쟁취 캠페인과 1920년대 후반의 활기찬 토론 덕이 특히 컸다.

본국의 조선 자치옹호

제국의 브로커들과 조선인 동료들은 도쿄에 자신들의 요구를 더 분명하게 전달하기 위한 방안을 모색하는 한편으로, 식민지 정치에 대한 본국 중앙의 개입을 막기 위해 함께 손을 잡기도 했다. 1929년에 일본 정부는 조선을 포함한 다섯 개 해외영토의 식민지 정부를 통일적으로 통

---

122 부회(府會, 부협의회)와 읍회(邑會, 읍협의회)는 1931년에 출범했고, 동회(洞會, 동협의회)는 1933년에 시작되었다(가쿠슈인 대학 동양문화연구소, 2002, p. 248n16).

123 1932년에 박영효는 귀족원 의원으로 임명되었으며, 박춘금과 아루가는 중의원 의원으로 선출되었다. 그해에 사이토 마코토(齋藤實)가 본국 총리가 되었다(『동민회 회보』(同民會 會報, 1932년 12월 1일부터 1933년 2월 15일까지), pp. 4~5; 『조선공론』, 1939년 7월호, p. 4). 중의원 의원이 된 박춘금은 매년 국민협회의 조선인 참정권 청원운동을 후원함으로써 그 운동을 지원했다. 박춘금에 대한 연구는 마쓰다 도시히코(松田利彦), 1995; Jeffrey P. Bayliss, 2008 참조.

제하기 위해 내각차원의 척식성(拓殖省)을 설치한다고 발표했다. 그 방안은 1920년 무렵에 이미 거론되었고, 1925년 말에 내각 보조기관으로 척식국이 설립되었다.[124] 그러나 모든 해외영토의 행정업무를 관장하고 동시에 조선 총독의 관제(官制)를 수정할 수 있는 충분한 권한이 부여된 중앙기관을 설치하는 특별계획이 수립된 것은 다나카 기이치(田中義一, 1864~1929) 총리 아래 정우회 집권의 내각 때였다. 척식성을 설치하겠다는 계획은 본국으로부터 상대적으로 자치권을 누려왔던 총독이 그 권한을 포기해야 하는 것이어서 총독의 지위가 크게 약화된다는 것을 의미했다.[125] 내지연장 정책을 근거로 추밀원에서 중앙정부의 그런 계획에 반대했던 사이토의 신호[126]를 받아, 제국의 브로커들과 '친일'단체들 내의 그들의 조선인 동맹자들은 도쿄에 대항하는 통일전선을 구축했다. 참정권 허용을 요구한 그들의 연합운동 때처럼 수면 아래에서 약간의 내부분열과 충돌이 일기도 했지만 말이다.

흥미롭게도 조선의 '자치'를 가장 먼저 옹호하고 나선 것은 동화정책 옹호에 앞장섰던 동민회의 조선인 지도자들이었다. 박영철(朴榮喆, 1879~1939) 부회장과 13명의 다른 조선인 이사들이 다나카 계획에 항의해 즉각 사퇴했다. 그들은 "조선을 식민지로 만들려는" 다나카 계획이 "합병에 관한 메이지 천황의 칙어와 일시동인(一視同仁)에 관한 다이쇼(大正) 천황의 칙어를 어기고", 동민회가 옹호해온 '동민(同民, 같은 혈족) 정신을 훼손'하는 것이라고 주장했다.[127] 이 행동에 자극받은 친정부단

---

124 야마자키 단쇼(山崎丹莊), 1943, p. 23.
125 1919년 이후 조선 총독은 "내각의 총리실을 통해 천황에게 고하고 재가를 받도록" 되어 있었지만, 다나카의 계획은 다른 식민지 총독들과 마찬가지로 '척식성'을 통해 그렇게 하겠다는 것이었다. 그 문제가 내각의 발전에 어떤 영향을 끼쳤는지에 대해서는 가토 기요후미(加藤聖文), 1988; 오카모토 마키코(岡本眞希子), 2000 참조.
126 『경성일보』, 1929년 4월 14일자.

체가 다나카 계획이 '내지연장 정책에 위배'된다는 똑같은 이유를 들이 대며 잇따라 도쿄에 항의전문을 보냈다.[128] 국민협회는 스스로 순교자가 될 자진해산까지 감행했다. 국민협회의 조선인 지도자들은 '10년 이상' "우리 국민협회는 온갖 박해와 억압을 참아가며 오로지 내선융화를 위해 헌신"해왔는데, 척식성의 설치로 자신들의 그런 노력이 '수포로 돌아갔고' 자신들의 존재가 '무의미'해졌다고 주장했다.[129]

그러나 정착민 지도자들은 자신들의 조선인 동맹자들이 모순적인 실수를 저지르고 있다고 느꼈다. 갑자구락부 지도자들은 조선인 회원들이 일본인 동료들과 따로 행동하는 것은 '동민이라는 목적 그 자체를 포기하는 것'이라고 주장하면서 처음에는 이사들의 사임을 허용한 동민회를 비판했다.[130] 갑자구락부는 그다음 며칠간 동민회의 탈퇴회원들과 '국가에 남다른 봉사를 한' 다른 '제국단체들'(즉 국민협회, 대정친목회, 그리고 교육협성회(敎育協成會) 등)에 공동의 장(場)을 만들자고 촉구하면서 걱정되는 단결력 침식을 피하기 위해 서둘러 손을 썼다.[131] 이는 척식성관제반대기성회(拓殖省官制反對期成會) 결성으로 이어졌다.

이 기성회의 일본인과 조선인 지도자들은 경찰이 지켜보는 가운데 회의를 열고 다나카 계획에 '절대 반대'하는 집단결의를 통과시켰다. 그다

---

127 『조선공론』, 1929년 6월호, pp. 2, 8; 『매일신보』, 1929년 4월 20일자. 조선인 지도자들의 대거의 사임은 일본인 동료들을 놀라게 만들어 잠시 '공황상태'에 빠뜨렸다. 그러나 그들은 재빨리 총리의 계획에 '절대 반대'를 표명하고 그런 취지의 결의문을 다나카 총리와 추밀원 의장에게 발송했다(『아사히신문』, 1929년 4월 18일자; 『조선공론』, 1929년 5월호, pp. 38~39).

128 『경성일보』, 1929년 4월 21일자.

129 『아사히신문』, 1929년 4월 19일자; 『조선공론』, 1929년 6월호, pp. 2, 8.

130 『경성일보』, 1929년 4월 19일자 석간; 1929년 4월 21일자.

131 『경성일보』, 1929년 4월 21일자 석간; 경성 혼마치 경찰서장, 「척식성관제반대기성회협의회에 관한 건(件)」(拓殖省官製反對期成會打合會に關する件)(1929년 4월 23일/no. 2403).

음 날에 그들은 그 메시지를 총리와 추밀원 의장, 중의원과 귀족원 의장, 양대정당 지도자, 그리고 일본 내의 몇몇 유력인사들에게 전보로 타전했다.[132] 기성회는 또 세 명의 조선인 대표들을 도쿄에 파견했다. 대표들은 도쿄에서 사카타니 요시로(阪谷芳郎)와 중앙조선협회 회원들에게 지지를 호소하고 그들의 소개로 내각의 주요 대신들과 정치인들, 그리고 주요 신문사들을 방문했다. 수천 장이 배포된 그들의 청원서는 조선을 '타이완이나 남양의 섬들과 같은 수준'으로 취급하는 것을 거부한다고 천명했으며, '억압적인 서방 제국주의자들의 사례들'과는 다른 범주로 간주되어야 하는 내지연장 정책을 채용한 일본을 반(反)식민주의적 제국으로 묘사했다.[133]

그들의 저항이 도쿄 중앙정부의 척식성 설치를 막지는 못했지만, 사이토의 반대와 사카타니의 중재로 척식성관제반대기성회는 최종결과물에 일정한 영향을 끼칠 수 있었다. 추밀원과 함께 로비스트들은 중앙정부를 압박해 '척식성'을 '척무성'(拓務省)으로 바꾸고 다른 식민지들보다 우월한 조선의 차별적 지위를 관장하기 위한 '특별 조선과'를 신설하게 했다. 그리고 1929년 6월 10일에 척무성 규정이 공식적으로 발표되었을 때, 다나카 총리는 척무성이 "조선을 식민지로 취급하지 않겠다"라고 맹세하면서 조선인들을 내지[본국]의 일본인들과 동등한 '제국의 신민'으로 인정한다는 성명을 발표했다.[134] 그해 7월에 다나카 내각이 해산되었을 때, 사이토 마코토가 조선 총독으로 재임명되었고 그는 새롭게 부임

---

132 경성 혼마치 경찰서장, 「척식성관제반대6단체협의회에 관한 건(件)」(拓殖省官制反對六團體協議會に關する件)(1929년 4월 25일/no. 2503), pp. 321~23.

133 척식성조선제외동맹(拓殖省朝鮮制外同盟), 「척식성 신설에 대해 조선 관할 외로 할 것을 요청」(拓殖省新設に付き朝鮮管轄外を要請)(請願/4月), in: 『사이토 마코토 관계문서』(齋藤實關係文書), 1929.

134 『경성일보』, 1929년 4월 21일자 석간; 1929년 5월 21일자; 그리고 1929년 6월 11일자.

한 하마구치 오사치(濱口雄幸) 총리와 협의해 총독의 지위에 대한 변경
안을 폐지했다.[135]

그리하여 동맹세력은 본국에 대한 조선의 자치를 지켜내는 데 부분적
으로 성공했지만, 내지연장에 대한 그들의 주장에는 심각한 모순이 드러
났다. 동맹가담자들은 도쿄 중앙정부에 대한 총독의 자치권을 옹호했으
나 동시에 식민지 내의 권위주의적인 총독통치에는 맞서 싸웠다. 그리
고 그들은 조선이 본국 정부의 한 부서의 관장 아래 들어가는 것을 반대
하면서 한편으로는 일본과의 정치적 통합원칙을 강조했다.[136] 『아사히신
문』(朝日新聞)은 이런 부조화를 재빨리 집어냈다. "총독통치 체제 아래의
특별대우[를 계속 받는 것]보다" "척식성 대신이 내각에서 조선을 직접
대표하는 것"이 내지연장을 위한 더 진보적인 조치일 수 있다고 『아사
히신문』은 주장했다. 하지만 동맹은 그들이 주장하는 내지연장의 목적
을 달성하는데 이론적으로 보탬이 될 일본 중앙정부의 그 계획에 반대
하면서 『아사히신문』의 권고를 거부했다며, 『아사히신문』 편집자는 당
혹스러워했다.[137] 그럼에도 동맹의 지도자들은 자신들의 논리적 비일관
성과 관련해 전혀 동요의 기색을 보이지 않았다. 그들이 보기에 다나카
계획은 진정한 내지연장 정책이 아니었다. 그들이 생각한 진짜 내지연장
은 "조선이 척식성 관할이 아니라 내무성 직할체계 아래로 들어가야 비
로소 실현될 수 있는 것"이었다.[138] 그들은 조선과 본국의 완전한 정치적

135　『오사카 마이니치신문』(大阪每日新聞), 1929년 5월 25일자 조선판(版). 그러나
　　　조선 총독을 본국 정부가 통제하는 문제가 애매하게 처리되었기 때문에, 그것은
　　　나중에 본국에서 중요한 정치적 논쟁거리가 되었다(오카모토 마키코(岡本眞希
　　　子), 1998, pp. 7~11).

136　총독의 자치권에 대한 비슷한 문제가 1905년 이후 만주에서 표면화했다. 그러
　　　한 논란이 벌어지게 된 맥락 — 특히 일본 군부와 외무성 간의 관할권 다툼처
　　　럼 — 은 조선과는 전혀 달랐다(Yoshihisa Tak Matsusaka, 2001, pp. 88~90).

137　『아사히신문』, 1929년 4월 23일자; 『경성일보』, 1929년 4월 19일자 석간.

통합을 꿈꿨다. 그들은 그렇지 않은 부분적인 조치들을 거부하면서 차라리 현상유지를 주장했다.

그런 야누스의 얼굴과 같은 반응을 어떻게 해석해야 할까? 일본인 정착민들과 조선인 엘리트들은 모두 조선이 상대적인 독립성을 잃어버릴지도 모른다는 것을 걱정하면서도 '식민지가 된' 것이 아니라 '합방된' 조선이라는 제국의 허구에 집착했다. 한쪽으로는 일본에 대한 조선의 자치를 지지하고 다른 한쪽으로는 일본과의 통합을 바라는 그 두 입장은 이론적으로 양립할 수 없었다. 정착민들의 그런 반응은 본국에 대한 그들의 양가적인 자세를 전형적으로 보여주는데, 그것은 제국의 대리인이면서 동시에 그 하층민(서발턴)이라는 그들의 한계적 지위에서 비롯된 것이었다. 그들이 본국의 척식성 신설에 따른 총독의 지위강등에 반대한 가장 큰 이유는 조선에서 경제적 이익과 지배적 지위를 추구해온 자신들의 활동에 대한 본국의 간섭을 피하고 싶어서였다. 참정권을 둘러싼 그들의 담론에서도 입증되었듯이, 정착민들이 동화와 본국으로부터의 자치 사이에서 동요한 것은 식민지에서 자신들의 이익을 어떻게 유지하고 확장하느냐에 대한 그들의 유동적인 정치적 계산을 반영했다.

조선인 엘리트들이 다나카 계획에 반대한 데는 그들의 피식민지적 지위에서 비롯된 좀더 근본적인 배경이 깔려 있었다. 그들 중 한 사람이 나중에 일본인 동료들에게 이렇게 이야기했다. "조선인들은 식민지 백성이 되는 것을 반대하는 데 비해, 일본인들은 단지 [그들의 처지를] 동정할 뿐이다."[139] 또 다른 어떤 조선인 동민회 이사는 자신이 동민회를 탈

---

138   국민협회(國民協會)도 비슷하게 "조선이 본국의 각 성청(省廳)의 관할 아래로 영원히 들어가고" 총독부가 해체되기를 바랐다(『오사카 마이니치신문』, 1929년 5월 25일자 조선판).

139   경성 혼마치 경찰서장, 「척식성관제반대기성회협의회에 관한 건(件)」(拓殖省官制反對期成會打合會に關する件)(1929년 4월 23일/no. 2403), p. 318.

퇴한 이유를 말해달라는 일본인 정착민들의 재촉에 대해 조선인들에 대한 일본인들의 차별을 가장 중요한 이유의 하나로 들었다.[140] 확실히 외부인들 눈에는 조선인 엘리트들에 대한 그들의 멸시와 그들이 다나카 계획에 반대한 이유가 거의 감춰질 수 없었을 것이다. 윤치호는 이렇게 일갈했다. "바보들! 조선이 척식성 아래에 있든 총독부 아래에 있든 무슨 차이가 있단 말인가?"[141] 그러나 일본인 정착민의 지도자들은 자기 동료들의 행동을 제국에 대한 충성심이 결여된 걱정스러운 일로 여겼다. 갑자구락부 지도자들은 동민회를 집단적으로 탈퇴한 변절자 조선인들에 대해, 영향력 추구에 골몰하면서 당시 조선인 사회의 정치적 보스였던 동민회 부의장 박영철과 '불순한 관계'를 맺은 '조병상과 그 일당들의 자기중심적 이기주의에서 나온 책략'에 놀아난 것으로 봤다. 정착민들의 눈에는 그 조선인 엘리트들이 동민회를 탈퇴하기로 결정하고도 갑자구락부의 회원자격을 유지한 것보다 더 분명하게 그들의 '숨겨진 야심'을 입증한 것은 없었다. 그들은 자신들도 가입한 국민협회와 함께 자신들의 참정권 요구를 관철하겠다는 야심을 가지고 있었던 것이다. 갑자구락부 지도자들 중 일부는 자신들이 "단지 내선융화를 위해 협력하도록 강요당했을 뿐"이라며, 자신들과 조선인 동료들 사이에는 기본적으로 공통점이 없다는 점을 분명히 인정했다.[142]

조선인 엘리트들이 일본인 동료들을 건너뛰어 본국 정부에 그들 자신이 직접 로비하는 경우가 늘어나는 경향을 기쿠치 겐조(菊池謙讓)도 지적했다.[143] 기쿠치는 조선인들이 언젠가는 지배적인 지위를 차지하게 될

140 『오사카 마이니치신문』, 1929년 4월 21일자.
141 대한민국 문교부 국사편찬위원회, 1987, 9: p. 211(1929년 4월 24일 항목).
142 경성 혼마치 경찰서장, 「척식성관제반대6단체협의회에 관한 건(件)」(拓殖省官制反對六團體協議會に關する件)(1929년 4월 26일/no. 2503).
143 사이토 총독에게 보낸 기쿠치 겐조(菊池謙讓)의 의견서(1929년 9월).

지도 모른다는 정착민들의, 대놓고 말하지는 않지만 널리 퍼져 있는 우려를 이야기했다. 제국의 브로커들은 조선인 엘리트들과의 동맹이 1919년 이후에 그들이 추구해온 정치적 권리확보에 중요하다는 사실을 분명히 알고 있었지만, 자신들의 오랜 동맹세력이 실은 교활한 라이벌일지도 모른다는 우려를 결코 거두지 않았다. 1920년대 말에 정착민들의 그런 양가적인 감정이 표면화했는데, 이는 그들이 쟁취하자고 주장해온 화합의 반식민주의 제국이라는 이상이 한계에 봉착했음을 알리는 신호였다.

결론

사이토 문화정치의 시작단계에서 식민지 조선에서의 정치적 균열은 선명하게 드러났다. 사람들은 다소간에 두 범주 중 어느 한쪽에 속하게 되었다. 즉 친일부역자들과 거기에 반대한 항일세력 중 한쪽으로 말이다. 그러나 1920년대 내내 조선의 권력지형이 끊임없이 변함에 따라 그 경계선은 결코 고정되어 있지 않았다. 정착민 지도자들과 조선인 엘리트들의 정치활동의 한도는 궁극적으로 그들의 이해추구에 공통분모였던 총독통치 체제라는 틀에 의해 규정되고 그 틀 안으로 제한되었다는 것은 의심의 여지가 없다. 정치적으로 온건한 조선인들을 제외한 거의 모든 조선인이 경찰의 탄압을 받거나 국외로 망명해야 했던 사실은, 조선 내의 가장 중요했던 일부 권력투쟁들이 식민지 국가구조 틀 내에서 이뤄진 것이지 거기에 대적했던 것은 아니라는 것을 말해준다. 그리고 정치권력이 국가에 집중되어 있었기 때문에 그런 권력투쟁은 국가차원이 아니라 지역차원에서 이뤄졌다. 논쟁의 성격과 그 역학관계를 이해하는 데 유리한 지점은 바로 조선 내 일본인과 조선인 엘리트들이 국가에 개입하고 적이든 동맹세력이든 서로가 관여했던 식민지 체제의 심장부다.[144]

그들이 제국을 떠받치기 위해 일할 때, 정착민 지도자들이나 조선인 엘리트들 그 어느 누구도 식민체제에 굴종적으로 협력한 것은 아니었다. 1919년 체제 이후 식민국가가 조선 내의 주민들에게 자신의 의지를 무소불위로 관철하는 힘은 아래로부터 올라오는 새로운 정치적 저항 때문에 저지당했다. 거기에는 민족주의운동의 온건파와 급진파뿐만 아니라 지역의 통치분야에 참여한 민간조직들의 확대도 가세했다. 원래는 대중적 불만을 잠재우는 안전판으로 고안된 도시와 지방의 협의회들이 정치적 반대세력의 온상으로 급속히 바뀌었다. 그 세력의 엘리트 참여자들은 자신들이 복무하는 식민국가의 권위주의적 성격에 의문을 던지기 시작했다. 전선공직자대회 창립과 지역자치, 참정권 허용을 요구하는 잇따른 운동 — 장기거주 정착민들이 시작한 — 은 신민들을 정치로부터 떼어놓으려던 식민체제의 노력이 실패했음을 보여주는 증거요, 조선합병 이전 시기의 유산이기도 했다. 합병 전에 조선에 건너온 신흥 정착민 지도자들과 대륙의 낭인들은 자신들의 정치적 이상을 추구하면서 정부의 공식통로를 우회해 자신들이 직접 전면에 나서는 방법을 알고 있었다. 특히 갑자구락부와 같은 조직들의 활동은 제국의 브로커들이 제국정치의 지역적 활동영역을 어느 정도까지 펼칠 수 있는지 그 대체적인 윤곽을 보여주었다. 그들이 자신들의 이익실현을 위해 대중을 움직이고 정부정책의 방향을 바꾸는 데 성공하지 못했을지라도, 조선인 엘리트들과 손잡고 지역의 정치뿐만 아니라 본국의 정치에도 중요한 로비활동을 벌임으로써 적어도 통치의 대의에 영향을 끼쳤으며, 참정권 획득을 통해 그 힘을 더욱 키우려 했다.

---

144 그들 간의 관계는 케냐의 '백인 정착민 부르주아지와 아프리카 프티부르주아지' 간의 관계와 비교될 수 있다. 그들은 '식민국가에 의해 창출되었으며', '식민국가와 기회/의존 및 통제/투쟁이라는 매우 상반되는 양가적인 관계'를 맺고 있었다(Bruce Berman·John Lonsdale, 1992, p. 195).

하지만 엘리트들의 정치적 동맹은 처음부터 불안정한 기반 위에 서 있었다. 동맹은 결국 거기에 가담한 모든 정파들의 이익에 봉사하는 한도 내에서 작동했으며, 정착민들과 조선인 엘리트들은 점차 그들의 이해가 갈리는 현실을 목도하게 되었다. 전선공직자대회는 그들 간의 정치적 협력가능성을 가늠하는 시험대였다. 식민지 정치에서 더 큰 목소리를 내고자 하는 그들 공동의 욕망은 그 두 그룹을 국가권위에 대항하는 방편으로 단결시켰지만, 그 단결을 유지하는 데는 더 큰 도전들이 도사리고 있었다. 전선공직자대회는 그들간 정치적 비전의 충돌징후를 보여주었다. 거기서 일본인 대표들은 지역에서의 패권을 장악하는 데에 관심을 갖고 있었으며, 조선인 대표들은 일본인들과 동등한 권리를 주장하면서 국민 자격(citizenship)의 획득투쟁에서 동맹세력이 아니라 경쟁자가 되었다. 1920년대 말에 저항세력과 거의 무관했던 한상룡 같은 조선인 자본가조차 내지연장 정책에 대한 지지를 철회함으로써 정부의 공식적인 정책노선에서 발을 빼기 시작했다. 식민지 협력설계자들이 부르주아 엘리트들을 그 나머지 사회로부터 분리하는 구조를 고안했지만, 민족주의적 정치가 참정권에 대한 미약한 공감을 점차 훼손했고 가장 믿을 만했던 조선인 동맹세력조차 정치화하면서 그들 중 다수를 예전의 이념적 틀에서 이탈시켰다.

지역 엘리트들 간의 충돌은 때때로 불안해하던 통치자를 점증하는 분열문제에 직면하게 만들었다. 사이토의 총독부는 동화정책을 유지하는 한편으로 비록 먼 뒷날의 일일지라도 조선의 자치에 대한 전망까지 검토하기 시작했다. 1920년대 말에 수그러들 줄 모르는 민족주의의 성장에 직면한 제국의 존재론적 위기감은 군림하는 억압적 통치를 다시 한번 진지하게 재검토하게 만들었다. 이런 유동적 상황 속에서 동화정책에 대한 정착민들의 태도는 겉으로 드러난 것보다는 이념적 강제성이 약했다. 내지연장에 대한 입장을 견지하면서도 정착민 지도자들은 끊임없이 동화와 자치 사이를 왔다갔다 했으며, '일본인'으로서의 법률적·정치적 양가성 때문에 추(錘)는 진동을 계속할 수밖에 없었다.

1920년대 말에 저항자들과 협력자들의 대립이라는 낡은 정치지형은 의미심장하게 바뀌기 시작했다. 지역의 반체제세력을 억압하는 강제력에 점점 더 의존하던 국가는 사이토의 순치정책의 실패로 귀결되었으며, 경찰보고서들은 오랜 기간 협력자들이 가담했던 식민지 동화정책 사업에 대한 점증하던 위협들이 어떤 모습으로 전개되었는지 보여주었다. 피해망상적인 추측들이 난무하는 가운데 정착민 지도자들은 자신들의 조선인 협력자들(그들이 지원했던 식민국가도)이 진정한 동맹세력인지 의심하기 시작했다. 조선인들의 행위는 그들에게 확신을 심어주지 못했다. 조선인 동맹세력과 식민지 정부로부터 점차 소외감을 키워가던 제국의 브로커들은 거기에 어떻게 대처했던가? 1931년 일본의 만주(滿洲) 장악은 이런 측면에서 시의적절하게 개입해준 사건이었다. 만주는 곪아터지고 있던 본국의 사회적·경제적 문제들에 대한 해결책을 제공했을 뿐만 아니라 조선이라는 연약한 사회조직이 더욱 멀리 떨어져 나가는 것을 막아줄 잠재력을 지니고 있었다. 1930년대에 제국의 브로커들은 단호하게 그 기회를 움켜쥐었다.

제3부

국가기관들

위문품 보내기 운동, 1930~40년대.

제7장

만주(滿洲)의 충격효과

러일전쟁 뒤 일본인들의 국민감정에 1931년 9월 관동군(關東軍)의 만주(滿洲) 침략만큼 충격에 휩싸이게 만든 국제적 사건은 없었다. 관동군 장교들의 행동은 일본이 직면해 있던 국내적·대외적 위기들을 한꺼번에 해소해줄 것으로 여겨졌으며, 본국의 대중은 희열에 차 환호했고 그 환희의 물결은 아시아의 일본인 해외공동체들로 퍼져갔다. 그 소식에 들뜬 일본인 해외이주자들은 자신들의 집과 가게 앞쪽을 욱일승천기(旭日昇天旗)로 장식했으며, 도시의 대로(大路)에서 승리의 제등행렬을 자랑스럽게 펼쳤다. 만주의 획득이라는 그 승리의 순간은 제국 전체적으로 국가기념일이 되어 매년 9월에 기념행사가 열렸다.[1]

조선에서 그 사건에 대해 맨 먼저 반응을 보인 것은 경성의 영향력 있는 민간인들이었다. 갑자구락부의 요청으로 경성 전체의 일본인과 조선

---

1 일본에서 만주의 식민화가 가져다준 문화적 충격에 대한 분석은 Louise Young, 1998 참조.

인 지도자들이 10월 초에 길거리로 나와 "만주에서의 우리 권익을 지키기 위해" "대중여론을 일깨웠다". 비행기가 경성의 상공을 날며 1만 장의 선전전단을 뿌렸고 조선신궁(朝鮮神宮)의 아침 참배객을 따라 지역 엘리트들이 수십 대의 자동차를 타고 도보자들과 구경꾼들에게 일본제국의 대의에 동참하라고 호소하면서 시가지를 돌았다. "친애하는 국민 여러분, 나라를 위해 일어섭시다! 나라의 이익을 지키는 것은 우리의 임무입니다. 국민 여러분, 조국을 위해 일어섭시다! 만주 문제를 이번에 한꺼번에 해결합시다."[2]

엘리트들의 열정이 즉각 대중적 지지로 연결되지는 않았다. 일반 행인들은 애국주의적 행진을 그저 쳐다보기만 했고, 집회에 모인 1만 명의 군중 속에 들어 있던 1,500명 정도의 조선인들이 '나라를 하나로 뭉치자'라는 열정적인 호소에 호응했다. 일본어 신문들이 제국군의 활기찬 승전보를 실었으나 조선어 신문들의 보도는 가라앉거나 무관심한 논조를 유지했다. 만주사변에 대한 사람들의 태도는 "시간이 지나면서 점차 식었고", 조선인 민족주의자들과 사회주의자들은 '일반 프롤레타리아 대중'의 관심을 끌어들이는 데 실패한 '부르주아지를 조롱'했다.[3] 못마땅함을 표시하는 일반적 몸짓으로 조선인 다수는 그냥 그 구경거리를 무시하는 반응을 보였다.

조선이 자발적으로 환호작약하지는 않았지만, 그럼에도 만주사변의 충격은 대륙으로 연결되는 수많은 통로를 통해 큰 반향을 불러일으켰으며, 북부 국경지대 너머로 퍼져나갔다. 1932년 독립국가 만주국의 탄생

2 경기도(京畿道)·경성 지방법원(地方法院) 검사정(檢事正) 완(宛),「일본과 중국 충돌 사건에 관한 관내상황」(日支衝突事件に關する管內狀況)(第12報)(1931년 10월 3일/ no. 8302~11).

3 경기도·경성 지방법원 검사정 완(宛),「일본과 중국 충돌에 관한 관내상황」 (第11報)(1931년 10월 2일/no. 8402~10).

으로 다시 한 번 제국은 일본인들의 국민생활에서 관심의 초점이 되었고, 아시아 대륙과 연결하는 전략적이고 경제적인 통로로서의 조선의 중요성이 재확인되었다.[4] 정착민들의 활동 또한 이 제국의 변방을 따라 꾸준히 확장되면서, 사실상 그들을 일본의 새로운 대륙제국의 브로커들로 변신시켰다.

전 지구적 패권을 추구하는 국가 뒤에서 다양한 정착민들이 다종다양한 지역의 의제들을 추구했다. 그런 일들 중의 하나가 무관심한 듯 보이는 조선인 대중을 끌어모으는 일이었고, 그 작업을 언론인과 선전원들이 맡았다. 그들은 만주의 식민화를 일본과 조선의 합작사업으로 묘사했으며, 조선 내에서 취약한 민족 간의 깨지기 쉬운 관계를 강화하는 유익한 부수효과도 기대했다. 상인들과 무역업자들은 식민지 관리들이나 본국의 기업가들보다 한 발 먼저 만주 시장(市場)을 조선 물산의 판매처로 확보하기 위해 열성껏 싸워야 했다.

제국의 브로커들의 활동범위와 영향력이 조선반도 너머로 확장되어갔지만, 동시에 그들에 대한 식민국가의 장악력도 꾸준히 커졌다. 1930년대 초 더 큰 무력분쟁의 조짐 속에 새로 임명된 총독 우가키 가즈시게(宇垣一成, 1868~1956)는 대륙의 비상사태에 대비한 조선 거주민들의 동원 준비작업에 착수했다. 식민당국은 민간지도자들 및 단체들과의 협력 속에 교화(敎化)를 명분으로 수많은 운동 ― '민족정신' 고양, 일상생활 개선, 청년계도, 여성계몽, 그리고 종교적 헌신성 함양 등 ― 을 펼쳤으며, 이를 통해 국가권력은 인민의 일상생활 속으로 침투해 들어갔

---

4 일본의 대륙확장에서 차지하는 조선의 중심성은 식민지와 본국 간에 핵심적인 지도자 두 명의 보직을 맞바꾼 데에서 상징적으로 드러난다. 도쿄 중앙정부의 통제력을 군부가 장악하고 새로운 '거국일치 내각'을 1931년에 출범시켰을 때, 그들은 (조선 총독이던) 사이토 마코토를 본국 총리에, 본국 육군상 우가키 가즈시게를 사이토 후임으로 조선 총독에 앉혔다.

다. 정착민 지도자들은 이 느슨하지만 점차 제도화된 교화와의 접점 속에서 일본인과 조선인 중산층으로 구성된 새로운 세대와 함께 활동을 펼쳐나가기 시작했다. 여성과 교육자들, 종교계 인사들이 포함된 그 중산층은 국가를 대신해 지역공동체를 운영할 수 있는 권한을 국가로부터 부여받았다. 교화를 지도할 지역의 주도권은 1920년대의 융화운동 때처럼 민간의 자발적 참여자들의 연결망을 통해 꾸준히 확산되어 정착민 개척자들과 '친일파' 조선인 엘리트로 구성된 작은 핵심집단 차원 너머로 확장되었다.

조선과 만주 간의 새로운 정치적·경제적 결합을 매개하면서 그 전까지는 드러나지 않게 또는 정부정책의 그늘 속에서 활동해온 제국의 브로커들이 식민국가의 대리인으로 변모하기 시작했다. 그 과정에서 정착민들의 활동영역과 영향력은 더욱 커졌고, 그들은 마찬가지로 확장되어 가던 관료조직과 손을 잡고 사회를 관리했다. 1930년대에 변해가던 정착민들의 수법을 추적하면 일본 본토와 조선에서 작동된 국가와 사회 간 상호침투의 동역학, 즉 일본의 대륙제국 건설을 이끌었던 그 동력을 더 자세히 알 수 있다.[5]

만주 열기의 조성

10월 집회 뒤에도 정착민 지도자들과 조선인 동료들은 몇 개월에 걸쳐 연설회와 토론회, 그리고 지역의 신사들에서 '애국기도회'를 열고 국

---

5 루이스 영(Louise Young)이 보여주었듯이, 이 동력이 만주에 중심을 둔 일본의 '총동원 제국'(total empire) 건설을 이끌었다. 그 제국에서 '사회적으로 개입적인 국가'가 대중을 동원하려 노력하면서, 동시에 다양한 민간단체들이 공식 통치구조를 뚫고 들어갈 수 있도록 허용했다(Louise Young, 1998, p. 398).

가방위와 순교의 서사들을 소리 높이 외쳤다. 남녀별 위문운동이 조선 각지로 급속히 퍼져나갔다. 애국부인회와 지역의 여성단체 회원들이 관동군에게 보낼 기부금과 위문품을 모았고, 남성지도자들은 국가방위 모임을 결성하고 조선과 만주의 국경지대에서 복무하는 제국의 방위군들을 위로방문했다.[6] 그리고 '반자이'(만세)를 외치면서 정착민들은 각계각층의 조선인 남녀노소와 함께 징집당해 만주로 파송되는 일본군 경유지의 기차역으로 나가 그들을 전송했다고 언론들은 보도했다.[7]

그러나 이들 애국주의 행사는 산발적이었고 대체로 지역관리들과 엘리트들, 그리고 교사들이 인솔한 학생들로 국한되었다. 만주 경영에 대한 조선인들의 폭넓은 지지를 끌어내고 유지하기 위해서는 더욱 철저한 전략이 필요했다. 일본의 식민지 언론과 정부의 선전원들은 일본을 중국의 억압에 따른 희생자로 그리는 본국 신문들에 동조하면서 조선의 관련 요소들을 거기에 보탰다. 그들은 만주로 간 조선인 이주민들, 특히 간도(間島)의 국경지대에 사는 조선인 이주민들을 최대의 순교자로 그렸다. 백두산 북쪽, 그러니까 압록강과 두만강이 가르고 있는 조선-만주 국경 바로 너머에 있는 간도는 역사적으로 경계가 불확실한 분쟁지역으로 조선인들이 지역인구의 다수를 차지하고 있었다.[8] 1909년, 조선합병 직전에 일본은 만주 철도부설권을 보장받는 대신에 간도를 중국의 영토로 인정해주는 조약을 청나라 정부와 체결했다. 일본인들의 계속되는 조선 이주와 식민화는 빈궁해진 조선인 농민들을 그들의 토지에서 쫓아내 국경 너머 간도 지역으로 떠밀었다. 만주사변이 일어났을 무렵, 만주 내 조선인 인구는 63만 명에 이르렀고, 그들 중 약 40만 명이 간도 지방에

6   조선총독부 편, 『시정 25년사』, 1935, p. 940.
7   『경성일보』, 1933년 2월 2~3일자; 『동아일보』, 1933년 2월 1일, 4일과 8일자.
8   조선인의 초기 만주 이주의 주요 원인은 강압적인 징세와 미개간지 개척, 그리고 조선왕조 말기의 반란세력 도피 등이었다(Andre Schmid, 2002, p. 38).

살았다. 간도에는 중국인도 11만 6,000명이 살았으며, 일본인 거주자는 2,000명 정도였다.[9]

또한 조선인 정착민들과 지역 중국인 관리 및 주민들 간의 소규모 충돌이 잦았던 간도는 조선과 중국 본토에서 온 망명정객들과 게릴라 요원들이 모여드는 항일운동의 보루가 되었다. 1930년 5월 조선인과 중국인 공산주의자들이 그 지역의 영사관 등 공공시설에 불을 지르고 파괴하면서 대규모 항일봉기를 시작했다. 그들은 한편으로 자신들을 지지하라며 지역주민들을 위협했고,[10] 그 때문에 1920년대 말 이후 그 수가 상당히 늘어나고 있던 조선 북부지방 거주 일본인들이 두려움에 떨었다. 하지만 국경방어를 강화하고 만주에 수비대를 늘리는 것 ― '간도 동포들의 보호'[11]를 촉구하면서 그들 정착민의 우려를 대변하는 동민회와 갑자구락부 등의 수많은 청원도 부분적으로 영향을 끼쳤다 ― 외에 본국 정부나 조선총독부도 상황의 개선을 위해 할 수 있는 일이 달리 없었다. 간도는 법적으로 중국의 영토였으므로, 그 지역의 일들은 외무성과 현지의 일본 영사관을 지원하는 400명의 경찰관들에 의해 외교적으로 처리되어야 했다.[12] 그런 복잡성 때문에 많은 사람들이 간도를 '만주 정책뿐만 아니라 일본의 조선 통치에도 암적 존재'로 본 것은 놀랄 일이 아니었다.[13]

<hr>

9   『조선공론』, 1930년 12월호, pp. 17, 40~44.
10 Robert A. Scalapino · Lee Chong-Sik, 1972, pp. 156~59; Suh Dae-Sook, 1967, pp. 232~33, 259~60; Eric Esselstrom, 2009, pp. 99~104.
11 『동민』 75(1930년 12월호), p. 6; 동민회, 「성명서」(1931년 11월 9일).
12 『조선과 만주』, 1930년 11월호, p. 36에 실린 외교분야 책임자 호즈미 신로쿠로(穂積眞六郎) 인터뷰. 조선 내 일본 군대와 경찰은 그 지역에서 활동하던 급진적인 조선 민족주의자들을 기소하기 위해 종종 자신들의 관할지 경계를 넘었다(Park Hyun Ok, 2000, p. 211). 간도 지역의 애매한 관할권과 조선인 항일활동에 대한 영사경찰의 대응은 Eric Esselstrom, 2009, pp. 50~53, 72~78 참조. 중국 내의 지역 일본인 국적자들 보호에 대해서는 Timothy Brook, 2000, Chapter 3 참조.
13 『조선공론』, 1930년 11월호, p. 5.

1920년대가 끝날 무렵에 일어난 일련의 사건들로 그 암덩어리는 일본의 대륙전략에서 해결해야 할 핵심과제가 됐다. 간도의 조선인 정착민 보호는 하나의 구호가 되었다. 조선의 신문과 잡지들은 독자들에게 조선인의 생명과 재산을 위협함으로써 그들을 만주에서 '쫓아내려는' 중국의 강화된 노력들에 대해 경고했다.[14] 일본 출판업자들도 대중을 분기시킬 의도로, 그들이 '우리 동포들'이라고 부른 조선인 정착민들에게 '중국인들이 입힌 심각한 상처들'의 끝없는 목록을 작성하는 일에 조선 언론들과 함께 앞장섰다. 언론매체들의 그런 묘사를 통해 만주의 조선인들은 일본의 만주 침략 직전에 일본제국의 모든 주요 자산들 ─ 철도, 상업, 러일전쟁 때 큰 희생을 치르고 할양받은 관동(關東)반도 조차지* ─ 을 상징하게 되었다.[15] 만주 침략 몇 개월 전에 식민주의 선동가들이 만주를 일본인과 조선인이 손잡고 함께 중국의 억압에 맞서 싸우는 땅으로 그럴 듯하게 꾸며낼 수 있게 해준 또 다른 사건이 일어났다. 1931년 7월, 창춘(長春) 외곽의 소읍(小邑)인 완바오산(萬寶山, 만보산)에서 그곳 중국인 주민들과 관리들이 조선인 이주농민들이 만든 관개수로들을 파괴하면서 두 공동체 사이에 공공연한 충돌이 일어났다. 일본 출판업자들과 지역단체들은 그 사건을 '만주의 우리 동포들 운명이 걸린 비상사태'로 과장했으며, 식민당국은 언론선전을 통해 반중(反中)감정을 부채질했다.[16] 그 운동은 효과를 발휘했다. 조선 전역에서 중국인 주민들을 겨냥

14　1920년대 중반부터 조선 언론들은 만주 조선인들의 실상에 대해 보도하기 시작했으며 그들의 안전확보를 촉구했다. 『동아일보』의 보도에 따르면, 일본의 만주 점령 직후 옷가지를 기증함으로써 "도망민들조차 동포들에 대한 자신들의 사랑을 보여"주었으며, 그런 현상은 조선 곳곳에서 찾아볼 수 있었다(1931년 10월 29일자). 만주의 조선인에 대한 토론회는 『삼천리』, 1933년 9월호, pp. 47~51 참조.

•　오늘날 산둥반도의 일부로, 1905년부터 1945년까지 일본의 조차지였던 관동저우(關東州)를 말한다.

15　『조선공론』, 1930년 12월호, pp. 18~37; 『조선과 만주』, 1931년 10월호, p. 5.

한 조선인들의 폭동과 공격이 자행되었다. 평양과 인천 등의 도시들에서 군중이 차이나타운을 약탈하는 등의 폭력사태로 127명이 죽고 수백 명이 다쳤다.[17]

일본은 완바오산 사건을 일제 관동군의 만주 침략을 정당화하는 편리한 핑곗거리로 써먹었다. 어느 정착민 언론인이 썼듯이, 만주 침략은 "제국이 만주의 1백만 조선인 동포들의 생명과 재산을 지키기 위해 용감하게 일어선" 순간이었다.[18] 만주 침략 뒤 중국인 '강도들'과 군인들로부터 당한 협박과 폭력들을 보도하면서 식민지 언론은 조선인 대중들을 결집하기 위해 그때 이미 상투적인 선전문구가 된 '만주의 우리 동포보호'라는 구절을 계속 지면에 배치했다.[19]

중국인 폭력배들에게 둘러싸인 간도 지방의 조선인들이라는 이미지는 조선인들이 만주의 원래 주민이요 통치자였다는 고토(古土)수복주의적 주장에 의해 더 선명해졌다. 관동군 사령관 무토 노부요시(武藤信義, 1868~1933)가 만주국 건국 직전에 경성을 방문했을 때, 조병상과 조선인 실업가들이 그에게 '만주로 간 선구자들'인 '1백만 조선인 동포들'을 보호해달라고 간청했다.[20] 조선인 정착민들에게 내면화된 이 선구자 이미지[21]는 북쪽 국경선 너머로 향한 조선 민족의 확장이라는 디아스포라

---

16 『매일신보』, 1931년 7월 5일자 석간; 1931년 9월 2일자.

17 『매일신보』, 1931년 7월 5~8일자; 『조선과 만주』, 1931년 7월호, p. 12.

18 『조선공론』, 1931년 12월호, pp. 2~3.

19 예컨대, 『조선신문』, 1931년 9월 17~19일자; 1934년 3월 1~2일자. 일본의 침략 뒤에 '만주의 동포들이 입은 손실'이 어느 정도인지를 살펴보려면 『동아일보』, 1931년 12월 8일자 참조.

20 『조선실업구락부』(朝鮮實業俱樂部), 1932년 9월호, pp. 2~5.

21 예컨대, 간도의 조선인 정착민 대표들은 1933년 경성을 방문하는 길에 '제2의 고향' 건설에 동참하라고 조선인들을 초청했다(김내범(金迺範), 「만주 재주(在住) 동포시찰단을 맞이하여」(滿洲在住同胞視察團を迎へて), 『조선실업구락부』, 1934년 1월호, p. 49).

적 전망의 암묵적인 반복이었다. 그것은 19세기 말 신채호(申采浩) 같은 조선인 학자들과 일본인 만선사(滿鮮史, 만주·조선사) 연구자들의 상상력을 사로잡았다. 그들의 정치적 목표는 다양하게 갈렸지만, 그 두 집단의 연구자들은 모두 '만주와 조선은 따로 떼어놓을 수 없다는 것'을 강조했다. 그들은 고대 왕국이었던 고구려의 영토경계가 만주를 포함하고 있었으므로 조선인들의 간도로의 이주는 "조상의 옛 땅으로 돌아가는" 과정이라고 주장했다.[22] 1920년대와 1930년대에 대륙을 향한 일본의 야심과 조선의 오랜 고토수복 추구가 다시 한 번 만주로 집결했다. 신채호와 같은 저자들은 민족부활의 꿈을 조선의 고대 왕국들이 지배했던 '북쪽 땅들'에 고정시켰고, 일본인 저자들은 조선인 '동포'의 활기를 자민족의 대륙확장을 촉진하는 데 활용했다.

기쿠치 겐조(菊池謙讓)는 '잃어버린' 조선 땅 만주라는 고토수복주의의 이상을 조선인 정치지도자들을 제 편으로 끌어들이는 전략으로 가장 먼저 써먹은 일본인 중의 한 사람이었다.[23] 신채호의 주장과 본국의 일본인 학자들에게 동조하면서 기쿠치는 조선 민족의 조상들 ── 특히 부여족, 또는 '몽골족 중에서도 가장 영웅적인 민족' ── 의 역사적 이동경로를 추적했다. 그에 따르면, 조선 민족의 조상들은 장백산(長白山, 백두산) 지역에 출현해 두만강과 압록강 이남의 땅에 '문명의 힘'을 전파했다. 그는 일본인들이 이들 '만주의 선구자'인 조선인들의 발자취를 되짚어보기를 희망했다.[24] 그는 특히 아무르강 상류와 함경남도 사이의 고원

---

22 Andre Schmid, 2002, pp. 224~36; 하타다 다카시(旗田巍), 1969, p. 183.

23 기쿠치는 간도가 원래 조선의 영토였고, 고구려 시대에 조선이 요동지역을 지배했다고 주장했다. 기쿠치가 제안했듯이, 그 땅들을 되찾아야 한다는 생각은 "고종(高宗)의 야망을 엄청나게 자극했다"(아오야기 쓰나타로(靑柳綱太郞), 1926, p. 876; 기쿠치 겐조(菊池謙讓), 1931, 2, p. 431).

24 기쿠치 겐조(菊池謙讓), 1925, pp. 34~35; 조후 산진(長風山人), 「대륙으로 옮겨 간 조선인」, 『경성일보』, 1935년 9월 4일자('조후 산진'은 기쿠치의 필명). 부여

지대를 '야마토(일본) 민족이 확장해갈 경로'로 봤다. 지린(吉林)으로 진출하기 위해 "우리는 확실히 이 지역을 개간해야 한다"면서, 이를 위해 가장 먼저 '농업생산에 으뜸인' 조선인들을 정착시켜야 한다고 그는 주장했다. 조선인 인구는 간도에서 북만주 지역으로 퍼져가 '향후 50년간 5백만 명으로 불어날 것'이라고 그는 예측했다. 그때 쑹화강(松花江) 유역에 '위대한 자유식민국 건설'을 선도한 '조선 민족은 위대한 세계민족의 하나로 인정받게 될 것'이라고 그는 썼다.[25]

　일본인 정착민 필자들은 조선인들을 만주 식민화의 대리인으로 그리면서 동시에 해외개척자로서의 자민족의 자랑스런 과거를 상기시켰다. 과잉인구 문제의 해소책으로든 중국과 러시아의 위협에 대한 인간 완충재로든 간에, 만주의 조선인 '동포들'은 조선반도로 건너온 일본인 초기 이주민들의 역할을 방불케 했다. 그런 연관성은 『민중시보』(民衆時報)의 아베 가오루(阿部薫)로 하여금 만주국의 탄생을 조선, 타이완, 가라후토(사할린), 오키나와 등 '새로운 변경지대'(new frontiers)에 나가 있는 일본인 민간'개척자들'을 예찬할 완벽한 순간으로 여기게 만들었다. 그것은 '더 많은 해외모험 사업을 자극'하기 위한 방안이기도 했다.[26] 그것을 조선에 정착민들을 입식하는 일본의 사업이 결코 완벽하지 않았다는 점을 당국에 상기시키는 기회로 활용한 사람들도 있었다. 관심을 만주로 돌림으로써 "우리의 발전하는 조선 영토가 최근 우리 국민들로부터 무시당하는 경향"이 있는 점을 우려하면서 샤쿠오 슌조(釋尾春芿)는 "일본인

족에 대한 본국 일본인 학자들의 논의는 Pai Hyung-il, 2000, Chapter 2, 그리고 Mark E. Byington, 2003, p. 13 참조. 뒤섞인 민족의 기원 및 '만주족들'과 비교한 조선 민족의 우수성에 대한 조선인의 시각을 보려면 김명식(金明植),「조선민족 기원의 문화적 고찰」, 『삼천리』, 1935년 2월호, pp. 52~58 참조.

25　기쿠치 겐조(菊池謙讓), 1922, pp. 10~11; 기쿠치 겐조(菊池謙讓), 1925, p. 39.
26　대륙연구사(大陸研究社) 편, 『만선문제의 귀추』(滿鮮問題の歸趨), 1934, pp. 523~28.

이주민들이 먼저 조선에 충분히 퍼져나간 뒤에 "조선인들이 만주로의 이주에 앞장서는" 방식으로 식민화의 추진방법을 재정립해야 한다고 주장했다.[27] 조선에서 자신들의 주변성(marginality)을 더욱 악화시킬 수 있는 우려할 만한 제국의 지형변화 속에서 일본인 정착민 지도자들은 일본의 제국적 야망이 조선인들의 디아스포라적 이주로 변주될 대륙사업에 참여할 결의가 갖춰져 있었다.

조선인들을 순교자요 개척자로 묘사하는 배경에는 끊임없이 조선반도를 괴롭히는 민족 간의 긴장을 피해가는 방편으로 만주를 활용할 수 있을 것이라는 암묵적인 기대가 깔려 있었다. 사이토 총독의 순치정책에도 불구하고 1920년대 막바지에 조선에서의 민족화합은, 1929~31년에 벌어진 광주학생운동이 명백히 보여주었듯이, 갈 길이 멀었다. 그 통탄할 사태에 대한 만족할 만한 해결책은 갈등이 지배하는 조선반도 바깥, 즉 만주의 기회가 가져다줄 치유력에 있을 것으로 보였다. 특히 식민지 부르주아 엘리트들은 만주의 자원개발을 일본-조선의 합작사업으로 추진하기를 열망했다. 어느 조선인 관찰자가 낙관적으로 예상했듯이, 그 사업은 물질적 이익을 가져다줄 뿐만 아니라 '내선융화를 증진하는 데 좋은 영향'을 끼칠 것이었다.[28]

일부 정착민들은 만주국 탄생을 계기로 그들이 오래 간직해온 범(汎)아시아주의 이상을 재확인했으며, 사람들의 주의를 딴 데로 돌리려는 이 사회제국주의(social imperialism)의 견제작전이 급진적인 반대세력을 조선에서 완전히 제거하는 데에 활용되기를 기대했다. 동민회 회원인 후지이 간타로(藤井寬太郎)는 만주를 땅을 갈구하는 농민들과 급진적이기 쉬

---

27 『조선과 만주』, 1933년 10월호, pp. 2~4.

28 김건중(金健中), 「재만(在滿) 조선인 박해의 실상」(在滿鮮人壓迫の實相), 『조선공론』, 1928년 6월호, pp. 40~41.

운 청년들에게 배출구가 될 것으로 보면서, 따라서 "만주로 이주하는 조선인들은 대부분 보통학교 졸업자나 농업학교를 나온 사람들로 제한해야 한다"라고 제안했다.[29] 만주국 건설에 영향을 끼친 '동아(東亞)공동체'와 흡사한 새로운 정치공동체를 만들자는 좀더 유토피아적인 전망을 제시하는 일본인 관찰자들도 있었다. 도미카스 하지메(富加須肇)는 "일본 민족도 조선 민족도 아닌 새로운 위대한 아시아 민족"을 창출해내기 위해 일본인은 '우월감'을 버리고 조선인은 '민족주의 의식'을 버리자고 촉구했다. 도미카스는 '이런 이상을 실현하는 것'은 잠재의식 차원의 더 높은 단결을 이뤄내는 것이며, 그것은 "전적으로 우리 제2세대에 달려 있다"라고 주장하면서 "백지상태에서 출발하는" 중요한 발걸음으로서의 [두 민족이 섞여서 교육을 받는] 혼합교육을 제안했다.[30]

하지만 많은 정착민 사업가들에게 민족화합(5족협화)의 전망은, 조선인 이주민들이 일본 팽창의 길을 닦게 될 경우에 확보할 실질적 이익을 은폐하는 겉치레일 뿐이었다. 조선인들의 만주 이주를 주창해온 장기거주 일본인 정착민인 경성 상업회의소의 진나이 모키치(陳內茂吉)는 조선 북부지방에서 만주 내륙[31](60만 조선인 '농민동포들'이 '아무리 먼 땅이라도 모조리 개간'하기 시작한 것으로 알려진 곳[32])까지 경제적으로 관통하겠다는 구상을 토대로 지린-회령(會寧) 간 철도의 완공을 촉구했다. 일본의

29 후지이 간타로(藤井寬太郎), 「만주와 조선 이민의 대책」(滿洲及朝鮮移民の對策), 『조선공론』, 1932년 8월호, p. 60.

30 도미카스 하지메(富加須肇), 「민족심리를 통해 본 내선융화 문제」(民族心理より觀たる內鮮融和問題), 『조선공론』, 1932년 10월호, pp. 31~32. 간도 지방에서는 1932년 이후 다양한 범아시아주의 단체들이 '불만을 품은 조선인 엘리트들'과 연계해 '고려(Gaoli)국이라고 불린 그들만의 유토피아, 반(反)서방 정치체제 창출'을 위해 활동했다(Prasenjit Duara, 2003, pp. 98~99).

31 『조선과 만주』, 1932년 5월호, p. 85.

32 『조선신문』, 1934년 7월 2일자.

부족한 식량공급과 과잉인구의 문제를 푸는 해결책으로 후지이 간타로는 더욱 야심 찬 식민화 계획을 준비해놓고 있었다. '조선에서 아시아 최고의 관개 시스템'을 개발한 자신의 경험을 자랑하던 후지이는 6,000만 정보(町步)의 만주 땅— 일본의 경작지 총면적과 맞먹는 —을 개간하기 위해 30억 엔의 자금을 투입하고 조선의 과잉노동력을 활용해 "이웃 만주국을 양도할 수 없는 우리 대일본제국의 일부로 만들어야" 한다고 주장했다.[33]

이런 산업적 제안은 사실상 만주의 조선인 정착민들을 일본의 지속적인 식민화 정책의 대리인(agents), 또는 박현옥이 이야기한 '영토적 삼투'의 수단으로 삼겠다는 것이었다. 그것은 조선반도에서 아시아 대륙의 중심부까지 그런 식으로 진출하겠다는 것으로, 1920년대 이후 식민지 관리들이 공유하고 있던 구상이었다.[34] 총독부는 총독부대로 만주를 거의 조선의 사회적·경제적 문제들을 해결할 만병통치약 쯤으로, 마찬가지로 도쿄의 지도자들도 일본의 골칫거리들을 해결해줄 만병통치약으로 보고 있었다. 그것은 매년 조선 남부지방을 덮치는 흉작으로 초래된 춘궁기의 극심한 식량부족에 따른 과잉 농업노동력에는 안성맞춤의 배출구였다. 또한 이들 소작농의 유출은 '과잉인구 압박과 소작쟁의 완화'에 보탬이 되었으며, "조선인의 일본 본토 이주를 감소시킴으로써 일본의 사회문제를 줄였다". 만주의 숙련된 조선인 벼농사꾼들은 늘어나는 정착민들과 대륙에 주둔하는 군인들의 식량공급 문제도 해결해줄 수 있었다.[35] 따라서 본국 정부가 대규모의 일본인 농민이주를 장려하는 한편으로, 조선총독부와 동양척식주식회사는 만주국 당국과 협력해 대규모

33 『군산일보』(群山日報), 1935년 6월 19, 21일자.
34 Park Hyun Ok, 2000, pp. 193~214. 일본이 친일파 조직인 보민회(保民會)를 통해 조선인 이주자들을 대륙침략에 활용한 것은 김주영, 2004 참조.
35 우가키 가즈시게(宇垣一成), 1935, pp. 30, 32.

토지개간과 철도건설, 그리고 다른 기반시설의 건설사업에 필요한 조선인들을 가능한 한 많이 만주로 송출했다. 그것은 철도요금을 내리고 토지보조금, 그리고 중국인 주민들에 대한 '특별대우'의 부담도 줄일 것이었다.[36]

일본 당국은 관동군 사령관에게 "조선인들을 관직과 재무, 사업 등의 분야에 많이 고용해줄 것"을 간청한 한만희 같은 조선인 엘리트들의 요청에 유의하면서, 교육받은 조선인에게 더 많은 기회를 제공했다.[37] 1930년대에 학교교육을 받은 조선인이 늘어나면서 그들은 만주의 경찰, 만주 국군(國軍),[38] 남만주철도주식회사, 그리고 식민지 관료체계의 하급관리로 고용되었으며, 거기서 그들은 사실상 만주국 일본인 통치계급의 일원이 되었다.[39] 카터 J. 에커트(Carter J. Eckert)가 지적했듯이, 조선인들에게는 그런 '마름(대리)제국주의'적 행위를 통해 자신들이 일본인들 밑에서 감수해야 했던 억압을 중국인들에게 전가할 기회가 주어졌다.[40]

그들을 고향 땅에서 쫓아낸 바로 그 일본 식민주의자들에 의해 그들의 지위가 사실상 일본제국의 희생자에서 그 대리인으로 바뀌게 된 조선인 정착민들을 일본이 보호 운운하고 나선 것은 서글픈 아이러니가 아닐 수 없다. 그럼에도 불구하고 두 민족의 대륙 동반확장이라는 수사(修辭)는 깨어지기 쉬운 민족화합 정치체제의 치부를 가리는 차원을 넘어 북쪽 국경 너머에서는 점차 현실이 되어가기 시작했다.[41] 특히 대중의 관

---

36 Carter J. Eckert, 1991, p. 163. 1936년에 만주의 조선인 정착민 사회를 감시하기 위한 선만척식주식회사(鮮滿拓殖株式會社)가 설립되었다.

37 『조선실업구락부』, 1932년 4월호, pp. 3~4; 1932년 9월호, p. 5.

38 1936년 이후 만주 국군이 고등보통학교를 졸업한 조선인들을 간부후보생으로 모집해 2년간 훈련시켰다(『경성일보』, 1935년 7월 25일자).

39 이 만주의 조선인들 활동에 대해서는 『삼천리』, 1937년 5월호, p. 12; 1940년 6월호, p. 13; 그리고 1940년 10월호, pp. 67~68, 140~43 참조.

40 Carter J. Eckert, 1991, pp. 169~71.

심을 새로운 기회를 안겨줄 변경지역과 간도에서 공유한 (중국인에 대한) 분노 쪽으로 돌리려 했던 만주의 열렬한 지지자들 덕에, 집단적인 대륙제국의 건설추구를 축으로 분열된 사회를 통합하려는 사회제국주의가 조선에서 점차 작동하기 시작했다.[42]

조선인의 국민자격 요구와 일본인 정착민들의 반응

만주에서 그런 기회를 잡은 조선인 엘리트들은 그 기간에 국민자격 (citizenship)을 더욱 단호하게 요구했다. 본국 정부와 지역[조선]의 영사경찰은 일반적으로 만주의 조선인들을 '일본인'으로 남아 있게 하려고 그들이 중국 국민으로 귀화하는 것을 막았다.[43] 일본인에 포함시킨다는

---

41 그 수사(修辭)는, 언론이 보도한 대로, 젊은 민족주의자들에게 부인할 수 없는 호소력을 지니고 있었다. 완바오산 사건 뒤 평양에서는 사상범죄의 건수가 감소했으며, 공산주의의 오랜 근거지였던 경상북도에서는 분명히 많은 급진주의자들이 놀라운 속도로 '아시아주의' 쪽으로 '전향'했다(『평양매일신문』, 1932년 11월 6일자;『부산일보』, 1934년 2월 27일자). 1933년 일본의 국제연맹 탈퇴 뒤의 만주국 탄생은 조선인 청년들에게 서방의 열강들에 대적하는 일본의 결의를 부각하고 항일독립투쟁이 쓸데없는 짓이라는 생각을 심어줌으로써, 그런 전향의 추세를 가속화했다(홍종욱(洪宗郁), 2004).

42 일본 본국의 사례는 Louise Young, 1998, Chapter 7~9 참조.

43 Park Hyun Ok, 2000, pp. 205~09. 그러나 박현옥이 지적했듯이, 일본인 당국자들 가운데 이 문제에 대한 공감대가 있었던 것은 아니다. 일부 당국자들은 조선인들이 중국으로 귀화하는 것이 토지획득을 용이하게 해주고 중국인들의 차별로부터 조선인들을 보호해줄 것이라고 주장했다. 만주에 있던 조선인의 국민자격 지위에 대한 문제는 Barbara J. Brooks, 1998, pp. 25~44; 신규섭(申奎燮), 2000, pp. 93~121; 그리고 다나카 류이치(田中隆一), 2007, Chapter 7 참조. 1930년대 초 만주에 있던 조선인들이 자신들의 문제해결을 위해 어떻게 노력했는지를 보려면 최병도, 2006 참조. 만주국(하얼빈)의 조선인들과 일본인들의 협력에 대해서는 다나카 류이치(田中隆一), 2007, Chapter 8 참조.

그들의 수사(修辭)는 거짓은 아니었지만 종종 피상적이었다.[44] 하지만 조선인 엘리트들은 새 만주국에서나 조선에서 예전보다 더욱 단호하게 일본인들에게 약속을 지키라고 요구했다. 만주 침략 뒤에 한상룡은 낙관적인 예측을 내놓았다. '만주의 현재 상황을 해결하는 것'은 '제국의 권리와 이익을 보호'할 뿐만 아니라 "조선인들에게도 동등한 이익배분을 누리게 해줄 것이다. …… 요컨대, 내선융화는 [일본인과 조선인들 간의] 완전한 이해의 일치를 가져다줄 것이다".[45] 만주와 그 광대한 가능성은 이익추구에서 일본인 정착민들 못지않았던 조선인 자본가들에게 사업상의 기회뿐만 아니라[46] 결국 일본인과 동등한 권리를 획득할 수 있는 기회를 약속했다. 중추원 의원들이 만주 당국에 더 많은 조선인들을 사업[경제]분야에 채용하라고 촉구하고,[47] 지역협의회의 조선인 대표들이 총독부에 '일본인과 조선인의 혼합교육'을 실시하거나[48] 조선인의 군 입대자격을 허용하라[49]고 압박한 것은 그런 희망을 갖고 있었기 때문이다. 민족 간 차별의 완전한 철폐를 외면하고 있던 갑자구락부의 간부 조병상(曺秉相)은 제국에 대한 조선인들의 변함없는 충성심 결여를 해결하는 유일한 방법을 제시했다. 그는 일본인 동료들 앞에서 "조선인이 일본의 예속물 취급을 당하는 한, 조선인 대중의 마음이 (일본인과) 정신적 결합

---

44 바버라 J. 브룩스(Barbara J. Brooks, 1998)는 조선 '동포들'에 대한 일본의 당대 미디어와 외교적 담론분석을 통해, 일본 정부가 만주의 조선인들을 자신들이 대륙에서 추구한 제국주의적 목적에 부합할 경우에만 편의적으로 일본의 '국민' (citizens)으로 분류했음을 보여준다.

45 한상룡(韓相龍),「제71회 예회(例會, 정례회) 석상의 인사」(第71回例會席上に於ける挨拶),『조선실업구락부』, 1932년 1월호, p. 5.

46 예컨대,『조선실업구락부』, 1932년 4월호, pp. 37~39에 실린 한상룡의 논평.

47 『조선실업구락부』, 1932년 4월호, pp. 3~4.

48 『경성일보』, 1934년 3월 9일자.

49 조선총독부 경무국 편,『최근의 조선 치안상황』(最近に於ける朝鮮治安狀況), 1938, pp. 48~50.

을 이루기 어렵다"라고 주장하면서 "참정권 확대 등을 통해 조선인과 제국 일본 신민들 사이의 모든 차별을 없애라"라고 요구했다.[50]

국민자격 요구에 동화의 수사(修辭)를 활용하는 전략은 급진세력과 사회주의자들에게도 파급되었다. 젊은 조선인 민족주의자들이 공식적인 정계진출을 시작했으며, 지역의 부(府)협의회와 도(道)평의회는 종래의 굴종적 태도를 벗어던지고 조선인의 교육확대에서부터 일본 국적자들에게만 주는 '가봉'(加俸, 해외근무수당)의 폐지까지 민족 간 차별을 없애는 다양한 조치들을 더욱 강화하라고 요구했다. 가봉은 조선인들을 제도적으로 차별하는 장치로 조선인들이 가장 싫어한 차별의 상징이었다.[51] 1931년 이후에 조직적인 선전이 거의 불가능해지자, 조선의 사회운동은 대결 중심의 전술에서 "지역협의회들을 자신들의 영향력 아래에 두고 장래에 대비해 대중들을 정치적으로 훈련하는 합법적 노력"을 기울이는 전술 쪽으로 방향을 바꿨다. 달리 말하면, 민족주의자들은 그때까지 자신들이 거부해왔던 제도 속으로 들어가기 시작했다. 그것은 협의회의 조선인 대표들을 과격하게 만드는 효과를 낳았으며, 그들은 이제 "기꺼이 지역의 행정기관에 정치적 공격을 가하거나" "일본 본국 정당들의 예를 따라가듯 파벌들을 구성"했다.[52]

1920년대 말에 이미 분명해진(제6장 참조) 이러한 변화들은 일부 정착민들에게서 환영을 받았으나 나머지 다수들을 불안에 빠뜨렸다. 조선 언론조차 더 큰 집회와 출판의 자유 같은 구체적인 시민권들을 요구하기 시작했다[53]라고 『조선공론』의 이시모리 히사야(石森久彌)는 지적했다. 이시모리는 이런 몸짓들을 그들의 "입헌(立憲)국민으로서의 자유를 요

---

50 『조선공론』, 1932년 10월호, pp. 128~45.
51 조선총독부 경무국 편, 1938, pp. 36~45.
52 같은 책, p. 35.
53 예컨대, 『동아일보』, 1931년 9월 10일자 참조.

구하는 열망"의 표현이라며 찬사를 보냈다. 박춘금도 당시 일본 본국의 의회에서 그것을 요구했다.[54] 제국에 대한 조선인들의 태도에 대해 이시모리는 그들이 정치행동의 노선을 두 가지로 좁혔다고 주장했다. '동화냐 독립이냐'인데, '독립을 위한 임시방편으로서의 의미'를 빼고는 "자치론 같은 것에는 전혀 흥미가 없었다"라고 했다.[55] 1935년 말에 샤쿠오 슌조도 "동화로 가는 길을 닦는 조선인들과 비(非)동화로 가는 길을 닦는 조선인들이 장차 양립하게 될 것"이라고 비슷하게 예측했다.[56] 그러나 그는 조선인들에게 선거권을 줄지에 대해서는 분명히 좀더 망설였다. 샤쿠오는 조선에 자원입대제를 시행하거나 선발된 소수 조선인들을 제국의회로 보내는 것에 대해서는 '실험적 조치'라며 지지했으나, '평화라는 겉치장' 아래에 도사리고 있는 '조선 민족주의 감정의 심각성'에 대해 자신의 독자들에게 경고하면서 주의를 촉구했다.[57] 일본인 정착민들 대다수는 조선인 소작농들이 일본 국민이 될지도 모른다는 데에 불쾌감을 감추려 하지 않았다. 그들은 '소학교[초등학교]의 일본인과 조선인의 혼합교육에 반대'하는 경향이 있었는데, 어느 지역기자는 우가키 가즈시게(宇垣一成)에게 단지 "조선인들과 같이 취급당하기를 원치 않는

---

54 이시모리 히사야(石森久彌), 「조선 통치정책의 태양(態樣)」(朝鮮統治政策の態樣), 『조선공론』, 1932년 7월호, p. 13.

55 같은 책, pp. 11~13.

56 샤쿠오 슌조(釋尾春仿), 「금후의 조선에서의 자세와 주요 문제」(今後の朝鮮に於ける施政と重要問題), 『조선과 만주』, 1935년 12월호, p. 6.

57 같은 책, pp. 5~6; 『조선과 만주』, 1935년 10월호, p. 5. 샤쿠오의 관찰은 설득력이 있었다. 조선의 출판업자들은 식민지 검열관들이 걱정하는 것이 '민족주의적 편향'이었음을 드러내는 글들을 계속 내보냈다. 유명한 예로, 두 명의 조선인 마라톤 선수들이 1936년 베를린 올림픽에서 승리했을 때 유니폼 위의 일장기(日章旗)가 고의로 삭제된 그들의 사진이 『동아일보』에 실렸다(조선총독부 경무국 도서과 편, 『쇼와 12년(1937년) 중의 조선 출판(에 관한) 경찰개요』(昭和12年中に於ける朝鮮出版警察概要), 1938, p. 62).

다"라는 이유로 그들은 반대한다고 말했다.[58]

언론인 기쿠치 겐조는, 우리가 살펴보았듯이, 그런 정착민들의 감정은 제국 내의 한계적 지위로 인한 필연적 귀결이라면서 조선인들의 권리요구 추세에 대해 1920년대 말 사이토 마코토(齋藤實) 총독에게 보낸 편지에서 이미 우려를 표시했다. 만주사변 이후, 이제 그는 조선인 지도자들이 아시아민족연맹론이라는 더 걱정스러운 사상을 품기 시작한 것을 목도했다. 연맹에 참여한 각 민족들은 '평등주의적 대우'라는 원칙에 입각해 '독립적으로' 대우를 받았다. 그러한 개념은 다민족이 공존하면서 특정한 민족이 다른 민족에 대한 '차별적 특권'을 누리는 국가에 적용될 때, "국가로부터 떨어져 나오고 국가에 저항하는 경향을 조성하는 성향이 있다"라고 그는 덧붙였다.[59] 이 이론의 이념적 뿌리는 19세기 말에 등장한 범아시아 담론, 특히 서북학회(西北學會) 지도자 정운복(鄭雲復)의 '일한연방론'(일본-조선 연맹)과 일진회 지도자 이용구(李容九)의 '일한합병론'(일본-조선 통합)에 두고 있었다. 기쿠치는 이들을 아시아독립민족연맹 주장의 선도자로 인정했다. 그 두 가지 예를 '소(小)아시아주의'라며 일축하고 아시아주의의 최근 상표를 조선 민족주의의 쇼윈도 장식물일 뿐이라고 본 기쿠치는, "아시아주의라는 미명 아래 민족주의운동을 감추고 심지어 세계를 향한 대일본의 자세를 바꾸려 애쓰는 것은 엄청나게 나쁜 생각"이라고 비판했다. 그는 국민협회의 참정권 청원운동조차 종족적 민족주의의 극복방향에 어긋나는 '더 작은 일본주의'의 예라고 트집을 잡으면서 친일파의 자격을 의심했다.[60] 결국 그는 "일본 민

58 『조선과 만주』, 1933년 11월호, p. 10.

59 조후 산진(長風山人), 「근대 조선에 나타난 아시아주의의 검토」(近代朝鮮に現れた亞細亞主義の檢討), 『조선공론』, 1934년 4월호, p. 32. 이 이론은 내선일체를 주창하던 조선인들 사이에 새로운 정치단체들을 결성하도록 고무했다(제8장 참조).

60 조후 산진(長風山人), 「근대 조선에 나타난 사상시론 (6)」, 『경성일보』, 1935년

족과 조선 민족 모두 일족주의(一族主義, 하나의 민족국가 원칙)[61] 위에 설
것"을 촉구하면서 문화정치에 영향을 끼친 다른 두 민족으로 이루어진
공동체로서의 조선이라는 혼성적 구상을 꺼렸다. 1930년대 중반에 당대
의 많은 관찰자들이 조선 민족주의의 죽음을 선언했지만,[62] 샤쿠오나 기
쿠치 같은 정착민 여론주도자들은 여전히 경계하면서 동료 일본인들에
게 조선 민족의 불굴의 정신에 대해 방심하지 말 것을 촉구했다.

만주 시장의 장악

조선-일본 합작의 모험사업지로서의 만주의 장점을 내세우면서 일본
인 정착민 사업가들은 그 전에 누구도 들어가본 적 없는 지역에서 새로
운 장사의 기회를 찾았다. 총독부가 처음으로 만주에 '진상조사단'을 파
견하기 몇 년 전, 이미 조선의 지역 상업회의소 지도자들은 몇 차례나 간
도 지역을 찾아가 수출시장으로서의 가능성을 쟀다.[63] 조선 농산물과 수
산물 판매, 그리고 '조선에서 만든 물품의 장래 만주 수출'을 촉진하기
위한 "황금 같은 기회를 잡겠다"는 열망에 이끌린 이런 지역 내의 구상
들이 합쳐져 1933년 2월에 조선무역협회(朝鮮貿易協會)가 결성되었다.[64]

2월 27일자. 국민협회의 청원은 1933년 2월 본국 의회에서 다시 한 번 채택되었
으나, 척무성은 "그것을 구체적인 정책으로 시행하는 것은 시기상조"라는 반응을
보였다(『조선신문』, 1933년 2월 18일자).

61 『조선공론』, 1934년 4월호, p. 33.
62 『조선공론』, 1935년 10월호, p. 28.
63 CKZ 153, 1928년 9월호, pp. 31~44; KG 199, 1932, 7: pp. 20~27; KG 208, 1933,
   4: pp. 1~19.
64 조선무역협회의 결성에 대해서는 조선무역협회(朝鮮貿易協會) 편, 『조선무역사』
   (朝鮮貿易史), 1943, p. 183 참조.

가토 게이자부로(加藤敬三郞, 1873~1939, 조선은행 은행장)가 회장을 맡은 조선무역협회를 운영한 것은 경성에 근거지를 둔, 서로 친숙한 제국의 브로커들이었다.[65] 임직원의 대다수는 일본인들이었다.[66] 설립 뒤 첫 5년간, 즉 중일전쟁이 터지고 많은 조선인들이 해외무역 분야에 진출하기 전까지[67] 조선무역협회는 새로운 만주 시장에 일본인 정착민들의 경제적 이해를 침투시키는 도구처럼 기능했다.

정착민들이 운영한 조선무역협회는 만주 무역이 공식적으로는 여전히 그 선호도가 낮았을 때 그것을 개척한 선구적인 노력 때문에 그 중요성을 인정받았다.[68] 조선무역협회가 출범할 때 조선과 만주의 교역량은

---

65 1938년까지 임원들은 단 한 사람을 빼고는 모두 일본인 정착민들이었다. 수산물, 쌀과 농산물, 그리고 공산품 교역에 가담한 상인들과 기업주들도 정착민들이었고, 지역 상업회의소 임원들도 그러했다. 조선인 임원은 평양에서 양말공장을 운영한 박승억(朴承億)이 유일했다(조선무역협회 편, 『쇼와 11년도 사업보고서』(昭和十一年度事業報告書)(7月), 1937, pp. 104~05).

66 조선무역협회 회원들은 1933년 133명에서 1937년에는 238명으로 늘었다(조선무역협회 편, 『쇼와 12년도 사업보고서』(昭和十二年度事業報告書)(7月), 1938, p. 101). 1936년 6월에 정착민들은 개인회원의 90퍼센트 가까이를 차지했는데, 그들 대다수는 경기도와 경상남도에 터를 잡고 있었다(기무라 겐지(木村健二), 2005, p. 75).

67 기무라 겐지(木村健二), 2005, p. 80. 그러나 경성방적과 경성방직(경방) 같은 일부 조선인 회사들이 1930년대 초에 만주국으로 판매망을 넓히기 시작했다. Carter J. Eckert, 1991 참조.

68 그럼에도 조선 현지의 일본인과 조선인 사업가들은 우가키 가즈시게(宇垣一成)와 대륙진출의 공급기지로 조선을 산업화하겠다는 그의 약속을 열성적으로 지지했다. 그의 '산업 제일정책'은 남부지방의 쌀과 면화의 생산을 계속 강조하는 한편, 본국 재벌의 자본(특히 조선질소비료공장의 노구치 시타가우(野口遵, 1873~1944)가 유명하다)을 조선 북부지역의 중화학공업 지대로 끌어들였다. 1930년대 조선의 산업화에 대한 연구들은 나카무라 사토루(中村哲)·안병직, 1993; 호리 가즈오(堀一生), 1995; 선재원(宣在源), 1998; 그리고 Park Soon-Won, 1999 참조. 조선과 만주 간의 경쟁적인 산업성장에 대해서는 방기중 편, 2004, 75~76쪽 참조.

작았고 '인정받지 못했기' 때문에 정부보조금을 고작 2만 엔, 즉 원래 요청했던 금액의 5분의 1밖에 받지 못했다고 협회의 설립자 중 한 사람인 와타나베 사다이치로(渡邊定一郎)는 회고했다.[69] 협회의 초기 활동은 교역의 장애물들을 제거하는 데 초점이 맞춰졌다. 그 장애물들을 정착민 사업가들은 '만주 군벌인 장쮀진(張作霖)과 장쉐량(張學良)의 집요한 반일정책의 유산들'로 생각했다.[70] 조선무역협회가 설립되자마자, 정착민들은 남만주철도주식회사에 안둥(安東)-묵덴(奉天)(현재의 단둥-선양) 노선의 운임을 낮추고 '조선 수출품에 대한 불공정한 차별'을 그만두라고 요구하기 시작했다. 협회의 지도자들은 만주국 정부에 모든 조선의 물산 ─ 고무신과 양말에서부터 설탕, 생선, 약품, 죽세공품에 이르기까지 ─ 에 대한 '과도'하고 '비합리적인' 관세를 낮추라는 청원운동 또한 집요하게 벌였다.[71] 조선과 만주국 당국은 몇 차례에 걸쳐 화물운송을 개선하고 관세율을 변경하면서 그들의 요구에 점진적·선택적으로 대응했다. 그러나 일부 분야의 관세장벽과 운임은 여전히 높아서 엔(円) 경제블록 내의 "혈액순환을 가로막고 있다"라고 1937년에 협회의 어느 임원은 불평했다.[72]

만주에서 새로운 소비자와 교역상대를 찾는 일은 처음부터 민초들의 몫이었다. 조선무역협회는 전략적으로 묵덴(奉天), 안둥(安東, 현재의 단둥), 신징(新京, 현재의 창춘), 하얼빈(哈爾濱), 다롄(大連)과 같은 핵심도시들에 지부를 설치했다. 그런 도시들에서는 조선에서 온 상인과 무역업자들이 "일본이 만주에 수출하고 있는 것만큼 많이 [조선 물품을] 수출할

---

69 조선무역협회(朝鮮貿易協會) 편, 1943, p. 183.
70 『조선공론』, 1934년 9월호, p. 11.
71 『서선일보』(西鮮日報), 1934년 9월 26일자; 『부산일보』, 1936년 10월 11일자; 『경성일보』, 1934년 10월 20일자.
72 『조선실업구락부』, 1937년 6월호, pp. 90, 108~09.

목표를 세우고" 백화점이나 지역의 무역박람회 등에서 현물매매를 하고 샘플전시회를 열었다.[73] 개별 상인들은 더욱 치열했다. 조선수산회(朝鮮水産會) 부회장 요시다 마사카즈(吉田雅一, 1876~?)가 나중에 회고했듯이, 그는 조선산(産) 생선 몇 상자를 지고 묵던과 신징의 거리에서 매일 행상을 했다. "모든 [만주에 사는] 개인들이 1엔어치씩의 생선을 먹도록" 만드는 일에 몰두한 요시다는 활변(활동변사活動辯士의 준말, '변사')으로 변장해 조선의 해안어장과 생선가공소를 찍은 영화를 보여주면서 그 도시들을 돌아다녔다. 그림을 이용한 '쇼'가 끝날 때, 그는 모여 있던 군중 개개인에게 건어물과 소금에 절인 생선이 든 봉투를 기념품으로 나누어주면서 그런 생선들이 곧 만주의 모든 가정 저녁밥상 위에 오르기를 희망했다.[74]

총독부의 지원도 증가한 덕분에 조선무역협회와 늘어나는 판매목록들은 마케팅상의 애로들을 제거하기 시작했다. 새로운 공적 보조금과 자원의 지원 덕에 협회의 직원들은 만주의 상업에 대한 방대한 조사를 벌였고, 이를 위해 1936년에 독립적인 조사기관을 설치했다. 만주의 소매상들과 도매상들이 협회의 광범위한 실무접촉 네트워크에 의존하게 되고 그 활동에 '상당한 믿음'을 갖게 되면서,[75] 협회는 조선 물산의 교역을 중개하기도 했다. 그리하여 거래는 1933년 50건에서 1936년에 약 200건으로 네 배나 늘었다.[76] 그리고 협회는 수십 차례의 원탁회의와 합동 무역토론회, 그리고 연례적인 물산전시회를 통해 조선의 사업가들이

---

73 『오사카 마이니치신문』, 1935년 9월 1일자 조선판; 조선무역협회 편, 1943, p. 284.
74 조선무역협회 편, 1943, p. 295.
75 『조선수산시보』(朝鮮水產時報), 1938년 3월 15일(월간). 예컨대, 조선의 부유한 도정업자들은 조선의 쌀을 만주로 대량수출하기 위해 조선무역협회 소속 도매상들의 접촉망에 의존했다(『서선일보』(西鮮日報), 1938년 6월 24일자).
76 기무라 겐지(木村健二), 2005, p. 78.

만주국 관리들, 남만주철도주식회사 대표들, 만주 거주 일본인 사업가들과 접촉하는 일도 도왔다. 회원들이 물품운송을 위해 이용하던 만주의 철도들이 그랬던 것처럼 협회의 연결망은 점차 정착민 자본과 물품, 그리고 그 영향력이 만주의 심장부로 흘러들어가는 경제의 동맥역할을 수행하게 되었다.

1937년 중일전쟁 뒤에 협회는 대륙과의 자체적인 거래망을 구축하고 그 촉수를 톈진, 베이징, 칭다오 등 중국 북부의 핵심도시들, 그리고 상하이로 확대하면서 조선의 무역확장의 선봉에 섰다.[77] 협회는 이제 해외무역을 시도하기 시작한 화신백화점의 박흥식(朴興植, 1903~94) 등 더 많은 조선인 사업가들에게도 회원이 될 수 있는 길을 열어주었다.[78] 게다가 그 무렵 가다 나오지(賀田直治)와 한상룡 등 저명한 지역 [조선] 사업가들이 일본의 떠오르는 엔(円) 블록무역에 대한 고위급 정책토론회에 참여했다. 1936년과 1938년의 산업조사위원회(産業調査委員會, 1921년 산업위원회 후신)에서[79] 그들은 대륙으로 가는 '군수물자 공급의 선두기지' 역할을 조선이 맡아야 한다는 관료들의 의견에 동조하는 한편, 일본의 산업통제법을 조선에 직접 확대·적용하는 데에는 반대했다.[80] 그들

---

77 기무라 겐지(木村健二), 2005, Chapter 3; 송규진, 2001, 제4장.

78 박흥식은 조선무역협회에 가입했고, 1938년에 이사가 되었다. 박흥식의 대외교역 가담에 대한 자세한 내용은 화신 40년사 편찬위원회(和信40年史編纂委員會) 편, 『화신 40년사』(和信40年史), 1966, pp. 94, 222~23 참조. 다른 조선인 사업가들이 회원증가에 가세했는데, 이는 전시(戰時)에 조선인 기업들이 빠른 속도로 증가한 사실을 반영한다(김인호, 2000, 68~73쪽).

79 제2차 산업조사위원회가 우가키에 의해 기획됐는데, 부분적으로 지역사업가들의 조선 산업정책에 대한 재평가 요구가 영향을 끼친 결과로 1936년 10일에 새 총독 미나미 지로(南次郎)가 소집했다(『부산일보』, 1935년 8월 7일자; 『평양 마이니치 신문』, 1936년 8월 30일자).

80 『경성일보』, 1936년 10월 27일자; KG 250, 1936, 11: pp. 16~17, 33~44. 그들의 반대는 국가의 전략산업 진흥 및 생산통제(원료할당에서 완제품 분배에 이르는)

의 논의는 국방 관련의 분야뿐만 아니라 신도(神道)의식이나 천황숭배, 일본어를 통해 조선인들을 성숙한 제국의 신민으로 만들 전시정책에까지 확대되었으며, 모든 것은 '일본-만주-중국 블록'을 강화하는 쪽으로 작동했다.[81] 조선 통치는 그런 '식민지 정부, 군(軍), 민간지도자들의 비할 데 없는 의견일치' 덕에 유지되었다고 1930년대 말에 어느 조선군 장교는 말했다. 그러한 역동성은 압록강 북쪽의 일본인 만주국 건설자들 사이에서는 찾아보기 어려웠다.[82]

조선무역협회의 광범위한 활동과 그 지도자들의 커져가던 영향력은, 정착민 사업가들이 본국 이주민들과 군대가 장악하고 있던 일본의 대륙 확장의 중심부가 아니라 주변부였음에도 불구하고, 그들이 어떻게 일본 자본을 만주로 흘려보내는 중요한 통로역할을 수행했는지 잘 보여준다. 개인적인 목표의 추구를 제국에 대한 애국적 기여와 결합한 제국의 브로커들은 초기에는 국가로부터 지원도 거의 받지 못한 상태에서 엔 블록의 토대구축을 도왔으며, 그것은 조선과 만주 간의 상업거래량을 증대했다.[83] 조선무역협회는 당국에 기존의 무역장애물들을 제거하라고 촉구하

가 진행 중인 조선의 산업화를 방해할지도 모른다는 그들의 두려움을 반영했다 (이 장(章)의 주 85도 참조). 조선의 사업가들은 바로 그런 이유 때문에 1937년 이후의 본국 군수품 수요를 반기기보다는 전시 정부통제의 역효과를 걱정했다(나다 이사오(名田勳), 2003).

81　『경성일보』, 1938년 9월 7일자; 『조선과 만주』, 1938년 10월호, pp. 5~6. 그러한 위원회에 조선인들이 적극적으로 참여한 것을 살펴보려면 Carter J. Eckert, 1991, pp. 104~05 참조.

82　1938년 6월 경성에서 열린 일만실업협회(日滿實業協會) 원탁회의에서 한 이하라 준지로(井原潤次郎)의 논평(『만주일일신문』, 1938년 6월 4~8일자).

83　1930년대 전반기에 조선의 만주(최대의 무역상대국) 수출은 특히 잡화, 면제품, 설탕, 수산물 분야에서 크게 늘었다(기무라 겐지(木村健二), 2005, pp. 78~79); 1935년 이후 밀가루, 시멘트, 고무신, 도자기, 에나멜 그릇, 전구, 해산물 통조림, 맥주 등 공산품의 종류가 더 다양해졌다(조선무역협회 편, 1943, pp. 83, 88).

고 조선의 생산자들이 만주국의 새로운 소비수요에 대처할 수 있도록 도와줌으로써 조선 공산품을 위한 독점적 시장창출을 간접적으로 지원했고, 그것은 조선의 '산업적 도약'에 촉매가 되었다. 결과적으로 일본에 대한 조선의 경제관계는 1937년까지 '덜 식민주의적'인 상태가 되었다.[84] 조선반도는 원래 일본 본국의 상품을 대륙으로 보내는 일본의 통과무역 (transit trade) 통로였을 뿐이었으나, 이제 자체 공산품을 만주 등 외국시장에 수출하고 본국으로부터 원재료, 기계, 일상 생활용품들을 수입하게 되었다. 1920년대에 일본인 정착민들이 그 실현을 위해 열심히 로비를 벌였던 산업국가 조선이라는 비전은 마침내 지지를 받고 총독의 정책과도 부합했으며, 도쿄와 마찰을 빚을 정도로 독자적인 성과를 이뤄냈다.[85]

전쟁동원 준비, 교화(敎化)운동

자신들의 경제활동의 경계를 대륙으로 확장하면서 제국의 브로커들은 조선에 대한 사회적 통제를 위한 국가기구 아래로 더욱 깊이 편입되어갔다. 이 역설적으로 보이는 과정은 그들의 의지에 전적으로 반하거나

---

84 『조선실업구락부』, 1937년 5월호, p. 42. 이는 1937년 이후 순수하게 조선을 기반으로 대기업들이 성장한 것으로도 입증된다. 이는 조선이 일본 본국의 자본과 기술에 대한 의존도가 줄고 있었음을 보여준다(초토리주식연구회(朝取株式硏究會) 편, 『조선경제의 발전과 증권계』(朝鮮經濟の發展と證券界), 1939, pp. 21~22).

85 조선의 산업에 대한 좋은 투자환경을 조성하기 위해 우가키는 주요 산업통제법과 본국에서 기업의 자유를 제한하는 다른 공장법 적용을 피하면서 보호주의 관세와 사업보조금 등으로 본국 자본가들을 끌어들였다(주요 산업통제법, 1931). 그런 조치들은 도쿄와는 다른 방식으로 추진되었는데, 그 결과 국내의 산업과 생산자들을 경쟁에서 보호하기 위해 점차 주요 산업통제법을 해외영토에도 적용하려는 열망이 높아갔다(방기중 편, 2004, 79~80, 85~86쪽).

그들의 영향력을 희생하면서 이루어진 것은 아니었다. 총독 우가키 가즈시게(宇垣一成)가 말했듯이, 임박한 중국 및 서방의 열강들과의 무력대결에 대비해 식민정부는 모든 주민들을 '관이든 민이든, 일본인이든 조선인이든, 하나의 통합된 몸체'로 삼아 '현재의 비상시국에서 [조선의] 자원을 개발'하는 데에 동원할 목표를 재산정했다.[86] 일본의 대륙확장을 지원하기 위해서는 조선의 산업생산을 늘려야 할 뿐만 아니라 전체인구의 적극적인 정신적 참여를 끌어낼 필요가 있었다. 제국에 새로운 차원의 단결이 필요했던 만주 침략 직전의 시기에 핵심적인 정책의 관심사는 사회질서를 확보하면서 조선 경제의 전환을 가속화하는 것이었다. 억압에 따른 지방의 동요와 더불어 도시들도 도시화의 중압과 '이념적 혼란'(본국과 다를 바 없는)으로 가득 차 있었다. 거기서 식민지 정치체제를 재구축하기 위한 교화(敎化, 영어로는 'moral suasion')운동이 출현했다.[87] 그것은 또 제국의 브로커들도 비록 자주적인 행위자로서보다는 식민정부의 종속적 대리인으로서이기는 했지만, 행동에 나서게 만들었다.

확고부동한 본국의 국가가부장주의(state paternalism) 공식에 따라[88] 우가키는 1931~36년의 5년 재임기간에 엄청난 에너지와 돈을 사상(思想) 선도, 노동력 증진, 직업훈련, 신체단련, 성인교육, 그리고 빈민구제에 쏟아부었다. 우가키는 사회교화 사업에 새롭게 예산을 투입하고 종교, 교화, 사회복지 관련 행정을 식민지 학무국 내의 '사회과'로 통합했으며,

---

86 조선총독부 편, 『시정 25년사』(施政二十五年史), 1935, p. 668.
87 '교화'를 'moral suasion'으로 번역한 것은 셸던 개런(Sheldon Garon, 1997)의 예를 따랐다. 일본 본국의 교화운동에 대해서는 Sheldon Garon, 1997, Chapter 1~4 참조.
88 우가키는 특히 메이지 시대 말기의 일본 정부가 신사(神社) 네트워크, 청소년단체와 여성단체 및 그 밖에 마을단위의 작은 단체들, 그리고 나중에 '일상생활개혁운동'으로 정형화되는 '근검절약운동'을 통해 농촌지역 깊숙이 침투하기 시작한 때를 상기시켰다.

각 지방정부도 그렇게 함으로써 모든 분야에서 국가의 관료주의적 기능을 확대했다.[89]

우가키는 관료제도로 사회개혁을 조율하려 했지만 이를 국가만의 사업으로 할 생각은 없었다. 1930년대 전반기에 지방의 단체장들은 다양한 민간단체와 개인들을 끌어들여 그들의 공동체를 관리할 권한을 주고 제국의 새 목표를 달성하게 했다. 신기욱과 한도현은 이 전략을 '식민지 조합주의(코포라티즘)'(colonial corporatism)라고 불렀다.[90] 우가키의 총독부는 이 조합주의 전략을 채택할 때 수십 년에 걸친 식민지의 선례들을 토대로 삼았으며,[91] 작지만 성장하는 인구의 중간층에서 '중견인물들'을 양성하는 본국 선례도 차용했다. 예컨대, 경성 등의 도시에서 새로 등장하던 중간계급 구성원들은 가난한 사람들의 가정을 방문해 복지 서비스를 제공하는 방면위원(方面委員)으로 임명되었다.[92] 그들 중 다수는 동시에 지방통치의 이웃단위에서 신설된 정회(町會)와 동회(洞會)에도 관

---

89 조선총독부 편, 『시정 30년사』(施政三十年史), 1940, pp. 386, 392; 조선총독부 편, 『조선시정에 관한 유고훈시 및 연술집』(朝鮮施政に關する諭告訓示竝に演述集), 1937, pp. 855~56.

90 Shin Gi-Wook · Han Do-Hyun, 1999에 따르면, 조합주의는 "분명히 정의되고 통제된 방식으로 국가와 상호소통하는, 공식적으로 인정받은 한정된 수의 단체들의 창립을 고무"했다. 식민지에서의 조합주의 전략은 "식민지 통제와 동원을 위해 새로운 반(半)공식적인, 반(半)자발적인, 중재자적인 협회들을 인허가하거나 설립하는 것"을 목표로 삼고 있었다(pp. 72~77).

91 사회복지를 통해 동화를 촉진하는 융화 캠페인을 계속하는(제3장 참조) 한편, 교화운동은 공중위생 및 개인위생을 증진하는 노력을 병행했다. 1910년대에 경찰이 시작하고 이끌어온 이 식민지 프로젝트는, 토드 A. 헨리(Todd A. Henry)에 따르면, 1920년대와 1930년대에 '지역화한 위생감독 체제'가 이웃 간 위생협업 네트워크를 통해 등장했을 때 점차 지역의 엘리트들 손으로 넘어가게 된다(Todd A. Henry, 2006, pp. 547~56).

92 신영홍(愼英弘), 1984, pp. 105, 344~45, 384~87, 389~93. 일본에서의 이 시스템 운영은 Sheldon Garon, 1997, pp. 52~58 참조.

여했다. 정착민 유력자들과 부유한 조선인들[93]이 앞장선 지역협의회들은 지역 거주민들의 일상생활과 제국의 새로운 군사목표들을 확인하고 강화함으로써 교화의 풀뿌리(민초) 조직으로 기능했다.[94] 그리고 다수가 다소간에 동일한 부르주아 엘리트 그룹에 의해 운영되는 지역의 민간 교육기관과 자선기관들은 지역연맹으로 조직되고 도쿄에 본부를 둔 제국차원의 광범위한 '교화단체들'의 연결망으로 통합되었다.[95]

성장하는 이런 교화단체들을 통해 지역관리들은 민간의 자원봉사자들 및 단체들과 함께 일했으며, 이를 통해 제국의 브로커들은 더욱더 '국가의 대리인'으로 단단히 자리 잡았다.[96] 장기체류 정착민들과 조선인 부르주아 동맹세력이 이런 역할을 수행하는 과정에서 교사들, 언론인들, 종교지도자들과 여성 및 청소년 단체의 회원들 등 새로 등장하던 도시 중간계급이 거기에 합류했다. 달리 말하면 정착민의 힘이 국가의 통치구조 속으로 파고들기 시작했고, 국가권력은 정착민들이 조선인 엘리트들과 손잡거나 경쟁하면서 자신들의 이익을 키워온 핵심기관들을 봉인(封印)하기 시작했다. 이 상호침투의 동역학은 다양한 교화운동을 시작할 때, 기획단계에서부터 현장의 실천에 이르기까지의 점차 일상화된 국가와 사회의 협력방식을 통해 형성되었다.

---

93 지역협의회들은 1933년에 지역사회의 우두머리인 정총대(町総代)와 동총대(洞総代) 시스템을 확대한 것이다. 지역단체장들의 명단은 경성신문사 편, 『대경성 공직자 명감』(大京城公職者名鑑), 경성신문사(京城新聞社), 1936 참조.

94 『경성휘보』(京城彙報) 145(1933년 10월호), pp. 4, 47. 지역협의회들은 매달 교화집회(교화상회常會)를 열도록 되어 있었다.『경성휘보』147(1933년 11월호), p. 39. 다섯 개 '교화'구역 — 동, 서, 남, 북과 용산 — 으로 나뉘어 있던 경성에서는 200명이 넘는 교화위원이 선별되어 각 지역의 경찰서장의 협력을 얻어 구 단위로 설치된 교화위원회를 운영했다(신영홍(愼英弘), 1984, p. 197).

95 신영홍(愼英弘), 1984, p. 165.

96 그들의 역할은 두 차례 세계대전 사이 기간의 일본 중간계급 개혁가들의 그것과 비슷했다(Sheldon Garon, 1997, p. 144).

이들 운동의 대체적인 윤곽이 드러난 것은 1930년 경성에서 열린 사회사업에 대한 조선 전국차원의 첫 연찬회를 통해서였다. '조선의 사회·도덕 교육을 위해 신속히 실행할 필요가 있는 시설들'을 검토하기 위한 그 연찬회에는 약 200명의 개인과 사회사업 '전문가들'이 모였다. 그들 중에는 각 지역행정의 책임자들과 지역위원들, 교역자들, 학교장들, 청소년단체 지도자들, 사회개혁가들, 언론인들, 기업가들, 융화단체 및 친정부단체(그들 중 다수는 이미 앞 장들에서 살펴보았다)[97]의 지도자들도 포함되어 있었다. 특히 교화에 관한 조언과 지혜를 제공하는 데 열심이었던 사람들은 동민회(제3장 참조)의 조선인 및 일본인 지도자들이었다. 예컨대, 전성욱(全聖旭)은 자신의 '10년에 걸친 조사와 경험'을 토대로 '공존과 공영'을 조성하는 데 전통적인 향약(鄕約)제도가 유용하다고 설명했으며, 그의 동료 신석린은 일본인과 조선인 학생들의 혼합교육을 '사상선도'의 효과적인 방법으로 제안했다.[98] 나카무라 겐타로(中村健太郎), 마에다 노보루(前田昇, 1873~?), 야마토 요지로(大和與次郎, 1871~?) 등 많은 동민회 지도자들도 그 문제를 더 숙의하기 위해 32인 연찬회 참가자들로 구성된 대책위원회에 들어갔다.[99] 이 위원회는 본국의 대책위원회에 동조하면서 신을 경배하고 조상을 숭배하는 관념과 신앙심을 함양함으로써, 관동대지진 뒤 일본 정부가 공표한 "국민정신작흥조서(國民精神作興調書)의 목적을 철저히 실현하는 것"을 최고의 목표로 강조했다. 농촌지역에서 그들은 '마을의 발전을 위한 시설확장'과 '교화를 위한 중

---

97 민간참여자로는, 불교를 일본인과 조선인 사회를 이어주는 정신적 연결고리로 보고 고취했던 내선융화의 이데올로그들인 나카무라 겐타로와 고바야시 겐로쿠(小林源六), 그리고 조선합병 이후 동화문제에 대한 글을 써온 아오야기 쓰나타로(靑柳綱太郎)와 샤쿠오 슌조(釋尾春芿) 같은 언론인들이 있다(조선총독부, 『조선』, 1930년 12월호, pp. 94~95).

98 『조선사회사업』(朝鮮社會事業) 8, no. 12(1930년 12월호), pp. 15~17, 19~20, 31.

99 같은 책, p. 53.

견인물 훈련'의 필요성을 역설했다. 체육시설과 '건전하고 안정된' 청소
년단체의 설립에서부터 '건전한 읽을거리' 출판과 미성년자의 음주·흡
연 금지 등에 이르는, 부녀(婦女)들이 핵심적인 역할을 할 것으로 기대되
는 청소년 선도목적의 더 많은 구체적인 조치들 또한 제안되었다.[100]

연찬회에서 토의된 방안들은 그 뒤 몇 년간 시행된 일련의 '교화'행사
들로 정립되었다. 우가키의 총독부는 가장 먼저 대다수 조선인들이 가
난하게 사는 시골지역에서부터 시작했다. 생산을 늘리고 사회안정을 확
보하겠다는 공식적인 목표들을 달성하기 위해 시골지역 주민들을 직접
활용하려고 식민정부는 1932년 11월에 본국의 행사에 보조를 맞춰 농
촌재건운동[101]을 시작했다.[102] 그 표면적인 목표는 물질적 생산성을 끌어
올리는 데 중심축이 될 것으로 본 '국민정신의 작흥과 자력갱생'을 통해
지주-소작 분쟁과 고난으로 찢겨진 조선의 농업경제를 되살리겠다는
것이었다.[103] 각 가정의 더 나은 농업경영을 확보하기 위한 구체적인 재
건계획을 입안하고 실행하는 것과 더불어 당국은 농업협동조합의 결성
을 촉진하고 상부상조와 자급자족을 위한 전통적인 마을의 관습들을 부
활했다.[104] 계급분쟁을 막기 위한 장기적인 조치로 그들은 기존의 지주

---

100 참여자들 중의 한 사람인 샤쿠오 슌조(釋尾春芿)도 '불교 승려들, 성직자들과
학자들'은 특히 "돈과 권력, 사업, 쾌락추구에 빠져 있는" 동포들을 도덕적으로
갱생시키기 위해 함께 뭉쳐야 한다고 촉구하면서 관심을 정착민들에게로 돌렸
다(샤쿠오 슌조(釋尾春芿), 「조선의 교화사업」(朝鮮の敎化事業), 『조선과 만주』,
1930년 12월호, pp. 4~5).

101 운동에 대해 좀더 자세히 알아보려면 마쓰모토 다케노리(松本武祝), 1998,
pp. 161~205; Shin Gi-Wook·Han Do-Hyun, 1999; 그리고 우방협회 편, 1984,
특히 pp. 7~41에 수록되어 있는 운동담당자 야히로 이쿠오(八尋生男)의 인터
뷰 녹취 참조.

102 Kerry Smith, 2001, Chapter 6.

103 「민심 작흥시설 요항」(民心作興施設要項), 고등법원 검사국 사상부, 1932 수록.

104 Shin Gi-Wook·Han Do-Hyun, 1999, Chapter 6.

들을 대신해 농촌사회의 중심축 역할을 떠맡게 될 젊은 반(半)소작농과 자작농들의 새로운 지도력 성장을 촉진했다.[105]

그런데 농촌의 재건이 시작되면서 '도시들'은 "농촌이나 어촌보다 민족정신과 실력양성을 촉진하는 데 훨씬 뒤처지는 경향"이 있다며 우가키는 유감스러워했다.[106] 도시에서의 '국민정신' 함양은 가끔 열리는 경찰과 지역관리들의 강연처럼 공식적으로 후원을 받은 행사들과 지역협의회들이 주최하는 집회들을 통해 더 임시방편으로 진행되었다. 그러나 그런 노력들 속에서 연례운동이 등장했는데, 그 운동은 민족정신의 작흥에 관한 1933년 11월 칙어반포 10주년 기념행사 때 전(소) 조선 차원에서 처음 시작되었다. 본국에서 이식된 국민정신 작흥주간은 국가의 '정신 총동원' 체제를 준비하기 위해 '불굴의 국민정신'을 불러일으키겠다는 분명한 목표를 갖고 있었다. 그것은 전쟁이 도래하기 전에 미리 '비상사태'가 일상적인 상태가 된다는 것을 상정해 국민을 동원하겠다는 생각이었다.

교화를 위한 기반이 다른 도시들보다 빨리 정비된 경성에서 평범한 지역집단과 공동체 지도자들은 작흥주간의 행사를 현장에서 선도하라는 요청을 받았다. 동민회의 조병상과 녹기(綠旗)연맹(이에 대해서는 후술할 것이다)의 쓰다 사카에(津田榮, 1895~1961) 같은 민간의 동화 이데올로그들은 지역주민들을 대상으로 고난 견뎌내기와 '우리나라의 임무'를 주제로 한 강연을 하면서 주(週) 단위로 매일매일 계획된 구체적인 활동에 참여하라고 다그쳤다. '신사참배'일로 지정된 첫째 날에 주민들과 학생들은 교사의 인솔 아래 '국민정신 작흥주간 깃발'을 들고 조선신궁과

---

105   우가키 가즈시게(宇垣一成), 1935, pp. 127~28; 조선총독부 편, 『시정 30년사』 (施政三十年史), 1940, pp. 304~05.

106   우가키 가즈시게(宇垣一成), 1935, pp. 132~34.

경성신사를 찾아갔다. 둘째 날, 지역협의회 등 시민단체들은 유교전통을 기념해 '경로회'를 열었다. 셋째 날의 주제인 '일상생활의 개선'을 위해서는 일찍 일어나기, 시간엄수, 위생, 그리고 절약정신을 고취했다.

그런 구호들이 본국의 운동에 호응하는 가운데, 정신작흥 동원운동가들은 분명히 조선인 주민들을 겨냥한 처방전도 덧붙였다. 전통적인 흰 옷 대신에 '색깔 있는 옷 입기', 장례식과 결혼식 등 돈이 많이 드는 전통의례들에서의 비용 줄이기 등이 그것인데, 그런 것들은 그 자체가 운동으로 발전했다. 지역주민들은 주중에는 '고난과 결핍을 견뎌내는' 자기훈련을 위한 술과 담배 자제, 저축과 국방성금 기부, 공공시설을 깨끗하게 하는 '국민도덕성' 함양, 불조심, 세금 제대로 내기, '국민보건체조'를 통한 건강증진, 그리고 여가활동 등을 하도록 권유받았다. 각 가정들은 욱일승천기의 게양도 권유받았으며, 주간의 마지막 날에는 '일본 황궁을 향해 절'을 했고 "조상들에게 감사를 표했다".[107]

제1회 국민정신 작흥주간은 대중들로부터 거의 호응을 받지 못했다. 엄청난 자금을 투여한 대규모 선전노력에도 불구하고 도시민의 약 10퍼센트만이 지역의 신사(神社)를 찾았고, 하층계급 주민들에 대한 운동효과는 특히 실망스러웠다. 열 군데에서 열린 강연회는 종종 그 내용이 모호하고 도덕군자처럼 위압적인 것이어서 끌어들인 청중은 모두 1,760명에 지나지 않았다. 은행과 기업의 이사들은 무관심했으며, 일부 행정부서는 명백히 운동에 대한 아무런 지식도 갖고 있지 않았다.[108] 그럼에도 매년 개최된 국민정신 작흥주간은 나중에 훨씬 더 강압적으로 수행되었던 프로그램들 —— 신도예배, 개인수양, 전쟁지원, '가정생활', 신체단련, 천황 이데올로기 옹호 —— 에 대한 전례가 되었으며, 그 모든 것은 조선

---

107   『조선사회사업』11, no. 2(1933년 11월호), pp. 59~61.
108   『조선사회사업』12, no. 1(1934년 1월호), pp. 67, 70, 75~77, 79.

인들을 일본화하려는 국가의 장기적인 정책에 영향을 끼쳤다. 그리고 제국의 브로커들은 동민회처럼 이들 운동에 중심적인 역할을 수행했으며, 전쟁에 대비한 대중동원 준비라는 맥락 위에서 사회사업과 동화 간의 연계를 한층 더 명백하게 드러냈다.

일상생활의 개선과 여성설득

조선의 교화운동에서 가장 '식민지적인' 측면은 조선인의 일상생활 속에서 '조선인다움'을 없애버리려는 후안무치한 노력이었다. 본국에서 수입된 또 다른 슬로건인 '생활개선'[109]이라는 명분 아래, 식민국가와 그 지역의 대리인들은 조선인의 일상생활과 습관, 그리고 생각을 규제하려 했으며, 동화를 자기수양 차원의 일로 만들어버리는 새로운 목표를 내걸었다.[110] 그런 노력을 상징하는 것은 1934년 우가키 총독이 낭비적이고 비용이 많이 드는 것으로 여겨진 조선의 결혼, 장례식, 축제들을 그 '엄숙성'과 '정신성'을 보존하되 '합리화'하겠다고 발표한 의례준칙(儀禮準則)이었다.[111] 그런 규제들은 일본 본토의 농민들을 겨냥한 도덕

---

109   '생활개선'운동은 1920년대에 처음 등장해 조선의 사회와 종교, 정치 등 광범위한 분야의 단체들(신간회까지)을 끌어냈다. 그것은 1930년대 초에 속도를 높였고 총독부에 의해 채택되었다(이노우에 가즈에(井上和枝), 2006).

110   일부 학자들은 일본 동화정책의 목적을 설명하기 위해 미셸 푸코(Michel Foucault)의 '규율권력'(disciplinary power) 개념을 채택했다. 김진규·정근식, 1997; 윤해동, 2003, 제1장 참조.

111   새로운 규제는 결혼식을 단순화하고 신랑집에서 신부집으로 가는 예물(함)을 줄였다. 그들은 상복(喪服)의 장식을 줄이고 문상기간을 단축했으며, 애도를 위한 '의례적인 호곡(號哭)'을 없애버렸다. 조상숭배의 경우 관례에 따른 4대 대신에 2대까지로 단축했고 계절축제의 수도 대폭 줄였다(『조선사회사업』 12, no. 12 (1934년 12월호), pp. 9~17).

적 명령에 공명하는 것이었지만,[112] 1930년대에 시행된 일부 식민지 프로그램 — 그중에서도 가장 유명했던 것이 색깔 있는 옷 입기의 장려였다 — 은 일본 본국에서는 찾아볼 수 없는 것이었다.

당국은 식민주의적 동화론과 열심히 일하고 수련(修練)하는 부르주아적 가치를 결합해 조선인들에게 색깔 있는 옷을 입도록 장려하면서 다음과 같은 이유를 댔다. 전통적인 조선의 흰옷(한복)은 자주 빨아야 하는데, 그 때문에 '과도한 시간과 여성의 노동력'이 들어간다. 끊임없는 빨래는 직물을 빨리 손상해 '엄청난 경제적 손실'을 초래한다.[113] 게다가 흰옷을 입게 되면 '더러워지고 손상될 것이라는 걱정' 때문에 사람들이 열심히 일할 생각을 하지 못하게 되어 "[노동]능률이 떨어진다".[114] 색깔 있는 옷 입기 장려운동은 이런 '나태'와 '비능률'의 악순환을 깨뜨리기 위해 고안되었다. 잘 훈련된 노동력을 창출하려면 조선인에게 부르주아적 가치인 절약과 성실과 근면을 주입해 그들의 민족적 특성을 근본적으로 개조할 필요가 있다고 주장했다. 이 모든 것들은 공식적인 이유가 그랬듯이, 그들에게 색깔 있는 옷을 입히는 한 가지 노력만으로도 성취될 수 있다.[115]

색깔 있는 옷 입기 장려운동은 지역관리들과 부르주아 전향자들의 협력적인 노력형태로 농촌뿐만 아니라 도시 속으로도 퍼져나갔다. "그들에게 [색깔 있는 옷을 입는 것이] 얼마나 경제적인지를 체험하게" 하기

112   Kerry Smith, 2001, pp. 319~29.
113   1933년 총독부 학무국 사회과의 계산에 따르면, 조선인 5인 가족의 경우에 색깔 있는 옷을 입으면 연간 15엔 40전과 680시간을 절약할 수 있었다(공제욱, 2006, 148쪽에서 인용).
114   경성부(京城府) 사회과, 『경성부 사회사업 요람』(京城府社會事業要覽), 1934, p. 87.
115   이런 이유는 1903년에 조선[대한제국] 정부가, 그리고 1906년에 일본이 강제한 통감부가 겨울철 흰옷금지령을 내린 이후 조선인 지식층 속에 이미 퍼져 있었다(공제욱, 2006, 42~47쪽; Lynn, Hyung Gu, 2004, pp. 79~80).

위해[116] 1933년 9월에 경성부는 교육용 소책자를 배포하고 조선인들이 현장에서 자신들의 옷을 염색할 수 있는 무료작업장을 설치하기 위해 방면위원들을 소집했다. 그 결과 네 개 방면지구에서 약 2,400명의 주민들이 참여해 7,735벌의 옷을 염색했다.[117] 동민회와 국민협회도 정착민 자선기관들과 함께 이를 지원했다.[118] 가장 적극적인 현장활동을 벌인 이들은 동민회 회원들이었는데, 그들은 1935년 5월 22일부터 25일까지 직물염색을 위한 무료작업장들을 제공했다. 매일 오전 10시에서 오후 6시까지 서빙고와 노량진에서 열린 그 4일간의 행사에서 주민 750명이 모두 5,340벌의 옷을 염색해 행사를 조직한 측으로부터 '대성공'이라는 평가를 받았다.[119]

　지역[조선]의 일본인 양복장이들은 조선인 고객을 늘릴 수 있는 그 기회를 놓치지 않았다. 특히 진취적이었던 곳은 우연찮게 동민회 회원이기도 했던 고바야시 겐로쿠(小林源六) 소유의 백화점 초지야(丁子屋)였다. 초지야의 사사(社史)에 따르면, 색깔 있는 옷 입기 장려는 메이지 시대 이래 초지야의 모토였다. 초지야는 1904년에 가게 문을 연 지 1년도 되지 않아 조선 옷 염색사업을 시작했다.[120] '국민의 복장통일을 가속화하기' 위해 고바야시는 나중에 11월 12일을 '서양 옷 기념일'로 지정하고 서양 옷을 일본 황실의 공식복장으로 삼은 메이지 천황의 선언을 기념했다. 바로 뒤 일반 국민들에 대한 천황의 의복교시를 상기시키면서 고바야시는 그 칙령을 조선의 '동포들'에게도 확대·적용해 그들을 일본

116　『조선사회사업』 11, no. 11(1933년 11월호).

117　조선총독부 학무국 사회과 편, 『조선의 사회사업』(朝鮮の社會事業), 1933, pp. 122~ 23; 경성부(京城府) 사회과, 1934, p. 88.

118　『경성휘보』 144(1933년 9월호), pp. 43~44; 조선총독부 학무국 사회과 편, 1933, pp. 122~23.

119　『경성휘보』 165(1935년 6월호), p. 43.

120　초지야(丁子屋)상점의 『황성신문』 광고, 1905년 10월 24일자.

근대의 새 의복에 동화시키려 했다.[121]

　조선 전역에서 색깔 있는 옷을 장려하려던 노력은 조선의 대중에게 세상을 바꾸는 식민지 사업의 힘을 보여준 생생한 사례였으나, 이는 광범한 지역적 격차를 야기하는 결과를 낳았다.[122] 1933년 9월 초에 색깔 있는 옷 입기 장려운동에 헌신해온 경상북도의 조선인 도지사는 지역도시들에서의 진척은 느리지만 농촌주민들의 80~90퍼센트가 이미 색깔 있는 옷으로 갈아입었다고 보고했다.[123] 1934년 2월에 경기도 행정당국이 실시한 조사에 따르면, 거의 모든 지역의 어린이(96퍼센트)와 대다수 어른(87퍼센트)이 낡은 옷[흰옷]을 버렸다. 하지만 그 운동이 시작되고 공무원들에게 매우 엄격한 '흰옷금지령(白衣法度)'을 내린[124] 경성은 어른의 63퍼센트만이 색깔 있는 옷을 입어 진척률이 가장 낮았다.[125] 결국 끊임없는 선전과 강연, 연찬회도 대다수 조선인들에게 장기적으로 별로 영향을 끼치지 못한 것으로 드러났다.[126] 일부 지역에서는 운동이 전면

121　초지야상점(丁子屋商店) 편, 『초지야 소사(小史)』(丁子屋小史), 1936.

122　경상북도의 사례는 『조선민보』(朝鮮民報), 1932년 1월 15일자; 그리고 『조선신문』, 1933년 6월 10일자 참조. 충청북도의 경우는 『조선신문』, 1932년 1월 24일자 참조. 평안남도 행정당국은 '시범마을'을 선정하고 자신들의 효율성을 다른 지역에 보여주기 위해 '흰옷추방'에 대한 자세한 지침을 내렸다(『오사카 아사히신문』, 1933년 8월 2일자 조선판; 『정선일보』, 1933년 9월 26일자).

123　『조선신문』, 1933년 9월 26일자.

124　『경성일보』, 1933년 10월 31일자.

125　『부산일보』, 1934년 6월 27일자. 비슷한 결과는 경성의 가장 번잡한 다섯 개 조선인 지구에서 1시간 동안 서 있었던 경성부 관리들이 그달에 실시한 현장조사에서도 보고됐다(『경성휘보』 151(1934년 4월호), pp. 65~66). 이들 통계치는 민족별로 조사된 결과가 아니어서 실제로 색깔 있는 옷을 입은 조선인의 비율은 이보다 더 낮았을 것임을 시사한다.

126　1940년대에도 흰 한복은 조선의 많은 농촌지역에서 널리 입는 일반적인 옷이었다(Lynn, Hyung Gu, 2004, p. 82). 흰옷에 대한 강제적인 금지에 조선인이 반발한 경우도 일부 보고되었다(공제욱, 2006, 156~59쪽). 황해도에서 경찰의 흰옷

적 강제로 바뀌어 좋은 성과를 올리기에 급급한 지역관리들이 "시장 한 복판을 차지하고 지나가는 흰옷차림의 행인들에게 먹물을 뿌리기"까지 했다.[127]

색깔 있는 옷 입기 장려운동은 생활개선운동에 여성들을 끌어들이려는 더 큰 시도의 일부로 발전했다. 조선사회사업협회(朝鮮社會事業協會) 회장 하나다 긴노스케(花田金之助)는 1926년에 이미 "주부들이 집 바깥에서 광범위한 책임을 지고 있다"라고 지적하면서, 특히 "청소년교육에서의 교화, 사상선도, 생활개선, 그리고 시민도덕 함양" 분야에서 그렇다고 했다.[128] 1930년대에는 더 많은 관리들이 그런 인식을 갖게 되었고, 일상생활 운용에 대한 관심이 높아지면서 부르주아적 가치와 공중도덕의 관리자로서 여성의 역할에 관한 논의를 자극했다. 조선 내 일본 여성들은 적어도 러일전쟁 시기 이후 오랫동안 자발적으로 그러한 역할을 받아들였다. 애국부인회를 통해 일본 여성 정착민들 ─ 특히 관료나 기업 엘리트의 부인들 ─ 은 전쟁지원 활동을 조직하고 지역의 자선활동에 참가하는 등 공적 영역에 적극적으로 참여했다. 여성의 특별한 재능을 강조하는 데 본국의 여성들 못지않게 능숙했던 그들은 결혼과 가족, 그리고 다른 일상생활상의 주제들에 대한 원탁토론회를 정기적으로 열었고 당국과 협력해 여성들의 육아(育兒)지식을 높이기 위한 유아보호

금지에 대한 강요가 어느 조선인 학자를 비극적인 자살로 이끈 사례도 있었다 (『오사카 마이니치 신문』, 1934년 12월 7일자 조선판).

127 『서선일보』(西鮮日報), 1934년 1월 15일자; 다케나카 기요시(竹中淸), 개인편지, 2003년 1월 7일; 양성덕(Yang Sŏng-dŏk)의 증언, in: H. Kang, 2001, p. 100. 길주(吉州) 지방에서는 흰옷 입는 것이 거의 범죄행위와 같은 취급을 당했다. 지역 당국은 흰옷 입은 조선인들의 관공서 출입을 금지했다(『북선일일신문』(北鮮日日 新聞), 1934년 12월 1일자).

128 하나다 긴노스케(花田金之助), 「사회사업의 중심점」(社會事業の中心點), 『조선과 만주』, 1926년 3월호, p. 25.

주간을 조직하기도 했다.[129]

하지만 체제에 대한 관심이 커지면서 더 많은 조선의 여성들이 공적 영역에 참여했다. 조선병합 시기(제1장 참조) 이후, 후치자와 요시에(淵澤能惠)와 같은 지역 일본인 교육자들은 이를 자신들의 개인적 사명으로 삼았다. 그들은 '현모양처'(賢母良妻) 이념을 수정해 가정을 사회개혁의 핵심적인 장소로 삼음으로써 1930년대에 그런 시도들을 계속 주도했다. 예컨대, 1936년 어느 여성포럼에서 녹기연맹의 쓰다 세쓰코(津田節子, 1902~72)는 "열심히 사회적으로 일을 함으로써"[130] "'현모양처'는 이제부터 사회에 대해 책임을 지는 여성이 되어야 한다"면서 자신을 그 본보기로 내세웠다.

그 메시지는 교화운동 (주로 여성) 지도자들의 공감을 얻어 그들의 레퍼토리가 되었다. 1933년 9월에 경성부와 방면위원들이 지역의 민간단체들과 협력해 "경제의 재건은 부엌에서부터 시작되어야 한다"라고 선언한 것은 다섯 개 방면지구의 조선 여성들을 겨냥한 교화운동의 시작이었다. 그들은 절약을 장려하기 위해 살림에 대한 강연을 열고 실력양성에 대한 영화를 상영했으며, 지역의 조선인 가정에 색깔 있는 옷을 입으라고 촉구하는 전단을 뿌렸다. 학생들도 학교장의 지원 속에 그런 메시지들이 "각 가정에서 철저히 지켜질 수 있도록" 하는 데에 동원되었다.[131] 동민회도 조선 여성들을 '교육하고 계몽하는' 독자적인 운동을 벌

129   예컨대, 『조선사회사업』 13, no. 5(1935년 5월호), pp. 61~67; 그리고 13, no. 6 (1935년 6월호), pp. 42~54. 수많은 소규모 여성모임도 조선 전역의 일본인 거주지에서 활동했다. 경성에서는 녹기연맹 부인부(婦人部)가 여성 정착민들의 계몽을 위한 차별적인 접근방식을 취했다. 녹기연맹 부인부는 국체(國體)정신의 토대 위에 '생활의식'을 바꾸기 위한 강연과 연수회를 조직하고 바자회를 열어 그 수익금으로 조선 주둔 일본군 부대를 찾아가 위문했다(다카사키 소지(高崎宗司), 1982b, p. 69).

130   『동포애』(同胞愛) 14, no. 4(1936년 4월호), p. 16.

였다. 예컨대, 1935년 5월에 그들은 352명의 가네보(鐘紡) 방적공장 여성노동자들을 모아놓고 '근면정신을 함양'하기 위해 만든 계몽영화를 상영했다.[132] 지역의 주부들을 위해 동민회는 조선인 여성교육자들과 의사들을 모집해 육아와 살림살이, 절약, 정신수양에 대한 강연을 시켰으며, 영양적인 가치를 강조하는 '생활개선' 요리교실을 열었다.[133] 그런 활동들은 외관상 모든 계급의 조선 여성을 대상으로 한 것 같지만 대다수의 활동은 부르주아 생활양식의 틀을 벗어나지 못했으며, 종종 일본 본국 가정의 기준과 표준을 적용했다.

1930년대 내내 여성들의 교화운동 참여는 더욱 가시화되었다. 그들은 전국적인 토론회에 남성지도자들과 자리를 나란히 하고 자신들의 의견을 담은 문서를 배포했다. 특히 자신들이 받은 근대적인 교육을 사회개혁에 활용한 김활란(金活蘭, 1899~1970)과 손정규(孫貞圭, 1896~1955) 같은 중간계급의 '신여성'들의 역할이 도드라졌다.[134] '신여성들'의 떠오르는 명성은 일본 근대의 틀 내에서 활동하면서도 집 바깥에서 자신들의 새로운 정체성을 만들어냈던 조선 여성들의 더 큰 역사 — 최근 시어도어 준 유(Theodore Jun Yoo)가 연구한 — 중의 일부였다.[135] 쓰다 세쓰코와 후치자와 요시에 같은 정착민 교육자들과 함께 이들 조선 여성들은 영향력 있는 인사로 떠올랐으며, 특히 1936년 초에 우가키의 총독부가 '조선 여성들을 일깨우기' 위한 정책을 추진하면서 그들의 협력을 요청했을 때 더욱 그러했다.[136]

---

131   『경성휘보』 144(1933년 9월호), pp. 43~44.

132   『경성휘보』 165(1935년 6월호), p. 43.

133   『경성휘보』 177(1936년 6월호), p. 34; 178(1936년 7월호), p. 31; 그리고 170 (1935년 11월호), p. 33.

134   1930년대 중반부터 애국부인회 내 조선 여성회원 숫자는 일본 여성회원 숫자보다 많아지기 시작했다(가와 가오루(河かおる), 2001, pp. 4~6).

135   Theodore Jun Yoo, 2009, Chapter 2.

새로 발견된 그들의 영향력은 1936년 2월에 그러한 목적으로 개최한 제1회 여성간담회에서 분명해졌다. 학무국장 와타나베 도요히코(渡邊豐日子)의 간절한 요청에 초청받은 지역 소재 여학교의 조선인 교사들은 솔직하게 그들의 관점에 동조하는 한편, 젠더(gender)에 대한 공식정책과 담론형성에 궁금증을 드러내면서 당국에 다양한 요구사항을 제시했다. 김활란은 "여성문제는 여성들의 교육에 전적으로 좌우된다"면서 남성 중심의 식민지 학교제도를 문제삼고 그 아킬레스건을 건드렸다. "조선 여성들이 글자를 읽지도 못하고 그 의미를 이해하지 못한다면, 그들에게 '현모양처'라는 공식이념을 이해하리라 기대하기는 어렵다."[137] 조선인 교사들도 당시 진행되던, 하지만 다소 임시방편적인, 조선인 생활양식 재편에 관한 공식적인 정책에 대해 좌절감을 토로해도 제지당하지 않았다. 예컨대, 그들은 조선 관습의 근대화 일환으로 색깔 있는 옷 입기를 장려할 필요성에 동의했지만 조선의 전통복장인 한복차림이 문제가 없다고 보았다. 그들은 위생과 노동의 관점에서 한복을 '완벽'한 것으로 여겼다. 그 간담회의 유일한 일본 여성 참가자였던 쓰다 세쓰코는 조선인 교사들의 의견에 동의하면서 조선 옷이 매우 매력적이어서 자신도 여름에 그것을 입으며 종종 겨울에도 입는다고 말했다.[138] 어느 조선인 중견교사는 더 나아가 교과서들이 "조선의 어린이들은 전혀 모르는" "소년축제, 오봉[お盆, 일본의 등불축제], 소녀축제 같은 일본의 관습들"로 가득 차 있는 것으로도 알 수 있듯이, 오직 동화정책만을 일사불란하게 밀어붙이는 당국이 문제가 있다며 비판했다.[139]

---

136 「조선 부인학생운동 간담회」, 『동포애』 14, no. 4(1936년 4월호), p. 13; 『조선공론』, 1936년 3월호, p. 80.

137 「조선 부인학생운동 간담회」, 『동포애』 14, no. 4(1936년 4월호), p. 14.

138 같은 책, p. 30. 거기에는 조선의 의복을 보존해야 한다고 주장하는, 일부 총독부 관리들을 비롯한 다른 일본인들이 있었다(Lynn, Hyung Gu, 2004, p. 81).

하지만 조선인 교사들도 조선 남성들을 정면으로 비판했다. 한상룡 같은 재계의 거물이 참석했음에도 불구하고, 김현실(金縣實)은 가사에 대한 조선 남성들의 관심부족은 심각하며 쾌락추구에 돈을 낭비하고 축첩제(蓄妾制)를 고수하고 있다고 가차없이 공격했다.[140] 조선인 교사들은 가정생활의 부담을 여성에게만 덮어씌우지 말라면서, 교화운동은 가사에 대해 조선 남성들을 계몽하고 그들의 마음과 태도를 '정신적으로 개혁'하는 데에도 똑같은 노력을 기울여야 한다고 주장했다. 이런 정당한 불만토로에 한상룡은 "부끄럽다"라고 말했다.[141]

여성간담회는 여성들이 어떻게 교화운동에 참여할 만큼 힘을 갖게 되었는지를 효과적으로 보여주었다. 특히 조선 여성들은 그 운동을 조선의 가부장제와 일본의 동화정책을 한꺼번에 공격하는 도구로 활용했다.[142] 개혁약속을 펼쳐 보이면서 그들 여성은 자신들의 새로운 힘을 사회적 관심을 표명하고 의제들을 제시하는 데 사용했으며, 동시에 적극적인 국가개입을 기대했다. 특히 1937년 이후 점차 공식화된 그들과 식민당국 간의 강화된 유대관계는[143] 일본에서의 여성단체들과 '사회관료들 간'의 관계를 거울처럼 반영했다. 본국과 식민지의 여성들은 "공적 역할을 종종 국가와의 동맹관계 속에서 떠맡음"으로써 힘과 지위를 강화했으며, 그것이 일상생활의 개선이든 '근검절약'운동이든 간에 그들이 엄마로서, 그리고 주부로서 힘을 갖게 만들었다.[144] 교육받은 조선 여성들

---

139 「조선 부인학생운동 간담회」,『동포애』14, no. 4(1936년 4월호), p. 27.

140 같은 책, pp. 23~24. 유교적 가부장제에 대한 공격은 이미 1920년대에 '신여성' 제1세대가 시작했다(Kwon In-sook, 1998, pp. 381~405).

141 「조선 부인학생운동 간담회」,『동포애』29. 또한 같은 책, pp. 24~25, 32~33 참조.

142 그런 공격은 조선 여성들의 혼성(hybrid)정체성을 반영했다(Choi Kyeong-Hee, 1999).

143 제8장 참조.

144 Sheldon Garon, 1997, p. 134.

은 일본인 정착민 여성들 못지않게 그런 역할을 추구했다. 그들은 똑같이 (이제 곧 살펴보겠지만) 교화운동의 주변에 머물러 있기를 거부했다.

청소년 선도

교화운동에서 또 하나의 중요한 초점이 청소년 선도인데, 그것은 긴 도전의 역사를 갖고 있다. 1930년 말, 당시 조선의 학령기 어린이들 가운데 초등학교에 실제로 입학하는 비율은 20퍼센트도 채 되지 않았으며, 민족주의적이고 사회주의적인 성향을 지닌 청소년단체들이 통제하기 힘들 정도로 급증하고 있었다.[145] 일본의 대학 캠퍼스를 휩쓴 마르크스주의와 혁명사상이 경성 제국대학과 고등학교에 다니던 조선 학생 및 일본의 해외거주 학생들에게도 유입되었다. 식민지와 본국의 경찰당국은 1930년대 초 몇 년간은 거의 한결같이 조선의 조직적인 민족주의 활동과 일본 학생들의 급진주의 활동 모두에 궤멸적인 타격을 가함으로써 청소년 반항기에 불온한 사상이 싹트는 분위기를 억눌렀다.[146] 확산되는 만주의 충격효과를 이용해 우가키의 총독부는 1932년 말부터 조선의 청소년단체들을 '건전한 방향'으로 유도하기 위해 심혈을 기울이는 한편, '불량'한 단체들은 뿌리부터 잘라냈다. 구체적인 지시들을 통해 지역의 단체장들에게 청소년시설들을 확장해 교양을 위한 수련회를 열고 '건전한 청소년 지도자들'을 육성[147]하며, 특히 스포츠를 "건강한 마음과 몸을 계발하는" 수단으로 장려하라고 촉구했다.[148]

---

145 1930년에 조선인 청소년단체들은 모두 1,247개로, 9만 2,522명의 회원을 거느리고 있었다(조선총독부 학무국 사회과 편, 1933, p. 108).

146 일본의 경우는 David R. Ambaras, 2005, p. 161.

147 조선총독부 편, 『시정 25년사』, 1935, p. 955.

급진세력에 대한 경찰의 철저한 단속과 함께 식민국가는 1931년 이후 그 수가 크게 늘어난, 저항을 포기하기 시작한 조선 민족주의자들과 사회주의자들을 체제 내로 포섭하는 공작도 강화했다.[149] 현지 일본인 자본가들과 조선인 자본가들은 사상범 전과자들과 최근 사회주의와 공산주의에서 전향한 자들을 지원해달라는 요청을 받았고, 경기도 도지사의 명에 따라 1935년 11월에 소도회(昭道會)를 설립했다.[150] 윤치호가 자신의 일기에 다소 못마땅해하며 썼듯이,[151] 소도회 회원들은 단체활동의 유지비 명목으로 각자 500엔에서 1,000엔까지의 기부금을 할당받았고 활동범위는 의료지원에서부터 전향자 취업 또는 복학까지 다양했다.[152]

그러나 청소년 선도는 단지 조선인들만을 자기편으로 끌어들이는 일이 아니었다. 사상통제의 노력은 조선에서 태어나고 자란 일본인 정착민 세대도 겨냥하고 있었다. 그들의 수는 1930년까지 조선 거주 일본인 인구의 3분의 1을 차지했다.[153] 젊은 정착민들을 '올바른 일본인'으로 사회화하는 것은 현지의 지도자들과 교육자들의 오랜 관심사였는데, 1930년대 초에 다시 관심을 끌게 되었다.[154] 경성에서는 동민회에서도 활동했

148   같은 책, p. 954; 조선총독부 학무국 사회과 편, 1933, pp. 107, 120.

149   1933년 말까지 치안유지법 위반으로 구속을 당한 조선인의 약 35퍼센트가 '전향'을 한 것으로 알려졌다(다카사키 소지(高崎宗司), 1993, p. 126).

150   그들 중에는 초지야(丁子屋)의 고바야시 겐로쿠(小林源六), 조선무역협회의 사이토 히사타로(齋藤久太郎)와 도지마 유지로(戶嶋祐次郎), 그리고 박영철(朴榮喆), 박흥식(朴興植), 김연수(金秊洙) 같은 조선인 기업가들이 들어 있었다(『동포애』 13, no. 12(1935년 12월호), pp. 62~63).

151   대한민국 문교부 국사편찬위원회, 1987, 10: p. 522(1935년 11월 26일 항목).

152   경기도(京畿道) 경찰부장(警察部長) · 경무국장(警務局長) 외 완(宛), 「창도회 제3회 회원총회 개최에 관한 건」(唱導會第3回會員總會開催に關する件)(1937년 12월 23일/no. 5520), pp. 5~6. 이런 활동들은 1936년의 조선 사상범 보호관찰령에 의거해 청년 사상범 전과자들을 감독하기 위해 설치된 특수기관(사상범 보호관찰소)과의 협력 속에 수행되었다.

153   단게 이쿠타로(丹下幾太郎), 1943, pp. 2~3.

던 전직 헌병대 장교가 시 단위의 연맹으로 조직한 지역 일본인 청소년 단체 소속의 학생들과 함께 '국민정신 작흥주간'과 같은 활동에 자주 동원되었다. 그러나 녹기연맹(綠旗聯盟)만큼 청소년교육에 헌신한 단체는 없었다. 녹기연맹은 1920년대 중반에 경성 제국대학의 일본인 교수들과 우파 쪽 학생들이 만든 난해한 불교 연구단체에서 출발해 성장했다.[155] 1933년 2월의 건국기념일에 공식출범했을 때, 녹기연맹은 '일본 정신'을 퍼뜨리고 일본의 국체(國體) 개념을 분명히 하기 위한 운동을 시작했다. 그 운동을 이끈 사람은 경성 제국대학 교수이자 니치렌(日蓮) 신도들의 극우민족주의 단체인 국주회(國柱會)의 회원이었던 쓰다 사카에(津田榮)였다.[156] 작지만 활동적인 정착민 지식인 분파를 대표한 녹기연맹은 새 세대 제국의 브로커들의 선두에 섰으며, 조선에서 일본의 대륙사업 방향을 열정적으로 제시했다.

한결같이 충직한 천황 지지단체인 녹기연맹의 활동은 교화운동과 일본화 사이의 서로 불가분의 관계를 숨김없이 드러냈다. 녹기연맹이 내세운 목표들 — '사상의 연구', '지역지도자들(중견인물들)의 훈련과 육성', 그리고 '공공복지 시설의 건립' — 은 수많은 식민지 프로그램에 영향을 끼쳤지만, 그 모든 것은 그 단체의 유일한 목적이었던 천황 중심의 일본

---

154 그 문제에 초점을 맞추고 있던 식민지 조선에서의 일본 어린이 교육에 대한 자세한 연구는 Nicole Leah Cohen, 2006, Chapter 3 참조.

155 녹기연맹 창설에 대해서는 나가시마 히로키(永島廣紀), 2003, pp. 57~87 참조.

156 이 단체를 이끈 사람은 다나카 지가쿠(田中智學, 1861~1939)였는데, 그의 가르침은 만주사변을 꾸민 바로 그 이시와라 간지(石原莞爾, 1889~1949)에게 영향을 끼쳤다. 나가시마 히로키(永島廣紀)의 연구에 따르면, 쓰다 사카에(津田榮)는 국주회의 설립자요 쓰다를 대학 학창시절에 니치렌 불교에 입문시킨 다나카 지가쿠의 아들 사토미 기시오(里見岸雄, 1897~1974)의 '국체학'(國體學)에 근본적으로 의존했다(나가시마 히로키(永島廣紀), 2003, pp. 69, 72; 쓰다 사카에(津田榮), 「국체명징의 대(大)선학자 다나카 지카쿠 선생을 기리다」(國體明徵の大先學者田中智學先生を憶ふ), 『녹기』 4, no. 12(1939년 12월호), p. 12).

주의 고취를 위해 가동되었다.[157] 1937년 이전까지 배타적으로 일본인만 회원으로 받아들인 것에서도 드러나듯이, 그런 노력들은 조선인들이 아니라 먼저 정착민 2세와 3세들을 위한 것이었다. 녹기연맹 지도자들의 관점에서 보면, 젊은 정착민 세대의 일본 국체에 대한 인식부족이 연맹창설에 영감을 주었고[158] 그들의 동화사업을 정당화해주었다. 그들에게 조선인의 일본화보다 더 긴급했던 과업은 일본이 대륙으로 확장하는 중대한 단계에서 '국체에 대한 올바른 이해'를 주입받은 새로운 세대의 정착민 지도자들을 육성하는 것이었다.

그러한 목적으로 녹기연맹은 창설 직후에 '학생부'(學生部)를 설치해 일본 남학생들을 경성 제국대학과 경성의 다른 고등교육 기관에 입학시키는 작업을 벌였다. 학생부는 정기적인 수련회와 함께 매년 건국기념일에 특히 하급생들을 겨냥한 '일본 정신과 국체에 대한 의식함양' 집회와 연설회를 열었다.[159] 이런 활동에 참여하는 것은, 당시 경성 제국대학을 졸업한 모리타 요시오(森田芳夫, 1910~92)와 같은 연맹의 젊은 지도자들에게는 애국적인 몸짓이었을 뿐만 아니라 강도 높은 자기반성의 노력이었다. 자신이 편집한 연맹회보에 쓴 모리타의 논평에서는, 조선에서 태어나 일본인과 조선인이라는 두 세계로부터 떨어져 있으면서도 동시에 거기에 속해 있던 조선 태생 일본인 정착민들의 감수성을 엿볼 수 있다. 모리타는 '일본 민족의 이상'과 '조선에서의 우리 삶'이라는 현실을 구분하면서 동료 정착민들에게 "이것[차이]을 분명히 이해하는 것이 조선의 [우리] 거류민들에게 가장 중요한 게 아닐까?"라고 물었다.[160] 미래의 정착민 지도자들은, 녹기연맹이 그렇게 마음속으로 상상했듯이, 제국 중

157 다카사키 소지(高崎宗司), 1982b, pp. 64~65.
158 정혜경·이승엽, 1999, 365~67쪽.
159 다카사키 소지(高崎宗司), 1982b, p. 69.
160 『녹인』(綠人) 4(1935년 10월호), p. 94.

심부와의 관계를 유지하면서도 조선 땅이라는 현실에 발이 묶여 있었다. 선험적인 국체정신을 일상적으로 지켜야 할 원칙으로 체화하는 것이 그 둘 사이의 연결을 보장해주었다.[161] 그리고 그것은 쓰다 사카에(津田榮)가 어느 강연에서 말했듯이, 그들이 일본인과 조선인 사이의 쉽게 가늠할 수 없는 영역으로 빠져 들어가는 것을 막아주었을 것이다. 달리 말하면, '일본 국체의 올바른 인식'을 함양함으로써 정착민들은 자신들의 경계성(liminality)을 장점으로 바꾸고, 무신경한 본국 국체(國體)이론가들의 영향에서 벗어나 식민지에서 일본인으로서의 진정한 정체성을 확보할 수 있었을 것이다.[162]

더 주목해야 할 것은 연맹이 흔히 조선 태생 일본인 정착민들에 대한 비판을 떠맡다시피 했던 젊은 여성 일본인의 교육에 주력했다는 사실이다.[163] '모던 걸'(modern girl)이라는 유령과 겹쳐지는, 자유로운 영혼의 정착민 여성들이라는 이미지가 '결혼위기'에 대한 걱정스런 논의를 촉발하고 그들이 대표하는 사회적 위협에 대한 조심스런 비판을 유발했다.[164] 그런 우려들에 대처하기 위해 녹기연맹은 사카에의 어머니 요시에와 그의 아내 쓰다 세쓰코(津田節子)의 지도 아래, 청화여숙(淸和女塾)을 설립했다. 식민지의 여자고등학교 졸업생들을 겨냥한 그 여성 아카데미는 젊은 여성 정착민들에게 '제국여성'으로서의 올바른 특성을 채

---

161 모리타 요시오(森田芳夫), 「현대인의 국체관의 제형태와 그 비판」(現代人の國體觀の諸型とその批判), 『녹기』 1, no. 8 (1936년 8월호), p. 14.

162 쓰다는 사토미 기시오(里見岸雄)의 비평 「오늘의 천박한 일본주의자들」과 「관념적 국체옹호론자들」, 그리고 그의 국체의 '실질적인 실천' 요구에서 많은 것을 물려받았다(『녹기』 1, no. 5(1936년 5월호), 표지 안쪽 면).

163 Helen J. S. Lee, 2008b.

164 '결혼위기' 토론의 예들은 『조선사회사업』 13, no. 5(1935년 5월호), pp. 61~67; 그리고 13, no. 6(1935년 6월호), pp. 42~54 참조. 조선 태생 일본 여성들의 문제는 1936년 다른 정착민 지도자들이 참가한 녹기연맹 주최의 토론회 주제였다.

위줄 1년짜리 교육과정을 운영했다.[165] 그 아카데미 졸업생인 사와이 마리코(澤井眞理子)는 매년 약 30명의 학생들이 입학했다고 나중에 회고했다. 그들은 역사(조선사 포함)와 문학, 그리고 심리학 같은 일반교육을 경성 제국대학의 교수들로부터 받았으며, '가정경제학, 다도(茶道), 그리고 와카(和歌, 일본 시)'와 같은 여성용 자기수양 과목들도 배웠다.[166] 가끔 일본인 학생들은 자매학교인 덕화여숙(德和女塾, 박인덕[朴仁德, 1897~1980]이 1941년에 설립)의 조선인 학생들과 공동수업에 참석했으며, 지역 초등학교 아동들을 위한 점심 만들기와 같은 '실습'에도 참가했다.[167]

사와이는 청화여숙을 다름 아닌 신부수업을 받는 예비신부 학교로 보고 있었지만, 선생들은 학생들에게 가사(家事)와 기술 이상의 것을 가르쳐주려고 했다. 청화여숙의 이사인 세쓰코 자신이 자주 강단에 서서 여성과 어머니, 그리고 일본 국체의 정신적 수호자라는 이중의 역할에 대해 역설했다. 녹기연맹(綠旗聯盟) 부인부(이 또한 그가 지도했다)의 좌우명에 맞춰 세쓰코는 학생들에게 '일본과 함께 자라나는 가정'을 만드는 것이 바로 "천황의 충성스럽고 선한 신민이 되는" 애국적 행동이라고 가르쳤다.[168] "사랑과 정의, 힘으로 가득 찬 가족을 만드는 것은 영원무궁토록 이어질 천황의 힘을 돕고 보호하는 것을 의미한다"[169]라고 세쓰코는 일본의 건국신화와 효도에 대한 미사여구를 써가며 설명했다. 또 다른 강의에서 세쓰코는 '일본 냄새가 나는 가족'을 만드는 것의 중요성을 강

---

165 다카사키 소지(高崎宗司), 1993, p. 128.
166 전쟁 전의 일본에서 받아들여지고 있던 "이상적인 신붓감을 위한 세 가지 전제 조건 ─ 다도, 꽃꽂이, 그리고 바느질"에서 약간의 변화가 있었다(Barbara H. Satō, 2003, p. 136).
167 사와이 리에(澤井理惠), 1996, pp. 118~20.
168 쓰다 세쓰코(津田節子), 「일본과 함께 자라나는 가정」, 『녹기』 2, no. 1(1937년 1월호), pp. 14~19.
169 쓰다 세쓰코(津田節子), 「여성으로서의 반성」, 『녹기』 1, no. 9(1936년 9월호), p. 8.

조하고 "'우리는 일본인'이라는 감정을 고양시키기 위한" 방안으로 설날에 천황의 초상에 절하도록 학생들에게 지시했다.[170] 바다를 가로지르는 일본인들의 상상의 공동체를 건설하고 유지하려면 매일 천황의 적자(赤子)라는 자기확신을 갖는 그런 일상적인 행위가 필요했다.

세쓰코의 설교에서 영감을 받은 어느 학생은 자신의 에세이에서 "여성들은 수동적으로 남성들이 하는 것을 보고만 있어서는 안 되며", "여성으로서 적극적으로 운동에 관여해야 한다"라고 썼다. 녹기연맹 총회에 참석한 다른 학생은 "우리가 '천황 폐하 만세!'를 외칠 때, 내 가슴은 깊은 감동으로 요동쳤다"라고 썼다.[171] 하지만 마리코의 기억이 시사하듯이, 청화여숙의 모든 일본 학생들이 녹기연맹 덕에, 예로 든 에세이들이 우리에게 보여주는 것만큼 이념적으로 자각한 것은 아니었다. 창립 당시에 수십 명의 회원으로 구성된 연맹의 '학생부'도 소수의 일본 남학생들을 끌어들이는 데 그쳤다.[172] 우리가 다음 장에서 살펴보겠지만, 녹기연맹이 인정을 받고 정착민 사회의 바깥에까지 영향력을 확보하게 된 것은 1937년 전쟁(중일전쟁) 이후부터로, 스스로를 전향한 사회주의자와 민족주의자를 위한 중요한 피난처로 자처한 덕분이었다.

---

170 쓰다 세쓰코(津田節子), 「일본과 함께 자라나는 가정」, 『녹기』 2, no. 1(1937년 1월호).
171 『녹기』 1, no. 7(1936년 7월호), pp. 45~46.
172 연맹의 행사들에 참가한 경성 제국대학의 학생 출신 가운데 일부는 '불편을 느끼거나' '기묘한' 분위기를 감지했다고 나중에 회고했다. 경성 제국대학 출신 25명과의 인터뷰와 질의응답/예과(豫科)동창회, 2002년 12월 5일 배포, 도쿄. 또한 『녹기』 1, no. 11(1936년 11월호)에 수록된 학생 관련 특별판도 참조.

종교적 수양

여성과 청소년을 겨냥한 교화활동은 우가키 가즈시게가 심전개발(心田開發, 종교적 수양)이라는 이름으로 1935년 봄에 또 다른 운동을 시작했을 때 대체로 행정의 영역을 벗어나기 어려웠다.[173] 특히 우가키는 종교적 수양을, 추진 중이던 농촌재건운동을 보완해줄 요소로 보아[174] 이를 통해 조선인들이 '건전한 믿음을 함양'하고 '미신'타파에 나서주기를 바랐다.[175] 그의 심전개발론은 현대생활에서 차지하는 종교의 역할에 대한 그의 강한 믿음에 뿌리를 두고 있었는데, 그는 종교를 '물질적 안정이나 충족만큼이나 필수적인 것'으로 봤다. 하지만 종교적 수양은 민족이나 '일본 정신'처럼 궁극적으로는 운동이 제시한 뒤엉킨 여러 목표들보다 곧 우위를 점하게 될 천황숭배 촉진으로 수렴되었다.

운동을 시작하면서 식민정부는 기성종교들 ── 급진사상의 퇴치운동을 벌여온 일본 본국 정부의 오랜 동반자였다 ── 에 협력을 요청하는 한편으로 그들의 종파적 활동은 억제했다. 1935년 초에 당국은 일본과 조선의 유력한 불교 승려들, 기독교 선교사들, 신도(神道)의 사제들을 일련의 토론회에 초청해 "미신에 사로잡혀 신앙심을 완전히 잃어버린" 조선 대중을 어떻게 계몽할 것인지 논의하게 했다.[176] 불교지도자들은 특히 자신들에게 주어진 새로운 공적 역할을 환영했다. 우가키의 이야기가 조선 불교도들에게는 "자신들의 과거의 영광을 되살리고" 조선왕조

---

173   '심전개발'이란 말은 총독과 교토(京都)의 기요미즈데라(清水寺) 주지(住持)인 오니시 료케이(大西良慶), 그리고 정착민 불교신자 세 사람 ── 고바야시 겐로쿠(小林源六), 야마구치 다헤에(山口太兵衛), 구기모토 도지로(釘本藤次郎) ── 의 대화 중에서 나온 말임이 분명하다(나카무라 겐타로(中村健太郎), 1969, p. 94).

174   우가키 가즈시게(宇垣一成), 1935, pp. 162~63.

175   조선총독부, 『조선』, 1935년 4월호, p. 103.

176   『조선신문』, 1935년 2월 2일자; 조선총독부 편, 『시정 25년사』, 1935, pp. 918~19.

중기 이후에 잃어버린 불교의 도덕적 권위를 회복할 절호의 기회였다.[177] 일본 불교도들에게 그것은 자신들의 영향력을, 19세기 말 이후 포교활동이 정체되어 있던 정착민 사회 너머로 넓힐 기회였다.[178] 본원사(本願寺) 신도들의 감독관이었던 우에노 고진(上野興仁)은 불교신앙을 되살리겠다는 자신의 사명을 조국에 불교를 전해준 조선인들에게 '은혜를 갚는' 방도로 생각했다.[179] "협력을 하면 조선의 불교기관들을 일본 승려들이 장악하게 될 것이라는 비뚤어진 시각"을 없애기 위해 "일본 승려들과 조선 승려들이 적극적으로 서로 조화를 이루고 동화해 모범을 보여야 한다"라고 조동종(曹洞宗) 절의 주지 이노우에 미치오(井上道雄)는 주장했다.[180]

다른 운동들처럼 종교적 수양노력은 화려한 팡파르와 함께 시작되었으나 구체적인 프로그램은 없었다. 운동 초기의 활동들이 빈약하게 편성되어 있었던 것은 당연했다. 1935년 3월, 우가키의 선동으로 조선의 불교지도자들은 지방 순회강연에 나섬으로써 '종교적 부활운동'을 시작했다.[181] 그러나 원칙도 공식지침도 없는 상황에서 '자아찾기' 강연들만 계속되면서 마을 사람들로부터 비판을 받았고, 국체의 의미에 대해 사람들이 더 헷갈리게 만들었다.[182] 우가키와 총독부 관리들은 1936년 1월에

177　우가키 가즈시게(宇垣一成), 「조선불교 본사 주지 초대석상의 총독 인사」 (1935년 3월 6일), in: 조선총독부 편, 『조선시정에 관한 유고훈시 및 연술집』(朝鮮施政に關する諭告訓示竝に演述集), 1937, pp. 848~49.

178　일본인 정착민들의 본거지였던 경성 남산의 절 본원사(本願寺)의 승려들은 1932년부터 이미 조선 불교도들을 훈련하기 위한 하계학교를 개설해 그런 작업을 시작했다(『조선과 만주』, 1935년 8월호, p. 36).

179　『경성일보』, 1935년 3월 1일자.

180　이노우에 미치오(井上道雄), 「조선불교의 부흥에 대하여」(朝鮮佛教の復興に就いて), 『조선과 만주』, 1935년 4월호, pp. 50~51.

181　『경성일보』, 1935년 3월 1일자.

182　『조선공론』, 1935년 10월호, pp. 87~88. 지역 일본인과 조선인 학자들 및 종교

이 문제를 해결하기 위해 수십 명의 종교지도자들, 교사들, 사회개혁가들, 그리고 동민회의 신석린(申錫麟), 기독교청소년회의 니와 세이지로(丹羽清次郎), 녹기연맹의 쓰다 사카에(津田榮) 같은 민간지도자들을 소집해 회의를 열었다.[183] 그들의 논의는 다음과 같은 운동 3대 목표의 토대를 제공했다. 먼저 국체의 개념을 분명히 할 것, 그리고 신과 조상에 대한 숭배의 고취, 끝으로 보은과 감사와 자립의 정신함양이 그것이었다. 지역의 행정관리들과 민간단체들에는 이들 목표를 달성하기 위한 자세한 지침이 주어졌다. 그 지침은 대중매체와 다른 선전수단들(구호, 놀이, 영화, 강연, 연수회, 국민정신 작흥주간 포함)의 활용에서부터 지역의 학생들과 주부들, 그리고 사람들의 종교적 감수성을 함양하기 위한 '조선의 옛 영웅들' 동원에 이르기까지 구체적이고 다양했다.[184] 녹기연맹의 지도자들은 무엇보다 먼저 심전개발을 핵심목표로 끌어들였으며,[185] 그 결과 쓰다 사카에가 설명했듯이, 연맹의 활동은 말 그대로 '공식정책에 부합'하게 되었다.[186]

뒤죽박죽인 지침들은 운동의 무계획적인 성격과 의도적인 모호성을 숨길 수 없었다. 심전개발의 핵심은 "조선인들이 절과 교회를 찾아가 불교와 기독교의 설법이나 설교 등 무엇이든 들어보도록 장려하는" 것이었다. 당국은 좀 순진하게도 '마음에서 우러나' 그렇게 하고 싶어 하는지의 여부를 따져보지도 않고 교회에 나가거나 신사를 참배하는 '습관'을 함양하기를 바란 듯하며, 그것은 "결국 [조선인들] 마음에 신에 대한

지도자들의 심전개발운동에 대한 태도 또한 엇갈렸는데, 특히 무속 같은 '민간신앙'의 활용에 대해 그러했다. 가와세 다카야(川瀬貴也), 2002 참조.

183   조선총독부, 『조선』, 1936년 2월호; 『동포애』 14, no. 2(1936년 2월호), p. 1.
184   『조선과 만주』, 1936년 2월호, pp. 7~8; 『동포애』 14, no. 2(1936년 2월호), p. 1.
185   『녹기』 1, no. 6(1936년 6월호), pp. 2~3.
186   쓰다 사카에(津田榮), 「심전개발의 근본적 준비(用意)」(心田開發の根本的用意), 『녹기』 1, no. 5(1936년 5월호), pp. 2~3.

숭배의 개념만 심어놓게 되었을 것"이다.[187] 달리 말해 사상통제에 대한 당국의 조합주의(corporatism)적 접근은 하나의 종교를 선정해 지원하거나 박해하기 위한 것도 아니고 모든 종교를 교화의 지령 아래 두겠다는 것도 아니었다. 당국은 종교의 신조보다는 조선인에게 '정신성'을 함양하는 데에 필요한 종교의 실질적 유용성에 더 신경을 썼던 것 같다.[188] 당국의 관심이 결여되어 있었던 것은 식민지 권력 특유의 산만한 성격에 대한 심사숙고였다. 사회통제에 국가의 노력을 집중하고 있는 와중에도, 조선 통치가 일련의 임시변통과 즉흥적인 전략들을 통해 이루어졌으며, 그 전략들이 정확한 목표와 방향에 대해 종종 그들의 민간인 대리인들보다도 잘 모르는 관료들에 의해 시작되었다는 사실을 우리는 계속 떠올리게 된다.

하지만 조선의 주민들은 곧 종교적 수양 역시 국민정신 작흥처럼 결국에는 (일본의 국가종교인) 신도(神道)를 천황의 신성을 설파하는 연단 위로 올려놓을 것이라는 사실을 알았다. 국경일과 모든 공식행사 때, 이미 지역의 신사(神社)참배를 강요받고 있던 학생들에게 천황의 이름으로 수행되던 심전개발은 기정사실로 받아들여졌다. 하지만 나머지 국민들이 그 의식을 따르도록 들들 볶였을 때, 그것은 신도가 과연 종교인지에 대한 근본적인 의문을 불러일으켰다. 1930년의 심포지엄 이후에 교화운동을 면밀히 주시해오던 샤쿠오 슌조(釋尾春仿)는 일찌감치 자신이 운영하던 잡지에 그러한 의문을 제기했다. 심전개발운동이 신앙과 신도의 신들 및 조상의 숭배를 동일시하는 것은 "신도는 종교가 아니다"라는 정부

---

187 『조선과 만주』, 1935년 8월호, pp. 5~6.
188 역사학자 가와세 다카야(川瀨貴也, 2002)에 따르면, 그 운동은 국가의 여러 목표들을 달성하기 위해 사람들의 에너지를 동원하려는 '전략적 혼합주의'(syncretism, 여러 종교나 사상의 혼합주의)의 형태를 대표하며, 국민정신 동원을 위한 전시운동의 선구로 기능할 수 있었다(제8장 참조).

의 공식입장과는 배치된다고 그는 지적했다.[189] 이에 대해 총독부 학무국장인 와타나베 도요히코는 이렇게 대응했다. "우리는 그런 의문은 전문가에게 넘겨야 한다. 그리고 어쨌든 신사를 찾아가 일본 국민으로서 태양의 여신 아마테라스와 메이지 천황을 참배해야 한다."[190] 달리 말하면, 식민당국은 종교적 중립성을 견지하면서도 도쿄의 정치지도자들을 추종해, 신도(神道)참배는 애국적인 국가의례이므로 사적인 종교신앙과 충돌하지 않는다고 주장했다.[191]

오랜 기간 신도와 공존해온 거의 모든 불교도들은 그런 주장을 받아들였으나, 예상대로 일부 기독교 선교사들은 그러지 못했다.[192] 널리 알려진 바와 같이, 1935년 11월에 평양 남부(기독교의 전통적인 아성)의 장로교 미션스쿨 세 곳의 미국인 교장들이 그 지역 중학교 교장회의에 앞서 평양의 신사참배를 거부했으며, 총독부 기관지인 『경성일보』는 그런 행동이 '반역죄에 가까운 것'이라며 비난했다.[193] 지방정부가 신사참배를 거부한 자들을 "엄벌에 처하겠다"라고 밝히자,[194] 일본 기독교 정착민들의 대표인 니와 세이지로가 중재에 나섰다. 일찍이 "우리는 신사참배도, 일본 정신의 전면적 확산도 반대한다"[195]라고 선언한 니와는 신을 숭배하는 것과 일본 조상들을 숭배하는 것이 어울릴 수 없는 행동은 아니라는 정부의 공식입장을 옹호했다.[196] 설득과 거듭된 경고에도 겨우 한 학

189 『조선과 만주』, 1936년 2월호, p. 8.

190 『조선과 만주』, 1935년 8월호, p. 5.

191 와타나베 도요히코(渡邊豊日子)는 이런 공식입장을 밝혀놓은 메모를 지방의 각 도지사들에게 보냈다(『평양 마이니치신문』, 1936년 2월 25일자).

192 평양 장로교의 신도참배 반대에 대한 자세한 내용은 Donald N. Clark, 2003, pp. 209~21 참조.

193 『경성일보』, 1935년 11월 21, 26, 30일자.

194 『경성일보』, 1936년 1월 15일자; 『조선신문』, 1936년 1월 15일자.

195 『조선과 만주』, 1938년 8월호, p. 38.

교만 따르겠다고 하자, 당국은 세 학교의 서양인 교장 모두를 강제로 파면하고 조선인들을 그 자리에 앉혔다.[197] 그 뒤에 이 일은 비협조적인 성직자들을 더 가혹하게 대하는 길을 열어주었다.

그러나 신도숭배는 심전개발의 지침 아래로 모여든 지역의 관리들과 교사들, 민간단체들이 장려한 수많은 천황 중심의 의례들 가운데 하나였을 뿐이다. 1935년 7월, 경성의 교화단체연합회는 일장기(日章旗)의 유래, 국기의 '존엄'과 '품격', 그리고 그것을 '올바르게 다루고, 게양하고, 보관하는 법'에 대한 자세한 설명서를 마련했다. 그것은 모든 가정과 연합회 회원들, 그리고 관공서, 학교, 은행, 도시의 기업들에 배포되었다.[198] 집에 신도제단(祭壇)을 설치하는 것도 공식적인 권장을 통해 확산되었다. 1935년 여름에 경무국은 1만 7천 명의 경찰관들에게 집에 신도제단을 설치하라고 지시했으며, 학무국은 1만 5천 명의 초·중학교 교사들에게 또한 그렇게 하도록 지시했다. 경성의 정착민 상인가족이 운영하던 히라타(平田)백화점은 신도제단의 제작책임을 떠맡게 되었는데, 밀려오는 주문 때문에 정신을 차리지 못할 지경이 되자 당국은 지역의 전문학교 학생들을 '실습훈련' 명목으로 위장·동원해 "[그들의 머리에] 종교적 헌신이라는 개념을 심어줄" 계획을 짰다.[199] 경성의 예를 본받아 지방의 단체장들은 조선인 일반 가정이 예배당으로 바뀌기를 희망하면서 마을에 더 많은 신사를 짓고 지역의 가정들이 신도제단을 설치하도록 장려했다.[200]

---

196 니와 세이지로(丹羽清次郎), 「신사 불(不)참배문제와 일부 선교사의 오해」, 『경성일보』, 1935년 12월 13, 15일자.

197 『경성일보』, 1936년 1월 21일자; 『오사카 마이니치신문』, 1936년 3월 7일자 조선판; 『경성일보』, 1936년 3월 14일자.

198 신영홍(愼英弘), 1984, p. 216.

199 『경성일보』, 1935년 10월 23일자.

200 예컨대, 경상북도는 각 면(面)마다 신사(神社)를 하나씩 건립하는 계획을 세웠다

조합주의적 교화체제의 핵심적인 뼈대는 결국 강압이었지만, 도시지역 정착민들의 존재도 중요한 역할을 했다. 천황 중심의 의례들은 부르주아 엘리트들이 주도한 제도화된 운동을 통해서만이 아니라 그 아래 하층상인들이 시작한 풀뿌리 차원의 작업을 통해서도 확산되었다. 경성에서 일장기를 판매하는 전문점을 운영한 오쿠보 마사토시(大久保眞敏)도 그런 정착민들 중의 한 사람이었다. 대일본국기선양회(大日本國旗宣揚會)의 조선 지부장이었던 오쿠보의 '일본 정신'(일본의 '혼'과 '영')에 대한 헌신은 그가 욱일기를 게양하려고 경성 한복판에 세운 탑을 통해 도드라지게 천명되었다. 매년 음력 섣달그믐에 오쿠보는 경성의 가난한 이들에게 자신이 '에너지 쌀'이라고 부른 쌀과 수건, 뜨개질 셔츠 등을 담은 구호품 배낭도 나누어주었는데, 거기에는 각종 구호들 — 예컨대, 절약, 시간엄수, 불조심, 근면 등 — 이 염색되어 있었다. 이런 자선활동과 애국주의 — 교화전략의 핵심조합 — 는 당국이 그를 방면위원에 임명할 만큼 당국을 충분히 감동시켰으며, 방면위원이란 감투는 제국의 브로커로서의 그의 영향력을 더욱 정당화해주었다.[201]

지역의 많은 일본인 사업들이 제국의 의례들을 직업훈련과 엮기도 했다. 조선운송주식회사(朝鮮運送株式會社) 사장 다케시마 신타로(竹島鋠太郎)는 직원 1,500명에게 종교적 수양을 위한 지역의 신사참배를 의무화했다.[202] 가네보 서비스(Kanebo Service)도 비슷하게 매월 1일과 15일에 점원들에게 '자발적으로' 신사를 참배하도록 장려했다.[203] 더 특이한 경우는 초지야(丁子屋)의 고바야시 겐로쿠(小林源六)인데, 그는 매일 아침 직원들에게 일본 고대 쇼토쿠(聖德) 태자의 '17개조 헌법'을 찬미하고

       (『조선민보』, 1936년 3월 12일자).
201   신영홍(愼英弘), 1984, pp. 87~88.
202   『조선공론』, 1935년 5월호, p. 114.
203   『조선공론』, 1937년 3월호, p. 78.

메이지 천황의 칙어에 불교경전의 구절까지 암송하게 하면서 제국의 의례들을 장려했다.[204] 제국의 의례행위들을 통한 주체성 모델은 관리, 학생, 주부, 가게주인, 점원(조선인 포함) 등 잡다한 사람들의 모임인, 한때 총 회원수가 1만 명에 달한 조기회(早起會)를 통해서도 구체적으로 실증되었다. 그들은 매일 아침 조선신궁(朝鮮神宮)의 돌제단과 돌계단을 청소하고, 일본 국가를 부르며 황궁[도쿄]을 향해 절을 하고, "천황 폐하만세!"를 외친 뒤 국민체조를 하고, 메이지 천황의 칙어암송과 황실을 위한 기도를 하는 식으로 하루를 시작했다.[205]

조선인들이 이런 의례들을 어느 정도로 준수하고 이해했을지 분명하지는 않지만,[206] 조선에서도 일본 본국처럼 점점 더 많은 사람들이 매일 그런 의례들을 반복적으로 수행하기에 이르렀다. 1936년 8월에 우가키의 뒤를 이어 총독이 된 미나미 지로(南次郎, 1874~1955)는 일본화라는 목표를 전면에 내세움으로써 심전개발운동을 한층 더 명료화하고 주목도를 높였다. 1936년 9월에 미나미는 도지사들을 상대로 자신의 목표는 신도숭배를 통해 '국체에 대한 의식을 높이고', '튼튼한 국민정신을 함양'[207]하는 것이라고 선언했다. 그것은 그해 국민정신 작흥주간에 발표된 약속이었다. 조선 전역에서 도시민들은 지역협의회, 학교, 민간단체들을 통해 지역의 신사들을 참배하고 도쿄의 황궁을 향해 절을 하도록 동원되었다. 각 가정은 '비가 오더라도' 일장기를 내걸라는 지시를 받았

---

204   무라카미 세이토(村上靜人), 1942, p. 471.

205   『조선과 만주』, 1937년 1월호, pp. 79~81.

206   경성부(京城府)의 조선인 사회과장에 따르면, 점점 더 많은 조선인들이 신사를 찾아 참배했지만 "조선인들은 신도숭배의 의미를 제대로 이해하지 못했다"(『조선사회사업』12, no. 1(1934년 1월호), p. 82). 당시 조선인의 조선신궁 방문자 수와 그들에 대한 '정신적 동화' 정도에 대한 공식적인 평가 사이에도 차이가 있었다(Todd A. Henry, 2006, pp. 421~22).

207   『경성일보』, 1936년 9월 25일자.

으며, 공중도덕을 함양하기 위해서는 일상생활이 일본의 제국기관을 중심으로 돌아가야 한다고 강조했다.[208] 죄수들도 교도소 감방에서 국민정신 작흥운동에 참여했다.[209] 사람들에게 '위기의 일본'에 대한 경보를 발하던 식민정부는 이제 지역주민들에게 국민정신 작흥주간을 매일 일상적으로 수행하라고 촉구했다. 그 뒤 몇 년에 걸쳐 당국은 민간의 자원봉사자들, 특히 자신의 일을 제국의 의례와 용품들을 제공하는 비공식 공급업자로 여겨온 정착민 소매상인들 및 기업가들과의 협력을 강화했다.[210]

결론

만주의 식민화는 조선과 그 주민들에게 큰 파급효과를 몰고 왔다. 언론과 선전가들이 상호이익을 얻을 수 있는 곳으로 제시한 만주는 일본인과 조선인에게 그들의 관계를 협력적 확장을 펼칠 새로운 미개척지 위에 재구성할 기회를 제공했다. 만주국 건설은 조선의 교역을 신장하고 제조공장들에 연료를 공급했으며, 조선의 지위를 군수물자 공급기지요 떠오르던 일본 엔 블록경제의 중추로 밀어 올렸다. 게다가 국가위기에 대비하라는 제국 전체차원의 요구는 식민정부에 신민들의 삶에 더 깊숙이 파고들 새로운 제도적 통로들을 구축하게 했다.

그런 모든 사태의 전개를 정착민 지도자들 —— 언론인, 상인, 기업가, 교육자, 이데올로그, 종교지도자들 —— 이 중재했다. 그들은 그들 나름의 방식으로 자신들의 다양한 이익을 위해 국가의 새로운 대륙제국 건설

---

208 『동포애』 14, no. 12(1936년 12월호), p. 33; 『경성휘보』 185(1937년 2월호), pp. 32~34.

209 『동포애』 14, no. 12(1936년 12월호), pp. 28~31.

210 『경성휘보』 199(1938년 6월호), p. 52.

에 함께 참여했다. 제국의 브로커들은 그 과정에서 되돌릴 수 없을 정도로 탈바꿈했다. 그들이 자신들의 경계인적 위치를 일본의 대륙적 야망을 추구하는 핵심적인 장(場)으로 바꾸기 위해 매진하면서, 그들의 활동 및 영향력의 회로와 경계는 일본과 조선, 그리고 중국대륙을 잇는 중복적인 교환망을 통해 확장되었다. 하지만 동시에 그들은 그럴수록 자신들이 식민국가에 더욱 얽혀들고, 자신들의 비전과 활동이 점차 교화운동의 틀 속으로 짜여들어가는 현실을 목도했다. 우가키 가즈시게(宇垣一成)의 조합주의 체제는 많은 민간인이 최저수준에서 지배구조를 뚫고 들어갈 수 있게 해주었으며, 그것은 제프리 허브스트(Jeffrey Herbst)의 말을 빌리자면, 체제 자체의 '전파력'을 크게 높여주었다.[211] 달리 말하면, 제국의 브로커들이 꾸준히 식민지 체제의 지역 공직자 역할을 강화하면서 그들이 작업해온 비공식분야가 더욱 제도화되었다. 그런 역설적인 결과는 1930년대 내내 커져갔던 영향력과 줄어들었던 자치권의 조합이 빚어낸 것이었다.

정착민 지도자들과 조선인 엘리트들 사이의 동맹에 대한 만주의 충격효과도 마찬가지로 복잡했다. 그것은 정착민들의 양면성을 심화시켰지만, 한편으로는 그들 부르주아의 단결을 강화해주었다. 상호이익에 대한 전망은 조선인에게 식민지 기업의 동등한 동반자로서 일본인과 어떤 조건에서 협력할지를 재정립시켰다. 앞으로 살펴보겠지만, 그 결과로 완전한 국민자격의 허용에 대한 요구가 점차 조선 전역으로 퍼져나갔다.

우가키 총독체제 아래에서 시작된 수많은 교화운동들은 1937년 이후에 조선을 사로잡게 될 커다란 변화들이 시작되었음을 알리는 신호였다. 그들은 점점 더 엄격해지던 식민지의 일상적 삶을, 천황숭배를 위한 공적 의례들을 중심으로 돌아가도록 바꾸는 작업에 착수했다. 전시 프로그

---

211   Jeffrey Herbst, 2000.

램 역시 동일한 민관협력의 양상을 보여주게 될 것이다. 그것은 청소년 단체와 여성단체들을 효율적으로 활용하고, 특정 종교를 강요하고, 지역 협의회를 사회통제의 수단으로 활용한 우가키의 조합주의 전략의 토대 위에 수립되었다.[212] 교화운동의 연결망이 전시 총동원을 위한 파시즘적 구조로 변질되면서 제국의 브로커들도 더 완벽한 식민지 체제의 기관이 되어갔다.

---

212 이러한 유형은 일본에서의 만주 벤처사업 장려 속에서도 관찰된다(Louise Young, 1998, pp. 161~74).

제8장

총력전 체제 아래의 국민과 신민

1941년 새해 첫날, 총독 미나미 지로(南次郎)와 그의 아내가 『경성일보』1면에 조선의 전통 옷차림으로 등장했다. 조선인 신민들을 향해 신중하게 연출된 그 우호의 제스처를 통해 미나미는 분명히 총독부의 전시정책인 내선일체(內鮮一體)를 진작하는 데 개인적으로 헌신하겠다는 뜻을 보여주려 했다. 미나미가 공적 관계를 위해 일시적으로 한복차림을 했다면, 쓰다 세쓰코(津田節子)는 자신이 이끈 녹기연맹(綠旗聯盟)의 좌우명인 조선의 전통관습 중에서 "좋은 것은 취하고 나쁜 것은 버린다"[1]라는 신조를 지키기 위해 매일 한복을 입었다. 그들 간의 차이가 어떠했든 간에, 그 두 사람은 비할 데 없는 규모의 민족공학(ethnic engineering)에 대한 전시(戰時)구상을 공유하고 있었다. 조선인과 일본인을 일상생활과 사상의 모든 면에서 통일하겠다는 목표는 가장 중요하다고 했던 국가와 정착민 사회 간의 동반자 관계를 추동했다.

---

1 손정규(孫貞圭) 外, 1939, p. 2.

일본이 세계무대에서 자기주장을 펼치려고 가장 공세적인 태도를 취하고 있던 시기에 시작된 내선일체 정책은 식민지와 식민본국 간의 전례 없는 수준의 제도적 통합으로 이어졌다. 태평양전쟁 때까지 두 체제는 언제 어디서나 동원할 수 있는 경찰과 증강된 군대를 통해 폭력에 대한 독점권을 행사했다. 양쪽 모두 '관제 대중단체들'[2]을 통해 국민 전체를 아우르고 국가정책에 대한 어떤 집단적 저항도 둔화시킬 수 있는 광범위한 체제를 구축했다. 그리고 두 나라 모두 지역공동체들의 일상사에 대한 책임은 중간계층으로부터 유력자들에게로 옮아갔다.[3] 총력전을 위한 인구의 조직이라는 측면에서 식민본국과 식민국가가 서로 닮아가기 시작했고, 그들에 의해 동원된 사회들도 마찬가지였다.

그처럼 서로 경계가 흐릿해진 것은 서로 다른 두 통치논리가 뒤얽혔기 때문이다. 하나는 총력전의 강제적인 통합, 또는 역사학자 야마노우치 야스시(山之內靖)가 '강제된 균질성'이라고 했던 "모든 사람들을 공동의 운명이라는 구호 아래 단일민족 공동체의 국민으로 통일하려는" 시도였다.[4] 다른 하나는 조선인들을 문화적으로 천황 중심의 정치체제로 통합하려는 더 장기적인 과정의 귀착점이었다. 일본 통치의 마지막 10년 동안에 이 오래된 식민주의 신조는 전쟁이라는 긴급사태와 융합해 황민화(皇民化)로 알려진 일련의 정책과 관행들을 집합적으로 만들어냈다. 그것은 지역[조선]주민들을 천황의 충성스런 신민으로 만드는 작업을 가속화하는 것이었다. 조선인들을 우선적으로, 그러나 오직 조선인들만 대상으로 삼은 것은 아닌 황민화는, 우리가 앞으로 살펴보겠지만, 합병 이후 식민지 동화정책을 추진하기 위해 시작한 과정의 급진화로 보일 수

2 Gregory J. Kasza, 1995.
3 아메미야 쇼이치(雨宮昭一), 1998, pp. 209~34.
4 야마노우치 야스시(山之內靖), 1998, p. 3.

있다. 생활양식의 전면적인 일본화와 짝을 이루는 충성스런 제국신민(帝國臣民, imperial subjects)과 순종적인 국민(國民, citizens)의 창출이 그것이었다. 그 사업의 최종단계로서의 황민화는 '세계사에 유례없는' 급진적인 사회실험을 수반했다.[5] 2,500만 조선인의 '형체와 정신, 피와 살'을 일본 민족의 그것으로 동화시키겠다는 것이었다.[6]

이 거창한 사업은, 마찬가지로 공을 들인 제도적 장치들을 통해 수행되었다. 중일전쟁의 발발과 함께 내선융화, 교화, 천황숭배 등을 고취하던 느슨하게 연결된 민간 및 반관(半官)의 배역들이 국민정신총동원운동의 기치 아래 고도로 집중화된 단일한 형체로 통합되었다. 정착민들의 단체인 녹기연맹은 국체의식을 퍼뜨린다는 상설과제와 함께 조선과 일본 본국 사이의 이념적 통로구실을 하는 새 단체에서 특히 중요한 역할을 했다. 그러나 총력전 과정에서 민간과 정부요원들 사이의 구분은 더욱 흐릿해졌으며, 제국의 브로커들 중에 어느 누구도 국가장치 바깥에서 활동하기란 사실상 불가능했다. 오히려 모든 정착민 지도자들이 지역의 위계 속으로 완전히 흡수되었다.

공식계획은 총력화하겠다는 것이었지만 내선일체운동은 계획대로 진행되지 않았다. 운동에 대한 지역[조선]의 대응은 제국의 신민다움을 강요하는 당국과 공민적 동등권을 요구하기 위해 전시수사(修辭)를 채택한 조선인들 사이에 심각한 인식의 차이를 드러냈다. 정착민들은 또 그들대로 민족통합의 근본전제를 받아들이는 것을 변함없이 꺼리면서 제국화 정책에 양가적인 협력태도로 일관했다. 따라서 통일전선이라는 겉모습 뒤에는, 말을 하지는 않았지만 조선인과 일본인 정착민들 사이에

---

5 가쿠슈인 대학 동양문화연구소, 2000, p. 157에 수록된 어느 전직 식민지 관료의 회고.
6 『총동원』(總動員) 1, no. 2(1919년 7월호), pp. 57~58.

깊은 균열이 나타났으며, 각자 자신들의 정치적 지위를 높이는 쪽으로 내선일체의 의미를 규정했다. 이런 사태의 전개는 제국의 주요 갈등들을 드러내고 악화시켰다. 또한 그들은 정착민들의 경계인적 특성을 다시 한 번 날카롭게 부각했다.

국민정신총동원

조선의 주민들을 총력전 체제로 끌어올리기 위해 미나미 총독 아래의 새 식민정부는 상층부와 중간계급의 협력에 계속 의존했다. 조선인 지식인의 지지를 얻기 위해 작업해온 국가에 전쟁은 가장 효율적인 전환의 동력임이 드러났다. 중일전쟁 초기 중국에 대한 일본의 완승은 1931년 만주 침략 뒤 흔들리기 시작한 대다수 민족주의자들과 사회주의자들에게 한계점으로 다가왔다. 그 몇 년 전 중추원에 합류한 최린(崔麟)은 1938년에 이미 유대가 약화되어 있던 천도교(天道敎)와의 관계를 단절하고[7] 친(親)총독부 신문인 『매일신보』의 사장이 됨으로써 그런 풍조를 만들었다. 180도 방향전환을 알리는 대중적 선언들이 잇따랐다. 일본주의(Japanism)로 돌아선 사회주의 전향자들은 국방을 위한 '통일된 이념전선'을 제공하는 애국단체들을 결성함으로써 '공산주의와의 싸움'을 선언했다.[8] 정부의 압박이 있든 없든 간에, 모든 스펙트럼의 종교집단들—기독교, 불교, 유교와 천도교 신자들—이 제국의 군대를 위해 돈을 모으고, 포교단을 파견하고, 집회와 기도회를 열어 자신들만의 애국

---

7 천도교는 19세기 농민반란에 그 뿌리를 둔 종교운동인 동학(東學)의 계승자로 1905년에 개편되었다. 천도교 신도들은 1919년의 3·1운동을 조직하는 데에 중심적 역할을 했다.
8 『조선과 만주』, 1939년 12월호, pp. 28~32.

운동을 펼쳤다.[9] 그리고 전쟁의 충격효과가 충분하지 않은 곳에서는, 조선의 두 유력일간지인『동아일보』와『조선일보』에 대해 그랬던 것처럼 국가가 모든 반대자들의 목소리를 눌러버렸다.『동아일보』와『조선일보』에는 결국 1940년 8월에 폐간명령이 떨어졌다.

　정착민 지도자들도 설전에 가담했다. 라디오 방송을 활용해 신구(新舊)의 제국의 브로커들 —— 경성 상업회의소의 기쿠치 겐조(菊池謙讓)와 가다 나오지(賀田直治)에서부터 녹기연맹의 쓰다 세쓰코(津田節子)에 이르기까지 —— 이 관료들과 합세해 청취자들에게 '총후보국'(銃後報國)*을 촉구했다.[10] 당국은 더는 국민의 반대를 용납하려 하지 않았다. '자유주의적' 성향의 일본인 교사들을 찾아내 사직하도록 압박했으며,[11] 미나미 총독의 내선일체 정책을 비판하는 조선인 언론인들을 '총독부에 대한 명예훼손'을 이유로 추방했다.[12] 그런 분위기 속에서 정착민 잡지들 중 가장 오래된『조선과 만주』의 혈기왕성한 편집자 샤쿠오 슌조(釋尾春芿)도 결국 총독의 권위주의 통치에 맞섰던 수십 년 경력의 언론활동을 마감할 수밖에 없었다. 1941년 초에 '내 의견이나 정책비판'을 더는 쓸 수 없다는 것은 자신의 '존재의미'를 상실한 것과 다름없다며 펜을 내려놓겠다고 샤쿠오는 선언했다.[13]

9　『조선공론』, 1938년 4월호, pp. 74~75; 임종국(林鍾國), 1992, pp. 297~308.
•　후방, 즉 국내전선에서의 애국활동을 말한다.
10　라디오 방송원고, 조선방송협회(朝鮮放送協會) 편,『라디오 후원·강좌』(ラジオ後援,講座), vols. 1~19, 1938~41.
11　경성고등상업학교(京城高等商業學校),『한 알의 보리: 경성고등상업학교창립 70주년 기념문집』(一粒の麥: 京城高等商業學校創立70周年記念文集), 1990, pp. 80~81.
12　이형식(李炯植), 2008, pp. 67, 74. '1지역 1신문'의 정책 아래, 지역의 일본어 신문들도 본국의 경우보다 더 빠른 속도로 폐간되거나 통합되었다.
13　샤쿠오 슌조(釋尾春芿),「본지 폐간의 사(辭)」(本誌廢刊の辭),『조선과 만주』, 1941년 1월호, pp. 95~96.

샤쿠오가 식민지 언론에서 손을 뗀 것은 제국의 브로커들의 시대가 종언을 고하고 그들이 전시체제의 완전한 동반자로 전락하기 시작한 현실을 상징했다. 1937년 이후 조선에서 조직적인 저항은 거의 사라졌으며,[14] 친정부 파시스트 운동단체들이 늘어나 그 사라진 빈자리를 메웠다. 1938년 윤치호가 이끌던 조선기독교청년회전국연합회(朝鮮基督教青年會全國聯合會)가 니와 세이지로(丹羽清次郎)가 이끌던 일본 YMCA(기독교청년회)와 통합해 회원들에게 '성경으로 [스스로를] 무장'해서 '일본정신'과 내선일체의 복음을 퍼뜨리자고 촉구했다.[15] 그다음 해에 조선의 상공업자들이 조선의 '병참기지' 역할을 강화하고 국가의 경제통제 시행에 이바지하자는 경제보국운동을 선언했다.[16] 한편, 애국부인회(愛國婦人會)와 군(軍)이 지원한 대일본국방부인회(大日本國防婦人會, 1932년 오사카에서 결성)의 일본인과 조선인 회원들은 전선으로 가는 군인들을 경유지 기차역에서 환영하고 환송하는 일에 서로 경쟁적으로 나섰다.[17] 오랫동안 제국의 뒷면에 서 있었던 정착민 지식인이 이제 최전선에서 전쟁 선전활동을 펼쳤다. 이런 움직임의 선두에 선 『경성일보』의 미타라이 다쓰오(御手洗辰雄, 1895~1975)는 조선의 25개 일간지들에 '여론을 향도'하고 국가의 정보통제를 지원하기 위해 단결하자고 촉구했다.[18] 경성 제국대학의 가라시마 다케시(辛島驍, 1903~67)와 쓰다 가타시(津

---

14 『조선과 만주』, 1938년 1월호, p. 39.
15 『경성일보』, 1937년 8월 5일자; 경기도, 『치안상황』(治安狀況), 부표(附表), 「일본기독교청년회 조선연합회」(日本基督教青年會朝鮮聯合會), 한국역사정보통합시스템, 1938, 9.
16 기무라 겐지(木村健二), 2004, pp. 112~13; *KG* 292, 1940, 5: p. 141.
17 『조선신문』, 1937년 9월 29일자. 1942년 3월에 두 단체는 그보다 한 달 먼저 도쿄에서 결성된 대일본국방부인회의 조선 지부로 통합되었다(임종국(林鍾國), 1992, p. 323).
18 『조선과 만주』, 1938년 3월호, p. 81.

田剛, 1906~90, 쓰다 사카에의 남동생으로 녹기연맹의 이사) 두 교수가 약 250명의 조선인과 일본인 작가들을 조선문인협회(朝鮮文人協會)로 통합해 '황도(皇道)문화'를 확산시키고 '일본 정신'을 구현한 '국민문학'을 강화하겠다는 더욱 야심 찬 프로젝트를 시작했다.[19] 애국활동의 광풍 속에 전체 정착민 지도부는 조선인 상층계급과 함께 사실상 전시 식민지 체제의 조직으로 전환되었다.

이들 일본인-조선인 통합단체는 다시 국민정신총동원운동이라는 이름의 단일 대중운동 아래로 들어갔다. 1938년 11월에 고노에 후미마로(近衛文麿, 1891~1945)의 유명한 '동아 신질서' 선언에 호응해 출범한 그 운동은 식민지 주민들을 크게 두 갈래의 활동형태에 참여하도록 유도했다. 전쟁지원(군인들 전송회와 군대지원기금 모금 등)과 황민화(특히 일본어 확산과 천황 중심의 의례들)가 그것이다.[20] 이들 활동은 점차 기존 식민주의 사업들(농촌재건, 일상생활 개혁, 종교적 수양)에 흡수되었으며, 그 지역조직들은 행정체계 속으로 편입되었다.[21] 그러나 국민정신총동원 운동 또는 조선의 국민운동의 이념적 뿌리는, 정착민 이사들 가운데 한 사람에 따르면 훨씬 더 과거로 거슬러 올라간다.[22] 그는 대중의 기억 속에 조선합병을 지지한 것으로 악명 높은 단체인 일진회의 활동에서 그 뿌리를 찾았다.[23] 내선일체의 요구는 '일본과 조선을 하나의 몸체로 통

19 『경성일보』, 1939년 10월 30일자; *KSUY* 1943, p. 62. 조선문인협회는 1943년에 다른 문학단체들과 함께 조선문인보국회(朝鮮文人報國會)로 통합되었다. 국민문학에 대한 연구는 김윤식(金允植), 1993, pp. 231~42 참조.
20 이 운동의 자세한 내용과 목적에 대해서는 Uchida Jun, 2011b 참조.
21 이 운동에 관한 지역주민들의 '자발적 참여'를 호소하는 조선인 관리들의 역할에 대해서는 마쓰모토 다케노리(松本武祝), 2006 참조. 경찰관들의 역할은 마쓰다 도시히코(松田利彦), 2000, pp. 204~10 참조.
22 *CKSU* 1945, pp. 21~22.
23 *CKSU* 1945, p. 1. 동민회 등의 단체들이 주도한 내선융화운동은 전시(戰時) 내

합'하는 합병목표의 실현을 위한 마지막 단계를 예고했다.[24] 그것은 민족주의의 제거에서 민족 자체의 근절이라는 근본적인 정책전환을 촉발했다. 그 전환은 여러 합병사업들 —— 국민화(nationalization), 일본인화(Japanization) —— 이 이제 모든 거주민을 단일하면서도 구별되지 않는 몸체, 즉 천황의 백성으로 만드는 하나의 국가통제 프로그램으로 통합됨에 따라 분명해졌다.

비록 국민정신총동원운동이 대체로 관료적 발명품이기는 했으나, 당국은 가능한 한 그것이 민간의 주도로 이뤄진 것처럼 보이게 하려고 애썼다. 이를 위해 식민국가는 한 무리의 일본인과 조선인 엘리트들에게 국민정신총동원조선연맹(國民精神總動員朝鮮聯盟)을 결성하도록 요청했다. 총독부 지원단체로 기획된 이 연맹[25]은 1920년대와 1930년대 초 이후에 식민지 엘리트들이 주도해온 민간단체와 반관(半官)단체들을 모두 통합했다.[26] 제국의 브로커들과 '전향'한 민족주의자들[27]이 합류한 조선

선일체운동의 이념적 선구로도 인정받았다. 녹기연맹(綠旗聯盟) 편, 『조선사상계 개관』(朝鮮思想界槪觀), 1939, pp. 60~61.

24 『조선행정』(朝鮮行政) 19, no. 7(1940년 7월호), p. 4.

25 『총동원』 1, no. 1(1939년 6월호), p. 24; CKSS 1940, p. 26.

26 경성에 본부를 둔 이 연맹은 61개 민간단체 및 반관(半官)단체를 통합했는데, 그 단체들 대부분은 영향력 있는 정착민들과 조선인 엘리트들이 운영했다. 지역협의 회와 방면위원들, 사회사업 단체들과 종교집단들, 상업회의소와 신문사들, 그리고 무역협회와 직업협회들, 동화주의자들과 '친일'단체들, 그리고 제국군인후원회, 제국재향군인회, 애국부인회, 대일본국방부인회와 같은 다수의 '관제 대중단체 들'이 그것들이다. 국민정신총동원운동이 시작되기 1년 전에 이 식민지 단체들은 조선군사후원연맹(朝鮮軍事後援聯盟, 1939)을 결성함으로써 일본 제국군을 지원 하겠다는 강력한 선언을 했다(조선군사후원연맹(朝鮮軍事後援聯盟), 『군사후원 연맹 사업요람』(軍事後援連盟事業要覽), 1939 참조).

27 『총동원』 1, no. 1(1939년 6월호), pp. 54~55. 그들 중에는 제국의 브로커들(예컨 대, 이시하라 이소지로(石原磯次郎), 고에즈카 쇼타(肥塚正太), 니와 세이지로, 가 다 나오지, 야나베 에이자부로(矢鍋永三郎), 그리고 마에다 노보루(前田昇))과 친

인 동맹세력은 정무총감 오노 로쿠이치로(大野綠一郎, 1887~1985)가 의장을 맡은 조선연맹 이사회에서 고위관료들 및 군 장교들과 긴밀히 협력했다. 미나미 총독의 오른팔이었던 학무국장 시오바라 도키사부로(鹽原時三郎, 1896~1964)가 그 활동을 감독했다. 시오바라는 황민화에 대한 비타협적인 자세로 '반도[조선]의 히틀러'라는 별명을 얻었다.

'민간(民間)주도'의 국민정신총동원조선연맹이 운동의 두뇌노릇을 했다면, 그 활동을 현장에서 실행한 핵심적인 기관은 10~12세대의 가정으로 묶인 애국반(愛國班)이었다.[28] 애국반들로 짜인 연결망은 조선 전역에서 본국보다 훨씬 더 빠른 속도로 가지를 뻗어나갔다. 『경성일보』 사장은 이를 두고 1940년부터 결성되기 시작한 "일본 '도나리구미'(隣組, 이웃조직)의 선례"[29]를 보여주었다고 자랑스레 썼다.[30] 조선인과 일본인 가정들을 망라하는 이런 기제를 통해[31] 미나미는 정치적 통일체의 "모든 말단과 세포에서 힘차게 고동치는 국가의 의지"를 상상했다.[32] 각 애국반들의 정말 위대한 임무는 국가의 토대가 될 공동체를 만들어내는 것이라고 조선연맹의 정착민 이사 고에즈카 쇼타(肥塚正太)는 설명했다. 그런 '애국적인 이웃가족'의 창출은 "진정한 일본인 의식을 사람들의 정신에 주입"하고, "국가와 국민을 통합"하며, "일본 정신이 자연스럽게

일 부르주아 엘리트들(예컨대, 한상룡, 조병상, 원덕상, 박흥식, 박영철, 그리고 김명춘)이 들어 있었다. 그들 엘리트 그룹에는 김성수와 최린 등 예전의 민족주의자들, 그리고 김활란과 손정규 등 유명한 조선의 여성교육자들이 가세했다.

28 실제로는 한 반에 7~20세대가 속해 있었다.

29 미타라이 다쓰오(御手洗辰雄), 1942, p. 27.

30 *CKSU* 1945, p. 43; Thomas R. H. Havens, 1978, pp. 40~41; 고에즈카 쇼타(肥塚正太), 1941, p. 120.

31 1939년 2월 말까지 33만 8,924개의 반(班)과 425만 9,755개의 가정이 조직되었다 (안자코 유카(庵逧由香), 1995, p. 12).

32 조선총독부, 『조선』, 1938년 5월호, p. 112.

그 속에서 자라 나오게 하는" 효과를 가져다줄 것이었다.[33] 일본인과 조선인들이 일단 '혈족처럼' 서로를 껴안게 되면 제국의 신민들로 구성된 '가계수'(家系樹, family tree)가 '가족제국'(family-empire)을 지키기 위해 여기저기서 싹을 틔울 것이라고 동원운동가들은 기대했다.[34]

황민화를 위한 풀뿌리 조직으로 애국반을 활용한 것은 미나미 개인의 신조를 반영한 것이었다. 1939년 5월, 국민정신총동원운동의 지역대표들에게 애국반의 중요성에 대해 설명하면서 미나미는 자기 자신을 가장 충직하고 변치 않는 천황의 신민이자, 자신의 자치권을 위엄 있는 군주에게 기꺼이 양도할 준비가 되어 있는 신민으로 소개했다. "비록 내 일이 총독직을 수행하는 것이지만, 나는 [또한] 조선의 주민들 누구나 그렇듯이 애국반 반원이다. …… 매일 아침 나는 반드시 먼저 황궁을 향해 절을 한 뒤 황국신민서사(皇國臣民誓詞)를 암송하며, 매월 1일 나는 신사를 참배한다."[35] 그런 판에 박힌 일상사가 제국화의 방법을 결정했다. 그런 일상사를 통해 '일본인 되기의 책임'[36]은, 레오 T. S. 칭(Leo T. S. Ching)의 말을 빌리자면, 식민자의 손에서 피식민자의 손으로 넘어갔다. 식민국가의 목표는 더 이상 무한정 유예되지 않았으며, 동화는 자발적으로 동화하는 천황의 신민들의 목적으로 재규정되었다.

미나미의 생각을 실행에 옮기는 것은 또 다른 문제였다. 애국반 반장들에서부터 교사들과 기업의 관리자들에 이르는 동원운동가들은 지역주민들을 닦달해서(그리고 기독교도들의 경우, 괴롭혀서) 제국의 의례들을 수행하게 만들었으며, 그것은 소방훈련과 전쟁성금운동처럼 일상화되

---

33 고에즈카 쇼타(肥塚正太), 1941, p. 117.

34 나는 이 '가계수'(家系樹)라는 비유를 Louise Young, 1998, p. 366에서 빌려왔다.

35 미나미 지로(南次郎), 「연맹 본래의 사명: 의논보다 실행으로」(聯盟本來の使命: 議論よりも實行へ), 『총동원』1, no. 2 (1939년 7월호), pp. 59~60.

36 Leo T. S. Ching, 2001, p. 97.

었다. 그 효과는 그들의 행동이 갖는 의미를 이해할 능력과 무관하게 그것을 신체훈련의 과정이나 공공의례 —— 조선인들에게는 '일본인 되기'의 지름길이었다 —— 로 간소화함으로써 공민화 과정을 구체화한 것이었다.[37] 곧 명백해질 이념적 공백에 대처하는 것은 나중에 생각할 문제였다. 당국의 입장에서 그러한 목적에 참여할 민간인 자원자들이 적지 않았으나 월등한 존재로 떠오른 것은 녹기연맹이었다. 몇 년간의 조용한 활동기를 거친 뒤에 남을 가르치려 들었던 이 단체는 이제 국체(國體)교육의 최고관리자로서 대중적으로 각광을 받게 되었으며, 그런 지위는 전쟁이 끝날 때까지 유지되었다.

내선일체의 이데올로그: 녹기연맹

앞 장에서 살펴봤듯이, 녹기연맹은 국체 개념을 명확히 하고 천황의 이념을 퍼뜨리기 위해 국가가 자체적으로 그런 노력을 시작하기 전에 먼저 운동을 시작했다. 1937년 이후 녹기연맹은 초점을 다시 조선의 청년들, 특히 사회주의와 공산주의 전향자들에게 맞췄다. 자체 봉사활동을 벌이는 한편으로 녹기연맹은 사실상 식민지 체제의 이념담당 기관과 같은 지위를 재빨리 획득했으며, 전시에는 '천황 중심의 파시스트 기관'[38]으로서의 성격을 강화했다.

식민정부가 국민정신총동원운동을 시작하기 몇 개월 전에 녹기연맹은 자체의 '녹색생활운동'을 펼쳤다. 1937년(그때까지는 사카에가 명목상의 의장직을 유지했다)부터 사실상 연맹을 이끌었던 쓰다 가타시(津田剛)

---

37 전시 타이완에서의 비슷한 과정은 같은 책, pp. 89~90 참조.
38 정혜경·이승엽, 1999, 365~67쪽.

에 따르면, 그 운동은 '녹색정신에 토대를 둔 일상생활'을 통해 '새로운 조선'의 건설을 촉진하는 '포괄적인 문화운동'이었다.[39] 쓰다의 설명에 따르면, '녹색정신'이란 '모든 것을 확장하고 키우는' '생명의 힘'을 상징했다. 즉 "모든 인간 사유 …… 일본 정신, 불교, 그리고 서양사상의 바탕에 깔려 있는"[40] 정신이었다. 쓰다의 설명은 분명 「국체의 본의」(國體の本義, 1937)와 「신민의 길」(臣民の道, 1941)이라는 문서들이 자세히 설명하고 있는 국체의 개념에 호응했다. 그것은 '신도, 불교, 신유교와 서양의 군주제의 이상이 기묘하게 통합되'[41]거나 조선인 연맹원 현영섭(玄永燮, 1907~?)이 간결하게 표현한 '일본 정신', 즉 '절대적 통일 속의 다수'에 공명했다.[42] 요컨대, 쓰다가 말하는 '녹색정신'은 바로 일본의 국체 그 자체였다. "닥치는 대로 모든 것을 동화시키는" 일본 국체의 힘(이는 "이교도들을 껴안기 어려운" 기독교의 '서양'과는 대조적이다)을 강조하면서 쓰다는 "오직 일본 정신을 통해 우리는 비로소 세계를 통일할 수 있다"라고 주장했다.[43]

녹기연맹은 천황 중심의 '생활공동체'를 먼저 일본에, 그리고 궁극적으로는 전 세계에 건설하는 과업을 수행하는 데 조선 청년들을 핵심적인 동반자로 끌어들이기 위해 애썼다. "우리는 새로운 동아(東亞, 동아시아)공동체 건설부터 시작해야 한다"라고 쓰다는 주장했다. 그것은 조선인들과 역동적이고 영속적인 '야마토[일본] 민족'의 핵을 구성하는 일본인의 협력에 달려 있었다.[44] 테사 모리스-스즈키(Tessa Morris-Suzuki)

39 녹색생활운동의 자세한 내용은 쓰다 가타시(津田剛), 1940, pp. 143~56 참조.

40 『녹기』 4, no. 12(1939년 12월호), pp. 4~5.

41 Herbert P. Bix, 2000, p. 314.

42 『녹기』 3, no. 2(1938년 2월호), p. 21.

43 녹기연맹 편, 1939, p. 47; 쓰다 가타시(津田剛), 1940, pp. 152~53; 『녹기』 5, no. 7 (1940년 7월호), pp. 5~8.

44 『총동원』 1, no. 6(1939년 11월호), pp. 45~48.

가 '자연선택의 다문화적 과정'이라고 적절히 규정했듯이,[45] 녹기연맹의
지도자들은 찰스 다윈(Charles Darwin)의 논리에 기대어 일본인과 조선
인이 공동의 조상을 지닌 갈라진 민족이며, 중국대륙으로 뻗어나가기 시
작한 다민족제국의 초석이라고 생각했다. 두 민족이 각자의 정체성을 버
리고 하나의 국체로 통합될 때, 비로소 야마토 민족이 제국의 길을 '팔굉
일우'(八紘一宇)*에 펼치는 새로운 동아시아 공동체를 건설할 수 있다고
쓰다 가타시는 주장했다. 새로운 조선의 건설, 그리고 더 나아가 새로운
세계질서의 창출은 그가 조선 민족의 재생을 위한 자발적 행위라고 이
해한 것에 달려 있었으며, 그것은 "조선의 2,300만 국민이 세계사에 무
한한 기여를 할 수 있게 해줄" 기회였다.[46]

녹기연맹은 교화를 위한 자체 연결망을 구축함으로써 1937년 이후 급
속히 성장했다. 녹기연맹은 학생부와 여성아카데미 외에도 자체 병원,
농장, 강연장, 도서관, 그리고 충청남도 해안에 '건강증진'을 위한 '바다
의 집'까지 운영했다.[47] 일본 정신을 확산시키기 위해 녹기일본문화연구
소(綠旗日本文化硏究所)는 '신문법이 허용한 조선 유일의 이념잡지' 등
여러 정기간행물과 팸플릿도 간행했다.[48] 셀 수 없을 정도로 많은 강연과
세미나, 그리고 매년 조직한 '수백 번의 작은 집회'를 통해 녹기연맹은
'모든 사회계층'에 손을 뻗치려 했다. 조선인 회원확보에 적극적으로 나
서 결성 당시 수십 명이던 회원수는 1941년까지 4천 명을 넘었다.[49]

---

45 Tessa Morris-Suzuki, 1998, p. 175.
•   전 세계가 (일본이 지배하는) 하나의 집이라는 뜻.
46 쓰다 가타시(津田剛), 1939, pp. 44~46; 쓰다 가타시(津田剛), 1940, p. 151.
47 녹기연맹의 활동에 대한 개관은 『녹기』 3, no. 2(1938년 2월호), pp. 14~17. 녹기
    연맹이 1939년에 개설한 농정숙(農政塾)에 대해서는 그 관리자(야나기사와 시치
    로(柳澤七郎), 1969)의 메모 참조.
48 『녹기』 1, no. 8(1936년 8월호), p. 14; 그리고 『녹기』 4, no. 12(1939년 12월호), p. 9.
49 다카사키 소지(高崎宗司), 1982b, pp. 65~66.

그 기간에 녹기연맹은 몇 사람의 열정적인 조선인 내선일체 이데올로 그들을 만들어냈다. 그때까지 가장 유명한 사람은 중추원 의원의 자식으로 경성 제국대학을 졸업한 현영섭이었는데, 그는 1937년 봄에 녹기연맹에 가입했다. 1938년에 출판되고 그 해에 11쇄를 찍은 현영섭의 저서 『조선인이 나아가야 할 길』(朝鮮人の進むべき道)은 저자의 과거에 대한 결연한 부정이자 현재에 대한 강한 긍정이었다. '자아비판'의 형태를 시도하면서 현영섭의 책은 최후의 변절 뒤에 '일본인으로 다시 태어나는' 어느 청년 사회주의자의 행적을 따라가는 정신적인 전향여행을 연대기 순으로 썼다. "조선인들은 일본인이 될 운명이며 그 운명을 기꺼이 받아들여야 한다"[50]라는 그의 주장은 조선 전역에 충격파를 몰고 왔다. 조선어를 버리라는 현영섭의 호소 또한 그러했는데, 그는 조선어가 내선융화의 완전한 실현에 방해가 된다고 여겼다. "진실되게, 그리고 영원히 살기 위해 조선인들은 자신을 버리고 일본 국가 속으로 뛰어들어야 한다"[51]라고 현영섭은 주장했다. 한 사람이 자신의 정체성을 부정하고 '본능적으로 일본인'이 되기 위해서는 철저하고 의식적인 노력이 필요했다. 역사학자 이승엽이 날카롭게 지적했듯이, 흉내의 차원을 넘어서기 위해서는 "자발적이고 의도적으로 자신을 속이는" 노력을 끊임없이 기울여야 했다.[52] 그러한 행위는 현영섭과 같은 젊은 조선인들이 자신들의 피식민자적 지위를 벗어나 세계패권을 지향하는 '새로운 일본'의 지배민족이 되고자 하는 열망을 구현했다. 또한 그것은 광대한 일본제국 속에 조선이 차지하는 중심적 위치에 대한 그들의 이해를 반영했다. 예컨대, 그의 동료 이영근(李泳根, 1910~?)은 "막 일본인으로 제국화하려는 조선인들을

---

50 현영섭(玄永燮), 1940, 3, pp. 185~204.
51 『녹기』 3, no. 2(1938년 2월호), p. 21.
52 이승엽(李昇燁), 2001, p. 32.

만주인이나 중국인 또는 남방의 종족들과 같은 수준으로 취급"하는 데에 반대했다. 이영근은 동아시아 공동체를 건설하는 일에 조선인은 일본인과 힘을 합쳐야 한다는 쓰다 가타시의 메시지를 명백히 내면화하고 있었다. 동아시아 공동체의 민족적 동포를 구성하는 동심원은 일본 본국에서 조선, 타이완, 만주, 그리고 중국 순으로 확장되었다.[53]

1940년까지 녹색생활운동은 "조선뿐만 아니라 일본의 모든 면에 영향을 끼치고 있었고", 곧 '만주와 중국, 그리고 세계의 다른 지역들'로도 번져나가도록 예정되어 있었다.[54] 1943년 당국이 징병제와 보통교육을 조선에도 확대해 실시하기로 결정했을 때, 쓰다 가타시는 황민화를 위한 새롭고 대담한 시간표를 제시했다. 그는 이제 합병 이후 그때까지의 30년은 전체과정의 '전반기'에 지나지 않는다면서 이후 30년을 '반도(조선)의 제국화'를 위한 '결정적인' 시기라고 명명했다. 그것은 "앞으로 60년간 [조선인] 사회의 최상층을 지금 10세 이하의 아이들이 지배하게 될" 변화를 더욱 확고하게 뒷받침해줄 것이었다. 그 어린이들은 "처음으로 완전한 제국의 신민들이 된 세대의 부모들이 낳은 자식들"이었다. 따라서 쓰다는 "두 세대, 즉 60년 안에 내선일체의 완전한 실현"을 보게 될 것이라고 큰소리를 쳤다.[55]

'세상을 천황의 자애로운 통치 아래 통합하는 과업'을 설명하면서 녹기연맹은 본국의 신학자들이 외치는 제국의 합창에 사실상 합류했다. 그 신학자들에는 제국을 정당화하는 지적인 토대를 제공해온 수많은 인종이론가와 인류학자는 말할 것도 없고 '교수들, 선종과 니치렌 불교(日蓮正宗)의 승려들, 그리고 정부관료들'[56]도 들어 있었다. 하지만 동시에 녹

---

53 같은 책, pp. 34~35; 쓰다 가타시(津田剛), 1939, p. 81.

54 『녹기』 5, no. 4(1940년 4월호), pp. 42, 46.

55 『녹기』 8, no. 3(1943년 3월호), pp. 16~18.

56 Herbert P. Bix, 2000, pp. 326~27.

기연맹의 지도자들은 '단순한 파시스트 또는 극우민족주의 단체',[57] 특히 그들이 가짜 일본주의라고 무시해온 내용의 국체론을 신봉하는 본국의 이론가들과 자신들을 조심스레 분리했다. 쓰다 가타시가 "반도민(半島民, 조선인)을 지도해야 할" 본국의 일본인들이 내선일체의 진정한 의미를 잘못 이해하고 있다고 탄식했을 때, 그는 암암리에 국체이론가들이 조선에서 해야 할 훈화를 본국인들에게 하고 있다고 비난했던 것이다.[58] 그리고 그의 형 사카에는 국체에 대한 더 올바르고 '과학적인' 이해를 퍼뜨리겠다는 일념으로 자신의 오랜 스승인 다나카 지가쿠(田中智學)를, 에도(江戶) 시대의 국학자 '모토오리 노리나가(本居宣長, 1730~1801) 보다 먼저' 국체의 의미를 정립한 것으로 알려진 니치렌 불교의 창시자 '니치렌'(日蓮)을 세상에 알린 공로자로 치켜세우는 찬가를 만들었다.[59] 다나카를 국학(國學)의 전문가들보다 더 높이 치켜세움으로써 쓰다는 자신들을 본국의 동시대 사상가들과 분리하고 그들보다 더 높은 자리에

---

57 『녹기』 3, no. 2(1938년 2월호), pp. 18~20. 일부 학자들은 녹기연맹을 '천황 중심의 파시스트 단체'(정혜경·이승엽, 1999; 박성진, 1999)로 규정하지만, 나가시마 히로키(永島廣紀)는 그 단체를 단순히 파시스트 조직이라고 규정하는 것은 위험하다고 지적한다. 나가시마는 녹기연맹의 이념적 양가성의 뿌리를 사토미 기시오(里見岸雄)의 국체학에서 찾고 있는데, 사토미의 국체학은 사상을 '좌익', '우익', '파시스트' 식의 이분법적으로 가르는 것을 거부한다. 그는 대신에 그 방향성의 특징을 '복고혁신'(restoration-renovation)에서 찾는다. 나가시마 히로키(永島廣紀), 2003, pp. 58, 70~71 참조. 어느 신문기사는 여러 프로젝트를 추진하는 녹기연맹의 '사업적 기술'에 대해 언급하면서 녹기연맹을 오모토교(大本教)와 히토노미치(人の道) 교단과 같은 신흥 대중종교에 비유했다(『조선행정』 19, no. 2(1940년 2월호), p. 98). 녹기연맹의 목적('인류낙원의 건설'과 '개인의 인격완성')은 절충주의 및 대중의 일상생활 중시와 더불어 1920년대에 우후죽순처럼 생겨난 이들 신흥종교와 매우 닮았다(예컨대, 『녹기』 1, no. 5(1936년 5월호), pp. 8~14에 수록된 무라야마 지준(村山智順)의 「신흥종교론」(新興宗教論) 참조).

58 쓰다 가타시(津田剛), 1939, p. 73.

59 『녹기』 4, no. 12(1939년 12월호), p. 14.

올려놓았다.

경계인적 존재에 뿌리를 둔 그러한 국외이주에 뒤따르는 인식, 즉 조선이 제국 본국[내지]보다 조직적으로 더 앞서간다는 인식이 당시 식민지 지식인들 사이에 널리 퍼져 있었다.[60] 조선은 이미 '더 앞선 중앙집권적 통제구조'를 갖고 있고 "내지보다 더 새로운 시대[신(新)질서]에 가깝다"라고 가타시는 말했다.[61] 만주국 건설이 일본 국가의 제도적 성장을 자극했듯이,[62] 전시의 조선은 본국에 새로운 정치체제 구축의 본보기를 제시했다. 게다가 녹기연맹의 지도자들은 자신들이 "국가보다 한 걸음 더 앞서간다"라고 봤고 동아시아 신질서의 구축을 이끌고 있다고 생각했다. 그들은 그 신질서를 도쿄보다 '몇 년 앞서' 예견했다고 주장했다.[63] 그야말로 자신들의 연맹인 조선을 천황 중심의 정치체제를 선전할 때 그 중심지로 자리매김함으로써, 그들은 녹색생활운동을 나치 독일이나 파시스트 이탈리아의 대중운동보다 더 나은, 나아가 그들의 본국보다도 더 나은 대중운동으로 만들고자 했다.

녹기연맹은 1937년 이후에 활동대상을 조선인 청년 쪽으로 바꾸었지만 동료 정착민들을 끌어들이려는 노력을 소홀히 한 적은 없었다. 이는 특히 정착민 2세대인 모리타 요시오(森田芳夫) 이사의 각별한 관심사였다. 연맹의 회보나 팸플릿을 통해 모리타는 지역 정착민들에게 "[조선인을] 새로운 일본의 건설을 위한 진정한 일본인으로 탈바꿈시키기 위해"

---

60 『녹기』5, no. 10(1940년 10월호), p. 5.
61 『녹기』5, no. 4(1940년 4월호), p. 35.
62 Louise Young, 1998, Chapter 8.
63 『녹기』5, no. 1(1940년 1월호), p. 75; no. 10(1940년 10월호), p. 6. 역사학자 나가시마 히로키(永島廣紀)가 지적하듯이, 쓰다 형제들이 공식적인 황민화운동이 시작되기 몇 년 전에 그들의 운동을 시작한 것에 대해서는 녹기연맹을 뒤따라간 식민국가 쪽을 살펴보는 것이 가장 좋다(2003, p. 75). 정혜경·이승엽, 1999, 366쪽도 참조.

조선인에게 다가가라고 거듭 촉구했다. 그는 '많은 일본인 가정이 [매일] 조선인과 접촉'하고 있음에도 불구하고 "일본인은 여전히 식민지 곤조[근성根性]를 갖고 있고 정복자처럼 으스대고 싶어한다"라며 유감스러워했다. 모리타는 자신의 모교인 경성 제국대학 졸업생들을 맹비난했는데, 그는 그들이 "지식인 중에서 열정이 가장 부족하"다고 봤다. "만주 건국대학이 민족협화(民族協和)의 이상 위에 건설한 최고의 문화기관이 듯이", "경성 제국대학도 내선일체를 위한 최고의 문화기관이 되어야 한다"라고 그는 주장했다.[64] 모리타는 나아가 내선일체를 증진하기 위해서는 국외거주 일본인 어린이에게도 '특히 초등학교 때부터' '제국신민의 정신을 주입'하려는 노력이 필요하다고 믿었다.[65] 그의 그런 심정에 총독부 관료들도 공감했다. 녹기연맹의 유력한 조선인 회원인 우에다 다쓰오(이영근)가 시오바라 도키사부로를 인터뷰했을 때, 그는 내선일체 교육을 "단지 조선인 청년들에게만 실시할 것이 아니라 반도의 일본인 청년들에게도 강화해야 한다"라고 말했다.[66] 1942년 6월 미나미의 뒤를 이어 조선 총독으로 부임한 고이소 구니아키(小磯國昭, 1880~1950)는 황민화가 "여전히 불충분하다"는 데 공감하고 지역 정착민들의 '수양'(修養)을 어떻게 강화할지 고민했다.[67]

모리타가 청년 남성 정착민들의 지도력에 대한 인식제고를 호소했다면, 녹기연맹의 여성지도자들은 지역의 일본 여성들이 전시체제에 기여할 수 있는 다양한 실천방식을 재빨리 찾아냈다. 쓰다 세쓰코가 운영한 여성교육 기관인 청화여숙(清和女塾)은 "내선일체를 완수하는 데 우리

---

64 녹기연맹(綠旗聯盟) 편, 『조선사상계 개관』(朝鮮思想界槪觀), 1939, pp. 65~68.

65 합병 이후 이 문제는 지역의 교사들과 관리들에게 정착민 교육상의 특별한 논의 과제로 받아들여졌다(Nicole Leah Cohen, 2006, Chapter 3).

66 『국민총력』(國民總力) 3, no. 4(1941년 4월호), p. 20.

67 『국민총력』 4, no. 7(1942년 7월호), p. 11.

힘을 보태자"라는 구호 아래 조선인 지원병들에게 보낼 위문품 배낭을 바느질하고 부대로 직접 찾아가 그들을 위문하도록 이끌었다. 그것은 그날의 일과 또는 그달의 월례행사가 되었다. 또한 세쓰코는 청화여숙 졸업생들을 가난한 조선인 어린이들에게 일본어를 가르치기 위해 1941년에 설립한 야마토주쿠(대화숙大和塾)에 교사로 파견했다.[68] 청화여숙의 자매학교인 덕화여숙(德和女塾)의 조선인 학생들에게는 "같은 사상으로 천황 폐하를 충심으로 보필하는" 그런 헌신적 노력들을 일본인 학생들과 함께할 기회가 주어졌다.[69]

나이 든, 대개 기혼여성들로 구성된 녹기연맹의 부인부(婦人部)는 청화여숙의 설립목적을 한 단계 더 높여 '천황 폐하의 직속부대(直屬部隊)'임을 자임했다. 부인부 회원들은 '조선인들의 일상생활을 탐구·조사'하고 '그들의 무지와 인식부족'을 개선함으로써 '내선일체의 확고한 실현'을 달성하기 위해 헌신했다. 세쓰코는 그것을 "우리 일본 여성들에게 주어진 의무"라고 단언했다. 그들의 목적은 조선의 생활양식을 단순히 '내지화'[일본화]하자는 것이 아니라 '조선의 좋은 면을 내지인[일본인]들의 생활 속에 수용'하기도 하는 것이라고 그녀는 설명했다.[70] 예컨대, 부인부의 많은 회원들은 일상생활에서 조선의 치마와 저고리를 입었다. 그러나 그것은 조선의 문화에 공감해서라기보다는 순전히 경제적 관점에서 값이 싸고 노동효율성이 좋았기 때문이다.[71] 하지만 그들의 모든 활동

---

68 『녹기』5, no. 4(1940년 4월호), pp. 56~57; 그리고 『녹기』8, no. 1(1943년 1월호), p. 173. 녹기연맹 회원들의 일기 속에 연대기순으로 기록된 야마토주쿠의 활동은 Helen J. S. Lee, 2008b 참조.

69 『녹기』6, no. 8(1941년 8월호), p. 166. 1943년 4월에 녹기연맹은 덕화여숙을 인수했다(다카사키 소지(高崎宗司), 1982b, pp. 129, 140~41).

70 녹기연맹 편, 1939, p. 49; 『녹기』5, no. 4(1940년 4월호), p. 60; 손정규(孫貞圭) 外, 1939, p. 2.

71 임전혜(任展慧), 1978, p. 143.

은 결국 하나의 이념적 목표를 향해 작동하고 있었다. 그것은 "[조선인을] 자애, 권력, 정의, 일본 국체의 길에 대한 천황의 이상에 부합할 수 있는 생활자(生活者)로 만드는 것"이었다.[72] 이는 가정의 화목 속에서도 함양될 수 있었다. 그리하여 청화여숙의 원탁토론에서 한 강사는 자신이 15세짜리 조선인 하녀에게 "일본어를 가르치고 생활지도를 해서" 선도한 방법을 설명했다.[73]

녹기연맹은 지역의 일본 여성들에게 더 큰 '자매의식'을 갖도록 촉구하는 한편, 일상생활의 개혁을 수행할 때 '계몽된 조선 여성지도자들 및 교육자들'과 협력할 필요가 있다는 점도 강조했다.[74] 이화여전(梨花女專)의 김활란(金活蘭)과 경성여고보의 손정규(孫貞圭) 같은 이른바 신여성들은 '조선의 가정생활을 개선'하고 조선 여성들을 '계발'하기 위한 조선부인문제연구회(朝鮮婦人問題硏究會)를 결성해 그런 방향으로 이미 주도적으로 나아가고 있었다.[75] 그들은 합동간담회를 통해 쓰다 세쓰코와 같은 정착민 지도자들과 긴밀히 협력했다. 간담회에서 그들은 '의식주 등 인민의 물질생활을 올바르게 조직함으로써 내선일체를 증진'할 방안들을 토의했다. 그런 일은 "여성들의 손에 달려 있다"라고 그들은 생각했다.[76] 1939년에 열린 그런 유의 원탁토론에서 세 명의 여성지도자들(손정규, 쓰다 세쓰코, 그리고 성신誠信여학교의 조기홍[趙圻烘, 1908~97])은 '모순과 비논리적 복잡성으로 가득 찬' 조선의 가정생활을 어떻게 '제국

---

72 『녹기』 6, no. 5(1941년 5월호), p. 124.

73 『녹기』 6, no. 11(1941년 11월호), p. 98.

74 손정규(孫貞圭) 外, 1939, p. 4. 쓰다 세쓰코(津田節子)는 1938년 7월에 만났을 때 미나미 총독에게 그런 협력의 필요성에 대해 조언했다(임전혜(任展慧), 1978, p. 140).

75 조선부인문제연구회는 1937년 1월에 총독부 학무국의 후원으로 설립되었다(조기홍, 「생활개선에 대하여」, 『총동원』 1, no. 3(1939년 8월호), p. 24; 임종국(林鍾國), 1992, pp. 270~71).

76 손정규(孫貞圭) 外, 1939, pp. 2~3.

원탁토론에 참석한 녹기연맹의 여성지도자들(왼쪽). 오른쪽은 쓰다 세쓰코.
출처: 녹기연맹, 『녹기』 7, no. 11(1942년 11월호), p. 845; no. 2(1942년 2월호), p. 333.

의 신민에 더 걸맞은' 것으로 만들지를 두고 의견을 교환했다.[77] 조선의 가정을 합리화하기 위한 제안들로는 신중한 식단 짜기, 양념 줄이기, 더 나은 살림살이, 그리고 연료절약 등이 제시되었다. 그것은 제국화라는 웅대한 작업을 촉진하기 위한 일상적인 방안이었다.[78]

일부 녹기연맹의 지도자들은 여성들을 합리적인 가정주부나 일상생활 개혁의 담당자를 넘어 신질서건설의 중심축이 되는 존재로 만들고 싶어했다. 가타시의 아내 쓰다 미요코(津田美代子)는 식민당국에 '고차원의 국방국가' 건설에 여성들을 더 많이 참여시키라고 요구했다. "국민(citizens)의 자질, 체력개선, 인구증가, 인민생활 혁신 …… 이 [모든] 것이 여성들의 어깨에 달려 있다"라고 미요코는 주장했다. 그리고 동시에 점점 더 많은 여성들이 '산업생산력을 키우기 위한' '생산적 노동'에 종

---

77 같은 책, pp. 1~4.
78 이들 여성교육자들이 제안한 착상들 가운데 일부는 국민정신총동원운동에 채택되었다. 거기에는 조선부인문제연구회의 조선 여성 옷에 관한 제안(*CKSS* 1940, p. 37)과 녹기연맹이 제안한 '혼례표준'에 관한 개정안(의례준칙) 등이 포함되었다(『녹기』 5, no. 10(1940년 10월호), p. 71).

사하고 있다고 했다. 전시에 정부에 적극적으로 협력한 영향력 있는 일본인 페미니스트 이치카와 후사에(市川房枝)와 오쿠 무메오(奥むめお, 1895~1997)에게서 영감을 받은 미요코는, 조선의 여성들도 국가에 기여할 때 "여성 고유의 특성을 잊지 말고" 가정과 일 사이에 균형을 유지하기를 바랐다. 그리고 본국의 여성활동가들이 그랬듯이, '카페 접대부, 기생, 매춘부'에 대한 '단호한 행동'을 촉구하면서 여성도 "국가정책의 집행자로 참여할 수 있는" '나치의 국가사회주의여성동맹과 같은 여성위원회'의 창설을 요구했다. 미요코는 '메이지 유신은 남성들의 힘으로 이룩한 것'이라면서 "오늘날 우리가 이야기하는 쇼와(昭和) 유신은 실로 일본 여성들의 대대적인 참여 없이는 달성될 수 없다"라고 단언했다.[79]

녹기연맹의 지도자들은 국가보다 앞서가거나 적어도 보조를 맞추면서 국민정신총동원운동의 이념적 틀을 만드는 데 중심적인 역할을 했다. 1940년대 초까지 이 운동은 대정익찬회(大政翼贊會)의 등장에 발맞춰 국민총력운동으로 재구성되었으며,[80] 녹기연맹 지도부는 대부분 대다수 부서의 요직을 장악한 국민정신총동원조선연맹(이후 '국민총력조선연맹'으로 확대개편)의 이사회 성원이 되었다.[81] 1942년 말에 녹기연맹 본부가 기존의 11개 부서를 5개 국(총무, 훈련, 공공복지, 경제, 선전)으로 통합해 개편했을 때, 쓰다 세쓰코(津田節子)는 총무와 훈련 두 개 국의 기획

79 쓰다 미요코(津田美代子), 「신체제의 여성역할」, 『녹기』 5, no. 10(1940년 10월호), pp. 62~65.
80 *CKSU* 1945, pp. 42~44. 그러나 총독부는, 조선의 신질서운동은 "정치운동이 아니다"라고 조심스럽게 강조했다.
81 국민정신총동원조선연맹 결성 이후에 쓰다 세쓰코는 경성연맹의 자문관이었고, 경기연맹의 이사였다. 그리고 현영섭은 조선연맹 관리자 중 한 사람이 되었다(『녹기』 4, no. 8(1938년 8월호), p. 60). 조선연맹이 창설되었을 때 녹기연맹도 본부를 재편하고 새로운 직책인 주간을 신설했으며, 쓰다 가타시가 그 자리에 앉았다(다카사키 소지(高崎宗司), 1982b, p. 65).

위원회 위원이 되었다.[82] 그녀의 시아주버니인 쓰다 가타시(津田剛)는 그 특성에 걸맞게 선전(또는 '황도皇道문화'의 촉진)임무를 맡아 동료 모리타 요시오(森田芳夫)의 조력을 받았다.[83] 특히 가타시의 영향력은 이 운동의 모든 영역에서 느낄 수 있을 정도였다. 가타시는 총독부 경무국장이자 동료인 오다카 도모오(尾高朝雄, 1899~1956)와 협의하면서 「내선일체의 이념과 그 구현방책 요강」(內鮮一體の理念及其ノ具現方策要綱, 1941)에 대해 이야기했고,[84] 그것은 국민총력운동의 지역요원들을 위한 지침으로 활용되었다. 국체에 대한 권위자로서 가타시와 오다카는 주로 전직 조선인 자원병으로 구성되어 국민정신총동원운동의 지방확산을 지원한 '추진대'(推進隊) 교육장에서도 강연을 했다.[85] 그 무렵 녹기연맹의 지도자들은 국가의 대리인으로서 국가운동을 지도했으며, 국체에 대한 그들의 설교는 의심할 나위 없는 정론이 되었다.

국민정신총동원운동 평가

녹기연맹과 다른 이데올로그들은 지역주민들을 전시정책에 '자발적으로 협력'시키고 그들에게 통합 메시지를 내면화하게 만드는 데 어느 정도로 성공했을까?[86] 국민정신총동원운동은 애국반의 강력한 네트워

---

82 *KSUY* 1943, pp. 115~32. 그다음 2년간 다섯 개 국은 일부 인적 교체와 함께 개편되었으며, 1943년부터 전쟁이 끝날 때까지 사무총장이었던 한상룡은 전체활동을 감독했다(*CKSU* 1945, pp. 163~67).

83 *KSUY* 1943, pp. 117, 121, 133, 141. 30대와 40대의 또 다른 일본인 세 명이 다른 국들의 장을 맡았다(*CKSU* 1945, pp. 65~66; *KSUY* 1943, pp. 4~5, 13~17).

84 국민총력조선연맹(國民總力朝鮮聯盟) 방위지도부(防衛指導部), 『비(秘): 내선일체의 구현』(秘: 內鮮一體の具現), 1941a, p. 7.

85 『국민총력』 3, no. 4(1941년 4월호), p. 137.

크를 통해 각계각층의 주민들을 동원할 수 있었다. 조선군사후원연맹(朝鮮軍事後援聯盟)이 발행한 『반도의 총후인(銃後人)』이라는 책은 남녀노소 각계각층의 사람들이 한마음으로 일본의 전쟁노력 지원에 헌신하고 있다고 묘사했다. 그중에는 조선 농민들이 징집당하거나 사망한 일본군의 가족을 돕기 위해 그들의 논밭으로 몰려가는 감동적인 일화들도 들어 있다.[87] 지역언론에 따르면, 마을민들이 현지 기차역에 나가 군인들을 위해 환영 내지 환송의 행사를 벌이는 것은 본국에서와 마찬가지로 조선에서도 낯익은 풍경이 되었다. 여성들도 기부금을 모으고 길거리에서의 낭비를 질타했다.[88] 지역신문들은 특히 전쟁지원 활동을 하는 일본 여성들에 합류하기 위해 "낡은 전통의 관습을 부수고 거리로 나선" 조선 여성들의 새로운 시도에 주목했다. 그런 장면들은 '실현되고 있는 내선일체'의 증거로 요란스레 그려졌다.[89] 일부 통계수치들도 이 운동의 효험을 입증하는 듯했다. 늘어나는 국방헌금(國防獻金)과 더불어 지역의 애국반 반장들의 노력 덕에 우편저축도 1938년부터 1943년까지 매년 목표액의 100퍼센트를 초과달성했다.[90]

하지만 황민화를 어떻게 성공적으로 촉진할 수 있을지 그 방법을 찾아내려던 동원운동가들은 매우 의심스러운 조치들에 의존했다. 그들은 신사참배객의 수를 집계하고 황국신민서사(皇國臣民誓詞)를 암송시켰다. 후자는 일본어를 쓰지 않는 조선인들의 천황에 대한 충성도를 측정하는 '리트머스 시험지'로 여겨졌고[91] 식량배급표로 간주되기도 했다.[92] 자기

86 캠페인에 대한 자세한 평가는 Uchida Jun, 2011b 참조.
87 하야시 가쓰히사(林勝久), 1940, pp. 85~86, 96~97.
88 『경성일보』, 1938년 8월 23일자.
89 예컨대, 『조선공론』, 1938년 4월호, pp. 80~81 참조.
90 안자코 유카(庵逧由香), 1995, p. 14.
91 같은 책.
92 Hildi Kang, 2001, p. 113에 수록된 이옥분(Yi Okpun)의 증언. 이를 강요한 것

만족적인 성공의 기록들은 교육받은 상층의 도시민들이 '무식한' 농민들보다 동원하기 어렵다는 공동체 지도자들의 끊임없는 불평에 의해서도 그 허구성이 드러났다.[93] 게다가 애국반 반장들이 강제력을 발동했다는 수많은 증거들—특히 주민들이 전쟁의 피로에 굴복하면서—도 한반도 대중의 제국화에 대한 당국의 성급한 주장의 신빙성을 깎아내렸다.[94]

신통찮은 참가율과 더불어 빈곤한 이해력은 계속 이 운동을 괴롭혔다. 그것이 조선인들 탓만은 아니었다. 쓰다 가타시는 순회강연에서 일본과 더불어 아시아를 이끌고 갈 운명에 처해 있는 새로운 조선의 임무에 대한 자각을 요술처럼 떠벌렸지만, 지역관리들과 애국반 반장들은 모호하고 장황한 국민정신총동원운동의 대상자들과 소통하려는 자신들의 '힘겨운 싸움'에 대해 보고했다.[95] 조선의 동원운동가들이 대중과 만날 때 부닥치는 어려움은, 어느 일본인 교사에 따르면, 충분히 그 의미를 파악하기도 전에 서둘러 사람들을 활동에 참여시켜 "무엇이든 일본보다 앞서감으로써 인정받으려는" 그들의 일반적 경향 때문이었다.[96] 조선인들을 제국신민화하려는 열정적인 시도 속에 그들은 정오의 1분간 묵념과 같은 독특한 의식도 고안해냈는데, 이를 본 본국의 방문객으로부터 '웃음을 유발'했다. 또 학교의 체육시간에 '황국신민체조'라는 것을 도입하

은 일본인과 조선인 애국반 반장들이었다. 『국민총력』 3, no. 6(1941년 6월호), p. 13에 실린 조선 여성의 증언.

93   경기도 경찰부장·경무국장 외 완(宛), 「시국, 그 민정에 관한 건(件)」(時局下の民情に關する件)(1941년 8월 29일/no. 2426), 그리고 「시국하의 민정에 관한 건」(1941년 6월 30일/no. 1743); 『총동원』 1, no. 2(1939년 7월호), pp. 17~18.

94   경기도 경찰부장·경무국장 외 완(宛), 「시국에 대한 부민(部民)의 언동에 관한 건(件)」(時局に對する部民の言動に關する件)(1941년 3월 27일/no. 141~23).

95   예컨대, 경기도 경찰부장과 경무국장(1940년 12월 24일) 참조.

96   경기도 경찰부장·경무국장 외 완(宛), 「국민총력운동에 함께하는 민정에 관한 건(件)」(國民總力運動に伴う民情に關する件)(1941년 3월 25일/no. 141~43).

기도 했는데, 일부 아이들이 이를 하느라 애를 먹었다.[97] 일본어 구사능력이 부족한 조선 주민들이 설사 제국의 의례들을 매일 수행한다고 하더라도, 얼마나 그 의미를 이해했을지 매우 의심스러웠다.

일본인과 조선인의 일상적인 생활습관을 통일함으로써 내선일체를 이루겠다는 국민정신총동원운동의 노력 ── 이것이 녹기연맹의 핵심적 관심사였다 ── 은 더욱 비현실적인 것임이 드러났다. 애국반은 학교 바깥에서 일본어를 쓰도록 권장했으나,[98] 조선은 여전히 이중언어 사회로 남아 1941년에 일본어를 사용하는 사람은 전체인구의 20퍼센트에도 미치지 못했다.[99] 이 수치는 1년 뒤에 서둘러 시행한 당국의 일본어 쓰기 공식운동에도 불구하고 거의 변하지 않았다.[100] 두 민족 간의 결혼비율도 낮은 수준에 머물렀다. 1941년부터 식민당국은 두 민족 간에 결혼한 신랑과 신부들에게 미나미 총독이 직접 쓴 '내선일체' 족자(簇子)를 선물로 주었다.[101] 그런 결합은 시간이 지나면서 늘어나 1940년 말까지 5,317쌍에 이르렀으나 전체인구에서 차지하는 비중은 여전히 미미했다.[102] 일본인과 조선인 모두 '상호멸시와 적대감' 때문에 두 민족 간의

---

97   『요미우리신문』(讀賣新聞), 1945년 11월 19일자. 그럼에도 결국 '황국신민체조'
     는 본국으로 수출되었다(정근식(鄭根埴), 2004, p. 77).

98   전라남도에서는 1938년부터 지역 내 읍과 동의 국민정신총동원조선연맹들에서
     15세에서 30세 사이의 조선 청년들에게 간단한 일본어 강좌를 제공했는데, 약
     40만 명의 조선인들에게 일본어를 가르치겠다는 그 행사는 8년 넘게 이어졌다
     (『조선공론』, 1939년 11월호, pp. 94~95).

99   안자코 유카(庵逧由香), 1995, p. 14.

100 『조선사회사업』 20, no. 7(1942년 7월호), p. 22; 미야타 세쓰코(宮田節子), 1985,
     pp. 116~17. 조선연맹의 일본어 권장에 대한 더 자세한 내용은 최유리, 1997,
     148~71쪽 참조.

101 CKSU 1945, pp. 101~02.

102 단게 이쿠타로(丹下郁太郎), 1943, pp. 50~51. 두 민족 간의 혼인비율이 낮은
     것은, 1920년의 이왕은(李王垠)과 나시노모토미야 마사코(梨本宮方子, 한국명
     은 이방자[李方子])의 정략적 결혼 뒤에 정형화한 1930년대의 이(李)씨 왕가와

결혼에 거부감이 있었으며, 현영섭이 탄식했듯이 설사 그렇게 결혼하더라도 대부분은 '비극'으로 끝난 '불행한' 커플이 되고 말았다.[103] 그의 관찰은 정착민들의 회고와 증언들을 통해 입증되었다. 그 회고와 증언들은 내선(內鮮)결혼의 자식들인 혼혈아에게 따라붙은, 광범위하게 퍼져 있던 사회적 수치감에 대해 연대기적으로 기록하고 있다.[104] 일본어를 이해할 수 있는 조선인들, 일본인과 결혼한 조선인들, 또는 색깔 있는 옷을 입은 조선인들이 얼마나 적었던가를 생각하면 일상생활을 통한 제국화는 기껏해야 요란한 구호로만 존재했다.

일부 기록들을 보건대, 내선일체운동이 가장 큰 한계에 부닥친 것은 조선인들 때문이 아니라 민족화합의 메시지에 귀 기울이기를 거부한 일본인 거류민들 탓이었다. 그것은 그 이념적 선구였던 1920년대의 내선융화운동(제3장 참조)의 한계를 그대로 재현했다. 일부 정착민들이 선린적(善隣的) 과업의 핵심목표인 '내선일체의 실현'을 이룩한 것은 분명해 보인다. 예컨대, 두 민족이 뒤섞여 살았던 경성의 태평로에서는 일본인 가정들이 가난한 조선인 고아들을 돌보기 위해 돈을 모았으며, 어느 [거

일본 황가 사이의 내선(內鮮)결혼 실패로도 상징된다(스즈키 유코(鈴木裕子), 1992, pp. 88~93).

103 『조선과 만주』, 1938년 4월호, pp. 65~67. 한편, 김수연(Kim Su Yun)의 최근 연구(2009)에 따르면, 조선인들에게 내선결혼은 '근대적 주체성'을 획득할 가능성을 제시해주기도 했다.

104 마쓰이 헤이조(松井平三)의 회고, in: 경성 남산소학교 동창회 편, 『경성 남산소학교 70주년 기념지: 비탈길과 포플러와 푸른 하늘과』(京城南山小學校70周年記念誌: 坂道とポプラと青い空と), 1996, p. 273. 나도 전쟁이 끝났을 때 20대와 30대 초반의 나이였던 정착민 출신들에게 조선인과의 결혼을 생각해본 적이 있는지 물어봤다. 내 질문에 대답한 이들 가운데 다수(53명)는 "아니"라고 대답했고, "그건 불가능하거나 있을 수 없는 일이었다"라고 대답한 사람들(9명)도 있었다(〈부록 2〉 참조). 신의주의 일본인 정착민 출신들을 대상으로 한 기무라 겐지(木村健二)의 조사에서도 비슷한 결과가 나왔다(기무라 겐지(木村健二), 2001, pp. 73~98).

류민] 공동체의 대표는 "일본인과 조선인 어린이들이 함께 놀 수 있게 해서 그들이 어릴 적부터 친구가 될 수 있도록" 특별히 신경을 썼다.[105] 하지만 다른 정착민들도 마찬가지로 그들의 조선인 동포들을 그런 식으로 껴안았을지는 회의적이다. 그와 정반대였음을 보여주는 증거들 가운데 하나로, '애국적인' 조선인들의 설교가 얼마나 일본인들의 신경을 거스를 수 있는지를 보여주는 사건이 인천에서 일어났다. 경찰의 보고에 따르면, 지방정부의 조선인 관리로 애국반 반장이기도 했던 박도언(朴道彦)이라는 사람이 우월감을 과시하는 일본인들을 책망하면서 그들에게 내선일체를 설파하고(그중에는 '진구(神功) 황후가 일본으로 이주한 신라 귀족의 후손'이라는 '극단적 주장'을 펼친 것도 들어 있었다), 하야시 센주로(林銑十郎)와 고노에 후미마로(近衞文麿) 같은 전임 일본 총리들이 "일본 정신이 결여돼 있다"라고 비판함으로써 지역 일본인 거류민들의 감정을 건드렸다. 그의 '독설에 찬' 연설을 참지 못한 많은 일본인 참석자가 일어나 나가버렸고, 박도언 반장에게 "조선인이요 관리인 자신의 직분에 반하는" 짓을 하고 "일본인들을 모욕했다"면서 공격했다. 조선인 주민들은 그와 반대로 그에게 '뜨거운 박수'로 대놓고 지지를 보냈다.[106]

박도언의 강연내용이 식민지의 표준에서 크게 벗어나지 않는 것이라면, 이에 대한 정착민들의 반응은 녹기연맹과 다른 내선일체 이데올로그들의 면상을 후려친 것이나 다름없었다. 그 사건은 총독부 직원을 아버지로 둔 경성 제국대학의 어느 졸업생에 따르면, 이례적인 것이 아니었다. 경성의 일본인 거류민 사회에서 미나미의 후계자인 고이소 구니아키(小磯國昭) 총독이 내선일체를 부르짖고 끊임없이 '동조동근(同祖同根)

---

105   『국민총력』3, no. 6(1941년 6월호), pp. 9~10.

106   경기도 경찰부장·경무국장 외 완(宛), 「인천부(府) 관리의 실언문제에 관한 건(件)」(仁川府吏員の失言問題に關する件)(1939년 7월 24일/no. 1810).

신화'를 환기시킨 것은 분명 '웃음거리'가 됐을 것이다.[107] 일본인 이데 올로그들이 그런 이론들에 항상 일치단결해서 찬동했던 것은 아니다. 예 컨대, 『경성일보』의 미타라이 다쓰오(御手洗辰雄)는 일본인들을 '복합민 족'이라 부르면서 '통일 속에 다양성'을 품을 수 있는 능력을 '일본인의 특성들 중에서도 가장 특이한 점'[108]이라고 강조했다. 그러나 그런 개념 에 대해 다른 신문사 사장은 퇴짜를 놓았다. 그 사장은 '야마토[일본] 민 족'은 자민족 피의 순수성을 지킨 독일의 예를 따라야 한다면서 민족 간 의 결혼을 '완전히 잘못된' 정책이라며 거부했다.[109] 이런 상호모순된 태 도는 민족혼합의 전망, 더 근본적으로는 조선인들을 '일본인' 범주 속에 포함시키는 것에 대한 정착민들의 깊고, 완고하고, 불안한 심리를 드러 낸 것이었다. 그들의 양면적인 감정은 전쟁 중에 본국에서의 국민의 범 주가 점차 확대되면서 더욱 심화되었다.

일본 국민이 된 조선인들

'국민'(citizens)과 '신민'(subjects)의 구분이 일본의 국민(國民) 개념에 서 애매하게 남아 있었지만, 조선인들에 대한 일본인 정착민들의 태도에 서는 전혀 그렇지 않았다. 식민국가가 조선인들의 제국적 주체성을 고취

---

107 이이지마 미쓰타카(飯島光孝), 개인편지(2003년 8월 2일), p. 8.
108 미타라이 다쓰오(御手洗辰雄), 「일본의 무궁성」(日本の無窮性), 『국민총력』3, no. 4(1941년 4월호), pp. 53~54.
109 경기도 경찰부장·경무국장 외 완(宛), 「국민총력운동에 함께하는 민정에 관한 건」(國民總力運動に伴う民情に關する件)(1941년 3월 25일/no. 141~43). 이런 감정은 "일본인과 조선인의 피를 섞는다"라는 생각과 내선결혼을 공개적으로 반대한 야마나 사키오(山名酒喜男) 같은 일부 식민지 관료들도 공유했다(미야 타 세쓰코(宮田節子), 1985, p. 168).

하면서 그들을 본국[내지] 국민으로 본격적으로 통합(비록 2등 국민이기는 하지만)하는 쪽으로 나아가자 정착민들의 분리욕구는 더 뚜렷해졌다. 특히 조선인들의 제국군 지원입대(1938)와 본국 수준의 학교교육을 받을 기회(1938),[110] 그리고 일본식 성(姓)의 사용(1940)을 '허용'하기 위해 기존 식민지법들을 개정했을 때 그러했는데, 역사학자 미야타 세쓰코(宮田節子)는 이를 황민화의 핵심단계로 규정했으며, 이는 조선인들에 대한 전면적인 징병제 실시(1944)로 정점에 다다랐다.[111] 이들 세 개 조치는 사실상 '본국'과 '식민지' 국민 사이에 존재했던 중요한 차이들을 제거하기 위한 것으로, 메이지 시대의 정부가 오키나와인들과 아이누족 등 19세기 말에 일본이 새로 획득한 '변경지대'의 거주자들을 대상으로 취했던 조치들과 비슷했다.[112] 이런 법의 개정은 조선인 노동력과 자원을 전쟁에 동원하려는 정부의 계산에 따라 취해졌지만, 거기에는 1930년대 초 이후 총독부 본청으로 흘러들어간 조선인 엘리트들의 국민자격 허용 요구도 부분적으로 작용했다(제7장 참조).[113] 말하자면, 1937년 이후 국민자격을 어느 선까지 허용할 것인지를 둘러싼 이런 협상과정은 그 경

110　식민지의 일본인과 조선인 학교제도를 모든 차원에서 통합하기 위한 1938년 새 교육칙어의 공표 이후, 총독부는 전쟁 막바지에 보통교육을 1946년부터 도입하겠다는 계획을 발표했다.

111　미야타 세쓰코(宮田節子), 1985, p. 94. 내선일체의 정치적 과정도 조선 총독이 타이완과 사할린의 총독들과 함께 1942년에 내무성 관할 아래로 들어갔을 때, 새로운 단계로 진입했다(구스노키 세이이치로(楠精一郎), 1991, pp. 285, 285n1, 291). 후지타니 다카시(藤谷隆, 2007)는 징병제의 확대실시로 조선인들은 식민지 신민에서 미국과 같은 다민족국가의 소수민족과 같은 존재로 바뀌었다고 이야기한다.

112　미야타 세쓰코(宮田節子) 外, 1992, pp. 154, 156~59, 205; Mark E. Caprio, 2009, Chapter 2. 아이누족에 대해서는 David Howell, 2004, pp. 5~29; Tessa Morris-Suzuki, 1998 참조.

113　『총동원』 1, no. 3(1939년 8월호), p. 10.

계가 엘리트에서 사회의 하층계급으로 확장되면서 더욱 가속화되었다. 새로운 차원의 권리 및 평등에 대한 조선인들의 요구는, 그러나 그 과정에서 소외감을 느꼈던 지역 정착민들 내의 (조선인) 동화열망에 다시 불을 붙였다.

국민자격을 둘러싼 논란의 첫 징후는 조선인 지원병 제도에 대한 초기 조선인 신청자들과 이에 대한 정착민들의 양가적인 대응 사이에서 출현했다. 열정적인 초기 지원자들 대다수는 소규모 소작농인 것으로 드러났고, 그것은 중류 및 상류 계급의 조선인들이 더 많은 관심을 보여주기를 원했던 조선군의 언론담당 책임자 가쓰오 노부히코(勝尾信彦)에게는 몹시 실망스러웠다.[114] 게다가 지원자들은 천황에 대한 충성심보다는 매우 개인적 동기 —사회적 지위상승, 취업전망, 명성과 영예— 에서 지원한 경우가 많았다.[115] 지역 정착민들은 그 제도가 조선인 청년들 사이에 인기가 높은 데에 도취되었다. 언론과 식민지 관리들은 제국을 향한 '애국심의 분출'이라며 치하했다. 각급학교의 교장들에서부터 애국반 반장들에 이르기까지 일본인 거류민들은 경찰을 도와 조선인 가정들에 자식들(특히 초등학교 졸업자들)을 군대에 보내라고 설득했다. 일본인 대학생들도, 전쟁 뒤 나중에 증언했듯이, 조선인 엘리트 동급생들에게 지원을 권유하라고 재촉받았다.[116] 그러나 식민지 원주민의 무장할 '권리'라는 생각 자체는 프랑스령 알제리에서 정착민 농장주들과 국가 사이에 벌어진 논쟁의 급소였다.[117] 그것은 제국에 대한 조선인들의 충성심을 여전히 의심하고 있던 일본인 정착민들에게는 몹시 곤혹스러운 문제였다. 그

---

114 미야타 세쓰코(宮田節子), 1985, pp. 65, 67~68; 『총동원』 1, no. 5(1939년 10월호), p. 8.
115 최유리, 1997, 190~92쪽.
116 이이지마 미쓰타카(飯島光孝), 개인편지, 2003년 8월 2일.
117 Ian Lustick, 1985, p. 67.

리하여 조선인 지원병 제도가 시행되기 1년 전, 일군의 조선인 관리들이 당국에 신속한 시행을 요구하는 로비를 벌였을 때 『조선공론』의 일본인 편집자는 그들의 행동을 "경솔하다"라고 묵살하면서, 조선인들 다수가 여전히 일본어를 모르고 일부는 "일본 황실에 대한 경외감이 없다"는 것을 그 이유로 들었다.[118]

조선인들에 대한 정착민들의 불신을, 실은 많은 조선 주둔군 장교들도 공유하고 있었다. 장교들은 조선인들의 '완강한 민족성'에 경계심을 버리지 못했다. 또한 그들은 총독부 관리들의 성급한 낙관주의에도 비판적이었다. 총독부 관리들은 입대지원자들을 신사참배개들과 마찬가지로 '내선일체의 진짜 본보기'로 보는 경향이 있었으나, 그런 주장은 종종 일본어를 거의 할 줄 모른 채 일단 훈련소에 들어가서 일본의 생활방식과 식사에 적응하려고 기를 쓰는 지원자들 자신에 의해 그 본색이 드러났다.[119] 소설가 가지야마 도시유키(梶山季之, 1930~75)는 만년에 반(半)자전적인 소설에서 젊은 주인공의 눈으로, 해마다 열리는 기념식에서 총독에 대한 경례로 '받들어총'을 할 때 일본인 학생들은 진짜 총을 받았지만 조선인 학생들에게는 목총(木銃)만 허용된 사실을 묘사했다.[120]

1940년 초에 시작된 창씨개명(創氏改名)운동에 대한 정착민들의 반응은 거의 조선인들의 반응만큼이나 갈라져 있었던 것 같다. 조선인들을

---

118 『조선공론』, 1937년 9월호, p. 1. 그리고 식민정부가 같은 해에 민족적으로 분리되어 있던 학교제도를 모든 차원에서 통합했을 때, 정착민들 다수는 통합교육에 대한 반대의 입장을 바꾸지 않았다. 내 질문에 대한 답변들(〈부록 2〉참조).

119 시오바라 도키사부로(鹽原時三郎), 「특별 지원병 제도에 대하여」(特別志願兵制度に就いて), 『총동원』1, no. 5(1939년 10월호), pp. 5~6; 미야타 세쓰코(宮田節子), 1985, pp. 52~56, 71. 군 장교들에게 지원병 제도는 기껏해야 실험적인 조치에 불과했으며, 조선인에 대한 전면적인 징병제 실시는 먼 장래, 적어도 20년 뒤에나 가능할 것으로 그들은 예상했다.

120 가지야마 도시유키(梶山季之), 1995, p. 58.

본국 국민자격의 토대인 일본의 가족제도(호적)로 통합하기 위한 방법 [이름 바꾸기]과 목적은 복잡한 감정들을 불러일으켰다.[121] 그해 8월 시한까지 일본식 이름으로 바꾼 조선인 가정들의 80퍼센트, 즉 320만 가구의 대부분[122]은 여러 요소들 —— 당국 또는 또래의 압박, 가문의 결단, 또는 지원병들의 경우처럼 개인적 혜택을 노린 실용적 계산 등 —— 을 감안한 끝에 그런 결정을 내렸다.[123] 그런 조선인 가정들을 설득하는 데 적극적인 역할을 한 사람들이 제국의 브로커들 가운데 예의 그 단골인사들이었다. 녹기연맹은 식민지 조선인 학생들이 그 운동에 협조하도록 촉구하는 한편, 일본식 이름 짓기를 도와주는 간편한 안내책자를 발간해 창씨개명이 내선일체를 완수하고 '여성의 지위를 향상'시키는 길이라고 설명했다.[124] 녹기연맹은 경성 제국대학 교수들이 조선인 내방객들에게 적절한 이름을 택하도록 도와주는 '상담소'까지 개설했다. 교수들은 그들의 '대부'역할도 했고 부업으로 '성명판단'(姓名判斷, 성명철학)도 해주었다.[125] 이 운동을 기념하여 동민회는 경성에서 정성을 들인 '명함 교환

---

121 이 운동에 대한 포괄적 연구는 미야타 세쓰코(宮田節子) 外, 1992 참조.

122 한상룡의 요청으로 경기도 도평의회의 조선인 의원 34명 전원이 일본식 이름을 쓰기로 결정했으며, 경성의 애국반 반장들이 그 뒤를 따랐다(『조선과 만주』, 1940년 4월호, p. 81; 『경성휘보』 225(1940년 8월호), p. 62).

123 일본식 성(姓)을 쓰라는 압력에 대처하는 방법으로 많은 조선인들이 심정적으로는 민족적 정체성을 계속 유지하면서 자신들의 오랜 특성들을 새로운 성씨(姓氏) 속에 담거나 조선말로 된 본래의 의미를 반영하는 성씨를 택하는 방식으로 본래 성을 보존했다(가쿠슈인 대학 동양문화연구소, 2000, pp. 61~62; Hildi Kang, 2001, pp. 120~22). 문중의 결정과정에 대해서는 미야타 세쓰코(宮田節子) 外, 1992, pp. 138, 146 참조. 성씨를 바꾼 실용적 이유 중에는 '일본인들로부터 더 나은 대우'를 받고 싶다거나 '많은 사회적 혜택'을 받고 싶다는 것도 들어 있었다(『경성일보』, 1940년 7월 17일자).

124 녹기일본문화연구소(綠旗日本文化研究所) 편, 『(성)씨 창설의 새 정신과 그 절차』(氏創設の新精神とその手續き), 1940; 다케나카 요시로(竹內敬郎), 질문에 대한 답변.

행사'를 열었으며, 그 뒤에 조선인 참석자들이 채택한 이름이 적힌 명부를 발행했다. 그들 중 다수는 일본인 가게와 기업들에서 일했는데, 거기서는 조선인 견습생이나 직원들에게 일본식 이름을 임의로 붙여주는 것이 이미 관례화되어 있었다.[126] 조선운송주식회사와 철도국은 더 직설적인 방법을 썼다. 거기서는 조선 이름이 적힌 짐에 대해서는 포장을 거부했다.[127] 그러나 가장 중요한 협력자는 지역의 일본인 교사들이었다. 그들 중 다수가 자신의 학생들에게 이름을 바꿔야 교실에 들어갈 수 있다며 부모들에게 창씨개명을 말 그대로 애걸하게 만들었다.[128]

창씨개명운동 협력자들이 창씨개명을 민족화합을 촉진하는 수단으로 이해했다면, 다른 정착민들은 그것이 역효과를 낼 뿐이며, 특히 엘리트 양반들의 강력한 반대 때문에 더 그럴 것이라고 봤다.[129] 평양의 오노다(小野田) 시멘트공장 경영자인 안도 도요로쿠(安藤豊祿, 1897~1990)는 어느 조선인 기술자가 문중의 창씨개명 반대 때문에 퇴직하려 한다는 사실을 알고 그를 만류한 뒤, 다른 조선인 직원들에게도 이름을 바꿀 필요가 없다며 안심시켰다. 그리고 비록 아무 소용 없는 일이었지만, 그는 개인적으로 미나미 총독에게 창씨개명운동을 중단하도록 청원했다.[130]

---

125   『녹기』 5, no. 4(1940년 4월호), pp. 44, 62.

126   동민회 본부(同民會本部), 『창씨 기념명찰 교환명부』(創氏記念名刺交換名簿), 1940; 남산소학교[초등학교] 졸업생들과의 비공식 원탁회의에서 나온 증언들, 2003년 7월 21일, 도쿄.

127   미야타 세쓰코(宮田節子) 外, 1992, pp. 113~14.

128   예컨대, Richard E. Kim, 1970, p. 99 참조.

129   조선의 엘리트들은 일본 가족제도의 도입이 자신들의 귀족적 부계혈통을 약화시키고 결혼과 혈연관계에 토대를 둔 조선의 독특한 가부장적 가족체계(문중을 통해 다져진)를 파괴할 것이며, 양자(養子)입적이 자신들의 고귀한 피를 더럽힐 것이라는 두려움을 갖고 있었다(『경성일보』, 1939년 11월 9일자, 1940년 7월 18일자; 미야타 세쓰코(宮田節子) 外, 1992, pp. 131~37).

130   안도 도요로쿠(安藤豊祿), 1984, pp. 13, 137.

내가 인터뷰한 정착민 출신자들에 따르면, 일본인 거류민 사회 내에서도 경고와 반대의 목소리들이 많았다.[131] 전시에 경성에서 조선인 초등학생들을 가르친 아오키 에쓰코(靑木悅子)는 그것이 정말로 '터무니없는 정책'이라 생각했다면서, 일본인과 조선인 "교사들이 일반적으로 창씨개명 정책에 반대했다"라고 말했다.[132] 당국이 너무 나간다며 비판하던 정착민들로서는, 조선인들을 일본의 가계수(家系樹, family tree)로 통합하는 데에 대한 만연한 불안감도 신경을 곤두세우게 만들었다. 민족이 다른 부부의 출산에 대한 정착민들의 뿌리 깊은 두려움은 지바(千葉) 현의 주민 두 사람이 의회에 제출한 청원서에 담겨 있는 그것과 비슷했다. 그들은 조선인들에게 전통적인 일본식 이름을 쓸 수 있도록 허용된다면 '일본 민족의 계보가 엄청나게 침범'당해 '일본 국체의 순수성은 손상'될 것이라고 개탄했다.[133] 하지만 그들의 반대이유야 어찌됐든 정착민들 중에 실제로 항의의 목소리를 낸 경우는 거의 없었다. 스스로가 고백하듯이, 그들 대다수는 "신경을 곤두세워 조선인들이 그 새로운 정책에 저항할지를 지켜보기만 할 뿐" 아무것도 하지 않았다.[134] 조선인들에게 가해진 문화폭력 앞에서 동요하지 않은 정착민들이 거의 없었지만, 피의 순

---

131 내가 질문했던 사람들은 전시에 조선에서 자라면서 총독부의 동화정책에 대한 나름의 생각을 가질 만한 연령대의 정착민 출신들이었다. 그들 중에 31명의 응답자는 그것에 대해 별다른 생각이 없다고 했으며(왜냐하면 그들은 그때 초등학생이거나 중학생이었으므로), 23명은 비현실적인 정책(동화는 불가능하다)이라고 느꼈으며, 오직 4명만이 그것이 이상적이고 합리적인 정책이라고 믿었다. 다른 응답자들은 동화정책 중에서 자신들이 지지하거나 반대한 사안들을 구체적으로 지적하면서, 창씨개명 정책이 식민지 정착민들에게 '너무 극단적인' 것으로 여겨졌다는 이야기들을 많이 했다. 9명의 정착민들은 질문에 답하지 않았다(〈부록 2〉 참조).

132 아오키 에쓰코(靑木悅子)와의 인터뷰, 2001년 12월 21일, 도쿄.

133 미야타 세쓰코(宮田節子) 外, 1992, pp. 98~99에 인용된 청원서.

134 이이지마 미쓰타카(飯島光孝), 개인편지, 2001년 12월 13일, p. 36.

수성에 대한 그들의 집착도 흔들림이 없었다. 조선인들을 일본의 국민으로 통합하겠다는 당국의 모든 조치나 약속들 중에서 식민지 정착민들이 가장 크게 반발한 것은 징병제와 참정권[투표권] 확대론이었다. 그것은 전쟁의 흐름이 일본에 불리해지면서 곧 현실화될 것처럼 보였다.[135] 1942년 5월, 본국 정부는 식민지 병사들을 징집하겠다는 결정을 발표했다. 정부는 그 결정이 "병력부족을 해결하고 '야마토 민족'의 소모를 막기 위해" '불가피한 일'이라고 밝혔다.[136] 오랫동안 징병제 실시를 고대해온 조선인 청년들은 조선신궁을 참배하며 공개적으로 '감사'를 표시했으며,[137] 많은 일본인 정착민들이 본국 정부가 내린 중대한 결정을 축하하는 행사에 관리들과 함께 참석했다. 지역의 여성단체들은 강연과 영화, 전통적인 그림연극(가미시바이紙芝居) 등을 통해 징병제에 대한 대중의 이해를 넓히고 군대 내에서 차별받을지 모른다는 조선인들의 불안을 잠재우는 일을 도왔다.[138] 일부 정착민들은 차제에 조선인들의 제국화를 더 빨리 추진하라고 목소리를 높였다. 경성의 어느 40세 일본인 거류민은 조선인 지주들과 만주국의 일본인 자본가의 지원 아래, "반도의 젊은이들을 몸과 마음 모두 지체 없이 훌륭한 일본인으로 완성"시키기 위한 '황국신민 수련관'을 세우겠다는 계획을 짰다.[139]

벌써부터 조선인 지원병들을 걱정하는 사람들을 위해 당국은 징집을 축하하기에는 아직 갈 길이 멀다고 밝혔다. 경찰의 보고에 따르면, 대개

---

135 보통의 조선인 남녀 민간노동력에 대한 징발('군무원'으로 호칭)은 1939년 초에 시작되었다(야마다 쇼지(山田昭次) · 고쇼 타다시(古庄正) · 히구치 유이치(樋口雄一), 2005).

136 미야타 세쓰코(宮田節子), 1985, pp. 102~03; 우쓰미 아이코(內海愛子), 2001, p. 207.

137 미야타 세쓰코(宮田節子) 外, 1992, p. 33 사진 참조.

138 『조선사회사업』 21, no. 10(1943년 10월호), pp. 16~17.

139 『국민총력』 4, no. 8(1942년 8월호), p. 90.

의 정착민들──학교의 교장과 대구의 민방위 부대장에서부터 광주의 일개 상인에 이르기까지──은 징병제 실시가 '시기상조'라며, 그 때문에 '조선인들이 더욱 기고만장'해질지도 모른다고 걱정했다. 그들은 조선인들이 군 복무 대신에 참정권과 보통교육, 그리고 특별근무수당(자이킨 가호在勤加俸)* 같은 '그에 상응하는 혜택을 요구'할 것이라고 예상하면서, 그런 요구는 "철저히 눌러버려야 한다"라고 주문했다. "만일에 조선인 재향군인들이 너무 많이 늘어나면" "일본인들은 주도적 지위에서 뒤로 물러날 수밖에 없게 될 것"이고, 이는 반도에 사는 "일본인 정착민들(내지인들)의 장래 삶에 좋은 징조가 아닐 것"이라고 걱정하는 사람들도 있었다.[140] 광주의 어느 거류민이 이야기했듯이, 그들을 더욱 불안에 빠뜨린 것은 징집당한 조선인들이 "대동아전쟁이 미국과 영국에 유리하게 전개될 경우 적군에 가담할 수도 있다"라는 전망이었다.[141] 조선인의 '배신'에 대한 그러한 우려는 조선 주둔군 장교들의 1939년 극비보고들에서 이미 표명된 바 있다. 이는 "그들(조선인) 가슴 속 깊이 묻어둔 민족의식과 오랜 세월 동안 배양된 사대주의를 그렇게 쉽게 떨쳐버릴 수 없다"라는 것을 그들[장교]이 냉정하게 인정한 것이었다.[142] 잠복해 있다가 기회가 오기만 하면 지배자들을 배신할 '두 마음을 품은' 조선인들이라는, 3·1운동 뒤 일본인들의 마음속에 널리 퍼진 심상은 좀체 사라지지 않았다.

조선인들에게 국민자격을 부여하는 것에 대한 정착민들의 양가적 태

---

* 식민지 관리들 중 본국에서 온 관리들에게만 추가로 준 차별적인 해외근무수당을 말한다.

140 [도쿄(東京) 소재] 사법성(司法省) 형사국(刑事局), 「조선 징병제 실행(실시)에 대한 각의결정 공표에 관한 반향조사」(朝鮮に對する徵兵制施行の閣議決定公表に關する反響調査), 『사상월보』(思想月報) 95(1942年 6月), pp. 20~21.

141 같은 책.

142 미야타 세쓰코(宮田節子), 1985, p. 100에서 인용.

도는 당국이 조선인들의 충성과 지원을 확보하는 것을 최우선순위에 두고 있던 전쟁 말기의 몇 년간 점점 더 심해졌다. 징병과 징용에 대한 대가로 도쿄 정부는 몇몇 조선인 대표들이 제국의회에 진출하도록 허용함으로써 식민지에 제한적인 참정권을 부여하기로 결정했다. 그 결정은 식민국가와 조선 주둔군, 그리고 본국 정부 간의 숱한 논쟁을 거친 끝에 내려졌다.[143] 그들의 계획에 따르면 결정의 내용은 1946년부터 시행하며, 총독이 추천하고 칙명에 따라 임명되는 조선 대표 7명과 타이완 대표 3명이 귀족원[상원]에 들어간다. 그리고 국세를 15엔 이상 직접 내는 25세 이상의 남성으로 구성된 제한된 유권자들이 선출하는 조선 대표 23명과 타이완 대표 5명이 중의원[하원] 의원이 된다.[144]

그 최종안의 초안작성 때, 당국은 분명히 일본인 정착민들의 대표권은 거의 고려하지 않았다. 그리하여 해외거주자라는 이유로 그들은 선거권을 박탈당했던 것이다.[145] 대표들이 속한 민족은 구체적으로 명시되

---

143 그들의 심사숙고와 1945년 4월에 채택된 최종제안에 대해서는 가쿠슈인 대학 동양문화연구소, 2000, p. 141, 170 각주 2~3, 그리고 p. 171 각주 6; 오카모토 마키코(岡本眞希子), 1996, pp. 61~63 참조. 징병제 법안의 통과는 참정권 쟁점을 피해갈 수 없게 만드는 데도 어느 정도 영향을 끼쳤다. 왜냐하면 조선인들이 군 복무를 할 수 있게 만들려는 (호적에 대한) 관련법의 개정은 동시에 그들의 투표권을 부정하는 법률적 근거를 약화시켰기 때문이다(최유리, 1997, 225~29, 247쪽).

144 귀족원에 진출하는 조선의 대표 7명에는 윤치호, 김명준(金明濬), 박중양(朴重陽, 1874~1955), 그리고 한상룡이 들어 있었다(가쿠슈인 대학 동양문화연구소, 2000, p. 171 각주 6, 그리고 p. 172 각주 7). 법 개정에 앞서 몇몇 조선인(박영효, 윤덕영(尹德榮, 1873~1940), 그리고 이진호(李軫鎬))과 타이완인 1명이 '국가 또는 학습과 경험에 대한 기여'의 명목으로 귀족원 의원으로 임명되었다(다나카 히로시(田中宏), 1974, pp. 78~79).

145 최종안 속의 위 조항은 1938년과 1943년에 조선총독부가 초안한 참정권 기밀문서와는 다르다. 기밀문서에서는 정착민들의 대표권도 고려되고 있었다. 조선총독부 내무국, 「조선 선거권 문제」(朝鮮選擧權問題)(機密報告), 1938, p. 17; 그리

지 않았으나(그리고 공개되지도 않았다) 본국 정부와 식민정부는 조선인들로부터 전쟁협력, 특히 징집자들의 충성을 보장받기 위해 조선인 대표들을 의회로 진출시키는 것에 최우선순위를 두었다.[146] 약속된 참정권의 제한적 성격은 그것이 국민협회가 오랫동안 요구해온 대로 식민지 주민들에게 온전한 선거권을 완전히 허용하기 위한 중요한 조치였다기보다는 그들을 순응시키기 위한 전략이었다는 걸 보여준다. 그럼에도 조선인들에게 선거권을 부여하겠다는 당국의 결정은 일본인 거류민 사회를 발칵 뒤집어놓았다. 전쟁 무렵까지 적지 않은 정착민들이 정치적으로 조선인들보다 자신들이 더 불리한 대우를 받고 있다고 믿게 되었다. 예컨대, 경성의 어느 정착민 사업가는 조선인들보다 힘이 떨어진 일본인 거류민들의 처지에 대한 불평을 쏟아놓았다. 그들이 보기에 조선인들은 중추원 같은 기관들에서 더 영예로운 자리를 차지하고 있었다.[147] 이 정치적 대표권과 관련해 그들이 느낀 편향성을 바로잡기 위해『조선공론』의 사토요시 모토키(里吉基樹)는 조선인만의 중추원을 "제국의 대륙경영 선구자로서 조선의 발전에 평생을 바친" 유력한 장기 정착민들도 의원으로 임명될 수 있는 중추원으로 완전히 고쳐야 한다고 제안했다.[148] 국가 비상의 시기가 아니었다면 조선인들에 대한 참정권 제안은 정착민들 사이에 엄청난 논란을 불러일으켰을 것이다. 그것은 그 10년 전의 프랑스

고 조선총독부,「극비: 참정권 문제-조선에서의 참정제도 방책안」(極秘: 參政權問題-朝鮮に於ける參政制度方策案)(기밀보고), 1943 참조. 귀족원과 관련해 최유리는 일본 정부가 결국 조선의 대중여론 때문에 조선인들만 의원으로 임명한 것으로 추측한다(최유리, 1997, 237쪽 n162).

146 가쿠슈인 대학 동양문화연구소, 2000, pp. 149, 151.

147 경기도 경찰부장·경무국장 외 완(宛),「시국, 그 민정에 관한 건(件)」(時局下の民情に關する件)(1941년 6월 30일/no. 1743).

148 사토요시 모토키(里吉基樹),「중추원 조직개선론」(中樞院組織改善論),『조선공론』, 1937년 5월호, pp. 2~3.

령 알제리에서 정착민 농장주들이 2만 명 이상의 무슬림들에게 선거권을 주려 했던 1936년의 블룸-비올레트 법안(Blum-Viollette bill)*을 성공적으로 저지한 시위만큼의 규모는 아니었을지라도 말이다.[149]

비록 정치권력과 아프리카의 유럽인 정착민들이 누렸던 자치권은 없었지만 현지의 주민들을 국민의 범주 바깥으로 배제하려는 충동은 일본인 정착민들도 유럽 정착민들만큼이나 확고했다. 그들의 저항이 국민의 범주를 더 넓히려는 고이소 구니아키(小磯國昭) 총독의 정책에 대한 반응만큼 선명하게 드러난 경우는 없었다. 제한적인 참정권을 허용하겠다는 결정은 고이소가 2년간(1942~44)의 총독 재임기간에 '해외동포들의 처우를 개선'하기 위헤 제안한 더 포괄적인 성책붊음의 일부였을 뿐이다. 그것은 고이소가 1944년 7월에 총리가 되면서 공식적으로 발표한 약속이었다. 고이소는 참정권 문제에 대한 조사뿐만 아니라 조선인의 국민자격 허용과 관련한 기존의 법률적 제약 ─ 해외근무수당 체계, 조선인의 일본 여행제한, 호적 이전의 금지 ─ 도 그의 전임자들이 생각해본 적이 없을 정도로 철저히 검토하기 위해 위원회를 구성했다.[150] 1945년의 총독부 기밀보고서에 따르면, 고이소 구니아키의 개혁추진 소식에 일본인 정착민들은 조선인에 대한 참정권 허용 등의 양보들이 아무리 제한된 범위의 것일지라도 거기에 반대하고 나섰다. 그들이 앞세운 이유는

---

* 당시 프랑스 총리 레옹 블룸(Léon Blum)과 알제리 총독 모리스 비올레트(Maurice Viollette)의 이름을 따서 붙인 법안으로, 소수의 알제리인에게 프랑스 시민권을 허용하되 결혼이나 이혼, 상속, 양육 등은 무슬림의 법에 따르도록 하는 내용 등을 담았는데, 정착민들의 격렬한 반대로 프랑스 의회에 상정되지도 못했다. 그 결과 알제리민족해방전선 등의 급진적인 무장독립운동이 본격화했다.

149 Ian Lustick, 1985, pp. 71~75. 로디지아의 영국인 정착민들의 경우, 그들은 "아프리카인들을 위한 약간의 대의권 허용조차 고려하지 않고 일방적으로 독립을 선언"해버렸다.

150 가쿠슈인 대학 동양문화연구소, 2000, pp. 170~72.

언제나 이렇게 압축되었다. 즉 그렇게 할 경우에 "조선인들이 더욱 기고 만장해져 차별을 완전히 없애라고 요구하거나 더욱 버릇이 없어져" 결국에는 '일본인들[내지인들]의 지위를 위태롭게 만들 것'이라는 것이었다.[151]

정착민들의 그런 두려움은 피해망상이라기보다는 조선인들 사이에 이미 널리 퍼져 있던 현상, 즉 조선인들이 내선일체라는 미사여구의 본래 의미를 평등의 실현이라 여기고 있었다는 것이 사실임을 입증한 것이었다. 조선인들의 국민자격 허용요구는 조선인 내선일체 이데올로그들 사이에 복잡한 정치적 이합집산을 야기했다. 예컨대, '평행제휴론'(平行提携論) 주창자들은 조선의 문화적 특성, 그리고 일본과의 실용적 동맹의 틀 내에서 어느 정도의 정치적 자치권을 보존하기를 바란 반면, '동화일체론'(同化一體論) 지지자들, 즉 녹기연맹 회원들은 조선인들을 일본 민족으로 완전히 흡수하라고 촉구했다.[152] 전쟁의 와중에 독립에 대한 희망이 시들자 각계각층의 조선인들은 어쩌면 자신도 모르게 내선일체 지지자들에 합류해, 제국에 반대하는 것이 아니라 그 경계 내에서 권리를 요구하고 국가이익을 따지기 시작했다. 1941년 초에 경기도 어느 지역의 보고서는 내선일체가 평범한 조선인 사이에서는 '내선평등(일본

---

151 [도쿄 소재] 사법성 형사국, 1942, pp. 20~21; 조선총독부, 「극비: 참정권 문제」, 1943, p. 192.

152 쓰다 가타시(津田剛), 1939, p. 35. 이 분쟁에 대한 자세한 분석은 이승엽(李昇燁), 2001, pp. 35~38; 마쓰다 도시히코(松田利彦), 1997, pp. 142~43; 조경달(趙景達), 2007 참조. 일부 학자들이 지적했듯이, 두 경우 모두 '일본인보다 더 나은 일본인'이 되겠다는 그들의 강력한 욕구는 조선의 민족감정을 포기한 것이라기보다는 일종의 도착(倒錯)이었다. "차별에서 벗어나고 싶다"는 욕망, 즉 일본인과 대등해지고 싶다는 욕망이 강할수록 그들의 '자기부정' 방법은 더 급진적인 것으로 변해갔다(미야타 세쓰코(宮田節子), 1985, pp. 157~64; 이승엽(李昇燁), 2001, p. 34).

인과 조선인 간의 평등)'이라는 관용구로 바뀌었다고 지적했다. "(조선인) 봉급쟁이들이 추가수당(가호加俸)을 받고 싶어"했을 뿐만 아니라 "모든 회의에서 점점 더 많은 사람들[조선인 주민들]이 이제 손을 들고 질문을 하면서 [일본인과] 똑같은 권리를 요구했다."[153] 그다음 해에 일본 내각 이 식민지에서의 징병제 실시에 대한 결정을 내렸을 때, 반도와 내지의 조선인들은 '징병이라는 최고의 의무' 수행[154]과의 '교환조건'으로 모든 영역 ─ 참정권, 교육, 여행, 그리고 호적 ─ 에서의 '차별철폐'를 요구 하기 시작했다. 정착민들의 우려는 현실이 되었다.

내선일체라는 말의 안쪽, 그리고 정착민의 범주 바깥에서 무조건적 충 성을 요구하는 국가와 소건부 협력을 내건 식민지 주민들 간에 실로 역 동적인 협상이 펼쳐지고 있었다.[155] 식민자의 미사여구를 피식민자들이 자신들의 지위향상에 활용하는 것은 제국의 역사 자체만큼이나 오래된 정치적 전략이다. 그런 전략은 식민자들의 담론에 내재하는 요인들 때문 에 본질적으로 제약당하기는 하지만, 1920년대의 민족주의운동처럼 널 리 확산되는 대중현상으로서 그 자체가 생명력을 갖고 있는 것으로 보 인다. 그 바탕에 있는 '흥정'의 사고방식은 식민당국을 크게 흔들어놓았 다. 통상적으로 식민당국은 1942년에 미나미 총독이 조선인 청중들에게 한 다음의 언설과 같이 주장한다. "권리를 이기적으로 주장하기 전에 조

153 경기도 경찰부장·경무국장 외 완(宛), 「국민총력운동에 함께하는 민정에 관한 건(件)」(國民總力運動に伴う民情に關する件)(1941년 3월 25일/no. 141~43).

154 [도쿄 소재] 사법성 형사국, 1942, pp. 12~17, 22~23. 일부에서는 일본과 조선 의 차이를 완전히 없애는 방안으로 총독통치 체제의 폐지를 요구했다.

155 후지타니 다카시(藤谷隆)는 저서에서 무조건적인 충성을 전제로 한 조선인 징 병제가 새로운 통치체제를 반영한다고 주장한다. 새로운 통치체제란 근대의 국 민국가 논리를 식민통치에 적용해 그 식민지 백성들이 아무런 보상도 요구하 지 않고 '나라를 위해 죽기'를 바라는 체제다(Korean Studies Colloquium Series Talk at Stanford University, 2010년 4월 9일).

선인들은 먼저 충성스런 황국신민이 된다는 것의 본질적 의미를 철저히 숙지해야 한다."[156] 40세의 어느 조선 주민은 뻐딱한 논리로 이렇게 덧붙였다. "[조선인들에게] 내선일체는" "형제들 사이에도 그 나름의 질서와 방식이 있다"는 점을 명심하면서 "황국신민의 정신을 내지인(일본인)의 남동생들 입장에서 이해하는 것이다".[157]

지난 시절의 마지막 숨결이라 할 수 있는 위계질서에 대한 정착민들의 집착은 그들이 걱정해왔던 것이 '조선의 권한[자율권]'이 커지는 징후였음을 알게 되면서 드러낸 반응이었다. 군 복무 외에도 능력 있는 조선인들은 전시에 상대적으로 더 많은 기회를 찾아냈다. 그것은 그때까지 관직임용을 비롯해 회사, 공장, 고등교육 분야에서 그들에게 허용되었던 것보다 더 큰 기회를 주었으며, 특히 일본인 정착민들이 징집당해 생긴 공백 때문에 더 그랬다. 이런 사태의 전개에 대한 정착민들의 불안은 일본인들 사이에 커져가고 있던 내선일체 정책에 대한 불만이 집약된 경기도 경찰보고서(1941)를 통해 감지할 수 있다. 경성에서 애국반 반장을 했던 30세의 어느 조선 거류민[일본인]은 "국민총력운동 아래, 그들[조선인들]의 경제력이 신장된 결과로 일어난 조선인의 일본 주민에 대한 침해"가 '일본인[거류민들]을 압박'하기 시작했다며 초조감을 드러냈다.[158] 국민총력운동이 조선인들을 "참을 수 없을 정도로 버릇없게" 만들었다면서 "문화정치가 아니라 합병시기에 [우리가] 했던 것처럼 억압이

---

156 오구마 에이지(小熊英二), 2002, p. 338에서 인용. 또한 『총동원』 1, no. 3(1939년 8월호), pp. 14~15. 앞서 언급한, 쓰다 가타시(津田剛)가 국민총력운동을 위해 엮은 「내선일체의 이념과 그 구현방책 요강」은 "차별철폐를 내선일체 실현의 최우선적인 조건으로 내세우는" 조선인들의 경향을 '근절'하기 위해 면밀히 기획한 것이다.

157 이와모토 쇼지(岩本正二), 「각 애국반 방문기」(各愛國班訪問記), 『국민총력』 4, no. 2(1942년 2월호), pp. 91~92.

158 경기도 경찰부장과 경무국장 외 완(宛)(1941년 6월 30일).

조선인을 다루는 방식이어야 한다"라고 경성 부협의회 의원인 또 다른 정착민은 주장했다.[159] 지역[조선]거주 일본 여성들도 조선인 체신보험료 징수원에서부터 열차 승무원에 이르기까지 아무 생각 없이 자신들을 좀더 정중하게 오쿠상(부인, 아주머니)이나 오조상(아가씨)이라 부르지 않고 오카미상(주인 아줌마), 오바상(아줌마), 또는 기집애 같은 천한 말로 부른다며 불만을 토로했다.[160] 그런 비참한 심정은 어린이들 사이에도 퍼져나갔다. 경성의 어느 정착민은 나중에 마치 역사적 사실을 바로잡듯이 이렇게 주장했다. "내선일체 기간에 으스대면서 우리를 윽박질렀던 것은 조선인들이었다."[161]

일본인들이 점차 조선인들에게 포위되어가고 있는 것으로 묘사하는 이런 이야기들은 조선인들의 지위가 높아지면 그만큼 자신들의 지위가 낮아진다고 보는 병적인 경향을 지녔던 정착민들의 제로섬적 심리의 특성을 또렷하게 보여준다. 이것은 조선합병 시기 이후에도 변함없이 제국 내의 하층민 지위에 있었던 정착민들의 뒤틀린 모습을 반영한다고 나는 본다. 특히 '국민'(citizens)과 '신민'(subjects)의 구분이 민족적 위계 지도와 정확하게 일치하지 않기 때문에,[162] 일본인 정착민들은 조선인들의 자율권 증대를 보여주는 모든 징후들에 대해 우위를 유지하려는 자

---

159 경기도 경찰부장과 경무국장 외 완(宛)(1941년 8월 29일).

160 『조선과 만주』, 1938년 8월호, p. 80. 정착민 여성들은 조선인들에게 둔감했다. 어느 조선인 주부는 지역의 일본인 아내들에게 왜 자신을 다른 일본인들처럼 오쿠상이라 부르지 않고 오카미상이라고 부르는지 물어봤다고 나중에 회고했다 (Hildi Kang, 2001, p. 136).

161 남산소학교[초등학교] 졸업생들의 비공식 원탁회의에서 나온 증언들, 2003년 7월 21일, 도쿄.

162 그와 대조적으로 서방에서는 국민-신민의 분리와 식민-피식민의 위계가 식민지 아프리카의 유럽인 정착민들의 우월성을 보장해주었다(Mahmood Mamdani, 1996, p. 19).

신들의 노력을 방해하는 것으로 해석했다. 그리고 그들은 그만큼 절실하게 자신들이 국민자격 허용판정의 수문장이 되어야 한다고 생각했다. 경성 부협의회의 어느 불평 많았던 일본인 의원은 "국민의 권리와 자유 또는 세금부과를 통제하는" 자리에 있는 사람들(예컨대, 경찰관과 세무서 직원)은 "모두 일본인이어야 한다"라고 주장했다.[163] 『조선공론』에 실린 기사는 더 직설적인 주장을 펼쳤다. 내선일체를 평등한 권리라는 관점에서 해석하는 경향이 있는 조선인들에게 짜증이 난 그 필자는 감히 이런 정의를 내렸다. "즉 다음과 같은 원칙을 완벽하게 구현해야 한다. 일본인은 일본인이라는 걸 최대한 활용하고 조선인은 조선인이라는 걸 최대한 활용할 것. …… 마치 남성과 여성이 근본적으로 다른 권리와 의무를 갖고 있는 것처럼."[164] 다른 말로 하자면, 두 국민은 영원히 구별되어야 한다는 것이다.

정착민들은 국민의 경계를 유지하는 일에 관여할 아무런 법률적 특권도 없었으므로, 그들은 일상의 배제를 통해 자신들의 차별을 보장받으려고 했다. 각계각층의 조선인들이 우체국이나 기차역에서 '요보'*라는 말로 모욕을 당했을 때처럼 그것을 '체감적으로' 경험했다고 언론인 서춘(徐椿, 1894~1944)은 설명했다.[165] 조선인 내선일체 이데올로그들은 그런 차별을 겪으며 절망감을 느꼈을 것이다. 현영섭은 아무리 많은 증거를 들이대더라도 조선인의 충성심을 늘 의심해온 정착민들을 납득시키기는 어렵다며, 경성의 일본인 지주로부터 집을 빌리는 것조차 자신이 '일본 정신의 지지자'임을 입증하지 못하는 한 얼마나 힘든 일인지 설명하면서 원통해했다.[166] 그리고 조선인들이 사회적 사다리를 올라가려

163　경기도 경찰부장과 경무국장 외 완(宛)(1941년 8월 29일).
164　「도청도설」(道聽途說), 『조선공론』, 1939년 7월호, p. 55.
•　'요보'에 대해서는 135쪽 옮긴이 주 참조.
165　이승엽(李昇燁), 2001, pp. 39~40.

고 하면 할수록 그들을 막으려고 정착민들이 설치해놓은 장애물도 그만큼 더 많아졌다. 식민지 학교의 엘리트 코스를 나온 조선인들 가운데 다수가 졸업 뒤 좋은 일자리를 얻기 어렵다고 이야기했다.[167] 지역 정착민들은 편견에 찬 사소한 행동과 일상적 폭력을 통해 조선인들이 자신들이 조선인임을 '망각'하도록 내버려두지 않았으며, 그러기를 바랄 때도 가장 열렬한 동화의 희망자들조차 끊임없는 자기혐오의 고통 속에 빠뜨렸다.[168]

결론

일본의 식민통치 기간 중 조선 대중의 기억 속에 내선일체의 전쟁시기보다 더 깊은 자국을 남긴 시기는 없었다. 통합의 이름으로 일본제국은 전례 없는 총력적 규모의 민족공학 프로젝트를 감행했다. 아시아에 대한 군사침략은 일본의 영토적 경계들을 확장했을 뿐만 아니라 메이지 헌법이 확정하지 못했던 국민자격(citizenship)의 민족적 경계들도 확장했다. 제2차 세계대전 기간과 그 이후의 유럽의 제국들도 국민의 새 길을 열었으며,[169] 일부는 자치를 고려하기 시작했다. 하지만 대다수 제국은 일

---

166 현영섭, 「경성의 생활단상」(京城の生活斷想), 『조선과 만주』, 1939년 2월호.

167 경성공업학교 졸업생 두 명과의 인터뷰, 2002년 5월 10일, 서울(〈부록 2〉 참조); 김형근, 「한국인 졸업생의 가슴에 남은 것」, 경성고등상업학교, 1990, pp. 209~11; 이필석, 「은사(恩師)를 생각한다」, 같은 책, pp. 155~56.

168 이승엽(李昇燁), 2001, p. 34; Carter J. Eckert, 1991, p. 229. 이런 심리는 프란츠 파농(Franz Fanon, 1967)의 그것과 닮았다. 파농은 흑인성을 악으로 보는 프랑스인 사회에서 탈출하기 위해 '흰 가면'을 썼으나, 결국 '자신으로부터의 소외'로 귀결되어버린 아프리카인을 묘사한 적이 있다.

169 프랑스령 아프리카의 경우, 신민(subject)과 시민(citizen) 간의 인종적 구분은

본이 식민지에서 문화적 동화노력을 배가할 무렵에 그런 오만한 비전을 포기했다. 그 몇몇 예외적인 국가 중의 하나가 나치 독일이었다. 전쟁시기의 일본처럼 독일은 점령지역을 민족의 재구성을 위한 실험실로 취급했다. 그러나 '이질적인' 민족들에 대한 나치의 최우선적인 정책은 폴란드인과 폴란드계 유대인들에 대한 그들의 행태로도 입증되듯이, 동화가 아니라 말살이었다. 그것은 식민화한 땅을 동유럽 여러 곳에서 이주시킨 독일인 재정착민들(resettlers)로 채우는 민족통일 프로젝트였다.[170] 전쟁시기 일본 통치자들의 목표는 그와는 대조적으로 조선 민족의 구성원들을 '일본인'이라는 지배적인 범주 속으로 모두 흡수함으로써, 새롭게 확장된 '(일본제국의) 가족' 내부에 낡은 식민지적 특성들은 어느 정도 존속되겠지만 조선 민족 자체를 제거해버리겠다는 것이었다.[171]

아시아에 기반을 둔 새로운 세계질서를 만들겠다는 일본의 시도를 지지하면서 조선 총독 미나미는 천황을 정점으로 해서 조선을 다시 그 중심에 앉히는 대중운동을 시작했으며, 때로 그것은 본국의 파시스트운동보다 앞서 나가기도 했다. 기존의 연구들은 내선일체의 야만성에 초점을 맞춰왔지만 동원과정은 전쟁시기 훨씬 이전부터 시작되었다. 국민정신총동원운동과 황민화 정책의 주요 부분은 전쟁으로 향하던 시기에 제국의 브로커들과 그들의 조선인 동맹자들이 세운 이념적·제도적 발판 위

1946년 새로운 시민법(citizenship law)의 제정으로 폐지되었다. 그것은 아프리카인 노조와 학생 등 사회·정치 단체들의 힘을 키웠고, 그들은 '프랑스 시민이라는 수사(修辭)에 포함되는 모든 사람들'의 사회경제적 평등을 요구하기 시작했다(Frederick Cooper, 2003, p. 7).

170 Elizabeth Harvey, 2005, pp. 95~112.
171 예컨대, 조선인들은 일본식 이름으로 바꾸도록 압박을 받았으나 그들의 본래 성씨는 모든 공식기록과 공공문서들에 남아 있었으며, 그것은 일본인들이 고용이나 학교교육에서 조선인들을 계속 차별할 수 있게 만들었다. 당국도 일본인과 조선인 간의 호적 이전의 금지는 그대로 유지했다.

에 구축되었다. 1937년 이후에 그 민간인들은 엇갈리는 성공의 기록들을 남겼지만, 국가의 의지를 각 지역들에 전달하고 소통하면서 식민체제의 유능한 대리인으로 활약했다. 3·1운동을 기억할 수 있는 세대의 일본인들은 조선인들이 때로는 본국을 능가할 정도로 열정적으로 제국군에 입대하고 경쟁적으로 헌금을 보내는 시대를 자신들이 직접 보게 될 것이라고는 상상도 하지 못했다.

하지만 과잉조직된 전시(戰時)운동의 기제도 내선일체의 의도된 목표들을 위태롭게 만들었다. 사람들로 하여금 충분히 그 의미를 파악하게 하기보다 단순히 가담하게 만드는 것이 식민지 동원운동가들의 최우선적인 관심사였다. 달리 말하면, 동원(mobilization)은 그 자체가 이념이 되었다. 천황의 백성 이라는 하나의 통합된 몸체를 창출하려 했던 정부의 계획과는 달리, 내선일체 정책은 현실의 지역활동가들이 제시한 대립하는 의제들에 의해 다양한 방향으로 견인되었다. 일본인과 조선인 주민들은 함께 황실에 경의를 표하고 총후(銃後)활동에 참여했지만, 그들은 내선일체의 의미를 놓고 맹렬하게 충돌했다. 평등을 요구하는 조선인과 우위를 추구한 정착민들 간의 오랜 싸움은 계속되었다. 의례화된 충성행위들을 통해 제국적 주체성이 모습을 드러내는 한편, 국민자격(citizenship)을 둘러싼 다툼은 전시제국의 통합적 수사(修辭) 속에서도 이어졌다.

경찰의 기록과 메모들이 보여주듯이, 조선인들이 징병 등 의무수행의 대가로 국민의 권리를 요구하는 경향이 증대되어간 추세가 조선 민족의 포기 또는 '친일'화로 자동해석될 수 있는 것은 아니다.[172] 이 현상을 조

---

172 이는 정착민 출신자가 쓴 메모 속에 '김'(Kim)으로만 표기된 어느 조선인 교사에 의해 확인되었다. 그는 전쟁 중에 개인적으로 일본인 동료들에게 조선인은 실제로 세 가지 유형이 있다고 이야기했다. 첫 번째 유형은 '완전히 친일파'인 조선인으로 고위관리들, 지방정부의 고위관료들, 상층 샐러리맨들, 그리고 부유

심스럽게 지켜보던 일본인 정착민들도 조선인들의 모든 행동 뒤에는 민족적 동기가 작동하고 있다고 보는 경향이 있었다. 그들에게 유리할 것인가의 관점에서 보자면, 내선일체 정책은 유리할 수도 불리할 수도 있었다. 조선인들의 소요에 대한 불안을 완화해주는 반면, 평등에 대한 약속은 조선인들의 권한강화가 초래할 새로운 불안도 야기했다. 많은 정착민은 조선인들이 대거 '일본인'으로 통합되는 것은 식민지 위계질서를 약화시키고 그들의 민족성을 불안정하게 만들 것이며, 그들의 순수성을 오염시킬 우려가 있다고 걱정했다. 자신들의 아이들에게 훌륭한 일본인 자질이 부족한 게 아닌지 끊임없이 걱정해온 정착민들에게 '조선인들의 지나친 애국주의 과시'는 그들 자신의 정체성이 올바른지에 대한 불안을 야기했다.[173] 정착민들의 피해망상은 엄연히 경계인적 존재인 그들의 특성이었다.

녹기연맹 같은 전시의 대리인들은 헌신적인 조선인 내선일체 이데올로그들을 어느 정도 양성해내는 데는 성공했으나, 일본인 거류민들 속에서는 완전히 실패한 것으로 보인다. 그들은 조선인들에게 동화와 천황에 대한 충성증명을 닦달하던 관리들에 합세했으나, 많은 정착민들 — 동화운동을 이끈 이들을 포함해 — 은 권리를 지닌 국민으로서의 조선인이라는 관념과 마찬가지로 민족화합이라는 전제를 받아들이지 못했다.

층이 이에 포함된다. 두 번째 유형은 '완전히 반일'인 조선인으로 망명하거나 독립투쟁을 위해 지하로 잠적한 사람들이다. 그리고 마지막으로 '일본의 통치를 불가피한 것으로 받아들이거나', 자기보호를 위해 '자신의 의지를 거스르고' 일본에 굴복한 사람들이다. 이 마지막 그룹에 조선인 다수(하급과 중급의 관리들, 봉급생활자들, 그리고 '무지한 대중들'까지)가 들어 있지만, 그가 보기에 이들은 모두 '거짓으로 친일파 행세를 하고 있는 사람들'이었다(이와사키 기이치(岩崎喜一), 1966, p. 179).

173 우에스기 시게지로(上杉重二郎), 「조선인과의 교제」(朝鮮人とのつき合い), pp. 1~2, in: 하타에 고스케(波多江興輔)의 개인편지 속에 동봉(2002년 7월).

황민화 정책에 대한 적대적인 반응 속에서, 특히 장기체류 정착민들은 동화에 대한 가장 충직한 반대자이자 공세적인 동화 이데올로그였다. 정착민들은 결국 일본 식민통치의 핵심적인 역설을 대표했다.

그중에서도 최고의 역설은 내선일체의 생각 따위는 조금도 없었던 많은 정착민들이 전쟁 말기에 가장 무모한 내선일체의 신봉자가 되었다는 점이다. 그들은 총후활동이나 일상적인 제국의 의례행사에 조선인들이 참여하는 것을 천황에 대한 충성의 공개적 표시로 점점 더 많이 받아들이게 되었다. 그것은 내선일체 정책의 모든 장치들이 토대로 삼고 있던 허구였다. 전라남도 해남의 교사였던 이와사키 기이치(岩崎喜一)의 회고록에 그런 안이한 생각에 대한 통렬한 지적이 나온다. 전쟁 말기에 학생들의 '황국신민서사' 암송능력은 황민화의 지표가 되었다. "우리는 고분고분한 학생들이 온순하게 그 질서에 복종하는 것으로 완전히 믿었다. 그리고 일본어를 모르는 아이들조차 서사를 외고 그것을 멋지게 암송했다." 그리하여 이와사키는 일본 항복 뒤에 그 아이들에게 서사를 암송시켰을 때, 그들은 '황국'(皇國)이나 '군국'(君國) 대신에 '한국'(韓國)이라고 했다는 이야기를 어느 조선인에게서 듣고는 "깜짝 놀랐다". 그는 조선인들이 지역의 신사에 참배할 때 속으로는 일본의 패배를 빌 것이라는 조선 (주둔)군의 의심을 뒤늦게나마 확인했다.[174] 내가 인터뷰한 많은 사람들이 증언했듯이, 대다수 정착민들은 일반적으로 조선인들의 정직성을 의심했으나 자신들이 가르치는 학생이나 동료들, 그리고 직원들이 옳다는 믿음 속에 행동하리라는 것을 거의 믿어 의심치 않았다. 믿음에 눈이 멀

---

174   이와사키 기이치(岩崎喜一), 1966, p. 212; 미야타 세쓰코(宮田節子) 外, 1992, p. 183. 일본 항복 뒤, 어느 신문기사는 '일본 통치의 실패'를 '군국주의적' 제국화 정책 탓으로 돌리면서 그것이 "조선인들이 이미 전시기간에 일본으로부터 완전히 멀어진 것으로 느끼게 만들었다"라고 지적했다(『요미우리신문』, 1945년 11월 19일자).

어 그들에게 가장 가까웠던 조선인들이 '위장된 친일파, 체념한 친일파, 총구 앞의 친일파'[175]라는 사실을 보지 못했으며, 대다수 조선인들의 굴종이 총력전 체제 아래에서 강요당한 허구라는 사실을 보지 못했다.

---

175   이와사키 기이치(岩崎喜一), 1966, pp. 226~27; 마쓰오 시게루(松尾茂), 2002, p. 153; 이케다 마사에(池田正枝)의 증언, 2003년 6월, 도쿄(〈부록 2〉 참조).

결론

    19세기 말 제국 일본의 출현으로부터 아시아-태평양전쟁 시기의 세계(대외)침략 최고조기에 이르기까지 조선에 거주한 일본인 정착민들은 그들 제국의 최전선에서 상인, 모험가, 개혁가, 이데올로그, 공동체 지도자, 그리고 반관(半官)의 대리인으로 활약했다. 일본 식민지 체험의 모든 면에 걸쳐 그들 정착민의 영향을 받지 않은 것은 하나도 없었다. 하지만 오랜 기간 그들의 삶의 윤곽은 근대 일본과 식민지 조선의 역사기록들 속에 거의 존재하지 않았으며, 그 어느 것도 정착민들을 역사적 행위자로 충실히 대우해주지 않았다. 이 책의 주된 목적은 그들의 인생사를 재구성하고 그들이 우리에게 이야기해주는 일본의 국가와 제국으로의 근대적 전환, 지배적 형태로서의 정착민 식민주의(settler colonialism), 그리고 식민지 권력의 내부 작동양태를 좀더 총체적으로 검토하는 것이다. 식민지 조선에 대한 통치의 각 단계마다 정착민들이 중심적인 역할을 했다는 것이 내가 이 책에서 강조한 핵심적 주장들 가운데 하나다. 그들의 활동을 분석하는 것은 우리가 식민국가의 성취와 한계를 재검토하는 데 도움이 될 것이며 제국의 식민지 사업, 특히 복잡하고 다층적인 문화교류에 대한 우리의 이해를 심화시켜줄 것이다.

근대 국민국가로서의 일본 건설과정에서는 해외뿐만 아니라 일본 본토에서도 새로운 주변부들이 형성되었다. 나는 전(全) 제국적 차원의 일본 근대화의 문맥 속에서 활동하면서 조선을 본거지로 삼은 사람들의 삶을 통해 그 연결고리들을 추적해왔다. 일본인 정착민들은 자본주의와 언론활동에서부터 참정권과 자치논의, 소비문화, 그리고 사회통제 기술에 이르는 근대성에 수반되는 모든 과정들에 영향을 끼치면서 직·간접적으로 조선의 구조와 현지 행정체계를 만들었다. 식민지 건설의 중개과정에서 조선에서의 정착민들의 활동은 근대 일본을 형성하고 그것을 해외에서 모사하는 데 영향을 끼쳤다. 그 심상은 해외영토들의 개조에 그대로 채용되었다. 조선의 쌀 교역이나 식민정부의 행정부처 문제, 또는 총력전 대비태세와 관련한 총독통치의 진로설정에는 본국의 수요(필요)가 영향을 끼쳤다. 마찬가지로 정착민들의 발언권이 컸던 식민지 통치체제의 수요와 방법이 거꾸로 본국에 영향을 끼쳤다. 정착민 정치와 조선인 동화에 대한 불안도 단일민족(그렇게 추정된)국가와 다민족제국 건설이라는, 일본제국의 국민 핵심부에서 동시에 추진된 사업에 내재된 긴장을 증폭했다. 혁명적인 시대의 산물이자 그 대리인들인 정착민들은 국가(state)와 사회, 중심과 주변, 민족(nation)과 제국의 접점 속에서 살아가면서 근대 일본과 식민지 조선의 병진적인 전환 속을 헤쳐나갔다.

나는 그 경계인적 공간에서 제국의 브로커로 활동한 유력한 정착민들의 역할을 개념화했다. 총독부 및 조선인 자본가들과 협력하거나, 정착민들과 조선인 사회를 연결하거나, 본국에 대한 반도[조선]의 이익을 위해 로비를 벌이면서 그들은 중재자 역할을 했다. 그 역할은 시간이 지나면서 점차 제도화되었다. 나는 일본의 식민통치 시기를 세 단계로 나누어 제국의 브로커들의 활동을 추적했다. 첫 번째 시기는 세기의 전환기에 조선 정치의 소용돌이 속에 하위제국주의자들(subimperialists)로 등장한 단계이며, 두 번째 시기는 1920년대 사이토 총독의 '문화정치' 시절에 사이토의 역동적이고 양가적인 동맹세력으로 활동한 단계이며, 끝으로 세 번째 시기는 1930년대와 1940년대의 전시체제 아래에서 식민지 [조선] 대리인(agent)이 된 마지막 전환단계이다. 내가 보여주고자 했던 것처럼 일관된 원칙보다는 문화적 열망과 경제적 필요, 그리고 정치적 기회주의 등으로 뒤엉킨 복합적인 매트릭스가 각 단계의 정착민들 활동을 떠받쳐주었다. 식민지 국가와의 관계 속에서 자신들의 정치적·경제적 입지가 취약할 때, 제국의 브로커들은 정부의 정책들을 공개적으로 거부하기보다는 조심스럽게 거기에 협력하면서 자신들의 의제를 추구했다. 또한 그들은 자신들만의 이익과 물질적 이해관계, 정치적 보상을 추구했던 조선인 엘리트들과도 종종 협력했다. 이런 야누스적 동맹관계 속에서 일본인 정착민들은 통치체제에 반대하기도 하고 그것을 수용하기도 하는 유연한 자세를 취했다. 그렇게 해서 그들은 통치와 접촉[조우]의 역동적 과정을 국가의 제도가 허용하는 범위 이상으로 복잡하게 만들었으며, 그것은 아프리카 식민지에서의 유럽 정착민들의 활동과는 다른 궤적을 그렸다.

하지만 제국의 브로커들이 단일한 제국적 구상을 갖고 있었던 것은 아니다. 그들은 지도력과 영향력을 차지하기 위해 서로 경쟁하면서도 정착민들의 이익을 위해 함께 일했다. 그들은 동화정책에 대해 양가적인 자세를 취했지만 그 의도에 대해서는 대체로 반대했다. 위기의 시대에 그들은 서로 의지했지만 조선인 반체제세력에 대처하는 전략을 놓고서는 서로 충돌했다. 공유된 열망과 충돌하는 의제들이 정착민 식민주의의 내부동역학을 만들어냈다.

더 넓게 본다면, 정착민들은 식민지 권력의 내부기제를 들여다볼 수 있게 해주는 매우 중요한 렌즈의 역할을 한다. 그들이 남긴 문서들을 추적함으로써 우리는 제국의 가장자리와 틈새들을 들여다볼 수 있다. 학자들이 관심을 기울이지 않는 그런 공간들은, 그러나 주변인들처럼 보이는 사람들이 실은 제국의 가장 중요한 일부 전환기들에 영향을 끼친 영역이다. 특히 몇 가지는 거듭 강조할 만한 가치가 있다.

정착민들에게 초점을 맞춘다는 것, 국가를 밑에서 그리고 틈새를 통해 들여다본다는 것은 무엇보다 권력의 분산에 대한 우리의 이해를 심화시켜준다. 식민지의 행정가들과 더불어 다양하고 정형화되지 않은 복합적인 중개인들이 활동했는데, 그들은 끊임없이 공식영역과 비공식영역을 오가면서 제국을 위해 다양한 역할을 수행하는 동시에 자신들의 이익도 챙기려 했다. 특히 정착민들이 강력한 발자취를 남긴 식민통치의 핵심영역 — 범아시아주의 선전, 조선에 대한 지식체계 구축, 식민지의 경제와 정치의 지배, 만주와의 교역촉진, 그리고 천황제 이념의 보급 — 에서 그들의 활동과 주도권은 식민지 권력이 종종 어떻게 분산되는지, 단지 강요당하기만 하는 것이 아니라 지역차원에서 어떻게 중재되고 수정되는지를 보여준다.[1] 제국의 브로커들은 식민국가 안팎을 넘나들고 정책의 입안에서부터 공동체 관리에 이르는 다양한 영역에 걸쳐 활동하면서, 정치적 해결사와 조언자, 비평가와 선전가, 자본의 대리인과 일본 문화의 전달자로서 공식적인 정책 프로그램들에 끊임없이 개입했다. 그리고 영향력 있고 지식을 갖춘 지역[조선]거주자인 자신들이야말로 제국이 나아가야 할 길을 안내하는 데 최적격의 존재임을 끊임없이 주장했다.

조선에서 일본 통치체제를 다지는 과정에서 정착민들은 대체로 식민지 체제와 협력했다. 국가의 공적인 대리인 역할 — 1919년 이후 그런 기회가 늘어났다 — 을 떠맡으면서 그들은 공식적 정치영역에서는 자신

---

1 나는 여기서 식민지 권력에 대한 티머시 미첼(Timothy Mitchell, 1991)과 프레더릭 쿠퍼(Frederick Cooper, 2003)의 치밀한 분석이 제공한 통찰력을 활용했다.

들에게 허용되지 않았던 권력과 영향력에 다가갈 수 있게 되었다. 그러한 정치적 합의는 국가와 식민지 중개인 모두에게 이익을 안겨주었다. 그것은 정착민들을 식민지의 동맹자로 만들어 사회통제와 질서유지에 보탬이 되게 함으로써 통치비용을 절감시켰으며, 그들을 통치장치 속에 끌어들임으로써 그들에게 권한을 부여해 국가에 대한 정치수요의 증대를 최소화했다. 이런 역학관계는 제국의 브로커들이 국가 중심의 사회통제 체계를 통해 활동하게 되는 1930년대에 특히 뚜렷해졌다.

하지만 협력이 언제나 깔끔하게 이뤄진 것은 아니다. 처음부터 끝까지 일본제국의 사업들은 긴장과 충돌의 연속이었다. 제국건설의 두 주축인 정착민들과 국가는 조선을 근대화하고 개혁하는 것, 그 자원과 노동력을 착취하는 것, 조선반도에 제국적 통제를 굳건히 다지는 것 등 자기 민족의 모든 의제를 함께 추진했다. 그러나 산업화를 요구하고, 참정권 청원운동을 벌이고, 만주로 진출하고, 동화정책에 반대하면서 정착민들은 자신들만의 문화와 이념, 지배방식을 분명히 표출해 식민정부와 완전히 다르지는 않더라도 그들만의 독특한 권력체계를 만들어냈다.

제국 본국에 대한 정착민들의 태도가 늘 변함없이 초지일관했던 것은 아니다. 한편으로 그들은 조선의 천연자원을 추출하는 데에서 조선과 일본은 불가분의 관계임을 강조하면서 더 많은 국민적 권리를 요구하고, 인구의 다수를 차지하는 조선인들의 반대로부터 자신들을 보호해달라고 했다. 하지만 또 한편으로 그들은 자신들의 이익추구에 대한 본국의 간섭을 피하고 지배계급으로서의 자신들의 특권을 보호하기 위해 도쿄에 대한 조선의 자치권을 주장함으로써 양자의 관계를 쉽게 약화시킬 수도 있었다.

식민지와 본국 정부를 압박하고 통치전략을 복잡하게 만든 지역의 세력들 중에는 조선인 민족주의자들뿐만 아니라 요란스런 정착민들도 분명히 포함되어 있었다. 이는 식민지 아프리카에서의 유럽 정착민들의 경우와 닮았는데, 나는 국가에 대한 일본인 정착민들의 의존성을 강조하기 위해서만이 아니라 대리인으로서의 그들의 행태를 정부의 정책입안과는 다른 것으로 구분하기 위해서도 가끔 아프리카의 예들을 인용했다. 이를 통해 우리는 식민정부의 한계를 살펴볼 수 있다. 동맹관계도 네 갈래의 동력 ── 식민지 정착민들, 조선인들, 식민지[지역] 국가, 그리고 현장에서 일본의 제국주의적 목표를 추진하고 복잡하게 만들었던 본국 ── 으로 구성되어 있었다.

정착민들의 삶에 대한 기록은 그들과 조선인들의 세계가 분리되어 있는 것처럼 보여도 둘이 불가분의 관계로 묶여 있었다는 사실을 보여준다. 이주가 시작되면서부터 정착민들은 좋든 싫든 자신들이 조선과의 민족적 조우의 중심에 놓여 있다는 사실을 깨달았다. 내 분석은 정착민들의 생각과 행동이 기존의 자전적(自傳的) 설명과 얼마나 동떨어졌는지를 보여주는 조선에서의 조우에 초점을 맞추고 있다. 기존의 자전적 설명에서 조선인들은 오직 적극적인 일본인들의 활동 뒤에 있는 배경으로만 존재했다. 특히 1919년 3·1운동이 총독통치의 취약성을 폭로한 뒤 조선인의 민족주의는 제국건설 과정에서 핵심적인 결정요소로 등장했다. 점증하는 민족주의 활동에 직면한 1920년대의 일본인 정착민들이 빠진 딜레마의 핵심은 어떻게 하면 합법성을 잃지 않고 자치권을 강화하느냐, 조선인들을 완전히 배제하거나 적대하지 않으면서 자신들의 정치적 우위를 유지하느냐는 것이었다. 그리고 1930년대에 정치참여와 공공활동의 영역이 꾸준히 확대되면서 점점 더 많은 조선인들이 논쟁에 참여해 합병 이래 만연해 있던 정치적 계산방식이 바뀌었다. 권력과 영향력을 추구하던 제국의 브로커들은 공통분모를 찾기 위해 잠재적 협력세력뿐만 아니라 비판세력 및 반대세력과도 관계를 맺었다. 정착민 식민주의와 조선인 민족주의는 일본제국을 바꾸는 수많은 힘들 속에서 각기 고립된 변수가 아니라 변화하면서 내적으로 다양한 형성과정을 지닌, 서로가 서로를 구성해가는 과정이었다.

당대의 관찰자들이 지적했듯이, 정착민 지도자들과 조선인 자본가 엘리트들은 똑같은 부류였다. 함께 선전활동을 벌이는 것이 유리했으므로 일본인과 조선인 엘리트들은 자신들의 공동체와 조선반도 전체에 영향을 끼치는 사안들이면 그것이 산업화의 문제든 지역자치의 문제든 종종 함께 확고한 입장을 취했다. 하지만 종종 근본적인 목적이 완전히 엇갈렸기 때문에, 그들은 서로 형제와 같으면서도 까다로운 관계였다. 자신들의 문제를 스스로 관리하는 특권을 총독이 박탈해 식민지 내 자신들의 정치적 입지를 보장해줄 법률적 보호장치가 거의 남아 있지 않게 됐을 때, 정착민들은 식민지[조선] 내의 우월적 지위를 확보할 기회를 찾는 데 물불을 가리지 않았다. 조선인 엘리트들도 비록 식민주의자들과 많은 가치와 목표들을 공유하기는 했지만, 나름대로 일본의 지배체제 바깥에서 자신들만의 부르주아 정체성을 확립하려 했다. 그리고 지역협의회 안팎에서 그들은 정치의 중심무대를 선점하기 위해 정착민들과 '접근전'을 벌였다.

두 동맹세력은 결국 자신들의 권력과 영향력의 원천인 식민국가와의 협력관계를 약화시키지 않으면서 어느 정도까지 서로간의 이권투쟁을 극대화해갈 수 있을지를 놓고 똑같은 딜레마에 빠졌다. 그들 간의 경쟁적 분투는 지배적 지위를 점하고 국민자격을 획득하려는 더 광범위한 투쟁으로 결집되었는데, 제국이 조선인을 일본인화하려는 노력을 가속화하면서 투쟁은 더 격화되었다. 결국 조선인들의 완전한 수용에 대한 일본인 정착민들의 반대와 완전한 동화에 대한 조선인 엘리트들의 거부— 예컨대, 각기 제국주의자와 민족주의자로서의 자신들의 이데올로기적 입장을 완전히 포기하는 데에 대한 양자 모두의 거부— 가 그들의 동맹관계를 촉진하고 유지했으며, 그것은 대다수 참여자들에게 편의상의 동반자 관계로 받아들여졌다.

정착민들과 조선인 엘리트들 간의 동맹관계가 문제투성이라는 점을 알게 되면, 식민지[조선] 민족주의의 역동성도 좀더 잘 들여다볼 수 있게 된다. 학자들은 1920년대 말의 몇 년간을 식민국가가 통제를 강화하면서 조선인들의 정치생활이 악화된 것으로 오랫동안 간주해왔다. 그러나 지역 정착민들의 관점에서 보면 (조선인들의) 민족주의의 힘이 지닌 탄력성이 더 컸다(그때 일본의 통치력은 최고조가 아니었다). 1937년 이후에 조직적인 저항이 사라졌지만, 많은 정착민들 눈에 그것은 단지 종족적 민족주의 정신이 내선일체의 틀 내에서 새로운 국민자격 허용요구로 모습을 바꾼 것이었을 뿐이다. 식민지 시절 내내 조선의 민족주의는 여러 가지로 형태를 달리하면서 표출되었다. 제국의 브로커들은 온건한 민족주의자들과 뒤섞이고 자본가 엘리트들과 협력하면서, 그리고 조선 사회의 각계각층과 함께 국민자격 요구투쟁을 벌이면서 끊임없이 바뀌고 대립하는 외형을 지닌 조선의 민족주의와 대면했다.

요컨대, 일본인 정착민들이 조선에서 수행한 식민국가 및 민간인들과의 상호작용은 모든 참여세력들을 근본적으로, 그리고 예기치 않은 방식으로 변화시킨 복합적인 조우의 유형을 드러내 보여주었다. 이 책은 식민국가와 피식민자 사이의 주요 대립축 주변에 존재했던 접촉영역, 곧 식민지 조선에 대한 전통적인 서사를 지배해온 이야기에 초점을 맞추었다. 이러한 조우들을 통해 드러나는 핵심적인 통찰들 가운데 하나는 역동적인 투쟁이 가장 냉혹하게 그어진 듯한 식민통치 체제의 지배구조 분할선 바깥뿐만 아니라 그 내부에서도 벌어졌다는 점이다. 조선인들의 활동이 협력과 저항이라는 단순한 이분법을 거부한 것처럼 정착민들의 정치적 행동도 윤해동이 공적 활동과 자각의 '회색지대'[2]라 부른 영역을 만들어내면서 언제나 타협과 무언의 대결이 벌어지는 공간인 중간지대

---

2 윤해동, 2003.

에서 이뤄졌다. 제국의 브로커들과 그들의 조선인 동맹세력이 공동의 이익이라고 여긴 것을 증진하기 위해 함께 일한 곳은 이런 경계가 애매한 접촉지대 — 시장에서 지방정치에 이르는 영역 — 였지만, 그들은 또한 동시에 지역의 지배권을 장악하기 위한 오랜 상호투쟁에 사로잡혀 있었다. 한편, 세력이 나뉜 활자매체 분야에서 총독통치 체제의 옹호자인 정착민들과 비판자인 조선인들은 공공연한 대립이 쌍방 모두에게 득이 되지 않았기 때문에 적극적으로 타협책을 모색했다. 그리하여 어느 정도는 쌍방 모두 자신들도 모르는 사이에 식민자들과 피식민자들 사이에 일정 부분의 융합이 이루어졌다. 그런 예상 외의 결과들은 식민지적 접촉지대에서 풍성하게 열매를 맺었다.

정착민 식민주의의 유산은 조선반도 전역에서 찾아볼 수 있는 새로 건설된 옛 일본인 도시들뿐만 아니라 계속 진행 중인 일본의 기억상실, 논쟁을 부르는 기억의 정치, 그리고 재일(在日) 조선인들에 대한 지속적인 차별 속에서 여전히 살아 있다.[3] 무엇보다 그 유산은 일본 고향으로 돌아간 뒤 계속 이질감 속에서 살아가는 조선 거류민 출신들 속에 살아 있다. 한편, '조선인'도 '본토 일본인'도 아닌 데서 오는 좀체 사라지지 않는 소외감은 무라마쓰 다케시(村松武司, 1924~93) 같은 본국 귀환자의 2세 작가들에게 영감을 주어 자신들이 식민지에서 자라던 시절을 비판적으로 되새겨보게 했다.[4] 또 한편으로 그들의 주변성(marginality)은 '귀환자'라는 사회적 범주, 귀환 정착민들이 전후 일본에서 밀려나버린 2등 국민이라는 지위 속에서 새로운 표현양식을 찾아냈다.[5]

---

3 하타다 다카시(旗田巍)의 학위논문을 통해 이 재일 조선인과 관련된 문제를 살펴보려면 고길휘, 2001 참조.

4 무라마쓰 다케시(村松武司), 1994[1972], p. 235.

5 로리 와트(2009)가 예민하게 지적했듯이, 이 범주는 다민족제국의 내파 뒤 단일민족국가로서의 일본의 재생이라는 맥락 속에 등장했다. 조선에서 자란 일본인들이

귀환자에 따라붙는 사회적 오명(汚名), 즉 본국 정부에 대한 그들의 배신감과 짝을 이루는 그것은 희생자 의식과 더불어 정착민 귀환자들 사이의 연대감을 고조시켰다.[6] 기억과 증언들에 따르면, 조선반도에 가장 먼저 발을 들여놓은 것도 일본의 민간인들이었고 가장 마지막에 그곳을 떠난 것도 그들이었다. 식민지 관료들과 그 가족들은 일본 항복 뒤, 평범한 정착민들을 각자도생하게 내버려둔 채,[7] 불법적으로 전세를 낸 배를 타고 몰래 도망쳤다. 이는 만주에서 철수한 귀환자들 사이에 공유되고 있는 끔찍한 시련의 서사다.[8] 일본 항복 뒤의 몇 개월 동안에 그들이 안전하고 빠르게 고향으로 돌아갈 수 있느냐의 여부는, 전쟁이 끝난 뒤 그때 마침 북위 38도선 어느 쪽 ─ 미군이 점령한 남쪽이냐 소련군이 점령한 북쪽이냐 ─ 에 있었느냐에 달려 있었다.[9] 정착민들은 실로 일본제국이 쓰러지지 않게 떠받치는 받침대 같은 존재였다. 그들은 제국건설의 선구자였고 그 몰락을 체험했으며, 불시에 닥친 냉전정치의 충격을 가장 먼저 견뎌낸 사람들이었다. 그러나 그들의 고난은 거기서 끝나지 않았

귀환 뒤에 자신들의 '문화적 잡종성' 문제로 어떻게 계속 고민해야 했는지를 자세히 살펴보려면 Nicole Leah Cohen, 2006, Chapter 4 참조.

6 Lori Watt, 2009, Chapter 4; 다마노이 마리코(玉野井麻利子), 2009, Chapter 2. 귀환자들의 희생자 의식은 특히 1950년대와 1960년대에 "전쟁의 짐을 부당하게 짊어진" 것에 대한 대정부 보상요구운동을 벌인 데서 선명하게 표출되었다. 정부는 1951년 샌프란시스코 강화조약의 체결로 해외자산에 대한 환수권을 사실상 포기했다(모리타 요시오(森田芳夫), 1964, pp. 982~83).

7 내가 인터뷰한 사람들은 한결같이 이 점을 강조했다(〈부록 2〉 참조).

8 다마노이 마리코(玉野井麻利子), 2009.

9 조선에서 귀환한 일본인들에 대해서는 모리타 요시오(森田芳夫), 1964 참조; 모리타 요시오(森田芳夫)·오사다 가나코(長田かな子), 1979~80; Wayne C. McWilliams, 1988; 그리고 Lori Watt, 2009, pp. 38~44. 미국 당국은 조선인들을 일본에서 조선반도로 귀환시킬 때도 같은 배와 기차들을 동원했다. 당시 귀환한 조선인들의 대부분은 징용자로 강제동원을 당한 사람들이었다(Wayne C. McWilliams, 1988, pp. 12, 50).

다. 제국은 그들이 돌아간 고향에서도 계속 유령처럼 출몰했다. 로리 와트(Lori Watt)가 보여주었듯이, 그들 모두를 기다리고 있었던 것은 경제적 미래가 불확실하고 그들을 전혀 환영하지 않는 본국 주민들이 살고 있는 고향이었다.[10] 귀환자들은 귀중한 식량공급에 대한 성가신 추가 압력요인이었을 뿐만 아니라 종종 '조선인으로 오인'[11]당했다. 그것은 귀환자라는 그들의 식민지 이후의 정체성에 지워지지 않을 '피식민자'라는 낙인을 찍는 최후의 일격이었다.

그러나 제국의 이야기는 단지 구경꾼이 아닌 식민지 폭력에 대한 증인으로서의 정착민들의 자기인식, 즉 회고록은 거의 제공해줄 수 없는 그런 인식이 없다면 불완전한 것으로 남을 것이다. 지배자도 피지배자도 아닌 정착민들 자신의 경계인적 체험은 지속적으로 그들 자신의 인생사를 식민지 정치영역과 단절시키는 쪽으로 작동했으며, 그리하여 그들은 제국의 대리인과 희생자 사이를 가르는 가느다란 구획선 양쪽에 계속 양다리를 걸쳤다. 그 결과 일본이 아시아에서 저지른 식민주의 과거사에 대한 자기책임을 모호하게 만들었으며, 그것은 이 책의 탐구를 시작하게 만든 대중적 기억 속에서 사라져버린 정착민들의 기이한 부재현상을 낳는 데 기여했다. 이러한 추세에 대한 가장 가혹한 비판은 비록 얼마 되지는 않았지만 정착민 출신들 자신에 의해 제기되었다. 그들은 동료 귀환자들에게 "향수에 빠지지 말라"거나 자신들이 "(사실을) 알기에는 너무 어렸다"라는 이유를 대면서 국가폭력과의 공모관계를 부인하지 말라고 촉구한다.[12] 자기검열을 통해, 실은 1945년 이전부터(3·1운동이 입에 올릴 수 없는 터부가 되어버린 1930년대에) 시작된 일본의 기억상실의 악순환

---

10 Lori Watt, 2009, Chapter 1, 3.
11 익명의 남산소학교 졸업생이 내 질문에 대답한 것.
12 예컨대, 경성 남산소학교 동창회, 1996, pp. 270, 272; 이케다 마사에(池田正枝), 1999 참조.

을 영속시키지 않으려면 그래야 한다는 것이다.[13] 정착민 식민주의와 식민지 이후 시대인 현재 사이의, 형태는 같지만 성격은 서로 다른 아이소모피즘(isomorphism)은 일본의 침묵과 부인(否認)문화 속에 더욱더 추궁해볼 필요가 있는 제국의 많은 유산들 가운데 하나다.

---

13 예를 들어 사와이 마리코(澤井眞理子)는 경성에서 20년을 사는 동안 3 · 1운동에
   대해 들어본 적이 없었고, 그 운동이 시작된 파고다공원에 가본 적도 없다고 말했
   다(사와이 마리코(澤井眞理子), 1996, p. 36).

|부록|

〈부록 1〉 1910~30년 기간에 경성(京城)에 거주한 일본인 정착민 지도자들

이름	직업	출생지(년도)	도착시기	RA	CC	SB	LC	CH	기타
1894년 이전에 조선에 건너온 사람들									
가이쓰 미쓰오(海津三雄)	공무원	시즈오카(1853)	1878	X					
와다 쓰네이치(和田常一)	상인	오이타(1862)	1881	X	X		X		
나카무라 사이조(中村再藏)	상인	후쿠오카(1855)	1884	X	X				
후지카미 데이스케(渕上貞助)	부동산	가고시마(1869)	1884	X	X				
야마구치 다헤에(山口太兵衛)	포목상	가고시마(1865)	1885	X	X	X	X		
마쓰나가 다쓰지로(松永辰次郎)	상인	나가사키(?)	1885	X					
고조 바이엔(古城梅溪)	의사	오이타(1860)	1886	X			X		
가지와라 스에타로(梶原末太郎)	상인	오이타(1872)	1887	X	X		X		
고조 간도(古城管堂)	사업가	오이타(1858)	1887	X	X		X		
세키 시게타로(關繁太郎)	상인	사가(1856)	1887	X	X				
아키요시 도미타로(秋吉富太郎)	부동산	후쿠오카(1861)	1887	X	X		X		
미카미 유타카(三上豊)	주택임대	후쿠오카(1868)	1887				X	X	
청일전쟁에서 러일전쟁 기간(1894~1904)에 조선에 건너온 사람들									
기쿠치 겐조(菊池謙讓)	언론인	구마모토(1870)	1894	X	X				
아유카이 후사노신(鮎貝房之進)	학자	미야기(1864)	1894						X
신 다쓰마(進辰馬)	서양잡화점	후쿠오카(1868)	1894	X	X				
사이토 히사타로(齋藤久太郎)	사업가	나가사키(1874)	1894						
데라오 모지부로(寺尾猛三郎)	도급업자	오카야마(1870)	1894		X		X		X
사세 구마테쓰(佐瀬熊鐵)	낭인	아이즈(1865)	1894						X
하야시다 긴지로(林田金次郎)	상인/주택임대	나가사키(1861)	1894	X	X			X	
소가 쓰토무(曾我勉)	도급업자	야마구치(1864)	1894/95	X	X	X			

이름	직업	출신지(출생)	도래연도								
후지무라 다다스케(藤村忠助)	공무원	야마구치(?)	1894/95	X	X	X	X				X
구기모토 도지로(釘本藤次郎)	철물상	시가(1868)	1895	X							
다카기 도쿠야(高木德彌)	서양잡화점	기후(1863)	1895		X	X	X			X	
마스다 미쓰(増田三德)	가구제작	후쿠오카(1872)	1896	X	X					X	X
도미타 기사쿠(富田儀作)	사업가	효고(1858)	1898								X
미요시 와사부로(三好和三郎)	상인/부동산	오사카(1867)	1899	X	X	X	X			X	
시노자키 한스케(篠崎半助)	문구점	나가사키(1882)	1899		X						
나카무라 겐타로(中村健太郎)	언론인	구마모토(1883)	1899								X
시기 신타로(志岐信太郎)	도급업자	후쿠오카(1869)	1900	X						X	
도쿠히사 요네조(德久米藏)	도급업자	야마구치(1868)	1900	X						X	
야마자키 시가조(山﨑鹿藏)	대부업	야마구치(1879)	1900					X		X	X
사쿠오 슌조(榊尾春坊)	언론인	오카야마(1875)	1900								X
아오야기 쓰나타로(靑柳綱太郎)	언론인	시가(1877)	1901	X							
이케다 조베에(池田長兵衛)	도매상	후쿠이(1869)	1902		X	X	X	X			
진나이 모키치(陣內戊吉)	도급업자	나가사키(1873)	1902		X	X					X
시로 이노타로(執行猪太郎)	정미(도정)업	사가(1870)	1903	X	X	X					X
후카미즈 기요시(深水淸)	회사 중역	구마모토(1871)	1903	X	X	X				X	
나미마쓰 미도리(波松綠)	회사 직원	오이타(1880)	1903							X	X
후지타 요네사부로(藤田米三郎)	잡화점	오사카(1879)	1903		X	X					

1904~10년에 건너온 사람들

이름	직업	출신지(출생)	도래연도								
야마토 요지로(大和與次郎)	운송업	이시가와(1871)	1904	X	X	X	X			X	X
후지타 야스노신(藤田安之進)	도급업자	후쿠이(1866)	1904		X	X					
고바야시 겐로쿠(小林源六)	의류상	미에(1867)	1904						X	X	
이케다 조지로(池田長次郎)	상인	후쿠오카(1878)	1904	X						X	X
진도 레이조(兼古禮藏)	기업주	나가타(1872)	1904	X							X
다나카 한시로(田中半四郎)	도급업자	교토(1871)	1904	X			X	X		X	X

이름	직업	출생지(선도)	도착시기	RA	CC	SB	LC	CH	기타
아라이 하쓰타로(荒井初太郎)	도금업자	도야마(1873)	1904				X		X
와타나베 사다이치로(渡邊定一郎)	도급업자	도치기(1872)	1904		X				X
오가키 다케오(大垣丈夫)	언론인	이시카와(1861)	1904		X				X
후지이 간타로(藤井寬太郎)	사업가	도쿠시마(1876)	1904				X		X
아다치 조지로(足立丈次郎)	회사중역	오카야마(1868)	1904				X		X
시라이시 겐(白石巖)	운송업	후쿠오카(1873)	1904						
세키네 긴사쿠(關根金作)	가구상인	?(1879)	1904		X				
나카이 주조(中井忠三)	상인	후쿠이(1870)	1904				X	X	
사와다 기요시(澤田晴)	식당	구마모토(1874)	1904				X		
코토 시로스케(權藤四郎介)	언론인	?(?)	1904						X
스기 이지로베이(杉一郎平)	낭인	오카야마(1870)	1904/05			X			X
오가와 쇼헤이(小川勝平)	변호사	오이타(1876)	1904/05	X	X	X	X		
다카하시 쇼노스케(高橋章之助)	변호사	군마(1864)	1905	X	X			X	
오무라 모모조(大村百藏)	공무원	후쿠이(1872)	1905	X		X	X		
구도 다케키(工藤武城)	의사	구마모토(1879)	1905	X				X	X
고조 가메노스케(古城龜之助)	약국	오이타(1873)	1905		X				
다가와 쓰네지로(田川常次郎)	철공소	시마네(1884)	1905		X				
후치자와 요시에(淵澤能惠)	교육자	이와테(1850)	1905						X
오쿠보 마사히코(大久保雅彦)	변호사	에히메(1870)	1905				X		
후쿠보 마사히코 세이치로(福島淸一郎)	잡화점	사이타마(1873)	1905				X		
아사노 다사부로(浅野太三郎)	사업가	야마구치(?)	1905				X		
가와무라 센지로(河村千治郎)	운송업	가가와(1871)	1905			X	X		
사노 히코조(佐野彦藏)	철물상	미에(1878)	1906		X			X	
마키야마 고조(牧山耕藏)	언론인/국회의원	나가사키(1882)	1906	X		X			X
고바야시 주에몬(小林廉右衛門)	광산/도급업자	나라(1869)	1906	X	X		X		X
덴니치 쓰네지로(天日常次郎)	정미(도정)업	이시카와(1875)	1906	X	X				

이름	직업	출생지(연도)	도착연도							
도지마 유지로(戸鳩鯖次郎)	식품가공	시가(1893)	1906						X	
아루가 미쓰토요(有賀光豊)	은행장	나가노(1892)	1906		X		X			X
히로에 사와지로(廣江澤次郎)	담배제조	기후(1885)	1906				X			
쓰지모토 가사부로(辻本嘉三郎)	잡화도매	오사카(1874)	1906			X	X		X	
니마야 쓰네이치(二宮常一)	철공소	에히메(1885)	1906				X			
가와이 나오사부로(河合治三郎)	회사 중역	도쿄(1874)	1906			X	X	X		
고스기 긴파치(小杉蓳人)	도금업자	이바라기(1877)	1906		X	X			X	X
도미이 지쓰타로(富井實太郎)	포목상/주택임대	효고(1876)	1906			X			X	X
야마구치 하지메(山口稽)	공무원	기후(1876)	1906							
무샤 렌조(武者錬三)	회사 중역	교토(1883)	1906				X		X	
오무라 도모노조(大村友之水)	공무원	시가메(1871)	1907	X			X		X	
다케우치 기쿠타로(竹内菊太郎)	숯(목탄)제조	니가타(1869)	1907	X			X		X	
하라 가쓰이치(原勝一)	회사 중역	야마구치(1856)	1907				X		X	X
고야마 라쿠조(河内山樂三)	공무원 → 회사 중역	야마구치(1880)	1907				X		X	X
다카야마 다카유키(高山孝之)	회사 중역	도야마(1882)	1907		X				X	X
핫토리 도요키치(服部豊吉)	공무원 → 회사 중역	미에(1865)	1907		X			X	X	
사쿠라이 쇼이치(櫻井小一)	공무원 → 은행 이사	도쿄(1881)	1907		X			X	X	
스가야 세이(須齊清七)	헌병 → 운송업	미에(1884)	1907							X
고에즈카 쇼타(肥塚正太)	우유가공	야마구치(1866)	1908		X		X	X		X
후지 사다이치(藤貞一)	제과점	시가(1889)	1908	X						
쓰즈키 야스지(都筑康二)	자전거 판매	아이치(1883)	1909	X			X		X	X
사이토 온사쿠(齋藤音作)	공무원 → 사업가	니가타(1858)	1909						X	

1910~20년에 건너온 사람들

이름	직업	출생지(연도)	도착연도							
닛타 고이치(新田耕市)	주택임대	야마구치(1882)	1910	X		X	X		X	
마에다 노보루(前田昇)	헌병 → 청년단체 지도자	도쿄?(1873)	1910							X
니와 세이지로(丹羽清次郎)	YMCA 지도자	교토(1865)	1910							X

이름	직업	출생지(연도)	도착시기	RA	CC	SB	LC	CH	기타
니시자키 겐타로(西崎源太郎)	석탄판매, 조림	오카야마(1880)	1910		X			X	
호리우치 만스케(堀内滿輔)	잔디물판매	사이타마(1885)	1910		X				X
마쓰우라 사이세이(松浦濟生)	미곡(쌀)상	후쿠이(1888)	1910		X				
요시오카 사다지로(吉岡定次郎)	니트웨어 판매	시가(1886)	1910		X			X	
이시하라 이소지로(石原磯次郎)	주류가게, 신용조합	교토(1865)	1910				X		X
도베 겐(戸部嚴)	전당포/인쇄	오카야마(1885)	1910				X		
스에모리 도미요시(末森富良)	부동산	시가(1877)	1910						X
사토 도라지로(佐藤虎次郎)	낭인→기엽 중역	사이타마(1864)	1912						X
모토요시 세이이치(本吉清一)	제과점	이시가와(1883)	1913		X				
다카이 류조부로(高居龍三郎)	자전거 수입판매	시가(1881)	1913		X			X	
마쓰모토 마사히로(松本正寬)	변호사	고치(1872)	1913				X		
이시모리 히사오(石森久灞)	언론인	미야기(1891)	1913						X
아리마 준키치(有馬範吉)	언론인	가고시마(1879)	1913						X
호리 나오키(堀直喜)	변호사	오이타(1887)	1914				X		
다카이 겐지(高井建次)	문구점/고무/점토	교토(1883)	1916		X		X		
가다 나오지(賀田直冶)	공무원→회사 중역	야마구치(1877)	1917		X		X		

출처: 나가타 고노스케(中田孝之介), 1904; 마키야마 고조(牧山耕藏), 1911; 가와바타 겐타로(川端源太郎), 1913; 경성신문사(京城新聞社), 1921; 나가무라 시료(中村資良), 1926; 경성신문사, 1930; 조선박람회(朝鮮博覽會) 경성협찬회(京城協贊會), 1930; 아리마 준키지(有馬純吉), 1931; 모리가와 기요토(森川清人), 1935; 경성신문사, 1936; 아베 가오루(阿部薫), 1937.

주: 이 목록은 한일병합 전후에 조선으로 건너와 식민지배의 개시 이후 30년간(1910~30년대) 공적 영역에서 활발하게 활동한 첫 세대 정착민 지도자들을 정리한 것이다. 장기 정착민 지도자들의 역할에 조점을 맞추느라 1930년대에 부(附) 협의회나 상업회의소 화원으로 새로 선출된 사람들은 명단에 넣지 않았다.

표의 약어들: RA=거류민 단체; CC=상업회의소; SB=교육위원회; LC=지역협의회(시)위원회와 정보위원회 모두; CH=위원장.

표의 약어: '기타'(Other) 항목에는 총독부의 반관(半官, 준(準))위원회(산업위원회와 정보위원회 등)와 정치조직 또는 전문가집단(동맹과 등)이 들어간다.

'X' 표는 각 인물이 해당하는 조직의 이사(중역)으로 활동했다는 것을 나타낸다.

〈부록 2〉 구술자료

이 책을 쓸 때, 나는 일본인 정착민 출신자들의 구술(口述)과 활자기록 자료들을 이용했다. 그 자료들은 그들의 일상생활에 대한 사적인 내용을 연대순으로 구체적으로 기록한 것으로, 공식자료나 다른 간행물들에는 나오지 않는 것들이다. 개인의 회고록과 정착민 동창회에서 엮은 학교앨범을 읽는 한편으로 나는 직접 인터뷰를 했고, 질문지를 배포했으며, 개인편지를 받았다. 이런 작업들을 통해 나는 경성이나 다른 도시에서 살았던 약 90명의 일본인 남녀들에 대한 정보를 얻었다. 나는 2001년 12월부터 2003년 7월까지 현장연구를 하던 기간에 주로 작성한 이 데이터베이스를 활용해 정착민 지도자들에 대한 기록물 연구를 가능한 한 보완하려 했다.[1]

설문지 조사

제1장과 제8장 전쟁시기의 일상생활에 대한 토론에 주로 활용된 나의 구술사 자료들은 식민지 조선에서 살았던 일본인 거류민 출신자들에게 내가 배포했던 질문지들을 토대로 작성한 것이다. 질문지들은 두 부류로 나뉜다. 한 부류는 정착민의 일상생활과 조선인들과의 만남에 초점을 맞췄다. 이 질문지의 질문들은 다음과 같은 네 가지 범주로 나뉜다. 조선어 사용, 일상생활, 조선인들과의 교류, 그리고 식민지 주민(colonist)(다양한 식민지 정책들에 대한 태도를 포함함)으로서의 정치의식.[2] 두 번째 부류의

---

1 나는 일본인 정착민들 중 젊은이들의 문화세계에 대한 글을 따로 쓸 때, 내 구술사 연구를 더욱 충실하게 활용했다(Uchida Jun, 2011). 그것으로 성인 정착민들의 정치와 경제에 초점을 맞춘 이 책을 보완하고자 했다.
2 질문지를 작성할 때, 나는 신의주에 거주했던 일본인 정착민 출신자들에 대한 기무

질문지는 일본으로 귀환한 뒤의 조선인과의 교류와 조선 문화에 초점을 맞췄다. 질문지에는 충분한 여백을 두어 응답자들이 더 자세한 설명을 추가할 수 있게 했다. 후속작업으로 나는 많은 응답자와 개별 인터뷰를 했다.

내 질문지에 대한 응답자들 중 다수는 다음과 같은 학교 동창회와 일본 동부지역에 본부를 두고 있는 조선 출신 일본인 귀환자 단체들의 회원이었다. 중앙일한협회(中央日韓協會, 식민지 시절 '중앙조선협회'의 후신), 경성 제국대학 동창회와 규슈(九州) 지회(支會), 연합회(경성의 모든 일본인 소학교 동창회), 그리고 동일본 동창회(경성의 중학교, 전문학교, 교원학교 동창회). 그들은 주로 경성 거류민 출신사들이었지만 일부는 1945년 이전에 조선의 다른 도시에서 살았다. 책에서는 달리 언급이 없을 경우에 합의에 따라 응답자들의 이름을 밝히지 않았다.

나는 약 100장의 질문지를 이들 학교 동창회 회원들에게 나눠주었으며, 모두 89명(남자 76명, 여자 13명)으로부터 응답을 들었다.[3] 그리고 앞서 이야기한 단체들 어디에도 속하지 않는 몇 사람들과 인터뷰를 했고, 같은 질문지에 대한 응답을 요청했다. 89명 응답자들의 전기적 자료(biographical data)는 다음과 같이 요약할 수 있다.

출생연도

1910년대 중반부터 1920년대 중반까지의 시기에 태어난 사람들. 이들은 1945년 식민통치가 끝났을 때 20대의 나이로, 응답자의 다수(46명)

라 겐지(木村健二)의 조사를 본보기로 삼았다(木村健二, 2001b).

3 여성 응답자의 수는 남성 응답자보다 훨씬 적었는데, 이는 상대적으로 대학과 전문학교에 다닌 여성이 적었던 사정을 반영한다. 나는 사키모토 가즈코(崎元和子)가 경성 여자사범학교(女子師範學校) 졸업생들을 대상으로 조사해 출간(1999)한 것을 내 자료에 보완했다.

를 차지했다. 4명의 응답자는 30대, 그리고 34명은 10대의 나이였다.

출생지

응답자의 3분의 2(57명)가 조선에서 태어났으며, 그들 중 40퍼센트 이상이 경성에서 태어났다(경성 이외에는 경상남도[부산]와 황해도 출신자들이 많았으며, 나머지는 대체로 다른 지방에 골고루 분포됐다). 일본에서 태어난 사람은 28명이었는데, 규슈(후쿠오카(福岡), 사가(佐賀), 그리고 오이타(大分) 현(縣)) 출신자들이 가장 많았다. 긴키(近畿, 효고(兵庫)와 오사카(大阪)), 그리고 도쿄와 간토(關東) 지역의 기타 지방에서 온 출신자들도 있었다.

조선에서의 거주기간

가장 오래 거주한 사람은 30년, 가장 단기간 거주한 사람은 1.5년, 그리고 그들 평균은 17.3년이었다. 1946년에 귀환한 두 사람을 뺀 나머지 응답자 모두는 1945년 8월에 일본이 항복한 뒤 몇 개월 안에 조선을 떠났다. 신의주 거류민들과 비교해보면(기무라 겐지(木村健二), 2001b, pp. 84~85), 대부분 경성과 기타 조선의 남부지역에서 살았던 응답자들이 북부지역에 살았던 사람들보다 훨씬 더 빨리 귀환했다는 사실이 분명히 드러난다.

직업

질문지는 '직업'을 고용과 교육상태로 나누었다.[4] 가장 큰 범주는 학생(56명)이었으며, 회사원(15명)과 정부/공공기관 관리(7명)가 그 뒤를 이었다. 일부는 고등학교를 졸업한 뒤에 만주(滿洲)와 일본으로 갔다. 엘

---

4 직업을 바꾸었을 경우에, 나는 귀환 당시의 응답자의 직업(또는 귀환 전까지 가장 오래 종사했던 직업)을 기준으로 삼았다.

리트 과정의 전문학교를 나온 많은 졸업생이 스미토모(住友)와 노구치 (野口) 같은 재벌회사, 조선에 본사를 둔 대기업, 조선산업은행(朝鮮産業 銀行) 같은 은행들, 그리고 조선총독부(朝鮮總督府)를 첫 직장으로 삼았 다. 또 응답자 중 다수가 재학 중에, 또는 직장생활을 시작한 직후에 군 (軍)에 입대했다. 대다수 응답자가 중학교와 그 이상의 학교교육을 받 았는데, 이는 전반적으로 해외 정착민들이 본국 주민들에 비견될 만한 높은 학력의 소유자들이었던 사실을 반영한다(기무라 겐지(木村健二), 2001b, p. 85).

가족 직업

가장 큰 범주가 상업/자영업(27명)이었고 공공기관/군대/경찰(23명) 이 그 뒤를 이었으며, 은행/회사원(14명), 그리고 교사(3명) 순이었다. 이는 다소간에 조선 거주 일본인 정착민들의 일반적인 직업구조를 반영 했다.

요컨대, 응답자 대다수가 조선에서 태어났으며, 일본으로 귀환할 때 그들의 나이는 20대였다. 그들 대부분은 학생이었고 일부는 신참 직장 인이었다. 그들의 가족은 상업, 사업, 공직에 종사하고 있었다.

인터뷰

질문지를 통해 수집한 자료를 보완하기 위해 나는 조선 거류민 출신자 들과 개별 인터뷰와 그룹 인터뷰(비공식 원탁회의 형태)를 했다. 개별 인 터뷰 때 남으로는 부산에서부터 북으로는 청진에 이르는, 조선 전역에 흩어져 살았던 정착민들을 만났으나 대다수는 제2차 세계대전이 끝날 때까지 경성에 살았던 사람들이었다. 그룹 인터뷰는 경성 제국대학 졸 업생들(15명), 남산소학교 졸업생들(7명), 그리고 일한중앙협회 회원들 (6명)과 했다. 그들과는 추가로 개별 인터뷰를 하거나 글로 쓴 응답서를 받았는데, 이를 통해 더 자세한 개인 및 가족의 정보를 얻을 수 있었다. 개별 및 그룹 인터뷰에는 모두 55명이 참여했다. 이들 인터뷰의 대다수는 녹취한 다음에 문서로 정리했다. 모든 개별 인터뷰는 비밀리에 수행되었고, 인터뷰 대상자의 이름은 상호합의에 따라 달리 언급이 없는 한 밝히지 않았다.

내 구술사 자료의 또 다른 출처는 히토쓰바시(一橋) 대학의 요시자와 가요코(吉澤佳世子)가 조직한 '일본인 정착민들과 근대성'이라는 제하(題下)의 심포지엄(2003년 6월 14일, 도쿄의 히토쓰바시 대학에서 열렸다)이었다. 그 심포지엄은 2부로 구성됐다. 제1부는 조선 거주 일본인 정착민의 역사에 대한 발표로 기무라 겐지, 다카사키 소지(高崎宗司), 그리고 나를 포함한 역사가들이 맡았다. 제2부는 개성과 경성에서 교사생활을 한 일본인 여성 이케다 마사에(池田政枝)의 인생사를 집중적으로 살폈다. 이케다의 회고록(이케다 마사에(池田政枝), 1999)은 전쟁시기에 일본 도야마(富山) 현(縣)의 군수품 공장에 자신의 조선인 제자들 중 여섯 명을 어떻게 여성근로정신대(女性勤勞挺身隊)로 보내게 됐는지를 기록했다. 심포지엄에서 다룬 그녀의 회고와 뒤이은 토론은 전쟁시기 정착민들의 역할과 식민지 시대 이후의 유산에 대한 내 이해에 영향을 끼쳤다.

나는 서울에서 열린 경성공업학교 정기동창회(2002년 5월 10일)에서 그 학교 식민지 시절의 조선인 졸업생들에게 20여 장의 질문지를 돌렸고, 다섯 명으로부터 응답을 받았다. 나는 그들 중 두 명과 2002년 5월에 한 명은 도쿄에서, 그리고 또 다른 한 명은 서울에서 각각 개별 인터뷰를 했다. 질문지와 인터뷰에서 나는 그들이 체험한 일본인들과의 일상적인 교류, 일본인과 조선인 주민들의 일반적 유형과 식민지 시절 마지막 10년간의 상업분야 생활에 초점을 맞추었다. 한 차례의 인터뷰는 인터뷰 대상자의 동의 아래 녹음됐으며, 나머지 인터뷰들은 필기방식으로 진행됐다. 모든 인터뷰 대상자가 자료를 익명으로 할 것을 요구했다. 구술자료를 보완하기 위해 나는 식민지 전문학교들의 동창앨범(경성고등상업학교 1990년 앨범과 같은)에 실린 조선인 졸업생들의 에세이와 출간된 구술사(H. Kang, 2001)를 활용했다.

옮긴이의 말

　1950년대 초 동아프리카의 케냐에는 5백만 명의 아프리카인들(원주민)이 있었고, 4만 명의 영국인들이 정착해 살고 있었다. 그들을 '통치'한 식민지 관리들은 80명이었다.

　일본이 패전하기 전인 1940년대 조선(한반도)에는 약 70만 명의 일본 민간인들이 이주해 살고 있었다. 일본군도 30만 명이나 주둔했다. 이 약 1백만 명의 일본인들이 약 2천 5백만 명(1945년 당시 추정치)의 피식민 조선인들 위에 군림했다. "수적으로 프랑스 식민지 알제리에 가 있던 (프랑스인) 농장주들(colons)에 비견될 만한 그들이 일구었던 공동체(community)는 20세기에 만들어진 식민지 정착민 공동체들 중에서 규모가 가장 큰 것 중의 하나였다."

　우치다 준(內田じゅん) 스탠퍼드 대학 교수(역사학, 동아시아연구소 소장)의『제국의 브로커들』(*Brokers of Empire: Japanese Settler Colonialism in Korea, 1876~1945*)이 초점을 맞추고 있는 것이 이 20세기 최대의 일본 식민지(조선) 정착민 공동체의 일본인 주민(거류민)들이다. 바로 '제국의 브로

커들'(brokers of empire)이다. 우치다 교수에 따르면, 그들이야말로 일본의 조선 식민화 작업의 주역이었다. 일제의 조선 식민통치를 떠올릴 때 흔히 조선총독부라는 식민정부 내지 식민국가와 그 무장세력인 군과 경찰, 헌병대 등을 떠올리기 쉽지만, 1876년 무장함선(운요호)으로 무력시위를 벌인 뒤 체결한 강화도조약(일본에 치외법권과 관세철폐 등을 허용한 불평등조약) 이후 본격적으로 조선 땅에 밀려오기 시작한 그들 일본 민간인이야말로 조선 식민화 사업의 실질적 주역이라고 우치다 교수는 이야기한다.

말하자면 일제강점기를 시대배경으로 한 「암살」(2015)과 「밀정」(2016) 등의 영화 속에서 관객들이 만나는 일본인들과 그들을 통해 현대 한국인들의 뇌리에 새겨진 이미지들은 당대 조선인들이 매일 마주했던 현실과는 매우 다를 수 있다. 그들이 그때 일상에서 만난 일본인들은 아마도 주로 우치다 교수가 이 책에서 이야기하는 그 민간인들이었을 것이다.

일제강점기를 당대의 그들 일본인 민간인을 통해 바라보는 것, 이것이 이 책이 갖고 있는 중요한 특성이자 장점일 수 있다. 그렇다고 이 책이 그 민간인들의 시선으로 본 당대의 시대상을 종합해놓은 것은 아니다.

우치다 교수에 따르면, 1876년에서 1945년까지 온갖 직종과 계급의 수많은 사람들이 대한해협(현해탄)을 건넜다. 군인과 관리들뿐만 아니라 상인, 무역상, 매춘부·작부, 언론인(저널리스트), 교사, 선교사, 농민, 기술자, 그리고 자신의 정치적 야망을 펼치고자 했던 모험가나 대륙탐험가들이 한반도에서 새로운 삶을 개척했다. 비록 대다수 이주민은 무엇보다 자신들의 개인적 이익을 좇아 움직였고 국가이익은 부차적인 것이었을 뿐이지만, 그들의 일상적 활동과 국가의 야망은 서로 떼어놓을 수 없게 얽혀 있었다. 그들의 역사가 곧 일본제국의 역사였다.

제국은 조선인들에게 광범위하고 때로는 파멸적인 변화를 안겨주었지만, 일본인들에게는 일상적인 삶에서 벗어나 특별한 이력을 쌓아갈 수 있는 기회를 제공했다. 이주자들의 삶은 불확실했고 그들 중 많은 수가 빈손으로 되돌아갔으나, 또한 수많은 이들은 성공해서 한밑천 잡았고 제국을 떠받치는 토대가 됐다. 고바야시의 이력은 식민지 이주 정착민들이 식민주의의 현지의 모습을 틀지어 나간 다양한 방식들 ─ 사업, 산업, 종교, 사회사업, 그리고 인쇄 ─ 을 보여준다. 그것들은 직접적으로든 간접적으로든 간에, 본국 일본에도 영향을 끼쳤다. 무엇보다 그의 이력은 정착민들이 국가에 협력도 했지만 그들 독자적인 식민지 사업들을 추진했다는 걸 보여준다. 그 사업들은 국가의 공식정책에 늘 부합한 것은 아니지만, 조선인들뿐만 아니라 일본제국에도 지속적인 영향을 끼쳤다. 해외이주 정착민들은 식민통치의 모든 국면에 걸쳐 중요하고 독자적인 영향을 끼쳤으며, 이것이 이 책에서 다룰 핵심적인 논점이다(본문 26쪽).

고바야시 겐로쿠(小林源六)는 이 책 서두에 등장한다. 교토에서 가까운 일본 최대 담수호 비와코(琵琶湖) 인근의 미에(三重) 현에서 양복점을 하던 상인 집안 출신인 그는, 1904년 일본군이 중국 뤼순(旅順)의 러시아 태평양함대 기지를 기습공격(러일전쟁)했을 무렵인 24세의 나이에 한 무리의 상인, 군속들과 함께 대한해협을 건넜다. 그의 옷가게 초지야(丁子屋)는 조선 최대의 의류백화점으로 성장해 미쓰코시 등과 함께 당대 경성의 4대 백화점(박흥식의 화신백화점을 넣으면 5대 백화점) 중 하나로 불릴 정도로 커졌고 그는 거부(巨富)가 되었다. 불교와 일본 신도(神道)에 헌신하면서 조선인을 다수 고용하고 거액의 자선도 베풀면서 그것을 장사 밑천으로도 활용한 그의 사업은 번성했다. 그 백화점은 일본 패전 뒤 소멸했지만 중앙백화점, 미도파백화점, 롯데백화점으로 사고 팔리면서 지금의 롯데 영플라자 명동점에 그 흔적을 남기고 있고, 그 후손들은 그 뒤에도 미에 현 고향에서 양복점 초지야를 운영했다고 한다.

이 책에는 나오지 않지만, 일제강점기 때 옮긴이의 고향인 경상남도 창원군 대산면 일대에 엄청난 땅을 갖고 있었다는 대지주 박간방태랑(迫間房太郎)도 조선으로 건너와 벼락부자가 된 사람이었다. 나이 들어서야 뛰어난 조선사 연구자였던 가지무라 히데키(梶村秀樹) 등의 저작물을 읽다가 알게 된 하자마 후사타로가 바로 그 '박간방태랑'이었다. 1860년 와카야마(和歌山) 현에서 태어난 그는 18세 때 오사카의 거상(巨商)인 이오이초베(五百井長平)상점에 입사했다가 그 가게가 망하자 1880년, 그러니까 그의 나이 20세에 부산으로 건너와 하자마상점을 열었고 무역, 농사, 땅(부동산), 창고, 금융(고리대)업으로 거부가 되었다. 마산만(灣)을 매립해 대지주가 됐고 부산 인근과 김해군, 창원군 일대의 농지를 마구 사들여 당시 경상남도 전체 소작지의 3.5퍼센트를 소유했다는 어마어마한 부자가 되었다. 창녕군과 창원군 일대에 퍼져 있는 우포호와 주남저수지 주변의 광대한 농지는 옛날 홍수가 나면 물이 차는 광대한 늪지대였다. 옮긴이의 고향마을도 낙동강 중하류의 그 늪지대에 제방을 쌓아 그것을 평야지대로 만들기 전까지는 늪 속에 뜬 섬 같은 곳이었다. 박간방태랑의 이야기를 알게 되었을 때 아마도 창녕에서 부산, 구포까지 이어지는 그 장대한 낙동강변 제방(둑)을 그가 조선인들을 동원해 쌓은 게 아닌가 추측했는데, ──그것은 확인하지 못했지만── 그는 그렇게 해서 생겨난 그곳의 광대한 논들을 소유한 대지주였다. 그런 부를 토대로 그는 부산 부(府)협의회, 경상남도 도(道)평의회 최고간부까지 지냈다.

우치다 교수에 따르면, 1940년대 초에 약 70만 명에 이르렀던 그 일본인 이주민들 가운데 거의 4분의 1이 어떤 형태로든 식민정부에 고용되어 있었다고 한다. 그들의 지원 속에 조선의 일본인 총독은 위로는 본국의 간섭을 피하면서 아래로는 정착민들을 간섭하는 일에 종종 유럽의 식민지 관리자들보다 더 성공적으로 대처할 수 있었다. 이는 역으로 일본인 정착민들을 국가에 좀더 의존적이고 기생적인 존재로 만들었다. 식민지에서 국가는 그들을 보호해주고 특권과 후원을 제공하는 주요 원천이었다. 일본인 정착민들은 일반적으로 조선인들보다 더 높은 사회적 지위와 더 큰 특권을 누렸다. 하지만 강고한 국가기구에 가로막혀 유럽의 해외 식민지 정착민들만큼의 높은 정치적 지위를 누리지는 못했다.

『제국의 브로커들』은 옮긴이에게 그 '박간방태랑 수수께끼'를 푸는 데에도 큰 기여를 한 셈이다. 이 책에는 고바야시 겐로쿠나 하자마 후사타로처럼 조선에 건너와 벼락부자가 된 정착민들이 무수히 등장한다. 이 책은 그런 개인들의 인생사에 관심을 갖기는 하지만 거기에 초점을 맞추고 있는 건 아니다.

우치다 교수는 산업혁명 뒤 이미 한 세기 이상 거치면서 근대 산업국가의 틀을 갖추고 제국주의적 팽창에 나선 서구의 열강들과는 달리, 조선 침략기의 일본은 말하자면 산업혁명과 근대화가 그때서야 진행 중인 미완의 근대국가였으며, 일본제국의 발전은 조선 식민화 작업과 동시에 진행됐다고 본다. 그때까지 일본은 국가(제국) 및 국민의 개념이나 그 범주조차 제대로 정립되어 있지 않은 상태였다. 말하자면 일본제국의 발전은 조선 식민화(침략)와 동시에 진행됐으며, 일본제국의 완성은 조선 침략과 수탈을 통해 비로소 가능했다고도 할 수 있을지 모르겠다.

그리고 일본의 조선 식민지는 유럽 제국주의 열강들의 대다수 식민지들과는 다른 통치와 관리의 형태를 띠고 있었다. 유럽 식민지들과는 달리, 조선은 일본인들이 대거이주해 영구정착하는 일본 본토(내지)의 연장 내지는 영토의 직접적인 확장이었다. 이와 유사한 식민지 경영형태에 가까운 것은 프랑스의 알제리령이었다고 저자는 설명한다. 조선과 알제리는 단지 식민지 종주국의 수탈을 위한 원거리 원료공급지 및 시장이었을 뿐만 아니라 식민자들이 대거이주해 정착한 본국 체제의 연장이었던 것이다. 이는 이른바 '식민지 근대화'론자들의 식민지 발전·개발의 주장에서 빠져 있기 십상인 "그 발전이란 게 도대체 누구를 위한 발전이었나, 발전의 최대수혜자는 누구였나"라는 관점 내지 문제제기와도 연결되어 있다.

그런 맥락에서도 최근 물의를 일으킨 『반일 종족주의』(이영훈 외 지음, 미래사, 2019)류의, 몇 가지 단편적 사실들의 자의적인 조합을 근거로 한 시혜적·선도적 일본제국관을 앞세운 일제강점기 역사해석은 실제와 동떨어진 것이라고 할 수 있다. 그것은 『반일 종족주의』가 한국보다 일본에서 훨씬 더 많이 팔리고 있는 기묘한 현상과도 밀접한 연관이 있어 보인다.

> 일본인들의 계속되는 조선 이주와 식민화는 빈궁해진 조선인 농민들을 그들의 토지에서 쫓아내 국경 너머 간도 지역으로 떠밀었다. 만주사변이 일어났을 무렵, 만주 내 조선인 인구는 63만 명에 이르렀고, 그들 중 약 40만 명이 간도 지방에 살았다. 간도에는 중국인도 11만 6,000명이 살았으며, 일본인 거주자는 2,000명 정도였다(본문 423~24쪽).

1920년대 중반(1924~27)의 조선어 신문들은 당시 상황의 단면들을 이렇게 전했다.

> 조선어 신문들은 빚에 찌든 소작농들을 딛고 부를 쌓아 올린 정착민 지주들과 벼락부자들에 대한 경멸로 가득 차 있었다. 사실상 그들은 각계각층의 일본인들을 조선인을 비참하게 만든 원흉으로 그렸다(『동아일보』). 좀더 시선을 사로잡은 비유들 중에는 그들을 "조선인들의 생혈을 빼는" '독사들'로 묘사한 것도 있다(『시대일보』). 그들의 분노는 특히 동양척식주식회사의 지원을 받아 조선에 건너온 농업 이주민들을 향해 있었는데, 그들은 수적으로는 적었으나 일본의 억압을 보여주는 가장 중요한 상징이었다. 조선어 신문들은 이 반관(半官)의 기업이 인민들의 땅과 수확물,

그리고 생혈을 빼앗아가고 있다고 비난했다(『조선일보』). 김제의 어느 노동자·농민 단체는 '[일본인] 이주제도의 폐기'를 요구하는 결의문을 통과시키기까지 했는데, 그 호소에 『동아일보』의 편집자들이 공감했다. 그 신문은 '2천만 명의 조선인 모두'를 위해 동양척식주식회사가 '자진해산하거나 정부가 폐업시켜라'라고 요구했다(본문 290~91쪽).

일본인 조선 이주민 지도자들은 나중에 조선을 제대로 장악하기 위해서는 이주민 수를 2백만 명으로 늘리고, 대신 만주 경영을 위해 조선인 5백만 명을 만주로 보내야 한다는 구상까지 했다.

일제가 만주 침략을 위해 사주하고 부추긴 것으로 보이는 완바오산(만보산) 사건과 그 직후의 만주사변, 그리고 괴뢰국 만주국 건설 이후에 일본인 조선 이주자들과 조선 엘리트 세력 간의 점증하던 대립과 알력이 완화되고 조선의 중도파 및 좌파세력의 투항 내지 전향의 추세가 심해졌다는 이야기도 흥미롭다. 나눠 가질 수 있는 파이가 커졌기 때문일 것이다. 승승장구하는 듯했던 일제의 팽창세는 상당수 조선 민족주의자들의 저항의지를 꺾으면서 제국의 팽창에 편승해 그 떡고물을 차지하려는 욕구를 부채질했을 것이다.

어쨌거나 조선인들과 직접 접촉하면서 그들의 생활영역 속으로 파고들고, 오지(奧地)에 들어가 물건을 팔고, 일본에 비해 헐값이었던 땅을 사거나 개간해 제국의 영토를 확장한 것도 그들 일본인 정착민들이었고, 철도를 깔고 도로를 확장해 조선 전역에 점과 같은 거점을 만들고 그것을 그물망처럼 연결한 것도 그들이었다.

그들과 불가분의 관계로 얽혀 있던 일본제국은 "조선인들에게는 광범위하고 때로는 파멸적인 변화를 안겨주었지만, 일본인들에게는 일상적인 삶에서 벗어나 특별한 이력을 쌓아갈 수 있는 기회를 제공"했다. 이주

초기에는 주로 일본 내의 하층민 출신이었던 이주자들의 삶은 이주 뒤에도 불확실했고 그들 중 많은 수가 빈손으로 되돌아갔으나, 또한 수많은 이들은 성공해서 한밑천 잡았고 제국을 떠받치는 토대가 됐다.

『제국의 브로커들』은 그들의 시선으로 당대를 바라보는 것이 아니라 그들을 주요 등장인물로 등장시켜 그들이 식민자와 피식민자, 조선인과 일본인, 정착민과 식민국가(총독부), 그리고 식민지와 본국, 서울(경성)과 도쿄 사이에서 어떻게 움직이며 자신들의 삶을 개척하고 제국 일본의 작동방식에 어떻게 영향을 끼쳤는지를 저자 우치다 준의 관점에서 바라보고 당대를 재구성한다. "왜 그토록 많은 일본인들이 조선으로 건너갔을까? 그들은 조선인들과 어떻게 상호작용했을까? 이주 정착민들과 식민국가는 어떤 관계였을까? 그리고 그들의 대단찮은 힘과 그들의 대단한 숫자를 우리는 어떻게 조화시킬 것인가?"(본문 28~29쪽)

단언할 수는 없지만 대다수 한국인에게는 일제강점기를 이런 방식 내지는 이런 관점에서 바라본 경험이 거의 없을 것이다. 항일독립운동사나 군대와 경찰을 앞세운 군국 일본, 총독부의 침탈사적 관점에서 기술된 서사나 연구물로 익숙해진 일제강점기를 일본인 정착민들을 주역으로 내세운 이야기를 통해 바라보는 것은 매우 새롭지 않은가.

우치다 준(內田じゅん)이라는 이름으로도 유추할 수 있겠지만, 저자는 일본인이거나 일본계 여성연구자이다. 이 점도 이 책이 남다를 수 있게 해주는 중요한 요소이다. 우치다 교수는 1995년에 코넬 대학을 졸업하고, 1997년에 캘리포니아 대학 버클리 캠퍼스에서 역사학 전공으로 석사학위를 받았으며, 2005년에 하버드 대학에서 박사학위를 받았다. 하버드 대학과 스탠퍼드 대학에서 가르치다가 2016년부터는 스탠퍼드 대학 동아시아연구센터(Center for East Asian Studies) 소장으로 재직했다. 근대 이후 일본이 축적한 전통적 지식체계의 영향을 받았지만 주로 미국

에서 연구·활동하고 있고, 일본과 한국에서도 장기체류한 경험이 있다. 또한 그녀는 이들 나라의 언어와 문헌들을 종횡으로 구사할 뿐만 아니라 영국, 프랑스, 독일 등 유럽의 식민지 역사와의 비교연구에도 관심이 많다. 『제국의 브로커들』의 매 페이지와 그 아래 각주들에 등장하는 무수한 문헌목록들은 전문연구자가 아닌 옮긴이에게는 좀 낯설기도 했지만 무엇보다 그 다양하고 방대함에 혀를 내두르게 했다.

얼마 전에 캘리포니아 대학 샌터바버라 캠퍼스 역사학과에서 오랫동안 가르친 하세가와 쓰요시(長谷川毅) 교수의 『종전의 설계자들』(*Racing the enemy: Stalin, Truman, and the Surrender of Japan*, 일본어 증보판 『暗鬪』)(메디치미디어, 2019)을 번역하면서 느낀 것이지만, 일본이 아닌 미국 등 해외에서 학위를 받고 거기서 주로 활동하는 일본인 또는 일본계 연구자들은 그 시각이나 규모에서 일본 내 연구자들에 비해 좀더 자유롭고 넓은 게 아닌가 하는 생각이 들었다(이것은 순전히 개인적 주관일 뿐이고, 또 다 그런 것도 아니겠지만).

아무튼 하세가와 교수 책을 번역할 때도 그랬지만, 일본인 또는 일본계 저자의 책들은 일본어판이 나와 있으면 참조하기에 유익하고 오류를 줄이는 데도 도움이 된다. 하세가와 교수 책의 경우는 나중에 나온 일본어판이 내용을 많이 보강하고 분량도 꽤 많아져서 아예 그 일본어 최신판을 번역의 모본으로 삼기로 저자와 합의했었다. 우치다 교수의 이 책은 영어로 씌어졌지만 알파벳으로 표기된 일본어와 한국어 용어들(인명, 지명, 책·잡지명, 논문의 제목 등)이 많이 들어가고 적지 않은 참고문헌 목록들 중에는 발표 당시 경성(서울)의 매체들이나 책 등에 일본어로 표기된 것을 영어 알파벳으로 그대로 옮긴 것들이 많아 그것을 해독하는 데에는 일본어판이 매우 유용할 수 있었다. 저자에게 문의해보니 일본어판은 아직 나오지 않았고 나중에 펴낼 생각이라고 했다. 아쉬운 일이었고, 책이 다루고 있는 분야의 전문연구자도 아닌 옮긴이의 처지에서는 오랜

연찬이 필요한 전문 학술용어 및 복합적이거나 중의적인 의미를 함축한 영어의 문맥들을 우리말로 제대로, 적절히 옮겼을까 하는 걱정을 했으며, 번역을 끝낸 지금도 하고 있다. 그럼에도 이 정도로 책이 나올 수 있게 된 데에는 교정작업 때 흔쾌히 도와준 우치다 선생의 역할이 컸다. 번역작업 내내 간단하게 해결할 수 없었던 여러 문제들, 특히 영어로 표기된 일본인 연구자 이름이나 논문, 책명, 조직이나 단체 또는 기관명, 신문기사 제목, 칼럼이나 비평의 제목 등의 원래 일본어 표기를 확인하는 작업에 많은 에너지를 투입해야 했다. 때로는 한 단어나 한 구절을 확인하기 위해 이것저것 뒤지고 또 뒤지면서 페이지 전체를 옮기는 작업보다 더 많은 시간을 들여야 했다. 그러고도 끝내 혼자서는 확인할 수 없는 것들이 적지 않게 남았다. 그것을 마지막에 우치다 선생이 원자료를 토대로 하나하나 최종적으로 확인해주었다. 그렇게 하지 않았다면, 안고 갔을지도 모를 적지 않은 오류들을 잡아내고 이렇게 큰 탈 없이 책을 만들 수는 없었을 것이다. 우치다 선생에게 거듭 감사의 말씀을 드린다. 아울러 비슷한 문제로 도움을 청했던 도쿄 외국어대학의 후지이 다케시(藤井たけし) 선생에게도 감사를 드린다. 그리고 이런 녹록치 않은 작업에 성실하게 임해준 편집자 권나명과 편집장 이승우, 그리고 꼼꼼하게 원고를 읽어준 박우정 대표에게도 고마운 마음을 전한다.

19세기 말 제국 일본의 출현으로부터 아시아-태평양전쟁 시기의 세계(대외)침략 최고조기에 이르기까지 조선에 거주한 일본인 정착민들은 그들 제국의 최전선에서 상인, 모험가, 개혁가, 이데올로그, 공동체 지도자, 그리고 반관(半官)의 대리인으로 활약했다. 일본 식민지 체험의 모든 면에 걸쳐 그들 정착민의 영향을 받지 않은 것은 하나도 없었다. 하지만 오랜 기간 그들의 삶의 윤곽은 근대 일본과 식민지 조선의 역사기록들 속에 거의 존재하지 않았으며, 그 어느 것도 정착민들을 역사적 행위자로 충실히 대우해주지 않았다. 이 책의 주된 목적은 그들의 인생사를 재구성하고 그들이 우리에게 이야기해주는 일본의 국가와 제국으로의 근대적 전환, 지배적 형태로서의 정착민 식민주의(settler colonialism), 그리고 식민지 권력의 내부 작동양태를 좀더 총체적으로 검토하는 것이다. 식민지 조선에 대한 통치의 각 단계마다 정착민들이 중심적인 역할을 했다는 것이 내가 이 책에서 강조한 핵심적 주장들 가운데 하나다. 그들의 활동을 분석하는 것은 우리가 식민국가의 성취와 한계를 재검토하는 데 도움이 될 것이며 제국의 식민지 사업, 특히 복잡하고 다층적인 문화교류에 대한 우리의 이해를 심화시켜줄 것이다.

근대 국민국가로서의 일본 건설과정에서는 해외뿐만 아니라 일본 본토에서도 새로운 주변부들이 형성되었다. 나는 전(全) 제국적 차원의 일본 근대화의 문맥 속에서 활동하면서 조선을 본거지로 삼은 사람들의 삶을 통해 그 연결고리들을 추적해왔다. 일본인 정착민들은 자본주의와 언론활동에서부터 참정권과 자치논의, 소비문화, 그리고 사회통제 기술에 이르는 근대성에 수반되는 모든 과정들에 영향을 끼치면서 직·간접적으로 조선의 구조와 현지 행정체계를 만들었다. 식민지 건설의 중개과정에서 조선에서의 정착민들의 활동은 근대 일본을 형성하고 그것을 해외에서 모사하는 데 영향을 끼쳤다. 그 심상은 해외영토들의 개조에 그대로 채용되었다. 조선의 쌀 교역이나 식민정부의 행정부처 문제, 또는 총력전 대비태세와 관련한 총독통치의 진로설정에는 본국의 수요(필요)가 영향을 끼쳤다. 마찬가지로 정착민들의 발언권이 컸던 식민지 통치체제의 수요와 방법이 거꾸로 본국에 영향을 끼쳤다. 정착민 정치와 조선인 동화에 대한 불안도 단일민족(그렇게 추정된)국가와 다민족제국 건설이라는, 일본제국의 국민 핵심부에서 동시에 추진된 사업에 내재된 긴장을 증폭했다. 혁명적인 시대의 산물이자 그 대리인들인 정착민들은 국가(state)와 사회, 중심과 주변, 민족(nation)과 제국의 접점 속에서 살아가면서 근대 일본과 식민지 조선의 병진적인 전환 속을 헤쳐 나갔다(본문 531~32쪽).

우치다 교수는 그러면서 이렇게 덧붙인다. 좀 길고, 책 본문과도 겹치지만 책 전체의 핵심과 저자의 문제의식을 압축·정리하고 있기에 발췌·인용한다.

나는 그 경계인적 공간에서 제국의 브로커로 활동한 유력한 정착민들의 역할을 개념화했다. 총독부 및 조선인 자본가들과 협력하거나, 정착민들과 조선인 사회를 연결하거나, 본국에 대한 반도[조선]의 이익을 위해 로비를 벌이면서 그들은 중재자 역할을 했다. 그 역할은 시간이 지나면서 점차 제도화되었다. 나는 일본의 식민통치 시기를 세 단계로 나누어 제국의 브로커들의 활동을 추적했다. 첫 번째 시기는 세기의 전환기에 조선 정치의 소용돌이 속에 하위(아류)제국주의자들(subimperialists)로 등장한 단계이며, 두 번째 시기는 1920년대 사이토 총독의 '문화정치' 시절에 사이토의 역동적이고 양가적인 동맹세력으로 활동한 단계이며, 끝으로 세 번째 시기는 1930년대와 1940년대의 전시체제 아래에서 식민지[조선] 대리인(agent)이 된 마지막 전환단계이다. 내가 보여주고자 했던 것처럼 일관된 원칙보다는 문화적 열망과 경제적 필요, 그리고 정치적 기회주의 등으로 뒤엉킨 복합적인 매트릭스가 각 단계의 정착민들 활동을 떠받쳐주었다. 식민지 국가와의 관계 속에서 자신들의 정치적·경제적 입지가 취약할 때, 제국의 브로커들은 정부의 정책들을 공개적으로 거부하기보다는 조심스럽게 거기에 협력하면서 자신들의 의제를 추구했다. 또한 그들은 자신들만의 이익과 물질적 이해관계, 정치적 보상을 추구했던 조선인 엘리트들과도 종종 협력했다. 이런 야누스적 동맹관계 속에서 일본인 정착민들은 통치체제에 반대하기도 하고 그것을 수용하기도 하는 유연한 자세를 취했다. 그렇게 해서 그들은 통치와 접촉[조우]의 역동적 과정을 국가의 제도가 허용하는 범위 이상으로 복잡하게 만들었으며, 그것은 아프리카 식민지에서의 유럽 정착민들의 활동과는 다른 궤적을 그렸다.

하지만 제국의 브로커들이 단일한 제국적 구상을 갖고 있었던 것은 아니다. 그들은 지도력과 영향력을 차지하기 위해 서로 경쟁하면서도 정착민들의 이익을 위해 함께 일했다. 그들은 동화정책에 대해 양가적인 자세를 취했지만 그 의도에 대해서는 대체로 반대했다. 위기의 시대에 그들은 서로 의지했지만 조선인 반체제세력에 대처하는 전략을 놓고서는 서로 충돌했다. 공유된 열망과 충돌하는 의제들이 정착민 식민주의의 내부동역학을 만들어냈다.

더 넓게 본다면, 정착민들은 식민지 권력의 내부기제를 들여다볼 수 있게 해주는 매우 중요한 렌즈의 역할을 한다. 그들이 남긴 문서들을 추적함으로써 우리는 제국의 가장자리와 틈새들을 들여다볼 수 있다. 학자들이 관심을 기울이지 않는 그런 공간들은, 그러나 주변인들처럼 보이는 사람들이 실은 제국의 가장 중요한 일부 전환기들에 영향을 끼친 영역이다 (본문 532~34쪽).

왜 브로커인가?

요컨대, '브로커'라는 말은 매일의 상업적 노력에서부터 대규모 청원운동에 이르는 정착민 활동을 이끈 이익추구형 사고방식의 소유자들을 가리킨다. 정착민 지도자들의 역할은 자신들의 이익을 추구하는 것에서부터 정착민의 단결을 유지하기 위해 경쟁하는 분파들 사이에서 절충작업을 벌이는 일에 이르기까지 다양했다. 더 중요한 것은, 브로커라는 말은 정착민들이 본국 자본과 문화의 통로(전달자)로서, 근대국가와 제국으로 성장하는 일본을 어떻게 조율해갔느냐에 주목한 개념이라는 점이다. …… '브로커'라는 말은 또한 식민권력의 대리인(agnet)이나 앞잡이

(pawn) 역할도 했던 정착민들의 중재자적 지위를 포착하게 해준다. 이 개념은 자만에 찬 식민권력을 늘 주시하면서 자기 사업을 꾸려가거나 자립적인 시민사회를 만들려는 정착민들의 역량에 숱한 제한과 통제를 가한 대리자(agency) 역할에 초점을 맞추고 있다(본문 29~30쪽).

1백만 명에 이르던 조선 정착 일본인들은 일본 패전 뒤 1946년 말까지 거의 다 본국으로 철수했다. 그런 거대한 규모에다 이미 깊이 뿌리를 박고 살던 정착민들의 갑작스러운 이동은 그 자체가 충격적인 현상이었다. 하지만 "패전에 따른 이 물리적 철수는 그들이 역사에서 거의 완전히 사라져버린 것에 비하면 덜 충격적인 일이다. 조선 땅에서 뿌리째 뽑혀나간 고바야시 같은 정착민들은 일본 역사에서 멀어졌을 뿐만 아니라 일본의 공적 기억에서 거의 모두 사라졌다"(본문 27쪽). 그러니까 앞서 인용한 정착민들의 역사는 우치다 교수가 분석하고 종합적으로 재구성하기 전까지는 아예 역사의 장에서 통째로 사라졌거나 부분적 단편들로만 존재했다는 이야기가 된다. 그 충격적인 그들의 소실이야말로 이 책을 쓰게 만들었고, 그리하여 그들을 일본의 제국사(근현대사) 및 조선(한반도)의 근현대사에 복귀시킨 것, 그것이 이 책이 이루어낸 가장 중요한 성취라고 할 수도 있겠다. 게다가 이 문제는 이 책 마지막의 다음과 같은 구절을 읽어보면, 국교정상화 이후 최악이라는 최근의 한일관계의 균열의 근원과도 맞닿아 있다는 걸 알 수 있다.

그러나 제국의 이야기는 단지 구경꾼이 아닌 식민지 폭력에 대한 증인으로서의 정착민들의 자기인식, 즉 회고록은 거의 제공해줄 수 없는 그런 인식이 없다면 불완전한 것으로 남을 것이다. 지배자도 피지배자도 아닌 정착민들 자신의 경계인적 체험은 지속적으로 그들 자신의 인생사를 식민지 정치영역과 단절시키는 쪽으로 작동했으며, 그리하여 그들은 제국의 대리인과 희생자 사이를 가르는 가느다란 구획선 양쪽에 계속 양다리를 걸쳤다. 그 결과 일본이 아시아에서 저지른 식민주의 과거사에 대한 자기책임을 모호하게 만들었으며, 그것은 이 책의 탐구를 시작하게 만든 대중적 기억 속에서 사라져버린 정착민들의 기이한 부재현상을 낳는 데 기여했다. 이러한 추세에 대한 가장 가혹한 비판은 비록 얼마 되지는 않았지만 정착민 출신들 자신에 의해 제기되었다. 그들은 동료 귀환자들에게 "향수에 빠지지 말라"거나 자신들이 "(사실을) 알기에는 너무 어렸다"라는 이유를 대면서 국가폭력과의 공모관계를 부인하지 말라고 촉구한다. 자기검열을 통해, 실은 1945년 이전부터(3·1운동이 입에 올릴 수 없는 터부가 되어버린 1930년대에) 시작된 일본의 기억상실의 악순환을 영속시키지 않으려면 그래야 한다는 것이다. 정착민 식민주의와 식민지 이후 시대인 현재 사이의, 형태는 같지만 성격은 서로 다른 아이소모피즘(isomorphism)은 일본의 침묵과 부인(否認)문화 속에 더욱더 추궁해볼 필요가 있는 제국의 많은 유산들 가운데 하나다(본문 541~42쪽).

한마디로 조선 식민화(침략사)의 주역인 일제강점기의 일본인 조선 정착민들의 역사가 증발해버린 중요한 이유 가운데 하나는, 정착민들이 식민국가(총독부)나 본국과 공모한 가해자로서의 자기의 역할에 눈을 감거나 침묵하거나 부인하고 있는 점이라는 것이다. 이는 조선 침략사에만 적용될 수 있는 문제가 아니다. 난징대학살을 비롯한 아시아 침략사에서 일제에 의해 무참하게 희생당한 2천만 명을 비롯한 야만의 역사가 제대로 밝혀지고 끊임없이 반추되면서 기억되지 못하는 현실은 무엇보다 그 침략의 당사자들, 가해자들이 그 사실에 눈감거나 침묵하거나 부인하고 있는 데서 기인한다. 그리하여 그들(모두는 아니지만 대다수)은 제국침략의 대리인이라는 가해자이면서 그 피해자라는 가느다란 구획선 양쪽에 계속 양다리를 걸치면서 자기책임을 얼버무려왔다. 오늘날 지독한 혐한

(嫌韓)과 혐중(嫌中)의 헤이트 스피치('혐오발언')가 횡행하고, 강제동원 피해자들이나 '일본군 위안부' 피해자들이 제대로 배상(또는 보상)받기는커녕 '성매매', '매춘부' 따위의 부도덕한 존재로 매도당하고, 희생자인 재일 조선인이나 북한이 오히려 가해자로 몰리는 전도된 현실은 그런 과거에 대한 침묵이나 부인과 밀접한 상관관계를 갖고 있다. 우치다 교수가 말한 '아이소모피즘'은 그런 과거사의 모순구조가 지금도 재생산되고 있다는 경고로 읽을 수 있다.

제2차 세계대전 패전 이후 일본을 쇼와(昭和, 히로히토) 천황의 체제에서, 상징 천황제라는 미명 아래 미국이라는 '새로운 천황' 체제 아래로 들어간 것이라고 보는 『국체론』(2018)의 저자 시라이 사토시(白井聰) 교수(정치학·사회학)의 이야기를 빌리자면, 우리는 일제강점기의 2등 국민에서 이제는 미국이라는 제국 치하에서 2등 국민 일본에 이은 3등 국민으로 살아가고 있는 것인지도 모른다. 최근 한일관계와 군사비밀 정보보호법(GSOMIA) 강제봉합과 그것을 강요한 미국의 위압적 역할을 보노라면, 그런 상상까지 하게 된다. 한·미·일의 삼각공조와 삼각협력을 강조하고 나아가 삼각동맹을 지향하면서 한일 간 갈등을 촉발하는 민족주의를 경계하고 억압하면서 아메리칸 스탠더드, 워싱턴 스탠더드 또는 미일동맹의 가치를 따르도록 압박하는 미국의 제국적 면모는 일제강점기 제국 일본의 그것과 닮은 점이 많다. 이는 개성공단의 조업과 금강산 관광재개 등 남북관계의 전환을 모색하려는 남북의 시도들이 미국 내지 미일동맹의 전략적 이해에 종속당하고 규율되고 있는 현실로도 뒷받침된다.

상상력을 발동해본다면, 일제강점기 때 제국의 브로커들을 비롯한 식민자들과 거기에 투항 내지 협력하면서도 대립·갈등했던 조선의 피식민 중·상층부 부역자들(친일파)이 내선일체와 일선융화의 구호 속에 동화냐 자치냐를 놓고 서로 밀고 당기며 치열한 민족주의 논전을 벌였던 것과, 오늘날 '친북·종북, 친중 좌파' 척결을 부르짖으면서 '친미·친일'과 '반북·반중'을 외치고 있는 세력의 존재양태 및 그들이 자신들과 갈등하는 세력과 벌이는 대립은, 똑같은 궤적을 그리고 있다고 볼 수는 없겠지만 유사한 구조를 갖고 있다고 할 수 있지 않을까.

1919년 3·1운동의 충격 속에 새로 부임한 사이토 마코토 총독은 그전의 '무단통치' 대신에 '문화정치'를 표방하며 일본과 조선의 융화, 즉 내선일체를 앞세웠다. 거기에 협력했던 '친일파' 윤치호(尹致昊)가 남긴 일기에 이런 구절이 있다.

조선인들 가운데 친일분자들은 자신들의 이상, 즉 조선 민족의 일본화를 실현하기 위해 비상한 노력을 기울이고 있다. 국민협회와 동민회는 그 일에 적극적으로 참여하고 있는 두 단체다. 그들은 일선융화(日鮮隆和) 등을 주창하는 전단지들을 뿌리면서 연설을 한다. 아무 소용이 없다. 일본이 조선에서 추구하는 정책이, 일본이 원하는 것은 조선인들이 아니라 조선이라고 보는 우리의 믿음이 옳다는 것을 보여주는 한 조선인들이 일본의 지배를 감수하게 만드는 건 불가능할 것이다. 매수당한 친일분자들의 활동은 반일감정을 더욱 부추길 뿐이다(본문 259쪽).

우치다 교수가 보기에 윤치호는 융화를 선전하는 일본인들이 진짜 바라는 것은 '조선인들 없는 조선'이며, 그것은 프랑스의 식민지 농장주들이 바라는 무슬림(또는 유대인) 없는 알제리와 같은 것이라고 생각했다. 우치다 교수는 "윤치호의 관찰은 거의 정곡을 찌른 것"이라고 했다. 내선일체와 일선융화의 구호 속에서도 일본인들은 조선인들과의 일상적인 접촉에서 인종차별적인 태도로 일관했다. 그럼에도 윤치호가 정말 바랐던 것이 '탈(脫)일본'이었는지, 차별 없는 제국 속의 특권유지였는지는 불명확하다.

중일전쟁 이후 전시 총동원 체제가 강화되었을 무렵, 당시 전라남도 해남에서 교사로 살았던 이와사키 기이치(岩崎喜一)라는 정착민이 남긴 메모 속에 '김'으로만 표기된 어느 조선인 교사의 이야기가 책의 각주에 인용되어 있다.

그(김)는 전쟁 중에 개인적으로 일본인 동료들에게 조선인은 실제로 세 가지 유형이 있다고 이야기했다. 첫 번째 유형은 '완전히 친일파'인 조선 인으로 고위관리들, 지방정부의 공직자들, 상층 샐러리맨들, 그리고 부유 층이 이에 포함된다. 두 번째 유형은 '완선히 반일'인 조선인으로 망명하 거나 독립투쟁을 위해 지하로 잠적한 사람들이다. 그리고 마지막으로 '일 본의 통치를 불가피한 것으로 받아들이거나', 자기보호를 위해 '자신의 의지를 거스르고' 일본에 굴복한 사람들이다. 이 마지막 그룹에 조선인 다수(하급과 중급의 관리들, 봉급생활자들, 그리고 '무지한 대중들'까지)가 들어 있지만, 그가 보기에 이들은 모두 '거짓으로 친일파 행세를 하고 있는 사 람들'이었다(본문 526쪽 각주 172).

윤치호 자신과 그가 주로 상대했던 동민회나 국민협회 같은 친일단체 의 조선인들은 '김'이 이야기한 첫 번째 부류의 사람들이었다.『제국의 브로커들』이 주로 초점을 맞추고 있는 것은 그들과 그들의 상대역이라 할 수 있는 제국의 브로커들 중에서도 그 리더(지도자)들이었다.

그들은 1910년 일본의 (조선병탄으로) 총독통치가 시작되기 전 또는 그 직후에 조선에 정착해 (중일전쟁 이후 국가가 전시 총동원 체제로 가는) 1930년대 말까지 일본인 이주민 공동체를 이끌어간 사람들이다. 기업가, 문필가, 정치해결사, 교육자, 사회개혁가, 종교지도자, 그리고 또 다른 비정부 활동가들이다(본문 29쪽).

책이 인용한 이와사키 기이치의 회고록에 나오는 이런 이야기도 흥미로웠다.

전쟁 말기에 학생들의 '황국신민서사' 암송능력은 황민화의 지표가 되었다. "우리는 고분고분한 학생들이 온순하게 그 질서에 복종하는 것으로 완전히 믿었다. 그리고 일본어를 모르는 아이들조차 서사를 외고 그것을 멋지게 암송했다." 그리하여 이와사키는 일본 항복 뒤에 그 아이들에게 서사를 암송시켰을 때, 그들은 '황국'(皇國)이나 '군국'(君國) 대신에 '한국'(韓國)이라고 했다는 이야기를 어느 조선인에게서 듣고는 "깜짝 놀랐다". 그는 조선인들이 지역의 신사에 참배할 때 속으로는 일본의 패배를 빌 것이라는 조선(주둔)군의 의심을 뒤늦게나마 확인했다(본문 528쪽).

우치다 교수가 인터뷰한 많은 정착민 출신자들이 증언했듯이, 대다수 정착민들은 일반적으로 조선인들의 정직성(친일)을 의심했으나 자신들이 가르치는 학생이나 동료들, 그리고 직원들이 옳다는 믿음 속에 행동하리라는 것을 거의 믿어 의심치 않았다. 믿음에 눈이 멀어 그들에게 가장 가까웠던 조선인들이 '위장된 친일파, 체념한 친일파, 총구 앞의 친일파'라는 사실을 보지 못했으며, 대다수 조선인들이 총력전 체제 아래에서 강요당한 굴종의 허구를 보지 못했다.

2020년 7월
옮긴이 한승동

참고문헌

식민지 조선에서 출간된 일본어 문헌들의 발행지(發行地)는 처음 인쇄됐을 때 일본어로 표기되어 있는 것을 그대로 따르기로 한다(예컨대, 서울은 '京城').

문헌 약어

CKSS   (Chōsen Sōtokufu), *Chōsen ni okeru kokumin seishin sōdōin*, Keijō: Chōsen Sōtokufu, 1940.

   (朝鮮總督府),『朝鮮に於ける國民精神總動員』, 京城: 朝鮮總督府, 1940.

CKSU   Morita Yoshio (ed.), *Chōsen ni okeru kokumin sōryoku undōshi*, Keijō: Kokumin Sōryoku Chōsen Renmei, 1945.

   森田芳夫 編,『朝鮮に於ける國民總力運動史』, 京城: 國民總力朝鮮連盟, 1945.

CKZ   *Keijō Shōgyō (later Shōkō) Kaigisho geppō: Chōsen Keizai Zasshi.*

   『京城商業所(나중에 商工會議所)月報: 朝鮮經濟雜誌』.

HYCTS The Han'guk Yŏksa Chŏngbo Tonghap Sisŭtem (Korean History Data Integration System), Kuksa P'yŏnch'an Wiwŏnhoe (National History Compilation Committee), Kyŏnggi-do, Kwach'ŏn-si, South Korea.

   한국역사정보통합시스템, 국사편찬위원회, 경기도, 과천시, 한국.

KG   *Keijō Shōkō Kaigisho geppō* (later *Keizai Geppō*).

『京城商工會議所月報』(나중에『經濟月報』).

KK-ARSS Kokuritsu Kōbunshokan, Ajia Rekishi Shiryō Sentā (National Archives of Japan, Japan Center for Asian Historical Records), Tokyo, Japan.

國立公文書館, アジア歴史資料センター, 東京, 日本.

KSKN   Itō Masataka (ed.), *Keijō Shōkō Kaigisho nijūgonenshi*, Keijō: Keijō Shōkō Kaigisho, 1941.

伊藤正孝 編,『京城商工會議所二十年史』, 京城: 京城商工會議所, 1941.

KSUY   Kokumin Sōryoku Chōsen Renmei (ed.), *Kokumin sōryoku undō yōran*, Keijō: Kokumin Sōryoku Chōsen Renmei, 1943.

國民總力朝鮮連盟 編,『國民總力運動要覽』, 京城: 國民總力朝鮮連盟, 1943.

SMB   *Saitō Makoto bunsho: Chōsen Sōtoku jidai kenkei shiryō*, 17 vols., Seoul: Koryŏ Sŏrim, 1990.

『齋藤實文書: 朝鮮總督府時代關係資料』, 17 vols., 서울: 고려서림, 1990.

SMKB   Saitō Makoto Kankei Bunsho (Documents Related to Saitō Makoto), Kensei Shiryō Shitsu, Kokuritsu Kokkai Toshokan (Constitutional Documents Room, National Diet Library), Tokyo, Japan.

『齋藤實關係文書』, 憲政資料室, 國立國會圖書館, 東京, 日本.

YB   Yūhō Bunko, Tōyō Bunka Kenkyūjo (Yūhō Archive, Research Institute for Oriental Cultures), Gakushūin University, Tokyo, Japan.

友邦文庫, 東洋文化研究所, 學習院大學, 東京, 日本.

1차 자료

葛生能久,『日韓合邦祕史』, 東京: 黑龍會 出版部, 1930.

岡良助,『京城繁昌記』, 京城: 學文社, 1915.

岡本達明·松崎次夫 編,『聞書水俣民衆史』, 東京: 草風館, 1989.

岡本柳之助·平井駒次郎 編,『風雲回顧錄』, 東京: 武俠世界社, 1912.

岡田貢 編,『京城の沿革』, 京城: 京城觀光協會, 1936.

『開闢』, 開闢社, 1922年 5月~1925年 6月.

京畿道,『治安狀況』, 附表,「日本基督教青年會朝鮮聯合會」, 한국역사정보통합시스템, 1938年 9月.

京畿道·京城地方法院檢事正宛,「日支衝突事件に關する管內狀況」(第11報), no. 8402~10 (1931年 10月 2日), 한국역사정보통합시스템.

_____,「一時衝突事件に關する管內狀況」(第12報), no. 8302~11(1931年 10月 3日), 한국 역사정보통합시스템.

京畿道 警察部 編,『治安概況』, 1928年 5月; (再版) 朴慶植 編,『日本植民地下の朝鮮思想狀

況』, 調布: アジア問題研究所, 1989.

_____, 『治安狀況』, 1931年 7月; (再版) 朴慶植 編, 『日本植民地下の朝鮮思想狀況』, 調布: アジア問題研究所, 1989.

_____, 『治安狀況その一』, 1929年 5月; (再版) 朴慶植 編, 『一九二〇〜三〇年代民族運動』, 川崎: アジア問題研究所, 1982.

京畿道 警察部長·警務局長 (外)宛, 「國民總力運動に伴う民情に關する件」, no. 141〜43 (1941年 3月 25日), 한국역사정보통합시스템.

_____ (外)宛, 「時局下の民情に關する件」, no. 1743(1941年 6月 30日)/no. 2426(1941年 8月 29日), 한국역사정보통합시스템.

_____ (外)宛, 「時局に對する部民の言動に關する件」, no. 141〜23(1941年 3月 27日), 한국역사정보통합시스템.

_____ (外)宛, 「仁川府吏員の失言問題に關する件」, no. 1810(1939年 7月 24日), 한국역사정보통합시스템.

_____ (外)宛, 「唱導會第3回會員總會開催に關する件」, no. 5520(1937年 12月 23日), 한국역사정보통합시스템.

_____ (外)宛, 「最近に於ける道内の民情に關する件」, no. 3201〜02(1940年 12月 19日), 한국역사정보통합시스템.

慶尙北道 警察部[朴重陽] 編, 『高等警察要史』, 大邱: 慶尙北道 警察局, 1934; (再版) 서울: 여강(驪江)출판사, 1970.

京城居留民團役所, 『京城發達史』, 京城: 京城居留民團役所, 1912.

京城高等商業學校(同 經濟專門學校) 同窓會崇陵會, 『一粒の麥: 京城高等商業學校創立70周年記念文集』, 東京: 京城高等商業學校(同 經濟專門學校) 同窓會崇陵會, 1990.

京城南山小學校 同窓會 編, 『京城南山小學校70周年記念誌: 坂道とポプラと青い空と』, 東京: 京城南山小學校 同窓會, 1996.

京城本町警察署長, 「京城記者內訌に關する件」, no. 8296(1924年 10月 21日), 한국역사정보통합시스템.

京城本町警察署長·京城地方法院檢事正宛, 「甲子倶樂部委員會の件」, no. 6467(1924年 8月 19日), 한국역사정보통합시스템.

_____, 「甲子倶樂部總會開催の件」, no. 8802(1924年 11月 15日), 한국역사정보통합시스템.

_____, 「京城府會革新演說會に關する件」, no. 2323(1924年 4月 24日), 한국역사정보통합시스템.

_____, 「思想問題講演會に關する件」, no. 4827(1925年 8月 18日), 한국역사정보통합시스템.

_____, 「全鮮公職者懇話會に關する件」, no. 4457(1924年 6月 11日), 한국역사정보통합시스템.

_____, 「全鮮公職者懇話會の件」, no. 4554(1924年 6月 15日), 한국역사정보통합시스템.

_____, 「全鮮公職者懇話會の件」, no. 4627(1924年 6月 16日), 한국역사정보통합시스템.

_____,「全鮮公職者大懇親會の件」, no. 4062(1924年 5月 29日), 한국역사정보통합시스템.

京城本町警察署長·京城地方法院檢察正宛,「京城辯護士新聞記者有志聯盟に關する件」, no. 5150 (1926年 5月 5日), 한국역사정보통합시스템.

_____,「國粹會員昌德宮侵入に關する件」, no. 2408(1926年 5月 5日), 한국역사정보통합시스템.

_____,「第3回公職者大會開催の件」, no. 2397(1926年 5月 12日), 한국역사정보통합시스템.

_____,「拓殖省官制反對期成會打合會に關する件」, no. 2403(1929年 4月 23日), 한국역사정보통합시스템.

京城本町警察署長·警務局長·京城地方法院檢事正·京畿道警察部長·府內各警察署長宛, 「拓殖省官制反對六團體協議會に關する件」, no. 2503(1929年 4月 25~26日), 한국역사정보통합시스템.

京城府,『京城府內社會事業槪況』, 京城: 京城府, 1927.

京城府,『京城府史』(vol. 1, 1934; vol. 2, 1936; vol. 3, 1941), 京城: 京城府, 1934.

京城府,『京城社會事業便覽』, 京城: 京城府, 1929.

京城府 社會課,『京城府社會事業要覽』, 京城: 京城府, 1934.

京城府 編,『京城府政一般』, 京城: 京城府廳, 1936.

京城商工會議所 編,『京城に於ける工場調査』, 京城: 京城商工會議所, 1937年 3月.

_____,『京城商工會議所月報: 朝鮮經濟雜誌』[CKZ], 1930年 11月~1932年 1月, 京城: 京城商工會議所;『京城商工會議所月報』(나중에『經濟月報』[KG]), 1932年 2月~1940年 3月.

_____,『京城商業會議所月報: 朝鮮經濟雜誌』[CKZ], 1923年 8月~1930年 10月, 京城: 京城商工會議所.

京城西大門警察署長·警務局長 (外)宛,「洞會議員選擧に關する管內選擧有權者の感想」, no. 1166 (1933年 2月 17日), 한국역사정보통합시스템.

『京城新聞』.

京城新聞社 編,『京城府町內の人物と事業案內』, 京城: 京城新聞社, 1921.

_____,『大京城公職者名鑑』, 京城: 京城新聞社, 1936.

_____,『朝鮮の人物と事業』, 京城: 京城新聞社, 1930.

『京城新報』, 1907~12; (再版)『京城新報』, 서울: 韓國統計書籍, 2003.

京城龍山警察署署長·京城地方法院檢事正宛,「大日本國粹會朝鮮本部の行動に關する件」, no. 1167 (1926年 5月 7日), 한국역사정보통합시스템.

『京城日報』.

京城鐘路警察署長·警務局長·京畿道警察部長宛,「民族主義勃興に關する件」, no. 13545 (1925年 12月 30日), 한국역사정보통합시스템.

京城鐘路警察署長·警務局長·京城地方法院檢事正宛,「京城辯護士新聞記者有志聯盟に關する件」, no. 5150(1926年 5月 5日), 한국역사정보통합시스템.

_____, 「不穩言動者に關する件」, no. 46-4(1942年 4月 15日), 한국역사정보통합시스템.

京城地方法院檢事正柿原琢郎・朝鮮總督府法務局長・京城地方法院檢事長宛,「甲子俱樂部
    委員會の件」, no. 758(1924年 9月 16日), 한국역사정보통합시스템.

京城憲兵隊,「京城を中心とする管內內鮮人學生動搖の顚末」, no. 250(1930年 1月 31日), 한국
    역사정보통합시스템.

京城憲兵分隊 編,『一進會略史』, 京城, 1910.

『京城彙報』, 京城府, 1933年 9月~1940年 8月.

敬神矯風會發起代表者, 趙善九 外,「陳情書」(1923年 8月 26日),『齋藤實文書: 朝鮮總督府時
    代關係資料』[SMB](vol. 16), pp. 625~46.

高等法院 檢事局 思想部 編,『思想月報』2(1932年 11月), no. 8, 1932.

高原木二 編,『巨人香椎翁の片鱗: 壽像除幕式に際して』, 釜山, 1935.

工藤武樹,『醫學上より見たる內鮮の關係』, 京城: 同民會出版部, 1929.

工藤眞澄,『波濤をくぐって: 70年の軌跡』, 東京: 原書房, 1983.

『共昌之道』1, 1923年 9月.

『國民總力』, 國民總力朝鮮聯盟, 1941年 4月~1942年 8月.

國民總力朝鮮聯盟 防衛指導部,『內鮮一體の理念及其ノ具現方策要綱』(6月), 1941b.

_____,『秘: 內鮮一體の具現』, 1941a.

國民總力朝鮮聯盟 編,『國民總力運動要覽』[KSUY], 京城: 國民總力朝鮮聯盟, 1943.

國民協會 宣傳部 編,『國民協會運動史』, 京城: 國民協會本部, 1931.

菊池謙讓,『近代朝鮮史』(vol. 2), 東京: 大陸硏究所, 1940[1937].

_____,『大院君傳: 朝鮮最近外交史』, 京城: 日韓書房, 1910a.

_____,『朝鮮雜記』(2 vols.), 京城: 啓明社, 1931.

_____,『朝鮮諸國記』, 京城: 大陸中心社, 1925.

_____ 編,『各種の朝鮮評論』, 東京: 自由討社, 1922.

_____,『大院君傳』(국역본:『조선최근외교사 대원군전: 부(附) 왕비의 일생』), 京城: 日韓書房,
    1910b; (再版) 東京: ペリカン社, 1998.

菊池謙讓 [別名: 長風山人],『近代朝鮮裏面史: 近代朝鮮の橫顏』, 京城: 朝鮮硏究會, 1936.

菊池謙讓・德富豬一郎(德富蘇峰)宛, 1895年 10月, 書簡; (再版) 酒田正敏 外 編,『德富蘇峰關係
    文書』(近代日本資料選書 7-3), 東京: 山川出版, 1987, p. 222.

菊池謙讓・齋藤實宛,「朝鮮統治意見」(意見書/1929年 9月),『齋藤實關係文書』[SMKB](書簡の部).

_____, 1920年 12月 5日/1923年 2月 2日(書簡),『齋藤實關係文書』[SMKB](書簡の部).

『群山日報』.

宮本信春 編,『京城府町內之人物と事業案內(全)』, 京城: 京城新聞社, 1921.

宮川五郎三郎・齋藤實宛,「朝鮮統治策: 建白書」(1923年 2月 16日),『齋藤實文書: 朝鮮總督府
    時代關係資料』[SMB](vol. 14), pp. 295~370.

琴秉洞 編,『(資料)雜誌に見る近代日本の朝鮮認識: 韓國倂合期前後』(vol. 3), 東京: 綠蔭書房, 1999.

金子南陽 編,『朝鮮地方自治制度施行記念: 京城府會議員選舉錄(昭和6年秋)』, 京城: 金子南陽, 1931.

今村螺炎,「金允植氏と鮎貝翁との交情」,『書物同好會會報』17(9月), 1942, p. 15.

今村鞆,「二十年前の朝鮮」, 藤村德一 編,『居留民之昔物語』(vol. 1), 京城: 朝鮮二昔會, 1927, pp. 158~212.

金榮漢,「朝鮮儒道振興會經過狀況報告書」(1920年 4月 17日),『齋藤實文書: 朝鮮總督府時代 關係資料』[SMB](vol. 9), pp. 159~69.

金春澤,『金萬重,『謝氏南征記』;『九雲夢』: 原文和譯對照 · 飜譯: 朝鮮研究會』(朝鮮研究會 古書 珍書 1), 京城: 朝鮮研究會, 1914.

內閣 統計局 編,『日本帝國統計年刊』, 東京: 內閣 統計局, 1890/1900.

『綠旗』, 綠旗聯盟, 1936年 1月~1943年 3月.

綠旗日本文化研究所 編,『氏創設の新精神とその手續き』, 京城: 綠旗聯盟, 1940.

綠旗聯盟 編,『朝鮮思想界概觀』, 京城: 綠旗聯盟, 1939.

『綠人』, 綠人發行所, 1935年 9月~1935年 10月.

丹下郁太郎 編,『朝鮮に於ける人口に關する諸統計』, 京城: 朝鮮厚生協會, 1943.

大京城公職者名鑑刊行會 編纂係 編,『大京城公職者名鑑』, 京城: 京城新聞社, 1936.

大谷派 本願寺 朝鮮開教監督部 編,『朝鮮開教五十年誌』, 京城: 大谷派 本願寺 朝鮮開教監督部, 1927.

大空社 編,『寫眞帳: 朝鮮』(アジア寫眞集, vol. 6), 東京: 大空社, 2008.

大陸研究社 編,『滿鮮問題の歸趨』, 京城: 大陸研究社, 1934.

大垣丈夫,「朝鮮の現狀及騷擾の原因について」,『齋藤實文書: 朝鮮總督府時代關係資料』[SMB] (vol. 9), 1919, pp. 117~19.

_____,「渾沌たる政情と其裏面」, 藤村德一 編,『居留民之昔物語』, 京城: 朝鮮二昔會, 1927, pp. 108~13.

大垣丈夫 外,「朝鮮在住者に對する參政權附與に關する件」(請願者: 大垣丈夫 外 56名; 共同署 名者 國會議員 松山常次郎),『第52回帝國議會衆議院請願文書表』519, 1927, p. 264.

大垣丈夫 · 倉知鐵吉宛,「陳情書」(1911年 1月 12日). code: B03030229100. KK-ARSS.

大藏省 管理局 編,『日本人の海外活動に關する歷史的調査』(朝鮮篇), vol. 7, no. 6, 東京: 大藏省 管理局, 1948~50.

大村友之丞,『京城回顧錄』, 京城: 朝鮮研究會, 1922.

_____ 編,『角干先生實記』, 京城: 朝鮮研究會, 1911.

『大阪毎日新聞』.

『大阪朝日新聞』.

大平鐵畊,『朝鮮鐵道十二年計劃』, 京城: 滿鐵道新報社, 1927.

『大韓毎日申報』.

『大韓自強會月報』, 大韓自強會, 1906年 8月~1907年 6月.

大韓協會 編,『大韓協會』, 京城, 1907.

渡邊學·梅田正 編,『望鄉朝鮮』, 東京: 國書刊行會, 1980.

『讀賣新聞』.

『東京 朝日新聞』.

同光會本部,『朝鮮內政獨立請願に就て』, 東京: 同光會本部, 1922.

『同民』, 同民會, 1924年 6月~1931年 1月.

同民會,「同民會 創立趣旨」(1924年 4月 15日),『齋藤實文書: 朝鮮總督府時代關係資料』[SMB] (vol. 12), pp. 279~89.

_____,「聲明書(帝國朝鮮駐屯守備兵增派の件)」(1931年 11月 9日),『齋藤實文書: 朝鮮總督府時代關係資料』[SMB](vol. 12), pp. 834~38.

同民會本部,『創氏記念名刺交換名簿』, 京城: 同民會, 1940.

同民會 編,『同民夏季大學名士講演集』, 大邱: 同民會 講習同窓會, 1926.

_____,『第二回同民夏季大學講演集』, 京城: 同民會 出版部, 1927.

『同民會 會報』, 同民會, 1933年 5月~1934年 2月.

『東亞日報』.

藤田文平 編,『京城と仁川』, 東大阪: 藤田文平, 1978.

藤井寬太郎,「國策と移民事業の重大性」(12月), 1922.

_____,「産業調査委員會に對する感想」, 朝鮮總督府 編,『朝鮮』(10月), 1922, pp. 65~66.

藤井龜若,『京城の光華』, 京城: 朝鮮事情調查會, 1926.

藤村德一 編,『居留民之昔物語』(vol. 1), 京城: 朝鮮二昔會, 1927b.

_____,『全鮮府邑會議員名鑑』, 京城: 朝鮮京城新聞社, 1931.

_____,『朝鮮公職者名鑑』, 京城: 朝鮮圖書刊行會, 1927a.

鈴木武雄,『大陸兵站基地論槪說』, 京城: 綠旗聯盟, 1939.

柳澤七郎,『韓野に生きて』, 橫浜: いづみ宛, 1969.

林省三,『荒野の石』, 東京: 甲陽書房, 1964.

林勝久 編,『半島の銃後陣』, 京城: 朝鮮軍事後援聯盟, 1940.

滿鮮商業會議所聯合會 編,『滿鮮商業會議所聯合會速記錄』, 1918年 9月.

『滿洲日日新聞』, 1938年 6月 4~8日.

『滿韓之實業』, 滿韓實業協會, 1908~10.

『每日申報』.

牧山耕藏 編,『朝鮮紳士名鑑』, 京城: 日本電報通信社 京城支局, 1911.

尾崎新二,『もう僕は京城っ子には戻れない』, 東京: 世界日報社, 1995.

閔元植,「新日本主義」, 1919年 10月; (再版) 近藤釰一 編,『萬歲騷擾事件(三·一運動): 故子爵阪穀芳郎博士遺集'朝鮮問題雜纂'の內』(vol. 2), 東京: 友邦協會 朝鮮史料編纂會, 1964, pp. 123~25.

朴榮喆,『五十年の回顧』, 京城: 大阪屋號書店, 1929.

『別乾坤』, 開闢社, 1930年 7月 1日.

「負褓商の來歷」(年月日 未詳),『齋藤實文書: 朝鮮總督府時代關係資料』[*SMB*](vol. 8), pp. 929~32.

服部暢,『朝鮮及朝鮮人の經濟生活』, 京城: 帝國地方行政學會朝鮮本部, 1931.

副島道正,「朝鮮統治の根本義」,『京城日報』, 1925年 11月 26~28日.

『釜山日報』.

富田精一,『富田儀作傳』, 鎭南浦: 富田精一, 1936.

『北鮮日報』.

『北鮮日日新聞』.

北川吉三郎,「入京當日の困惑」, 藤村德一 編,『居留民之昔物語』, 京城: 朝鮮二昔會, 1927, pp. 47~56.

北川吉昭 編,『山口太兵衛翁』, 京城: 山口太兵衛翁表彰會, 1934.

肥塚正太,「常會早わかり讀本」,『國民總力』3(1941年 5月), no. 5, pp. 109~30.

司法省 刑事局(東京),「朝鮮に對する徵兵制施行の閣議決定公表に關する反響調査」,『思想月報』
　　95(1942年 6月), 司法省 刑事局(東京), pp. 12~23.

山梨半造 陸軍次官 · 齋藤實宛,「朝鮮民族運動に對する對策」(意見書/1919年 8月 27日),『齋藤
　　實文書: 朝鮮總督府時代關係資料』[*SMB*](vol. 9), pp. 143~58.

山本四郎 編,『寺內正毅關係文書: 首相以前』, 京都: 京都女子大學, 1984.

山縣五十雄,「朝鮮に於ける外國宣敎師」, 靑柳綱太郎 編,『新朝鮮: 全』, 京城: 朝鮮硏究會, 1916,
　　pp. 195~200.

杉本正介 · 小田省吾 外,『朝鮮史大系: 最近世史』, 京城: 朝鮮史學會, 1927.

森田芳夫 編,『朝鮮に於ける國民總力運動史』[*CKSU*], 京城: 國民總力朝鮮聯盟, 1945.

　　　　　　,『朝鮮終戰の記錄: 美蘇兩國の進駐と日本人の引揚』, 東京: 巖南堂書店, 1964.

森田芳夫 · 長田かな子 編,『朝鮮終戰の記錄: 資料篇』(3 vols.), 東京: 巖南堂書店, 1979~80.

三井光三郎,『愛國婦人會史』, 東京: 愛國婦人會史發行所, 1913.

『三千里』, 三千里社, 1931年 7月.

森川淸人 編,『朝鮮總督府始政二十五周年記念表彰者名鑑』, 京城: 朝鮮總督府始政二十五周
　　年記念表彰者名鑑刊行會, 1935.

澁澤靑淵記念財團 龍門社 編,『澁澤榮一傳記資料』(vol. 31), 東京: 澁澤榮一傳記資料刊行會,
　　1955~71.

相良孫四郎 (さがら まごしろう) 編,『新朝鮮の硏究』, 京城: 鮮滿硏究會, 1932.

商務硏究會,「商務硏究會規則」(年月日 未詳),『齋藤實文書: 朝鮮總督府時代關係資料』[*SMB*]
　　(vol. 8), pp. 681~714.

「商務社槪說」(年月日 未詳),『齋藤實文書: 朝鮮總督府時代關係資料』[*SMB*](vol. 8), pp. 721~31.

相愛會 總本部 文化部 編,『相愛會事業梗槪』, 東京: 相愛會本部, 1923.

『書物同好會會報』(vol. 17), 書物同好會, 1942年 9月.

『西鮮日報』.

釋尾春芿 編,『朝鮮之硏究』, 京城: 朝鮮及滿洲社, 1930.

_____,『朝鮮及滿洲之硏究』, 京城: 朝鮮雜誌社, 1914.

石森久彌,「秘話,佳話: 朝鮮物語」(年月日 未詳), 未刊行隨筆, 友邦文庫.

鮮交會 編,『朝鮮交通史』, 東京: 大和與一, 1986.

細井肇,『朝鮮問題の帰趨』, 東京/京城: 亞細亞文化連盟本部, 1924a.

_____,『朝鮮文學傑作集』, 東京: 奉公會, 1924b.

_____,『朝鮮文化史論』, 京城: 朝鮮硏究會, 1911.

_____,『現代漢城の風雲と名士』, 京城: 日韓書房, 1910.

_____編,『鮮滿叢書』(vol. 5), 東京: 自由討究社, 1922.

細井肇・齋藤實宛,「大日本主義の確立と朝鮮統治方針の變更」(意見書/9月 17日),『齋藤實文書:
　　朝鮮總督府時代關係資料』[SMB](vol. 14), 1923, pp. 563~664.

_____,「半島統治の當面應急策」(意見書/4月 13日)『齋藤實文書: 朝鮮總督府時代關係資料』
　　[SMB](vol. 13), 1920, pp. 503~47.

小林源六,「朝鮮行脚の念願」,『朝鮮佛教』21(1926年 1月), 朝鮮佛教社, 1926, p. 9.

小倉政太郎 編,『朝鮮産業年報』(昭和 18年版), 京城: 東洋經濟新報社, 1943.

孫貞圭 外,『現代朝鮮の生活とその改善』, 京城: 綠旗聯盟, 1939.

松尾茂,『私が朝鮮半島でしたこと』, 東京: 草思社, 2002.

松山常次郎,「朝鮮に於ける參政權問題」(Pamphlet), 1924年 1月 11日.

松井茂,『松井茂自傳』, 東京: 松井茂先生自傳刊行會, 1952.

宋鎭禹,「世界の大勢と朝鮮の將來」, 伊藤卯三郎 編,『朝鮮及朝鮮民族』(vol. 1), 京城: 朝鮮思想通
　　信社, 1927.

穗積眞六郎,『わが生涯を朝鮮に』, 東京: 友邦協會, 1973.

『時代日報』.

阿部充家,「朝鮮統治意見」,『齋藤實關係文書』[SMKB](書簡の部), 1919.

阿部充家・齋藤實宛, 1921年 5月 1日; 1921年 9月 6日; 1921年 12月 29日; 1922年 5月 29日;
　　1922年 6月 23日; 1922年 7月 16日; 1923年 4月 23日; 1923年 5月 2日; 1925年 7月 12日;
　　1929年 11月 2日; 1929年 11月 11日(書簡),『齋藤實關係文書』[SMKB](書簡の部).

阿部薰,『記者の觀た朝鮮』, 京城: 民衆時論社, 1929.

_____,『朝鮮都邑大觀』(昭和12年版), 京城: 民衆時論社, 1937.

_____,『朝鮮問題論集』, 京城: 民衆時論社, 1932.

_____,『朝鮮統治新論』, 京城: 民衆時論社, 1931.

_____,『赤裸々の朝鮮』, 京城: 民衆時論社, 1925.

安藤豊祿,『財界人の昭和史: 韓國わが心の故里』, 東京: 原書房, 1984.

安田保則,『朝鮮教育に安住して』, 京城: 大阪屋號書店, 1927.

岩崎喜一,『おんどる(溫埃)夜話』, 大阪: 京文社, 1966.

愛國婦人會 編,『奧村五百子詳傳』, 東京: 愛國婦人會, 1908.

御手洗辰雄,『南總督の朝鮮統治』, 京城: 京城日報社, 1942.

淵上貞助,「古き思出譚」,藤村德一 編,『居留民之昔物語』,京城: 朝鮮二昔會, 1927, pp. 32~36.

景山義郎 編,『朝鮮之文化』,大阪: 內外評論社, 1921.

[外務大臣 官房] 文書課 編,『日本外交文書』(vol. 31),東京: [外務大臣 官房] 文書課, 1898.

外務省 編,『日本外交文書』(vol. 41, no. 1), 1908; (再版) 東京: 日本國際聯合協會, 1960.

友邦協會 編,『渡邊豊日子口述: 朝鮮總督府回顧談』,東京: 友邦協會, 1984.

_____,『穗積眞六郎述: 歷代總督統治通觀』,東京: 友邦協會, 1986.

_____,『資料選集: 朝鮮における農村振興運動』,東京: 友邦協會, 1983.

_____,『朝鮮總督府資料選集: 齋藤總督の文化統治』,東京: 友邦協會, 1970.

宇垣一成,『朝鮮を語る』,東京: 實業之日本社, 1935.

原奎一郎 編,『原敬日記』(vol. 8),東京: 乾元社, 1950.

『儒道』(vol. 2)(年月日 未詳),儒道振興會.

有馬純吉 編,『朝鮮紳士錄』,京城: 朝鮮紳士錄刊行會, 1931.

有賀さんの事蹟と思い出編纂會 編,『有賀さんの事蹟と思い出』,東京:「有賀さんの事蹟と思い出」
編纂會, 1953.

伊藤卯三郎 編,『朝鮮及朝鮮民族』(vol. 1),京城: 朝鮮思想通信社(筆寫原本と印刷本, microfilm,
友邦文庫), 1927.

伊藤正慤 編,『京城商工會議所二十五年史』,京城: 京城商工會議所, 1941.

李軫錫 ほか 編,『(渡邊翁記念)朝鮮を語る. その一: 朝鮮の地と人との再認識』,京城: 李熙完, 1934.

仁川府 編,『仁川府史』,仁川: 仁川府, 1933.

日韓通商協會,『日韓通商協會報告』(no. 2),東京: 日韓通商協會, 1895; (再版) 서울: 아세아
문화사, 1983.

「日韓合邦論に對する韓人の言動」,乙秘, no. 2711(1909年 12月 7日). code: B03050610300.
KK-ARSS.

『齋藤實文書: 朝鮮總督府時代關係資料』[SMB](17 vols), 1990, 서울: 고려서림.

在鮮民團議員聯合會, 內閣總理大臣 (外)宛,「陳情書」(1912年 11月 25日),『齋藤實文書: 朝鮮
總督府時代關係資料』[SMB](vol. 13), pp. 43~44.

荻野勝重,『朝鮮及滿蒙に於ける北陸道人史』,京城: 北陸道人史編纂社, 1927.

全國新聞 東京聯合社 編,『日本植民地要覽』,東京: 日本經濟新聞社, 1912.

「全羅南道評議會員內鮮人軋轢の顚末」(年月日 未詳),『齋藤實文書: 朝鮮總督府時代關係資料』
[SMB](vol. 4), pp. 381~419.

全鮮內地人實業家有志懇話會,『全鮮內地人實業家有志懇話會速記錄』,京城: 京城商業會議所
內 懇話會事務所, 1920年 12月.

田中半四郎 外, 高橋章之助宛,「建議案」(1913年 10月 4日),『齋藤實文書: 朝鮮總督府時代關係資料』
[SMB](vol. 13), pp. 37~41.

田中一之介(麗水) 編,『全鮮商工會議所發達史』,釜山日報社, 1936.

鮎貝房之進,「自然より稟けたる朝鮮人の性情」,青柳綱太郎 [筆名: 南冥] 編,『朝鮮』(vol. 1),京城:

朝鮮研究會, 1913.

————, 「回顧談」, 『書物同好會會報』 17(9月), 1942, p. 3.

鄭雲復, 「敢えて日本人諸君に告ぐ」, 『朝鮮』(5月), 朝鮮雜誌社, 1908, pp. 19~21.

丁子屋商店 編, 『丁子屋小史』, 京城: 丁子屋商店, 1936.

帝國鐵道協會 編, 『朝鮮に於ける鐵道普及促進に付建議』, 東京: 帝國鐵道協會, 1926.

『朝鮮』(日韓書房, 1908年 3月~1909年 3月; 朝鮮雜誌社, 1909年 4月~1911年 11月), 1908~11.

『朝鮮公論』, 朝鮮公論社, 1913年 11月~1939年 11月.

『朝鮮及滿洲』, 朝鮮雜誌社, 1911年 12月~1922年 12月; 朝鮮及滿洲社, 1923年 1月~1941年
　　1月, 1912~41.

朝鮮軍事後援連盟, 『軍事後援連盟事業要覽』, 京城: 軍事後援連盟, 1939.

朝鮮貿易協會, 『昭和十二年度事業報告書』(7月), 朝鮮貿易協會通報(號外), 1938.

————, 『朝鮮貿易史』, 京城: 朝鮮貿易協會, 1943.

———— 編, 『昭和十一年度事業報告書』(7月), 朝鮮貿易協會通報(號外), 1937.

『朝鮮民報』.

朝鮮放送協會 編, 『ラジオ後援・講座』(vols. 1~19), 京城: 朝鮮放送協會, 1938~41.

『朝鮮社會事業』, 朝鮮社會事業協會, 1930年 12月~1935年 6月; 『同胞愛』, 1935年 12月~
　　1936年 12月; 『朝鮮社會事業』, 1942年 7月~1943年 10月.

朝鮮相愛會, 「朝鮮相愛會會則」(年月日 未詳), 『齋藤實文書: 朝鮮總督府時代關係資料』[SMB]
　　(vol. 12), pp. 103~18.

朝鮮商業會議所連合會, 『第十回朝鮮商業會議所連合會議事速記錄』(5月), 京城, 1927.

『朝鮮水産時報』.

『朝鮮時報』, 1926~27; (再版) 東京: 綠陰書房, 1997.

『朝鮮事情機密通信』, 1924年 12月~1925年 2月.

朝鮮新聞社 編, 『朝鮮人事興信錄, 昭和10年度』, 京城: 朝鮮人事興信錄編纂部, 1935.

『朝鮮實業俱樂部會報』, 朝鮮實業俱樂部, 1929年 9月~1930年 12月; 『朝鮮實業俱樂部』, 1931年
　　1月~1939年 4月.

朝鮮研究會 編, 『大京城』, 京城: 朝鮮研究會, 1925.

『朝鮮之實業』, 朝鮮實業協會, 1905~07.

『朝鮮日報』.

朝鮮雜誌社 編, 『新朝鮮及新滿洲: 全』, 京城: 朝鮮雜誌社, 1913.

朝鮮情報委員會, 『朝鮮評論(Korea Review) 布哇米國新聞刊行物及通信記事摘要』(情報彙纂, no. 4),
　　京城: 朝鮮總督府, 1921a.

————, 『朝鮮に關する外國人の評論』(情報彙纂, no. 7), 京城: 朝鮮總督府, 1921b.

————, 『朝鮮に關する海外刊行物記事摘要』(情報彙纂, no. 8), 京城: 朝鮮總督府, 1921c.

朝鮮總督府, 『朝鮮』, 1921年 1月~1938年 5月.

————, 『朝鮮に於ける新施政』(10月), 1921; (再版) 友邦協會 編, 『朝鮮總督府資料選集:

齋藤總督の文化統治』, 東京: 友邦協會, 1970, pp. 35〜94.

_____, 『朝鮮に於ける國民精神總動員』[CKSS], 京城: 朝鮮總督府, 1940.

_____, 『朝鮮總督府官報』, 1920/1936; (再版) 서울: 아세아문화사, 1985.

_____, 『朝鮮總督府施政年報』, 1915/1921.

_____, 『朝鮮總督府統計年報』, 1911〜44.

_____, 『朝鮮出版警察概要.昭和8年(1933)』, 京城: 朝鮮總督府 警務局, 1934.

_____, 『最近朝鮮事情要覽』(2 vols.), 京城: 朝鮮總督府, 1912.

[朝鮮總督府], 「極秘: 參政權問題-朝鮮に於ける參政制度方策案」(機密報告), 1943.

_____, 「選擧制度の沿革竝に現況」(年月日 未詳), 1929年經, 『齋藤實關係文書』[SMKB] (書簡の部).

_____, 『人口調査結果報告』(pt. 1), 京城: 朝鮮總督府, 1944.

_____, 「朝鮮に於ける參政に關する制度の方策」(날짜 불명자료와 1929년 12월 2일 자료); 「朝鮮に於ける參政權制度の方策」(年月日 未詳), 그리고 타자 입력자료, 「朝鮮に於ける參政に關する制度の方策」(年月日 未詳), 『齋藤實關係文書』[SMKB].

朝鮮總督府 警務局, 『關東地方震災の朝鮮に及ぼしたる狀況』, 『齋藤實關係文書』[SMKB], 1923年 12月.

_____, 『朝鮮に於ける出版物概要』, 京城: 朝鮮總督府 警務局, 1930b.

朝鮮總督府 警務局 圖書課, 『李王殿下ノ薨去ニ際シ"諺文新聞紙ヲ通シテ見タル"朝鮮人ノ思想傾向』, 1926; (再版) 朴慶植 編, 『日本植民地下の朝鮮思想狀況』(朝鮮問題資料叢書 II), 調布/東京: アジア問題研究所, 1989, pp. 247〜330.

_____ 編, 『昭和十二年中に於ける朝鮮出版警察概要』, 京城, 1938.

_____, 『諺文新聞差押記事輯錄』(調査資料 29/31), 京城: 朝鮮總督府 警務局 圖書課, 1932.

朝鮮總督府 警務局 保安課 編, 『治安狀況』(12月), 1927; (再版) 東京: 富士出版, 1984.

朝鮮總督府 警務局 編, 『光州抗日學生事件資料: 朝鮮總督府警務局極秘文書』, 名古屋: 風媒社, 1979.

_____, 『極秘: 高等警察關係年表』, 京城: 朝鮮總督府 警務局, 1930c.

_____, 『治安狀況』, 京城: 朝鮮總督府 警務局, 1930a.

朝鮮總督府官報, 庶務部 調査課 編, 『內鮮問題に對する朝鮮人の聲』, 京城: 朝鮮總督府, 1925.

_____, 『朝鮮の獨立思想及運動』(調査資料, no. 10), 京城: 朝鮮總督府官報, 庶務部 調査課, 1924.

朝鮮總督府 內務局, 『改正地方制度實施概要』, 京城, 1922.

_____, 「朝鮮選擧權問題」(機密報告), 1938.

朝鮮總督府 庶務調査課 編, 『朝鮮に於ける內地人』(朝鮮總督府 調査資料 2), 京城: 朝鮮總督府, 1924.

朝鮮總督府 取調局 編, 『小作農民に關する調査』, 京城: 朝鮮總督府 取調局, 1912.

朝鮮總督府 編, 『産業調査委員會議事速記錄』, 京城: 朝鮮總督府, 1922.

_____, 『産業調査委員會會議錄』, 京城: 朝鮮總督府, 1921.

_____, 『施政三十年史』, 京城: 朝鮮總督府, 1940.

_____, 『施政二十五年史』, 京城: 朝鮮總督府, 1935.

_____, 『朝鮮施政に關する諭告, 訓示竝に演述集』, 京城: 朝鮮總督府, 1937.

_____, 『最近に於ける朝鮮治安狀況』, 1933/1938; (再版) 東京: 巖南堂書店, 1966.

朝鮮總督府 學務局 社會課 編, 『朝鮮の社會事業』, 京城: 朝鮮總督府 學務局 社會課, 1933.

『朝鮮行政』, 朝鮮行政會, 1938年 1月/1939年 11月.

朝鮮憲兵隊司令部, 『秘: 朝鮮同胞に對する內地人反省資錄』, 京城, 1933.

『朝日新聞』.

朝取株式硏究會 編, 『朝鮮經濟の發展と證券界』, 京城: 朝取株式硏究會, 1939.

佐瀨熊鐵, 「一進會と東學黨」, 藤村德一 編, 『居留民之昔物語』, 京城: 朝鮮二昔會, 1927, pp. 67~74.

佐々木太平 編, 『朝鮮の人物と事業』, 京城: 京城新聞社, 1930.

酒田正敏 外 編, 『德富蘇峰關係文書』 (近代日本資料選書 7-3), 東京: 山川出版, 1987.

樽井藤吉, 『大同合邦論』, 1893; (再版) 東京: 長陵書林: 若月書店, 1975.

『中央朝鮮協會會報』, 中央朝鮮協會, 1926年 8月~1933年 9月.

『中外日報』.

中田孝之助 編, 『在韓人士名鑑』, 木浦: 木浦新報社, 1904.

中井錦城, 『朝鮮回顧錄』, 東京: 糖業硏究會出版部, 1915.

中村健太郎, 『朝鮮生活五十年』, 熊本: 靑潮社, 1969.

中村資良 編, 『京城, 仁川職業名鑑』, 京城: 東亞經濟時報社, 1926.

_____, 『朝鮮銀行會社要錄』, 京城: 東亞經濟時報社, 1925/1931/1935/1942.

池田正枝, 『二つのウリナラ (わが祖國): 21世紀の子どもたちへ』, 大阪: 解放出版社, 1999.

津田剛, 『內鮮一體論の基本理念』, 京城: 綠旗聯盟, 1939.

_____, 『新生活宣言』, 東京: 實業の日本社, 1940.

拓殖省朝鮮除外同盟, 1929, 「拓殖省新設に付き朝鮮管轄外を要請」 (請願/4月), 『齋藤實關係文書』
    [SMKB].

川端源太郎 編, 『京城と內地人』, 京城: 日韓書房, 1910.

_____, 『朝鮮在住內地人實業家人名辭典』 (vol. 1), 京城: 朝鮮實業新聞社, 1913.

千葉亮, 「京城治安の秘話」, 『朝鮮』 (8月), 朝鮮總督府, 1923, pp. 127~28.

靑柳綱太郎, 『産業之朝鮮』, 京城: 朝鮮産業調査會, 1926b.

_____, 『新朝鮮: 全 (上卷, 中卷, 下卷)』, 京城: 朝鮮硏究會, 1916.

_____, 『赤裸々に見た內鮮史論: 全』, 京城: 東亞同民協會, 1935.

_____, 『朝鮮統治論』, 京城: 朝鮮硏究會, 1923.

_____ 編, 『朝鮮硏究會古書珍書刊行』 (56 vols.), 京城: 朝鮮硏究會, 1911~18.

靑柳綱太郎 [筆名: 南冥], 『新朝鮮』, 京城: 京城新聞社, 1925.

_____, 『朝鮮文化史大全』, 京城: 朝鮮硏究會, 1924.

_____, 『朝鮮四千年史』, 京城: 朝鮮硏究會, 1917.

_____, 『朝鮮史話と史蹟』, 京城: 京城新聞社, 1926a.

_____, 『朝鮮宗教史』, 京城: 朝鮮研究會, 1911.

_____, 『韓國殖民策』, 京城: 日韓書房, 1908.

_____ 編, 『朝鮮』(vol. 1), 京城: 朝鮮研究會, 1913.

村上靜人 編, 『日本百貨店總覽』, 東京: 百貨店新聞社出版部, 1942.

村松武司, 『朝鮮植民者: ある明治人の生涯』, 東京: 三省堂, 1972; (再版) 『海のタリョン』(村松武司 著作集), 東京: 皓星社, 1994.

『總動員』, 國民精神總動員朝鮮聯盟, 1939年 6月~1940年 10月.

澤井理恵, 『母の'京城'私のソウル』, 東京: 草風館, 1996.

統監府, 『第二次統監府統計年報』, 京城: 統監府, 1909.

_____, 『韓國施政年報(明治39/40年)』, 京城: 統監府, 1907.

統監府, 外務省宛, 「大垣丈夫ノ行動」(乙秘 第2891號, 1909年 12月 28日); 大垣丈夫, 「韓國國情一班」(別紙).

統監府 總務部 編, 『韓國事情要覽』(vol. 1), 京城: 京城日報社, 1906~·07.

『平壤每日新聞』.

平井三男, 「內鮮混住の大策を奈何」, 『京城商業會議所月報: 朝鮮經濟雜誌』100(4月), 1924, pp. 4~5.

河井朝雄, 『大邱物語』, 大邱: 朝鮮民報社, 1931.

學習院大學 東洋文化研究所, 『朝鮮總督府, 組織と人』(未公開資料: 朝鮮總督府關係者錄音記錄 3, 『東洋文化研究』4, 2002年 3月, 附錄).

_____ 編, 『十五年戰爭下の朝鮮統治』(未公開資料: 朝鮮總督府關係者錄音記錄 1, 『東洋文化研究』2, 2000年 3月, 附錄).

韓國駐箚憲兵隊司令部 編, 『大韓協會略史』, 京城, 1910年 7月.

韓國統監府 編, 『第三次韓國統監府統計年報』, 1909.

「韓相龍の言動に關する件」(年月日 未詳), 『齋藤實關係文書』[SMKB](書簡の部).

韓翼教 編, 『韓相龍君を語る』, 京城: 韓相龍氏還曆紀念會, 1941.

玄永燮, 『朝鮮人の進むべき道』, 京城: 綠旗連盟, 1940.

和光教園, 『和光教園事業要覽』, 京城: 和光教園出版部, 1927.

和信40年史編纂委員會 編, 『和信四十年史』, 서울: 和信産業株式會社, 1966.

和田常市, 「元山津の開港と我外務省の方針」, 藤村德一 編, 『居留民之昔物語』, vol. 1, 京城: 朝鮮二昔會, 1927, pp. 11~18.

丸山鶴吉, 『七十年ところどころ』, 東京: 七十年ところどころ刊行會, 1955.

『皇城新聞』.

荒川五郎, 『最近朝鮮事情』, 東京: 淸水書店, 1906.

黑龍會 編, 『東亞先覺志士記傳: 上』, 東京: 原書房, 1966.

계훈모 편, 『한국언론 연표』, 서울: 관훈클럽 신영연구기금, 1979.

대한민국 문교부 국사편찬위원회 편, 『윤치호 일기』(vol. 8~10), 1987; (재판) 서울: 국사편찬위원회.

「박흥식」, 1981, 『재계회고』, vol. 2(원로기업인 편 2), 서울: 한국일보사.

양정모 편, 1982, 『부산상의사: 1889~1982년』, 부산: 부산상공회의소.

오가키 다케오(大垣丈夫), 「본회의 장내」, 『대한자강회월보』 11(5월 25일), 1907.

_____, 「위대한 국민에게는 3개 덕성이 유함을 권함」, 『대한자강회월보』 2(8월 25일), 1906, 1~5쪽.

이광수, 「민족개조론」, 『개벽』, 1922년 5월, 18~72쪽.

_____, 「민족적 경륜」, 『동아일보』, 1924년 1월 2~6일.

『통감부 문서』(11 vols.), 1998; (재판) 경기도 과천시, 한국: 국사편찬위원회.

Government General of Chosen, *Annual Report on Reforms and Progress in Chosen(Korea), 1910~1911*, Keijo: Government General of Chosen, 1912.

Kajiyama Toshiyuki, "Seeking Life amidst Death: The Last Day of the War", In *The Clan Records: Five Stories of Korea*(trans. Yoshiko Dykstra), Honolulu, HI: University of Hawai'i Press, 1995.

Kang, Hildi, ed., *Under the Black Umbrella: Voices from Colonial Korea, 1910~1945*, Ithaca, NY: Cornell University Press, 2001.

Lee, Peter H. ed., *Sourcebook of Korean Civilization*. vol. 2: From the Seventeenth Century to the Modern Period, New York: Columbia University Press, 1996.

Saitō Makoto, "A Message from the Imperial Japanese Government to the American People: Home Rule for Korea?", *The Indepenent,* 31 January, 1920, pp. 167~69.

2차 자료

Abernethy, David. 2000. *The Dynamics of Global Dominance: European Overseas Empires, 1415~1980.* New Haven, CT: Yale University Press.

Ambaras, David R. 2005. *Bad Youth: Juvenile Delinquency and the Politics of Everyday Life in Modern Japan.* Berkeley, CA: University of California Press.

Amemiya Shōichi. 1998. "Self-Renovation of Existing Social Forces and Gleichschaltung: The Total-War System and the Middle Classes", In *Total War and "Modernization"*, ed. Yamanouchi et al., pp. 209~38. Ithaca, NY: East Asia Program, Cornell University.

Anderson, Benedict R. 1983. *Imagined Communities: Reflections on the Origin and Spread of Nationalism.* London: Verso.

Askew, David. 2003. "Empire and the Anthropologist: Torii Ryūzō and Early Japanese

Anthropology", *Japanese Review of Cultural Anthropology* 4: pp. 133～54.

Atkins, E. Taylor. 2010. *Primitive Selves: Koreana in the Japanese Colonial Gaze, 1910～1945.* Berkeley, CA: University of California Press.

Auerback, Micah. 2007. "Japanese Buddhism in an Age of Empire: Mission and Reform in Colonial Korea, 1877～1931". Ph.D. diss., Princeton University.

Austin, Ralph A. 1996. *African Economic History: Internal Development and External Dependency.* London: James Currey; Heinemann: Portsmouth, N. H.

Azuma, Eiichiro. 2005. *Between Two Empires: Race, History, and Transnationalism in Japanese America.* New York: Oxford University Press.

_____. 2008. "'Pioneers of Overseas Japanese Development': Japanese American History and the Making of Expansionist Orthodoxy in Imperial Japan", *Journal of Asian Studies* 67, no. 4 (November): pp. 1187～1226.

Bakhtin, Mikhail M. 1981. *The Dialogic Imagination: Four Essays.* Ed. Michael Holquist; trans. Caryl Emerson and Michael Holquist. Austin, TX: University of Texas Press.

Baldwin, Frank. 1979. "Participatory Anti-Imperialism: The 1919 Independence Movement", *Journal of Korean Studies* 1: pp. 123～62.

Banerjee, Sukanya. 2010. *Becoming Imperial Citizens: Indians in the Late-Victorian Empire.* Durham, NC: Duke University Press.

Bayliss, Jeffrey P. 2008. "Minority Success, Assimilation, and Idenity in Prewar Japan: Pak Ch'un-gŭm and the Korean Middle Class", *Journal of Japanese Studies* 34, no. 1 (Winter): pp. 33～68.

Bix, Herbert P. 2000. *Hirohito and the Making of Modern Japan.* New York: HarperCollins Publishers.

Botsman, Daniel V. 2005. *Punishment and Power in the Making of Modern Japan.* Princeton, NJ: Princeton University Press.

Brandt, Kim. 2007. *Kingdom of Beauty: Mingei and the Politics of Folk Art in Imperial Japan.* Durham, NC: Duke University Press.

Berman, Bruce. 1990. *Control and Crisis in Colonial Kenya: The Dialectic of Domination.* Athens, OH: Ohio University Press; London: J. Currey.

Berman, Bruce, and John Lonsdale. 1992. *Unhappy Valley: Conflict in Kenya and Africa.* London: J. Currey; Nairobi: Heinemann Kenya; Athens, OH: Ohio University Press.

Bhabha, Homi. 1994. *The Location of Culture.* London: Routledge.

Brook, Timothy. 2000. "Collaborationist Nationalism in Occupied Wartime China", In *Nation Work: Asian Elites and National Identities*, ed. Timothy Brook and Andre Schmid, pp. 159～90. Ann Arbor, MI: University of Michigan Press.

_____. 2007. *Collaboration: Japanese Agents and Local Elites in Wartime China.*

Cambridge, MA: Harvard University Press.

Brooks, Barbara J. 1998. "Peopling the Japanese Empire: The Koreans in Manchuria and the Rhetoric of Inclusion", in *Japan's Competing Modernities: Issues in Culture and Democracy, 1900~1930*, ed. Sharon A. Minichiello, pp. 25~44. Honolulu, HI: University of Hawaii Press.

_____. 2005. "Reading the Japanese Colonial Archive: Gender and Bourgeois Civility in Korea and Manchuria before 1932", in *Gendering Modern Japanese History*, ed. Kathleen Uno and Barbara Molony, pp. 295~325. Cambridge, MA: Harvard University Press.

Brudnoy, David. 1970. "Japan's Experiment in Korea", *Monumenta Nipponica* 25, no. 1/2: pp. 155~95.

Buettner, Elizabeth. 2000. "Problematic Spaces, Problematic Races: Defining 'Europeans' in Late Colonial India", *Women's History Review* 9, no. 2, special issue: Borders and Frontiers in Women's History: pp. 277~98.

Byington, Mark E. 2003. "A History of the Puyo State, Its People, and Its Legacy". Ph.D. diss., Harvard University.

Cannadine, David. 2002. *Ornamentalism: How the British Saw Their Empire*. Oxford, UK: Oxford University Press.

Caprio, Mark E. 2009. *Japanese Assimilation Policies in Colonial Korea, 1910~1945*. Seattle, WA: University of Washington Press.

Chandra, Vipan. 1974. "An Outline Study of the Ilchin-hoe (Advancement Society) of Korea", *Occasional Papers on Korea* 2: pp. 43~72.

_____. 1988. *Imperialism, Resistance, and Reform in Late Nineteenth-Century Korea: Enlightenment and the Independence Club*. Berkeley, CA: Institute of East Asian Studies, University of California at Berkeley.

Charrad, Monira. 2001. *States and Women's Rights: The Making of Postcolonial Tunisia, Algeria, and Morocco*. Berkeley, CA: University of California Press.

Chen, Ching-chih. 1984. "Police and Community Control Systems in the Empire", In *The Japanese Colonial Empire, 1895~1945*, ed. Ramon H. Myers and Mark R. Peattie, pp. 213~39. Princeton, NJ: Princeton University Press.

Chen, Edward I-te. 1970. "Japanese Colonialism in Korea and Formosa: A Comparison of the Systems of Political Control", *Harvard Journal of Asiatic Studies* 30: pp. 127~40.

Ching, Leo T. S. 2001. *Becoming "Japanese": Colonial Taiwan and the Politics of Identity Formation*. Berkeley, CA: University of California Press.

Choi, Kyeong-Hee. 1999. "Neither Colonial nor National: The Making of the 'New Woman' in Pak Wansŏ's 'Mother's Stake 1'", In *Colonial Modernity in Korea*, ed. Gi-Wook Shin and Michael Robinson, pp. 221~47. Cambridge, MA: Harvard University

Asia Center.

Chou, Wan-yao. 1996. "The Kōminka Movement in Taiwan and Korea: Comparisons and Interpretations", In *The Japanese Wartime Empire, 1931~1945*, ed. Peter Duus, Ramon H. Myers, and Mark R. Peattie, pp. 46~68. Princeton, NJ: Princeton University Press.

Christy, Alan. 1993. "The Making of Imperial Subjects in Okinawa", *Positions: east asia cultures critique* 1, no. 3 (winter): pp. 607~39.

Clark, Donald N. 2003. *Living Dangerously in Korea: The Western Experience 1900~1950*. Norwalk, Connecticut: EastBridge.

Cohen, Nicole Leah. 2006. "Children of Empire: Growing up Japanese in Colonial Korea, 1876~1946". Ph.D. diss., Columbia University.

Cohn, Bernard S. 1996. *Colonialism and Its Forms of Knowledge*. Princeton, NJ: Princeton University Press.

"Colonial Modernity and the Making of Modern Korean Cities". 2008. Special issue of *Korea Journal* 48, no. 3 (Autumn).

Comaroff, Jean, and John Comaroff. 1991. *Of Revelation and Revolution: Christianity, Colonialism, and Consciousness in South Africa*, 2 vols. Chicago, IL: University of Chicago Press.

Conklin, Alice L. 1997. *A Mission to Civilize: The Republican Idea of Empire in France and West Africa, 1895~1930*. Stanford, CA: Stanford University Press.

Conroy, Hilary. 1960. *The Japanese Seizure of Korea: 1868~1910: A Study of Realism and Idealism in International Relations*. Philadelphia: University of Pennsylvania Press.

Cook, Harold F. 1972. *Korea's 1884 Incident: Its Background and Kim Ok-kyun's Elusive Dream*. Seoul: Royal Asiatic Society, Korea Branch.

Coombes, Annie, ed. 2006. *Rethinking Settler Colonialism: History and Memory in Australia, Canada, Aotearoa New Zealand, and South Africa*. Manchester, UK: Manchester University Press.

Cooper, Frederick. 2005. *Colonialism in Question: Theory, Knowledge, History*. Berkeley, CA: University of California Press.

Cooper, Frederick, and Ann Laura Stoler, eds. 1997. *Tensions of Empire: Colonial Cultures in a Bourgeois World*. Berkeley, CA: University of California Press.

Crews, Robert. 2006. *For Prophet and Tsar: Islam and Empire in Russia and Central Asia*. Cambridge, MA: Harvard University Press.

Crosby, Alfred W. 1996. *Ecological Imperialism: Biological Expansion of Europe, 900~1900*. Cambridge, UK: Cambridge University Press.

Cumings, Bruce. 1984. "The Legacy of Japanese Colonialism in Korea", In *The Japanese Colonial Empire, 1895~1945*, ed. Ramon Myers and Mark R. Peattie, pp. 478~96.

Princeton, NJ: Princeton University Press.

Daughton, J. P. 2006. *An Empire Divided: Religion, Republicanism, and the Making of French Colonialism, 1880~1914*. New York: Oxford University Press.

De Boer, John C. 2006. "Circumventing the Evils of Colonialism: Yanaihara Tadao and Zionist Settler Colonialism in Palestine", *Positions: east asia cultures critique* 14, no. 3 (Winter): pp. 567~95.

Delissen, Alain. 2000. "Denied and Besieged: the Japanese Community of Korea, 1876~1945", In *New Frontiers: Imperialism's New Communities in East Asia, 1842~1953*, ed. Robert Bickers and Christian Henriot, pp. 125~45. Manchester, UK: Manchester University Press.

Denoon, Donald. 1983. *Settler Capitalism: The Dynamics of Dependent Development in the Southern Hemisphere*. Oxford, UK: Clarendon Press; New York: Oxford University Press.

Deuchler, Martina. 1977. *Confucian Gentlemen and Barbarian Envoys: The Opening of Korea, 1875~1885*. Seattle, WA: University of Washington Press.

Dirks, Nicholas, B. 2002. "Annals of the Archive: Ethnographic Notes on the Sources of History", In *From the Margins: Historical Anthropology and Its Futures*, ed. Brian Keith Axel, pp. 47~65. Durham, NC: Duke University Press.

Doak, Kevin M. 2007. *History of Nationalism in Modern Japan: Placing the People*. Leiden: Brill.

Duara, Prasenjit. 2003. *Sovereignty and Authenticity: Manchukuo and the East Asian Modern*. Lanham: Rowman and Littlefield.

Dudden, Alexis. 2005. *The Japanese Colonization of Korea: Discourse and Power*. Honolulu, HI: University of Hawai'i Press.

Duncan, John. 1998. "Proto-nationalism in Premodern Korea", In *Perspectives on Korea*, ed. Sang-Oak Lee and Duk-Soo Park, pp. 198~221. Sydney: Wild Peony.

Duus, Peter. 1984. "Economic Dimensions of Meiji Imperialism: The Case of Korea, 1895~1910", In *The Japanese Colonial Empire, 1895~1945*, ed. Ramon H. Myers and Mark R. Peattie, pp. 128~71. Princeton, NJ: Princeton University Press.

_____. 1995. *The Abacus and the Sword: The Japanese Penetration of Korea, 1895~1910*. Berkeley, CA: University of California Press.

Eckert, Carter J. 1991. *Offspring of Empire: The Kochang Kims and the Colonial Origins of Korean Capitalism, 1876~1945*. Seattle, WA: University of Washington Press.

_____. 1996. "Total War, Industrialization, and Social Change in Late Colonial Korea", In *The Japanese Wartime Empire, 1931~1945*, ed. Peter Duus, Ramon H. Myers, and Mark R. Peattie, pp. 3~39. Princeton, NJ: Princeton University Press.

Eckert, Carter J., Ki-baik Lee, Young Ick Lew, Michael Robinson, and Edward W. Wagner. 1990. *Korea, Old and New: A History*. Seoul: Ilchokak.

Elkins, Caroline. 2005. *Imperial Reckoning: The Untold Story of Britain's Gulag in Kenya*. New York: H. Holt.

Elkins, Caroline, and Susan Pedersen, eds. 2005. *Settler Colonialism in the Twentieth Century: Projects, Practices, Legacies*. New York: Routledge.

Eskildsen, Robert. 2002. "Of Civilization and Savages: The Mimetic Imperialism of Japan's 1874 Expedition to Taiwan", *American Historical Review* 107, no. 2 (April): pp. 388~418.

Esselstrom, Erik. 2009. *Crossing Empire's Edge: Foreign Ministry Police and Japanese Expansionism in Northeast Asia*. Honolulu, HI: University of Hawai'i Press.

Evans, Julie et al., eds. 2003. *Equal Subjects, Unequal Rights: Indigenous Peoples in British Settler Colonies, 1830~1910*. Manchester, UK; New York: Manchester University Press.

Fabian, Johannes. 1983. *Time and the Other: How Anthropology Makes Its Object*. New York: Columbia University Press.

Fage, J. D., and Roland Oliver, eds. 1986. *The Cambridge History of Africa*. Vol. 7. Cambridge, UK: Cambridge University Press.

Fanon, Frantz. 1967. *Black Skin, White Masks*. New York: Grove.

Fieldhouse, D. K. 1973. *Economics and Empire, 1880~1914*. Ithaca, NY: Cornell University Press.

———. 1976. "Imperialism and the Periphery", In *The "New Imperialism": Analysis of Late Nineteenth-Century Expansion*, ed. Harrison M. Wright, pp. 181~200. 2nd ed. Lexington, Massachusetts and Toronto: D. C. Heath and Company.

Fujikane, Candace, and Jonathan Y. Okamura, eds. 2008. *Asian Settler Colonialism: From Local Governance to the Habits of Everyday Life in Hawai'i*. Honolulu, HI: University of Hawai'i Press.

Fujitani, Takashi. 1996. *Splendid Monarchy: Power and Pageantry in Modern Japan*. Berkeley, CA: University of California Press.

———. 2007. "Right to Kill, Right to Make Live: Koreans as Japanese and Japanese as Americans during WWII", *Representations* 99 (Summer): pp. 13~39.

———. 2011. *Race for Empire: Koreans as Japanese and Japanese as Americans in World War* II. Berkeley, CA: University of California Press.

Gann, Lewis H. 1984. "Western and Japanese Colonialism: Some Preliminary Comparisons", In *The Japanese Colonial Empire, 1895~1945*, ed. Ramon H. Myers and Mark R. Peattie, pp. 497~525. Princeton, NJ: Princeton University Press.

Garon, Sheldon. 1997. *Molding Japanese Minds: The State in Everyday Life*. Princeton, NJ: Princeton University Press.

Gluck, Carol. 1985. *Japan's Modern Myths: Ideology in the Late Meiji Period*. Princeton, NJ: Princeton University Press.

594

Goldstein, Alyosha and Alex Lubin, eds. 2008. "Settler Colonialism", *South Atlantic Quarterly special issue* 107, no. 4 (Fall).

Good, Kenneth. 1976. "Settler Colonialism: Economic Development and Class Formation", *Journal of Modern African Studies* 14, no. 4 (December): pp. 597~620.

Gordon, Andrew. 1991. *Labor and Imperial Democracy in Prewar Japan*. Berkeley, CA: University of California Press.

_____. 2003. *A Modern History of Japan: From Tokugawa Times to the Present*. New York: Oxford University Press.

Goswami, Manu. 2004. *Producing India: From Colonial Economy to National Space*. Chicago, IL: University of Chicago Press.

Gragert, Edwin H. 1994. *Landownership under Colonial Rule: Korea's Japanese Experience, 1900~1935*. Honolulu, HI: University of Hawai'i Press.

Harvey, Elizabeth. 2005. "Management and Manipulation: Nazi Settlement Planners and Ethnic German Settlers in Occupied Poland", In *Settler Colonialism in the Twentieth Century: Projects, Practices, Legacies*, ed. Caroline Elkins and Susan Pedersen, pp. 95~112. New York: Routledge.

Havens, Thomas R. H. 1978. *Valley of Darkness: The Japanese People and World War II*. New York: W. W. Norton and Company.

Henderson, Gregory. 1968. *Korea: Politics of the Vortex*. Cambridge, MA: Harvard University Press.

_____. 1973. "Japan's Chōsen: Immigrants, Ruthlessness and Developmental Shock", In *Korea Under Japanese Colonial Rule: Studies of the Policy and Techniques of Japanese Colonialism*, ed. Andrew C. Nahm, pp. 261~69. Kalamazoo, MI: Western Michigan University.

Henry, Todd A. 2005. "Sanitizing Empire: Japanese Articulations of Korean Otherness and the Construction of Early Colonial Seoul, 1905~19", *Journal of Asian Studies* 64, no. 3 (August): pp. 639~75.

_____. 2006. "Keijō: Japanese and Korean Constructions of Colonial Seoul and the History of Its Lived Spaces, 1910~1937". Ph.D. diss., University of California at Los Angeles.

_____. 2008. "Re-Spatializing Chōsen Royal Capital: The Politics of Urban Reforms in Early Colonial Seoul, 1905~19", In *Sitings: Critical Approaches to Korean Geography*, ed. Timothy R. Tangherlini and Sallie Yea, pp. 15~38. Honolulu, HI: University of Hawai'i Press.

Herbst, Jeffrey. 2000. *States and Power in Africa: Comparative Lessons in Authority and Control*. Princeton, NJ: Princeton University Press.

Ho, Samuel Pao-San. 1984. "Colonialism and Development: Korea, Taiwan, and

Kwantung", In *The Japanese Colonial Empire, 1895~1945*, ed. Ramon H. Myers and Mark R. Peattie, pp. 347~98. Princeton, NJ: Princeton University Press.

Hong Kal. 2005. "Modeling the West, Returning to Asia: Shifting Identities in Japanese Colonial Expositions in Korea", *Comparative Studies in Society and History* 47, no. 3 (July): pp. 507~31.

Howell, David. 2004. "Making 'Useful Citizens' of Ainu Subjects in Early Twentieth Century Japan", *Journal of Asian Studies* 63, no. 1 (February): pp. 5~29.

Huffman, James L. 1997. *Creating a Public: People and Press in Meiji Japan*. Honolulu: HI: University of Hawai'i Press.

Hur, Nam-Lin. 1999. "The Sōtō Sect and Japanese Military Imperialim in Korea", *Japanese Journal of Religious Studies* 26, no. 1/2 (Spring): pp. 107~34.

Janelli, Robert L. 1986. "The Origins of Korean Folklore Scholarship", *Journal of American Folklore* 88, no. 391 (January-March): pp. 24~49.

Kagaya Shinko. 2001. "No Performances in Gaichi", *Asian Theatre Journal* 18, no. 2 (Fall): pp. 257~69.

Kasza, Gregory J. 1995. *The Conscription Society: Administered Mass Organizations*. New Haven, CT: Yale University Press.

Kawashima, Ken. 2009. *The Proletarian Gamble: Korean Workers in Interwar Japan*. Durham, NC: Duke University Press.

Keller, Richard. 2007. *Colonial Madness: Psychiatry in French North Africa*. Chicago, IL: University of Chicago Press.

Kennedy, Dane. 1987. *The Islands of White: Settler Society and Culture in Kenya and Southern Rhodesia, 1890~1939*. Durham, NC: Duke University Press.

Kim, Hwansoo. 2007. "Strategic Alliances: The Dynamic Relationship between Korean and Japanese Buddhism, 1877~1912". Ph.D. diss., Harvard University.

Kim, Key-Hiuk. 1980. *The Last Phase of the East Asian World Order: Korea, Japan and the Chinese Empire, 1860~1882*. Berkeley, CA: University of California Press.

Kim, Kyu Hyun. 2007. *The Age of Visions and Arguments: Parliamentarianism and the National Public Sphere in Early Meiji Japan*. Cambridge, MA: Harvard University Asia Center.

Kim Baek Yung. 2008. "Ruptures and Conflicts in the Colonial Power Bloc: the Great Keijo Plan of the 1920s", *Korea Journal* 48, no. 3 (Autumn): pp. 1~40.

Kim, Richard E. 1970. *Lost Names: Scenes from a Korean Boyhood*. New York: Praeger.

Kim, Su Yun. 2009. "Romancing Race and Gender: Intermarriage and the Making of 'Modern Subjectivity' in Colonial Korea, 1910~1945". Ph.D. diss., University of California at San Diego.

Kinmonth, Earl H. 1981. *The Self-Made Man in Meiji Japanese Thought: From Samurai to Salary Man*. Berkeley, CA: University of California Press.

Kimura Kenji. 2002. "Settling into Korea: The Japanese Expansion into Korea from the Russo-Japanese War to the Early Period of Annexation", In "Japanese Settler Colonialism and Capitalism in Japan: Advancing into Korea, Settling Down, and Returning to Japan, 1905~1950", *Occasional Papers in Japanese Studies* (Edwin O. Reischauer Institute of Japanese Studies, Harvard University), no. 2002~03 (June): pp. 1~10.

Kublin, Hyman. 1959. "The Evolution of Japanese Colonialism", *Comparative Studies in Society and History* 2, no. 1 (October): pp. 67~84.

Kwon, In-sook. 1998. "'The New Women's Movement' in 1920s Korea", *Gender & History* 10, no. 3 (November): pp. 381~405.

Lamley, Harry. 1970~71. "Assimilation Efforts in Colonial Taiwan: The Fate of the 1914 Movement", *Monumenta Serica* 29: pp. 496~520.

Larsen, Kirk W. 2008. *Tradition, Treaties, and Trade: Qing Imperialism and Chosŏn Korea, 1850~1910*. Cambridge, MA: Harvard University Asia Center.

Lee, Chulwoo. 1999. "Modernity, Legality, and Power in Korea Under Japanese Rule", In *Colonial Modernity in Korea*, ed. Gi-wook Shin and Michael Robinson, pp. 21~51. Cambridge, MA: Harvard University Asia Center.

Lee, Helen J. S. 2003. "Popular Media and the Racialization of Koreans Under Occupation". Ph.D. diss., University of California, Irvine.

————. 2008b. "Writing Colonial Relations of Everyday Life in Senryū", *Positions: east asia cultures critique* 16, no. 3 (Winter): pp. 601~28.

Lewis, Michael. 2000. *Becoming Apart: National Power and Local Politics in Toyama, 1868~1945*. Cambridge, MA: Harvard University Asia Center.

Lo, Ming Cheng. 2002. *Doctors Within Borders: Profession, Ethnicity, and Modernity in Colonial Taiwan*. Berkeley, CA: University of California Press.

Lustick, Ian. 1985. *State-Building Failure in British Ireland and French Algeria*. Berkeley, CA: Institute of International Studies, University of California, Berkeley.

Lynn, Hyung Gu. 2001. "Limits of the Colonial State: Interest Intersections and the State in Colonial Korea, 1919~1942". Ph.D. diss., Harvard University.

————. 2004. "Fashioning Modernity: Changing Meanings of Clothing in Colonial Korea", *Journal of International and Asia Studies* 11, no. 3 (Spring): pp. 75~93.

————. 2005. "Malthusian Dreams, Colonial Imaginary: The Oriental Development Company and Emigration to Korea", In *Settler Colonialism in the Twentieth Century: Projects, Practices, Legacies*, ed. Caroline Elkins and Susan Pedersen, pp. 25~40. London: Routledge.

Mamdani, Mahmood. 1996. *Citizen and Subject: Contemporary Africa and the Legacy of*

Late Colonialism. Princeton, NJ: Princeton University Press.

Manela, Erez. 2007. *The Wilsonian Moment: Self-Determination and the International Origins of Anticolonial Nationalism.* Oxford, UK; New York: Oxford University Press.

Maruko Siniawer, Eiko. 2008. *Ruffians, Yakuza, Nationalists: The Violent Politics of Modern Japan, 1860~1960.* Ithaca, NY: Cornell University Press.

Matsusaka, Yoshihisa Tak. 2001. *The Making of Japanese Manchuria, 1904~1932.* Cambridge, MA: Harvard University Asia Center.

McNamara, Dennis L. 1996. *Trade and Transformation in Korea, 1876~1945.* Boulder, CO: Westview Press.

McWilliams, Wayne C. 1998. *Homeward Bound: Repatriation of Japanese from Korea after World War II.* Asian Studies Monograph Series. Hong Kong: Asian Research Service.

Memmi, Albert. 1965. *The Colonizer and the Colonized.* Trans. Howard Greenfeld. New York: Orion Press.

Metzler, Mark. 2005. *Lever of Empire: The International Gold Standard and the Crisis of Liberalism in Prewar Japan.* Berkeley, CA: University of California Press.

Mitchell, Timothy. 1988. *Colonising Egypt.* Cambridge, UK: Cambridge University Press.

_____. 1991. "The Limits of the States: Beyond Statist Approaches and Their Critics", *American Political Science Review* 85, no. 1 (March): pp. 77~96.

Mizoguchi Toshiyuki and Yamamoto Yūzō. 1984. "Capital Formation in Taiwan and Korea", In *The Japanese Colonial Empire, 1895~1945*, ed. Ramon H. Myers and Mark R. Peattie, pp. 399~419. Princeton, NJ: Princeton University Press.

Moon, Yumi. 2005. "The Populist Contest: The Ilchinhoe Movement and the Japanese Colonialization of Korea, 1896~1910". Ph.D. diss., Harvard University.

_____. 2010. "Populist Collaborators: The Ilchinhoe and the Japanese Colonization of Korea, 1896~1910". Unpublished manuscript.

Morris-Suzuki, Tessa. 1998. "Becoming Japanese: Imperial Expansion and Identity Crises in the Early Twentieth Century", In *Japan's Competing Modernities: Issues in Culture and Democracy 1900~1930*, ed. Sharon A. Minichiello, pp. 157~80. Honolulu, HI: University of Hawai'i Press.

Moskowitz, Karl. 1974. "The Creation of the Oriental Development Company: Japanese Illusions Meet Korean Reality", *Occasional Papers on Korea* 2: pp. 73~121.

Munasinghe, Viranjini. 2006. "Theorizing World Culture Through the New World: East Indians and Creolization", *American Ethnologist* 33, no. 4 (November): pp. 573~75.

Myers, Ramon H. and Mark Peattie, eds. 1984. *The Japanese Colonial Empire, 1895~1945.* Princeton, NJ: Princeton University Press.

Oguma Eiji. 2002. *A Genealogy of "Japanese" Self-Images.* Trans. David Askew. Melbourne:

Trans Pacific Press.

Oh, Se-Mi. 2008. "Consuming the Modern: The Everyday in Colonial Seoul, 1915~ 1937". Ph.D. diss., Columbia University.

Oka, Yoshitake. 1982. "Generational Conflict after the Russo-Japanese War", In *Conflict in Modern Japanese History*, ed. Tetsuo Najita and J. Victor Koschmann, pp. 198~200. Princeton, NJ: Princeton University Press.

Osterhammel, Jürgen. 2005. *Colonialism: A Theoretical Overview*. Trans. Shelly L. Frisch. 2nd edition. Princeton, NJ: Markus Wiener Publishers.

Pai, Hyung-il. 1994. "The Politics of Korea's Past: The Legacy of Japanese Colonial Archaeology in the Korean Peninsula", *East Asian History* 7: pp. 25~48.

_____. 1999. "Japanese Anthropology and the Discovery of 'Prehistoric Korea'", *Journal of East Asian Archaeology* 1: pp. 353~82.

_____. 2000. *Constructing "Korean" Origins: A Critical Review of Archaeology, Historiography, and Racial Myth in Korean State-Formation Theories*. Cambridge, MA: Harvard University Asia Center.

Palais, James B. 1975. *Politics and Policy in Traditional Korea*. Cambridge, MA: Council on East Asian Studies, Harvard University.

Park, Hyun Ok. 2000. "Korean Manchuria: The Racial Politics of Territorial Osmosis", *South Atlantic Quarterly* 99, no. 1 (Winter): pp. 193~215.

Park, Soon-Won. 1999. *Colonial Industrialization and Labor in Korea: The Onoda Cement Factory*. Cambridge, MA: Harvard University Asia Center.

Pearson, David. 2001. *The Politics of Ethnicity in Settler Societies: States of Unease*. New York: Palgrave.

Peattie, Mark R. 1984a. "Introduction", In *The Japanese Colonial Empire, 1895~1945*, ed. Ramon H. Myers and Mark R. Peattie, pp. 3~51. Princeton, NJ: Princeton University Press.

_____. 1984b. "Japanese Attitudes toward Colonialism, 1895~1945", In *The Japanese Colonial Empire, 1895~1945*, ed. Ramon H. Myers and Mark R. Peattie, pp. 80~127. Princeton, NJ: Princeton University Press.

_____. 1988a. "The Japanese Colonial Empire, 1895~1945", In *The Cambridge History of Japan* vol. 6, *The Twentieth Century*, ed. Peter Duus, pp. 217~70. New York: Cambridge University Press.

_____. 1988b. *Nan'yō: The Rise and Fall of the Japanese in Micronesia, 1885~1945*. Honolulu: HI: University of Hawai'i Press.

Penvenne, Jeanne Marie. 2005. "Settling against the Tide: The Layered Contradictions of Twentieth-Century Portuguese Settlement in Mozambique", In *Settler Colonialism in the*

Twentieth Century: Projects, Practices, Legacies, ed. Caroline Elkins and Susan Pedersen, pp. 79~94. New York and London: Routledge.

Pratt, Mary Louise. 1992. *Imperial Eyes: Travel Writing and Transculturation*. London and New York: Routledge.

Prochaska, David. 1990. *Making Algeria French: Colonialism in Bône, 1870~1920*. Cambridge, UK: Cambridge University Press.

Pyle, Kenneth B. 1969. *The New Generation in Meiji Japan: Problems of Cultural Identity, 1885~1895*. Stanford, CA: Stanford University Press.

_____. 1973. "The Technology of Japanese Nationalism: The Local Improvement Movement, 1900~1918", *Journal of Asian Studies* 33 (November): pp. 51~65.

Richards, Thomas. 1996. *Imperial Archive: Knowledge and the Fantasy of Empire*. London; New York: Verso.

Roberts, Andrew. 1986. "The Imperial Mimd" and "Portuguese Africa", In *The Cambridge History of Africa* vol. 7, ed. J. D. Fage and Roland Oliver, pp. 24~76, 494~543. Cambridge, UK: Cambridge University Press.

Roberts, Richard L. 1996. *Two Worlds of Cotton: Colonialism and the Regional Economy in the French Soudan, 1800~1946*. Stanford, CA: Stanford University Press.

Roberts, Sophie. 2010. "French Colonialism, Algerian Jews, and the Limits of Citizenship: French Anti-Semitism, Social Change, and the Jews of Algeria, 1870~1944". Ph.D. diss., University of Toronto.

Robinson, Michael E. 1982~83. "Ideological Schism in the Korean Nationalist Movement, 1920~1930", *Journal of Korean Studies* 4: pp. 241~68.

_____. 1984. "Colonial Publication Policy and the Korean Nationalist Movement", In *The Japanese Colonial Empire, 1895~1945*, ed. Ramon H. Myers and Mark R. Peattie, pp. 312~43. Princeton, NJ: Princeton University Press.

_____. 1988. *Cultural Nationalism in Colonial Korea, 1920~25*. Seattle, WA: University of Washington Press.

_____. 1993. "Enduring Anxieties: Cultural Nationalism and Modern East Asia", In *Cultural Nationalism in East Asia: Representation and Identity*, ed. Harumi Befu, pp. 167~86. Berkeley, CA: Institute of East Asian Studies, University of California.

Robinson, Ronald. 1972. "Non-European Foundations of European Imperialism: Sketch for a Theory of Collaboration", In *Studies in the Theory of Imperialism*, ed. Roger Owen and Bob Sutcliffe, pp. 117~40. London: Longman.

Robinson, Shira Nomi. 2005. "Occupied Citizens in a Liberal State: Palestinians under Military Rule and the Colonial Formation of Israeli Society, 1948~1966". Ph.D. diss., Stanford University.

Ruedy, John. 2005. *Modern Algeria: The Origins and Development of a Nation*. 2nd edition. Bloomington, IN: Indiana University Press.

Russell, Lynette, ed. 2001. *Colonial Frontiers: Indigenous-European Encounters in Settler Societies*. Manchester, UK: Manchester University Press.

Saaler, Sven, and J. Victor Koschmann, eds. 2007. *Pan-Asianism in Modern Japanese History: Colonialism, Regionalism, and Borders*. New York: Routledge.

Said, Edward W. 1978. *Orientalism*. New York: Pantheon Books.

Sakai, Naoki, Brett de Bary, and Iyotani Toshio, eds. 2005. *Deconstructing Nationality*. Ithaca, NY: East Asia Program, Cornell University.

Sand, Jordan. 2005. *House and Home in Modern Japan: Architecture, Domestic Space, and Bourgeois Culture, 1880~1930*. Cambridge, MA: Harvard University Asia Center.

Satia, Priya. 2008. *Spies in Arabia: The Great War and the Cultural Foundations of Britain's Covert Empire in the Middle East*. Oxford, UK: Oxford University Press.

Satō, Barbara H. 2003. *The New Japanese Woman: Modernity, Media, and Women in Interwar Japan*. Durham, NC: Duke University Press.

Scalapino, Robert A., and Lee Chong-Sik. 1972. *Communism in Korea*. Vol. 1. Berkeley, CA: University of California Press.

Schmid, Andre. 1997. "Rediscovering Manchuria: Sin Ch'aeho and the Politics of Territorial History in Korea", *Journal of Asian Studies* 56, no. 1 (February): pp. 26~46.

_____. 2002. *Korea Between Empires, 1895~1919*. New York: Columbia University Press.

Seraphim, Franziska. 2006. *War Memory and Social Politics in Japan, 1945~2005*. Cambridge, MA: Harvard University Asia Center.

Shafir, Gershon. 1996. *Land Labor and the Origins of the Israeli-Palestinian Conflict, 1882~1914*. Berkeley, CA: University of California Press.

Shimizu, Akitoshi. 1999. "Colonialism and the Development of Modern Anthropology in Japan", In *Anthropology and Colonialism in Asia and Oceania*, ed. Jan van Bremen and Akitoshi Shimizu, pp. 115~71. Richmond, Surrey, UK: Curzon Press.

Shin, Ki-Wook, and Do-Hyun Han. 1999. "Colonial Corporatism: The Rural Revitalization Campaign, 1932~1940", In *Colonial Modernity in Korea*, ed. Gi-Wook Shin and Michael Robinson, pp. 70~96. Cambridge, MA: Harvard University Asia Center.

Shin, Ki-Wook, and Michael Robinson, eds. 1999. *Colonial Modernity in Korea*. Cambridge, MA: Harvard University Asia Center.

Sinha, Mrinalini. 2001. "Britishness, Clubbability, and the Colonial Public Sphere: The Genealogy of an Imperial Institution in Colonial India", *Journal of British Studies* 40, no. 4 (October): pp. 489~521.

Smith, Kerry. 2001. *A Time of Crisis: Japan, the Great Depression, and Rural Revitalization*.

Cambridge, MA: Harvard University Asia Center, 2001.

Smith, Woodruff D. 1978. *The German Colonial Empire*. Chapel Hill, NC: University of North Carolina Press.

Spurr, David. 1993. *The Rhetoric of Empire: Colonial Discourse in Journalism, Travel Writing, and Imperial Administration*. Durham, NC: Duke University Press.

Stasiulis, Daiva, and Nira Yuval-Davis, eds. 1995. *Unsettling Settler Societies: Articulations of Gender, Race, Ethnicity and Class*. London and Thousand Oaks, CA: Sage.

Stoler, Ann Laura. 1989. "Rethinking Colonial Categories: European Communities and the Boundaries of Rule", *Comparative Studies in Society and History* 31, no. 1 (January): pp. 134~61.

_____. 2002a. *Carnal Knowledge and Imperial Power: Race and the Intimate in Colonial Rule*. Berkeley, CA: University of California Press.

_____. 2002b. "Colonial Archives and the Arts of Governance", *Archival Science* (Kluwer Academic Publishers, Netherlands) 2: pp. 87~109.

_____. 2008. *Along the Archival Grain: Epistemic Anxieties and Colonial Common Sense*. Princeton, NJ: Princeton University Press.

Stora, Benjamin. 2001. *Algeria, 1830~2000: A Short History*. Trans. Jane Marie Todd. Ithaca, NY: Cornell University Press.

Suh, Dae-Sook. 1967. *The Korean Communist Movement, 1918~1948*. Princeton, NJ: Princeton University Press.

Tamanoi, Mariko. 2009. *Memory Maps: The State and Manchuria in Postwar Japan*. Honolulu, HI: University of Hawai'i Press.

Tanaka Stefan. 1993. *Japan's Orient: Rendering Pasts into History*. Berkeley, CA: University of California Press.

Tsurumi, Patricia. 1984. "Colonial Education in Korea and Taiwan", In *The Japanese Colnial Empire, 1895~1945*, ed. Ramon H. Myers and Mark R. Peattie, pp. 275~311. Princeton, NJ: Princeton University Press.

Uchida Jun. 2005. "'Brokers of Empire': Japanese Settler Colonialism in Korea, 1910~1937". Ph.D. diss., Harvard University.

_____. 2008. "'A Scramble for Freight': The Politics of Collaboration along and across the Railway Tracks of Colonial Korea", *Comparative Studies in Society and History* 51, no. 1 (January): pp. 117~50.

_____. 2011a. "A Sentimental Journey: Mapping the Interior Frontier of Japanese Sttlers in Colonial Korea", *Journal of Asian Studies* 70, no. 3 (August): forthcoming.

_____. 2011b. "Between Collaboration and Conflict: State and Society in Wartime Korea", In *Tumultuous Decade: Japan's Challenge to the International System, 1931~41*, ed. Masato Kimura and Tosh Minohara. Toronto, ON: University of Toronto Press, forthcoming.

Walraven, Boudewijn. 1999. "The Natives Next-door: Ethnology in Colonial Korea", In *Anthropology and Colonialism in Asia and Oceania*, ed. Jan van Bremen and Akitoshi Shimizu, pp. 219~44. Richmond, Surrey, UK: Curzon Press.

Watt, Lori. 2009. *When Empire Comes Home: Repatriation and Reintegration in Postwar Japan*. Cambridge, MA: Harvard University Asia Center.

Wehler, Hans-Ulrich. 1985. *The German Empire, 1871~1918*. Trans. Kim Traynor. Dover, NH: Berg Publishers.

Weiner, Michael. 1995. "Discourses of Race, Nation, and Empire in Pre-1945 Japan", *Ethnic and Racial Studies* 18, no. 3 (July): pp. 433~56.

White, Richard. 1991. *The Middle Ground: Indians, Empires, and Republics in the Great Lakes Region, 1650~1815*. Cambridge, UK: Cambridge University Press.

Wolfe, Patrick. 1999. *Settler Colonialism and the Transformation of Anthropology: The Politics and Poetics of an Ethnographic Event*. London and New York: Cassell.

Yamanouchi, Yasushi. 1998. "Total-War and System Integration: A Methodological Introduction", In *Total War and 'Modernization'*, ed. Yasushi Yamanouchi, J. Victor Koschmann, and Ryūichi Narita, pp. 1~42. Ithaca, NY: East Asia Program, Cornell University.

Lee Seung-yup. 2008. "Japanese Resident Society in Colonial Korea during the Military Rule Period, 1910s". Paper presented at the Association for Asian Studies Annual Meeting, Atlanta.

Yoo, Theodore Jun. 2008. *The Politics of Gender in Colonial Korea: Education, Labor, and Health, 1910~1945*. Berkeley, CA: University of California Press.

Young, Crawford. 1994. *The African Colonial State in Comparative Perspective*. New Haven, CT: Yale University Press.

Young, Louise. 1998. *Japan's Total Empire: Manchuria and the Culture of Wartime Imperialism*. Berkeley, CA: University of California Press.

加藤聖文,「政黨內閣確立期における植民地支配體制の摸索: 拓殖省設置問題の考察」,『東アジア近代史』1 (3月), 1998, pp. 39~57.

姜東鎭,『日本の朝鮮支配政策史硏究: 1920年代を中心として』, 東京: 東京大學出版會, 1979.

岡本眞希子,『植民地官僚の政治史: 朝鮮・臺灣總督府と帝國日本』, 東京: 三元社, 2008.

_____,「アジア太平洋戰爭末期における朝鮮人・臺灣人參政權問題」,『日本史硏究』401 (1月), 1996, pp. 53~67.

_____,「政黨政治期における文官總督制」,『日本植民地硏究』10 (7月), 1998, pp. 1~18.

_____, 「總督政治と政黨政治: 2大政黨期の總督の人事と總督府官制・予算」, 『朝鮮史研究會論文集』 38 (10月), 2000, pp. 31~60.

姜再鎬, 『植民地朝鮮の地方制度』, 東京: 東京大學出版會, 2001.

姜昌一, 「天佑俠と「朝鮮問題」: 「朝鮮浪人」の東學農民戰爭への對應と關連して」, 『史學雜誌』 第97卷 第8號 (8月), 1988, pp. 1~37.

高橋泰隆, 「植民地の鐵道と海運」, 大江志乃夫 外 編, 『植民地化と産業化』, 東京: 岩波書店, 1993, pp. 263~89. (岩波講座 近代日本と植民地 3)

高崎宗司, 「ある朝鮮通の生きた道」, 『季刊 三千里』 30 (5月), 1982a, pp. 104~15.

_____, 「綠旗連盟と「皇民化」運動」, 『季刊 三千里』 31 (8月), 1982b, pp. 64~72.

_____, 『植民地期朝鮮の日本人』, 東京: 岩波書店, 2002.

_____, 「朝鮮の親日派: 綠旗連盟で活躍した朝鮮人たち」, 大江志乃夫 外 編, 『抵抗と屈從』, 東京: 岩波書店, 1993, pp. 123~48. (岩波講座 近代日本と植民地 6)

高吉嬉, 『「在朝日本人二世」のアイデンティティ形成: 旗田巍と朝鮮・日本』, 東京: 桐書房, 2001.

高柳俊男, 「解題: '朝鮮時論'に見る日本人の朝鮮觀變革運動の舊蹟」, 『『朝鮮時論』別冊: 解題 總目次・索引』, 東京: 綠蔭書房, 1997.

高成鳳, 『植民地の鐵道』, 東京: 日本經濟評論社, 2006.

古川宣子, 「植民地期朝鮮における初等教育: 就學狀況の分析を中心に」, 『日本史研究』 370 (6月), 1993, pp. 31~56.

菅浩二, 『日本統治下の海外神社: 朝鮮神宮・臺灣神社と祭神』, 東京: 弘文堂, 2004.

橋谷弘, 『帝國日本と植民地都市』, 東京: 吉川弘文館, 2004.

溝口敏行・梅村又次 編, 『舊日本植民地經濟統計: 推計と分析』, 東京: 東洋經濟新報社, 1988.

駒込武, 『植民地帝國日本の文化統合』, 東京: 岩波書店, 1996.

_____, 「'帝國史'研究の射程」, 『日本史研究』 452 (4月), 2000, pp. 224~31.

國史大辭典編集者會 編, 『國史大辭典』第9卷, 東京: 吉川弘文館, 1988.

堀和生, 『朝鮮工業化の史的分析: 日本資本主義と植民地經濟』, 東京: 有斐閣, 1995.

宮田節子, 『朝鮮民衆と「皇民化」の政策』, 東京: 未來社, 1985.

宮田節子・金英達・梁泰昊, 『創氏改名』, 東京: 明石書店, 1992.

金子文夫, 「植民地投資と工業化」, 大江志乃夫 外 編, 『植民地化と産業化』, 東京: 岩波書店, 1993, pp. 27~50. (岩波講座 近代日本と植民地 3)

_____, 「1920年代おける朝鮮産業政策の形成: 産業調査委員會を中心に」, 原郎 編, 『近代日本の經濟と政治』, 東京: 山川出版社, 1986, pp. 175~200.

崎元和子, 「'皇民化'政策期の再朝日本人: 京城女子師範學校を中心に」, 『國際關係學研究』 25 (3月), 津田塾大學, 1999, pp. 79~94.

旗田巍, 「朝鮮政策と停滯論」, 『季刊 三千里』 3 (8月), 1975, pp. 42~47.

_____, 『朝鮮と日本人』, 東京: 勁草書房, 1983.

_____, 編, 『日本人の朝鮮觀』, 東京: 勁草書房, 1969.

磯田一雄, 『"皇國の姿"を追って : 教科書に見る植民地教育文化史』, 東京 : 皓星社, 1999.

吉野誠, 「李朝末期における米穀輸出の展開と防穀令」, 『朝鮮史研究會論文集』15 (3月), 1978, pp. 101~31.

金圭煥, 「植民地下朝鮮における言論および言論政策史」, 東京大學校博士學位論文, 1959.

金富子, 『植民地期朝鮮の教育とジェンダー : 就學・不就學をめぐる權力關係』, 世織書房, 2005.

金允植, 「一九四〇年前後в ソウル日本人の文學活動 : 『國民文學』誌と關連して」, 大江志乃夫 外 編, 『文化の中の植民地』, 東京 : 岩波書店, 1993, pp. 231~42. (岩波講座 近代日本と植民地 7)

楠精一郎, 「外地參政權問題」, 手塚豊 編, 『近代日本史の新研究』9, 東京 : 北樹出版, 1991, pp. 256~94.

内田じゅん, 「植民地朝鮮における同化政策と在朝日本人 : 同民會を事例にして」, 『朝鮮史研究會論文集』41 (10月), 2003a, pp. 173~201.

_____, 「(書評)高崎宗司 著 : 植民地朝鮮の日本人 (2002)」, 『韓國朝鮮の文化と社會』2 (10月), 2003b, pp. 278~86.

大平鐵畊, 『朝鮮鐵道十二年計畫』, 京城 : 滿鐵道新報社, 1927.

大和明, 「植民地期朝鮮の地方行政に關する一試論 : 面制の確立過程を中心に」, 『歷史評論』458, 歷史科學協議會, 1988, pp. 40~61.

稻葉繼雄, 『舊韓末の教育と日本人』, 福岡 : 九州大學出版會, 1999.

_____, 『舊韓國「日語學校」の研究』, 福岡 : 九州大學出版會, 1997.

鈴木裕子, 『從軍慰安婦, 内鮮結婚 : 性の侵略, 戰後責任を考える』, 東京 : 未來社, 1992.

柳澤遊・岡部牧夫 編, 『帝國主義と植民地』(展望 日本歷史 20), 東京 : 東京堂出版, 2001.

菱木政晴, 「東西本願寺教團の植民地佛教」, 大江志乃夫 外 編, 『統合と支配の論理』, 東京 : 岩波書店, 1993, pp. 157~75. (岩波講座 近代日本と植民地 4)

里上龍平, 「近代日本の朝鮮認識」, 古屋哲夫 編, 『近代日本のアジア認識』, 東京 : 綠陰書房, 1996, pp. 243~98.

林大植, 「日帝下京城府 '有志'集團の存在形態」, 『ソウル學研究』8 (2月), 1997, pp. 99~125.

林雄介, 「運動團體としての一進會 : 民衆との接觸樣相を中心に」, 『朝鮮學報』172 (7月), 1999, pp. 43~67.

林鍾國, 『親日派 : 李朝末から今に至る賣國賣族者たちの正體』, 東京 : 御茶ノ水書房, 1992.

馬淵貞利, 「寺内正毅と武斷政治」, 『季刊 三千里』49 (2月), 1987, pp. 66~73.

名田勳, 「植民地期における朝鮮財界の工業化の認識と戰時經濟體制」, 『戰爭と平和』12 (3月), 大阪國際平和研究所, 2003, pp. 33~45.

木村健二, 「近代日本の移民・植民地活動と中間層」, 柳澤遊・岡部牧夫 編, 『帝國主義と植民地』, 東京 : 東京堂出版, 2001a, pp. 166~78.

_____, 「植民地下新義州在住日本人の異文化接觸」, 戸上宗賢 編, 『交錯する国・民族・宗教・移民の社會適應』, 東京 : 不二出版, 2001b, pp. 73~98.

_____, 「在外居留民の社會活動」, 大江志乃夫 外 編, 『膨張する帝國の人流』, 東京 : 岩波

書店, 1993, pp. 27~76. (岩波講座 近代日本と植民地 5)

_____, 『在朝日本人の社會史』, 東京: 未來社, 1989.

_____, 「戰時下植民地朝鮮における經濟團體と中小商業者」, 東京國際大學院博士學位論文, 2005.

_____, 「朝鮮居留地における日本人の生活態様」, 『一橋論叢』 115 2(2月), 1996, pp. 42~62.

_____, 「朝鮮における經濟統制の進行と經濟團體」, 柳澤遊·木村健二 編, 『戰時下アジアの日本經濟團體』, 東京: 日本經濟評論社, 2004, pp. 95~134.

_____, 「朝鮮における商業會議所連合會の決議事項」, 波形昭一 編, 『近代アジアの'日本人經濟團體』, 東京: 同文館出版, 1997, pp. 39~64.

木村健二·坂本悠一, 『近代植民地都市釜山』, 東京: 櫻井書店, 2007.

梶村秀樹, 『朝鮮史』, 東京: 講談社, 1977.

_____, 『朝鮮史と日本人』, 東京: 明石書店, 1992. (梶村秀樹 著作集 1)

朴宗根, 『日淸戰爭と朝鮮』, 東京: 靑木書店, 1982.

竝木正人, 「植民地期朝鮮人の政治參加について: 解放後史との關連において」, 『朝鮮史研究會論文集』 31 (10月), 1993, pp. 29~59.

_____, 「朝鮮における'植民地近代性' '植民地公共性'對日協力: 植民地政治史·社會史研究のための予備的考察」, 『國際交流研究: 國際交流學部紀要』 5 (5月), フェリス女學院大學, 2003, pp. 1~42.

山崎丹照, 『外地統治機構の研究』, 東京: 高山書院, 1943.

山田寛人, 「日本人警察官に對する朝鮮語奬勵政策」, 『朝鮮史研究會論文集』 38 (10月), 2000, pp. 123~49.

山田昭次·古莊正·樋口雄一, 『朝鮮人戰時勞働動員』, 東京: 岩波書店, 2005.

森山茂德, 『日韓倂合』, 東京: 吉川弘文館, 1992.

_____, 「解說」, 『現代漢城の風雲と名士, 細井肇』, 京城: 日韓書房, 1910, pp. 472~83. ((再版) 東京: ペリカン社, 1997)

鮮交會 編, 『朝鮮交通史』, 東京: 大和與一, 1986.

宣在源, 「植民地期朝鮮における雇傭制度」, 『日本植民地研究』 10 (7月), 1998, pp. 19~32.

小林英夫 外 編, 『植民地への企業進出: 朝鮮會社令の分析』, 東京: 柏書房, 1994.

小熊英二, 『'日本人'の境界: 沖繩·アイヌ·臺灣·朝鮮植民地支配から復歸運動まで』, 東京: 新曜社, 1998.

松本武祝, 『植民地權力と朝鮮農民』, 東京: 社會評論社, 1998.

_____, 『植民地朝鮮の水利組合事業』, 東京: 未來社, 1991.

_____, 「戰時期朝鮮における朝鮮人地方行政職員の'對日協力'」, 倉澤愛子 外 編, 『支配と暴力』, 東京: 岩波書店, 2006, pp. 221~48. (岩波講座 アジア太平洋戰爭 7)

_____, 『朝鮮農村の'植民地近代'經驗』, 東京: 社會評論社, 2005.

宋連玉, 「邊境への女性人口移動: 帝國から植民地朝鮮へ」, 寺谷弘壬 外 編, 『邊境のマイノリ

　　　　　　ティー: 少數グループの生き方』, 東京: 英寶社, 2002, pp. 59~88.

　　_____, 「朝鮮植民地支配における公娼制」, 『日本史研究』371 (7月), 1993, pp. 52~66.

松田利彦, 「植民地末期朝鮮におけるある轉向者の運動」, 『人文學報』79 (3月), 1997, pp. 131~62.

　　_____, 『戰前期の在日朝鮮人と參政權』. 東京: 明石書店, 1995.

　　_____, 「總力戰期の植民地朝鮮における警察行政: 警察官による「時局座談會」を軸に」, 『日本
　　史研究』452 (4月), 2000, pp. 195~223.

水野直樹, 『創氏改名: 日本の朝鮮支配の中で』, 東京: 岩波書店, 2008.

柴崎力榮, 「德富蘇峰と京城日報」, 『日本歷史』435 (10月), 1983, pp. 65~83.

申奎燮, 「在滿朝鮮人の'滿洲國'觀および'日本帝國'像」, 『朝鮮史研究會論文集』38 (10月), 2000,
　　pp. 93~121.

辛美善, 「在朝日本人の意識と行動」, 『日本學報』14 (3月), 1995, pp. 43~62.

愼英弘, 『近代朝鮮社會事業史研究: 京城における方面委員制度の歷史的展開』, 東京: 綠陰書房,
　　1984.

庵逧由香, 「朝鮮における戰爭動員政策の展開: '國民運動'の組織化を中心に」, 『國際關係學研究』
　　21 別冊(3月), 1995, pp. 1~19.

櫻井義之, 『明治と朝鮮』, 東京: 櫻井義之先生還曆紀念會, 1964.

　　_____, 「解說」, 菊池謙讓, 『大院君傳』, 京城: 日韓書房, 1910, pp. 399~411. ((再版) 東京:
　　ペリカン社, 1998)

若槻泰雄, 『戰後引揚げの記錄』, 東京: 時事通信社, 1995.

永島廣紀, 「昭和戰前期の朝鮮における'右派'學生運動試論: 津田榮と京城帝大予科立正會・綠
　　旗連盟の設立過程をめぐる基礎的考察」, 『九州史學』135 (2月), 2003, pp. 57~87.

禹快濟, 鈴木陽二 譯, 「傳統文化の理解と日韓兩國關係: 朝鮮研究會の古書珍書刊行を中心に」,
　　『朝鮮學報』178 (1月), 2001, pp. 181~205.

尹晸郁, 『植民地朝鮮における社會事業政策』. 大阪: 大阪經濟法科大學出版, 1996.

李昇燁, 「3・1運動期における朝鮮在住日本人社會の對應と動向」, 『人文學報』92 (3月), 2005,
　　pp. 119~44.

　　_____, 「全鮮公職者大會: 1924~1930」, 『20世紀研究』4 (12月), 2003, pp. 95~120.

　　_____, 「朝鮮人內鮮一體論者の轉向と同化の論理」, 『20世紀研究』2 (12月), 2001, pp. 25~46.

李英美, 『韓国司法制度と梅謙次郎』, 東京: 法政大學出版局, 2005.

李鐘旼, 「輕犯罪の取締法令に見る民衆統制」, 淺野豊美・松田利彦 編, 『植民地帝國日本の法
　　的構造』, 東京: 信山社, 2004, pp. 319~52.

李榮娘, 「植民地期朝鮮における米穀檢査制度の展開過程」, 『一橋論叢』115 第2號 (2月), 1996,
　　pp. 552~62.

李炯植, 「南次郎總督時代における中央朝鮮協會」, 『日本歷史』720 (5月), 2008, pp. 62~79.

　　_____, 「戰前期における中央朝鮮協會の軌跡」, 『朝鮮學報』204 (7月), 2007, pp. 101~40.

任展慧, 「朝鮮統治と日本の女性たち」, 兩澤葉子 編, 『女性と權力』, 東京: 平凡社, 1978, pp. 87~

144.

田中宏,「日本の植民地支配下における國籍關係の經緯」,『愛知県立大學外國語學部紀要』9 (12月),
　1974, pp. 61~96.

田中隆一,『滿洲國と日本の帝國支配した』, 東京: 有志舍, 2007.

鄭根埴,「植民地支配,身體規律, '健康'」, 水野直樹 編,『生活の中の植民地主義』, 京都: 人文書院,
　2004, pp. 59~102.

井上學,「槐園鮎貝房之進について (上)」,『朝鮮研究』82 (2月), 1969, pp. 50~63.

井上和枝,「植民地期朝鮮における生活改善運動」, 中村哲 編,『1930年代の東アジア經濟: 東ア
　ジア資本主義形成史 II』, 東京: 日本評論社, 2006, pp. 105~34.

鄭愛英,「日清・日露戰爭期の對外硬運動と中井喜太郎」,『日本の植民地研究』11 (6月), 1999,
　pp. 52~65.

趙景達,『植民地期朝鮮の知識人と民衆: 植民地近代性論批判』, 東京: 有志社, 2008.

_____,「15年戰爭下の朝鮮民衆: 植民地近代性論批判試論」,『朝鮮奬學會學術論文集』25,
　2005, pp. 9~29.

_____,「日本帝國の膨張と朝鮮知識人: 東亞協同體論と内線一體論をめぐって」, 石田憲 編,
　『膨張する帝國, 擴散する帝國: 第二次世界大戰に向かう日本とアジア』, 東京: 東京大學出版會,
　2007, pp. 163~201.

糟谷憲一,「朝鮮總督府の文化政治」, 大江志乃夫 外 編,『帝國統治の構造』, 東京: 岩波書店,
　1992, pp. 121~46. (岩波講座: 近代日本と植民地 2)

趙聖九,『朝鮮民族運動と副島道正』, 東京: 研文出版, 1998.

佐佐博雄,「熊本國權黨と朝鮮における新聞事業」,『國士舘大學人文學會紀要』9, 1977, pp. 21~38.

中生勝美,「人類學と植民地研究: 東アジアの視點から」,『思想』957, 2004, pp. 92~107.

_____, 編,『植民地人類學の展望』, 東京: 風響社, 2000.

中村哲・安秉直,『近代朝鮮の工業化の研究』, 東京: 日本評論社, 1993.

池川秀勝,「大垣丈夫について」,『朝鮮學報』119/120 (7月), 1986, pp. 65~84.

_____,「大垣丈夫の研究: 大韓自强會との關連を中心にして」,『朝鮮學報』117 (10月), 1985,
　pp. 525~67.

_____,「大韓帝國末期各團體に見られる日本人顧問について: 佐伯剛平」,『朝鮮學報』158
　(1月), 1996, pp. 35~128.

川瀬貴也,「植民地期朝鮮における「心田開發運動」政策」,『韓國朝鮮の文化と社會』1 (10月), 2002,
　pp. 103~28.

_____,「植民地期朝鮮における日本キリスト教の植民地傳道」,『思想史研究』1 (3月), 2001,
　pp. 141~53.

川北昭夫,「1920年代朝鮮の工業化の論議について」, 鹿兒島經濟大學地域總合研究所 編,『近
　代東アジアの諸相』, 東京: 勁草書房, 1995, pp. 163~93.

淺野豊美,『帝國日本の植民地法制: 法域統合と帝國秩序』, 名古屋: 名古屋大學出版會, 2008.

淺野豊美・松田利彦 編,『植民地帝國日本の法的構造』, 東京: 信山社, 2004.

川村湊,『ソウル都市物語: 歷史・文學・風景』, 東京: 平凡社, 2000.

靑木敦子,「ある日本人の朝鮮體驗:'上甲米太郎 日記'史料紹介」,『東洋文化硏究』8 (3月), 2006,
　　pp. 169~88.

靑井哲人,『植民地神社と帝國日本』, 東京: 吉川弘文館, 2005.

初瀨龍平,『傳統的右翼: 內田良平の硏究』, 福岡: 九州大學出版會, 1980.

波多野勝,「日韓倂合運動: 內田良平と對外硬派世論の動きを中心に」,『人間科學: 常磐大學大學
　　人間科學部紀要』(3月), 1993, pp. 61~84.

坂野徹,『帝國日本と人類學者: 一八八四~一九五二年』, 東京: 勁草書房, 2005.

板垣龍太,「'植民地近代をめぐって': 朝鮮史硏究における現狀と課題」,『歷史評論』654 (10月),
　　2004, pp. 35~45.

_____,『朝鮮近代の歷史民族誌: 慶北尙州の植民地經驗』, 東京: 明石書店, 2008.

豊田章一,『京龍夢の枕流: 京城龍山竄小史』, 京城鐘路小學校同窓會, 1963. (1963年 12月『龍』
　　特別號の復活版)

河かおる,「總力戰下の朝鮮女性」,『歷史評論』612 (4月), 2001, pp. 2~17.

河合和男,『朝鮮における産米增殖計劃』. 東京: 未來社, 1986.

_____編,『國策會社・東拓の硏究』, 東京: 不二出版, 2000.

海野福壽,『韓國倂合』, 東京: 岩波書店, 1995.

洪宗郁,「1930年代における植民地朝鮮人の思想的模索」,『朝鮮史硏究會論文集』42 (10月),
　　2004, pp. 159~86.

檜野秀子,「與謝野鐵幹と朝鮮」,『季刊 三千里』28 (冬), 1981, pp. 210~19.

黑瀨郁二,『東洋拓殖會社: 日本の帝國主義とアジア太平洋』, 東京: 日本經濟評論社, 2003.

Lynn Hyung Gu,「中央朝鮮協會と政策決定過程」, 松田利彦 編,『日本の朝鮮・臺灣支配と植民
　　地官僚』(第30卷), 京都: 國際日本文化硏究センター, 2008.

강만길,『한국 상업의 역사』, 세종대왕기념사업회, 1985. (교양국사총서 13)

공제욱,「의복통제와 '국민' 만들기」, 공제욱・정근식 편,『식민지의 일상, 지배와 균열』,
　　문화과학사, 2006, 135~92쪽.

공제욱・정근식 편,『식민지의 일상, 지배와 균열』, 문화과학사, 2006.

기유정,「1920년대 경성의 유지정치와 경성부협의회」,『서울학연구』제28호, 서울학연구소,
　　2007, 1~34쪽.

_____,「식민지 대(對) 모국 간 경제마찰과 재조일본인(在朝日本人) 사회의 대응: 1929~
　　1936년 '선미옹호운동'(鮮米擁護運動)의 정치학적 함의에 대한 분석을 중심으로」,『사
　　회와역사』제82집, 한국사회사학회, 2009, 323~59쪽.

김낙년,『일제하 한국경제』, 해냄, 2003.

김동명,『지배와 저항, 그리고 협력: 식민지 조선에서의 일본제국주의와 조선인의 정치운

동』, 경인문화사, 2006. (경인한일관계 연구총서 7)

김동순 편,『인천상공회의소 90년사』, 인천상공회의소, 1979.

김명수,「한말·일제하 한상룡의 기업활동 연구」,『연세경제연구』 제7권 제2호, 연세대학교
　　경제연구소, 2000, 173~218쪽.

김백영,「왕조 수도로부터 식민도시로: 경성과 도쿄의 시구 개정에 대한 비교 연구」,『한국
　　학보』 제29권 제3호, 일지사, 2003, 76~102쪽.

김인호,『식민지 조선경제의 종말』, 신서원, 2000.

김적봉,『애국문화운동단체 학회와 그 활동』, 평양: 사회과학출판사, 1994.

김주용,「滿洲保民會의 설립과 '鮮滿一體化'」, 한일관계사학회 편,『한일관계사연구』 제21집,
　　경인문화사, 2004, 187~224쪽.

김진균·정근식 엮음,『근대 주체와 식민지 규율 권력』, 문화과학사, 1997.

김진송,『서울에 딴스홀을 허하라』, 현실문화연구, 1999.

김항구,「대한협회의 정치활동 연구」,『동서사학』 제5권 제1호, 한국동서사학회, 1999, 183~
　　212쪽.

도면회,「서평: 식민주의가 누락된 '식민지 근대성'」, 역사문제연구소 편,『역사문제연구』
　　제7호, 역사비평사, 2001, 251~72쪽.

박성진,「일제 말기 녹기연맹의 내선일체론」, 한국근현대사연구회 편,『한국근현대사연구』
　　제10집, 한울아카데미, 1999, 370~97쪽.

박찬승,『한국근대 정치사상사 연구: 민족주의 우파의 실력양성운동론』, 역사비평사, 1992.

＿＿＿,『민족주의의 시대: 일제하의 한국 민족주의』, 경인문화사, 2007. (경인한국학연구
　　총서 50)

방기중,「1930년대 물산장려운동과 민족·자본주의 경제사상」, 연세대학교 국학연구원 편,
　　『동방학지』 제115집, 연세대학교출판부, 2002, 47~108쪽.

방기중 편,『일제 파시즘 지배정책과 민중생활』, 혜안, 2004.

서현주,「경성지역의 민족별 거주지 분리의 추이, 1927년~1942년」, 국사편찬위원회 편
　　집부 편,『국사관논총』 제94집, 국사편찬위원회, 2000, 223~59쪽.

＿＿＿,「경성부(京城府)의 정총대(町總代)와 정회(町會)」,『서울학연구』 제16호, 서울학
　　연구소, 2001, 109~76쪽.

손정목,『한국지방제도: 자치사연구(상·하)』, 일지사, 1992.

＿＿＿,『일제강점기 도시화과정 연구』, 일지사, 1996.

송규진,『일제하의 조선무역 연구』, 고려대학교 민족문화연구원, 2001.

신명직,『모던뽀이, 경성을 거닐다: 만문문화로 보는 근대의 얼굴』, 현실문화연구, 2003.

신용하,『일제 식민지 근대화론 비판』, 문학과지성사, 1998.

염복규,「식민지 근대의 공간형성: 근대 서울의 도시계획과 도시 공간의 형성, 변용, 확장」,
　　『문화과학』 제39호, 문화과학사, 2004, 197~219쪽.

윤해동,「일제하 물산장려운동의 배경과 그 이념」,『한국사론』 27, 서울대학교 국사학과,

1992, 281~353쪽.

_____, 『식민지의 회색지대: 한국의 근대성과 식민주의 비판』, 역사비평사, 2003.

이재항 편, 『상공회의소 100년사』, 대한상공회의소, 1984.

이해창, 『한국신문사 연구』, 성문각, 1971.

이현종, 「대한협회에 관한 연구」, 『아세아연구』 제13권 제3호, 고려대학교 아세아문제연
   구소, 1970, 17~56쪽.

이희정, 『한국 근대소설의 형성과 『매일신보』』, 소명출판, 2008. (연세근대한국학총서 39)

임대식, 「일제하 京城府 '有志' 집단의 존재형태」, 『서울학연구』 8, 1997, 99~125쪽.

장석만·권보드래 외, 『한국 근대성 연구의 길을 묻다』, 돌베개, 2006.

전우용, 「종로와 본정: 식민도시 경성의 두 얼굴」, 한국역사연구회 편, 『역사와현실』 40
   (6월), 역사비평사, 2001, 163~93쪽.

정혜경·이승엽, 「일제하 녹기연맹의 활동」, 『한국근현대사연구』 제10집 (6월), 한국근현
   대사연구회, 1999, 329~69쪽.

_____, 「식민지 도시 이미지와 문화현상: 1920년대의 경성」, 『한일역사공동연구 보고서』
   5, 한일역사공동위원회, 2005, 131~67쪽.

최병도, 「만주 동포문제협의회의 결성 및 해체에 관한 연구」, 한국근현대사학회 편, 『한국
   근현대사연구』 39 (12월), 한울아카데미, 2006, 204~34쪽.

최유리, 『일제 말기 식민지 지배 정책연구』, 국학자료원, 1997.

한기형, 「근대 초기 한국인의 동아시아 인식: '청춘'과 '개벽'의 자료를 중심으로」, 『대동
   문화연구』 50 (1월), 성균관대학교 대동문화연구원, 2005, 167~98쪽.

헬렌 J. S. 리(Helen. J. S. Lee), 「제국의 딸로서 죽는다는 것」, 『아세아연구』 제51권 제2호,
   고려대학교 아세아문제연구소, 2008, 80~105쪽.

홍순권, 「1910~20년대 '부산부협의회'의 구성과 지방정치」, 『역사와경계』 60 (9월), 부산
   경남사학회, 2006a, 177~219쪽.

_____, 『일제시기 재부산일본인사회 주요인물 조사 보고』, 도서출판 선인, 2006b.

홍순권 외, 『부산의 도시형성과 일본인들』, 도서출판 선인, 2008. (동아대학교 석당학술원 지역
   문화총서 1)

찾아보기